Ana Primavesi

MANEJO ECOLÓGICO DO SOLO

A AGRICULTURA EM REGIÕES TROPICAIS

INCLUI ADUBAÇÃO VERDE

Nobel

Direitos desta edição reservados à Brasil Franchising S. A.
CNPJ 07.923.034/0001-05 • Rodovia Raposo Tavares, km 22,5 • Loja 202B
Open Mall The Square • Cotia-SP • CEP 06709-015
Tel. (11) 3706-1466 • sac@editoranobel.com.br

Dados Internacionais de Catalogação na Publicação (CIP)
(Câmara Brasileira do Livro, SP, Brasil)

Primavesi, Ana
Manejo ecológico do solo: agricultura em regiões tropicais/Ana Primavesi. – Cotia, SP: Brasil Franchising, 2021.

ISBN 978-85-213-0004-5

1. Agricultura tropical 2. Solos – Ecologia – Trópicos 3. Solos – Manejo – Trópicos I. Título.

83-2139 CDD-630-913
631.4913

Índices para catálogo sistemático:
1. Trópicos: Agricultura 630.913
2. Trópicos: Solos: Ecologia: Agricultura 631.4913
3. Trópicos: Solos: Manejo: Agricultura 631.4913

Nova edição revista 2021

Créditos desta edição
Produção gráfica e direção de arte: Vivian Valli
Assistente de produção: Natalia Aguilar
Revisão e composição: Estúdio Asterisco
Imagens da capa: Lamyai/Shutterstock.com, Nik Merkulov/Shutterstock.com, Megan Frost Photography/Shutterstock.com, photoste/Shutterstock.com

Impresso no Brasil

In memoriam *de Artur Primavesi*
e sua obra pioneira de manejo
do solo em regiões tropicais.

Agradecimento
Nossa gratidão a todos que de uma ou outra maneira colaboraram nesta obra, mas especialmente aos engenheiros-agrônomos José Peres Romero e Odo Primavesi e à engenheira-civil Carin Silveira.

SUMÁRIO

PREFÁCIO

Em idos de agosto de 1975, em minha luta na Câmara Federal pela criação de uma "Comissão Permanente de Ecologia", ao mesmo tempo que defendia ardorosamente um "Projeto" que visava ampla reformulação da política e administração florestal em São Paulo, ainda absolutamente carente, à semelhança de todo o país, valia-me com frequência das citações e conceitos de meu ilustre e saudoso amigo ARTUR PRIMAVESI, pedobiologista e Professor da Universidade Federal de Santa Maria, Rio Grande do Sul, especialista de renome internacional.

Num dos pronunciamentos de então, recorri a palavras que o amigo proferira numa palestra na Escola Superior de Guerra, as quais revelam melhor que tudo que dele se possa dizer, o traço marcante da crença e da esperança nos homens e na Pátria, genuína característica da verdadeira expressão de sua figura humana:

> ... existe uma única potência no mundo que ainda seria capaz de desmistificar a tecnologia, porque é tão grande que se pode fazer ouvir, ainda não está corrompida pelo dinheiro, está avançando em ritmo seguro, ainda não está intoxicada pelos alimentos, não perdeu seu raciocínio normal, não está de todo dopada pelo ar poluído e ainda não perdeu toda a sua responsabilidade social, sendo portanto, ainda capaz de reagir e de impor: é o Brasil.

Agora é este autêntico "Tratado" sobre o trato ecológico no manejo agrossilvopastoril das regiões tropicais, que vem perpetuar a lembrança e os ensinamentos do incansável e obstinado "Cientista Agrícola", servindo de exemplo à nova geração de técnicos e continuadores dos espinhosos liames da Ciência, às vezes dirigidos ou induzidos por tecnologias errôneas ou alienígenas, quando não nocivas aos interesses nacionais, às vezes desesperançados pela deterioração ambiental e pela crescente exaustão das nossas riquezas naturais, especialmente do solo e das florestas.

Ainda é nesta obra que Primavesi nos lega seu libelo *post-mortem*, sobre dois emergentes, atualíssimos e preocupantes temas da problemática que está sendo vivida pela Nação, ou seja, o emprego dos agrotóxicos e o fantasma da devastação florestal na Amazônia, ao dissertar sobre esta com a hipótese de uma exploração desordenada, como segue:

> ...o clima da região amazônica equatorial úmida parece *sobremaneira favorável* à produção vegetal, sendo a prova a hileia. Mas esquece-se que o clima existe graças à mata, que, como imenso termostato, está evitando os extremos de temperatura. Pastagens não são termostatos e não se pode esperar a manutenção do clima amazônico após a modificação total da paisagem, trocando a mata por pastagens.
>
> Não há dúvida que a área amazônica pode ser transformada em uma paisagem cultural, porém com a conservação dos princípios ecológicos existentes! Cada modificação impensada significa um pioramento das condições de um ecossistema extremamente delicado, muito mais delicado que o dos pampas férteis, dos celeiros da antiga Grécia e Roma, que hoje estão transformados no deserto do Saara.

Mas é em suas palavras finais, neste trabalho, que Primavesi exprime a sua "sentença", quiçá uma esperança redentora:

> O futuro do Brasil está ligado à sua Terra. O manejo adequado de seus solos é a chave mágica para a prosperidade e bem-estar geral.
>
> A natureza, em seus caprichos e mistérios, condensa em pequenas coisas o poder de dirigir as grandes, nas sutis a potência de dominar as mais grosseiras, nas coisas simples a capacidade de eleger as complexas. Assim, a explosão de uma coisa ínfima como o átomo, chega a arrasar cidades enormes e a esterilizar regiões inteiras. E um miligrama de hormônio em demasia ou carência chega a modificar as funções do corpo todo, enfermando o organismo. E a simples destruição dos grumos da superfície do solo chega a destruir povos e países, trazendo a fome, a miséria e a doença e, como consequência, a escravidão.

E é justamente essa atualidade dos temas, essa profunda sutileza e substância dos pensamentos do Autor, admito, que me enleva e me sufoca, agiganta a responsabilidade e o peso da missão para quem, agora, com humildade e respeito, tenta realçar, em poucas linhas, toda a grandeza da visão do Mestre.

Sinto como se o espírito do Autor tivesse necessitado sobreviver ao seu próprio tempo, pleno de luzes de uma sabedoria exotérica, preocupado em ajudar esta Pátria e o seu destino.

Que todos os bem intencionados o leiam e meditem.

Deputado ANTONIO HENRIQUE CUNHA BUENO

SECRETÁRIO EXTRAORDINÁRIO DA CULTURA DO ESTADO DE SÃO PAULO

INTRODUÇÃO

Este é um livro técnico e destina-se aos agrônomos de campo e a todos que trabalham na agropecuária e procuram uma resposta a inúmeros problemas que surgem diariamente, como: mau aproveitamento dos adubos, efeito cada vez mais pronunciado da seca, deficiências e doenças de toda espécie mas de controle difícil, compactações e adensamentos do solo, encrostamento da superfície do solo após as chuvas, erosão cada vez mais pronunciada, enchentes, mas também a germinação muito deficiente de sementes etc.

É escrito em linguagem simples, com exemplos práticos, evitando-se ao máximo possível o linguajar do especialista, somente compreensível a outro especialista. Tenta-se descrever os diversos fatores do solo dentro do contexto ecológico e procura-se dar suas, às vezes, complicadas inter-relações com os outros fatores para possibilitar seu manejo. Não analisa onde isso não for indispensável, não classifica nem cria alguma sistemática ou taxonomia, que são todas arbitrárias. Tenta dar uma visão do conjunto. E, se podemos usar um exemplo: enquanto os outros livros habituais descrevem, classificam e organizam os fatores do solo como na desmontagem e descrição das peças de um automóvel, este livro compõe, sintetiza, monta e fala do funcionamento do conjunto de todas as peças que formam o automóvel, possibilitando o seu uso e manejo.

A ciência clássica dá a impressão do solo ser suporte imutável, estático, o que de fato nunca foi e nunca será. Nós tentamos, pela primeira vez, mostrar o solo como é: um mecanismo complexo, animado, praticamente vivo, que se modifica constantemente, mas cujo manejo não é tão difícil, conhecendo-se os seus princípios básicos. Modificando somente um único fator do complexo ecológico, que é o solo, modificam-se todos os demais fatores automaticamente, a fim de formar um equilíbrio novo em que cabe o fator modificado. Quando estamos cientes disso, podemos manejar todos os fatores à vontade. Se interviermos inconscientemente, as modificações sobrevirão do mesmo modo, mas nem sempre como esperamos. Há por isso a "luta contra a natureza", que parece ingrata e traiçoeira.

As técnicas agrícolas devem ser adaptadas aos nossos solos e ao nosso clima tropical. E se o Presidente da República diz: "a tecnologia é boa, mas cara demais e tem de ser adaptada", tem toda razão porque tecnologia não adaptada não maneja, mas tenta forçar a natureza, obtendo resultados pequenos onde poderia ter resultados altamente compensadores.

Por muito tempo acreditou-se que nosso clima não permitiria colheitas elevadas. Mas pergunta-se: Solos virgens, recém-roçados têm clima diferente dos solos vizinhos, cultivados há anos? Por que os primeiros produzem, geralmente, muito bem e os segundos apresentam a cada dia outros problemas que deprimem as colheitas?

Foi-nos possível produzir colheitas altíssimas em solos abandonados, com técnicas simples, adaptadas ao nosso clima. Nunca perguntávamos pelo *know-how*, a técnica, mas sempre perguntávamos pelo *know-why*, o porquê da técnica, a sua razão de ser. E produzimos colheitas altas por preços menores que os costumeiros.

Os conhecimentos, para um agricultor dedicado, talvez não sejam novos. Nova é somente a coragem de dizer NÃO ao passado e trilhar nosso caminho tropical.

Para a compreensão melhor deste livro sugerimos que a primeira parte seja lida com muita atenção, pois fornece a base para a segunda. Caso contrário poderá sofrer em sua interpretação, que, bem feita, tornará nossa agricultura mais segura, mais lucrativa e mais sadia.

A DISTRIBUIÇÃO DAS ÁREAS AGRÍCOLAS E PASTORIS NO BRASIL

Da área total do Brasil, que perfaz 8 511 965 km^2, aproximadamente 10,4% são lavouras e pastagens plantadas.

Esta situação deixa supor que o Brasil reúne enormes possibilidades de produção agropastoril, uma vez que sejam aumentadas as áreas de exploração. Segundo estudos do IBDF (Instituto Brasileiro de Desenvolvimento Florestal), do ano de 1972, somente 2 731 000 km^2 da área amazônica, que tem um total de 3 574 000 km^2, são florestas, e segundo dados da SUDAM de 1975, somente 2 600 000 km^2, prosseguindo o desmatamento num ritmo de 100 000 km^2 por ano.[38]

Distribuição das áreas no Brasil. (Anuário do IBDF de 1972)

área/Km^2	Utilização	em %
8 511 965	território nacional	100,0
715 005	uso agropastoril	8,4
3 251 000	florestas nativas	38,2
4 545 960	campos nativos, cerrados, cidades, rios, estradas	53,4

Distingue-se entre potencial agropastoril de uso imediato e o potencial de uso após recuperação, ao qual pertencem os campos nativos e os cerrados. As florestas, que em sua maioria pertencem à área amazônica, segundo dados do RADAM, somente em 10% parecem possuir terras próprias para a agricultura anual.

Os campos nativos e os cerrados são seriamente prejudicados pelo uso indiscriminado do fogo. Por isso foram instalados os "Polocentros dos Cerrados" a fim de recuperar estas terras para fins agrícolas.

Verificando a distribuição das áreas no globo terrestre verificamos que o potencial produtivo não é muito diferente do nosso.

Distribuição das áreas terrestres e seu uso. (Saeman, 1977)

florestas	33,56%
tundras e estepes	17,46%
pastagens	16,78%
desertos e gelo	16,80%
terra cultivada	9,24%
água doce	13,69%
brejos e pântanos	13,69%

Verificamos que a área cultivada não ultrapassa 10% da terra, o que deve dar a pensar.

De nossos 38% de florestas devemos considerar uma reserva de 30%, o mínimo que a FAO recomenda para manter o clima suportável, e que na maioria dos nossos estados não foi observado.

Por meio de calagem e adubação poder-se-ia utilizar parte dos cerrados. Mas, como ainda dependemos, em 71%, da importação de adubos (ANDA, 1976), o uso econômico destes adubos depende, pois, do desenvolvimento de técnicas adequadas que permitam a obtenção de colheitas altas.

As regiões subúmidas e semiáridas podem ser irrigadas. Em 1975, segundo o Ministério de Agricultura, 1 ha de irrigação custou U$ 3.000,00 em instalações e drenagem. E o problema máximo que se apresenta é como evitar a salinização, segundo afirmação da SUDAM. Existem meios de um manejo correto dos solos irrigados, todos dependentes de condições biofísicas adequadas.

Biofísica significa a física do solo dependente ou modificada pela biologia e microbiologia do solo, pelas raízes e pela matéria orgânica.

Todos sabem que as técnicas que visam o aumento da produção somente são viáveis quando este aumento for econômico e racional. Do contrário não permitem lucro e os problemas rurais se agravam.

Todos estão empenhados em aumentar a produção agrícola. Porém, ninguém nos poderá ensinar o *know-how*. Este tem de ser encontrado pela pesquisa nos trópicos. Por isso a USAID estabeleceu recentemente um programa para solos tropicais, reconhecendo que as técnicas empregadas atualmente não são satisfatórias no manejo destes solos.

A SITUAÇÃO DA AGRICULTURA NAS ZONAS TROPICAIS

As regiões tropicais, atualmente, são as zonas de preocupação mundial, por serem anualmente mais populosas, porém apresentando a menor taxa de produção alimentar do mundo. Segundo a FAO (1957), 44% da agricultura tropical é nômade, inclusive no Brasil. O sistema de agricultura itinerante consiste em roçar-plantar-abandonar, para cultivar a terra de novo, após 8 a 20 anos de "repouso".

Na África, quando obrigaram a população a uma agricultura sedentária para evitar os choques entre as tribos, mesmo com o emprego de toda tecnologia moderna, importada da Europa e dos EUA, destruíram os solos. Por isso Jurion e Henry (1969) recomendaram a reintrodução da agricultura nômade por "ser mais segura e mais rendosa". Por quê? Porque se esqueceram do fator mais importante para a produção de solos tropicais: sua bioestrutura (vide capítulo 7), causando a queixa amarga da estação experimental de Rothamsted, que "50 anos de pesquisa nos trópicos não conseguiram convencer os povos destas regiões, da suma importância da manutenção da estrutura grumosa dos solos para a produção agrícola."

No Brasil nos anos de 1972 a 1976, a taxa de crescimento agrícola, segundo dados do Ministério de Agricultura, foi de 4 a 6% por ano. A produção aumenta, mas especialmente pela incorporação de novas áreas que, segundo o Anuário Estatístico, está ao redor de 1 milhão de hectares ao ano. O aumento da produção equivale, na maioria dos casos, ao aumento da área e o aumento da produtividade permanece restrito a algumas culturas em algumas regiões.

Isso encarece a produção, porque cada hectare cultivado custa mais máquinas, mais adubos, mais defensivos, mais sementes e mais mão de obra. Nosso aumento é horizontal em lugar de ser vertical. A taxa de crescimento não conseguiu aumentar o lucro nem baratear a produção, mas simplesmente garante, por enquanto, o ritmo de exportação.

O máximo que se consegue com a tecnologia atualmente usada, é manter um modesto nível de produção por um tempo maior, sem abandono muito frequente das terras. Mas, ela não se compara com a produção de solos virgens, recém-desbravados, onde, com adubação e calagem, se conseguem colheitas muito elevadas.

Fica, pois, evidente que:

1. Os solos tropicais não são incapazes de produzir colheitas altas, porque, se assim fosse, não poderiam apresentar rendimentos muito elevados quando novos em cultura;
2. A tecnologia importada das zonas temperadas não é apropriada para os solos tropicais e deveria ser modificada.

Cada região desenvolve uma tecnologia apropriada, adaptada às condições locais, para criar condições favoráveis ao desenvolvimento vegetal. E esta tecnologia é um "ecótipo", dificilmente podendo ser usada em condições diferentes.

Necessita-se de técnicas, mas de técnicas apropriadas à região em que devem ser usadas!

PARTE 1

ELEMENTOS DE MANEJO

A FISIOLOGIA DA PLANTA NOS TRÓPICOS

1

COMO A PLANTA FORMA AS SUBSTÂNCIAS ORGÂNICAS

Os princípios básicos de produção vegetal são iguais em todo o mundo. A atividade fundamental das células, que compõem todos os seres vivos, desde a ameba, que somente possui uma única célula, até a planta, o animal e o homem, com seu número enorme de células variadas, é igual, funcionando segundo os mesmos princípios.[4]

A planta é composta de inúmeras células onde cada uma é uma verdadeira "fábrica" de substâncias orgânicas, inclusive liberando e transformando energias. Para isso ela necessita de:

1. Uma fonte de energia, o sol, ou seja, a luz solar;
2. Água;
3. Elementos dos quais forma seus produtos, tais como açúcares, amidos, proteínas e gorduras. Estes elementos são carbono (C), que ela capta do ar; hidrogênio (H), que ela retira da água e oxigênio (O), que ela retira tanto do ar, do solo e do ar atmosférico como da água. Esses três elementos formam o famoso trinômio C–H_2–O, base para todos os carboidratos, como açúcares, amidos, celulose e outros. Temos ainda o nitrogênio (N), que os microrganismos do solo fixam do ar, e os nutrientes minerais, que a planta retira do solo, como fósforo (P), enxofre (S), cálcio (Ca), magnésio (Mg) etc.;
4. Biocatalisadores para apressar a formação de suas substâncias. Esses se chamam "enzimas" e, para que possam funcionar, precisam de ativadores, como o potássio (K), ou de micronutrientes. Diz-se "micro" porque são necessários somente em quantidades mínimas para o bom funcionamento do metabolismo vegetal.[48] São eles, especialmente: manganês (Mn), ferro (Fe), zinco (Zn), cobre (Cu), boro

(B) e molibdênio (Mo), além de vanádio (V), cobalto (Co), cloro (Cl), níquel (Ni), selênio (Se) e outros.[5] E também o magnésio que, sem ser micronutriente, entra como ativador de enzimas catalisadoras.

O magnésio e ferro são indispensáveis à formação da clorofila, o verde da planta que capta a energia solar.

COMO É OBTIDA A ENERGIA

A energia é indispensável para a maioria dos processos químicos na planta. O início de todo metabolismo na planta se dá a partir das reservas que a semente possui, sendo poucas as exceções, como as sementes de orquídeas. Daí a importância de as sementes serem boas e bem nutridas. A planta forma as primeiras raízes e folhas e, ainda com as reservas da semente, absorve água e inicia a fotossíntese. Para tanto ela possui aberturas nas folhas, os estômatos, pelos quais sai a água transpirada e entra o gás carbônico (CO_2). Com esse dióxido de carbono e água, a planta forma os primeiros carboidratos $(C–H_2–O)_n$ com quantidades diversas do grupo desses elementos, como, por exemplo, $C_6H_{12}O_6$, que é o açúcar mais comum conhecido, a glicose. Atenção deve ser dada ao fato de que carboidratos são todas as substâncias cuja estrutura é formada de quantidade variável do grupo $C–H_2–O$, incluindo-se aqui amidos, açúcares, celulose, ligninas etc. A planta decompõe, em parte, a glicose para obter energia; outra parte ela utiliza para formar substâncias mais complicadas, inclusive na formação das proteínas.[7,13]

Quando a planta dispõe de suficiente oxigênio no solo recebe 673 kcal por cada Mol de glicose, mas quando faltar oxigênio, ela fermenta esta glicose para a obtenção de energia, neste caso recebendo somente 20 kcal por cada Mol (figura 1.1). O uso eficiente das substâncias fotossintetizadas depende, pois, da presença de oxigênio suficiente no solo, como veremos ainda no capítulo 2. A energia é liberada no momento em que novamente se forma água na planta, a partir de glicose, porém, ainda não é utilizável. Agora entra em ação a substância, que parece quase milagrosa: um mononucleotídeo fosforado, o conhecido ATP (trifosfato de adenosina), que armazena e transfere a energia para onde a planta a necessitar. Sem fósforo, portanto, não ocorre nenhum processo metabólico, nem formação de substâncias vegetais, nem divisão celular. Onde se necessita de energia faz-se necessária a presença de fósforo. O processo pelo qual a planta decompõe seus produtos fotossintetizados para gerar energia chama-se simplesmente "respiração".

A ÁGUA NA PLANTA

Inicialmente a célula vivia submersa em água. Também as primeiras plantas eram aquáticas, banhadas de água por todos os lados. Mas, quando a planta subiu à terra, isso mudou. Somente a raiz permanecia em contato com a água do solo, enquanto o vastago, isto é, os caules e as folhas, viviam expostos ao ar, perdendo a água para este. Para repor essa água, a planta desenvolveu um sistema de transporte, o sistema vascular, pelo qual a água sobe, carregando consigo minerais nutritivos, mas igualmente produtos de síntese primária, como aminoácidos, que se formaram no colo da raiz.[33] Esse transporte ascendente ocorre através do conjunto de vasos chamados xilema. Paralelamente existe o transporte descendente, que leva os produtos fotossintetizados das folhas para as raízes através do floema. É possível, portanto, interromper o fluxo ascendente da água sem que se prejudique o fluxo descendente.[27]

Noventa e cinco por cento da planta são construídos pelos elementos H^+ e $O^=$, sendo aproximadamente 80 a 85% em forma de água (H_2O) e 10 a 15% na forma metabolizada em carboidratos e proteínas.

A água é, pois, a base vital de toda vida vegetal e da vida em geral em nosso globo. Sua absorção e perda pelos vegetais são processos cruciais (quadro 1.1).

Disso se pode deduzir que a planta possui um mecanismo para se proteger da perda de água quando é obrigada a viver fora desta, e que esse mecanismo é tanto mais eficiente quanto mais seco e inóspito for o ambiente.

Essa proteção é, antes de tudo, a cutícula que, em clima seco, ainda é protegida por cerosidade e pilosidade. É protegida, igualmente, da perda de água pela forma

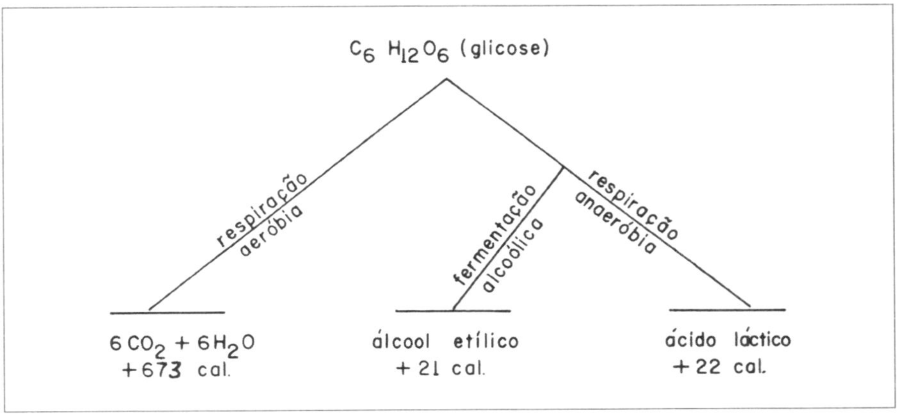

Figura 1.1 A obtenção de energia a partir da glicose.

Quadro 1.1 Perda de água de uma folha, em uma hora, a 20 °C, expressa em porcentos do peso inicial total. (Fonte: prática de aula seg. Kozlowski)

planta hidrófita (aquática)	83,00
planta higrófita (de floresta)	8,30
planta mesófita (de cultura ou pastagem)	0,94
planta xetófita (de lugares áridos)	0,09

cilíndrica das folhas (*Pinus elliottii*, por exemplo) e caules, como nas cactáceas. Em casos extremos a planta deixa cair suas folhas, como no sertão nordestino, permanecendo somente o tronco suberoso, de casca grossa e esponjosa, tornando-se assim mais resistente à seca.[34]

A água transportada para a folha serve, em parte, para resfriá-la, evitando um superaquecimento pela insolação.[16]

Chama-se a atenção à quantidade de água armazenada no tecido de planta desértica, que equivale à água armazenada no de planta aquática, constituindo, portanto, um recurso valioso de água para o gado e homens nessas regiões áridas (quadro 1.2).

Quadro 1.2 Água em partes da planta. (Kozlowski, 1968)

semente (como noz)	5%
semente de cereal (trigo)	13%
semente de girassol	30%
tubérculo de batatinha	75%
capim em floração	66 a 87%
leguminosa em flor	75 a 86%
bulbo de cebola	88%
fruto de pepino	95%
alga marinha	95 a 98%
cactácea do deserto	95 a 99%

TERMOSTATOS NATURAIS: AS FLORESTAS

A planta transpira, perdendo água para o ar em forma de vapor. Na passagem da fase líquida à gasosa, a água necessita de 539 calorias, retiradas do ar, para cada mililitro de água transpirada. Isso refrigera a superfície da folha[8] e ao mesmo tempo transforma a floresta no maior termostato que possuímos. Quando a temperatura sobe, a água transpirada aumenta igualmente, retirando calor do ar – de modo que a Amazônia equatorial possui uma temperatura média de 24 °C, oscilando entre 21 e 28 °C. Assim, não existem os extremos de temperaturas conhecidos nos desertos como, por exemplo, na faixa de Gaza onde, de dia, a temperatura sobe a 45 até 50 °C e, de noite, baixa para 4 e até -1 °C. A razão dessas oscilações é a falta de água que possa ser transpirada e, mais exatamente, a falta de florestas, represas ou lagos que atuem como termostatos. Na parte da Argentina onde as florestas foram eliminadas para dar lugar a pastagens e campos agrícolas, encontramos o mesmo fenômeno, de modo que as temperaturas extremas durante as 24 horas do dia estão dando um caráter semidesértico à paisagem. Onde as florestas ainda permanecem intactas, as temperaturas são muito mais amenas.

Açudes e represas frequentes ou o mar têm efeito semelhante.

A ABSORÇÃO DE ÁGUA PELA PLANTA

A absorção passiva por via física

A perda de água ao ar naturalmente causa um deficit na folha, que se chama de "pressão negativa" ou "tensão". Essa pressão negativa ou tensão é a força de sucção com que parte da água do solo entra na planta, uma vez que essa sucção existe em todo sistema vascular da planta, embora com intensidade decrescente em direção à raiz.[34] A força de absorção física da planta depende da temperatura e da umidade relativa do ar. Quanto mais baixa esta for, tanto maior será a força de sucção da raiz.[5,11]

Em nosso clima tropical e subtropical, onde a umidade relativa do ar geralmente é elevada, muitas vezes se aproximando da saturação, a água transpirada pela planta pode ser pouca, especialmente por passar 90% da transpiração pelos estômatos, os quais fecham durante o calor do dia em muitas plantas[11] mas podem ficar abertos em outras, como, por exemplo, em árvores do cerrado.[15]

Quando os estômatos fecham, o gradiente de pressão também será muito pequeno, não havendo força suficiente para a absorção[29,53] especialmente quando a concentração de íons na água do solo for elevada.[34]

Nos trópicos, a planta absorve boa parcela da água pela pressão osmótica da raiz[28,29] e até o transporte para as folhas pode se processar, em parte, pela "pressão" da raiz[49] e em parte pela "tensão" na folha[11] (quadro 1.3).

Quadro 1.3 Algumas medições de pressão osmótica. (Mengel, 1965)

raiz de planta de cultura	5 a 20 atm.
folha	30 a 40 atm.
solo de cultura	0,3 a 5 atm.
solo salino do deserto	30 a 100 atm.

A pressão osmótica da raiz depende, principalmente, do metabolismo vegetal e somente em pequena escala dos cátions acumulados no vacúolo celular.[49]

Segundo White (1938), o vegetal é capaz de bombear água até 60 metros de altura por pressão da raiz.

Em clima temperado, admite-se que 95% da absorção de água ocorre pelo deficit de pressão na folha, aproveitando-se dos teores baixos de umidade relativa do ar.[6,11,26]

No clima tropical, nem sempre a planta consegue absorver o suficiente por via física, tendo de fazê-lo por vias fisiológicas. Quer dizer, ela tem de criar energia de absorção através de seu metabolismo.[43,52,53]

A absorção ativa por via fisiológica

A absorção ativa da água ocorre por processos osmóticos nas células radiculares, ou, para dizê-lo mais simplesmente, pela pressão negativa produzida pela quantidade de substâncias contidas no suco celular.

É, portanto, igualmente um deficit de pressão que se exprime pela fórmula:

$$D.P.D. = \frac{R.T.s \times 100}{M} \times 1\,n\,H.R.$$

D. P. D. = deficit de pressão de difusão; R = constante dos gases; T = temperatura absoluta; s = peso molecular da água; H. R. = umidade relativa do ar; M = peso molecular da água com todas as substâncias ali dissolvidas.

A pressão osmótica sempre é um valor negativo e equivale ao deficit de pressão de difusão.

Osmose é a passagem de água com seus solutos por uma membrana semipermeável. Ela depende da energia cinética livre da água, como ilustrado na figura 1.2.

Isso é de máxima importância e a base de boa parte de absorção em nosso clima tropical. Explica, como será mostrado mais adiante, por que, às vezes, a adubação química tem resultado insignificante e até negativo nas zonas secas do Nordeste com solos salinos. Mas, no momento em que se compreende o mecanismo do funcionamento, o desenvolvimento de uma técnica agrícola adequada será possível.[2] Vejamos: se alguma substância for dissolvida na água, por exemplo, glicose ou potássio, a quantidade de moléculas de água por cm^3 de espaço diminui logicamente porque tem de compartilhar o espaço com o soluto. Existe, assim, não somente menos água e menos energia cinética nesta unidade de espaço, mas os movimentos das moléculas de água ainda são dificultados pelo de glicose ou potássio. Portanto: *a energia livre de uma solução diminui à medida que a concentração do soluto aumenta.* Estabelece-se um "deficit de pressão" em relação à água pura. Quanto maior esse deficit,

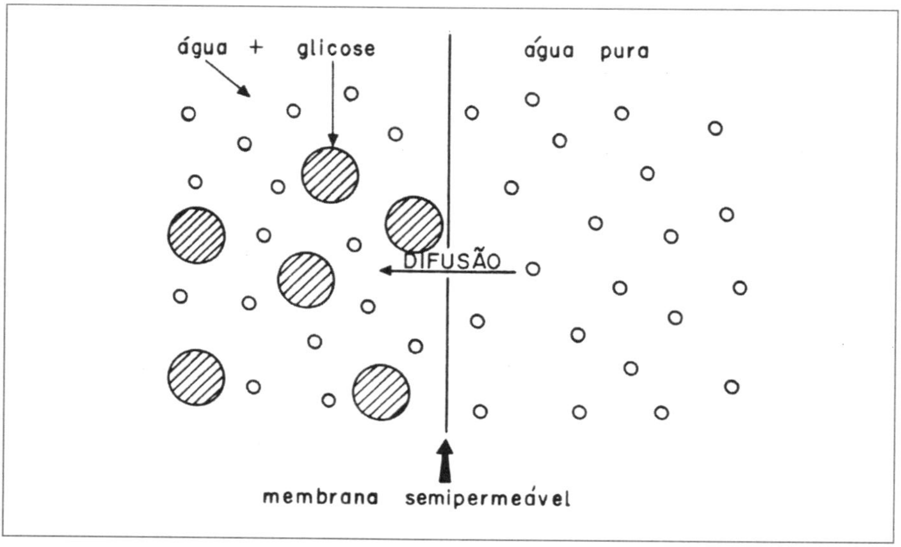

Figura 1.2 Esquema de osmose: difusão de água por uma membrana semipermeável da solução mais fraca para a mais concentrada.

tanto maior será a difusão de água da solução mais fraca, que possui maior energia cinética, para a solução mais concentrada. A célula bem provida de metabólitos, portanto, tem a capacidade de se apoderar de água com muito mais força que uma célula mal nutrida.

Desta maneira há quatro possibilidades para a planta:[2,13,43,52,53]

1. A planta é bem nutrida e a solução do solo possui concentração fraca, como ocorre, normalmente, em solos tropicais, que são considerados "pobres" em nutrientes em relação aos solos de clima temperado. Aqui a planta absorve a água com muita facilidade.
   Como a planta compensa a menor quantidade de nutrientes por volume de solo, por um sistema radicular maior, (vide capítulo 2), ela não somente absorve água com facilidade, mas ainda encontra muita água disponível no solo, por "enraizar" um volume grande de solo. A condição *sine qua non*, porém, é que o solo tenha uma estrutura grumosa, de densidade aparente baixa (0,9 a 1,2 g/cm^3);
2. A planta é bem nutrida mas a concentração da solução do solo é alta. Isso ocorre em terras adubadas comercialmente ou em época de seca, quando a água do solo diminui. A planta terá dificuldade em absorver água no momento em que a temperatura do solo e do ar sobe, por existir pouca diferença de concentração entre a solução externa, do solo, e a interna, da célula. A planta sofre a falta de água com facilidade;[31]
3. A planta é mal nutrida e, apesar de existir o suficiente em água no solo, ela tem dificuldade em absorvê-la por não possuir pressão osmótica suficiente. Esse caso ocorre em solos pobres, não adubados;
4. A planta é mal nutrida e a concentração na solução do solo é alta, como ocorre em solos salinos ou em solos que receberam uma adubação em cobertura muito grande. A planta encontra muita dificuldade em absorver água e, com ela, o adubo. Ela sofre da falta de água apesar de existir o suficiente no solo. Chama-se a isso de "seca fisiológica".[29]

Planta mal nutrida sofre de seca com muito maior antecipação que uma bem nutrida.[27]

Surge a pergunta: Quando é que uma planta é bem nutrida?

A maioria responderá: quando houver o suficiente em nutrientes à disposição no solo e quando esses forem absorvidos pela planta.

Isso, infelizmente não é o suficiente. *A planta somente é bem nutrida quando for capaz de metabolizar em pouco tempo os nutrientes absorvidos!* E essa metabolização deve chegar até os produtos finais, como proteínas, e não pode parar nos aminoácidos.

A nutrição do vegetal não só depende dos elementos nutritivos como também dos metabólitos, isto é, dos produtos metabolizados, como de açúcares, de proteínas e de muitas outras substâncias.

A pressão osmótica da raiz se deve, principalmente, aos carboidratos e em muito menor escala aos cátions absorvidos, como cálcio, potássio e outros.

Porém, a metabolização ainda não é o suficiente. Necessita-se que os metabólitos sejam transportados à raiz. E nesse transporte age especialmente o micronutriente boro.[36] Embora o potássio seja importante no transporte de açúcares dentro da parte verde do vegetal, a consistência radicular não é alterada quando ele for deficiente.

Porém, quando houver a deficiência de boro, a raiz sempre será desprovida de carboidratos (vide capítulo 2).

Para que uma raiz seja bem nutrida, necessita ser abastecida de produtos fotossintetizados pela folha. Esses devem ser transportados pela corrente descendente. Aumenta a pressão osmótica, dependendo desta o crescimento radicular, a absorção de nutrientes e o turgor das folhas.[13,43]

Verifica-se uma interação muito estreita entre fotossíntese e potencial radicular. Se a fotossíntese diminuir, a raiz é pior nutrida e diminui seu potencial de absorção.[33] Diminuindo a absorção de água e nutrientes, diminui, por sua vez, a fotossíntese. Entra-se num círculo vicioso em que diminui, sempre mais, a absorção pelas raízes e a fotossíntese pelas folhas, debilitando a planta a tal ponto que esta amadurece precocemente para ainda poder reproduzir-se. O resultado é o fracasso da colheita.

A GERMINAÇÃO E A QUALIDADE DA SEMENTE

Raiz alguma se desenvolve sem os produtos da fotossíntese. Mas, o germe ainda não tem folhas quando cria sua raiz. O primeiro impulso deve vir da reserva da semente. Ela deve fornecer a primeira energia, bem como o fósforo para agir no seu transporte, o magnésio para a clorofila e a pressão negativa, para que a semente tenha a capacidade de absorver água. Quanto mais rica a semente for em carboidratos, tanto mais facilmente absorverá água. Isso, porque a semente consegue absorver fisicamente somente parte da água necessária para sua germinação. Existe um ponto a partir do qual a absorção ocorre por via fisiológica, ou seja, por osmose. *Semente rica germina melhor!*[35,52] Por outro lado, sabe-se que em solos compactados, adubados e plantados com sementes de poucas reservas em carboidratos, como, por exemplo, de soja, esta quase não consegue nascer por estar impedida de absorver a água indispensável à germinação (vide capítulos 2 e 7). Semente deficiente em fósforo não consegue iniciar os processos metabólicos, necessitando sempre uma reserva deste nutriente (figura 1.3).

Sem fósforo não há transferência de energia, indispensável à maioria dos processos metabólicos.

A riqueza em carboidratos pode ser determinada, aproximadamente, pelo peso hectolítrico da semente. Quanto maior o peso de um hectolitro de grãos, tanto mais ricos são em carboidratos e tanto mais fácil será, portanto, a germinação. Quanto mais rapidamente puderem apoderar-se de água, tanto mais cedo iniciarão o processo de crescimento. Em grãos muito deficientes em carboidratos, como os de milho chocho, frouxos no sabugo,[49] a germinação demora muito mais tempo, devido à dificuldade da semente em absorver água, dando por isso maior possibilidade ao ataque por fungos, que podem aniquilar a semente. Protegem-se as sementes dos fungos por mercuriais, mas não existe possibilidade de ajudá-las a absorver água de solos adensados. Isso vale tanto para sementes em grão como para estacas e roletes. Por isso, *somente o melhor pode servir de semente*!

Nas figuras seguintes, mostra-se o efeito de deficiências minerais sobre a força germinativa e o vigor de crescimento das plantas. Pode haver sementes de aspecto bom, mas quando deficientes de boro os germes necrosam, como mostra a figura 1.4. As sementes plantadas não nascem mas apodrecem no solo.

Porém, quando faltar cálcio e as sementes conseguirem se formar, elas são deformadas com uma caverna no meio, ou seja, com o tecido central necrótico. Essas sementes nascem, quando as condições do solo forem boas, especialmente quando não houver crosta superficial, mas seu vigor de crescimento é muito fraco, por causa da deficiência de reservas, e muitas plantinhas morrem.

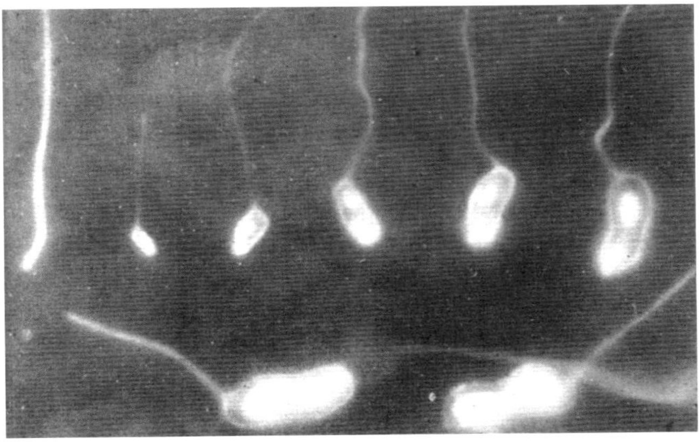

Figura 1.3 A acumulação de fósforo radioativo (P32) em sementes de amendoim. (H. C. Harris, 1973)

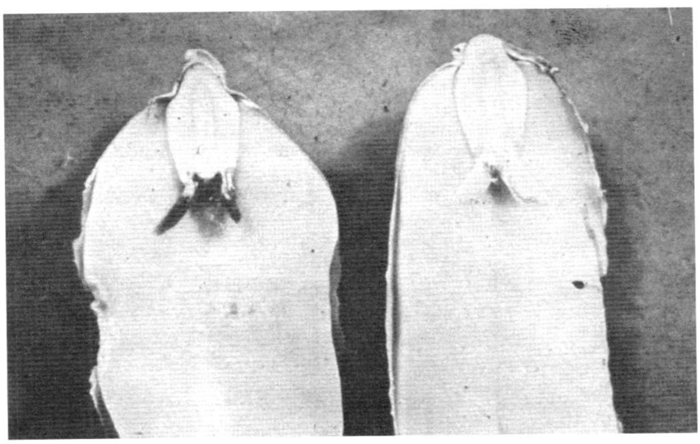

Figura 1.4 Semente de amendoim com germe necrótico (à esquerda) em decorrência da deficiência de boro. (Gentileza: H. C. Harris)

Na figura 1.5 verifica-se, por exemplo, a necessidade do amendoim de encontrar o suficiente de cálcio no solo para poder formar sementes de boa qualidade.

Além das deficiências minerais das sementes, da falta de água, da pobreza em carboidratos e crostas superficiais do solo que dificultam a emergência das plantinhas, também a pressão osmótica na solução do solo pode prejudicar a germinação.

Todos sabem que o adubo em linha, junto com a semente, retarda a germinação, simplesmente porque aumenta a pressão osmótica na solução do solo, o que dificulta a absorção fisiológica (vide capítulo 8) de água pela semente. Neste sentido o íon cloro (Cl^-), que geralmente acompanha o adubo potássico, quando na forma de KCl, tem efeito mais depressivo sobre a germinação da semente e a absorção de água. Carbonato de potássio seria muito mais inofensivo. Não somente a concentração da solução do solo é de importância mas igualmente o tipo de soluto presente, que ainda pode apresentar efeito tóxico.

Verifica-se que não somente a pressão osmótica é importante mas igualmente o composto em solução. Todas as combinações que contêm cloro são mais depressivas que as sem cloro, especialmente sobre a germinação. Por isso solos salinos por cloretos são mais prejudiciais que solos salinos por carbonatos.

Sabe-se, igualmente, que as sementes mais prejudicadas pela elevação da pressão osmótica no solo são as de leguminosas, como de feijão ou soja, porque são mais

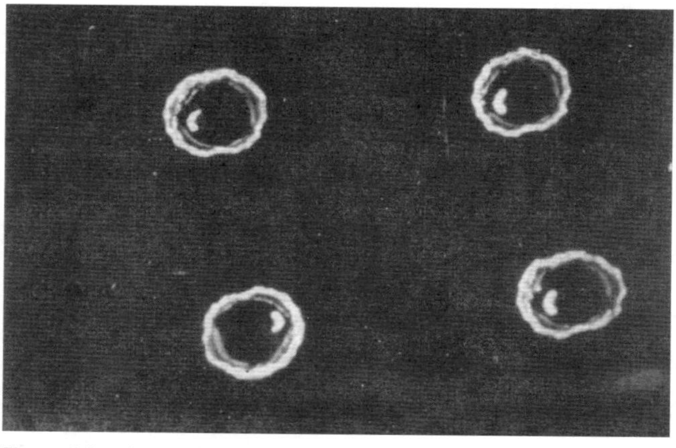

Figura 1.5 Amendoim novo com depósito de cálcio radioativo na casca e na semente. (Gentileza: H. C. Harris)

Quadro 1.4 Produção de trigo em relação à pressão osmótica da solução do solo e de tipo do soluto. (Müller, 1973/74)

0,3 atm. na solução do solo	100% do rendimento
0,4 atm. na solução do solo	75% do rendimento
0,4 atm. na sol. do solo por NaCl	8% do rendimento
0,4 atm. na sol. do solo por $MgCl_2$	45% do rendimento
0,4 atm. na sol. do solo por $MgSO_4$	83% do rendimento

ricas em proteínas e mais pobres em carboidratos, possuindo uma pressão osmótica menor. É essa também a razão por que pode falhar a germinação de soja quando posta em contato com o adubo potássico.

Deve-se cuidar de *nunca colocar o adubo na linha junto com a semente!*

Há diversos métodos de enriquecimento da semente, como umedecimento com solução de micronutrientes ou entumescimento nesta solução, a pilulação ou peletização com cálcio ou fosfatos ou micronutrientes que serão tratados mais adiante ou a pulverização ou polvilhamento de sementes com óxidos de micronutrientes.

Para que a semente nasça, necessita-se de uma determinada temperatura no solo que é específica a cada espécie. Se esta temperatura for alta ou baixa demais, a semente entra em dormência, e, se for muito distante da temperatura ideal, impede-se a germinação.

A TEMPERATURA E A PRODUÇÃO VEGETAL

Sabe-se que a temperatura possui papel preponderante na produção vegetal. No clima temperado a temperatura média anual oscila entre 9 e 15 °C e a temperatura máxima do solo, por exemplo na Escócia, é de 14 °C, o que equivale à temperatura mínima nas zonas subtropicais do Brasil.

No clima tropical as culturas podem sofrer o efeito de temperaturas elevadas, quando existir, ao mesmo tempo, a dificuldade de absorção de água. Esse efeito raramente ocorre em solos recém-roçados, ou seja, virgens, e é muito pronunciado em solos cultivados por muitos anos ou em pastagens permanentes mal tratadas.

Se fosse somente pelo empobrecimento rápido, por que o solo em clima tropical, muitas vezes, não reage satisfatoriamente a uma adubação (vide capítulo 8) e raramente se obtêm resultados como nos EUA ou Europa?

Por que a floresta tropical produz em 18 anos o que o temperado produz em 100 anos? Se a causa fosse somente o inverno e os 4 a 6 meses de estagnação de crescimento, a relação deveria ser de 1:2 até 1:3 e nunca 1:5. Além disso, em muitas zonas ocorre igualmente uma época de estagnação de crescimento, causada pela seca, de modo que nesse sentido estaria equiparada ao clima temperado.

Quais os fatores que criam esse ambiente extremamente favorável ao crescimento florestal?

Por outro lado, a produção agropastoril é baixa nas zonas tropicais, o que não é próprio ao clima quente mas deve ser originado de um manejo errado dos solos e, talvez, das culturas, uma vez que o uso de tecnologia não significa ainda que esta seja acertada.

Como a temperatura influi sobre a planta?

1. Aumenta a respiração vegetal, o que significa mais energia. Por outro lado, gasta mais produtos fotossintetizados e enfraquece com isso o potencial osmótico radicular. A planta possui um metabolismo acelerado que a poderia habilitar a uma produção maior, como ocorre nas matas virgens. Parece que o ponto de

entrave está na raiz, que deve ter a possibilidade de absorver o suficiente mesmo com pressão osmótica baixa;[23]

2. Aumenta o crescimento radicular (vide capítulo 2) quando o solo o permitir (sem camadas adensadas);
3. Aumenta a transpiração e o gasto de água, dependendo, pois, de um solo com boa capacidade de armazenamento de água útil;
4. Diminui a fotossíntese líquida e, quando faltar água, diminui igualmente a fotossíntese bruta, uma vez que, normalmente, os estômatos se fecham, o que impede a saída de água mas também a entrada de gás carbônico.

Portanto, em solos que oferecem empecilhos à expansão radicular e com isso à absorção de água e em plantas que forem nutridas de maneira incompleta, durante o calor do dia, a fotossíntese será muito reduzida. O vegetal gasta os produtos fotossintetizados e o crescimento será lento.

Se a água for escassa e a planta mantiver seus estômatos fechados por muito tempo, ela poderá chegar a um ponto em que o produto da fotossíntese se torna nulo por ter sido gasto pela respiração. Continuando a respiração, a planta inicia a decomposição de produtos já metabolizados, inclusive proteínas. Ela perde todo seu turgor e o murchamento é irrecuperável.

De uma murcha passageira a planta se recupera, mesmo se for muito intensa. Mas a partir do ponto em que o vegetal gasta sua substância, a murcha torna-se permanente e a planta morre.

Quanto mais tempo a planta mantiver os estômatos fechados, tanto menor será sua produção. Cada hora que falta na fotossíntese, faltará na produção de substâncias vegetais.

O problema é o *equilíbrio entre fotossíntese e respiração.*[6,11,33]

Como se pode verificar na figura 1.6, em clima tropical as plantas atingem o ótimo de respiração e fotossíntese líquida com 25 °C. Se a temperatura subir mais, os estômatos de muitas plantas se fecham, porém continua a respiração sem que haja fotossíntese, baixando, portanto, não somente a produção de produtos fotossintetizados, mas aumentando seu gasto. De modo que numa temperatura de aproximadamente 48 °C alcança-se o ponto zero. Desse ponto em diante a planta começa a gastar sua substância. Em clima temperado o ótimo de temperatura está ao redor de 12 °C, alcançando-se o ponto zero com aproximadamente 24 °C. O efeito da temperatura depende, pois, não somente das propriedades genéticas do vegetal mas igualmente da disponibilidade de água e de uma respiração econômica, ou seja, um máximo de energia liberada de um mínimo de glicose, o que ocorre somente em solo suficientemente arejado.

O efeito benéfico de temperaturas elevadas depende pois:

1. Da proteção de um superaquecimento do solo e do ar. Essa proteção do solo reside no seu sombreamento, seja pela capa vegetal, seja por cobertura morta. O

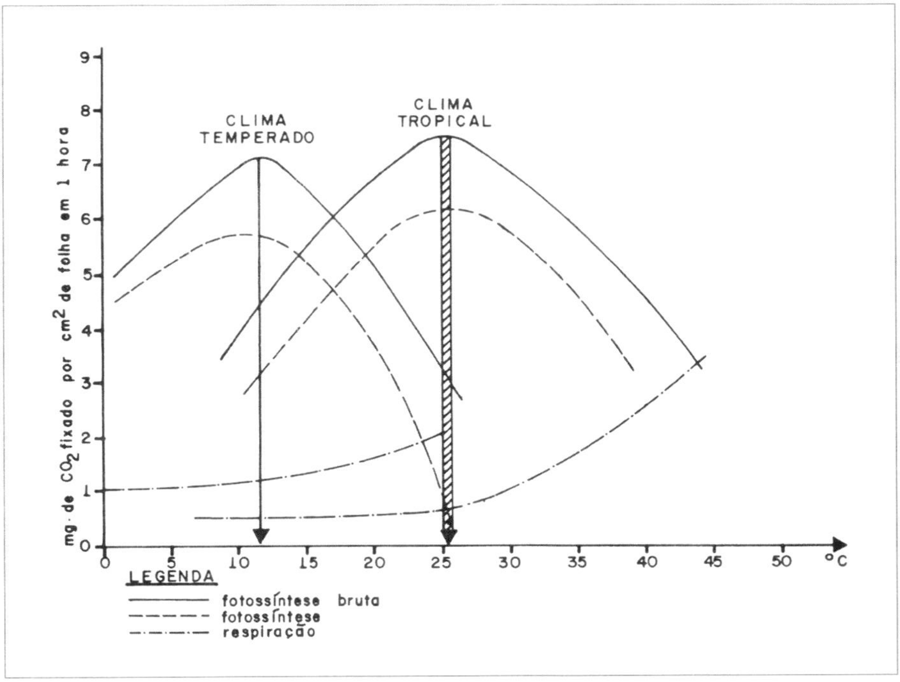

Figura 1.6 Fotossíntese × Respiração, em clima tropical e temperado. (Müller, 1973)

superaquecimento do ar evita-se por áreas suficientemente grandes e bem distribuídas de florestas ou açudes;

2. De quantidades suficientes de água à disposição das plantas, o que pode ocorrer quando as raízes conseguirem explorar um volume grande de solo, ou por irrigação;
3. De quantidade suficiente de ar no solo, o que depende da estrutura grumosa do solo e da proteção e conservação desses grumos;
4. De suficiente nutrientes à disposição, cuja disponibilidade diminui quando se tornam escassos ou quando existirem em concentrações elevadas demais.

As técnicas na agricultura tropical devem ser adaptadas a essas exigências.

Em clima temperado a planta raramente fecha os estômatos durante o dia, que é relativamente frio. A fotossíntese continua, portanto. Porém, a respiração é fraca devido à temperatura ser baixa. Falta, assim, energia para a metabolização.[34] As técnicas agrícolas das zonas temperadas tentam, por isso, aumentar a respiração aumentando a insolação do solo, ferir o ponto vegetativo por grades de dente articuladas e por produtos húmicos. Um dos mais poderosos ativadores de respiração são subprodutos dos ácidos húmicos, os *fenóis* e *quinonas* (vide capítulo 4). De modo que, em clima temperado, a produção vegetal depende essencialmente de técnicas de animação da respiração e de aquecimento do solo, para criar mais energia para o metabolismo.[44]

No clima tropical ocorre o inverso. Respiração e metabolização são muito ativos e a fotossíntese se torna facilmente deficiente. As técnicas agrícolas devem restringir a respiração e aumentar a fotossíntese.[28]

Para isso é importante saber de que fatores depende a fotossíntese. Ela depende:

1. Do abastecimento suficiente da planta com água para evitar que se fechem os estômatos. Isso ocorre pelo aumento do espaço enraizado, ou seja, pela conservação de uma estrutura grumosa do solo ou pela irrigação;
2. Do gasto econômico desta água que depende da sanidade e nutrição vegetal;
3. Da diminuição da respiração que se consegue pela:
   a) diminuição da temperatura do selo, ou seja, pela proteção da insolação direta, que ocorre tanto por um espaçamento menor, culturas intercaladas ou uma cobertura morta;
   b) pelo semissombreamento da cultura, protegendo-a de insolação excessiva, sendo 30% de sombra o suficiente (vide capítulo 9);
4. Da produção máxima de energia por Mol de glicose que depende do arejamento adequado do solo e que se consegue pela conservação de sua estrutura grumosa;
5. De um anabolismo rápido, isto é, da produção rápida de substâncias orgânicas que igualmente aumentam o potencial radicular e com isso a fotossíntese, e que torna o plasma celular mais viscoso, evitando um gasto excessivo de água. Portanto, micronutrientes são essenciais à produção vegetal;[39,46]
6. Do controle da temperatura em geral, por florestas ou açudes;
7. Do fator C-4 e sua influência na fotorrespiração.

As plantas tropicais em geral possuem maior capacidade de utilização da luz e da água, e por consequência de fixação de CO_2, do que as de clima temperado.[14,17,18,37] Também podem produzir maior quantidade de matéria seca por unidade de água transpirada.[20] Sabe-se que as plantas superiores podem ser subdivididas em dois grupos, de acordo com os passos iniciais da fixação fotossintética de CO_2.

No primeiro grupo (C-3) o CO_2 é fixado inicialmente em fosfoglicerato (3-PGA), no *ciclo de Calvin*. No segundo grupo (C-4) o CO_2 aparece primeiro em ácidos com 4 átomos de C (málico, aspártico ou oxalacético) e que se chama tipo Kranz.[19] A função principal do grupo C-4 parece ser possibilitar uma maior eficiência de fotossíntese. Praticamente todas as gramíneas tropicais, como cana-de-açúcar, milho, sorgo e forrageiras[37] pertencem a este grupo que possivelmente inclui ainda muitas outras plantas tropicais. Mas existem, também, plantas tropicais, como arroz e as *Bambusaea,* que pertencem ao grupo C-3, o que, porém, parece ser exceção.

Isso significa que os países tropicais poderiam produzir muito mais que os países temperados se soubessem utilizar convenientemente os seus solos!

O ABASTECIMENTO DA PLANTA COM ÁGUA

Geralmente, acredita-se que o abastecimento com água seria especialmente através da irrigação. É certo que o abastecimento da planta com água depende de quantidade suficiente de água disponível no solo. Mas, já a disponibilidade não depende somente da irrigação. A água disponível é aquela que se encontra nos poros médios do solo. Esses poros devem ser tão pequenos que não a percam pela força da própria gravidade, porém, devem ser tão grandes que a planta possa retirá-la com toda facilidade, o que ocorre entre 0,1 e 0,5 atm. Esses poros dependem da textura do solo. Se este for de areia fina, possuirá exatamente a textura ótima para a disponibilidade de água. Porém, nem todos os solos são de areia fina, e areias finas não são ideais para a produção vegetal por serem pobres em minerais.

As argilas possuem uma textura tão fina, provocando a retenção de água com tamanha força, que poucas plantas conseguem retirá-la do solo. Mas as argilas podem ser ricas em nutrientes e muitas vezes possuem capacidade de troca adequada. A natureza sabe superar o problema da textura das argilas e em solos virgens apresentam-se agregadas a grumos, de modo que reúnem as qualidades favoráveis da textura mais grossa das areias com a maior riqueza das argilas. Os agregados devem ter um diâmetro de 0,5 a 1,0 mm e perfazer no mínimo 43 a 45% do total do solo argiloso, sendo o ótimo entre 60 e 63% (vide capítulo 7). O mais importante nestes grumos é que sejam estáveis à água e não se desagreguem quando a primeira gota de chuva cair (vide capítulo 2).

A disponibilidade da água no solo mede-se em pF, atmosferas ou milibar. O pF é o logaritmo negativo de uma coluna de água de determinada altura. Uma coluna de água de 1 000 cm (exatamente 1 013 cm) corresponde a 1 atmosfera de pressão ou 1 013 mB ou pF 3. Os valores mínimos oscilam entre 0,14 e 0,65 atm, ou seja, pF 2,18 a 2,81.

Geralmente se estabelece como limite de água disponível, o que pode ser retirado a 2,4 pF de tensão. Esse limite é arbitrário, dependendo da planta, uma vez que plantas de solos salinos não murcham ainda com 2,4 pF, ou seja, 0,5 atm de tensão de água no solo. Conseguem retirar água até pF 4,5, ou seja, 15 atm e, em casos extremos, até 100 atm.[33]

Para que haja água disponível no solo, deve haver antes de tudo a possibilidade de infiltrar-se. Quando a maior parte da água pluvial escorrer, devido à formação de uma crosta "vedante" na superfície, não adiantam precipitações abundantes: causam somente erosão e enchentes mas nunca servem à produção vegetal. Na África, encontramos desertos em zonas com 2 800 mm de chuva por ano, como ainda será discutido mais adiante.[45]

A planta não necessita somente de água disponível no solo. Também deve ter a possibilidade de absorver essa água.

Haverá falta de água para a planta quando:

1. Houver escassez de água no solo;

2. A água existente não é disponível devido à tensão elevada;
3. A água disponível do solo tiver pressão osmótica maior que a raiz, em consequência de concentração elevada de solutos;
4. As raízes tiverem seu caminho barrado por camadas adensadas, impedindo a penetração do solo à procura de umidade;
5. As raízes forem atacadas por parasitas, como nematoides;
6. As raízes forem prejudicadas por anaerobismo no solo, seja por encharcamento ou por adensamento;
7. O metabolismo das plantas for deficiente e a raiz estiver mal nutrida, possuindo um potencial radicular reduzido.

Portanto, uma falta de água pode ocorrer mesmo quando esta existir no solo em forma disponível e há o caso extremo de as plantas murcharem por falta de água em terrenos inundados, dentro da água, por não poderem absorvê-la por falta de oxigênio.[21,29] Por isso, a irrigação de um solo completamente adensado e empobrecido faz pouco efeito. Da mesma maneira que uma irrigação aumenta o efeito da adubação em épocas secas, uma adubação aumenta o efeito da irrigação em solos pobres, como mostra a figura 1.7.

Assim como uma adubação aumenta a eficiência da irrigação em solos pobres, ela também pode ser o fator de indução de uma seca precoce, por elevar a pressão osmótica do solo (seca fisiológica). Além disso, os íons possuem um efeito hidratante ou desidratante[34] sobre as células da raiz, que depende da camada de hidratação que possuem e que diminui com o aumento das valências dos íons, como mostra a figura 1.8.

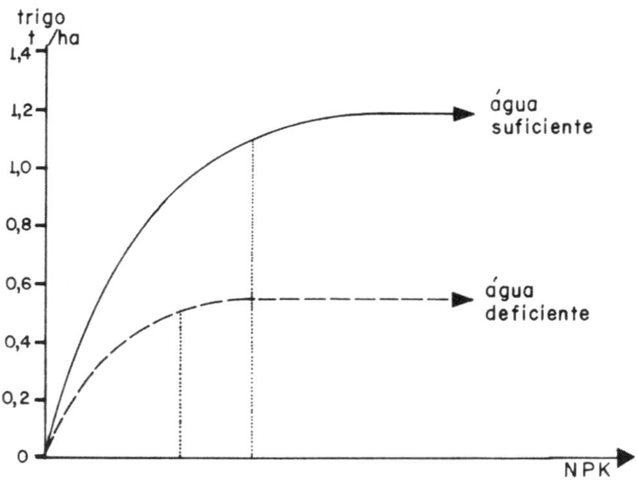

Figura 1.7 Efeito de doses crescentes de água e nutrientes sobre a produção de trigo. (Boguslawski, 1954)

Os íons absorvidos no plasma celular também hidratam ou desidratam esse plasma. Por isso, os íons monovalentes, com camada espessa de hidratação, são tidos como "hidratantes", enquanto os bi e trivalentes, como cálcio e alumínio, com sua camada de hidratação reduzida, são tidos como desidratantes.[26] Tanto uma hidratação excessiva como uma desidratação pronunciada do plasma vegetal é prejudicial. Somente o equilíbrio de íons mono e bi ou trivalentes faz com que o plasma celular da raiz possa atingir uma hidratação ótima.[21] Por isso existem hoje sempre mais trabalhos que não indicam mais o teor absoluto de alumínio trocável no solo, mas os porcentos de saturação do complexo de troca (vide capítulo 2).

Essa é a razão por que qualquer íon em solução monossalina, ou seja isoladamente, tem efeito negativo sobre o crescimento vegetal. Assim, potássio necessita de cálcio para ser equilibrado,[24] e muitos pesquisadores não trabalham mais com níveis de um nutriente na planta, mas sim, com proporções, características para cada espécie,[40] porém em níveis diferentes. Logo, a proporção K/Ca sempre é de 8 a 10 no arroz. Mas existem variedades com 1,2% de K e 0,15% de Ca e outra com 2,5% de K e 0,31% de Ca. Os níveis são diferentes, as proporções são iguais. E existem trabalhos que adiantam mais e dizem que muitas plantas de cultura possuem proporções semelhantes,[51] de modo que as firmas químicas produzem adubos foliares com a mesma proporção de nutrientes para diversas culturas.

A maioria de nossos solos tropicais possuem suficiente potássio (K) e igualmente considerável quantidade de alumínio (Al). Este último é altamente prejudicial à planta quando predominar, desidratando o plasma, causando a conhecida "plasmólise" nas células radiculares, impossibilitando a absorção de suficiente água e nutrientes. Quando, porém, somente uma pequena parte dos cátions trocáveis for alumínio, este, raramente, tem efeito prejudicial em culturas tropicais. Uma das exceções é a cevada, que não é cultura tropical.

Por outro lado, cada plantador de soja sabe que um campo que recebeu uma calagem elevada, para fins de correção do pH, sofre a seca muito mais cedo que os campos com calagem menor. Isso não ocorre por causa de uma granulação melhor do solo e, portanto, de seu arejamento mais intenso, como se supunha, mas sim, por causa do aumento da pressão osmótica na solução do solo.[33]

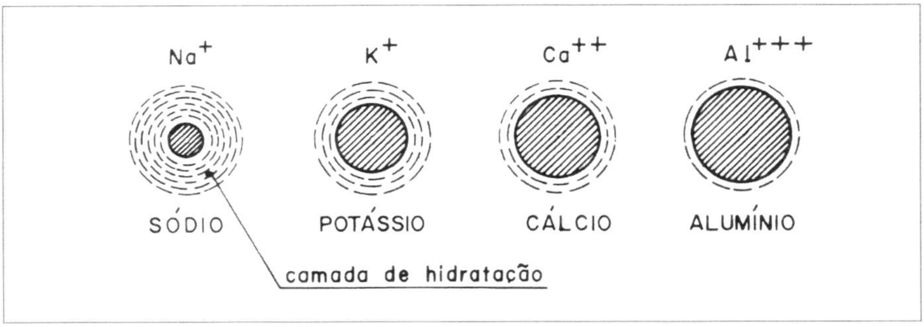

Figura 1.8 Hidratação de alguns íons.

O importante não é uma quantidade grande de um nutriente, mas o equilíbrio entre os nutrientes.

Como ensina a prática do campo, tanto em solo com calagem elevada como em solo com teores elevados de alumínio pode ocorrer uma "seca fisiológica" nas plantas, que mostram todos sinais de seca, antes que estes apareçam nos outros campos.

O GASTO DE ÁGUA PELAS PLANTAS

A falta de água ocorre tanto pela absorção deficiente como pelo gasto excessivo. A quantidade de água gasta por uma planta varia muito segundo sua nutrição, a espécie e a incidência do vento[39,44] (vide capítulo 9).

Cada autor indica quantidades diferentes de água gastas para formar um quilograma de substância seca, segundo o lugar de ensaio e a nutrição da cultura (quadros 1.5 e 1.6).

Quadro 1.5 Coeficiente de transpiração, em litros de água gastos por quilograma de substância seca formada. (Römer, 1953)

sorgo	277	aveia	583
milho	349	centeio	634
trigo	491	trevo-vermelho	698
cevada	527	linho	783
batatinha	575	alfafa	844

Quadro 1.6 Efeito da adubação sobre o gasto de água por quilograma de substância seca. (Klapp, 1967)

cultura	sem adubação	com adubação
trigo	928	349
centeio	604	364
batatinha	1 317	638
forrageiras	1 586	637

Verificamos que o gasto de água é muito maior em plantas mal nutridas. Assim, batatinhas em solo pobre gastam mais que o dobro de água que em terra adubada, e forrageiras em terra pobre gastam quase o triplo do que em estado bem nutrido. Verifica-se que o uso econômico de água pela planta ocorre somente quando esta for bem nutrida. Por outro lado, deve ser ressaltado que a planta pode ser bem nutrida em solo adubado ao lado da semente, ou em solo mais pobre, mas com a possibilidade de expansão, explorando um volume grande de solo com suas raízes.

A diferença de água gasta pela planta deixa dúvidas sobre o valor de pesquisas que trabalham com poucos fatores. Porém, pode dar-nos também uma indicação sobre o manejo mais econômico da água do solo.

O gasto de água também é diferente segundo o lugar e seu clima. Assim, pode-se compilar os seguintes dados[44] referentes à cultura de trigo adubado, variando a indicação de água gasta segundo o autor, ou melhor, a estação experimental:

Hellriegel	338
Schröder	390
Tulaikow	415
Sorauer	450
Schantz	491

A diferença é de 32%; e isso numa planta conhecida pelo gasto reduzido em água. O trigo é tido como cultura própria de zonas semiáridas, com 300 a 400 mm de precipitações anuais. Nas culturas que necessitam de mais água como, por exemplo, a batatinha, a diferença torna-se muito maior e pode ser de até 229%. O mesmo vale para as forrageiras. Uma cultura sem condições de metabolização rápida pode gastar o dobro da água de que necessitaria quando em condições nutricionais ótimas. É, sem dúvida, um problema grave porque poderá insinuar o uso de irrigação, quando esta ainda poderia ser evitada por uma nutrição melhor da cultura e pela diminuição da incidência de vento.[9,45] O rendimento poderia ser duas a três vezes maior com idêntica disponibilidade de água, mas com um gasto mais econômico.

Para zonas subúmidas ou semiáridas é importante:

1. Escolher culturas que tiveram maior taxa de produção por unidade de água;
2. Nutrir as plantas de tal maneira que gastem o mínimo de água. Na maior parte das culturas uma nutrição boa inclui, ao lado dos adubos e de calagem, uma estrutura granular do solo com a possibilidade de um melhor "enraizamento" deste;
3. Proteger a cultura de uma transpiração excessiva, baixando a incidência de vento pela instalação de quebra-ventos.

Aqui surge um problema: é econômico plantar uma cultura mesmo quando as técnicas exigidas a tornam tão dispendiosa, que apesar de uma colheita boa não dá lucro? É um caso que, aparentemente, não é muito raro, uma vez que a colheita boa pode criar um tal entusiasmo pela cultura, que se esquece o custo da tecnologia empregada para poder produzir uma colheita. Caso contrário, os créditos bancários não seriam tão cruciais para nossa agricultura. Não é raro um agricultor declarar: "Utilizei todas as técnicas modernas, obtive colheitas boas e mesmo assim não consigo sair das dívidas!"

A tecnologia moderna não garante o lucro se a cultura for mal escolhida. Por isso, o zoneamento das culturas e a escolha acertada da terra onde se pretende plantar é de importância.

A nutrição vegetal e o gasto de água

Plantas bem providas de potássio transpiram menos[27] e, quando têm à sua disposição quantidades suficientes de manganês, zinco, cobre e boro,[39] o seu plasma torna-se mais viscoso e elas gastam a água de maneira mais econômica. Vale, portanto, a regra:

Planta mal nutrida gasta mais água!

Se a planta é bem ou mal nutrida não depende somente dos elementos maiores. A planta é bem nutrida quando tem à sua disposição todos os nutrientes que necessita para formar as substâncias próprias à espécie e à variedade. Deve-se distinguir claramente entre a capacidade de absorção pela raiz, que é própria à variedade, e a proporção dos elementos nutritivos na planta, que não varia dentro da espécie e até pode ser semelhante em espécies diferentes. Este aspecto ressalta a importância da raiz e suas propriedades diferentes.

Importante é que a metabolização dos elementos nutritivos seja a mais rápida possível, e que seu transporte, dentro da planta, seja garantido.

Assim, a quantidade de micronutrientes que cada planta e variedade necessita encontrar no solo varia. O milho sofre facilmente da deficiência de boro, zinco e cobre, o trigo de manganês e cobre, o café de boro, zinco e manganês, o fumo de cobre e boro etc. e existem inúmeros livros que tratam das deficiências minerais em vegetais (vide capítulo 8).

Como já foi discutido, a nutrição da planta não depende somente de uma adubação completa, mas igualmente do espaço de solo que a raiz pode explorar. Assim, um solo "pobre" é capaz de produzir a hileia amazônica com suas árvores frondosas de até 3 m de diâmetro e parece que a "pobreza" do solo depende não somente do volume do solo explorado, que pode ser restrito por camadas adensadas, mas igualmente do potencial da raiz de mobilizar nutrientes de formas não consideradas como disponíveis nas análises de rotina.

O adensamento do solo, porém, é um impedimento decisivo no abastecimento com água, por confinar as raízes a camadas muito superficiais (vide capítulo 2).

As condições de desenvolvimento de uma planta vão piorando à medida que o solo se está adensando e encrostando, por causa da deterioração de sua estrutura grumosa

Na figura 1.9 esse problema está esquematizado. Em solo com camada adensada em pouca profundidade, frequente em terra de cultura, a raiz somente desenvolve-se bem na parte grumosa acima. Perto da superfície não desenvolve radicelas, por falta de água e da impossibilidade de absorver nutrientes. No lado direito a raiz consegue desenvolver-se livremente, não existindo adensamentos. O volume maior explorado pela raiz proporciona ao mesmo tempo mais água e mais nutrientes. A planta melhor nutrida transpira menos.

A quantidade de água disponível não depende somente das chuvas e da temperatura, encontrando sua expressão na evapotranspiração, que nada mais indica do que a proporção de precipitações e sua perda por evaporação e transpiração devido à temperatura. Não se dá conta que a água que nunca infiltrou no solo, também não pode estar disponível às plantas. De modo que não é importante saber quanta chuva caiu, mas quanta água se infiltrou, e quanto o solo conseguiu armazenar. A água que escorre, enchendo os rios, não é água produtiva!

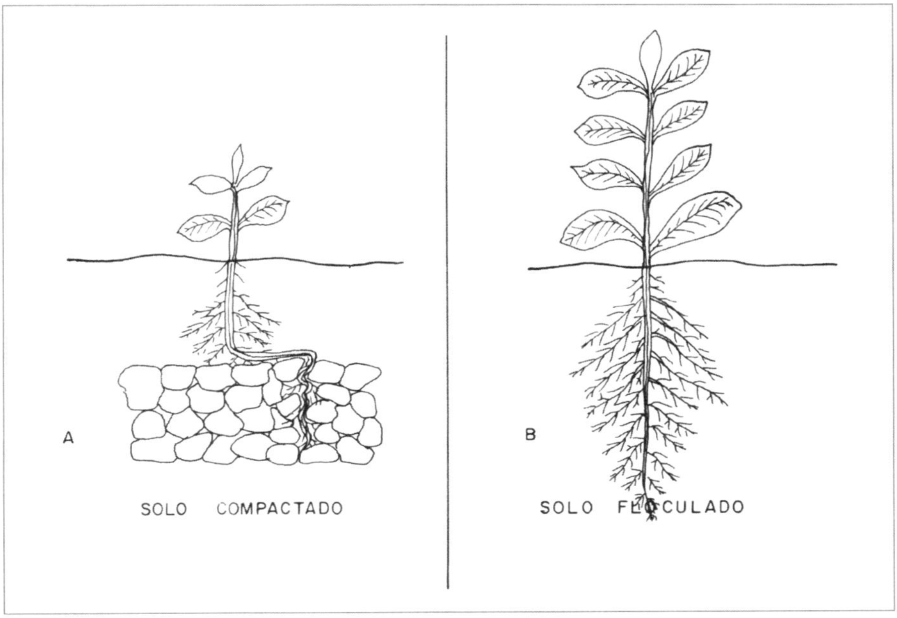

Figura 1.9 O enraizamento de solo com camada compactada e de solo grumoso. O volume de solo explorado é diferente.

O gasto da água no solo não depende somente da espécie e da temperatura ambiental, mas também da nutrição vegetal, uma vez que plantas no mesmo local, com idêntica quantidade de chuva e idêntica temperatura, podem produzir rendimentos diferentes em até 400%, segundo a estrutura do solo e a nutrição.[22]

O gasto de água pela planta depende da:

1. Adaptação ao ambiente em que cresce;
2. Umidade relativa do ar que será mais baixa onde houver maior incidência de vento;
3. Frequência do vento. Plantas expostas ao vento transpiram mais água mas produzem menos;
4. Viscosidade do plasma celular que aumenta com um metabolismo ativo;
5. Intensidade de transpiração, que diminui em presença de micronutrientes;[39]
6. Possibilidade de manter os estômatos abertos durante o dia para garantir a continuidade da fotossíntese;
7. Possibilidade de fechar os estômatos quando as condições se tornarem adversas (calor e uma brisa de vento constante) a fim de evitar perdas excessivas de umidade. E para isso necessita-se de potássio.[16,34]

O manejo da água no solo depende, pois, essencialmente, da perícia do agricultor assim como o manejo do dinheiro depende da perícia do administrador.

RESUMO

A água disponível às plantas, antes de tudo, deve infiltrar-se no solo, o que não ocorre em solos cuja superfície encrosta com facilidade. Solos grumosos com bioestrutura estável à água possuem uma infiltração maior,[32] retêm mais água disponível[50] e permitem um enraizamento melhor. As plantas nesses solos têm maior possibilidade de serem melhor nutridas, reduzindo o gasto em água.

A DIMINUIÇÃO DA RESPIRAÇÃO DAS PLANTAS

A respiração da planta é a produção de energia na decomposição oxidativa ou fermentativa de produtos fotossintetizados. A respiração somente terá efeito quando a energia liberada for utilizada no metabolismo vegetal, ou seja, quando a planta tiver o que metabolizar.

Em temperaturas elevadas a aceleração da respiração pode significar maior produção se a fotossíntese e a absorção de água e nutrientes são capazes de acompanhá-la. O metabolismo compreende tanto o anabolismo, que é a formação de substâncias, como o catabolismo que é a decomposição das substâncias existentes. Se não houver mais produtos de fotossíntese a decompor, a planta decomporá suas próprias substâncias, como proteínas. Nesta base funcionam muitos herbicidas hormonais, acelerando a respiração de tal maneira que o vegetal "cresce para a morte".

Mas a planta tropical, além da respiração acelerada, muitas vezes possui a propriedade de poder fotossintetizar mais, graças a uma senda diferente de metabolização (C-4), de modo que seria capaz de produzir muito. Mas três condições são exigidas para que essa produção se efetue:

1. Que o metabolismo não seja acelerado demais; e este ótimo ocorre a 25 °C (vide figura 1.6);
2. Que haja o suficiente para sintetizar, quer dizer, a planta deve estar bem abastecida com água, CO_2 e nutrientes;
3. Que os produtos possam ser metabolizados até seu estágio final, ou seja, que não permaneçam em forma de aminoácidos mas que formem proteínas e que não permaneçam em forma de açúcares simples mas que formem amidos, celulose etc.

A respiração da planta aumenta quando:

a) A temperatura subir muito, graças a uma insolação intensa;
b) Faltar água no solo ou sua absorção for difícil;
c) A planta estiver mal nutrida;
d) A raiz for ferida por capina ou parasitas;
e) O solo for anaeróbio por inundação ou por adensamentos;[34]
f) Existirem fenóis no solo como resultado de humificação.

Existem, pois, muitas possibilidades para controlar a respiração, mantendo-a em níveis favoráveis.

A temperatura tropical parece ser o problema maior. Porém, existem, antes de tudo, nossos "termostatos", as florestas, que criam na Amazônia condições extremamente favoráveis à produção vegetal. Uma paisagem com 40% da área florestada ou tomada por matas raramente terá temperaturas acima de 30 °C, como prova a região amazônica. Também açudes e represas frequentes impedem o aumento excessivo de temperatura. Mas não somente a temperatura do ar é importante, a do solo, às vezes, é ainda mais decisiva.

Esta pode ser mantida a 24 °C:

1. Cobrindo o solo com cobertura morta ou por uma capa vegetal densa;
2. Conseguindo um sombreamento do solo pelo espaçamento menor da própria cultura e por uma adubação dirigida, que provocará um crescimento mais rápido.[3]

Em clima temperado evitam-se as culturas consorciadas porque pesam na balança da água. Lá, a água evapora somente por transpiração e o solo seca pela absorção radicular.[3] Quanto mais massa foliar existir, tanto mais água do solo será gasta.

No clima tropical a água transpirada pelas culturas, muitas vezes, é menor que a evaporada diretamente do solo. Isso se deve ao aquecimento excessivo do solo pela insolação direta, que pode atingir até 75 °C.

O sistema de *dry-farming* e do espaçamento maior, usados em zonas áridas temperadas, dificilmente dará certo nos trópicos. No *dry-farming* mantém-se o solo isento de vegetação durante um ano para permitir o armazenamento da água das chuvas escassas de um ano. Como as chuvas, nestas regiões, são mansas, infiltram-se e, como o máximo de aquecimento é de 20 °C, não se perde por evaporação. A água penetra de fato no solo, percola o perfil e é armazenada. A cultura seguinte disporá de umidade de dois anos. Pela mesma razão, propaga-se o espaçamento maior entre as plantas, para que cada planta receba o máximo de umidade.

Nos trópicos, a situação não é idêntica. Um solo sem vegetação invariavelmente terá sua superfície encrostada (vide capítulo 2) pelas chuvas raras mas torrenciais e a erosão e o escorrimento de água seriam ainda mais catastróficos do que em terrenos cobertos de vegetação. As culturas mais espaçadas fazem o solo evaporar mais água que as mais densas, que sombreiam o solo, evitando seu aquecimento.[22] *Dry--farming* e maior espaçamento, para poupar água, são técnicas pouco convincentes nas zonas tropicais.

O espaçamento menor ou "*stand*" mais denso não tem somente a vantagem de sombrear o solo, mas permite o sombreamento mútuo das plantas da cultura, baixando assim a taxa de respiração.

Também quebra-ventos, isto é, faixas de árvores, que diminuem a velocidade do vento, contribuem para manter os solos mais frescos (vide capítulo 9). Segundo Eckern,[9] no Havaí, a umidade do solo aumenta pela ação de quebra-ventos até a um equivalente de 750 mm de chuva (1 mm de chuva equivale a 10 t/ha de água).

As capinas

O método de manter completamente limpos os campos de milho, algodão, café etc. aumenta a respiração porque aumenta a insolação no solo, causando seu maior aquecimento. Fere igualmente as raízes, o que também contribui para o aumento de respiração. Não é raro, após a capina, observar a estagnação do crescimento das plantas por alguns dias, o que os agricultores atribuem ao fato de ter "afrouxado" as plantas. Mas pode ser também a razão que Müller[34] aponta: a raiz ferida incentiva a respiração que, em dias quentes, gasta tudo o que foi fotossintetizado, restando mais nada para o crescimento. Este é justamente também um dos pontos favoráveis a herbicidas, que podem dar um aumento de produção de 30% por evitar esses períodos de estagnação.

Capinar ou gradear a cultura nova dá ótimos resultados em épocas frias onde se pretende animar a respiração vegetal. Passar uma grade de dente articulada sobre o trigo aumenta a produção em clima frio e baixa-a em clima quente.

Verificamos que uma técnica dá resultados absolutamente contrários segundo a temperatura reinante.

No emprego de uma técnica, a pergunta não deve ser pelo resultado em outro lugar, mas pela razão de seu emprego. O simples fato de aumentar o rendimento não é razão para ser empregada. Por que aumentou o rendimento nesta zona? Se foi porque aumentou a respiração, então não serve para zonas tropicais, onde o problema é de conter a respiração facilmente excessiva. O caso será discutido mais adiante no capítulo 9.

Os parasitas

Não somente o ferimento da raiz por capinas é prejudicial. O mesmo ocorre quando esta for atacada por nematoides, insetos ou microrganismos. Qualquer ataque à raiz e qualquer ferimento causam um aumento da respiração. No caso de parasitas junta-se ainda a dificuldade de absorção de água e nutrientes, que, por sua vez, aumenta a respiração.[34] Todos conhecem as plantas murchas, atacadas por nematoides. A morte da planta por deficiência de água e excesso de respiração é iminente.

A sanidade radicular é um dos pontos mais importantes em zonas tropicais. E, para obtê-la, praticamente existem só três caminhos: a rotação de culturas, a restituição periódica de matéria orgânica (vide capítulo 4) e a adubação foliar dirigida. A nutrição completa da planta parece ser tão óbvia que não é mencionada em separado.

Nutrição e a respiração vegetal

Se a planta for mal nutrida, respirará mais intensamente.[11] Esta nutrição vegetal não se limita ao NPK mas inclui igualmente magnésio, enxofre, cálcio, manganês, boro, zinco, cobre, molibdênio, ferro e outros elementos nutritivos.

Surge outro problema: a planta deve ser bem nutrida, porém não suporta maiores concentrações de íons no solo. Tanto os solos salinos como adubações maciças na linha, especialmente em solos adensados ou compactados, provocam esta concentração indesejável. Portanto, a boa intenção de alimentar melhor a planta pode provocar uma aceleração da respiração e baixar o rendimento agrícola, ou, no mínimo, impedir que o aumento seja semelhante ao de clima temperado (vide quadro 9.46).

Em regiões onde abundam os "veranicos", a adubação no sulco em solo adensado deve ser evitada. A adubação a lanço, às vezes, é mais vantajosa para evitar maiores concentrações na solução do solo.

A falta de oxigênio no solo

Solos anaeróbios aumentam igualmente a respiração, quer a deficiência de oxigênio exista por causa de adensamentos e compactações quer por causa de inundação ou encharcamento.[26,27] O resultado é sempre o mesmo: por falta de oxigênio a planta inicia a respiração fermentativa. E, como neste processo se produz muito pouca energia, a respiração é acelerada para poder mobilizar mais energia. O gasto de produtos fotossintetizados é elevado sem que a energia liberada compense. O desenvolvimento vegetal é reduzido, por ter poucos produtos fotossintetizados a metabolizar e todos os processos de síntese serem lentos, de modo que raramente chega à formação de proteínas e carboidratos mais complexos, permanecendo muitos aminoácidos livres na planta.[12,33]

Em solo com adensamento, a raiz não se pode expandir, sofrendo a planta facilmente da falta de água e de nutrientes, e, se for adubada, consegue aproveitar muito pouco, como demonstrado na figura 2.25. Todos conhecem as plantas raquíticas nas beiradas dos campos onde as máquinas manobram, ou nos terraços, onde a terra grumosa foi raspada, expondo o subsolo adensado.

Portanto, em solo compactado ou adensado diminui o desenvolvimento do vegetal graças a um metabolismo pouco eficiente e uma respiração fermentativa.[34]

Os fenóis como ativadores de respiração

O valor do húmus, para o clima temperado, está na produção de substâncias respiratórias e no melhoramento da estrutura do solo. Nos trópicos, necessita-se desesperadamente a melhora da estrutura de solos de cultura (vide capítulos 2, 7 e 9), porém não se deseja obter fenóis.

Os fenóis formam-se na humificação de ligninas pela ação de fungos. A incorporação de matéria orgânica ao solo sempre propicia o aparecimento de fungos. A primeira fase de decomposição de matéria orgânica seca, celulósica e lignosa, como de palha ou de folhas secas, sempre ocorre por fungos, mesmo se ficar na superfície do solo. Porém, em clima quente, a segunda fase, já com os anéis estruturais de celulose e ligninas rompidos pelos fungos, é realizada por bactérias.

A incorporação profunda da matéria orgânica reduz seu efeito sobre a estrutura e o aumenta sobre a respiração vegetal – como mostra o quadro 9.25 e será discutido nos capítulos 4, 6 e 7. Quando os fungos predominam na decomposição, o que ocorre em solos mais ácidos que pH 5,5, a formação de fenóis é mais provável.

Existem muitas possibilidades de diminuir a respiração muito ativa, e às vezes excessiva, em clima tropical.[12]

RESUMO

O equilíbrio ótimo entre fotossíntese e respiração, necessário para uma boa produção vegetal, pode ser estabelecido e mantido em clima tropical, possibilitando uma produção vegetal muito elevada, como ocorre em solos virgens, nunca usados para fim algum. Mas faz-se necessário:

1. A recuperação e manutenção de uma bioestrutura grumosa do solo;
2. Adubação mineral módica e equilibrada;
3. Sombreamento do solo por cobertura morta ou uma capa vegetal densa;
4. Sanidade radicular;
5. O restabelecimento de áreas suficientemente grandes reflorestadas, açudes e quebra-ventos para estabilizar a temperatura da zona;
6. Sombreamento parcial das culturas na zona equatorial.

O equilíbrio fotossíntese-respiração é o pivô de toda produção vegetal tanto nos trópicos como em clima temperado.

Todas as técnicas agrícolas em clima tropical devem visar a diminuição da respiração e ao mesmo tempo torná-la o mais eficiente possível, produzindo o máximo de energia para o metabolismo vegetal, por um mínimo de glicose gasta. Cada molécula de glicose que for gasta para produzir energia, faltará depois para a produção de substâncias vegetais.

O problema da agricultura tropical é a indiferença ao problema de respiração ativa mas ineficiente e o uso de técnicas especializadas, sem serem conscientemente polarizadas para o problema principal da produção vegetal.

Deve-se levar em conta que cada técnica agrícola é um produto do meio ambiente, um "ecótipo", sendo adaptada às condições de um lugar, tentando criar as condições mais favoráveis para as culturas neste ambiente. A técnica agrícola que dá recompensa boa é o produto dos fatores ambientais, como mostra a figura 1.10.

Cada técnica depende de muitos fatores específicos e, portanto, não pode ser transferida. E lugar nenhum de nosso território assemelha-se aos locais onde a tecnologia agrícola foi desenvolvida. E muitas vezes essas técnicas visam o contrário do que necessitamos. O revolvimento do solo visa seu aquecimento e enxugamento após o inverno; a capina, ao lado do combate às invasoras, visa aumentar a respiração pelo ferimento das raízes; a adubação verde não somente deve fornecer nitrogênio, mas especialmente incentivar uma microvida muito inativa etc., como será explicado nos capítulos seguintes. As técnicas de clima temperado tentam neutralizar as condições desfavoráveis existentes, como solo frio, respiração baixa e microvida pouco ativa. No clima tropical os problemas cruciais são solos mui-

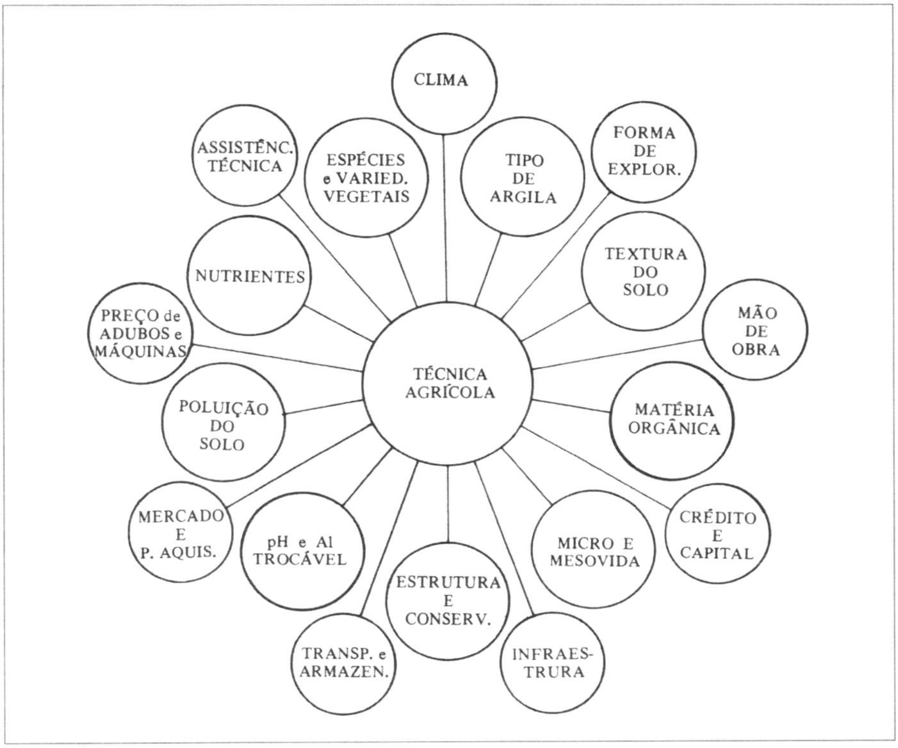

Figura 1.10 Fatores que influem na formação da tecnologia agrícola de uma região.

to quentes e secos no fim da estação seca, uma microvida ativa demais, uma respiração vegetal muito acelerada e uma estrutura grumosa sem recuperação natural, uma vez que não existe inverno com capa de neve recuperadora. Em clima tropical, a recuperação do solo ocorre, parcialmente, durante o repouso forçado da seca, mas a bioestrutura não se recupera, a não ser durante o abandono.

Os problemas de produção vegetal são muito diferentes nos climas temperados e tropicais, e devem ser resolvidos com técnicas próprias, que satisfaçam as necessidades da produção em clima quente.

O OXIGÊNIO NO SOLO

Todos os indícios deixam supor que a produção vegetal nos trópicos poderia ser muito superior à de clima temperado, uma vez que a liberação de energia, em nossas latitudes, é muito maior. Mas, tudo depende de que nossas técnicas agrícolas sejam adaptadas às necessidades vegetais nos trópicos (vide figura 1.1).

Quando a raiz encontra o suficiente de oxigênio no solo, ocorre a respiração aeróbia, como mostra a figura 1.1. De cada Mol de glicose decomposta a planta ganha 673 calorias. Como a decomposição, na maioria dos casos, é um processo oxidativo, como será ainda discutido no capítulo 4, a presença de oxigênio é indispensável. Se este faltar, a planta recorre à respiração anaeróbia ou fermentativa, como recurso de sobrevivência. Porém o ganho de calorias nestes processos é somente 21 a 22 calorias por Mol de glicose, ou seja, 1/30 das que ela poderia obter em condições ótimas. O metabolismo, que necessita de energia, é sensivelmente desacelerado.[33,34] A planta recebe este oxigênio, necessário à respiração, através da raiz.[11] Poucas são as exceções que conseguem captar esse oxigênio pelas folhas e transferi-lo à raiz, como por exemplo, o arroz, capim-arroz, juncos e semelhantes. Essas plantas possuem um "aerênquima", isto é, um sistema de ventilação, através do qual transportam o oxigênio do ar, captado pelas folhas, às raízes, possibilitando assim que as plantas possam viver em solos encharcados.

Essa é a razão por que a maioria das plantas necessitam de um solo suficientemente arejado. Adensamentos, como barreira física, podem perder sua importância quando o solo for irrigado. A irrigação não consegue fornecer o oxigênio deficiente. Portanto, a produção de algodão, milho etc. nunca será satisfatória em solos adensados irrigados, porque falta energia para seu metabolismo.

O ótimo de oxigênio exigido no solo varia segundo a planta e o clima. Quanto maior a temperatura, tanto menos oxigênio se dissolve na água do solo e tanto maior deve ser a taxa de ar no solo para poder satisfazer as exigências vegetais. Nas regiões tropicais, com suas temperaturas elevadas, a quantidade de O_2, no solo, provavelmente deverá ser maior que em clima temperado, como se pode verificar na figura 1.11.

A falta de oxigênio (O_2) ocorre quando:

1. O solo for compactado ou adensado, com seus macroporos reduzidos, provocando circulação deficiente de ar;
2. O solo se aquecer muito sob insolação direta;
3. Os microrganismos tiverem sua atividade incentivada por uma decomposição de matéria orgânica verde, ou de palha com nitrogênio adicionado, ou se um solo seco for reumedecido.

Os microrganismos consomem oxigênio liberando CO_2, com que saturam o ar do solo.

Parece que todas as técnicas que aumentam a necessidade de oxigênio no solo devem ser consideradas com cautela, inclusive a adubação verde, tão usada nas regiões temperadas. Também um espaçamento maior das plantas de cultura e um solo "limpo", capinado ou tratado com herbicidas, exposto ao sol, aumenta a necessidade de oxigênio em consequência de seu aquecimento.

A capina ou o uso de herbicidas não somente deve visar a eliminação de plantas indesejáveis, chamadas simplesmente de "mato", mas devem ser cautelosamente empregados para evitar que um aquecimento forte do solo aumente a necessidade da cultura em oxigênio. Portanto, o espaçamento não pode ser ditado pelo tamanho de máquinas que precisam trafegar entre as linhas, mas pela necessidade de proteção do solo. As pulverizações poderiam ser entregues, no futuro, à aviação agrícola.

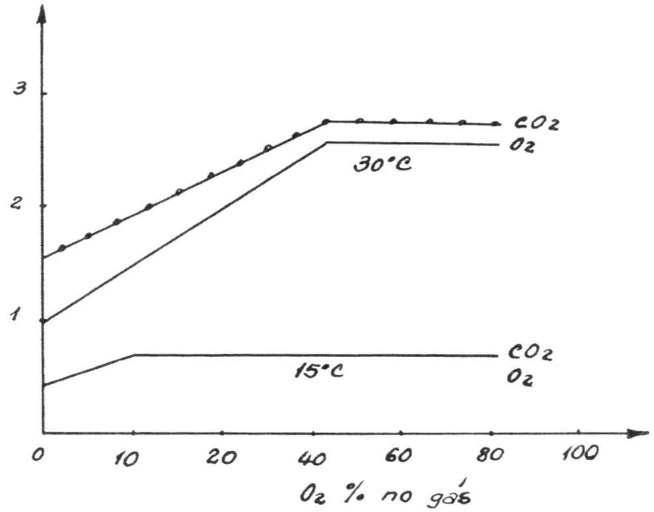

Figura 1.11 Consumo de oxigênio e produção de CO_2 pela raiz de cebola a temperaturas de 15 °C e 30 °C. (Berri, 1949)

A densidade ou compacidade do solo é outro fator limitante de oxigênio, por diminuir radicalmente o espaço poroso em que circula o ar, ou seja, os macroporos.[8,32] Existem plantas que crescem bem em solos que perderam sua bioestrutura, como, por exemplo, o capim-seda (*Cynodon dactylon*), o capim-pé-de-galinha (*Eleuzine tristachia*), a guanxuma (*Sida spp*) e outras. Seja aqui mencionado que em Santa Catarina, antes de abandonar o solo decaído pelo cultivo de trigo e milho, é usual plantar arroz, por suportar melhor solos adensados, anaeróbicos, por poder oxigenar a raiz através da folha. Também nos cerrados, a planta pioneira em solo bruto é o arroz, provavelmente pela mesma razão.

Uma adubação em solo compactado ou adensado raramente melhora a situação da cultura porque não supera a dificuldade criada pela deficiência de oxigênio.

Em solo mal arejado, com baixo teor em oxigênio, as raízes excretam álcool etílico quando a parte aérea é cortada. E quando se tratar de solos mal drenados, pode ocorrer a formação de aldeídos de salicila, tóxicos para muitas plantas em concentrações de 40 ppm,[41] aumentando ainda o efeito desfavorável do anaerobismo.

Solos tropicais produtivos devem ser grumosos, permitindo um arejamento adequado da raiz, com uma taxa mínima de 10% de oxigênio no ar do solo.

A bioestrutura "fofa" do solo tropical é importante para a absorção de água e dos nutrientes e para uma metabolização eficaz. Não se pode esperar uma produção elevada sem condições biofísicas adequadas do solo.

A quantidade de oxigênio no solo está sendo pesquisada, há tempos, nos Estados Unidos da América e, especialmente, na Inglaterra. Existem aparelhos próprios para medir a oxirredução (r) no solo. E, como esta ainda depende do pH reinante, mede-se a oxirredução em pH determinado (rH). Porém, isso é um fator empírico dependendo da espécie de planta e da capacidade dela de suportar um determinado rH.[42]

Portanto, determina-se hoje o *potencial bioelétrico* da raiz, que é o produto da respiração anaeróbia e da atividade metabólica da planta em determinado solo.[34]

FATORES QUE CONTRIBUEM À METABOLIZAÇÃO RÁPIDA PELA PLANTA

Antigamente se acreditava ser suficiente a planta absorver um nutriente pela raiz ou pela folha para esse nutriente se transformar, obrigatoriamente, em substâncias vegetais, como carboidratos, proteínas, vitaminas e outras. Mas Liebig (1843) descobriu não ser isso verdade e estabeleceu a *"lei do mínimo"*, dizendo que o nutriente deficiente barrava toda produção.

A importância do equilíbrio mineral é fácil de apurar, como mostra a figura 1.12. Numa solução nutritiva normal, porém 50 vezes diluída, consegue-se nutrir a planta normalmente se for trocada frequentemente. Mas, quando se omite um nutriente de uma solução de concentração normal, como no caso o nitrogênio, o desenvolvimento vegetal é drasticamente reduzido, como mostra a figura 1.13.

Pode-se verificar que a planta compensa a pobreza da solução nutritiva, 50 vezes diluída, com um crescimento radicular maior.

Homès preocupou-se mais com esse assunto e dizia que as plantas necessitam de um certo equilíbrio entre cátions, como cálcio, potássio e magnésio, que funcionam como catalisadores ou lastros de absorção, e ânions, como fósforo, enxofre, nitrogênio nítrico e outros que tomam parte na formação de substâncias orgânicas (vide capítulo 8).

Sabe-se hoje que não se metaboliza nitrogênio algum quando falta fósforo e, muitas vezes, os aminoácidos continuam circulando na planta, sem poderem formar proteínas, quando falta o enxofre.

Sabe-se que os carboidratos não são transportados à raiz quando falta o boro e, subprodutos tóxicos de metabolismo, como H_2O_2, não são eliminados quando falta cobre, por não ser possível formar a enzima catalase.

Sem fósforo não há metabolismo por não haver transferência de energia. É essa a razão por que o efeito de fósforo, nos solos brasileiros, é tão pronunciado.

A planta não forma, obrigatoriamente, substâncias vegetais e os nutrientes podem circular em taxas elevadas na seiva, sem serem metabolizados. Somente formam-se substâncias orgânicas quando tudo, que é necessário, existir na célula.

Sem dúvida alguma, a absorção dos nutrientes é importante, mas é somente o primeiro passo. Toda "industrialização" ocorre após. E, só ocorrerá se tiver os instrumentos à mão e se não faltar nada para produzir.

O metabolismo depende, pois, de:

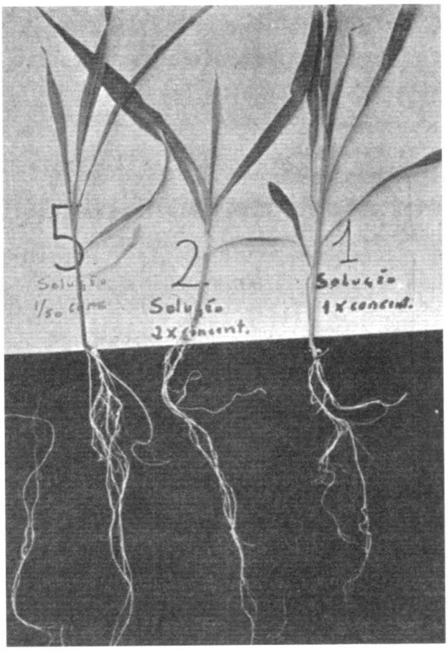

Figura 1.12 Milho criado em solução nutritiva de concentração normal, duas vezes concentrada e 50 vezes diluída.

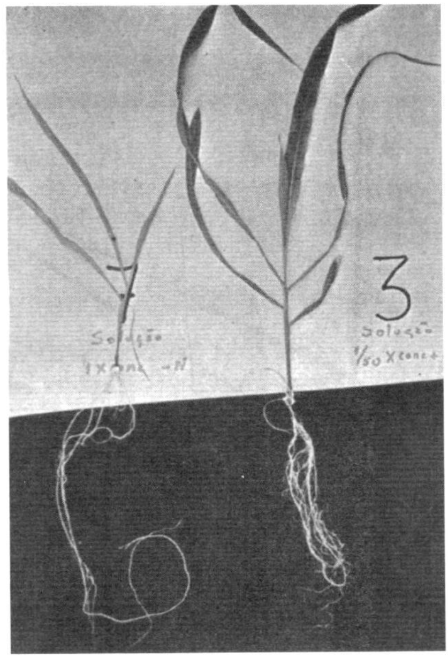

Figura 1.13 Desenvolvimento de milho em solução de concentração normal mas com omissão de nitrogênio, ao lado de milho criado em concentração 50 vezes diluída.

1. Haver suficiente energia à disposição;
2. Presença de ADP-ATP para a transferência de energia (exigindo P);
3. Que exista o suficiente em nitrogênio e enxofre para a síntese de proteínas;
4. Que existam as enzimas para catalisar os processos bioquímicos na planta. As enzimas dependem:
   - da possibilidade da planta poder formar as proteínas respectivas;
   - da existência da coenzima específica que, em muitos casos, é uma vitamina;
   - da disponibilidade do elemento específico ativador que geralmente é um mineral e muitas vezes um micronutriente.

Na deficiência de micronutrientes a maioria das enzimas ativas não se formam em quantidade suficiente e, na deficiência de enzimas, a formação de substâncias orgânicas é muito mais vagarosa ou alterada.

Para uma produção agrícola abundante necessita-se de suficientes enzimas na planta. Os solos tropicais, em sua maioria, são "pobres" em nutrientes ou no mínimo os têm distribuído por um perfil profundo, de modo que uma adubação com NPK e uma calagem devem ser complementadas pela aplicação de micronutrientes, para manter o equilíbrio e ativar as enzimas, que são os *biocatalisadores*.

Algumas enzimas são "gastas" após poucas reações bioquímicas, como várias oxidases, e outras podem agir em dezenas de milhares de reações sem se desgastarem, como a catalase. As enzimas são como chaves numa fechadura. Servem somente para um único e determinado processo. Sua atividade aumenta normalmente com a temperatura, atingindo a maioria delas seu ótimo com 37 °C. Existem enzimas que agem em temperaturas baixas. Entre 58 e 62 °C as enzimas são desnaturalizadas, ou seja, destruídas.

Elas dependem de um determinado pH na célula e de uma concentração ótima do substrato sobre o qual devem reagir. Os elementos mais necessários para a ativação de enzimas são potássio, manganês, magnésio, ferro, cobre, zinco e boro. É um engano muito grande querer eliminar o manganês disponível no solo pela calagem, somente porque é tóxico em maior concentração.

RESUMO

Ao lado de água e oxigênio no solo, o equilíbrio entre os nutrientes é importante. Para um metabolismo eficiente necessita-se tanto a liberação de energia como a atividade de enzimas. O pivô de toda produção vegetal é o equilíbrio fotossíntese-respiração, que devem ser controladas por técnicas agrícolas adequadas.

REFERÊNCIAS BIBLIOGRÁFICAS

1. **ANDA** (1976). Em: Seminário Nacional da Agropecuária. *A granja, ed. especial p. 60-78.*
2. **Anderson, W. P; D. P. Allen** e **A. Meiri** (1970). Excised root exudation a standing gradient of osmotic flow. *Proc. Roy. Soc. London, B, 174:445-58.*
3. **Batey, T.** (1973). Uso e manejo do solo tropical. *Curso Pós-Grad. Biodin. Produt. Solo. Sta. Maria/RS.*
4. **Berri, V.** (1954). Em: Ernährung und Stoffwechsel der Pflanze, de Mengel 1965, *Fischer, Jena.*
5. **Bergmann, W. e P. Neubert** (1976). Pflanzendiagnose und Pflanzenanalyse, *Fischer, Jena.*
6. **Bonner, J.** e **A. W. Galston** (1967). Princípios de fisiologia vegetal. *Aguilar, Madrid.* (Versão espanhola de **F. Portilho**).
7. **Boguslawski, E. von** (1958). Das Ertragsgesetz, Handbuch der Pflanzenphysiologie. Vol. IV, p. 943, *Springer, Berlin.*
8. **Corsini, P. C.** (1974). Modificação de características físico-hídricas em perfis das séries Jaboticabal e Santa Tereza, ocasionadas pelo cultivo intenso. *Cientif. 2(2):148-61.*
9. **Eckern, P. C.** (1964). Soil moisture and soil temperature changes with the use of black vapor barrier mulch and their influence on pineapple growth in Hawaii. *Soil. Sci. Soc. Amer. Proc. Vol I,* em: Soils, de Donahue, *Prentice Hall, New Jersey, p. 49.*
10. **Ehrler, W. L.** (1962). Transpiration of alfafa as affected by low root temperature and other factors of controlled environment. *Plant Physiol. 37:11-18.*
11. **Epstein, E.** (1972). Mineral nutrition of plants: Principles and perspectives. *Wiley, New York.*
12. ________ e **R. L. Hefferies** (1964). The genetic basis of selective ion transport in plants. *Ann. Rev. Plant Physiol. 15:169-84.*
13. **Davis, T. A.** (1961). High root pressure in palms. *Nature. 192:277-78.*
14. **Downes, R. W.** (1970). Differences between tropical and temperate grasses in rates of photosynthesis and transpiration. *Proc. IX Int. Grassl. Congr. Canberra. Austrália, p. 527-30.*

15. **Ferri, M. G.** (1971). Histórico dos trabalhos botânicos sobre o cerrado. Simpos. Cerrado, USP, *Blücher, São Paulo, p. 7-37.*
16. **Fujino, M.** (1967). Role of adenosine-triphosphate and adenosine-triphosphatase in stomatal movement. *Sci. Bull. Fac. Educ. Nagasaki Univ. 18:1-47.*
17. **Hatch, M.D.** e **C.R. Slack** (1966). Photosynthesis by sugar cane leaves. A new carboxilation reaction and pathway of sugar formation. *Biochem. J. 101:103-11.*
18. ________, ________ e **H. S. Johnes** (1967). Further studies on a new pathway of photosynthetic carbon dioxide fixation in sugar cane and its occurrance in other plant species. *Biochem. J. 102:417-22.*
19. ________ e ________ (1970). Photosynthetic CO_2 fixation pathways. *Ann. Rev. Plant Physiol. 21:141-62.*
20. ________ (1971). Differing photosynthetic pathways and biochemical factors influencing net assimilation. *XII Pacific Sci. Congr. Canberra, Australia, p. 70.*
21. **Hoagland, D. R.** (1964). Lectures of the inorganic nutrition of plants. *Chronica Botanica, Com. Waltham Mass.*
22. **Jackson, R. D.** (1964). Water vapor diffusion in relatively dry soil. *Soil Sci. Soc. Amer. Proc. 28(3):467-70.*
23. **Jurion & Henry** (1969). The review of soil research in tropical Latin America de Sanchez. *USAID, csd 2806, North Carolina State Univ.*
24. **Kalkmann, R. E.** e **C. T. A. Fratini** (1967). Contribuição à interpretação das análises de potássio em solos do RGS. *Pesq. Agropec. Bras. 2:263-67.*
25. **Klapp, E.** (1967). Lehrbuch des Acker und Pflanzenbaus. *ed. 5 Parey, Berlin.*
26. **Kozlowski, T. T.** (1964). Water metabolism in plants. *Harper & Row, New York.*
27. ________ (1968). Water deficits and plant growth. I: Development, controls and measurement. II: Plant water consumption and response. *Academic Press. New York & London.*
28. **Kramer, P. J.** (1965). Water relationship of plant cells and tissue. *Ann. Rev. Plant Physiol. 6:53-61.*
29. ________ (1969). Plant and soil water relationship. A modem synthesis. *McGraw-Hill, New York.*
30. **Linser, H.** (1965). Rentabilität und wirtschaftliche Bedeutung der Düngung. *Springer, Wien & New York, p. 1390-1444.*
31. **McNeal, B. L; D. A. Layfield; W. A. Norwell** e **J. D. Rhoades** (1968). Factors influencing hydraulic conductivity of soil in the presence of mixed salt solutions. *Soil Sci. Soc. Amer. Proc. 32(1):187-90.*
32. **Machado, J. A.** (1976). Efeito dos sistemas de cultivo reduzido e convencional na alteração de algumas propriedades físicas e químicas do solo. *Tese Livre-docência UFSM/RS.*
33. **Mengel, K.** (1965). Ernährung und Stoffwechsel der Pflanze. *Fischer, Jena.*
34. **Müller, E. L.** (1973/74). Curso de fisiologia vegetal no *Curso Pós-Grad. Biodin e Produt. Solo. UFSM/RS.*
35. **Neumaier, N.** (1975). Efeito da fertilidade do solo, época de plantio e população sobre o comportamento de duas cultivares de soja (*Glycine max (L) Merrill.) Tese MS, UFRGS, Porto Alegre.*
36. **Oertli, J.J.** (1962). Loss of boron from plants through gutation. *Soil Sci. 13:94-214.*
37. **Oliveira, B. A. D. de,** *et al.* (1973). Identificação de gramíneas tropicais com via fotossintética C-4 pela anatomia foliar. *Pesq. Agropec. Brasi. 8(8):267-71.*
38. **Passarinho, J.** (1976). Futuro da Amazônia legal. Conferência no Congr. Bras. de Anastesiolog. *Belém.*
39. **Peive, J. B.** e **A. J. Kraya** (1956). Os microelementos e sua importância na agricultura e medicina. *Isd. An. Latv. SSR, p. 425-518. (russo)*

40. **Primavesi, A. M.; A. Primavesi** e **C. Veiga** (1971). Influência dos equilíbrios nutricionais no arroz irrigado sobre a resistência à brusone *(Piricularia oryzae Cav.) Rev. Centro Ciênc. Rur. 1(2):101-24.*

41. **Rands R. D.** e **F. Dopp** (1938). Influence of certain harmful soil constituents on severity of Pythium root rot of sugar cane. *J. Agr. Res. 56:53-67.*

42. **Römer, W.** (1966). Experiment on iron reduction after compacting of shifted loess. *Z. Pflanzenern. Düng. Bodenkde. 114(1):101-12.*

43. **Rufelt, H.** (1956). Influence of the root pressure on the transpiration of wheat plants. *Physiol. Plantarum, 9:154-64.*

44. **Scharrer, K** e **H. Linser** (1966). Handbuch der Pflanzenernährung und Düngung. 1/2 Boden, *Springer, Wien & New York.*

45. **Schendel, V.** (1967). Probleme des Wasserhaushaltes, der Bodenerosion und der Bewässerung in wärmeren Klimazonen. *Kulturtech. u. Flurberein. 8(2):68-84.*

46. **Schütte, K. H.** (1964). The biology of trace elements. *Lockwood London.*

47. **Seaman, J. F.** (1977). Energias e matérias-primas obtidas da biomassa florestal. *Silvic. Simp. Floresta Potencial Energético Bras.*

48. **Slack, C. R.** e **M. D. Hatch** (1967). Comparative studies on the activity of carboxylase and other enzymes in relation to the new pathway of photosynthetic carbon dioxide fixation in the tropical grasses. *Biochem. J. 103:660-65.*

49. **Slatyer, R. O.** (1961). Effect of several osmotic substracts on the water relationship of tomatoes. *Austral. J. Biol. Sci. 14:519-22.*

50. **Souza, D. M. P. de** (1967). Água no solo: armazenamento e disponibilidade em terra roxa estruturada e terra roxa misturada. Rev. *Esc. Agron. Vet. Paraná. 3(único):79-138.*

51. **Trenkel, M; A. Fritz** e **K. Kummer** (1976). Experiencias acerca de la fertilización foliar. *Rep. Agrie. BASF. 4: 3-8.*

52. **Vaadia, Y.** *et al.* (1961). Plant water deficit and physiological processes. *Ann. Rev. Plant Physiol. 12:265-71.*

53. **White, P. R.** (1928). Root pressure, an unappreciated force in sap movement. *Ann. J. Bot. 25:223-27.*

A RAIZ

2

Nos últimos decênios a Genética fez avanços maravilhosos. Criaram-se plantas para os mais diversos ambientes, adaptaram-se as espécies em quase todas as latitudes e altitudes, aumentou-se a produção pela hibridação. Criaram-se variedades resistentes a doenças, no mínimo por alguns anos. Existem variedades precoces e de ciclo ultracurto e variedades anãs, e a possibilidade de influir sobre os genes através de irradiações e substâncias diversas permite um grande número de mutações.

Enquanto o Dr. Borlaug recebe o prêmio Nobel por seu trigo anão, que permite altos rendimentos em solos neutros e alcalinos nas zonas subúmidas do México, o problema de produção vegetal nos solos ácidos dos trópicos úmidos parece ainda não estar resolvido. Em trabalho recente[112] constatou-se que as variedades brasileiras, pelo menos no que diz respeito ao trigo, milho e soja, não são inferiores às europeias em sua capacidade de absorção e metabolização em condições idênticas. Mas, mesmo assim, a produção no Brasil está muito aquém da das zonas temperadas.

O que falta não é a variedade mais produtiva, mas a compreensão das condições ambientais, isto é, do solo exigido pela planta. *As exigências da planta incluem o bem-estar de sua raiz.*

Pela raiz ela absorve os nutrientes, na raiz processa-se parte da síntese dos aminoácidos.[88] Pela raiz abastece-se de água e assimila substâncias de crescimento, nutrientes e antibióticos do solo.[38,39] A raiz sente o efeito direto das técnicas agrícolas. Não há dúvida que todo manejo de solo tem como fim único criar condições favoráveis à planta e, em específico, à raiz, para que existam condições ótimas de produção.[64]

A produção agrícola é a meta prioritária no mundo inteiro para evitar a fome, cada vez mais generalizada. Mas, sem condições favoráveis para a raiz, a parte aérea da planta não produz bem. E enquanto produzirmos pouco por área cultivada, o custo será elevado e o preço do produto alto.

A produtividade agrícola depende:

1. Do solo e das condições biológicas, químicas e físicas que oferece;
2. Da planta e de sua capacidade genética de produzir;
3. Das técnicas agrícolas pelas quais se tenta criar as condições que permitem o desenvolvimento da capacidade genética da planta.

E o clima? O clima não é um fator isolado. Age através do solo,[135] e seu efeito é amenizado pela adaptação da planta. Esta se adapta à temperatura, à luminosidade e à umidade do ar. O solo regula a distribuição da umidade através de sua capacidade de conservar água disponível às plantas.[2,8,9,99,127]

O clima somente se torna fator decisivo quando o solo não cumpre sua missão de "amortecer" as oscilações climáticas. E o efeito danoso de chuvas frias, como ocorrem no Sul, geralmente pode ser evitado por um plantio na época certa. O efeito da distribuição pluvial, e especialmente os "veranicos", se tornam decisivos para a produção, se o solo for mal tratado e as técnicas agrícolas não estiverem de acordo com as exigências vegetais em clima tropical, não considerando a capacidade de infiltração e de armazenamento de água pelo solo.[8,9,19,65,109]

É preocupação mundial, e não somente nos trópicos, o encrostamento e adensamento do solo de cultura.[15,32,35,47,65,73,82] Em solo com pouca capacidade de infiltração e armazenamento o clima torna-se uma desculpa muito boa, que não foge à verdade, mas está camuflando a causa real.[109,127,140,152] Ao clima atribuem-se os efeitos de um manejo inadequado!

Quando a planta nativa aparece num lugar é porque todas as condições lhe são favoráveis.[1,149,150] Milhares de sementes caem num metro quadrado de chão, somente algumas centenas conseguem nascer e somente poucas dezenas e até só poucos exemplares conseguem se desenvolver. Não depende apenas da presença da semente para que uma planta nasça, depende igualmente dos microrganismos, da riqueza ou pobreza química do solo, de suas condições físicas (e aqui especialmente de crostas superficiais[14,110]), do regime de ar e água, da insolação e do uso pelo homem e gado.[146,151] Por isso fala-se de "ecótipos". Por exemplo, no Rio Grande do Sul os caçadores sabem que onde cresce o Mio-Mio o solo é firme, em contraste com o solo encharcado coberto pelo capim-caninha (*Andropogon incanis*). E os pecuaristas sabem que o gado não se desenvolve bem nas zonas do Mio-Mio (*Baccharis coridifolia*), embora não o comam, porque falta o molibdênio.[111] E o lavrador sabe que terra de Mio-Mio raramente pode ser arada, porque é rasa demais. A planta nativa pode servir de "indicadora" porque acusa perfeitamente as condições do solo.[21,71,150] Assim, barba-de-bode (*Aristida paliens*), capim-cabeludo (*Trachypogon spp*) ou sapé (*Imperata exaltata*) são plantas típicas de solos periodicamente queimados, muito ácidos, pobres em cálcio e fósforo e com regime hídrico alterado. Capim-seda (*Cynodon dactylon*) indica solos muito compactados, e samambaia, solos com teor elevado de alumínio trocável. Todos os capins de tipo *Andropogon*, como rabo-de-burro, rabo-

-de-coelho, capim-caninha etc. indicam solos pobres com problemas de drenagem. E assim, cada lugar pode ser identificado pela vegetação ali existente.[21,71,72,149,150]

Na agricultura não se pergunta que planta poderia crescer espontaneamente neste terreno. Impõe-se a cultura, defendendo-a com todos os meios contra a vegetação nativa, que sempre voltará a invadir o campo que lhe é próprio. Os "ecótipos" (*eco* = lugar) tornam-se invasores.[7]

Aí entra a técnica agrícola, que deve:

1. Escolher o solo mais adequado para determinada cultura ou pastagem;
2. Criar condições que beneficiam ao máximo a cultura implantada. Podem-se escolher variedades apropiadas ao clima e ao solo, plantar quebra-ventos, reflorestar e, talvez, construir açudes, aplicar uma calagem e adubar e defendê-las contra pestes e pragas, que geralmente provêm do solo (*soil born*).

Como é básico que a planta esteja adaptada ao clima, o que devemos propiciar é um solo favorável ao seu cultivo. E a parte mais atingida é a que cresce no solo, a raiz. Portanto existe o problema de acondicioná-la de maneira conveniente.

A FORMA DA RAIZ

A raiz é característica à espécie e pode ser pivotante ou fasciculada. A planta pode formar rizomas ou órgãos de armazenamento, tubérculos como na batatinha, raízes engrossadas como na mandioca, bulbos como na cebola, conforme o lugar e a época em que a planta, em estado nativo, vegeta e floresce. A raiz serve para ancorar a planta no solo, para absorver água e nutrientes, para produzir parte dos aminoácidos[88] e para excretar substâncias ou metabólitos que podem ser "lixo" mas que servem igualmente ao sustento da microvida na rizosfera e que mobilizam nutrientes[27,65,77,147] (vide capítulo 6). Excreta igualmente minerais, como, por exemplo, potássio, na época de maturação, o que é fato muito conhecido. Muitas vezes, a raiz também tem a capacidade de reter minerais absorvidos, que a planta não pode utilizar em maiores quantidades.[16,111]

A raiz não consegue absorver em toda a sua superfície, ou, pelo menos, somente muito pouco. O local principal de absorção está logo após a ponta das radículas, na zona onde já se formaram pelos e onde a casca ainda não está suberificada, como mostra a figura 2.1.[34,81,88]

A zona de maior absorção situa-se, geralmente, 1 e 2 mm atrás da ponta da radícula. Isso significa que a raiz tem de formar permanentemente novas pontas à medida que está ocorrendo a suberificação. E se extrairmos uma raiz de uma planta que passou por um período seco mas, finalmente, recebeu água, podemos verificar uma grande quantidade de radículas brancas, recém-formadas. A absorção intensa ocorre somente enquanto a raiz crescer.[88] Essa é a razão por que há morte e renovação permanente das raízes, o que enriquece o solo com matéria orgânica. A raiz pode

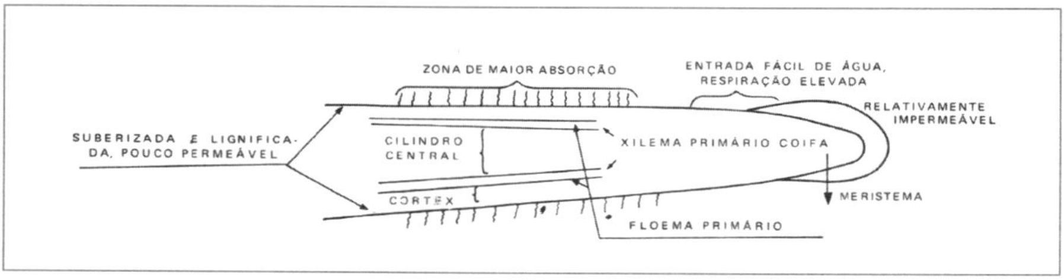

Figura 2.1 Ponta de uma radícula mostrando as zonas onde ocorre a maior absorção.

crescer, formando uma cabeleira densa em lugar reduzido, como ocorre em solos ricos e também em humosos,[125,126] ou pode aumentar de tamanho.[81] Crescimento significa avanço. E, em solos menos ricos, para poder se abastecer de água e nutrientes, a raiz tem de avançar no solo, sempre explorando espaços novos.[54] Quanto mais radículas uma raiz possuir, tanto melhor será a exploração do solo.[30,40,58,84,89,92] Dittmer (1937) mediu o comprimento e a superfície total da raiz de uma planta adulta de centeio (*Secale cerede*) cultivada em uma caixa de 30 × 30 × 55 cm.

Quadro 2.1

	Comprimento total (m)	Volume total (mm)	Superfície (m^2)
Raízes	623 089	7 529	237,4
Radículas	10 627 752	1 180	401,5
Total raízes	11 250 841	8 709	638,9

Total de superfície foliar inclusive talos e caules: 4,7 m^2.

Verifica-se que uma massa enorme de raízes se destina a sustentar uma área, relativamente muito pequena, de folhas. A extração paciente de uma raiz de beterraba deve dar uma impressão dessa relação, como mostra a figura 2.2.

O comprimento e o volume das raízes nem sempre é idêntico. O sistema radicular varia segundo a espécie e até mesmo a variedade do vegetal, o solo, a disponibilidade de água, a riqueza mineral do solo, o alumínio ou manganês tóxico e o clima.[25,81,118-120,133,137]

OS FATORES DOS QUAIS DEPENDE O ENRAIZAMENTO DE UM SOLO

O enraizamento de um solo depende essencialmente :

1. Da espécie vegetal;[74,81,137,149]
2. Das propriedades físicas do solo, e aqui especialmente de sua estrutura;[28,36,46,57,84,92,101,105,128]
3. Das propriedades químicas do solo, ou seja, de sua riqueza ou pobreza em nutrientes e fatores tóxicos;[120-122,154]
4. Da umidade do solo, influindo tanto secas ou "veranicos" como excesso de água por estagnação;[32,35,46,49,71,74,95,115]

Figura 2.2 Raiz de uma beterraba crescida em solo grumoso, desenvolvendo uma cabeleira abundante.

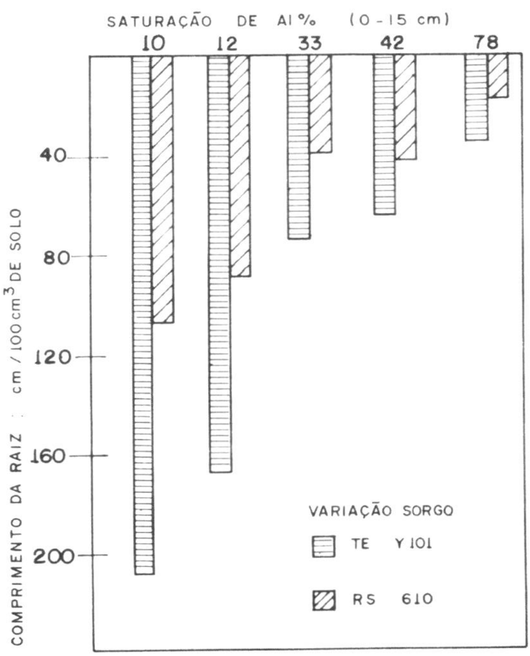

Figura 2.3 Diferença varietal de sorgo em relação ao comprimento radicular e porcento de saturação de alumínio. (Salinas, 1975)

5. Do uso do solo, que influi especialmente pelas técnicas agrícolas empregadas[47,82,114,121] que afrouxam ou compactam o solo e o manejo do gado em pastagens;[72,146]
6. Do clima,[81] incluindo-se aqui temperaturas e precipitações, e os métodos de uso do solo que permitem seu aquecimento forte ou sua impermeabilidade à água;
7. Do nível freático.[22,97,144,154]

Geralmente 65% das raízes das plantas herbáceas se encontram na camada superficial.[72,81,142] Com a profundidade do perfil do solo diminui a abundância das raízes.[81,121]

Raízes mais profundas do que 1 metro, provavelmente, servem somente para o abastecimento com água em períodos secos.[11,154] Normalmente plantas com raízes mais profundas conseguem superar melhor "veranicos",[8,9] e com um volume radicular extenso se alimentam melhor.[82,119]

A capacidade de formar raízes é geneticamente condicionada e um volume grande de raízes, em geral, habilita a planta a produzir normalmente em solo pobre.[119]

Quadro 2.2 Comprimento e superfície de raízes e radicelas. (Russell, 1952)

cultura	comprimento da raiz (m)	superfície da raiz (cm^2)	número de radicelas (milhões)	comprimento radicelas (m)	superfície radicelas (cm^2)
soja	28,96	406,5	6,1	597,4	277,4
aveia	45,72	316,1	6,3	8 047,0	3 420,0
centeio	64,01	503,2	12,5	16 800,0	7 678,0
Andropogon	384,00	2 119,0	51,6	51 660,0	15 810,0

Obs.: as raízes foram medidas num volume cilíndrico de solo de 7,62 cm de diâmetro e de 15,24 cm de comprimento.

Dos resultados pode-se deduzir que o "blue grass" (*Andropogon sp*) é capaz de crescer em solo mais pobre que a soja, deixando muitos restos orgânicos, provenientes de raízes mortas, melhorando o solo fisicamente.[26] A espécie vegetal, portanto, possui propriedades específicas de poder aproveitar um solo.

As propriedades físicas do solo e o enraizamento

Quando a raiz tem desenvolvimento livre, duplicando seu comprimento, o espaço explorado será oito vezes maior.[11] A planta explora um maior volume de solo, sendo melhor nutrida.[133] Na figura 2.4 mostra-se o efeito da possibilidade de uma expansão radicular maior. A planta, duplicando o comprimento radicular, pode absorver água e nutrientes de um espaço oito vezes maior do que consegue com a metade do comprimento radicular. Consequentemente, recebe oito vezes mais água e nutrientes.

Portanto, qualquer barreira que impeça o livre desenvolvimento radicular representa um empecilho ao desenvolvimento vegetal.

A figura 2.5 mostra que com o aumento da densidade aparente do solo a raiz encontra dificuldades de penetração (a partir de 1,2 g/cm^3) tendo reflexo sobre o desenvolvimento das plantas de cacau.

O problema maior dos solos agrícolas é que com o tempo de uso estes perdem sua estrutura favorável, adensando-se e encrostando-se[36,47,51,52,103,105,130,141] devido à deterioração dos grumos (vide capítulo 7). Os mesmos processos que contribuem à

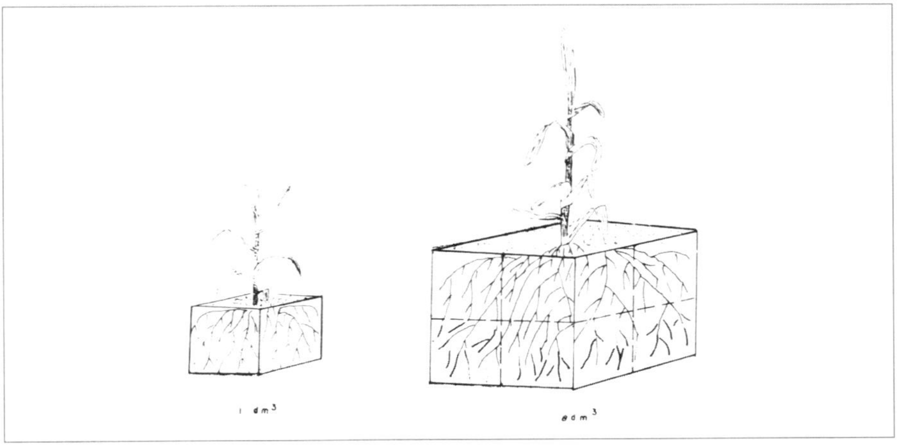

Figura 2.4 O efeito da duplicação do comprimento radicular sobre o volume de solo explorado. (Batey, 1973)

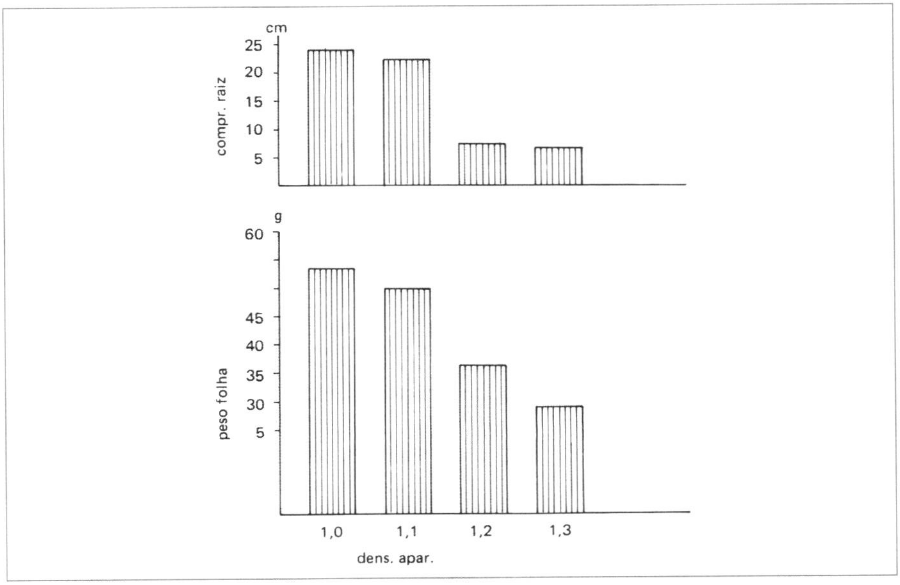

Figura 2.5 Efeito da compactação do solo no desenvolvimento e penetração de plântulas de cacau com idade de 6 meses. (Ferreira, 1977)

formação de crostas superficiais contribuem à formação de adensamentos, que muitas raízes não conseguem transpassar.[32,54,82] Em solos secos uma densidade aparente de 1,2 a 1,4 g/cm³ já pode constituir uma barreira séria, enquanto que a partir de 1,6 g/cm³ a maioria das raízes desvia.[11,79] Assim, as raízes do cacaueiro já estão sendo limitadas por uma densidade de 1,2 g/cm³,[36] e os do cafeeiro, de 1,4 g/cm³.[79]

Solos nativos, sem uso predatório, são mais permeáveis, possuem maior porosidade e conservam mais água disponível, graças à sua estrutura grumosa.[12,108,109,117,119,130] Seu enraizamento é profundo por possuir densidade aparente baixa.[47,59,79] Pelo cultivo e as técnicas atuais esta estrutura degrada-se invariavelmente, aumentando a densidade de uma camada pouco abaixo da superfície, onde a maioria das raízes deveria desenvolver-se.[47,65,73,85,87,140,142]

Poder-se-ia acreditar que a compactação e o adensamento dos solos induzidos pela mecanização e o cultivo atual em geral, e que reduzem as colheitas,[104-106,119] possam ser aniquilados por técnicas mais sofisticadas. "Assim convivemos com um sistema agrícola que possui a capacidade inerente de compactação e adensamento dos solos", como diz Gill (1971).

A água no solo

O efeito primário do adensamento e compactação sobre o crescimento vegetal pode ser associado diretamente com a água disponível.[32,47,110,130,152] O segundo efeito é a condição do solo criado pelo uso de maquinaria para seu preparo.[81,114] O terceiro é a falta aguda de oxigênio no solo explorado.[46,57,89,101]

As condições normalmente encontradas, num solo agrícola, são:

1. Uma crosta superficial que impede a infiltração da água pluvial, provocando seu escommento e com isso a erosão.[15,32,61]
2. Uma camada solta logo abaixo, de 6 a 8 cm de espessura;[61,104]
3. Abaixo desta encontra-se uma camada adensada cuja espessura oscila entre 6 e 15 cm e com grau de densidade diferente, geralmente constituindo uma barreira de efeito variável à penetração radicular.[47,54,104,124,128]

Este quadro significa que o solo, exposto ao sol e à chuva, não resistiu ao impacto da água,[11,65,122] desmanchando-se as partículas ou grumos do solo, cuja parte fina, carreada solo adentro, forma os adensamentos ou "*pans*". Sua transponibilidade depende, em parte, do seu grau de umidade.[35,127]

Na maioria dos solos "velhos" de cultura, a raiz fica restrita à camada superficial, sofrendo de temperaturas extremas.[2,10,122]

Quanto mais alta e densa a cobertura do solo, tanto menor a radiação solar que o alcança, porém tanto maior o efeito utilizável, como mostra o quadro 2.3. Quanto maior o calor que alcança o solo, tanto mais prejudicial para a raiz, que não consegue desenvolver-se nesta camada do solo, por falta absoluta de água. Logicamente, a absorção de água e nutrientes é prejudicada[8,9] e a parte aérea da planta acompanha a raiz, tendo rendimento reduzido.[64,132]

O problema do encrostamento deve-se à instabilidade dos grumos à água e os rendimentos baixos das culturas a acompanham, como mostra Stauffer (1940).

Podemos observar que o efeito de esterco sobre a resistência dos agregados é praticamente nulo, oscilando a densidade aparente da camada superficial do solo entre 1,24 e 1,33 g/cm^3 quando for usada uma rotação. Somente uma rotação de 3 culturas, incluindo leguminosas, com cobertura melhor do solo, surtiu algum efeito. O aumento das colheitas em rotação com adubo é devido a outros fatores, discutidos nos capítulos 4 e 9.

O efeito da palha sobre a resistência dos grumos é pronunciado.

Quadro 2.3 Parte da "corrente de calor" no solo (em %) medida no saldo de insolação/calor com vegetação diversa do solo. (Baumgartner, 1956)

capa vegetal	saldo de calor em % da insolação	parte do solo (%)	
		de insolação	do saldo de insolação
solo descoberto	100	15-30	15-30
pastagem baixa	30-80	15	25-35
cereais miúdos (trigo, aveia)	10-30	10	25-35
capim alto	5-10	5	30-40
floresta	5	2-3	30-45

Obs.: insolação = radiação total que alcança a terra.

Quadro 2.4 Rendimento de milho em relação à densidade aparente do solo seco, seu teor em carbono e a estabilidade dos agregados. (Stauffer, 1940)

Rotação de cultura e adubação	milho (kg/ha)	densidade aparente (g/cm^3)		teor em carbono (%)		estabilidade dos grumos à água (%)
		0-15 cm	15-23 cm	0-15 cm	15-23 cm	
milho-milho sem adubo	2 600	1,37	1,25	1,74	1,48	8
milho-milho com Cal. P e esterco	4 400	1,31	1,26	2,09	1,91	6
milho-aveia sem adubo	3 500	1,33	1,30	2,14	2,04	6
milho-aveia com Cal. P. e esterco	5 600	1,24	1,37	2,44	2,04	7
milho-aveia-leguminosa, sem adubo	4 900	1,31	1,28	2,28	1,99	11
milho-aveia-legum. Cal. P. e esterco	6 700	1,21	1,28	3,25	2,18	13
palha superfic. incorporada, sem adubo	–	1,28	1,29	3,20	2,16	50

Obs.: o tamanho dos grumos é > 0,5 mm.

A habilidade das plantas de poder crescer em solo seco ou úmido depende do potencial radicular. Assim, por exemplo, sorgo supera melhor períodos secos e cresce melhor em solo adensado do que milho.[23] As raízes das plantas que podem alcançar 3 a 6 metros de profundidade, se não houver obstáculos, possibilitam o desenvolvimento normal em zonas pouco pluviosas, como, por exemplo, de sorgo, alfafa ou *Artemísias*.

Porém crescer em camadas secas, superaquecidas pela incidência direta do sol, planta alguma o consegue. Na figura 2.6 esquematizou-se o efeito de uma crosta superficial no desenvolvimento radicular. Essa crosta impede a infiltração de água mas, é bom condutor de calor, de modo que cria uma camada de aproximadamente 5 cm completamente seca e quente durante o dia. Aqui a raiz não consegue formar radicelas. Segue-se uma camada fofa, bem enraizada, onde já existe o suficiente de umidade para o crescimento radicular e abaixo tem-se uma camada adensada, barrando o desenvolvimento normal das raízes.

Capinas e herbicidas, que mantêm o solo "limpo" de ervas indesejadas, aumentam o efeito de seca e calor nesta camada.

Em solo grumoso, o calor superficial provoca a ascensão da água à superfície. Em solo adensado e encrostado, onde a infiltração era deficiente, a seca é total e o aquecimento é pronunciado, como se mostra na figura 2.7.

Crostas superficiais impedem a infiltração de água.[32,35,47,78,114,118,138] *Não é a água que cai da chuva, mas a água que se infiltra no solo que faz as plantas crescerem!*

Onde a água não se infiltra, ou em muito pequena quantidade, ela escorre. O efeito da crosta superficial é tanto mais pronunciado sobre a infiltração, quanto mais adensado o solo for logo abaixo.[127] Se à crosta se segue um solo solto, o efeito é menor e, com ele, a erosão, como constatou Schmidt (1964). Portanto pode existir xe-

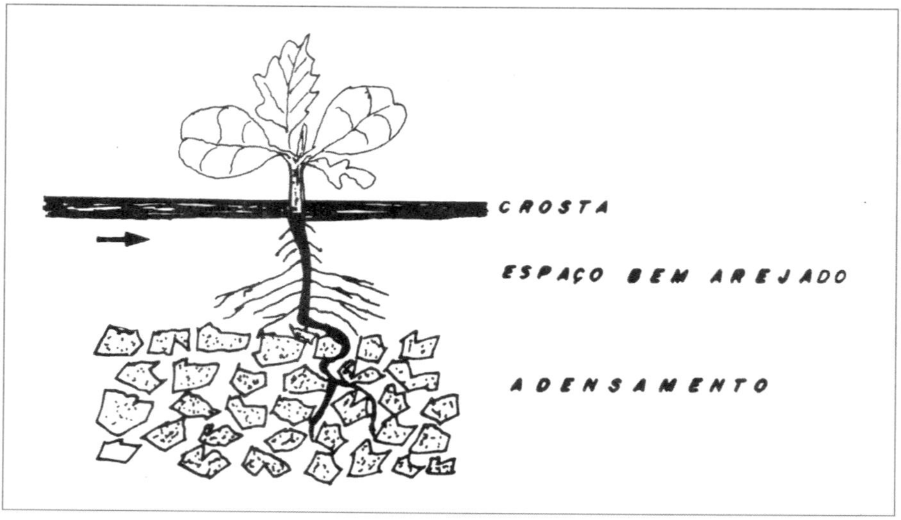

Figura 2.6 O efeito da crosta superficial sobre o desenvolvimento radicular.

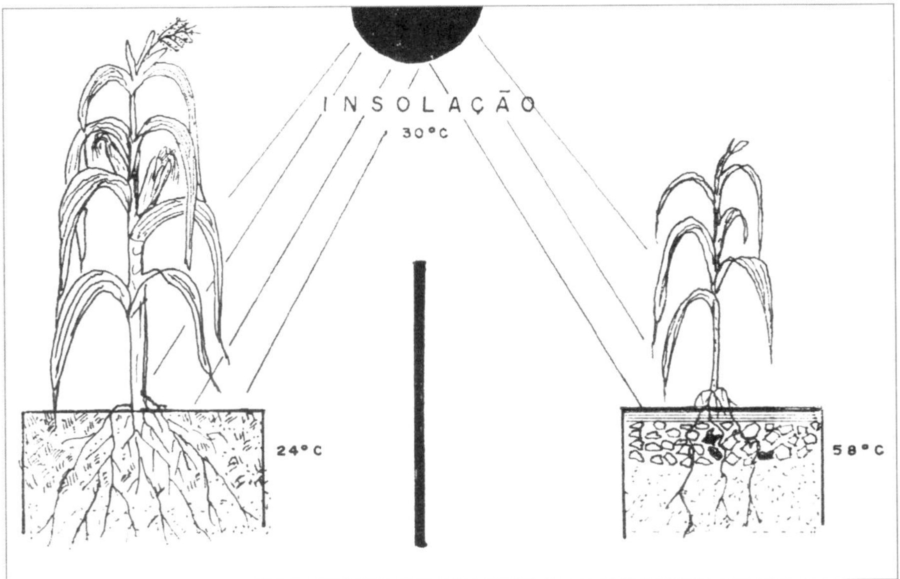

Figura 2.7 O efeito de insolação direta sobre um solo encrostado e adensado.

rofitismo pronunciado e até um caráter desértico em zonas com elevadas taxas pluviométricas, porém com solos encrostados e adensados, como mostrou Schendel (1967) (vide capítulo 1). De modo que não é sempre o clima que provoca a deficiência de água mas sim o próprio solo.

Todos os ecologistas sabem que a raiz varia de forma e tamanho segundo a umidade do solo, que pode ser consequência do clima, como mostra a figura 2.8, ou de adensamentos, como mostra a figura 2.9.

Verificamos que a raiz, à procura de água, consegue enraizar o solo até profundidades consideráveis, de modo que a existência de raízes em maior profundidade indica uma infiltração boa. Quando, porém, o solo tiver um nível maior de nutrientes, as raízes conseguem nutrir-se com maior facilidade e não penetram tão profundo no solo, uma vez que o gasto de água depende, também, da nutrição vegetal. Em clima seco, onde a quantidade de água não é o suficiente para percolar todo perfil do solo, as raízes permanecem na camada superficial, indicando assim até onde ocorre a infiltração. Quando, porém, o desenvolvimento radicular permanece superficial por causa de adensamentos, o aspecto é outro, como mostra a figura 2.9.

Verifica-se que a infiltração diminui à medida que o solo mostra adensamentos e crostas superficiais, de modo que finalmente se instala uma vegetação xerófita, graças às dificuldades das raízes em poder absorver água.

Isto se compreende facilmente considerando que a infiltração depende dos macroporos do solo, de onde a água pode sair pela força da gravidade. São os poros de arejamento, mas também os de infiltração. Assim, Machado fornece os dados para o seguinte quadro bastante elucidativo.

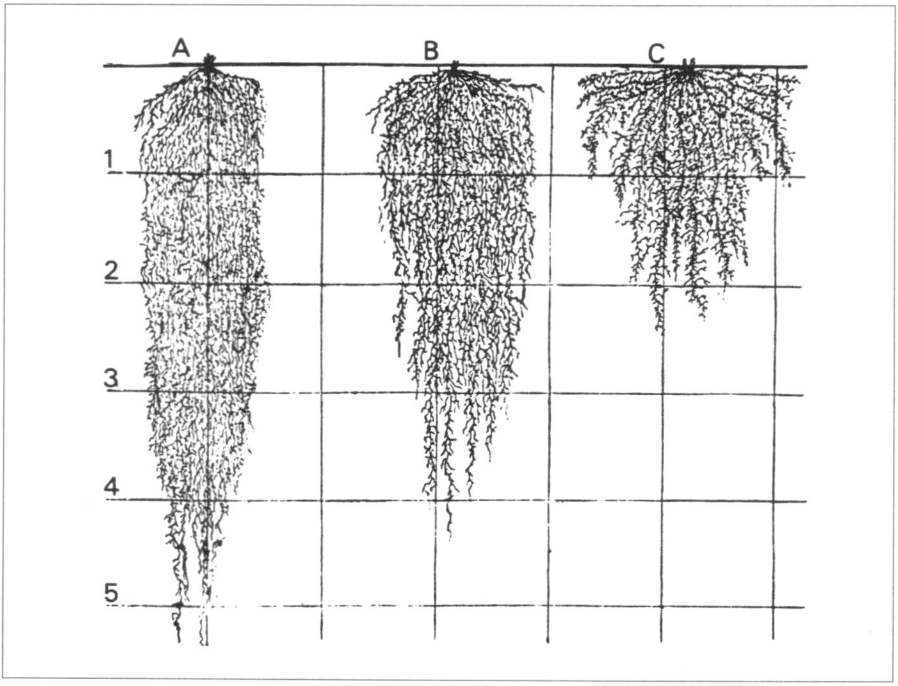

Figura 2.8 Variações da raiz de uma planta segundo a umidade do solo e sua riqueza mineral.
a) clima úmido, solo permeável com riqueza mineral reduzida;
b) clima úmido, solo permeável e humoso com riqueza mineral boa;
c) clima seco, solo permeável com riqueza mineral boa. (Kutschera, 1960)

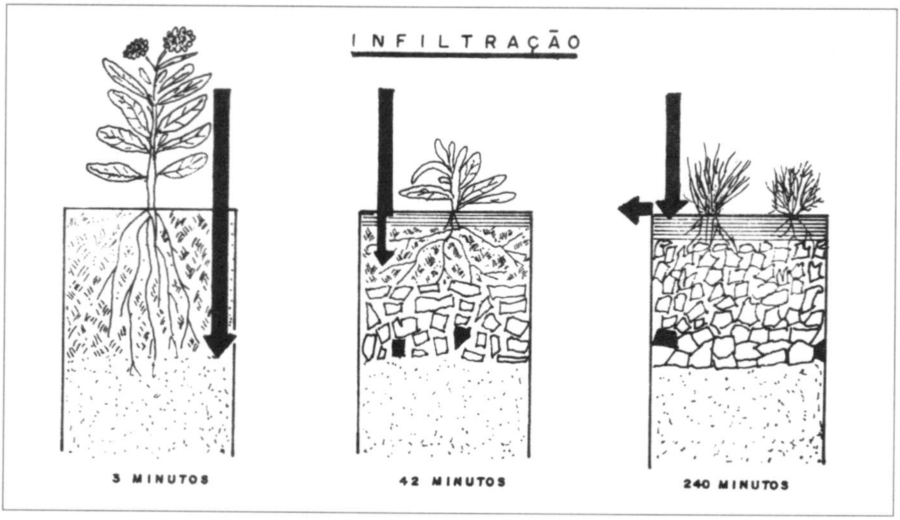

Figura 2.9 Efeito de adensamento do solo sobre o desenvolvimento radicular e a mudança de "ecótipos".

Quadro 2.5 Propriedades físicas e químicas do solo e a infiltração de água. (Machado, 1976)

	densid. apar. (g/cm³)	macroporos (%)	infiltr. (9 h/mm)	C (%)	pH	S (%)	Al troc. (me %)
mato	1,15	21,96	84,9	4,4	5,3	12,56	0,16
campo	1,22	16,60	56,1	3,4	5,0	4,75	1,13
plantio convenc.	1,38	7,03	27,6	1,5	4,3	2,83	2,46
plantio direto	1,23	13,29	66,3	3,4	5,3	9,74	0,27

Podemos verificar que não é somente um único fator que se modifica. A modificação é do conjunto de todos os fatores e, quando aumenta a densidade aparente, diminuem os macroporos, a infiltração, o pH e a saturação em bases, mas aumenta o alumínio. De modo que a deterioração das condições do solo é geral, contribuindo assim para a redução drástica da colheita. As condições piores para o crescimento radicular somam-se à deficiência de água e de nutrientes e a toxidez de alumínio. E todos em conjunto dependem da tecnologia de preparo do solo. Por isso, muitas vezes o fator "densidade" é atribuído ao alumínio tóxico, que, porém, somente o acompanha.

A possibilidade de absorver água com facilidade do solo depende do tamanho dos poros. Assim, Odén dá o seguinte quadro:

Quadro 2.6 A disponibilidade de água nos diversos tamanhos de poros no solo. (Odén, 1957)

diâmetro em micras	pF	tipo de água
macroporos	< 1,2	drenável por gravidade
poros médios	1,2-2,2	facilmente disponível às plantas
poros finos	2,2-3,2	disponível às plantas
microporos	3,2-4,2	dificilmente disponível
ultraporos	> 4,2	não disponível às plantas (água higroscópica)

Compreende-se, facilmente, que o desaparecimento dos macroporos acusado no quadro 2.5 provoca a redução drástica da infiltração, e causa, por consequência, uma seca antecipada nas plantas.

A água é tanto mais essencial na vida vegetal quando se considera que entre 85 e 95% da planta são água e que não existe absorção vegetal sem que as substâncias, minerais ou orgânicas, sejam dissolvidas em água.

O crescimento radicular, com exceção das plantas adaptadas a solos encharcados, ocorre somente entre a tensão de água de 1/3 a 15 atm. Em tensões maiores, muitas plantas encontram dificuldades em retirá-la do solo, em tensões menores falta o oxigênio, enquanto a água ocupa os poros de ventilação, como mostra a figura 2.10.

Embora a água seja indispensável a qualquer processo químico ou biológico no solo, as raízes suportam seu excesso tão mal quanto uma escassez. Nenhuma cultura, com exceção de arroz, consegue crescer num solo saturado a 100% de sua capacidade de campo. Cereais de grãos miúdos, como trigo ou aveia, preferem geralmente uma saturação de 60% enquanto ervilhas, soja e outras leguminosas têm seu melhor desenvolvimento com 80% da capacidade de campo. Também existem plantas que ainda crescem bem com apenas 40% de capacidade de campo, como as *Artemísias*. Mas enquanto os cereais baixam o rendimento a mais ou menos 20% quando a capacidade de campo for saturada, as ervilhas o baixam a 9,3%, por serem muito mais sensíveis a um excesso de umidade, como mostra o quadro 2.7.

Existem plantas que vivem no pântano e outras que habitam o deserto. O que as habilita para isso é:

1. A tensão negativa da raiz, que também é chamada pressão osmótica, e que em halófitas, que vivem em solos salinos, pode subir até 60 a 100 atmosferas;
2. O abastecimento da raiz com oxigênio através do aerênquima, quando vivem em solos saturados em água.

Quadro 2.7 Umidade do solo em % de sua "capacidade de campo" e o rendimento de algumas culturas. (Mitscherlich, 1954)

cultura	capacidade de campo				
	20%	40%	60%	80%	100%
centeio	30,7	71,4	100,0	77,6	19,6
ervilha	14,1	50,3	87,4	100,0	9,3
feijão-fava	16,1	48,4	63,9	100,0	32,8
batatinha	15,1	48,3	89,0	100,0	62,5

Obs.: dados em % do rendimento ótimo.

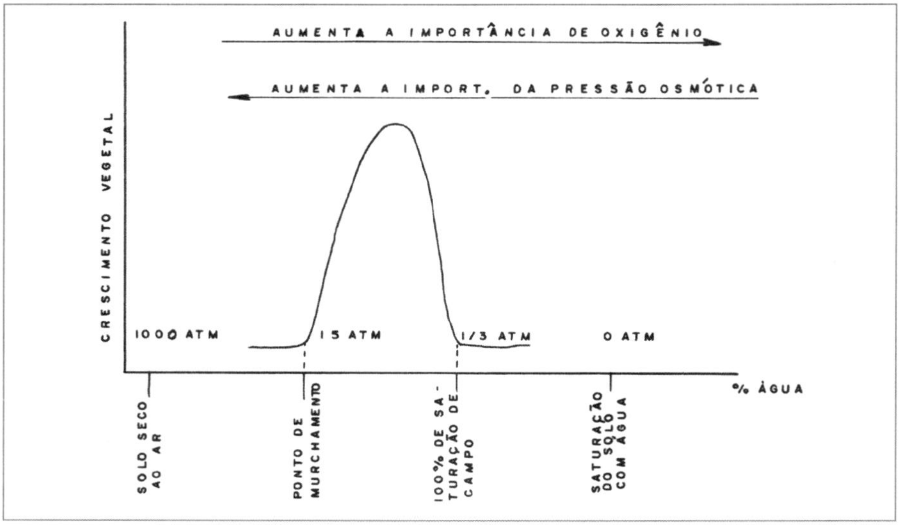

Figura 2.10 O grau de saturação em água do solo e sua influência sobre o crescimento vegetal.

A pressão osmótica é responsável pela absorção ativa e ganha importância aquém do "ponto de murchamento" comum, enquanto que o problema de oxigênio ganha máxima importância além da saturação de campo. Pode-se alterar o ponto de murchamento até certo limite, através de uma boa nutrição da planta, habilitando-a a crescer em solos mais secos. Mas, à falta de oxigênio não há adaptação.

É possível calcular o deficit de água no solo através do seu enraizamento.[11] Esse deficit pode ocorrer quando as chuvas são escassas, quando a infiltração é deficiente, quando a percolação é impedida por adensamentos ou quando o nível freático é baixo demais para que haja transporte de água à superfície.

A influência do nível freático sobre o crescimento radicular

Tanto um nível freático muito profundo[22,37,71,74,95] como um muito superficial[11,115,148,153] podem constituir limitações para o crescimento radicular (vide capítulo 9).

Se o nível freático é baixo, a falta de água é patente e as raízes concentram-se no solo superficial, para captação das águas pluviais que, nessas zonas, geralmente são escassas.[149]

Mas se o nível freático é muito superficial, como ocorre em muitos solos da Amazônia e em partes do Nordeste, limita igualmente a penetração radicular. Na "mata geral", com muitas árvores com raízes respiratórias ou raízes tabulares, encontramos o quadro típico de um nível freático alto, às vezes subindo até a superfície. As oscilações do nível freático, geralmente, limitam o enraizamento do solo,[11] como mostra a figura 2.11, simplesmente por falta de oxigênio no horizonte encharcado.[25]

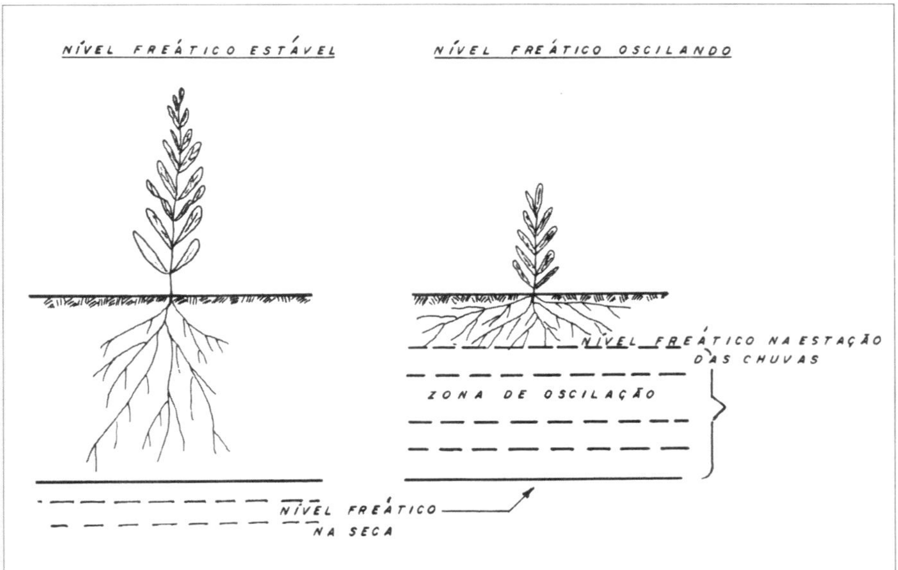

Figura 2.11a Influência das oscilações do nível freático sobre o crescimento radicular.

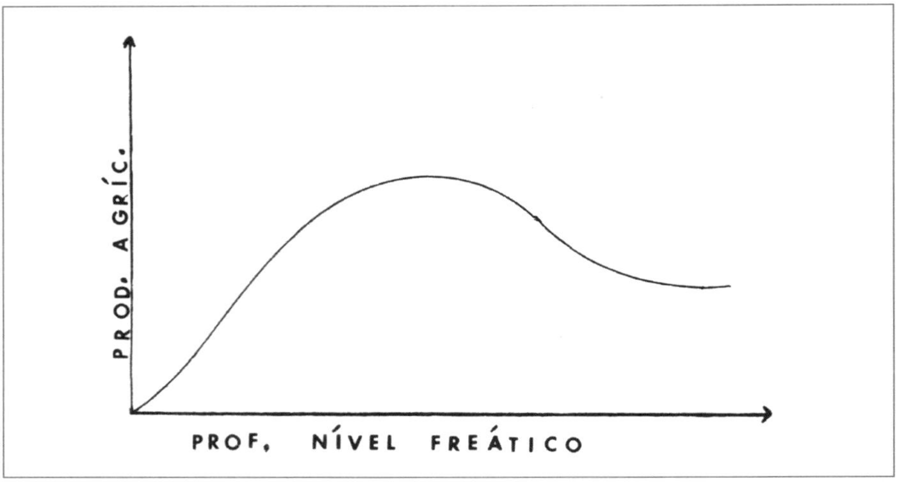

Figura 2.11b Influência do nível freático sobre a produção. (Viesser, 1960)

Esta é a razão do fenômeno que em muitas regiões da Amazônia, como, por exemplo, na de Altamira, a mata podia ser derrubada por um caterpilar Diesel, por causa de suas raízes muito superficiais.

A barreira física dos adensamentos

Embora existam máquinas capazes de pulverizar qualquer solo, para preparar o campo para a semeadura, esta "pulverização" é de pouca duração e a primeira chuva já encrosta a superfície da terra, como mostram as figuras 7.26 e 7.29 a-b.

O adensamento do solo e o confinamento das raízes à camada superficial é comum em terra agrícola.[68,142] Bem como em pastagens de uso permanente.[151] A restrição do espaço enraizado significa a restrição de água e nutrientes à disposição, uma vez que o volume de solo explorado pela raiz é menor. E essa situação está piorando com o decorrer do tempo, ou seja, na medida em que as chuvas destroem os grumos superficiais e as partículas finas desses grumos se "sedimentam", formando uma camada adensada que "cresce" de baixo para cima, como mostra a figura 7.17. No quadro 2.8 mostra-se a concentração das raízes na superfície, com o decorrer do tempo, pelas razões acima citadas.

Verifica-se que, enquanto com 105 dias de idade, 72,6% das raízes do morangueiro estavam concentradas nos primeiros 5 cm de solo, após 201 dias, 90,1% das raízes encontravam-se neste espaço. As raízes fasciculadas desviam, quando esbarram contra o adensamento, penetrando somente muito poucas em épocas de chuva. As raízes pivotantes forquilham e ficam retorcidas. Raízes desviadas podem ser, também, o efeito de uma maior concentração de alumínio tóxico. Porém, forquilhadas nunca o podem ser. Nas figuras 2.12 e 2.13 mostra-se uma raiz forquilhada, esquematizando-se em seguida a razão desse forquilhamento. Verifica-se que a raiz so-

Quadro 2.8 Distribuição do sistema radicular do morangueiro em latossol vermelho-amarelo em duas fases do ciclo vegetativo. (Inforzato, 1973)

prof. do perfil (cm)	aos 105 dias de idade			aos 201 dias de idade		
	g	%	% acumul.	g	%	% acumul.
0-5	24,36	72,6	-	40,78	90,10	-
0-10	4,04	12,0	84,6	1,60	3,52	93,62
10-15	2,53	7,5	92,1	1,69	3,72	97,34
15-25	1,95	5,8	97,9	0,87	1,91	99,25
25-35	0,37	1,1	99,0	0,25	0,55	99,80
35-55	0,32	1,0	100,0	0,09	0,20	100,00

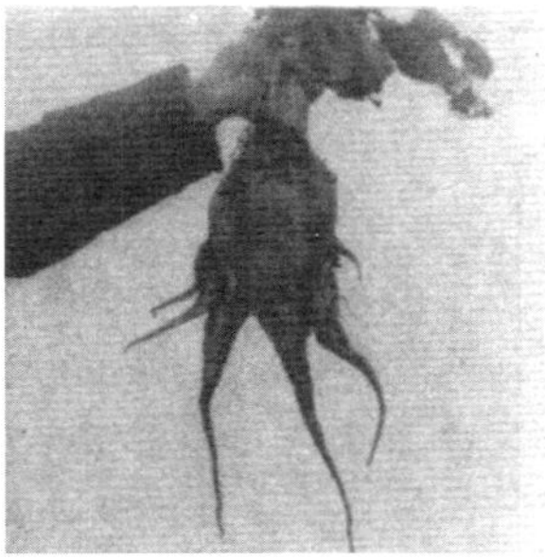

Figura 2.12 Raiz de beterraba forquilhada devido a adensamentos.

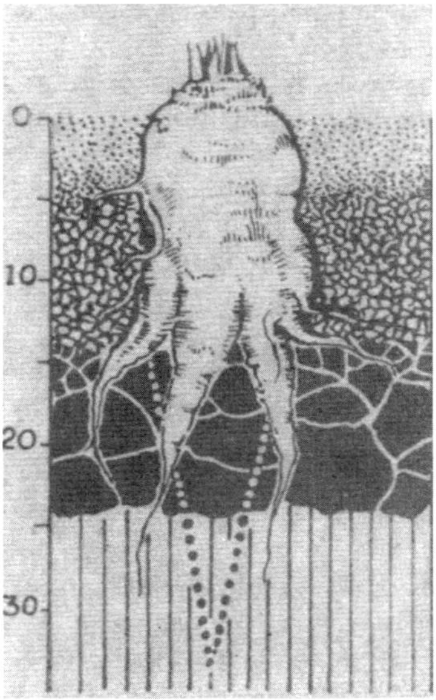

Figura 2.13 Esquema explicativo do forquilhamento da raiz.

mente pode penetrar na camada adensada pelas rachaduras formadas entre os torrões, desviando-se do seu caminho reto, natural.

As raízes nunca penetram em solo adensado quando for seco e uma irrigação muitas vezes não consegue molhar o solo. Num ensaio em vasos, com adubação e irrigação idêntica, a água correu somente nas paredes do vaso onde se concentraram, também, todas as raízes, como mostra a figura 2.14. Enquanto no solo grumoso, ao lado esquerdo a água penetrou por todo volume do solo que, consequentemente, se apresentou bem enraizado.

Essas camadas adensadas ou compactadas podem ser formadas pela pressão das máquinas agrícolas[47,85,152] mas geralmente ocorrem pela destruição dos grumos do solo por um manejo agrícola inadequado.[37,39,40,45,140]

Raney (1950) mostra a influência de rotação diferente e de uso de maquinaria diferente com variação de profundidade de trabalho.

Verifica-se que a rotação com maior quantidade de restos orgânicos contribui somente à manutenção de uma estrutura mais favorável à circulação de ar quando for incorporada em pouca profundidade. Quando enterrada até 30 cm de profundidade, seu efeito é negativo (vide capítulo 6).

A diferença entre as diversas máquinas é grande, especialmente quanto à densidade aparente do solo, tendo as máquinas revolventes de maior velocidade, como arado de disco e enxada rotativa, efeito pior (vide capítulo 9). Por isso, o uso da não

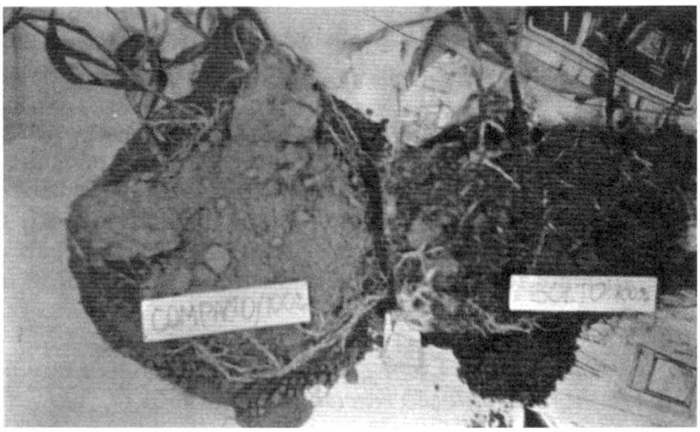

Figura 2.14 Diferença de enraizamento em solo grumoso e solo amorfo, sem estrutura.

Quadro 2.9 Taxa de difusão de oxigênio em várias profundidades do solo em dois sistemas de rotação cultural (Raney, 1950)

Preparo do solo		pressão parcial de O_2 no ar do solo (mg/Hg)		densidade aparente (g/cm^3)		umidade do solo (% da capacidade de campo)		taxa de difusão de oxigênio	
		A	B	A	B	A	B	A	B
trabalho até 10 cm	subsolador	141	145	1,27	1,28	19,8	20,2	0,546	0,436
	arado aiveca	141	145	1,28	1,32	20,0	19,9	0,639	0,568
	arado disco	138	143	1,36	1,33	20,0	19,3	0,377	0,327
	enxada rotat.	134	141	1,39	1,29	19,6	20,1	0,356	0,358
trabalho até 20 cm	subsolador	137	142	1,32	1,34	21,0	19,7	0,428	0,308
	arado aiveca	138	143	1,31	1,42	22,2	19,9	0,417	0,269
	arado disco	121	131	1,40	1,33	21,3	19,3	0,279	0,215
	enxada rotat.	121	131	1,48	1,45	21,0	20,0	0,209	0,226
trabalho até 30 cm	subsolador	133	104	1,42	1,49	22,1	22,6	0,172	0,229
	arado aiveca	133	134	1,45	1,47	22,6	22,5	0,176	0,149
	arado disco	128	129	1,51	1,48	21,0	22,2	0,166	0,253
	enxada rotat.	126	125	1,50	1,52	21,2	18,9	0,154	0,147

Obs.: A = rotação com grande quantidade de restos orgânicos.
B = rotação com poucos restos orgânicos.

lavração ou do preparo mínimo é sempre mais pesquisado.[51-53,141,142] O efeito é bom quando o solo tiver uma densidade aparente baixa. Porém, quando a densidade aparente for elevada, a aração mais profunda é a mais indicada.[83]

Não é possível indicar um determinado tipo de plantio, para beneficiar o enraizamento do solo, sem levar em consideração a densidade aparente do solo ou seu índice de tenacidade (*shear strength*). *Não é da técnica que se necessita, mas saber as condições do solo para entender qual das técnicas será a mais favorável.*

O solo adensado oferece um ambiente péssimo para a raiz vegetal que, na impossibilidade de se expandir, facilmente sofre da deficiência de água, ar e nutrientes. Na figura 2.15 reuniram-se todos os fatores que influem sobre a raiz e seu crescimento em solo adensado. Dificilmente poderia ser dito que um ou outro fator seria o mais decisivo. Nunca na vida existem fatores isolados, mas somente fatores in-

Quadro 2.10 Latossolo, fase arenosa, em que a lavração profunda teve o melhor resultado sobre a produção vegetal. (Leme, 1956)

prof. (cm)	densidade aparente	índice de tenacidade (I.T.%)
0-5	1,65	0,93
5-15	1,65	0,63
15-30	1,44	1,54
30-70	1,46	1,09

Obs.: a vegetação neste solo era capim-gordura (*Melinis minutiflora*).

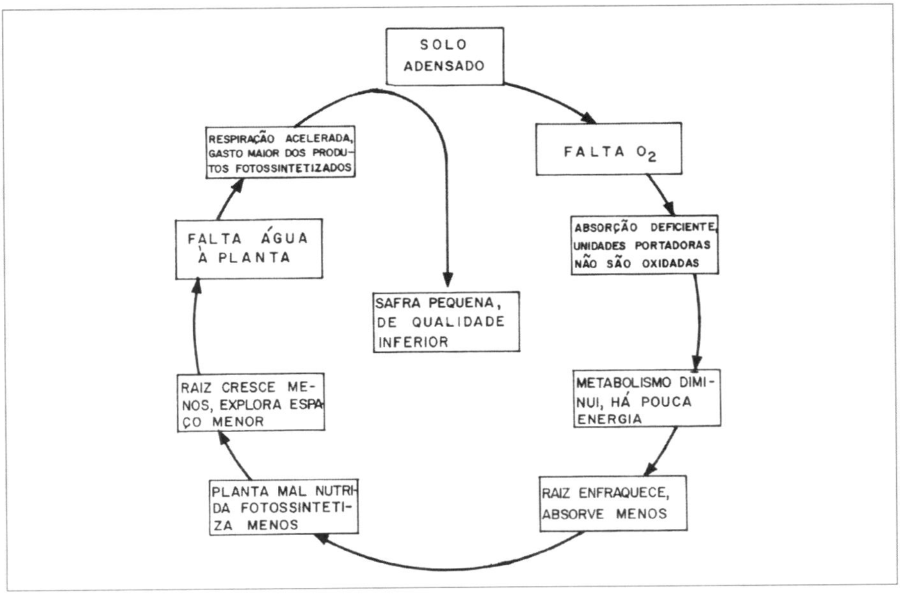

Figura 2.15 O efeito do adensamento do solo sobre as condições de crescimento de uma planta.

terligados, provocando um a modificação do outro, de modo que a maior densidade do solo provoca automaticamente a menor difusão de oxigênio,[37,55,114] a menor disponibilidade de água,[29,47,95,115] o menor desenvolvimento radicular,[7,28,36,40,54,57,58,92,101,103,118] a pior nutrição[105,113,133,138,149] e, finalmente, uma colheita reduzida.[47,54,106] Como não há efeitos isolados em nossa economia, também na "economia" vegetal não existem efeitos isolados.

Nos trabalhos de Cadima (1970/71) pode se observar o efeito de adensamentos sobre o número e diâmetro das raízes e a produção do cacaueiro, como mostra a figura 2.16. Na medida em que aumenta a tenacidade do solo (resistência ao corte), diminui o número e o diâmetro das raízes e diminui a produção do cacaueiro.

Esse efeito da densidade do solo, induzido pelo manejo inadequado, pode ser esquematizado como na figura 2.17, mostrando que, com a perda do estado grumoso e fofo e a formação de adensamentos, o desenvolvimento radicular se torna cada vez menor, podendo produzir somente plantas pequenas[64] de pouco valor econômico.

A raiz é a base para que a planta possa produzir. Em solo adensado, onde seu desenvolvimento é reduzido, não consegue absorver a água e os nutrientes que a parte aérea necessita para poder produzir. O índice de uma absorção boa de água e nutrientes encontra-se na bioestrutura grumosa do solo. Em campos, onde as máquinas agrícolas levantam nuvens de poeira durante seu trabalho, onde houver erosão quando chover e onde se abrirem rachaduras e fendas quando estiver seco, as raízes serão reduzidas, retorcidas e finas. E a produtividade está perdida. O solo já não reage mais, da maneira esperada, à adubação.[106,107]

O tamanho dos agregados do solo, cuja densidade é desconhecida, não garante ainda um desenvolvimento radicular vigoroso,[29] por se tratar, muitas vezes, de pedaços de torrões e não de grumos. Somente quando são estáveis à ação da água contribuem para o melhoramento das condições radiculares (vide capítulo 7).

Existem técnicas agrícolas, como o replante, que visa fortalecer o sistema radicular das plantas, como nas verduras ou no arroz. Porém, quando a densidade do solo for grande e as raízes encontrarem dificuldades no seu desenvolvimento, o efeito dessa técnica é insignificante ou nulo.[60]

O adensamento e encrostamento dos solos não somente prejudica a expansão radicular,[25,157] mas igualmente a emergência das plantas novas.[15,61] Estas, em solos sem estrutura grumosa, muitas vezes, não conseguem romper a crosta superficial que a primeira chuva formou, e a falta na germinação nem sempre é devida à má qualidade da semente, mas frequentemente também devido à má condição do solo. Deve-se distinguir entre o preparo muito bom do campo, pulverizando todos os torrões, e entre estrutura grumosa. A primeira chuva acusa torrões pulverizados pelo encrostamento da superfície. Terra grumosa é resistente à água. Por isso, agregados muito grandes ($>$ 7 mm) diminuem a capacidade de ar no solo[13] por serem instáveis.

O oxigênio no solo

Como mostram a figura 2.15 e o quadro 2.9, a taxa de oxigênio no solo depende intimamente de sua densidade aparente. A razão é que, durante o processo de adensamento, os primeiros poros a desaparecer são os macroporos, que justamente servem à ventilação.[57]

Para a capacidade de ar, Feuerstack (1960) apresenta o esquema do quadro 2.11.

Esse quadro mostra claramente um horizonte adensado nos dois primeiros solos após 20 cm de profundidade, no terceiro solo abaixo de 33 cm de profundidade

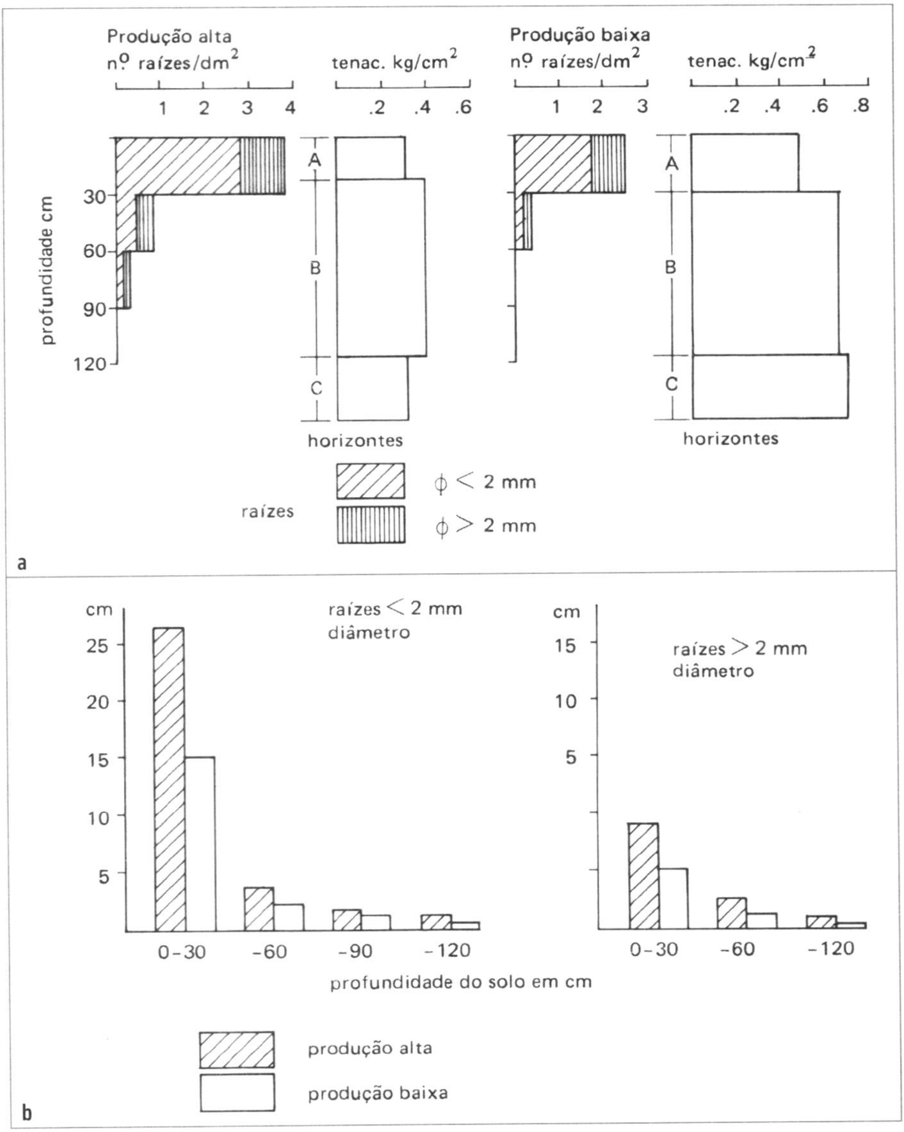

Figuras 2.16a e 2.16b Efeito da "tenacidade" do solo sobre número e diâmetro das raízes do cacaueiro e sua produção. (Cadima, 1970/71)

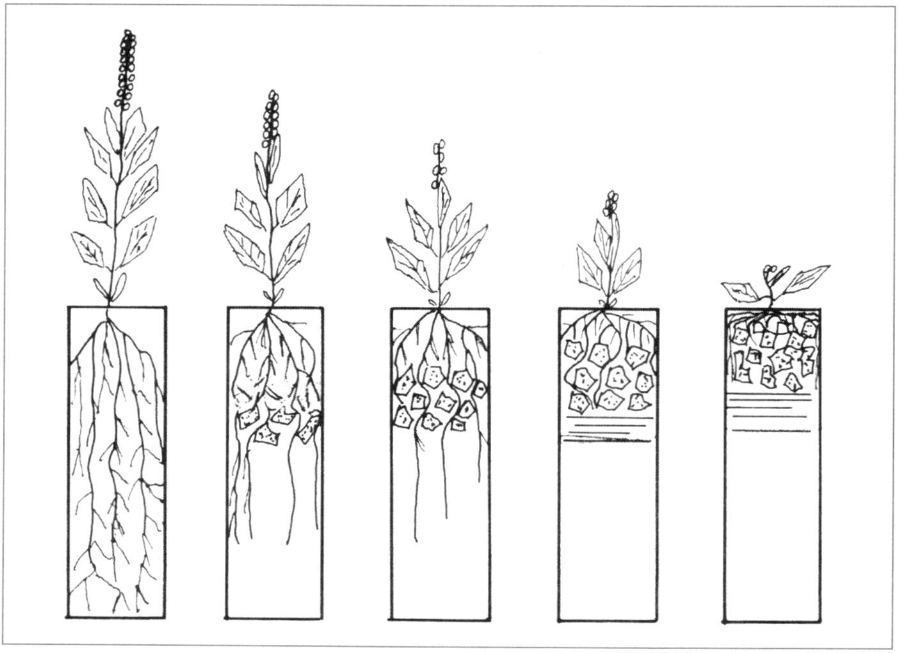

Figura 2.17 Esquema do efeito de adensamento do solo sobre o desenvolvimento radicular e a produção vegetal.

Quadro 2.11 Teor em ar de diversos solos, medido na capacidade de campo. (Feuerstack, 1960)

	prof. (cm)	ar (%)
solo argiloso rico em cálcio	0-20	11,9
	20-47	3,5
	47-65	0,0
	65-80	1,9
solo argiloso humoso	0-20	18,9
	20-35	9,4
	35-47	10,3
	47-57	10,8
	57-80	11,8
solo hidromorf. arenoso	0-15	7,8
	15-33	7,4
	33-46	1,9
	46-54	9,1
	54-70	10,0
solo hidromorf. (*pseudogley*)	0-16	5,9
	16-28	0,5
	28-47	0,9

e no *pseudogley* abaixo de 16 cm. Nestes horizontes com reduzidíssima taxa de ar, o enraizamento é praticamente nulo.[80]

Um solo produtivo deve estar suficientemente arejado,[22,47,97,129,144,154] livre de substâncias tóxicas e provido adequadamente de água e nutrientes. A raiz absorve o oxigênio (O_2) e expira gás carbônico (CO_2).[114] Também os microrganismos que vivem na rizosfera, aproveitando-se das excreções radiculares, expiram CO_2 (vide capítulo 6), de modo que o ambiente logo estaria saturado de gás carbônico se não houvesse ventilação permanente. Para isso, necessita-se da circulação do ar, removendo o gás carbônico para fora do solo e substituindo-o por ar fresco, rico em oxigênio.[19,84,89,114,134] Mas, o ar somente pode circular nos poros livres de água, ou seja, nos dos quais a água se drena por força de sua gravidade.

Enquanto na atmosfera a concentração de CO_2 é somente de 0,03%, no ar do solo pode ascender a 1% e, em casos extremos, até 3%.[19] Quando um solo for bem agregado e grumoso, existe um número suficiente de poros de ventilação para garantir a oxigenação da raiz.[55,80,119] Quando, porém, o solo se tornar compacto, com a diminuição dos poros de ventilação, que sempre são os primeiros atingidos, o CO_2 se acumula no solo e a raiz sofre seu efeito desfavorável.[34,88] Gás carbônico não é tóxico para a raiz, pelo menos não o é em concentração até 3%. Mas o que prejudica seriamente é o anaerobismo que esta concentração provoca, uma vez que a maior concentração de CO_2 equivale a uma menor em oxigênio.[37,125] Esse anaerobismo se produz tanto em solo compacto ou adensado, como em solo encharcado, e também em presença de uma atividade microrgânica elevada (vide capítulo 6). Assim, por exemplo, uma adubação verde, enterrada, tem uma decomposição explosiva, que ocorre facilmente em nosso clima. O resultado é que as bactérias se apoderam de todo oxigênio do ar do solo, expirando CO_2, produto final de decomposição, criando com isso condições anaeróbias. Portanto, condições anaeróbias podem ocorrer também em solo grumoso após a aplicação de adubação verde, de vinhaça ou qualquer outro produto de fácil decomposição.

Plantas que sempre vivem em ambiente anaeróbio, como arroz irrigado, o capim-arroz (*Echinochloa crusgallii*), juncos etc. possuem um sistema de ventilação que transporta oxigênio das folhas à raiz.[58]

A raiz absorve o oxigênio do solo em forma dissolvida na água.[101] Em clima tropical e subtropical, a solubilidade de oxigênio é baixa devido à temperatura elevada.[26] Porém, a necessidade do mesmo aumenta, em consequência de uma respiração mais ativa.[96] Devemos concluir que o abastecimento da raiz com oxigênio, provavelmente, deve ser maior que em clima temperado. O anaerobismo do solo causado pelo adensamento de sua estrutura torna-se, portanto, muito desfavorável para as culturas.

Quando, em lugar de uma respiração aeróbia, se processa uma respiração fermentativa, a planta produz álcool que também é excretado pelas raízes,[44] alterando a microflora na rizosfera. Assim, uma crosta superficial que impede a circulação de ar no solo diminui o rendimento da cultura[32] não porque a parte aérea da planta seja afetada, mas porque a raiz é seriamente prejudicada.

A proteção da superfície do solo contra o impacto da chuva torna-se imperiosa para o bem-estar radicular e a produção vegetal.[15,61,70,82,136,137] Quando o anaerobismo for a consequência de uma drenagem deficiente do terreno, forma-se aldeído de salicila, tóxico para a raiz vegetal mas inócuo para fungos como *Phytium arrhenomanew* que se multiplicam livremente, podendo atacar a raiz enfraquecida (vide capítulo 1). De modo que, em solos pobres de oxigênio, a suscetibilidade das raízes a pestes parece ser maior. Ao mesmo tempo, a planta tem de recorrer a uma respiração fermentativa ou anaeróbia na qual a liberação de energia é muito menor. O metabolismo, portanto, é desacelerado, a fotossíntese diminuída, a pressão osmótica da raiz é reduzida e com isso diminui seu potencial de absorção e mobilização de nutrientes.[42,84,88,126,135] A planta, portanto, é mal nutrida,[84,162] cresce menos e rende muito menos.

Na prática do campo vale a regra: "quando uma planta mostrar sinais de deficiência de quase todos os nutrientes, a falta de oxigênio no solo é quase certa." E solos com crostas superficiais e adensamentos sempre carecem de oxigênio. Haverá desenvolvimento deficiente da raiz.[54,82,101]

Também não se encontra explicação para as mudanças bruscas de vegetação em um solo com idêntica fertilidade, mesmo microclima e nível freático semelhante,[7] a não ser através dos estados diferentes de oxigenação do solo.

Raramente existem plantas fortes com raiz fraca.[57,133] A responsável pelo desenvolvimento radicular deficiente, ao lado da falta de água, é a falta de oxigênio[18,59,104,105,109,119,136,138,157] e de nutrientes, que em conjunto, de uma maneira geral, ocorre em solos adensados.

Geralmente, suspeita-se da deficiência de nutrientes quando o desenvolvimento vegetal for fraco. A falta de nutrientes não afeta somente o vegetal acima do solo, mas igualmente a raiz no solo. Esta deficiência pode ser induzida pela compactação e adensamento ou pode ser real. No primeiro caso, uma adubação fará muito pouco efeito, como mostra a figura 2.18; apresentando uma plantação de milho que recebeu adubação idêntica. A fileira de cima está plantada no camalhão do terraço e a de baixo no terraço, de onde a terra grumosa foi raspada.

A ABSORÇÃO DE NUTRIENTES E SEU EFEITO SOBRE A RAIZ

A absorção dos nutrientes depende :

1. Das propriedades genéticas da planta.
   Por exemplo, uma variedade de trigo ou soja consegue absorver quantidades suficientes de cálcio de um solo ácido, enquanto que outra necessita de calagem e somente é capaz de absorvê-lo quando o encontra em maiores quantidades;[6,41]
2. Da nutrição da planta e das condições de metabolização que dependem também da sanidade radicular e foliar;
3. Dos fatores ambientais do solo, incluindo-se aqui as condições físicas e químicas, o pH, a temperatura do solo e a competição por parte de outras plantas. As-

Figura 2.18 Diferença de milho plantado no camalhão do terraço e no terraço com adubação idêntica. A estrutura do solo é diferente.

sim, por exemplo, o algodão não absorve mais quando a temperatura do solo estiver abaixo de 17 °C ou acima de 30 °C;

4. Do clima, que inclui luz, temperatura, precipitações e vento.

A raiz vegetal absorve em duas etapas. A primeira é por simples troca superficial, onde os cátions passam somente a parede radicular para o "espaço aparentemente livre" (AFS). Depois, entram na raiz por via fisiológica.[34] Ânions e cátions acumulam-se na raiz segundo princípios diferentes. Mas de qualquer maneira necessitam de parte das valências negativas da superfície radicular saturadas com cálcio, de um metabolismo ativo, que fornece essas valências negativas, e uma pressão osmótica suficientemente alta.[33,88]

Nas figuras 2.19 e 2.20 mostra-se a acumulação de cálcio radioativo (Ca^{45}) na casca de uma raiz bem como a esquematização do processo.

Se faltar cálcio, o plasmalema, ou seja, a parte interna da membrana celular, perde sua semipermeabilidade e torna-se mais permeável ou "furada" (*leaky*),[63,70] permitindo a entrada de íons, nutritivos ou não, conforme a sua quantidade no solo. A raiz perde sua seletividade, causando transtornos fisiológicos muito sérios à planta.

Essa seletividade pode ser demonstrada com maior facilidade no exemplo de algas que são seres unicelulares. Na figura 2.21 esquematiza-se a seletividade de duas algas, uma habitante de água doce, outra de água marinha.

Observa-se que os níveis dos nutrientes na célula são semelhantes, embora sua concentração fora da célula seja bastante diferente. Mesmo existindo pouco cloro

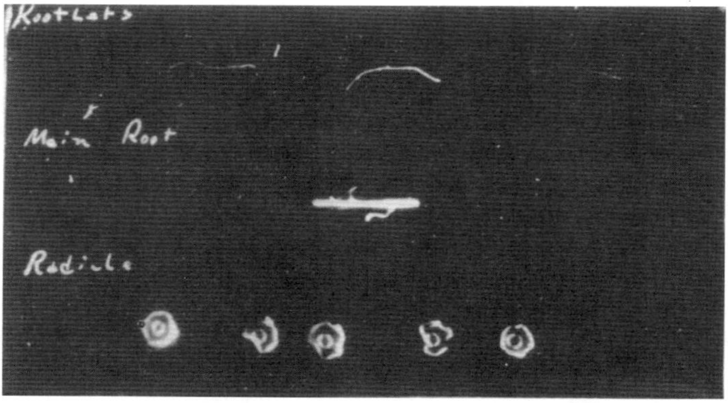

Figura 2.19 Cálcio radioativo na casca radicular. (Gentileza: H. C. Harris, 1973)

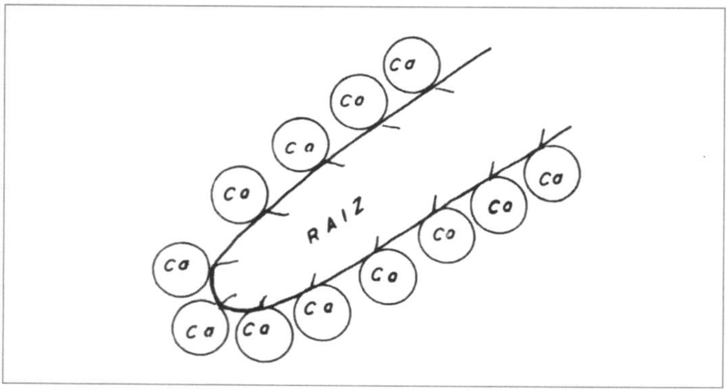

Figura 2.20 Esquematização da adsorção de cálcio pelas valências negativas da raiz.

na água doce, a acumulação na alga *Nigella* é apreciável. E apesar de existir muito sódio na água do mar, sua taxa na alga *Valonia* é baixa.

Essa seletividade encontra-se também na raiz, habilitando as plantas a vegetar nos mais diversos meios ambientes.

A seletividade da raiz é melhor quando o abastecimento com oxigênio for bom, simplesmente porque a produção de metabólitos e valências negativas é maior. E, como a saturação de parte dessas valências deveria ser por cálcio, tanto as plantas acidófilas como as neutrófilas o necessitam,[33] quer se entenda por acidófilo a necessidade de um pH baixo, para poder absorver melhor os micronutrientes, quer a tolerância a maiores quantidades de alumínio trocável. Quando faltar o cálcio, indispensável à raiz, aparecem os mais estranhos sintomas de deficiência e intoxicação.[34,46] Plantas acidófilas não fogem do cálcio, mas de uma calagem e da correção do pH e neutralização de Al e Mn, bem como da imobilização ou dificultação da absorção de micronutrientes essenciais a seu desenvolvimento. Existem plantas que suportam maiores concentrações de alumínio, como as variedades brasileiras de trigo, e

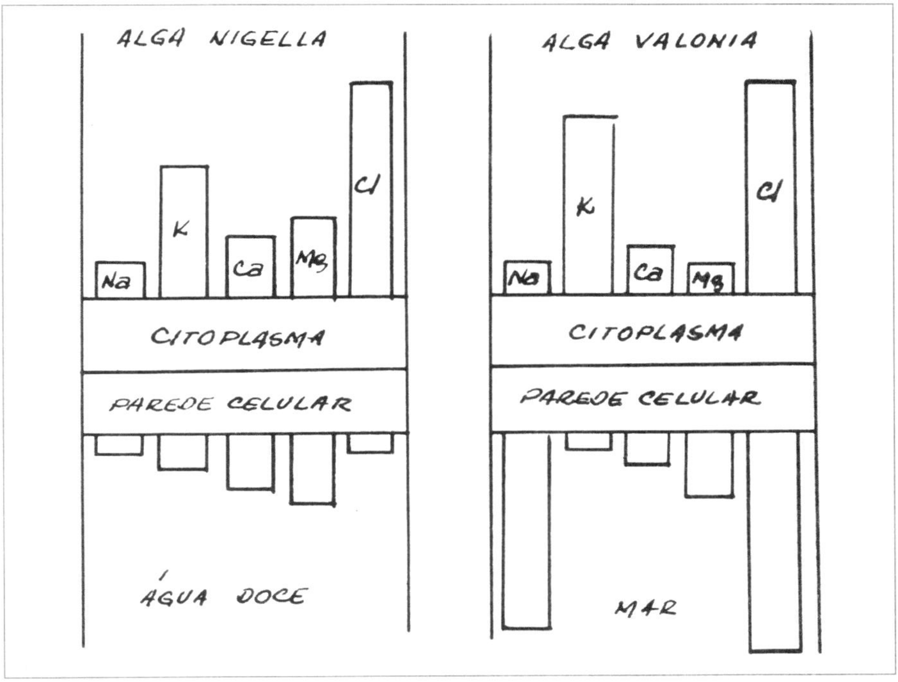

Figura 2.21 Absorção seletiva por células no exemplo de algas. (Mengel, 1965)

outras que necessitam de maiores teores de zinco, como a jabuticabeira, ou de boro, como a batatinha ou batata-doce etc.[17,45,106] Também o cafeeiro, seringueira, teeiro, cacaueiro e muitas outras plantas tropicais necessitam de cálcio mas são mais ou menos sensíveis a uma correção do pH, preferindo solos ácidos.[5,50] O cálcio, provavelmente, serve também para possibilitar a aproximação de fósforo, enxofre e N-nítrico, que são ânions. A maioria das plantas tropicais são sensíveis à falta de micronutrientes, porém podem viver em pH que oscilam muito, encontrando-se o extremo na seringueira, que cresce bem num pH de 4,5 a 6,7 mas suporta pH de 3,0 até 8,0.[50]

Para o cafeeiro, o pH ótimo encontra-se entre 4,0 e 6,0[5] mas, como é *Rubiácea,* não somente tolera algum alumínio mas até pode acumular certa quantidade em suas folhas.[56]

Porém nenhuma planta tropical, por mais tolerante que possa ser à acidez, como, por exemplo, a teeira, dispensa cálcio.[50] Para garantir a mobilização deste nutriente em solos ácidos, a planta excreta certas substâncias que direta ou indiretamente são capazes de mobilizar nutrientes, (vide capítulo 6)[42,77,125] e, às vezes, mesmo de redes cristalinas.[18,42] Desta maneira, uma planta bem nutrida consegue mobilizar mais nutrientes que uma mal nutrida, sem considerar ainda os microrganismos na rizosfera, rizoplano e os micorrizas, que em plantas bem nutridas são mais ativos e mais numerosos, mobilizando mais nutrientes.

Reconhece-se, pois, como condição básica de produtividade do solo seu abastecimento adequado com água, oxigênio e cálcio ao lado dos outros nutrientes.

Existem plantas que necessitam muito pouco oxigênio e cálcio, como cabelo-de-porco (*Carex spp.*), mas as de cultura, geralmente, precisam de um suprimento farto de ambos, como a maioria das variedades de soja ou algodão.

Ao lado de cálcio, cuja deficiência deixa as raízes curtas e grossas,[106,131] os nutrientes que mais influem sobre o crescimento radicular são fósforo, nitrogênio, boro e enxofre. Há trabalhos que dizem que o fósforo não aumenta o crescimento radicular. Porém, como se necessita de fósforo para o crescimento, pode-se supor que ele também seja necessário para o crescimento da raiz.

A deficiência de boro é a que mais drasticamente reduz o volume radicular, como mostra a figura 2.22. Cada segunda planta foi criada com omissão de boro, sendo as raízes muito reduzidas.

Na deficiência de boro, raízes carnudas e tubérculos ficam desprovidos de amidos e carboidratos em geral e, portanto, dispõem de reduzidíssimo potencial de absorção.[17,66,131]

Na deficiência de enxofre as raízes se tornam mais fibrosas, compridas mas com poucas radículas. Geralmente são de cor escura, como mostra a figura 2.23. A planta provida com enxofre é muito maior, com raízes abundantes e claras, por não encontrar dificuldade de absorção e formação de proteínas.

Muitas vezes, a deficiência muito séria de fósforo e o excesso de alumínio manifesta-se de maneira muito semelhante,[16] com folhas estreitas e descoloração purpúrea. Num ensaio feito em laboratório, pela compactação do solo apareceu a deficiência de fósforo e a toxidez de alumínio.[164] Na figura 2.24, no primeiro vaso à esquerda tem-se solo grumoso, no segundo, o solo do quarto de baixo do vaso é so-

Figura 2.22 O efeito da deficiência de boro sobre o crescimento radicular de amendoim: a) com boro; b) sem boro. (H. Harris, 1973)

cado, o resto é grumoso. Neste vaso o milho está mais viçoso. Esse efeito de camadas adensadas, quando a irrigação é esparsa, como aqui com 1 vez por semana, já foi observado por vários autores e utilizado em Israel para fazer o deserto produzir, colocando a 40 cm de profundidade uma camada impermeável. No terceiro vaso com metade do vaso com solo socado, o milho é mais fraco, amarelado e mais alto. No quarto vaso, com todo solo socado, o milho é menor, com folhas estreitas de cor purpúrea. (Veja também capítulo 8).

Figura 2.23 O efeito da deficiência de enxofre sobre o desenvolvimento radicular. (H. C. Harris, 1973)

Figura 2.24 Efeito da compactação do solo sobre o desenvolvimento de milho: 1) solo grumoso; 2) 1/4 compactado; 3) 1/2 compactado; 4) totalmente compactado. (Watts, 1973)

Esse ensaio demonstra que em solo adensado a planta sempre será mal nutrida e que a nutrição vegetal, ou seja, a presença dos nutrientes, somente tem importância a partir do momento em que o problema do adensamento é resolvido.

A localização do adubo e o desenvolvimento radicular

Embora em solo adensado a difusão dos nutrientes seja maior[73] e se poderia supor que a alimentação das plantas seria melhor, o volume radicular se reduz e com isso a possibilidade de absorção.[79] De modo que, quando se trata do problema de adubação e do efeito dos nutrientes, pressupõe-se que os problemas de água, ar e adensamento, como barreira física, sejam resolvidos. Caso contrário, o efeito da adubação raramente será econômico.

É opinião generalizada que o nitrogênio reduz a extensão radicular. Porém, não existe raiz alguma que poderia existir sem nitrogênio. O que ocorre é que a localização do nitrogênio, perto da semente e da superfície, especialmente quando aplicado em cobertura, concentra as raízes ao redor do lugar de sua aplicação. Evita-se com isso a expansão da raiz, tornando a planta mais suscetível à seca, uma vez que a água à disposição, no volume do solo explorado, não aumenta com a adubação nitrogenada. O mesmo ocorre com o fósforo.[163] Esse efeito é tanto maior quanto mais pobre o solo for. A concentração radicular na superfície pode tornar a cultura mais suscetível a capinas[123] e à seca. Quando, porém, o adubo é posto abaixo da semente ou tolete e as raízes não se concentram na superfície, como ocorre nos canaviais, cada escarificação do solo equivale a um arejamento, beneficiando a produção.

De maneira alguma deve haver generalização na localização do adubo. Quando este for colocado profundamente no solo, como ocorre nas culturas de cana-de-açúcar ou de batatinha, a raiz somente segue para a maior concentração de nutrientes, penetrando em maior profundidade, quando o solo for grumoso. No caso de uma estrutura instável à água, a primeira chuva inicia a formação de uma camada aden-

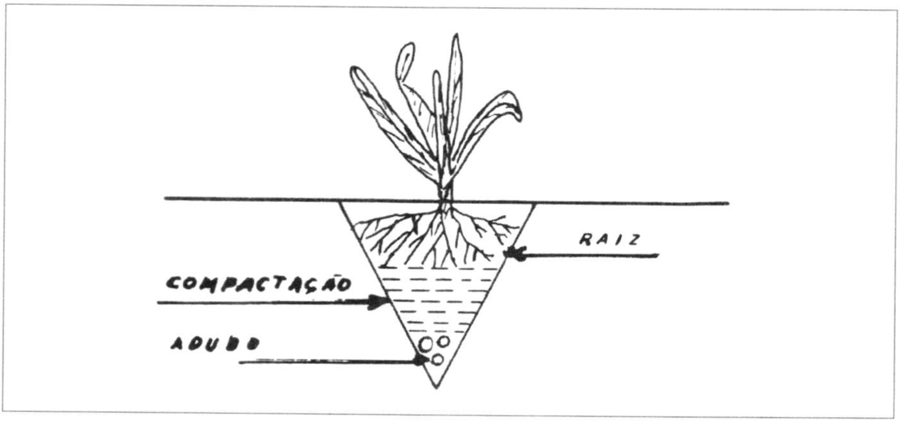

Figura 2.25 Efeito da localização profunda do adubo em solo de estrutura instável à água.

sada, que se forma acima da sola do arado, separando o adubo da planta, pondo-o fora de alcance da raiz, como mostrado na figura 2.25. Desta maneira, obriga-se a raiz a crescer sem adubo, e, como a umidade abaixo de camadas é menor, este adubo nem se dissolve, podendo ser encontrado intacto ainda após a colheita.

EFEITO DO ESPAÇAMENTO SOBRE O TAMANHO DA RAIZ

Porém não somente a localização do adubo influencia o desenvolvimento radicular, mas também o espaçamento, especialmente entre as plantas congêneres.[148] E todos sabem que com o espaçamento maior a planta aumenta ao mesmo tempo seu sistema radicular, o que é apresentado no quadro 2.12.

Quadro 2.12 Desenvolvimento radicular em função de espaçamento (total das raízes). (Walter, 1947)

cultura	plantas individuais 3 m de distância	plantas em linhas de 15 cm de distância
centeio	79 031 m	975 m
trigo	71 111 m	867 m
aveia silvestre	86 334 m	977 m

Em plantio consorciado, o efeito da raiz de outra espécie nem sempre influi de maneira desfavorável sobre o desenvolvimento radicular. Muitas vezes, as raízes de espécies diferentes formam uma trama espessa, podendo enraizar o mesmo espaço de solo.[1,81,150] Este sistema permite o desenvolvimento de plantas enormes, como as árvores da hileia amazônica, mata fechada em solo pobre. Sabe-se que em 1 ha de mata virgem raramente existem mais que três exemplares de uma espécie de árvores (vide capítulo 10).

Porém, nem todas as raízes são limitadas da mesma maneira por algum desses fatores anteriormente discutidos. Adensamentos, oxigênio, água e nutrientes limitam o desenvolvimento radicular conforme a espécie e variedades e seu potencial radicular.

O potencial da raiz

Criam-se culturas com potencial de produção cada vez maior, mas esquece-se que uma variedade produtiva é variedade exigente.[20] Não é suficiente plantar uma cultivar mais produtiva e adubar como de costume. As cultivares mais produtivas, geralmente, possuem raízes mais fracas, menos potentes e necessitam de solos melhor estruturados, com arejamento bom, água facilmente disponível, ausência de substâncias tóxicas e presença de todos os nutrientes essenciais, em quantidade maior.

Produtivo significa que a planta consegue absorver e metabolizar mais substâncias em menos tempo. Mas para poder fazê-lo, ela necessita de tudo à sua fácil disposição e isso sem interrupção da absorção por seca ou estagnação de água ou temperaturas muito elevadas. Exige que todos os fatores de produção estejam no ótimo.

A "lei do mínimo" hoje ainda vale e, se um único fator da produção for deficiente, como, por exemplo, o oxigênio no solo, toda produção será baixa. O problema é: preparar o ambiente para a raiz; a parte aérea acompanha-la-á.

Mas a rusticidade da raiz não somente é diferente entre as variedades, como será mostrado no capítulo 8, mas também entre as culturas. Assim, nos cereais o trigo é o mais exigente, sendo seguido do milho e este do sorgo.

Nos EUA considera-se a cevada como cereal mais exigente, com o sistema radicular mais fraco, sendo seguido do trigo e este do centeio. Isso significa que terra que não presta mais para o trigo, ainda pode dar aveia ou centeio bom.

Entre nós, terra que não serve mais para trigo ainda dá um milho bom e a que não serve mais para milho dá ainda um sorgo excelente. Nem todas as raízes possuem o mesmo poder de penetração, nem de mobilização, nem de absorção. Há umas que racham pedras e outras que somente avançam em areia. Há raízes que mobilizam nutrientes até da rede cristalina de minerais e outras que necessitam tudo em abundância em forma solúvel. Assim, existem culturas que conseguem medrar em solos que seriam altamente desfavoráveis para outras. Logo, Scheffer (1955) dá uma relação aproximada do potencial radicular de algumas plantas de cultura, que, porém, muda segundo as variedades utilizadas (quadro 2.13).

Aparentemente, algodão está entre as culturas de pequeno potencial radicular, enquanto o arroz está entre as de potencial muito grande.

Segundo o potencial radicular, organizam-se as rotações de cultura como, por exemplo, algodão-milho-sorgo. Porém, no fim da rotação deve entrar uma cultura que recupere o solo, como leguminosas e gramíneas de porte pequeno.

Especialmente as leguminosas possuem um poder muito grande de mobilizar fósforo[20,70] como kudzu (*Pueraria phaseoloides*), feijão-miúdo ou "cowpea" (*Vignia sinensis*), mucuna (*Stizolobium spp*), guandu (*Cajanus spp*) e outras. Além disso, elas ainda fixam nitrogênio atmosférico.

Quadro 2.13 Potencial de mobilização de nutrientes pela raiz de culturas agrícolas. (Scheffer e Welte, 1955)

cultura	potencial radicular
cevada (*Hordeum L.*)	muito pequeno
trigo (*Triticum L.*)	pequeno
aveia (*Avena sativa L.*)	pequeno
centeio (*Secale cereale L.*)	médio
milho (*Zea mays L.*)	médio
batata-inglesa (*Solanum tuberosum*)	grande
mostarda (*Sinapis arvensis*)	grande
girassol (*Helianthus annuus*)	muito grande
alfafa (*Medicago sativa*)	muito grande
sorgo (*Sorghum vulgare*)	muito grande
trigo-mourisco (*Fagopyrum esculentum*)	muito grande

Gramíneas de porte pequeno, ou seja, forrageiras que conseguem "fechar" o chão, como capim-pangola, capim-estrela, capim-mato-grosso (*Paspalum notatum var.*), *Brachiaria* e outras, quando convenientemente manejadas, mas especialmente quando usadas para ceifa, conseguem melhorar a estrutura do solo e com isso tornar os nutrientes mais disponíveis.[164] Parece, pois, que o potencial de mobilização depende muito das excreções radiculares,[42,126] da microflora trófica (vide capítulo 6) e da pressão osmótica da raiz.[125]

Por último, podem existir substâncias tóxicas no solo que podem prejudicar o desenvolvimento radicular e antes ainda seu potencial de absorção.

ALUMÍNIO TÓXICO NA RIZOSFERA

A acumulação de alumínio em quantidades tóxicas abaixo da camada adensada[47,82] ou no solo, não atingido pela calagem,[8,9] faz com que muitas plantas não consigam desenvolver suas raízes nestas camadas.[120,121] Mas sabe-se igualmente que a toxidez de alumínio tende a decrescer com o aumento da saturação do complexo de troca com outros cátions.[19,91]

No Brasil já existem muitas variedades adaptadas a conviver com concentrações maiores de alumínio, como quase todas de trigo, várias de soja, milho etc. Na figura 2.26 mostra-se o comportamento de 5 variedades de trigo brasileiro contra 4 variedades de trigo mexicano (oriundas de solos neutros a alcalinos) em solos com saturação variável de alumínio.

Além da tolerância a maiores saturações da CTC com alumínio, muitas raízes desenvolvem seu mecanismo de defesa. Assim, algumas raízes conseguem armaze-

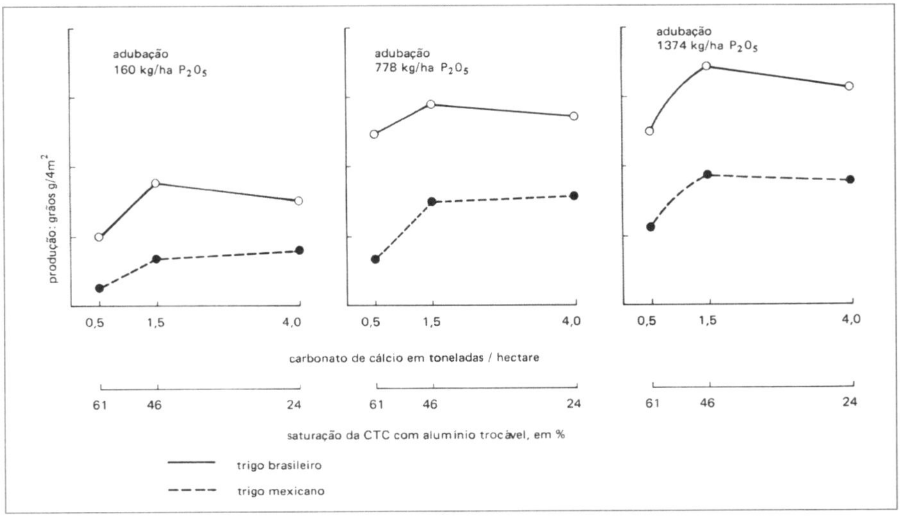

Figura 2.26 Efeito da calagem e da saturação do complexo de troca com alumínio sobre o rendimento de trigo, adaptado e não adaptado a solos ácidos. (Salinas, 1975)

nar o alumínio na raiz, protegendo a parte aérea de maiores concentrações.[160,165] Outras excretam substâncias que aumentam o pH em volta, precipitando o alumínio tóxico no solo.[158,159]

A saturação da CTC com alumínio suportada pela cultura varia de espécie a espécie e de cultivar a cultivar. A cevada, geralmente, não suporta uma saturação maior do que 5%, enquanto o trigo brasileiro já não se beneficia com uma saturação menor do que 46%.[91,120]

A maioria das culturas tropicais não é muito sensível ao alumínio trocável, suportando ao redor de 36 a 46% de saturação.

As plantas sensíveis a concentrações maiores de alumínio, que, portanto, se tornam tóxicas para elas, têm seu sistema radicular drasticamente reduzido, bem como a permeabilidade deste,[159] e a divisão celular inibida. Em casos graves ocorre a plasmólise das células radiculares e as plantas murcham. Porém, a presença de alumínio trocável não implica, necessariamente, na deficiência de fósforo.[162]

RESUMO

O desenvolvimento radicular e, com ele, a nutrição e o rendimento vegetal, além de fatores genéticos e climáticos, depende da bioestrutura grumosa do solo e dos fatores que dali resultam, como um abastecimento adequado de água e ar, a fácil disponibilidade de nutrientes e a ausência de substâncias tóxicas. A sanidade radicular é imprescindível. A localização do adubo e as técnicas agrícolas influem sobre o desenvolvimento radicular e, portanto, devem ser usadas em consideração do bem-estar da raiz, do qual depende, em grande parte, o metabolismo rápido do vegetal e sua produção.

REFERÊNCIAS BIBLIOGRÁFICAS

1. **Aichinger, E.** (1951). *Angewandte Pflanzensoziologie. 1:1-56.*
2. **Almeida, D'A, L. de; E. A. Bulisani, S. Myasaka** *et al.* (1975). Efeito da incorporação de massa vegetal, da adubação e do espaçamento na produção do feijoeiro. *Bragantia, 14 (único): XLIII-XLVII.*
3. **Alderich, D. G; E. R. Parker** e **H. D. Chapman** (1945). Effect of several nitrogeneous fertilizers and soil amendments on the physical and chemical properties of an irrigated soil. *Soil Sci. 59:299-312.*
4. **Amaral, F. A. L; L. M. Oliveira, de; J. D. Galvão** e **C. Vieira** (1977). Localização de fertilizantes na cultura do feijão. *An. XIII Congr. Bras. Ciência Solo, Vitória, p. 162.*
5. **Amorim, H. V. de; L. C. Scoton; H. P. Haag** e **E. Malavolta** (1968). Estudos sobre alimentação do cafeeiro. XX: Efeito da variação do pH no desenvolvimento e composição química do cafeeiro *(Coffea arabica L. var. Mundo Novo). A. E. S. A. "Luiz Queiroz" XXV: 121-34.*
6. **Arminger, W. H.** *et al.* (1968). Different tolerance of soybean varieties to an acid soil high in exchangeable aluminium. *Agron. J. 60(1):67-70.*
7. **Askew, G. P; D. J. Moffet; R. F. Montgomery** e **P. L. Searly** (1971). Soils and soil moisture as factors influencing the distribution of the vegetation formation of the Serra do Roncador. *III Simpos. Cerrado, USP, São Paulo, p. 150-60.*
8. **Bandy, D. E.** e **R. B. Musgrave** (1975). Agronomic-economic research on tropical soils. *Ann. Rep. ed. US Agency Int. Developm.*

9. _______ e _______ (1975). Management of water stress periods. *Ann. Rep ed. US Agency Int. Developm.*
10. **Baumgartner, A.** (1953). Das Eindringen des Lichtes in den Boden. *Forstwiss. Cbl. 72:171-84.*
11. **Batey, T.** (1973). Uso e manejo do solo tropical. Em: *Curso de Pós-Grad. Biodin. Produt. Solo, UFSM/RS.*
12. **Baver, L. D.** (1968). The effect of organic matter on soil structure. *Scient. Varia, 32:383-413.*
13. _______ (1956). Soil physics. *3 ed. Wiley, New York.*
14. **Bellini, K.** (1954). Entwicklung und Probleme des Dränversuches unter besonderer Berücksichtigung des Ertragsversuches. *Mitt. Inst. Wasserwirt. u. Landwirt. Wasserbau: T. H. Hannover.*
15. **Bennett, O. L.; D. A. Ashley** e **B. D. Doss** (1964). Methods of reducing soil crusting to increase cotton seedling emergence. *Agron. J. 56:162-65.*
16. **Bergmann, W.** e **P. Neubert** (1976). Pflanzendiagnose und Pflanzenanalyse. *Fischer, Jena.*
17. **Betoni, J; F. Lombardi Neto** e **B. Benatti Jr.** (1976). Estudo, em lisímetros monolíticos, de perdas de água e evapotranspiração em três tipos de solos sob diferentes condições de uso. *Bragantia, 35(12):123-45.*
18. **Bezerra, L. O. de** (1967). Estrutura física do solo e a aplicação racional de técnicas conservacionistas. *Bol. Téc. 9; Pesq. Agropec. Bras. Vol. 2.*
19. **Black, C. A.** (1968). Soil-plant relationship. *Wiley, New York.*
20. **Blanchet, R.** (1972). Fertilizer use and ecological factors. *Sciente. Varia, 38:363-88.*
21. **Brooks, R. R.** (1968). Bio-chemical prospecting in New Zealand. *N. Zealand Sci. Rev. 26:9-12.*
22. **Buchholz, F.** (1960). Beiträge zur Dynamik chemischer Grundwassereigenschaften und zum Bodenfeuchtigkeitsverlauf in Grundwasserbeeinflussten Sandböden unter Waldbestockung. *Tese, Univ. Eberswalde.*
23. **Burstrom, H.** (1953). Studies of growth and metabolism of roots. *Physiol. Plantarum. 6: 260-276.*
24. **Caballa, R. P; E. R. Miranda, de; M. B. M. Santana** e **C. J. L. Santana** (1975). Exigências nutricionais e fertilização do cacaueiro. *CEPLAC, Bol. Téc. Nº 30.*
25. **Cadima, A. Z.** e **P. T. Alvin, de.** (1970/71). A oscilação do lençol freático e a produção do cacaueiro. *No: CEPEC, Inf. Téc. p. 118-119.*
26. **Cannon, W. A.** (1949). A tentative classification of root systems. *Ecol. 30/4.*
27. **Clark, F. E.** (1949). Soil microorganisms and plant roots. *Adv. Agron. 1:245.*
28. **Cerney, V.** (1966). Alteration of physical state of soil and its effect on plants. *Sb. Ref. mzin. Véd. Symp. Brné, p. 77-91.*
29. **Cogo, N. P.** e **M. Guerra** (1977). Umidade do solo e rendimento das culturas em experimentos em casa de vegetação. I: sorgo *(Sorghum vulgare)* em solos Vertissol, Latossol roxo distrof. e podzólico verm. amar. *XVI Congr. Bras. Ciência Solo, São Luis, p. 23.*
30. **Dittmer, H. J.** (1937). A quantitative study of roots and root hairs of a winter rye plant *(Secale cereale). Am. J. Bot. 24:417-20.*
31. **Donahue, R. L; J. C. Schickluna** e **L. S. Robertson** (1971). Soils, an introduction to soils and plant growth. *3 ed. Prentice Hall, New Jersey.*
32. **Duley, F. I.** (1939). Surface factors affecting the rate of intake of water by soils. *Soil Sci. Soc. Amer. Proc. 4:60-64.*
33. **Epstein, E.** (1962). Mutual effect of ions in their absorption by plants. *Agrochim. 6:293-322.*
34. _______ (1972). Mineral nutrition of plants; principles and perspectives. *Wiley, New York-London.*
35. **Edwards, W. M.** e **W. E. Larson** (1969). Infiltration of water into soils as influenced by surface seal development. *Transact. ASAE 12:463-65 e 470.*

36. **Ferreira, S. L. da; C. P. Pereira** e **A. A. O. Melo** (1977). Efeito da compactação do solo no desenvolvimento de plântulas de cacau *(Theobroma cacao L.)* e na penetração das raízes. *Rev. Theobroma, 7(1):13-9.*
37. **Feuerstack, W.** (1969). Bodenkundliche Kennzeichnung schwerer Böden zum Zwecke der Beurteilung ihrer Bewirtschaftungsunterschiede. *Tese, Univ. Hohenheim.*
38. **Flaig, W.** e **K. Haider** (1961). Reaktionen mit oxydierenden Enzymen aus Mikroorganismem. *Planta Médica. Z. Arzneipfl. Fschg. 9:123-39.*
39. _______ (1968). Uptake of organic substances from soil organic matter by plants and their influence on metabolism. *Scient. Varia, 32:723-70.*
40. **Fox, F. L; J. E. Weaver** e **R. C. Lippe** (1953). Influence of certain soil characteristics upon distribution of roots of grasses. *Agron. J. 45 (12):583-89.*
41. **Foy, C. D; W. H. Arminger; A. L. Fleming** e **C. F. Lewis** (1967). Differential tolerance of cotton varieties to an acid soil high in exchangeable aluminium. *Agron. J. 59:415-18.*
42. **Frenzel, B.** (1957). Zur Abgabe von Aminosäuren und Amiden an das Nährmedium durch Wurzeln von *Helianthus annuus. Planta. 49:210-16.*
43. **Fukuda, H.** (1955). Air and vapor movement in soil due to wind gustiness. *Soil Sci. 79:249-56.*
44. **Fulton, F.** e **H. Erikson** (1964). Em: **Mengel**, 1965, Ernährung und Stoffwechsel der Pflanze. *Fischer, Jena.*
45. **Gauch, H. G.** e **W. M. Dugger** (1953) The role of boron in the translocation of sucrose. *Plant Physiol. 28:257-73.*
46. **Geisler, G.** (1968). Über den Einfluss von Unterbodenverdichtungen auf Luft und Wasserhaushalt des Bodens und auf das Wurzelwachstum. *Landw. Forsch. Sonderh. 21:61-69.*
47. **Gill, W. R.** (1971). Economic assessment of soil compaction. Em: Barnes, Compaction of agricultural soils. Ed. *Amer. Soc. Agrie. Engin. St. Joseph, Michigan.*
48. **Glauser, R.** e **H. Jenny** (1960). Two phase studies on availability of iron in calcareos soils. *Agrochim. 4:263-71.*
49. **Glimeroth, G.** (1952). Wasserhaushalt des Bodens in Abhängigkeit von der Wurzelausbildung einiger Kulturpflanzen. *Z. Acker - u. Pflanzenb. Berlin, 95:1-10.*
50. **Geus, J. G. de** (1973). Fertilizer guide for the tropics and subtropics. *Centre d'Étude de l'Azote, Zurich, p. 531-69.*
51. **Goepfert, C.F.** (1974). Avaliação de métodos de preparo do solo para a cultura de soja. *An. II Reun. An. Conj. Pesq. Soja, Porto Alegre, p. 7.*
52. _______ (1976). Preparo do solo na cultura da soja. I *Sem. Integr. Pesq. Agropec. e Extens*. Porto Alegre, p. 132-38.
53. **Gomes, A. S; J. F. Patella** e **E. A. Pauletto** (1977). Efeitos de sistema e tempo de cultivo na estrutura de um solo podzólico vermelho amarelo. *XVI Congr. Bras. Ciência Solo. S. Luiz, p. 14.*
54. **Görbing, J.** (1944). Die Grundlagen der Gare im praktischen Ackerbau. *Landbuchverlag Hannover.*
55. **Gordon, M.** (1955). Das Porenvolumen von Torfmull. *Torfnachricht. 6:5-6.*
56. **Goodland, R.** (1971). Oligotrofismo e alumínio no cerrado. *III Simpos. Cerrado, Edit. USP. São Paulo.*
57. **Grable, A. R.** e **E. G. Siemer** (1968). Influence of bulk density, aggregate size and water tension on oxygen diffusion, redox potential and longitudinal growth of corn roots. *Soil Sci. Soc. Amer. Proc. 32(1):180-86.*
58. **Greenwood, D. J.** (1969). Effect of oxygen distribution in the soil on plant growth. Em: *Root growth*, de **W. J. Wittington**, *Butterworth, London.*
59. **Grohmann, F.** (1967). Efeito e tamanho de agregados sobre o crescimento e sistema radicular de milho. *Agronômico. 19:4-27.*

60. **Guimarães, G.** e **R. Inforzato** (1973). Desenvolvimento do sistema radicular de arroz semeado diretamente e plantado por mudas, em duas séries de solo do Vale do Paraíba.
61. **Hanks, R. J.** (1960). Soil crusting and seedling emergence. *7th Congr. Soc. Soil. Sci. Trans. 1: 340-46.*
62. **Hanson, J. B.** (1960). Impairment of respiration, ion accumulation and ion retention in root tissue treated with ribonuclease and ethylene-diamine tetraacetic acid. *Plant Physiol. 35: 372-79.*
63. ________ e **O. Biddulph** (1953). The diurnal variation in the translocation of minerals across bean roots. *Plant Physiol.* 28:356-70.
64. **Harris, H. C.** (1973). Polígrafos sobre: Micronutrientes e sua influência sobre o "root-shoot ratio". *C. Pós-Grad. Biodin. Produt. Solo, UFSM/RGS.*
65. **Harris, W. L.** (1971). The soil compaction process. Em: Compaction of agricultural soils, de **Barnes, K. K.** *Soc. Agrie. Engin. Basselman, St. Joseph, Michigan.*
66. **Haynes, J. L.** e **W. R. Robbins** (1948). Calcium and boron as essential factors in the root environment. J. *Amer. Soc. Agron. 40:795-801.*
67. **Hoagland, D. R.** (1944). Lectures on the inorganic nutrition of plants. *Chron. Botanica, Co. Waltham, Mass.*
68. **Inforzato, R.** e **H. A. A. Mascarenhas** (1969). Estudo do sistema radicular de soja *(Glicine max. (L) Merrill.)* em solo latossólico roxo adubado e sem adubo. *Bragantia. 28(13):75-80.*
69. **Jacobson, L; D. P. Moore** e **R. J. Hannapel** (1960). Role of calcium in absorbtion of monovalent cations. *Plant Physiol. 35:352-58.*
70. **Jordan, H. V; S. P. Crocket** e **C. E. Bardshy Jr.** (1956). Some effects of kudzu versus continuous corn on soil properties and crop yields. *Soil Sci. Soc. Amer. Proc. 20(2):225-27.*
71. **Klapp, E.** (1954). Ertrag von Pflanzengesellschaften in Beziehung zu Grundwasser und Nährstoffversorgung. *Ztrbl. Vegetations Kart. Stolzenau,* Nº 8.
72. ________ (1956). Wiesen und Weiden. *3 ed Parey, Berlin-Hannover.*
73. **Kemper, W. D; B. A. Stewart** e **L. H. Porter** (1971). Effects of soil compaction of agricultural soils. Em: Compaction of agricultural soils, de **Barnes, K. K.** *Amer. Soc. Agrie. Engin. Basselman, St. Joseph. Michigan.*
74. **Koehne, W.** (1948). Grundwasserkunde. *2 ed Schweizerbart, Stuttgart.*
75. **König, F.** (1929). Untersuchungen über den Einfluss des Grundwassers auf die Entwicklung eines Kleegras-Gemisches. *Landwirtsch. Jhb. 69:209-52.*
76. **Kretzel, Z.** (1966). Rhizosphere microrganisms as a factor influencing resistance to plant infection. *Acta microb. Polonica. 15:163-72.*
77. **Katznelson, H. A; J. W. Ronatt** e **T. M. Payne** (1955). The liberation of aminoacids and reducing compounds by plant roots. *Plant & Soil. 7:35-48.*
78. **Krivenkov, N. F.** (1968). Effect of density of demo podzolic soils on nutrient uptake by plants. *Agrokhimiya. 11:69-76.*
79. **Küpper, A; F. Grohmann** e **C. M. Franco** (1977). A massa específica aparente do solo como fator limitante do desenvolvimento do sistema radicular do cafeeiro. *An. Congr. Bras. Pesq. Cafeeira. Guarapari, E.S.*
80. **Koepf, H.** (1966). Die Bodenluft. Em: Handbuch der Pflanzenernährung und Düngung, *Scharrer* & Linser, *Springer, Wien.*
81. **Kutschera, L.** (1960). Wurzelatlas mitteleuropäischer Ackerunkräuter und Kulturpflanzen. *DLG Verlags GmbH, Franfurt/Main.*
82. **Larson, W. E.** e **R. R. Allmaras** (1971). Management factors and natural forces related to compaction. Em: Compaction of agricultural soils, de **Barnes, K. K.** *Amer. Soc. Agrie. Engin. Basselman, St. Joseph. Michigan, p. 367-427.*

83. **Leme, H. A, de** (1956). Contribuição para o estudo da influência da profundidade de trabalho do arado na produção agrícola. *An. E. S. A. "Luiz Queiroz", p. 97-111.*
84. **Letey, J. L; H. Stolzey, O. R. Lunt** e **V. B. Youngner** (1964). Growth and nutrient uptake of Newport bluegrass as affected by soil oxygen. *Plant & Soil. 20:143-48.*
85. **Lieshout, J. W. van** (1960). Invloed von het boden milieu op outwikkeling en activiteit von het wortselstelsel. *Versl. Landbowkund. onderz. Wageningen. Nº 6618.*
86. **Lochhead, A. G; M. J. Timonin** e **P. H. West.** (1940). The micro flora of the rhizosphere in relation to resistance of plants to soil born pathogens. *Sci. Agrie. 20:414-18.*
87. **Machado, J. A.** e **A. C. R. Brum** (1977). Efeito de sistemas de cultivo na alteração de algumas propriedades físicas do solo. *XVI Cong. Bras. Ciência Solo, São Luís, p. 13.*
88. **Mengel, K.** (1965). Ernährung und Stoffwechsel der Pflanze. *2 ed, Fischer, Jena.*
89. **Michael, G.** e **W. Bergmann** (1954). Bodenkohlensäure und Wurzelwachstum. *J. Pflanzenern. Düng. Bodenkd. 65:180-94.*
90. **Milniczuk, J.** e **I. Anghononi** (1975). Avaliação preliminar na utilização das recomendações de adubo e calcário dos laboratórios oficiais dos estados de RS e SC. *Ata 3º Reun. Conj. Pesq. Soja, Porto Alegre.*
91. **Minotti Blois, R; A. F. Castro, de** e **J. P. Vavra** (1971). Estudos de calagem conforme a relação de alumínio trocável para bases trocáveis. *An. XIII Congr. Bras. Ciênc. Solo, Vitória, p. 166-67.*
92. **Mitchell, R.** e **W. J. Russell** (1971). Root development and rooting pattern of soybean *(Glycine max (1) Merrill.)* evaluated under field conditions. *Agron. J. 63(2):313-16.*
93. **Mitchell, J. K.** (1956). The fabric of natural clays and its relation to engineering properties. *Highway Res. Board Proc. 35:693-713.*
94. **Mitscherlich, E. A.** (1949). Bodenkunde. *5 ed. Parey, Berlin.*
95. **Moltz, J. F.** (1971) Interaction of water uptake and root distribution. *Agron. J. 63(4):608-10.*
96. **Morais, F. I; C. J. L. Santana, de** e **R. E. Chepote Silva** (1977). A fertilização do cacaueiro no Brasil. *CEPLAC, Bol. Téc. 55.*
97. **Nöring, F.** (1951). Einflüsse der Kunstdüngung auf den Chemismus des Grundwassers. *Gesundheitsing. (München). 72:190-91.*
98. **Odén, S.** (1957). Forslag tili Klassifikation av macropores. *Kengl. Skogs Lanbr. Acad. Tidskr. 96:297-313.*
99. **Panabokke, C. R;** e **J. P. Quirk** (1957). Effect of initial water content on stability of soil aggregation in water. *Soil Sci. 83:185-95.*
100. **Pearson, R. W.** (1965). Soil environment and root development. Em: Plant environment and efficient water use. *Edit. Soc. Agron e Soil. Sci. Soc. Amer. Madison, Wis.*
101. **Périgaud, S.** (1965). Effect du resistance mechanique et du manque de oxygène sur la croissance des racines. *Compt. Rend. Acad. France, 51:1209-20.*
102. **Phillips, R. E.** e **D. Kirkham** (1962). Soil compaction in the field and corn growth. *Agron. J. 54:29-34.*
103. **Primavesi, A** (1962). O diagnóstico bio-físico da terra. *Imprensa Univ. Sta. Maria/RS.*
104. _______ e **A. M. Primavesi** (1964). Factors responsible for low yields of sugar cane in old cultivated Terra Roxa Estruturada soils in eastern Brasil. *Soil Sci. Soc. Amer. Proc. 28(5):5 78-80.*
105. _______ (1965) Weizenerträge in Beziehung zur Boden Struktur und Wurzelentwicklung. *Bodenkult.* 1(2):50-8.
106. _______ e **A. M. Primavesi** (1965). Deficiências minerais em culturas. *Globo, Porto Alegre.*
107. _______ e _______ (1965) A biocenose do solo na produção vegetal. *Palotti,* Sta. Maria/RS.
108. _______ (1966). Recuperação de solos improdutivos por métodos biológicos. *Progr. Biol. d. Suelo, Bahia Blanca, Unesco, Montevideo, p. 83-96.*

109. _______ e **A. M. Primavesi** (1968). Influência da bioestrutura do solo sobre a infiltração e evaporação da água. *Progr. Biodin. Produt. Solo, Sta. Maria, p. 253-68.*

110. **Primavesi, A. M.** e **J. A. Machado** (1968). Influência da microflora trófica da cultura precedente sobre o trigo. *II° Col. Latinam. Biol. Suelo, Unesco, p. 100-101.*

111. _______ (1972). Condições ecológicas de Mio-Mio *(Baccharis coridifolia). Relatório de pesquisa à FAPERGS.*

112. **Primavesi, O** (1974). Comparação da constituição química de variedades brasileiras e estrangeiras de trigo e soja, criadas em hidroponia. *Relatório à CAPES.*

113. **Purcino, C. A. A.** e **L. Ferreira** (1974/75). Profundidade de aração, modo de aplicação e doses de adubação NPK na cultura algodoeira *(Gossypium hirsutum L.)* em Minas Gerais. *Projeto Algodão, (EPAMIG, ESAL, UFMG e UFU) Rel. an.*

114. **Raney, W. A.** (1950). Field measurement of oxygen diffusion through soil. *Soil Sci. Soc. Amer. Proc. 14(1):61-65.*

115. **Reicosky, D. C.; R. J. Millington, A. Klute** e **D. B. Peters** (1972). Pattern of water uptake and root distribution of soy bean *(Glycine max (L) Merrill)* in presence of water tables. *Agron. J. 64(3):292-96.*

116. **Rending, V. V.** e **E. A. McComb** (1961). Em: A biocenose do solo na produção vegetal, de **Primavesi**. *Pallotti, Sta. Maria/RS.*

117. **Robinson, G. W.** (1960). Los Suelos, su origem, constitución y classification. *3 ed (traduzida) Zaragoza, p 243.*

118. **Rosemberg, N. J.** (1964). La réaction des plantes sur des effets physiques des adensements du sol. *Adv. Agron. 16:181-96.*

119. **Russel, E. W.** (1961). Soil conditions and plant growth. *9 ed. Longmanns & Green, London.*

120. **Salinas, J. G.** e **P. Sanchez** (1975). Tolerance to aluminium toxicity and low available phosphorus. *Agron-Econ. Res. Trop. Soils, ann. Rep. ed. US Agency Intern. Developm. p. 40-65.*

121. _______, **E. Gonzales, E. J. Kamprath** *et al.* (1975). Residual effects of limerates and depth of incorporation. *Agron-Econ. Res. Trop. Soils, ann. Rep. North Carolina State Univ. p. 16-26.*

122. **Sanchez, P. A.** (1977). Manejo de solos da Amazônia para produção agropecuária intensiva. *Bol. Inf. Soc. Bras. Ciência Solo.*

123. **Santana, C. J. de; F. J. O. Morais, de** e **R. E. Chepote** (1977). Efeito da adubação e escarificação do solo no desenvolvimento e produção do cacaueiro. *Rev. Theobroma, 1:85-9.*

124. **Saveson, I. L.** e **Z. F. Lund** (1958). Deep tillage for crop production. *Trans ASAE, 1:40-42.*

125. **Scheffer, F.** e **O. Tornau** (1953). Lehrbuch des Acker und Pflanzenbaus. *Parey, Berlin-Hamburg.*

126. _______ e **P. Hiestermann** (1957). Die Bedeutung der Chelatisierung in der Agrikulturchemie und Bodenkunde. *Z. Pflanzenern. Düng. Bodenkde. 76:146-57.*

127. **Schmidt, B. L; W. D. Schrader** e **W. C. Moldenhauer** (1964). Relative erodibility of three loess derived soils in south western Iowa. *Soil Sci. Soc. Amer. Proc. 28(4):570-74.*

128. **Schuurman, J. J.** (1966). Effects of soil density on root development and top growth of oats. Em: *Proc. Intern. Sci. Symp. Brno. CSR, p. 103-20.*

129. **Schwille, F.** (1967). Chloride und Nitrate in den Grundwässem Rheinhessens und des Rheingaues. *Gas Nasser Fach. 94:410-14.*

130. **Souza, P. D. M. de** (1967). Água no solo: armazenamento e disponibilidade em terra roxa estruturada e terra roxa misturada. *Rev. Ex. Agron. Vet. Parana. 3 (único): 79-138.*

131. **Sprague, H. B.** (1964). Hunger signs in crops. *3 ed. McKay, New York.*

132. **Stauffer, R. S; R. J. Muckenhirn** e **R. C. Odete** (1940). Organic carbon, pH and aggregation of the soil of the Morrow plot as affected by type of cropping and manurial additions. *J. Amer. Soc. Agron. 32:819-32.*

133. **Stevenson, D. S.** (1967). Wirksames Bodenvolumen und seine Bedeutung für das Wurzel und Sprosswachstum. *Canad. J. Soil Sci. 47:163-74.*
134. **Stolzey, L. H. V.** e **J. Lethey** (1964). Correlation of plant response to soil oxygen diffusion rate. *Hilgardia, 35:567-76.*
135. **Sulochana, A. C. B.** (1962). Em: Ernährung und Stoffwechsel der Pflanze, de **Mengel, K.** *Fischer, Jena, p. 42.*
136. **Taylor, H. M; L. F. Locke** e **J. E. Box** (1956). Pans in southern plain soils. III: Their effect on yield of cotton and grain sorghum. *Agron. J. 56:542-45.*
137. _______ e **E. Burnett** (1964). Influence of soil strength on the root growth habits of plants. *Soil Sci. 98:174-80.*
138. **Timm, H.** e **W. J. Flocker** (1963). Potatoe response to induced soil compaction. *Pan. Amer. Agron. Meeting, Kenver, p. 42.*
139. **Trolldenier, G.** (1968). Cereal diseases and plant nutrition. *Progr. Biodin. Produt. Solo. Sta. Maria/RS. p. 509-19.*
140. **Uhland, R. H.** (1949). Physical properties of soil modified by crops and management. *Soil Sci. Soc. Amer. Proc. 14:316-66.*
141. **Veiga, C.** e **L. B. Oliveira, de** (1977) Influência do manejo sobre a porosidade do solo e sobre a produtividade de soja *(Glycine max (L) Merrill)* em solo podzólico vermelho amarelo. *Rev. Centro Ciências Rur. 7(2):91-99.*
142. _______, _______ (1976). Influência do preparo do solo sobre a distribuição de raízes de soja. *(Glycine max (L) Merrill)* em solo podzólico vermelho amarelo. *Rev. Centro Ciênc. Rur. 6(3):295-307.*
143. **Vencater, R. C. S.** (1960). Foliar application of nutrients and rhizosphere microflora of *Camelia sinensis. Nature. 187:621-22.*
144. **Viesser, W. C.** (1959). Crop growth and availability of moisture. *Inst. Land & Water Managem. Wageningen, Tech. Bull. Nº 17.*
145. **Vidor, C; J. R. J. Freire, N. G. Mendes** *et al.* (1977). Avaliação do efeito de métodos de adubação em variedades de soja. *EMBRAPA, Soja resum. inform. Vol. 1 p. 220.*
146. **Voisin, A.** (1960). Dynamique des herbages. *Maison Rustique, Paris.*
147. **Vrany. J.** (1968). Reação da microflora da rizosfera após a aplicação de ureia e outras substâncias. *Progr. Biodin. Produt. Solo, Sta. Maria/RS, p. 521-32.*
148. **Walter, H.** (1951). Einführung in die Phytopathologie. *III: Grundlagen der Pflanzenverbreitung. 1º T. Standortslehre. Ludwigsburg.*
149. **Weaver, J. E.** (1926). Root development of field crops. *McGrawhill, New York.*
150. _______ e **F. E. Clements** (1958). Plant ecology. *2 ed. McGrawhill, New York.*
151. _______ (1950). Effect of different intensity of grazing on depth and quantity of roots of grasses. *J. Range Management. 3:100-13.*
152. **Weaver, N. A.** e **V. C. Jamison** (1951). Effects of moisture on tractor tire compaction of soil. *Soil Sci. 71:15-23.*
153. **Wiersum, L. K.** (1966). Root system development. Em: Soil moisture and irrigation studies. *Proc. FAO/IAEA, Viena, p. 83-96.*
154. **Wohlrab, B.** (1966). Grundwasser und Pflanzenertrag. Em: Handbuch der Pflanzenernährung und Düngung, de **Scharrer-Linser**. *Springer, Wien-New York, p. 691-716.*
155. **Wollney, E.** (1880). Untersuchungen über den Einfluss der Pflanzendecken und der Beschattung auf den Kohlensäurehaushalt der Bodenluft. *Forsch. Geb. Agr. Phys. 3:1-14.*
156. **Wrigly, G.** (1969). Tropical agriculture. *Faber & Faber, London.*
157. **Z. Cadima, A.** (1977). Sistema radicular da seringueira e os fatores físicos que influem no seu desenvolvimento. *XVI Congr. Bras. Ciência Solo, p. 20.*

APÊNDICE

158. **Foy, C. D.** e **J. C. Brown** (1963). Toxic factors in acid soils. I: Characterization of aluminium toxicity in cotton. *Soil Sci. Soc. Amer. Proc. 27:403-07.*

159. ________, **G. R. Burns, J. C. Brown** e **A. L. Fleming** (1965). Differential aluminium tolerance of two wheat varieties associated with plant induced pH changes around the roots. *Soil Sci. Soc. Amer. Proc. 29:64-67.*

160. **Mclean, F. T.** e **B. E. Gilbert** (1927). The relative aluminium tolerance of crop plants. *Soil Sci. 24:163-75.*

161. **Mclean, E. O.** (1965). Aluminium. *Agronomy. 9:978-98.*

162. **Munns, D. N.** (1965). Soil acidity and growth of a legume. III: Interaction of lime and phosphate on growth of *Medicago sativa L.* in relation to aluminium toxicity and phosphorus fixation. *Austr. J. Agr. Res. 16:757-66.*

163. **Parish, D. H.** (1971). Soil conditions as they affect plant establishment, root development and yield. Em: Compaction of agricultural soils de Barnes. *Amer. Soc. Agrie. Engin. Basselman, St. Joseph, Michigan, p. 277-312.*

164. **Watts, M; L. Covolo** e **W. Silveira**. (1973). Influência da compactação do solo sobre a disponibilidade de fósforo, em milho. *Curso Pós-Grad. Biodin. Produt. Solo. UFSM/RS. não publicado.*

165. **Wright, K. E.** e **B. A. Donahue** (1953). Aluminium toxicity studies with radioactive phosphorus. *Plant Physiol. 28:674-80.*

3 O SOLO

A PARTE MINERAL

Não há dúvida que a planta vive em parte no solo e em parte no ar. Nenhuma parcela pode subsistir sem a outra, e o bem-estar da porção aérea, isto é, das folhas, flores e frutos é tão importante como o bem-estar da porção terrestre, isto é, da raiz.

A raiz retira do solo água, nutrientes e parte do oxigênio; a folha capta do ar, gás carbônico e energia. O início da formação de muitos aminoácidos e substâncias vegetais se processa na raiz, ou mais precisamente, no colo da raiz. A formação final de proteínas é feita na folha (figura 3.1).

Por muito tempo esqueceu-se do solo e esqueceu-se da raiz, porque se olhava somente a parte vistosa da planta. A área escondida não era considerada. Esta, automaticamente, tinha de estar em ordem e o que não funcionava era simplesmente a parte vegetal aérea. Ninguém considerou que a planta é um todo, e que os problemas da planta visível poderiam ser originários da raiz. Quem não conhece as árvores tortuosas do cerrado, onde cada torcedura do tronco e galhos corresponde a uma da raiz, e onde a pobreza de vegetação é devida à pobreza do solo ou, melhor, à impossibilidade da raiz em nutrir-se adequadamente?

Do solo, necessitamos que:

1. Permita um bom desenvolvimento da raiz;
2. Tenha o suficiente em nutrientes para a planta;
3. Conserve a maior quantidade de água disponível à planta;
4. Seja suficientemente arejado;
5. Não contenha substâncias tóxicas, prejudiciais à raiz.

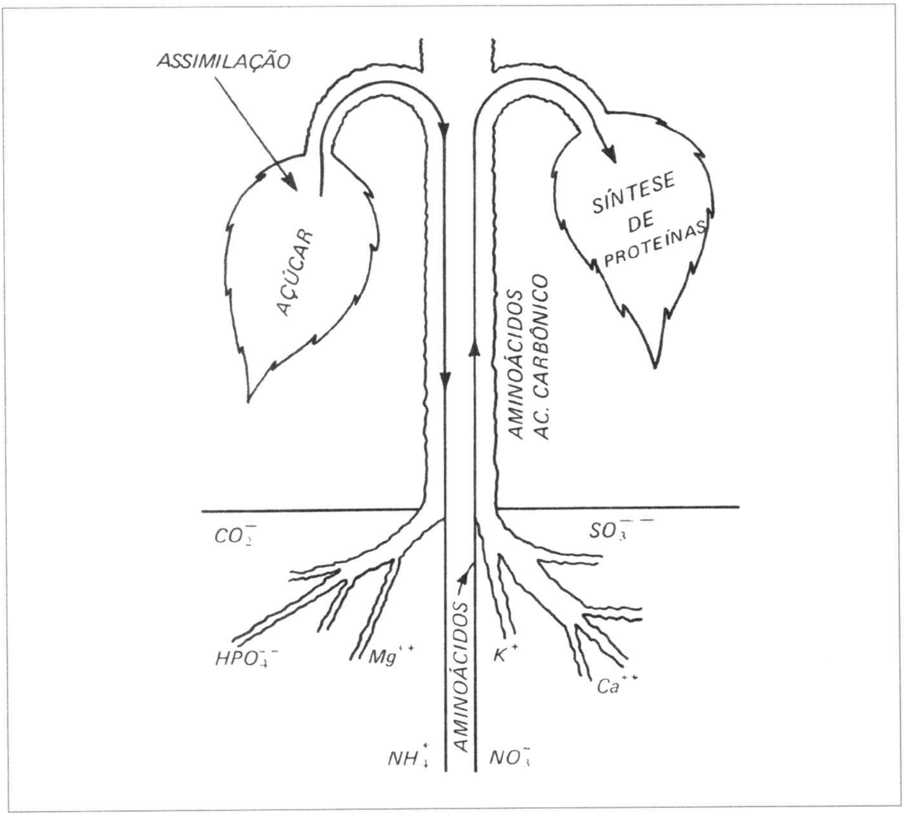

Figura 3.1 Importância da raiz na síntese de substâncias orgânicas. (Mengel, 1965)

Em vista disso, formou-se uma concepção de solo, em clima temperado, de onde importamos nossas técnicas, e onde predominava a luta para poder produzir apesar das épocas frias com gelo e neve, de pouca insolação e de temperaturas baixas.

Com muita arte e técnicas penosamente desenvolvidas, conseguiu-se produzir colheitas altas, apesar de todas as adversidades climáticas,[13,73] e, atualmente, chegar a uma superprodução.

Portanto, numa ilógica flagrante, conclui-se que: o que ajudou a desenvolver os países atualmente ricos e economicamente desenvolvidos (em clima temperado), tem de ser ótimo para os países pobres ainda em desenvolvimento tecnológico (em clima tropical). Mas para a maior decepção, os solos tropicais e subtropicais não reagiram favoravelmente às técnicas dos países com economias avançadas. Simplesmente, tornavam-se improdutivos e tinham de ser abandonados temporariamente.

Para fins de manejo, normalmente, toma-se o solo "tropical" como sendo um solo de clima temperado, somente mais pobre e situado em clima mais quente. Mas, que funcionam em sistemas diferentes e que um ecossistema tropical não tem nada a ver com outro em clima temperado, isso escapou, por enquanto, aos "ajudantes de desenvolvimento" que os países ricos tão generosamente mandaram para os países "pobres".

Como se tomou o solo "temperado" como sendo "solo padrão", concluiu-se que o solo "tropical" é mais desfavorável nos itens onde difere do solo de regiões temperadas. Enfim, a política foi equiparar o solo das regiões tropicais ao dos temperados ou, no mínimo, tentar isso. Essa atitude é compreensível, uma vez que foram os colonos europeus que trouxeram consigo a lembrança dos solos de seus países de origem, quando trabalhavam o solo brasileiro.

Mas, ocorre que a planta reage diferentemente em clima tropical, e exige que também o solo seja diferente, adequado ao clima, para poder produzir bem. Quando o solo de zonas tropicais é aproximado ao dos temperados, a produção vegetal resiste às tentativas de medrar bem.

O SOLO DE CLIMA TROPICAL E SUA FORMAÇÃO

Sabemos que seis fatores influem sobre a formação do solo:

1. O material de origem, que pode ser uma rocha, um sedimento argiloso transportado pelo vento (*loess*) ou uma areia transportada pela água (solos aluviais);
2. O clima, destacando-se especialmente a quantidade e distribuição das chuvas e sua percolação pelo perfil do solo, e a temperatura;
3. A vegetação, que pela cobertura do solo, a matéria orgânica e permeabilidade da superfície, exerce influência decisiva (pastagem, floresta ou terra agrícola);[11,30]

Quadro 3.1 Quadro comparativo de solo.

tropical (predomina caulinita)		temperado (predomina montmorilonita)
mais profundo	1	mais raso
mais intemperizado	2	menos intemperizado
baixa capacidade de troca de cátions (Ca, Mg, K, Na)	3	elevada capacidade de troca de cátions
mais pobre em sílica e mais rico em alumínio e ferro (óxidos)	4	mais rico em sílica e menos em ferro e alumínio
pouca fixação de K e NH_4	5	apreciável capacidade de fixar K e NH_4[30]
grande capacidade de fixar P	6	baixa capacidade de fixar P[29]
maior capacidade de trocar ânions (P, S, Cl, NO_3)	7	menor capacidade de trocar ânions
é mais ácido	8	é menos ácido
é friável	9	é pegajoso
possui estrutura mais grumosa em estado nativo	10	possui estrutura menos grumosa
decompõe rapidamente a matéria orgânica e raramente acumula húmus	11	decompõe a matéria orgânica lentamente, podendo acumular húmus em grande quantidade
possui uma microvida muito ativa, necessitando de sua limitação	12	possui uma microvida pouco ativa, necessitando de sua "mobilização"
sofre facilmente de erosão por causa de chuvas torrenciais	13	raramente ocorre erosão, devido a chuvas fracas
sofre facilmente de superaquecimento, necessitando de proteção contra a insolação direta	14	é muito frio, necessitando ser aquecido por insolação direta
baixa capacidade de retenção de água	15	alta capacidade de retenção de água[30]

4. O tempo;
5. O relevo, que altera os fatores de insolação e penetração de água;
6. O homem, cuja influência se resume em *"fatores antróficos"* e que na classificação se denomina *"epipedon antrófico"*.

Como o homem pode ter uma influência muito grande através das culturas, da aração, da adubação, das queimadas, enfim, pelo uso e manejo do solo, acrescenta-se geralmente este sexto fator: o ser humano.[13,17,38,92]

Presume-se que a formação do solo se processa muito lentamente e que as alterações levem milhares de anos. Porém, Glinka (1914) mostra que um solo florestal e um pastoril aproximam suas características dentro de dez anos,[21] quando cultivados. E um solo cultivado que for reflorestado ou utilizado como pastagem se desenvolve de maneira muito diferente, mostrando em pouco tempo características distintas, conforme a cobertura vegetal.[21] Isto se dá porque a insolação, o impacto da água sobre o solo, a estabilidade da bioestrutura, a infiltração e percolação das águas da chuva, os ácidos produzidos pelas folhas e raízes e a lixiviação de bases, os microrganismos, enfim toda a vida, química e biofísica se modificam.[87]

Podemos presumir, portanto, que a modificação do perfil de um solo pode processar-se muito mais rapidamente do que se acreditava antigamente. Temperatura e tempo determinam a velocidade da hidrólise, e precipitações e tempo, a lixiviação dos produtos solúveis da hidrólise.[30]

O material de origem

A rocha se desintegra pela ação da água, de microrganismos, de raízes e de temperatura.[13,73] Se fosse somente triturada, iria render areia de grossura variável: areia grossa de 2 mm de diâmetro até a fina de 0,1 a 0,05 mm de diâmetro e, talvez ainda, o silte ou limo, cuja finura pode atingir até 0,002 mm. Grãos mais finos não podem ser produzidos fisicamente. As partículas ultrafinas, que são a argila, com tamanho inferior a 0,002 mm, formam-se pela dissolução dos minerais contidos na rocha e sua posterior cristalização em "escamas" finíssimas.[68,76] Porém, o solo não tem composição idêntica à da rocha da qual se formou,[16,30,50,76] como mostra a figura 3.2.

A quantidade de íons presentes na rocha não é muito indicativa da existente no solo. Enquanto cálcio, magnésio e potássio diminuem neste solo em relação à rocha, o alumínio aumenta quatro vezes. A quantidade de íons, que finalmente aparecem na camada arável do solo, depende do clima, da capa vegetal e só em parte do material de origem. Em solos ricos em cálcio e magnésio, que não sofrem lixiviação, as argilas que se formam são montmorilonitas[29,80] enquanto que *em solos "tropicais", pobres em cátions, com lixiviação forte e em presença de alta solubilidade dos silicatos e acumulação de hidróxidos de ferro e alumínio, se formam caulinitas.*[13,17,32,43,52] Portanto, vale, em termos gerais, para o clima tropical, que, em terrenos onde predomina a lixiviação, as argilas predominantes são pobres e hidratadas, como a caulinita, e *em terrenos onde há acumulação de cálcio e magnésio, como em baixadas, predomina a formação de*

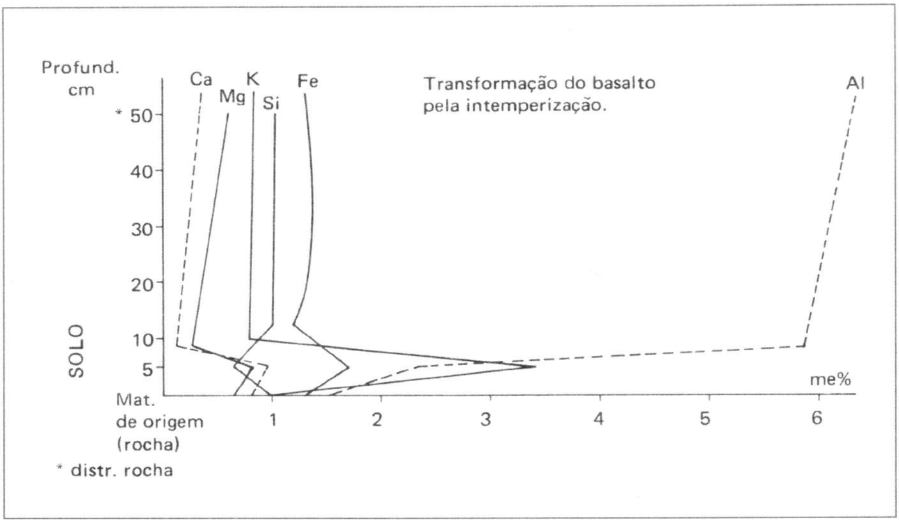

Figura 3.2 Transformação de basalto pelo intemperismo e a modificação do teor em minerais. (Mohr, 1959)

argilas ricas, como a montmorilonita.[75,88] Estas argilas são muito mais pesadas e pegajosas, mas igualmente muito mais ricas. Assim, tanto o grumossol preto da fronteira do Rio Grande do Sul como muitos solos aluviais da Amazônia são solos ricos, por causa da argila predominante ser a montmorilonita.[68] Esses solos dependem muito da manutenção de sua bioestrutura grumosa, por serem pegajosos e aderentes, opondo-se à penetração radicular se a umidade for insuficiente. Quando a bioestrutura desses solos for boa, os rendimentos serão mais seguros, especialmente quando se tratar de zonas com clima constante.[74] Assim, na Amazônia, produzem-se colheitas altas de arroz irrigado. Um ensaio com cevada no Rio Grande do Sul mostra (figura 3.3 e quadro 3.2) que em dois solos, as plantas respondem pouco a uma calagem, apesar do alumínio trocável ser 1,88 me% no solo São Gabriel. Isto, porque a fração de argila montmorilonítica conferiu ao solo (S. G.) uma capacidade de troca catiônica (CTC) maior com uma saturação de bases de 70%, enquanto somente 6,8% da CTC estão saturados com alumínio. O efeito da calagem depende em parte do Al trocável, em parte da saturação da CTC com Ca^{++} e, quando esta for muito reduzida, também da elevação de cálcio disponível à nutrição vegetal.

Embora o rendimento da cevada não tenha sido aumentado pela calagem nos solos Santa Maria (S. M.) e S. G. sua produção foi sensivelmente maior, como mostra a figura 3.3.

A absorção dos nutrientes depende não somente da espécie vegetal, da calagem e adubação, mas igualmente da unidade do solo. Nos solos com fração de argila montmorilonítica (S. M. e S. G.) a reação à calagem é diferente.

Na caulinita, a argila mais frequente nos solos "tropicais", ocorre uma camada de óxido de silício ou sílica para cada de hidróxido de alumínio ou alumina (argilo mineral 1:1) em contraste com a argila montmorilonítica, mais frequente em solos

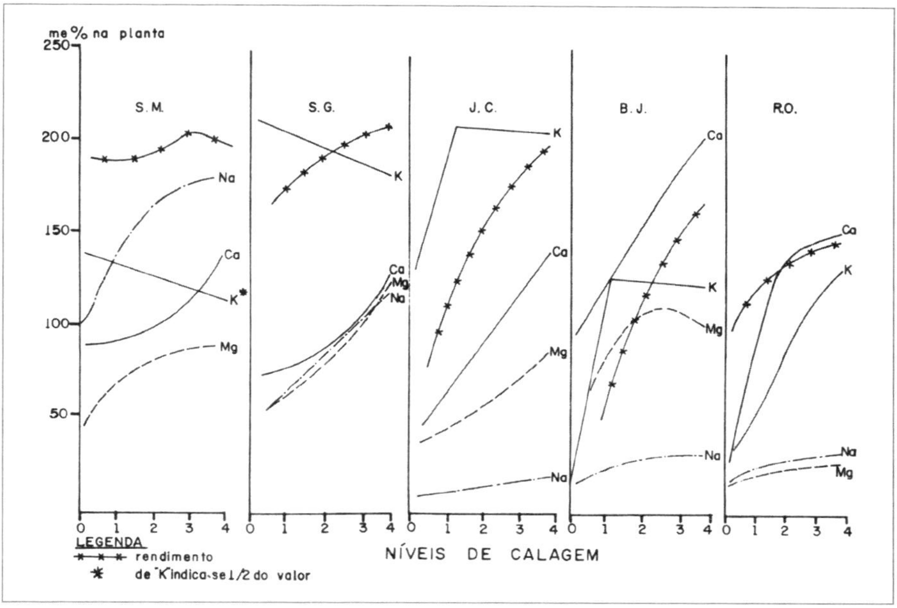

Figura 3.3 Rendimento de cevada em relação aos elementos absorvidos pela planta, em cinco unidades de solo no RS. (Ben, 1974)
Obs.: níveis de calagem: 1 = 1 SMP, 2 = dobro da quantidade aconselhado pelo SMP etc.
Unidades do solo: vide quadro 3.2.
De potássio representou-se somente metade do teor.

Quadro 3.2 Características dos solos apresentados na figura 3.3.

solo	argila (%)	C (%)	CTC (%)	Al troc. (me%)	Ca (me%)	Mg (me%)	K (me%)
Santa Maria (S. M.) (caul.-montmor.)	29,9	1,39	15,8	1,00	6,86	3,36	0,30
São Gabriel (S. G.) (caul.-montmor.)	35,4	1,78	27,4	1,88	10,53	8,38	0,56
Júlio de Castilho (J. C.) (caul.)	43,4	1,91	15,4	2,82	1,74	3,18	0,48
Bom Jesus (B. J.) (caul.)	56,9	3,37	22,9	5,25	1,01	1,54	0,27
Rocinha (Ro.) (caul.)	45,8	13,2	32,7	8,05	0,14	0,79	0,32

de clima temperado e em solos menos lixiviados, com sua lâmina de alumina envolvida por duas de sílica (argilo mineral 2:1) e por isso de fácil expansão.

Considerou-se uma grande desvantagem para os trópicos possuir argila caulinítica em lugar de montmorilonítica uma vez que o argilo-mineral 2:1 apresenta 10 a 15 vezes mais eletrovalências negativas que o de 1:1, sendo capaz de reter e trocar muito mais cátions, como potássio (K^+), cálcio (Ca^{++}) magnésio (Mg^{++}) e outros, sempre à disposição dos vegetais. São os elementos trocáveis que formam o lastro da fertilidade do solo.[9,73,74]

Devido às características da argila caulinítica, presente em maior ou menor quantidade na maioria dos solos "tropicais", a capacidade de troca de cátions é muito reduzida, sendo de 2,5 a 15 me%, enquanto que as argilas montmoriloníticas possuem uma capacidade de troca entre 25 e 180 me%.[13]

Existe um estreito equilíbrio entre os íons nutritivos da fase mineral, do complexo de troca (CTC) e da solução do solo (água). O reabastecimento da solução do solo com nutrientes depende, pois, intimamente do complexo de troca.

íons inclusos na fase mineral	$\rightleftharpoons$	íons retidos no complexo de troca	$\rightleftharpoons$	íons dissolvidos na "solução" do solo

Em solo "temperado" o reabastecimento é intenso; no solo "tropical" é muito fraco, devido ao complexo de troca reduzido. Isso tornou-se o problema número um nos países tropicais: a baixa capacidade de reabastecimento da solução do solo com nutrientes, que já é fraca em solo argiloso e muito fraca em arenoso. Mas, porque será que o solo tropical, geralmente, é muito mais profundo e muito melhor granulado que o solo de regiões temperadas? Não está aqui a compensação?[2,43] É errônea a suposição de que, durante o abandono e pousio do solo, haveria acúmulo de nutrientes disponíveis em grande quantidade na solução do solo. A acumulação não pode ser maior que a capacidade de troca equivalente, devido ao equilíbrio existente. E a ideia de que a planta "esgota" o espaço enraizado do solo não é correta da maneira como se supunha. A verdade é que o espaço enraizado diminui drasticamente pelo efeito do cultivo inadequadamente conduzido, restringindo a raiz a um espaço muito menor.[55] São os adensamentos que se opõem à penetração radicular! Neste espaço reduzido, ainda passível de enraizar, e, geralmente, na camada superficial do solo, a raiz não encontra mais os nutrientes necessários que antes encontrava num volume de solo muitas vezes maior.[30,61,92]

O problema, pois, não é tanto a concentração dos nutrientes no solo, mas o espaço que pode ser explorado pela raiz!

O pousio, abaixo de capoeira, recupera a bioestrutura do solo[93] e com isso a possibilidade de um enraizamento maior e, em parte, aumenta o complexo de troca por substâncias orgânicas humificadas, o que aumenta o reabastecimento.

O solo "tropical" é um ecossistema diferente que, por natureza, se fundamenta em sua agregação muito boa devida à riqueza em sesquióxidos.[2,29,39,48,79] Mesmo possuindo 72% de argila, quando esfregado entre os dedos, pode aparentar uma textura como se fosse um solo franco, ou seja, com teor arenoso de 40% a mais. Esses solos friáveis, argilosos, por muito tempo foram um enigma para os entendidos em solos "temperados", e a terra roxa legítima com sua fertilidade exuberante e sua grande resistência à erosão não pôde ser compreendida durante decênios.[43]

Porém, grumosidade e boa agregação equivalem a maior porosidade e melhor arejamento e capacidade de armazenar água útil.

Grohmann (1960) analisou três tipos de solo do Estado de São Paulo, dando os resultados demonstrados no quadro 3.3.

Na terra roxa, a maioria dos poros capilares encontram-se na camada superficial enquanto que no arenito ficam nas camadas mais profundas.

Verifica-se que, apesar do teor elevado de argila, a terra roxa possui menor peso específico aparente do que a areia e muito maior porosidade. E essa porosidade fundamenta-se de um lado no óxido de ferro.[79] Sabe-se hoje que a condutividade de argilas diminui com teor decrescente de ferro.[48]

Por outro lado a distribuição dos poros nos 25 cm superficiais não permite uma lixiviação rápida da terra roxa, embora facilite a infiltração de água (quadro 3.4).

Sabe-se que a eliminação de Fe_2O_3 reduziu num latossolo a superfície específica do solo no horizonte A de 42% e no B de 25%,[25] mostrando a importância muito grande do ferro para a granulação dos solos tropicais. Porém, a agregação puramente química, mesmo possuindo certa estabilidade, ainda, em certo grau está sujeita à destruição pela ação da água. E a porosidade da terra roxa e de outros solos, como dos latossólicos, não pode ser exclusivamente química. Pela eliminação da matéria orgânica desses solos há uma redução de 26 a 29% da superfície específica do solo no horizonte A e de 10 a 12% no horizonte B.[25]

Somente quando os agregados se juntam a grumos devido à ação de ácidos húmicos ou poliurônicos, e quando são "cimentados" por vias biológicas, podem adquirir esta estabilidade surpreendente.

Os "agregados maiores" ou grumos possuem maior teor em carbono, ou seja, matéria orgânica que os menores.[55] E, quando se adiciona matéria orgânica ao solo, os "agregados" se tornam maiores.[26] Isso é de importância máxima para a produção agrícola, uma vez que a partir de determinada massa específica aparente a penetração radicular é impedida.[27]

Os grumos nos solos tropicais geralmente são pequenos, com um diâmetro entre 0,5 e 1,0 mm,[68] enquanto os citados na literatura existente, dos países temperados, possuem um diâmetro de 2 a 5 mm. Explica-se isso pela origem diferente.[17,43,80]

Todas argilas absorvem certa quantidade de ácidos orgânicos, formados durante a humificação de matéria orgânica, constituindo um complexo humoargiloso. O

Quadro 3.3 Porosidade, umidade equivalente e peso real e aparente de três solos. (Grohmann, 1960)

solo	peso específico real	peso específico aparente	porosidade		umidade equival./volume
			total	capilar	
Terra roxa legítima não cultiv.	2,88	0,94	67,4	34,4	26,3
Terra roxa misturada de mata	2,68	1,06	60,8	24,9	22,8
Arenito Bauru de mata	2,56	1,35	48,0	31,4	18,5

Quadro 3.4

solo	poros de 0,02 a 0,1 mm	0,1 a 0,2 mm
Terra roxa legítima	80,1%	19,9%
Terra roxa misturada	77,0%	23,0%
Arenito	37,9%	62,1%

nível de matéria orgânica desses solos não baixa além de um mínimo que lhes é próprio.[64,68,77]

Quando forem cultivados, o problema maior dos solos em regiões tropicais e subtropicais é que, em condições de suficiente umidade, perdem rapidamente sua matéria orgânica acima deste nível mínimo[10] e com isso perdem sua bioestrutura e suas condições de produzir.[2,3,61,62,66,68] A restituição da matéria orgânica ao solo torna-se, pois, uma questão vital para a agricultura tropical (vide capítulos 2 e 4). Com a perda de matéria orgânica, decresce igualmente a CTC.

A capacidade de troca da matéria orgânica varia entre 160 e 190 até 400 e.mg/100 g que significam 1,6 a 4,0 e.mg de troca por 1% de matéria orgânica no solo.[69] E isso independentemente de uma calagem que pode aumentar a "CTC dependente do pH".[1]

Compreende-se que *a bioestrutura mais favorável e o perfil mais profundo são uma compensação para a maior pobreza em nutrientes.*[92,94] A planta explora assim um espaço de solo maior, penetrando com as raízes até o nível freático,[2] conseguindo obter quantidades de nutrientes iguais ou maiores que as obtidas pela planta em solos com maior concentração de nutrientes, porém, mais rasos e com bioestrutura menos favorável. A vantagem reside no fato de poder absorver água e nutrientes, mesmo quando a pressão osmótica da raiz for fraca, o que facilmente ocorre em clima quente. Portanto, a solução do solo menos concentrada vem de encontro às condições de zonas tropicais, como já foi explicado no capítulo anterior (vide, também, capítulo 7).

Em concentração diferente de soluções nutritivas podemos verificar que o tamanho das plantas diferiu pouco. O que diferiu foi o tamanho radicular, maior em soluções fracas (quadro 3.5).

Planta de solução normal duas vezes concentrada (B) não cresce melhor, ao contrário, sofre uma depressão no desenvolvimento em relação à planta em solução normal 1 vez concentrada (A). A planta em solução 50 vezes diluída (C) sofre uma depressão quando a solução nutritiva for trocada somente de 4 em 4 dias, por haver esgotamento dos nutrientes após 60 horas (dois dias e meio). Assim, sempre ficou algum tempo sem nutrição. Porém, desde o início compensava a concentração muito mais fraca por um crescimento radicular 3 vezes maior que a da normal. E quando a solução nutritiva foi trocada de 2 em 2 dias, a planta desenvolveu-se como a da concentração normal (A) mas produziu 8 vezes mais raízes. No solo, a "troca de solução nutritiva" se dá pela penetração da raiz em espaços novos.

Quadro 3.5 Produção de folhas e raízes em solução nutritiva de concentração diferente (peso seco).

solução nutritiva	planta/g	raiz/g	troca de solução (dias)
a) solução normal 1× concentrada	0,43	0,07	4
b) solução normal 2× concentrada	0,33	0,07	4
c) solução normal 50× diluída	0,31	0,23	4
d) solução normal 50× diluída	0,44	0,56	2

Isso significa que *a planta, mesmo em solo pobre, tem idênticas condições de produzir que em solo bem provido de nutrientes, desde que a raiz tenha a possibilidade de se expandir livremente.*[83,91] Por outro lado, uma adubação maciça raramente beneficia a planta por causa de problemas de pressão osmótica, como explicamos no capítulo 1. A nutrição da planta, pois, não depende tanto da concentração de nutrientes no solo, mas da possibilidade de a raiz poder explorar um espaço suficientemente grande do solo. Se ela não pode avançar para alcançar os nutrientes, tendo o caminho barrado por camadas compactadas[2,7,60] como uma sola-de-arado ou adensamentos por sedimentação de argila lixiviada de grumos destruídos, então a planta esgota os nutrientes do espaço limitado, à sua disposição, e "sofre" de fome.

É um erro acreditar que a nutrição vegetal depende exclusivamente da concentração de nutrientes. Em clima tropical, em dias quentes, a planta nem consegue absorver de uma solução de solo muito concentrada (vide capítulo 1).

O clima na formação do solo "tropical"

O clima faz o solo e o solo faz o clima! O clima pouco poderia agir sobre o solo se este não o facilitasse. O solo "tropical" oferece, portanto, exatamente a condição mais vantajosa à planta em clima quente: uma estrutura boa e concentração fraca de nutrientes, que, porém, não pode descer abaixo de um nível mínimo. A desvantagem que o solo "tropical" parecia possuir, em comparação ao solo de regiões temperadas, não existe!

Mas, o problema básico do solo "tropical" é uma bioestrutura que permita o livre desenvolvimento radicular e somente depois deveria ser considerada a adubação.

Segundo Wrigley (1969), *uma planta que consegue explorar um volume de solo 4 vezes maior, produz 3 vezes mais que uma planta com todos os nutrientes concentrados num volume de solo.*[92]

A ÁGUA NA FORMAÇÃO DO SOLO

Não somente a temperatura, que anima a microvida e que faz muitas enzimas mais ativas, mas especialmente a água, que percola o perfil do solo, é um dos fatores mais poderosos na formação do mesmo.

Existem, em resumo, três alternativas, como mostrado na figura 3.4.

A *podzolização* ocorre especialmente em solos arenosos em regiões sem estação seca ou abaixo de florestas. De um lado, as florestas garantem a boa infiltração no solo,[82] como é explicado no capítulo 7, e impedem a ascensão da temperatura acima de 24 °C e com isso a maior evaporação. Um exemplo típico é a hileia amazônica. A água infiltra-se, percola o solo, lavando-o até se formar uma camada branca abaixo da qual se acumula tudo que foi lavado do solo superior: húmus, cátions, (Ca, Mg) e óxidos de ferro. O solo torna-se muito pobre e muito ácido.[11,38]

A *laterização* é normal em climas tropical e subtropical com estação seca pronunciada. Na estação das águas o solo é percolado pela água que leva consigo ácido si-

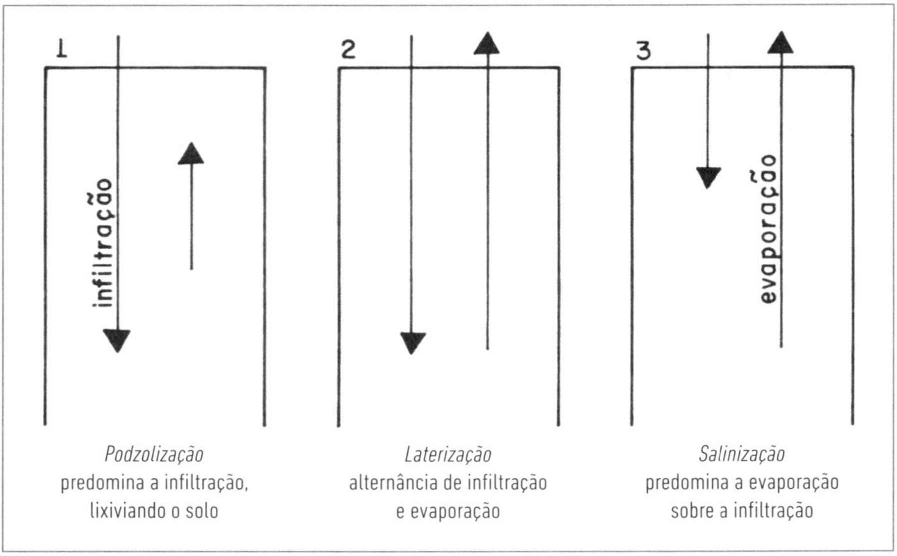

Figura 3.4 Influência da infiltração e evaporação da água sobre o solo.

lícico dissolvido, dessilicando o solo. Leva igualmente cálcio, magnésio, potássio, nitratos e boro. Segue-se a estação de seca, onde predomina a evaporação por causa do deficit agudo de precipitações. Sobem novamente os nitratos e o potássio, que, ao lado da atividade microrgânica, especialmente de algas, permitem a vegetação luxuriante do início das águas. Nestas condições há acumulação de ferro e alumínio na superfície do solo por serem menos lavados que o silício. Na região equatorial o efeito da laterização pode ser tão violento[17] que mesmo solos predominantemente arenosos podem apresentar camadas de 20 a 50 cm e mais de concreções lateríticas, as plintitas[87,88] comumente chamadas de "piçarras" ou "cascalho laterítico", sendo designados como solos concrecionários na área amazônica.[86]

Essas camadas de plintitas intrigaram muito os pesquisadores, porque tinham a opinião de que somente podiam formar-se em solos com um nível freático muito alto e parcialmente encharcados, porque o ferro somente é muito móvel em condições anaeróbias, isto é, reduzidas ($Fe^{+3} \rightarrow Fe^{+2}$). Mas verificou-se depois que também os ácidos orgânicos, oriundos da decomposição de matéria orgânica, reduzem o ferro, tornando-o móvel.[52]

O alumínio não depende de condições reduzidas para sua mobilização[29] mas, sim, de um pH abaixo de 5,5.[80]

A *salinização* ocorre em zonas com poucas chuvas, isto é, em clima semiárido ou subúmido e em regiões desérticas, com concentração das chuvas a algumas semanas por ano. Também ocorre em zonas com bastante precipitações pluviais onde os solos forem tão compactos que a água não consegue infiltrar-se e onde mesmo um sol fraco consegue aquecer o solo e provocar sua evaporação. O solo compacto aquece-se como pedra, porque é bom condutor de calor. O resultado é que podemos encontrar solos salinos até no círculo polar ártico.[84] E solos salinos não dependem de águas salinas no subsolo. Também a água doce pode salinizar o solo. Isso porque qualquer água tem alguns sais em solução, especialmente Ca, Na e também pequenas quantidades de Mg e K. E esses sais chegam à superfície do solo, a água se evapora e o sal fica como resíduo, se não houver infiltração da água pluvial. Se esse processo perdura por alguns anos, a concentração de sais aumenta; sobe o pH do solo e, finalmente, o solo se saliniza. Mas, ficou claro que, quanto mais compactado e quanto pior é a bioestrutura grumosa, tanto mais facilmente ocorre a salinização. Esta também é a razão por que a irrigação em zonas secas, quando feita com quantidades insuficientes de água, provoca infalivelmente a salinização dos solos. O mais importante na irrigação não é, pois, a distribuição da água no solo, mas igualmente a drenagem da água para lavar os sais e não permitir sua acumulação.

Se os solos salinos aumentam no mundo,[41] não é por causa da água que, de repente, se tornou salobre, mas por causa:

1. Da compactação da superfície do solo, quer tenha ocorrido por máquinas, pisoteio animal, ou pelo impacto das chuvas e deficiente infiltração da água;[33]
2. De irrigação feita com quantidades insuficientes de água;[77]
3. De drenagem deficiente.

INTER-RELAÇÃO CLIMA E SOLO

Normalmente, acredita-se que o microclima seja alguma coisa estável, permanente, imutável, e que o ressecamento do globo terrestre seja devido a um pioramento do clima. Aumentam os desertos, é verdade, mas pergunta-se: por que se descobrem cidades, aldeias e uma rede densa de estradas no deserto do Saara, a partir de aerofotografias com infravermelho?

Como é que antigamente povos prósperos ali viviam? Por que um dos maiores centros de cultura antiga foi o Oriente Médio, que hoje nada mais possui além de desertos e petróleo?

Por que os desertos cobrem justamente os lugares onde uma vez floresceram grandes culturas e povos, como no Egito e México?

Não é estranho que justamente nesses lugares o clima mudou, enquanto que permaneceu estável em outras zonas? Os norte-americanos dizem: "*all deserts are man made!*" Todos os desertos foram feitos pelo homem. E provam isso eficientemente, já apresentando 20 de seus 51 estados com "caráter desértico", segundo palavras do então presidente Kennedy.

Ranzani (1971) prova que o cerrado brasileiro, geralmente, possui solos lateríticos e podzólicos. Isso significa que provieram de um clima alternadamente úmido e seco ou úmido, e, portanto, provavelmente eram cobertos por florestas, indispensáveis para a formação destes solos. A vegetação raquítica e xeromorfa não é natural. Parece que é o produto da atividade humana.

Pergunta-se: Como é possível que o solo possa alterar o clima?

O desaparecimento da floresta é o primeiro fator que conduz a profundas alterações. As chuvas tornam-se menos frequentes, mas muito mais violentas.[89]

Onde não existem florestas, mas lavouras e pastagens, o aquecimento do ar é grande e sua ascensão violenta. Pode ser tão violenta que arranque a terra, as sementes, as plantações e os telhados das casas, como o fazem os *"dust bowls"* na América do Norte. As nuvens, que o vento traz, deslizam sobre a paisagem e seu ar ascendente, como numa "almofada de ar". Em cima de uma floresta, com sua temperatura mais baixa, a ascensão de ar diminui bruscamente. A nuvem "cai num buraco". Todo aviador e também todo passageiro, que já viajou num avião pequeno num dia quente conhece estes vácuos. E, se a nuvem for pesada, não consegue segurar a água: chove, como mostra a figura 3.5. Em cima de terra que não tem árvores, as nuvens necessitam ser muito pesadas para poderem descer. E, quando o são, sempre dão origem a aguaceiros e "torós".

Entra-se agora num destes círculos viciosos. A tromba de água compacta a superfície do solo. Muita água escorre e pouca se infiltra. Há erosão. Os rios se enchem. Há inundação. E depois de uma ou duas semanas de sol há seca. A água não se infiltrou, não chegou até o nível freático no subsolo, não pode alimentar fontes e vertentes. Os poços secam, os rios secam, as fontes secam e os solos estão secos porque a tromba de água somente umedeceu a superfície. Com a seca instala-se uma vegetação pobre. E quanto mais pobre a vegetação, tanto mais difícil a queda de chuvas, tanto mais prolongadas se tornam as épocas de seca e tanto mais pavorosas são as enchentes. Por quê? O clima se faz numa camada tênue que encobre nosso globo. Com qualquer avião maior pode-se passar a camada de nuvens e voar sob um sol eterno e céu límpido. Nuvens, chuvas e ventos ficam lá embaixo. O clima piora à medida que desaparecem as florestas e o solo se compacta. As leis de reflorestamento não são vãs. Foram feitas para evitar a "produção em massa" de desertos. Não estão aqui para salvaguardar o futuro das serrarias e fábricas de papel. Fo-

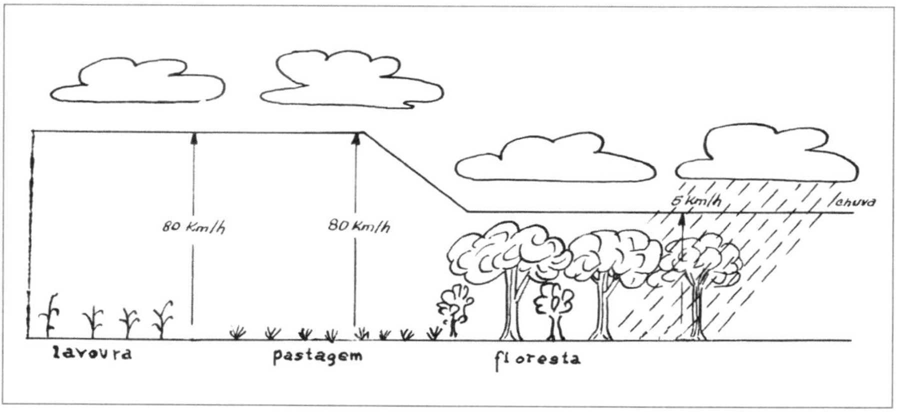

Figura 3.5 Influência do solo e de sua vegetação sobre o clima. A ascensão do ar em relação à vegetação, e os "buracos de ar" e as chuvas. (Wagner & Lenz, 1963)

ram redigidas para garantir a nossa sobrevivência, porque desertos não dão sustento a ninguém, a não ser quando houver petróleo no subsolo e enquanto houver alguém que o troque por alimentos.

O solo "tropical" com pH entre 4,0 e 5,0 sofre degradação rápida para a laterita.[43,88] As argilas ricas, se existirem, como as montmorilonitas, transformam-se em argilas pobres, cauliníticas e, finalmente, em gibsita, que é hidróxido de alumínio ($Al(OH)_3$) puro.

$$\text{montmorilonita} \rightleftharpoons \text{caulinita} \rightleftharpoons \text{gibsita}$$

Este processo de dessilicação é reversível.[36] O silício lixiviado é transportado novamente à superfície do solo por arbustos e árvores, por exemplo, dos pampas e cerrados, podendo provocar até a ressilicação de gibsita.[57] Eles absorvem o silício, transportam-no a suas folhas que, após sua queda, reintegram o silício à superfície do solo, se o clima for seco. Se for úmido, o silício mobilizado pelas árvores, em forma orgânica, é lixiviado. Lovering (1958) calcula que 3% das folhas de florestas tropicais são silício. Mobilizam assim duas toneladas de silício por hectare em 2,5 anos. Mas existem outras árvores, como alguns pinheiros (*Agathis australis*) e abetos (*Picea abies*), que, com suas excreções radiculares, mobilizam ferro, que é lixiviado em seguida. De modo que, onde aparecem, o solo se torna branco,[40] constituindo sílica pura.

Do mesmo modo que o silício, as árvores florestais tropicais bombeiam cátions à superfície do solo, evitando o seu empobrecimento.

No momento em que se derrubam as árvores para instalar pastagens, corta-se também o fluxo de nutrientes e a fonte de ressilicação. Muitas árvores e arbustos transportam nutrientes à superfície como Ca, K, Mg, Na etc., variando isso segundo a espécie.[71] Em clima pouco chuvoso podem até salinizar o solo. Em zonas com épocas chuvosas contribuem, tão somente, ao enriquecimento temporário do solo com nutrientes.

O quadro 3.7 mostra que 94,1% dos solos desta colônia são arenosos, pobres, com uma CTC entre 2,0 e 7,4 me%, sendo igualmente muito pobres em matéria orgânica que, na maioria dos solos, não atinge 1,0% de carbono.

Infelizmente, esta colônia é praticamente padrão na Amazônia equatorial, onde somente pequenas manchas de terra apresentam fertilidade melhor (segundo o RADAM: 10%). Com os métodos atualmente em voga, e o clima equatorial, a criação de desertos é tão certa como os impostos e a morte.

Quadro 3.6 Análise de solo do "lavrado" de Roraima, Fazenda Anzol.

local da amostra	pH	M. O. (%)	SMP	P (ppm)	Ca (ppm)	K (ppm)	Mg (ppm)
solo 10 metros distante de Caimbé (*Curatella americana*)	4,5	1,8	7,1	2,5	60	25	traços
solo debaixo de Caimbé	5,4	2,6	7,1	6,5	270	25	200

Quadro 3.7 Análise do solo na área amazônica, Estado do Piauí, Núcleo Colonial Agrícola. (Bol. Téc. N°6, M. A. 1969)

solo	área da colônia (%)	areia (%)	silte (%)	argila (%)	C (%)	CTC (me%)	pH
laterino bruno avermelhado eutrófico	1,13	42	38	20	1,97	13,3	6,5
latossol vermelho-amarelo, plíntico, caatinga arboriz.	9,81 22,23	81	8	11	0,53	3,4	5,0
podzólico vermelho-amarelo equiv. eutrófico	0,27	89	5	6	0,38	2,0	5,4
areias quartzosas, vermelho-amarelas	24,95	90	4	6	0,98	5,1	4,9
solos aluviais eutróficos, superf. argilosa	2,04	2	35	63	0,62	28,5	7,7
afloramento de arenito e areias quartzosas vermelho-amarelas	37,27 1,37	68	23	9	1,03	7,4	5,5
solos aluviais eutróficos, solos brunos não cálcicos	0,93	40	50	10	0,41	5,5	6,7

Há meios de usá-los, mas estes devem ser adequados para os solos tropicais equatoriais e não podem ser importados de países que nos vendem o *know-how* de climas temperados.

O ALUMÍNIO NO SOLO "TROPICAL"

Uma verdadeira onda de histeria varre o mundo ocidental contra o alumínio. O alumínio no solo é considerado o inimigo número um de todas as culturas e plantações. Mas, como já explicamos, o óxido de alumínio é um agente que contribui eficazmente à estrutura do solo tropical, sendo, portanto, altamente benéfico.[32,39] Resta, portanto, o alumínio trocável que, por poder causar plasmólise, isto é, a desidratação e o encolhimento do plasma nas células radiculares, é seriamente prejudicial às plantas.[19,44,49] Mas esta plasmólise é causada quando a proporção alumínio/bases[51] (cálcio + magnésio + potássio) for desfavorável.[47] Sabemos que o equilíbrio dos íons absorvidos no plasma é de importância vital. Só cálcio ou só potássio é tão prejudicial como só alumínio. Necessita-se de íons de hidratação, como potássio e sódio, e íons de desidratação, como cálcio e alumínio, para estabelecer o equilíbrio e a hidratação exata do plasma celular. Como já mencionamos, *todas as soluções monossalinas são tóxicas.*[34] A toxidez não depende, portanto, do elemento, mas do fato deste predominar.

Se o alumínio trocável não ultrapassar 40% dos cátions existentes na CTC efetiva[44] geralmente não é maléfico.[50,51]

A reação das plantas ao alumínio é diversa.[29,45]

Como é de se esperar, muitas plantas tropicais suportam maiores concentrações de alumínio trocável no solo, como mandioca, batata-doce, cafeeiro, teeiro, a maioria das forrageiras gramíneas como, por exemplo, as do gênero *Digitaria,* como capim-pangola, e os *Panicum* como capim-colonião. Outras até necessitam de algum alumínio,[44,46,52] como todas do gênero *Andropogon* a que pertence o capim-rabo-de-burro, capim-caninha etc.[23] Segundo Lipmann (1938), sorgo e milho necessitam de

1 mg de alumínio por litro de solução nutritiva, quando criados em laboratório, para seu melhor desenvolvimento. Plântulas de cacau necessitam de 2 ppm de Al na solução nutritiva. As *Ciperáceas,* como cabelo-de-porco, crescem em solos com altas concentrações de Al trocável, podendo suportar quantidades que matam qualquer outro vegetal a não ser samambaia. Muitas espécies de *Rubiáceas,* às quais pertence o cafeeiro, todas as *Teáceas,* às quais pertence o chá-da-índia, muitas *Lauráceas,* às quais pertence o louro, todas as samambaias e muitas árvores do cerrado acumulam alumínio em suas folhas, que pode ascender até 10 mg para cada grama de substância seca.[23] Por isso, o aparecimento de samambaia num pasto ou campo é o sinal seguro de altos teores de alumínio trocável no solo, o que, porém, não exclui que o solo seja rico em nutrientes. Na figura 3.6 verifica-se que, à medida que diminui a camada solta e bem agregada na superfície do solo, e aumenta a camada compactada, diminui o teor em fósforo disponível e o pH enquanto aumenta o alumínio extraível, embora se trate do mesmo solo, uma vez solto e outra vez compactado. Vide também figura 2.26.

O problema maior do solo "tropical" não é, pois, a presença de alumínio tóxico, mas a compactação do solo, que permite o aumento de alumínio até níveis tóxicos[90] (vide capítulo 2).

Num oxissol, de boa fertilidade inicial, com 72% de argila e 12% de silte e um complexo de troca de 12 me%, foi apurado o quadro 3.8, causado pelo cultivo.

A mata foi roçada pelo fogo e a cinza incorporada ao solo. O efeito acumulado de cinza e da decomposição de matéria orgânica pelo arejamento do solo provocou

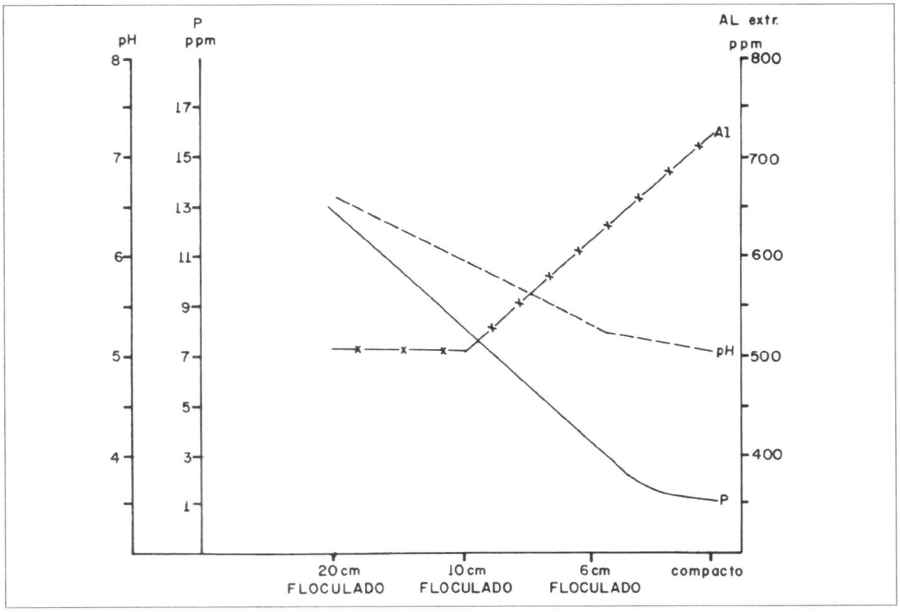

Figura 3.6 Efeito de compactação do solo sobre o pH, P e Al. (Watts, 1973)

Quadro 3.8

anos de cultivo	pH	pH/SMP	P (mg/kg)	Al troc. (me%)	M. O. (%)	agragados estáveis à água
mata virgem	4,9	6,1	3,2	1,2	5,2	60,1
roça nova	5,8	6,6	12,1	0,4	4,5	63,4
2° ano	7,3	6,6	27,0	0,4	3,8	62,3
15° ano	5,4	6,4	7,0	0,6	3,0	29,7
35° ano	4,2	5,8	7,5	2,1	2,6	25,4

(Primavesi, 1973)

Obs.: foram medidos os agregados de 0,5 a 1,0 mm de tamanho em peneiração úmida.

no primeiro ano e especialmente no segundo um aumento vigoroso de todas as condições do solo, proporcionando colheitas recorde. Após o terceiro ano, iniciou-se a degradação da bioestrutura do solo e ao mesmo tempo a deterioração de todas as suas condições físicas, químicas e biológicas. A adubação e a calagem tiveram efeito muito pequeno nos últimos três anos, não tendo podido aumentar substancialmente a colheita, de modo que as safras se tornaram caras. A razão disso é a bioestrutura decaída do solo, a oxigenação deficiente das raízes e o aumento do alumínio trocável. Os problemas com toxidez de alumínio normalmente iniciam quando o pH descer abaixo de 5,5 ou subir acima de 9,0.[78] Isso em solos argilosos onde, neste pH, ocorre a desagregação da hidroargilita. Alcança-se o valor máximo de Al trocável em pH 4,1. Abaixo deste o Al trocável normalmente decresce novamente.[85] O perigo de aparecimento de alumínio trocável sempre é maior em solos sigilosos do que em arenosos.

Normalmente é suficiente elevar o pH a 5,3, e, para as culturas mais sensíveis ao Al tóxico, a 5,5,[17] que equivale ao pH em que começa a absorção boa de fósforo.[20]

A RIQUEZA MINERAL DO SOLO "TROPICAL"

Em toda literatura liga-se a riqueza do solo à quantidade de argila que o solo possui. Porém, isso vale para as argilas menos hidratadas das zonas temperadas. Com a degradação rápida das argilas em clima tropical, o teor em argila nem sempre coincide com a riqueza em elementos nutritivos disponíveis, uma vez que sua capacidade de manter os nutrientes disponíveis é muito reduzida.

Observa-se que a riqueza em cálcio disponível do solo, na floresta, depende especialmente da matéria orgânica e da presença de árvores que bombeiam nutrientes à superfície, e, somente em parte, do teor em argilas.

A capacidade de solo "tropical" em trocar cátions (CTC), isto é, de manter cálcio, potássio, magnésio e sódio disponíveis à planta, depende em parte do teor em matéria orgânica. Assim, é possível que um solo com apenas 5% de argila quase possua tantos cátions disponíveis que um com 55% de argila.

Um solo podzólico vermelho de São Paulo, colhido nas diversas alturas de uma ladeira, deu os resultados mostrados no quadro 3.10.

Quadro 3.9 Análise de terras vermelhas da Amazônia, território de Roraima. (Primavesi, 1970)

argila + silte (%)	pH	pH/SMP	M. O. (%)	P (ppm)	K (ppm)	Ca (ppm)	Mg (ppm)	S (ppm)	uso
55	5,2	6,9	2,2	2,5	30	150	200	51	pastagem
55	5,2	6,5	3,3	2,5	25	430	200	7	floresta
5	5,4	7,1	3,3	11,0	25	350	180	28	floresta

Quadro 3.10

argila	M. O. (%)	CTC (me%)	saturação em cátions (me%)
5	0,15	1,9	1,5
5	3,20	10,4	8,8
25	3,20	17,7	5,0

Esses valores oscilam, porém, de um solo para outro, mesmo se pudermos dizer que 5% de caulinita num solo possuem em média uma capacidade de troca de 2,0 me% e 1% de matéria orgânica de aproximadamente 2,0 a 2,7 me%. Em solos ricos a capacidade de troca da matéria orgânica é maior que em solos pobres. Para uma produção boa, valores menores que 15 me% de troca parecem desfavoráveis. Isso significa que um solo argiloso com 10 me% de CTC necessita mais de 3,5 a 4% de matéria orgânica para produzir adequadamente. Quantidades maiores de matéria orgânica não parecem necessárias e até podem ser prejudiciais, além de ser quase impossível alcançá-las. Segundo Scheffer (1956), as raízes das plantas são mais curtas em solos humosos, porém, mais volumosas. Ficam, portanto, nas camadas mais superficiais, o que em nosso clima pode ser perigoso na estação seca, onde geralmente a umidade adequada do solo se encontra somente abaixo de 50 cm de profundidade (vide capítulo 4). Parece acertada a tendência de manter um nível de matéria orgânica no solo não menor que 3% e não maior que 4%, quantidade que encontramos justamente na maioria dos solos "tropicais" virgens. *Virgens* são os solos florestais primários e não pastagens nativas anualmente queimadas, cerrados, capoeiras, terras abandonadas ou qualquer outro solo destruído pela ação do homem e pelo uso indiscriminado do fogo e, por isso, ocasionalmente fora de cultivo e uso.

O SILÍCIO NO SOLO "TROPICAL"

A alta solubilidade de silício em clima tropical conduz à dessilificação dos solos e à degradação das argilas.

O silício se perde em solos com pH abaixo de 5,5[5] e o solo se torna inferior em sua capacidade de produzir. Mas contribui igualmente para o endurecimento extremo dos solos arenosos na zona tropical, durante a estação de seca. A riqueza dos solos em ferro e alumínio deve-se justamente à hidrólise dos silicatos de ferro e alumínio,[37] ocorrendo depois uma relação de óxidos de ferro mais alumínio/óxido de silício maior que 2,5. Chamamos de laterização a este processo de dessilificação.

Em clima temperado o quartzo é considerado como sendo pouco solúvel, porém, em clima tropical é atacado por bactérias que contribuem à sua solubilização.[6] Parte do silício é absorvido pelas plantas, onde contribui à firmeza da estrutura do tecido vegetal. Especialmente a palha de cereais e gramíneas é rica em silício. Mesmo em clima temperado o trigo absorve aproximadamente 120 kg/ha de óxido de silício, e ao solo florestal retornam anualmente 250 kg/ha de SiO_2, pelas folhas caídas.[74]

Por 100 g de solo pode haver 50 mg de Si solúveis em água e até 600 mg solúveis em ácidos orgânicos fracos.[8]

Enquanto o fósforo e o molibdênio contribuem à precipitação de silício, ferro e manganês, no solo, o ácido cítrico, excretado pelas raízes, mantêm-no em solução.

Quando as areias, como as amazônicas, são ricas em minerais como augita, hornblende, feldspato e biotita, parcelas muito grandes de silício podem ser solúveis. Na época de seca provocam a *vitrificação* destas areias, que é tanto maior quanto mais degradado for o solo, isto é, quanto menos matéria orgânica, cálcio e fósforo o solo contiver. Os solos menos degradados, especialmente quando ainda com suficiente matéria orgânica, não se vitrificam na seca, porque a mobilidade de fósforo reduz a solubilidade de silício.[14,18]

Consequentemente há uma laterização muito rápida de solos pastoris periodicamente queimados, onde escasseiam a matéria orgânica e o fósforo. As camadas de *piçarra laterítica* ou *cascalho concrecionário* no horizonte B são grossas, desvalorizando os solos. Evita-se a vitrificação dos solos com uma calagem, que modifica o pH, uma vez que esta ocorre especialmente em solos com pH entre 3,0 e 5,0. Todas as medidas que aumentam o pH "amariam", pois, o solo "tropical" na estação de seca. O pH também se eleva pelo uso de quantidades módicas (8 a 10 t/ha de restos culturais) de matéria orgânica, através da alcalinização por bactérias aeróbias que ela sustenta[6,53] (vide capítulo 4). Mas a polimerização dos áridos silícicos e sua vitrificação somente se processa quando forem aquecidos, seja por uma queimada ou pelo sol.[35] O sombreamento do solo é, pois, outro método de evitá-la. A queimada de pastagens durante a seca, porém, é um dos fatores que promove o "endurecimento" das areias tropicais.

RESUMO

O solo tropical é um ecossistema apropriado para o clima quente. Em estado virgem dispõe de uma bioestrutura grumosa muito vantajosa para a expansão radicular. Essa bioestrutura forma-se dos agregados, floculados pela presença de óxidos de ferro e alumínio, graças à atividade biológica. Para isso necessita de matéria orgânica. E, como a matéria orgânica sofre decomposição rápida em clima tropical úmido, sua reposição periódica é indispensável.

A pobreza mineral do solo tropical não constitui uma desvantagem enquanto sua bioestrutura for boa, o que prova a vegetação exuberante em solos virgens. Em parte possui teores elevados de alumínio a que a vegetação tropical está adaptada. As plantas de cultura importadas de outros climas, em parte, já desenvolveram resistência a maiores concentrações de alumínio. A toxidez do alumínio não é absoluta mas relativa e depende do seu equilíbrio com os demais cátions (Ca, Mg, K. Na), da espécie e variedade vegetal e da saturação do complexo de troca por alumínio e bases (*100 Al/Al+S*). Em estado adensado ou compactado a produção do solo tropical é muito reduzida, reagindo pouco à adubação.

A manutenção de boas condições de produção depende, portanto, da:

1. Conservação de sua bioestrutura grumosa, especialmente na camada superficial do solo, contribuindo a proteção contra chuvas e insolação, a reposição de matéria orgânica e a manutenção de um pH acima de 5,3;
2. Utilização de técnicas que evitam a formação de compactações e adensamentos (vide capítulo 9);
3. Adubação dirigida (vide capítulo 8);
4. Manutenção de um clima favorável, sem temperaturas extremas, o que influi favoravelmente sobre a distribuição das chuvas.[80] Para isso necessita-se da manutenção de florestas em quantidade suficiente.

Deve-se lembrar que solos de baixadas, geralmente, possuem outro tipo de argilas e, portanto, reagem diferentemente às técnicas agrícolas, são mais pegajosos e muitas vezes necessitam de calagem maior.

REFERÊNCIAS BIBLIOGRÁFICAS

1. **Addiscott, T. M.** (1972). Intercâmbio K/Ca en experimento realizado en suelos de Broadbalk. *Rev. Potasa 4/49.*
2. **Batey, Th.** (1973). Aulas de manejo do solo. Em: *curso de Pós-graduação em Biodin. e Produt. do Solo, Sta. Maria/RGS.*
3. **Baver, L. D.** (1968). The effect of organic matter on soil structure. *Scient. Varia. 32:383-413.*
4. **Ben, J. R.** (1974). A absorção de fósforo pela cevada. *Tese de M. S. Sta. Maria/RGS.*
5. **Beckwith, E. S.** e **R. Reeve** (1964). Solubility of silicia in acid soils. *Austral J. Soil Res. 2:33-45.*
6. **Berthelin, J.** (1971). Transformation d'un sable granitique por activité bacterielle. *Sci. Sol. 1:11-29.*
7. **Bezerra de Oliveira, L.** (1967). O estudo físico do solo e a aplicação racional de técnicas conservacionistas. *Pesq. Agropec. Bras. 2:281-85.*
8. **Birch, H. F.** (1953). The solubility of silicia in soils. *J. Agric. Sci. 43:229-32.*
9. **Black, C. A.** (1957). Soil-plant relationship. *Wiley, New York.*
10. **Bodziak, Jr. C.; D. M. Paula Souza** e **J. C. Stengel Ripsolli** (1966). Estudos comparativos da fertilidade de alguns solos da região cafeeira do Paraná. *Rev. Esc. Agron. Vet. (Paraná), 2 (único):43-93.*
11. **Buckmann, H. O.** e **N. C. Brady** (1966). Natureza e propriedades dos solos. *Bibliot. Freitas Bastos, S. Paulo.*
12. **Callot, G.** e **C. Juste** (1971). Classification des sols acides et humiques, formés sur sediments alluviales des fleuves pyrennieus. *Sci. Sol. 2:5-6.*
13. **Donahue, R. L. J.; C. Schickluna** e **L. S. Robertson** (1972). Soils, an introduction to soils and plant growth. *Prentice-Hall, New Jersey.*
14. **Elgawhary, S. M.** e **W. S. Lindsay** (1972). Solubility of silicia in soils. *Soil Sci. Soc. Amer. Proc. 36(3):439-42.*

15. **El-Swaify, S. A.; S. Ahmed** e **S. D. Swindale** (1970). The influence of exchangeable cations on the physical properties of tropical red and black soils. *Soil Sci. 21:188-98.*
16. **Evans, H.** (1936). The root system of sugar cane. *Pt. II Emp. J. Exp. Agric. 4:208-20.*
17. **Fink, A.** (1963). Tropische Böden. *Parey, Hamburg.*
18. **Flach, K. W.; W. D. Nettleton; L. H. Gile** e **J. G. Cady** (1969). Pedocementation and hardening by silicic acid. *Soil Sci. 107:442-52.*
19. **Fleming, A. L.** e **C. O. Foy** (1968). Root structure reflecting differential tolerance of wheat varieties. *Agron. J. 60:172-76.*
20. **Garcia Blanco, H.; W. R. Venturini** e **H. Gargantini** (1965). Comportamento de fertilizantes fosfatados em diferentes condições de acidez do solo para trigo, com estudo de efeito residual. *Bragantia. 24(22):261-79.*
21. **Garkuscha, J. F.** (1953). Bodenkunde. *Deutscher Bauernverlag, Dresden.*
22. **Glinka, K.** (1914). Die Typen der Bodenbildung. *Gebr. Bornträger, Berlin.*
23. **Goodland, R.** (1971). Oligotrofismo e alumínio no cerrado. *III Simp. sobre o Cerrado. USP, p. 44-59.*
24. **Grohmann F.** (1960). Distribuição e tamanho de poros em três tipos de solos do estado de São Paulo. *Bragantia. 19(21):319-27.*
25. ________ (1972). Superfície específica do solo de mapeamento do estado de São Paulo. II: Influência da matéria orgânica, dos óxidos de ferro livre e dos cátions trocáveis na superfície específica do solo. *Bragantia. 31(14):167-85.*
26. ________**, J. B. Oliveira, de** e **J. P. Queiroz Neto, de** (1966). Influência da adubação nas características dos agregados do solo da série "Chapadão". *Bragantia. 25(34):263-70.*
27. ________ e **J. P. Queiroz Neto, de** (1966). Efeito da compactação artificial de solos limo-argilosos sobre a penetração das raízes de arroz. *Bragantia. 25(38):421-32.*
28. **Hall, J. K.** e **D. E. Baker** (1971). Phosphorus fixation by montmorillonite and vermiculite clays as influenced by pH and soluble aluminium. *Soil Sci. Soc. Amer. Proc. 35(6):876-81.*
29. **Hallsworth, E. G.** e **D. V. Crawford** (1965). Experimental pedology. *Butterworth, London.*
30. **Hardy, F.** (1970). Suelos tropicales. *Herrero, México.*
31. **Harris, R. F.; G. Chester** e **O. N. Allen** (1966). Soil aggregate stabilization by autochton micoorganisms in dependance of temperature. *Soil Sci. Soc. Amer. Proc. 30(1):205-10.*
32. **Harrison, J. B.** (1934). Formation of clays in tropical climas. *Imp. Bur. Soil Sci. p. 79-85.*
33. **Hillel, D.** e **W. R. Gardener** (1970). Non stationary infiltration in profils which have surface crusts. *Soil Sci. 109:69-76.*
34. **Hoagland, D. R.** e **D. I. Arnon** (1950). The water culture method. *Univ. Berkeley.*
35. **Holt, P. F.** e **D. T. King** (1955). Em: **Primavesi, A.** (1964), *A biocenose do solo. Palotti, Sta. Maria/RS.*
36. **Jackson, M. L. S.; A. Tylers; A. L. Willes** *et al.* (1948). Rock weathering and soil formation. *J. Phys. Coll. Chem. 52:1237-60.*
37. **Jackson, M. L.** e **G. D. Sherman** (1953). Soil chemical analysis. *Advance Agron. 5:219-25.*
38. **Jenny, R.** e **C. D. Leonhard** (1934). The influence of precipitation on soil development. *Soil Sci. 38:363-71.*
39. **Kellermann, V. V.** e **I. G. Tsyurupa** (1966). Role of iron and organic matter in the aggregation of the soil components. *Pochvov. 8:940-47.*
40. **Kichuth, R.** (1970). Ökonomische Leistung höherer Pflanzen. *Naturwiss. 57:55-61.*
41. **Kovda, V.** (1972). Vers une fertilitée controllée des sols. *Nature et Res. VIII (2):22-4.*
42. **Küpper, A; F. Grohmann** e **C. M. Franco** (1977). A massa específica aparente do solo como fator limitante do desenvolvimento do sistema radicular do cafeeiro. *An Congr. Bras. Pesq. Cafeeira, Guarapari, ES.*

43. **Kubiena, L. W.** (1964). *Comunicação pessoal.*
44. **Lance, J. C.** e **R. W. Pearson** (1969). Effect of low concentration of aluminium on growth and water und nutrient uptake by cotton roots. *Soil Sci. Soc. Amer. Proc. 33(1):95-98.*
45. **Lee, C. R.** (1971). Influence of aluminium on plant growth and tuber yield of potatoes. *Agron. J. 63:363-64.*
46. **Lipman, C. B.** (1938). Importance of silicon, aluminium and chlorine for higher plants. *Soil Sci. 45:189-98.*
47. **Lund, Z. F.** (1970). The effect of calcium and its relation to several cations on soybean root growth. *Soil Sci. Soc. Amer. Proc. 34(3):456-59.*
48. **McNeal, B. K.; D. A. Layfield** *et al.* (1968). Factors influencing hidraulic conductivity of soils in the presence of mixed salt solutions. *Soil Sci. Soc. Amer. Proc. 32(2):187-90.*
49. **Mengel, K.** (1965). Ernährung und Stoffwechsel der Pflanzen. *Fischer, Jena.*
50. **Minotti Bloise, E.; F. A. Castro, de** e **J. V. Vavra** (1971). Estudos de calagem conforme a relação de alumínio trocável para bases trocáveis. *XIII Congr. Bras. Ciência Solo, Vitória.*
51. **Miranda, E. R.** e **A. C. Costa Pinto Dias** (1971). Efeito da saturação de alumínio no crescimento de plântulas de cacau. *Theobroma. 1(3):33-42.*
52. **Mohr, E. C. J.** e **F. A. Baren** (1954). Tropical soils. *Royal Trop. Inst. Amsterdam.*
53. **Morris, D. O.** (1971). Acids and alcali production by Rhizobium. *Rhiz. Newsletter. 16(1):30-32.*
54. **Moura Fº, W.** (1966). Characterization of physical, chemical and micromorphological changes provoked by the cultivation of soil in the triângulo of Minas Gerais. *MS thesis, Soil Sci. Dept. North Carol. State Univ.*
55. **Oliveira J. B. de; F. Grohmann** e **J. P. Queiroz Neto, de** (1966). Características dos agregados de solo podzólico vermelho-amarelo da Estação experimental de Monte Alegre do Sul. *Bragantia. 25(40):445-50.*
56. **Patella, J. Jr.; L. F. Carvalho** e **M. O. Machado** (1969). Resultados de calagem na cultura de trigo. *Reunião Lab. Solos, Campinas.*
57. **Peinemann, N.** e **E. A. Ferreira** (1972). Accumulation of amorphous silicon in the pampas plaine (Argentina). *Z. Pflanzenem, Bodenkd. 132(1):1-4.*
58. **Pignataro, I; S. Carvalho** e **J. D. Jobim** (1973). A influência de matéria orgânica sobre diversos fatores do solo. *Curso de Pós-graduação em Bodin. Prod. Solo. Não public.*
59. **Pionke, H. B.** e **R. B. Corey** (1967). Relationship between acidic aluminium and soil pH, clay and organic matter. *Soil Sci. Soc. Amer. Proc. 31(6):749-52.*
60. **Primavesi, A** e **A. M. Primavesi** (1964). A biocenose do solo. *Palotti, Sta. Maria/RGS.*
61. ________ e ________ (1964). Factors responsibles for low yields of sugar cane in old cultivated Terra Roxa Estruturada soils in eastern Brazil. *Soil. Sci. Soc. Amer. Proc. 28(5):579-80.*
62. ________ (1968). A manutenção da estrutura ativa do solo e sua influência sobre o regime hídrico do solo. *Progr. Biodin. Produt. Solo. IV:447-62.*
63. ________ e **A. M. Primavesi** (1969). Constant relation of available nutrients in various soil units in Rio Grande do Sul. *Agrochim. 15(2):212-17.*
64. ________ (1969). Nutzlandgewinnung in den Tropen und Subtropen. *Bodenkult.* 20(1):1-16.
65. **Primavesi, A. M.** e **A. Primavesi** (1969). Influência da bioestrutura do solo sobre a infiltração e evaporação da água. *Progr. Biodin. Produt. Solo. 111:253-68.*
66. ________ (1969). Influência da estrutura do solo e de micronutrientes na cultura de milho. *XII Congr. Bras. Ciênc. Solo, Curitiba.*
67. ________ (1970). Relatório para o Projeto Rondon sobre as pastagens no território de Roraima.
68. ________ e **A. Primavesi** (1973). Agregação de solos ácidos arenosos e argilosos pelos produtos de atividade de bactérias celulolíticas na decomposição semiaeróbia de palha. *XIV Congr. Bras. Ciênc. Solo, Sta. Maria/RGS.*

69. **Raij, B. van** (1969). A capacidade de troca de cátions das frações orgânica e mineral em solos. *Bragantia. 28(8):85-112.*
70. **Ranzani, G.** (1971). Solos do cerrado no Brasil. *III Simpos. sobre Cerrado, p. 26-43.*
71. **Rickard, W. H.** e **R. F. Kedugh** (1968). Plant relationship of two desert shrubs. *Plant & Soil. 29:205-12.*
72. **Rode, A. A.** (1968). Soil Science, Israel. *Progr. Scient. Transi. Jerusalém.*
73. **Robinson, G. W.** (1949). Soils, their origin, constitution and classification. *3 ed. London.*
74. **Russell, E. W.** (1961). Soil conditions and plant growth. *9 ed. Longmanns & Green, London.*
75. **Sanchez, P. A.** e **S. W. Buol** (1971). Características morfológicas, químicas y mineralógicas de algunos suelos principales de la selva amazônica peruana. *Progr. Nac. Arroz, Inf. Técn. 56.*
76. ________ e **A. F. A. Furtado** (1963). Alteração de rochas e formação de solos. *Agron. Lusit. 896-903.*
77. ________ (1972). The review of soil research in tropical Latin America. *USAID, North Carolina Univ.*
78. **Schachtschabel, P.** (1971). Ursachen und Natur der Bodenazidität. *Landw. Forsch. 26(1):55-64.*
79. **Schahabi S.** e **U. Schwertmann** (1970). Wirkung von steigenden Kalkgaben auf die Wasserstabilität der Bodenaggregate in zwei sauren Loessböden. *Landw. Forsch. 23(2)135-41.*
80. **Scheffer, F.** e **P. Schachtschabel** (1952). Bodenkunde. *Enke, Stuttgart.*
81. **Silva, A. da** (1968). Panorama e perspectivas de investigação sobre a física do solo em Portugal. *Agron. Lust. XXV(VI):1023-36.*
82. **Snedaker, S. C.** (1970). Ecological studies in tropical moist forest sucession in eastern lowland Guatemala. *Tesis, Univ. Florida.*
83. **Stevenson, D. S.** (1970). The influence of soil, space and fertilization on growth and nutrient content of sunflower. *Canad. J. Soil Sci. 50:353-60.*
84. **Tedrow, J. P.** (1966). Arctic desert soils. *Soil Sci. Soc. Amer. Proc. 30(2):381-87.*
85. **Tucker, B. M.** (1964). Exchangeable aluminium in relation to the pH of the soil. *Austral. J. Soil Res. 2:56-66 e 67-75.*
86. **Viera, L. S.** (1975). Manual da ciência do solo. *Ceres, São Paulo.*
87. **Vageler, P.** (1933). An introduction to tropical soils. *MacMillan, London.*
88. **Wambecke, A.** (1967). Neue Entwicklung in der Klassifikation von Böden in den Tropen. *Soil Sci. 104:309-13.*
89. **Wagner, H.** e **H. Lenz** (1953). El bosque y la conservación del suelo. Trad. **Primavesi, A.** *Melhoramentos, São Paulo.*
90. **Watts, M.; L. Covolo** e **W. Silveira** (1973). Influência da compactação artificial do solo sobre o desenvolvimento de milho. *Curso Pós-Grad. Biodin. Produt. Solo. Não public.*
91. **Wiersum, L. K.** (1961). Utilization of soil by the plant root system. *Plant & Soil. 15:189-92.*
92. **Wrigley, G.** (1969). Tropical agriculture. *Faber & Faber, London.*
93. **W. S., Martin** (1944). Grass cover in their relation to soil structure. *Emp. J. Exp. Agric. 12:21-32.*

A MATÉRIA ORGÂNICA

4

CONCEITO E EFEITO

Sabe-se que a matéria orgânica é indispensável para a manutenção da micro e mesovida do solo. E não há dúvida que a bioestrutura e toda produtividade do solo se baseia na presença de matéria orgânica em decomposição ou humificada. Mas, mesmo assim, o conceito de matéria orgânica é, geralmente, bastante vago.

O que é matéria orgânica? Matéria orgânica é toda substância morta no solo, quer provenha de plantas, microrganismos, excreções animais (da fauna terrícola), quer da meso e macrofauna morta.

Raízes vivas não constituem matéria orgânica como também não a caça que vive em cima do solo. Por outro lado, não somente o húmus é matéria orgânica e nem toda matéria orgânica é húmus!

A noção errada difundida sobre matéria orgânica se deve ao modo de analisá-la, determinando o teor em carbono de um solo, supondo-se que este, em sua integridade, representasse húmus, ácidos húmicos e humatos. Conclui-se, portanto, que sempre deve ser de alto valor para o solo. Mas, como nas zonas tropicais justamente os solos com maior acumulação de matéria orgânica e maior teor em carbono quase sempre são os piores para a agricultura, conclui-se que matéria orgânica não tem valor para os solos tropicais e subtropicais, aos quais nem consegue dar cor escura,[98] resultado da formação de melaninas e fenóis na decomposição de matéria orgânica por fungos.

No máximo, admite-se que a matéria orgânica tenha alguma importância no fornecimento de nitrogênio às plantas, embora, não sendo fonte primária, mas sim, em sua maioria, vegetais mortos, estes deveriam ter recebido o nitrogênio de alguma fonte. Em campos de arroz irrigado não existe relação entre o teor de matéria orgânica e o nitrogênio à disposição das plantas, e nos solos de culturas de sequeiro a relação é pequena.

A matéria orgânica do solo, possuindo em média 58% de carbono (por isso o valor de conversão de 1,72) existe em parte como folhas e raízes mortas, em parte como produtos intermediários de decomposição, como ácidos poliurônicos, e, em parte, às vezes, como substâncias húmicas.

Decompondo-se o húmus, perde-se a estrutura do solo, decompondo-se os restos vegetais, forma-se a estrutura durante a primeira fase de decomposição. O que possui força agregante neste caso não é húmus, mas o produto intermediário da decomposição bacteriana, os ácidos poliurônicos, um produto de aspecto incolor a esbranquiçado, incapaz de "dar cor" ao solo,[98] mas capaz de floculá-lo.[68]

É óbvio que a simples avaliação do teor de carbono no solo não nos pode dar informação alguma sobre o efeito que terá sobre suas propriedades físicas.[56]

CONDIÇÕES SOB AS QUAIS O HÚMUS SE FORMA

Como em clima temperado a maior fração de matéria orgânica se encontra na forma humificada, devido à decomposição muito vagarosa nestas latitudes, tomou-se por certo que o húmus teria de acumular-se em qualquer solo no mundo inteiro, o que, infelizmente, não é verdade. Assim, nos solos tropicais uma concentração maior de "húmus" indica condições deficientes de decomposição, como clima frio, acidez elevada no solo, falta de umidade etc.

Por muito tempo soube-se somente que o húmus era uma substância marrom-escura, friável, mais ou menos rica em nitrogênio, cálcio e fósforo e que se formava de restos orgânicos sem, porém, apresentar a estrutura destes.

Mais tarde descobriu-se que eram especialmente ligninas que davam origem ao húmus, por serem de decomposição difícil e por isso mais lenta, dependendo da ação de fungos e actinomicetos. Acumularam-se no solo.[10]

Ligninas sempre são decompostas, no primeiro estágio por fungos e actinomicetos, que são os únicos que conseguem romper os ciclos estruturais muito complexos. Esses fungos, como o *Epicoccum nigrum,* também produzem a cor escura, típica dos fenóis e melaninas.[31,37,63]

Em meio semiaeróbico a decomposição continua por fungos. Em condições aeróbias e clima suficientemente quente, é continuada por bactérias. Estes são decompositores muito eficientes, não restando mais nada além de CO_2, água e minerais. Por isso distingue-se entre "húmus de consumo" ou matéria orgânica facilmente decomponível e "húmus de reserva", a matéria orgânica de difícil decomposição e portanto de acumulação no solo.[92]

Há uma diferença muito grande entre matéria orgânica decomponível e matéria orgânica humificada. O húmus é um produto de decomposição parcial com posterior síntese. Quando formado em solo com pH acima de 5,6, é uma substância agregadora de grumos. Quando é decomposto, decompõem-se as ligas orgânicas entre as partículas do solo e, portanto, a estrutura biológica decai por se desmancharem os agregados maiores. O solo torna-se amorfo. A perda do húmus é, portanto, a perda da bioestrutura do solo e, com isso, a perda de grande parcela de sua produtividade.[3,83,87,92]

A palha e qualquer matéria orgânica morta, mas ainda intacta, não tem efeito sobre a estrutura do solo. Somente durante a sua decomposição é que se formam substâncias agregantes e estabilizantes para os grumos, e especialmente os ácidos poliurônicos, produzidos por *Cytophagas,* exercem efeito grande.[68,100]

Verifica-se na figura 4.1 que existe uma correlação entre número de bactérias *Cytophagas* e os grumos do solo, embora mais importante que o número das bactérias seja sua atividade, que, por sua vez, depende de sua nutrição anterior.

Quanto mais intensa for a decomposição do material vegetal morto, tanto maior será seu efeito agregante sobre o solo. É por isso que estrume de curral curtido, bem como composto, não tem o mesmo efeito agregante que palha adicionada ao solo.[57,104] Portanto, quanto maior a decomposição dos restos vegetais e quanto mais ativa a formação de substâncias intermediárias de decomposição, tanto maior o efeito sobre a estrutura do solo e tanto mais benéfico serão. A diferença fundamental entre húmus e restos orgânicos é que húmus já constitui um produto intermediário de decomposição, enquanto nos restos vegetais estes ainda devem ser produzidos (figura 4.2).

Quando, graças à ação de bactérias, diminui a quantidade de matéria orgânica ainda indecomposta, o efeito sobre o solo é benéfico. Quando diminui a quantidade de matéria já humificada, o efeito é maléfico, como mostra a figura 4.2.

A diminuição do valor de carbono num solo não é capaz de informar sobre o efeito. E não é raro que se conclua: "diminuiu a matéria orgânica e aumentou a colheita, então a matéria orgânica não é necessária." Mas sabe-se que tipo de matéria

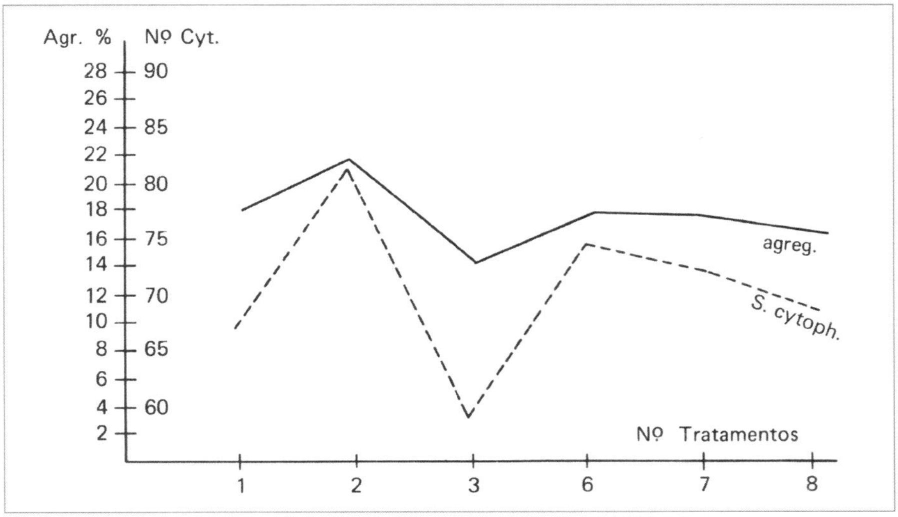

Figura 4.1 Relação entre número de *Sporocytophagas* e de agregados estáveis à água de um solo. (Primavesi, 1973)

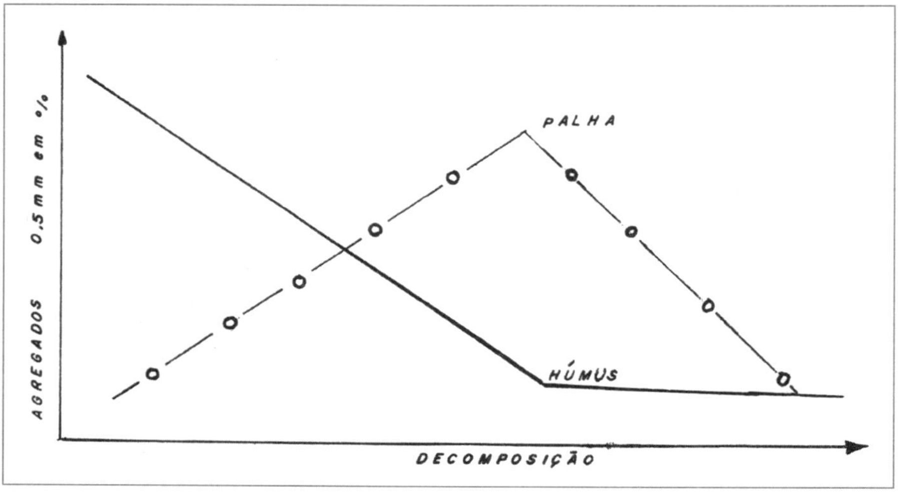

Figura 4.2 Efeito da decomposição de palha e de húmus sobre a bioestrutura do solo. (Primavesi, 1973)

orgânica existia no solo? Não era palha ou raízes durante cuja decomposição se produziram ácidos poliurônicos?

Se faltarem as bactérias na decomposição, como ocorre nos solos nativos pastoris e florestais, especialmente em clima pouco quente e subúmido, então ocorre a acumulação de húmus em grande escala, como provam os famosos Chernozem do Sul da Rússia.[57] As substâncias chamadas de ácidos húmicos não são solúveis na água, mas de decomposição relativamente fácil. Porém, se estes secarem num clima intensamente frio, com temperaturas muito abaixo de 0 °C, então formam-se huminas,[100] que são substâncias extremamente estáveis, uma vez que o processo é irreversível. Dessas huminas afirma-se que permanecem no solo durante milênios[56,74,95] e que após 3000 anos ainda foram encontradas intactas no solo, como prova Kononova (1961). Desta forma contribuem eficazmente para a manutenção da estrutura do solo, porque são quase indestrutíveis, apesar de que também se conseguiu destruir as terras pretas da Rússia, por meio de uma agricultura irracional.[55]

Nem podemos cogitar essa forma de húmus nos países tropicais e subtropicais, porque falta a condição básica: o frio intenso e seco.[51]

Em solos agrícolas no clima tropical e subtropical, onde predominam bactérias aeróbias com sua atividade intensa, a formação de húmus é quase impossível.[83] Com isso teríamos um dilema muito grande: o húmus acumulado em solo nativo tropical e subtropical, seja ele pastagem ou floresta, oscila, segundo a textura do solo e o clima local, entre 3 e 6%.[21,104,106] Em 1 a 3 anos, esse húmus seria gasto[77] pelo cultivo, ou melhor, pelas condições que reinam num solo cultivado. Como a perda de húmus significa a perda da produtividade do solo, isso significaria a necessidade de abandono do solo por oito a vinte anos, para haver nova acumulação de húmus. É esse o sistema de agricultura nômade praticado em todas as zonas tropicais.[14,39,77,100] Porém, se desistirmos de produzir húmus e nos contentarmos em manter a estrutura do solo, que, segundo Primavesi, Russell e Baver, é o mais importante, então teríamos a possibilidade de recorrer somente a uma aplicação periódica de palha ao solo, para fornecer material vegetal decomponível e conseguir a produção contínua de substâncias agregantes[67,68] (vide capítulo 9).

RESUMO

Húmus não se forma nas terras agrícolas tropicais e subtropicais por causa da "mobilização" de sua microvida. A produção dirigida e periódica de substâncias agregantes é, portanto, o único meio de manter a produtividade desses solos.[68,83,100,101]

Em solos pastoris e, em menor escala, em solos florestais tropicais e subtropicais acumula-se húmus.[41] Nas pastagens, porém, somente há acumulação de húmus quando racionalmente manejadas sem as queimadas periódicas costumeiras. Em terras de cultura manejada em "não lavração" e com retorno de matéria orgânica, acumula-se húmus.

FORMAS E VALOR DO HÚMUS

Ficou evidente que nem toda matéria orgânica é humus, e que nem todo húmus é igual, considerando-se, por enquanto, somente a influência do clima. Porém, a influência do lugar em que se forma é muito maior.[60]

Os fatores mais decisivos na formação de húmus são:

1. A vegetação de cujos restos se forma;[46,61]
2. O clima reinante;[16]
3. A riqueza ou pobreza mineral do solo;[97]
4. O pH do solo;[52,57]
5. Os microrganismos ativos na decomposição;[44,85]
6. O manejo do solo pelo homem.[69]

Influência da vegetação

Sabemos que cada planta absorve elementos distintos. Ela pode ser mais rica em amidos e proteínas, como as leguminosas, ou mais rica em celulose e ligninas, como capins e, especialmente, as raízes destes. Pode ser mais ou menos silicosa, mais ou menos pobre em cálcio, sendo, por exemplo, a barba-de-bode (*Aristida pollens*) ou rabo-de-burro (*Andropogon sp.*) plantas extremamente pobres em cálcio. Por outro lado, a maioria das leguminosas é considerada rica em cálcio, como também muitas ervas nativas de pastagem, como tanchagem (*Plantago maior*) e outras.[69,80]

Há plantas que mobilizam e acumulam certos minerais e outras que se contentam com um ambiente pobre, crescendo com um mínimo de substâncias nutritivas, num ciclo vegetativo muito curto.[1]

Como a decomposição é feita por microrganismos, e esses possuem cada qual exigências muito específicas à sua nutrição, é lógico que cada tipo de vegetação também tenha o seu tipo de microrganismos que a decompõem. Mas, como cada microrganismo produz substâncias intermediárias distintas na decomposição, as substâncias que formam o húmus também são as mais variadas[8,47,53] (vide capítulo 6).

Sabe-se que somente material de decomposição difícil pode fornecer húmus. Enquanto a folha de leguminosa é material rico em proteínas e, portanto, caracterizada por fácil decomposição, a raiz de gramíneas (capins) é muito rica em lignina e, portanto, de decomposição mais difícil, podendo fornecer húmus quando a decomposição ocorrer em meio semiaeróbio (figura 4.3).

Também a folha e a raiz fornecem produtos diferentes, não somente por causa do arejamento diferente do lugar de decomposição, mas especialmente devido ao maior teor em lignina da raiz.

Enquanto a folha contém 5,5 a 9,0% de lignina, na raiz esta ascende até 20%, como, por exemplo, no caso dos capins.[56]

As substâncias de fácil decomposição são atacadas primeiro e, em geral, rapidamente decompostas até gás carbônico, água e minerais. Uma adubação verde de leguminosas possui pouca possibilidade de permanecer no solo além de 6 semanas. Portanto, não pode ser considerada como um enriquecimento do solo em matéria orgânica mas simplesmente uma adubação nitrogenada, uma vez que seu teor em nitrogênio é alto.

Por outro lado, gramíneas forrageiras, especialmente quando podem desenvolver livremente suas raízes, são a maneira mais segura de enriquecer o solo com substâncias húmicas.[41]

A velocidade de decomposição não somente depende do arejamento e do número e atividade das bactérias, mas também da composição do material a ser decomposto e sua relação C/N.[84,95]

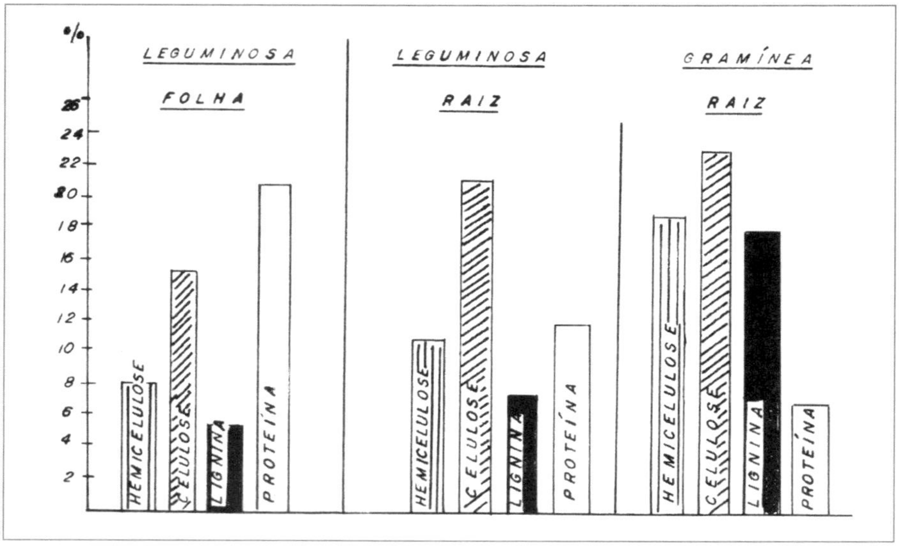

Figura 4.3 Composição de folhas e raízes e seu potencial para a formação de húmus. (Tyurin, 1965)

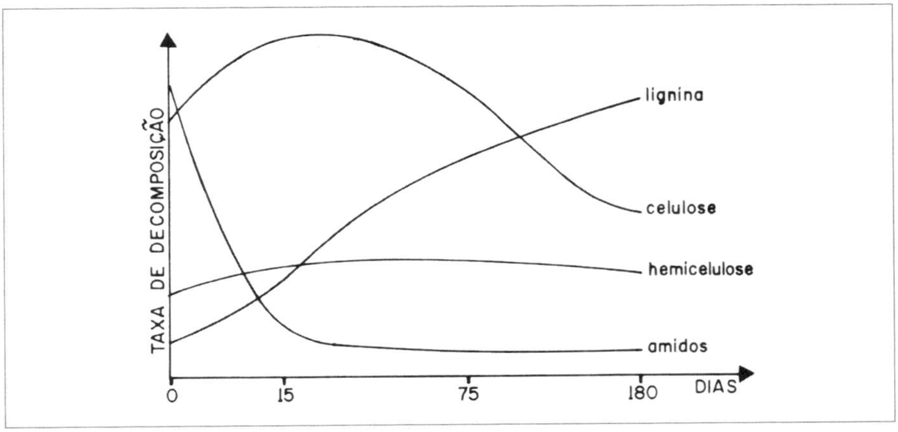

Figura 4.4 Velocidade de decomposição das diversas frações de uma raiz de leguminosa. (Kononova, 1961)

Amidos e proteínas são os primeiros a serem decompostos, seguidos de celulose. A lignina sempre é de decomposição mais lenta por ser de estrutura química mais complexa (figura 4.4).

O pH

O pH é muito importante, não porque tenha efeito direto sobre a formação de húmus, mas por causa de seu efeito indireto sobre a concentração de elementos nutritivos à disposição do vegetal e à atividade da microvida.

O pH é responsável pelas diversas frações de húmus, que possuem efeito completamente diferente sobre o solo.[18] Formam-se:

em pH < 5,6	especialmente ácidos fúlvicos;
pH 5,6 a 6,8	predominantemente ácidos húmicos;
pH > 7,3	ácidos fúlvicos oriundos da degradação dos ácidos húmicos (Scheffer, 1956).

Isso se explica pelo fato de que em solos ácidos e pobres não há condições de uma vida microrgânica conveniente, faltando, pois, a continuação da oxidação que, daqui em diante, depende da presença de cálcio e fósforo, como mostra o quadro 4.1. Mas, em solo alcalino, onde as condições de microvida se tornam novamente precárias, ocorre a oxidação puramente química dos ácidos húmicos, formando novamente ácidos fúlvicos que, finalmente, são mineralizados por bactérias.[57,97]

Isso significa que em solos pobres o húmus será pobre, e em solos ricos será bom, mas em solos salinos será pobre novamente.

Sem cálcio e fósforo não pode formar-se um húmus de boa qualidade, mas, com excesso de cálcio, como pode ocorrer após uma calagem forte, onde o pH, inicialmente, sobe até 8,3, os ácidos húmicos do solo são degradados para ácidos fúlvicos que são tidos como um dos mais poderosos agentes na lixiviação do solo.

Quadro 4.1 Processo de humificação até a decomposição completa (Tyurin, 1946)

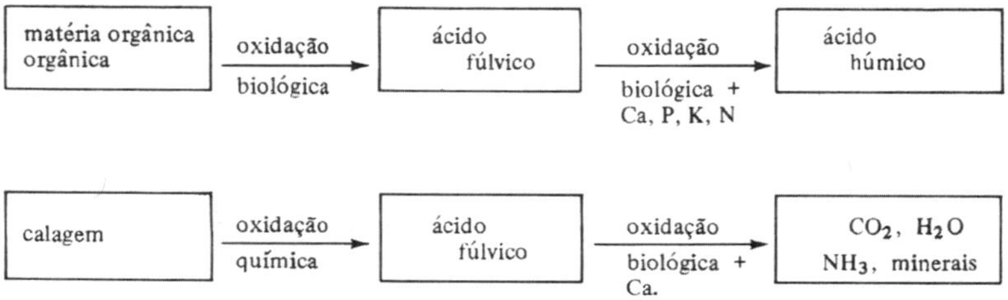

Uma calagem pode, portanto, salvar a produtividade do solo ou destruí-la conforme a quantidade que for aplicada (vide capítulo 8).

Ácidos fúlvicos

Os ácidos fúlvicos não se formam somente em solos ácidos, mas em todos os solos onde as condições para a vida microrgânica são precárias. Assim, também em altitudes acima de 1 000 m sobre o nível do mar, onde o clima é frio, formam-se quase que exclusivamente ácidos fúlvicos, como também em todos os solos alagados ou anaeróbios.[16,57,62]

Os ácidos fúlvicos, com sua estrutura simples e tamanho pequeno (2Å) entram facilmente nos interstícios da rede cristalina das argilas, mobilizando ferro e alumínio, que se tornam "trocáveis".[59] Mobilizam igualmente o cálcio e o magnésio com que se ligam. Mas, como os fulvatos, isto é, os sais de ácidos fúlvicos, são muito móveis e completamente hidrossolúveis, percolam com facilidade o solo. Portanto, o lixiviam e empobrecem onde aparecem.[46,70] Por outro lado acumula-se húmus ácido ou "moor" em todos os solos que carecem de uma microvida adequada, e onde, portanto, falta a continuação da formação de húmus. Ácidos fúlvicos reconhecem-se facilmente porque tingem a água escura quando a terra for agitada com água. Também o "Rio Negro" na Amazônia tem suas águas tingidas por ácidos fúlvicos (até 263 mmhos).

Em clima tropical e subtropical esta acumulação de ácidos fúlvicos, devida à falta de decomposição, ocorre somente em solos muito ácidos ou nas serras, como em Campos de Jordão, ou na Serra Geral no Rio Grande do Sul.

Quando ocorrem teores maiores que 6% de matéria orgânica num solo, deve se desconfiar tratar-se de húmus ácido, que não representa um fator de melhoramento do solo mas de empobrecimento. Esta é a razão por que muitos acreditam que húmus, em nosso clima, não seria necessário e seria até prejudicial.

Ácidos húmicos

O ácido húmico é o produto de um processo oxidativo continuado em presença de cálcio, potássio, fósforo e micronutrientes. O material que resulta é enriquecido por esses elementos mais o nitrogênio fixado do ar, ocorrendo no húmus *mull* em quantidade muito maior do que no material vegetal original (vide capítulo 6).

Não são solúveis em água e têm uma estrutura grande e complexa (8Å). Não entram nas estruturas das argilas, mas ligam-nas por suas eletrovalências negativas, quando as argilas estão cobertas por camadas de cátions positivos de duas ou três eletrovalências, como, por exemplo, o alumínio, ferro, cálcio e magnésio. Eles servem, pois, de "ponte de ligação" entre as partículas de argila[50,90] (figura 4.5).

Porém, essa ligação somente ocorre quando a argila é saturada com cátions positivos, como anteriormente mencionado. Se não é saturada, suas eletrovalências negativas repulsam as negativas dos ácidos húmicos e o efeito não é uma agregação, mas, sim, uma dispersão do solo.[80] O ácido húmico por si não tem um efeito agregante. Este efeito depende da película que encobre a argila. Portanto, os oxissolos tropicais, isto é, os solos de argilas vermelhas, ricos em ferro e alumínio, possuem uma agregação natural extremamente boa, sendo a estrutura do solo "tropical" facilmente estabelecida.[89] A famosa terra roxa legítima tem uma estrutura tão estável que resiste a dezenas de anos de cultivo.

Por outro lado, em zonas tropicais, a calagem somente beneficia a agregação de solos quando não contiverem óxidos de ferro em maior quantidade.[20] E cada lavrador sabe que terras vermelhas "são mais secas" por sua maior porosidade e permeabilidade.[36]

Mas, os ácidos húmicos não somente ligam as argilas, eles são parcialmente adsorvidos por estas, de modo que formam um *complexo humoargiloso* de boa estabilidade que dificilmente será destruída.[40] Portanto, cada solo, conforme seu teor em argila, possui um nível mínimo de matéria orgânica e que praticamente não perde.[80] Este mínimo de matéria orgânica é aproximadamente 0,3% para cada 10% de argila.[80] Assim, um solo de 70% de argila possui um mínimo entre 2,1 e 2,5% de matéria orgânica, incluindo-se as substâncias orgânicas excretadas por raízes, microrganismos e mesofauna. Isso deu origem à crença que técnica alguma pudesse animar a decomposição de húmus e portanto nunca poderia ser prejudicial, uma vez que o

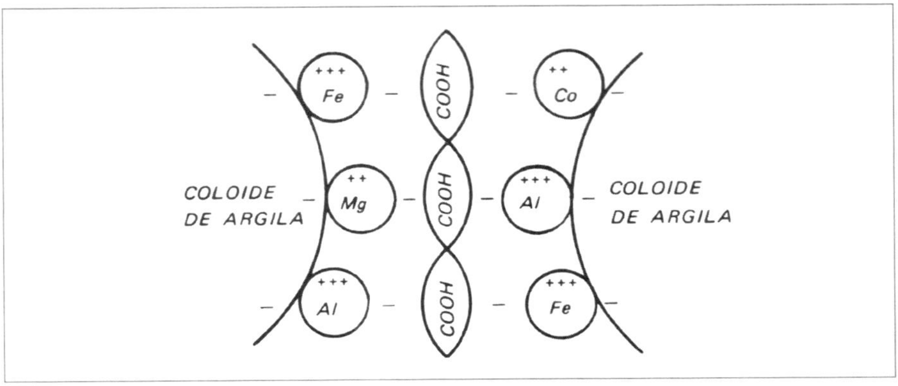

Figura 4.5 Esquema de agregação de argila por matéria orgânica.

Quadro 4.2 Diversas formas de adubação orgânica e seu efeito sobre a adubação comercial. (Miyasaka, 1967)

tratamento	colheita (kg/ha) com		
	P	NP	PK
folhas de cafeeiro no sulco 125 m³/ha, (dose 1)	2 063	2 375	1 750
folhas de cafeeiro no sulco 250 m³/ha, (dose 2)	1 938	2 750	2 062
folhas de cafeeiro em cobertura, (dose 1)	1 667	2 104	2 021
casca de café no sulco, (dose 1)	2 354	2 354	1 875
bagaço de cana no sulco, (dose 1)	1 604	2 250	1 646
ramas novas de soja perene no sulco, (dose 1)	2 042	2 417	1 896
casca de amendoim moída no sulco, (dose 1)	2 479	2 979	2 562
capim-gordura nova no sulco, (dose 1)	1 750	2 792	2 195
testemunha, sem matéria orgânica	1 167	2 542	1 806
média dos rendimentos com mat. orgânica	1 987	2 502	2 000

húmus não baixava mais. Esqueceu-se, porém, que o mínimo de húmus é insuficiente para manter a estrutura grumosa e um nível satisfatório de produção que garante o efeito adequado de uma adubação,[65] Miyasaka (1967) mostra isso na cultura do feijoeiro.

Há quem poderia cogitar do efeito dos nutrientes liberados pela matéria orgânica, porém um ensaio de Gomes (1963) mostra que não se trata disso, mas sim de um fator diferente provocado pela substância orgânica, como mostra o quadro 9.25.

Verifica-se que, além do aumento do rendimento, houve igualmente um aumento substancial de qualidade que, com o aumento da dose de adubo químico, decresceu.

O nível mínimo de matéria orgânica existente nos solos cultivados, sem consideração da reposição da matéria orgânica, ocorre em todas as terras agrícolas, e não pode ser avaliado somente pela análise do carbono (C) que nunca pode informar se este nível é o mínimo ou o adequado para o cultivo. Necessitam-se igualmente dados sobre a quantidade de argila no solo, como mostra Primavesi (1963) na figura 4.6.

O solo "A" era um oxissolo com 72% de argila, enquanto que o solo "B" era um solo arenoso com apenas 11% de argila.

Em 1 a 3 anos de cultivo o solo perde, praticamente, toda a sua matéria orgânica acima do limite mínimo. Daqui em diante mantém um nível estável, com muito poucas oscilações. Cada solo, conforme sua textura, possui seu nível próprio de matéria orgânica, além do nível mínimo, de que necessita para poder produzir.

CÁLCIO × HÚMUS

Geralmente se lê na literatura que o cálcio, em forma de calagem, seria o agente clássico para a decomposição e perda de matéria orgânica. Quanto mais cálcio um solo tivesse, tanto menor seria seu nível em húmus.[87,90] Essa interpretação é correta quando se tratar de calagem e o aumento de um pH ácido para um menos ácido ou neutro. Porém é incorreta quando se tratar de quantidades existentes naturalmente num solo.[57,80]

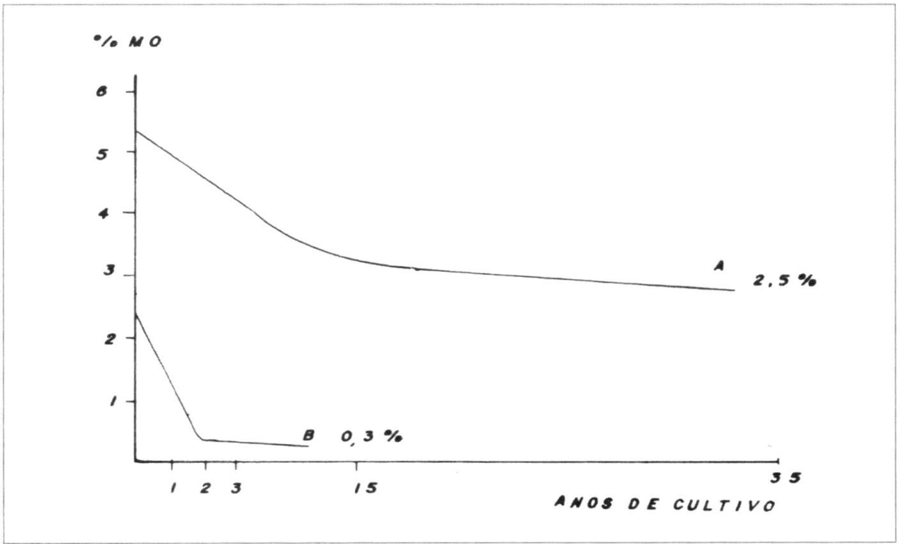

Figura 4.6 Níveis mínimos de matéria orgânica em dois solos diferentes. (Primavesi, 1973)

Sem cálcio não se forma húmus,[52,56] mas somente uma espécie de turfa, isto é, húmus ácido. Os alemães classificam-no, portanto, em:[22,73]

1. *Húmus mull,* que é formado em ambiente rico em cálcio e silício (ácido húmico);
2. *Húmus-moder,* que se forma especialmente em solos ferralíticos, tropicais, onde o ambiente é menos rico em cálcio e sílica, mas mesmo assim altamente favorável à atividade microrgânica, dando um húmus razoável (mistura de ácido húmico e ácido fúlvico);
3. *Húmus-moor,* que é um húmus muito ácido, praticamente turfa, que se forma em solos ácidos em condições pouco favoráveis à microvida, por exemplo, por causa de temperaturas baixas ou em solos alagados. Este húmus possui ação degradante sobre o solo (ácidos fúlvicos).[91]

De um solo pobre em cálcio não se pode esperar um húmus valioso.[56,57] Pela calagem de um solo ácido ativa-se a microvida e consequentemente a decomposição dos restos orgânicos. Como será explicado mais adiante, sabe-se que de 1% de matéria orgânica no solo se pode formar 0,1% de húmus. Portanto, o teor de matéria orgânica baixa para dar origem ao húmus. Isso, em parte, contribui à conclusão que cálcio diminui a matéria orgânica.

Quando as condições permanecem semiaeróbias, em solos ricos em cálcio e matéria orgânica lignosa, forma-se um húmus valioso, como por exemplo, no sul da Rússia, nos famosos "chernozem".[52,56,97,107]

Em condições bem arejadas, como em terras lavradas, a formação de húmus dificilmente ocorre, especialmente em clima quente e úmido.

Na "fronteira" do Rio Grande do Sul, levantamentos de solos mostraram que em solos de pH entre 4,2 e 6,6 a quantidade de húmus subiu com a de cálcio, como mostra a figura 4.7. E isso tanto mais, quanto mais seco o solo for, de modo que nos solos com perfis pouco profundos (5 a 15 cm) as quantidades eram maiores. Com a profundidade do perfil e consequentemente o aumento de umidade no solo, diminui a quantidade de húmus, por ter condições melhores para a decomposição total. Cálcio mais umidade fornece condições favoráveis a uma decomposição melhor dos restos orgânicos.

Verifica-se que grande parte do húmus se encontra em forma de humatos de cálcio, magnésio mas, também, de alumínio e outros. Com a profundidade do perfil aumenta a quantidade de ácidos fúlvicos. Parte do "C" do solo é material orgânico ainda não decomposto, como radicelas. Pode-se resumir que a formação e acumulação de húmus ocorre em solos ricos em cálcio, em condições de pouca umidade, formando-se *húmus-mull*.[56,100,107] Em solos ácidos com clima fresco e frio forma-se húmus ácido, como, por exemplo, nos pinheirais europeus.

Os ácidos húmicos geralmente se ligam a cátions formando humatos.[22,73] Em nosso meio, sua formação é mais rara do que em clima mais seco ou em solos mais rasos. Por isso a mata amazônica, embora milenar, praticamente não acumulou húmus, por oferecer condições extremamente favoráveis a atividade microrgânica. Na figura 4.8 mostra-se que a matéria orgânica no solo se compõe de material indecomposto, de material em transformação, como os ácidos fúlvicos, de ácidos húmicos e de humatos, que são a parte mais estável.

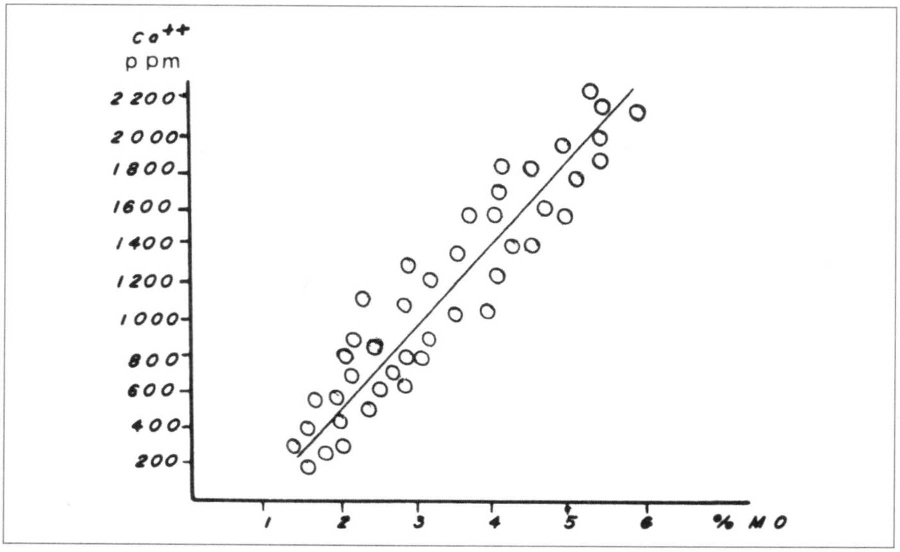

Figura 4.7 Correlação entre cálcio e matéria orgânica humificada em solos nativos do Rio Grande do Sul. (Primavesi, 1973)
Obs.: trata-se de húmus e não de matéria orgânica somente.

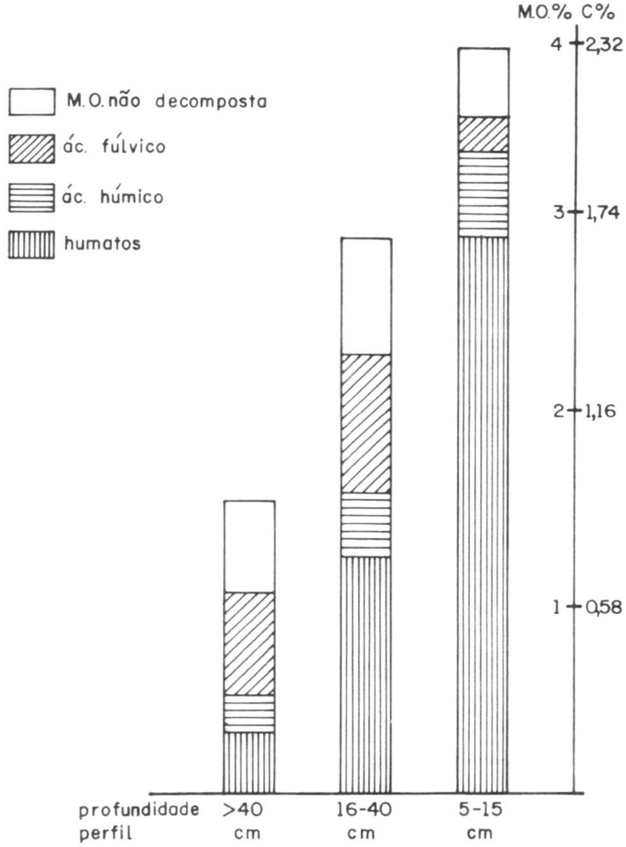

Figura 4.8 Frações de matéria orgânica e suas formas nos solos da "fronteira" do Rio Grande do Sul. (Primavesi, 1973)

Como em nosso clima, em solos agrícolas, o ambiente é favorável para a decomposição, a formação de húmus e humatos é mínima. Não é suficiente para garantir a grumosidade do solo. Por isso houve muitas pesquisas até se descobrir que também os ácidos poliurônicos, produto inicial da decomposição de matéria orgânica celulósica, possuem a propriedade de agregar o solo a grumos.[67,68] Existem determinadas bactérias celulolíticas, os *Cytophagas,* que produzem esta "geleia bacteriana" agregante.[100]

ÁCIDOS POLIURÔNICOS E OS RESTOS ORGÂNICOS DA COLHEITA

Existem muitas bactérias celulolíticas, ou seja, decompositoras de substâncias celulósicas, porém somente algumas poucas produzem ácidos poliurônicos, e estas necessitam de cálcio, fósforo, potássio, micronutrientes e, em alguns casos, também de nitrogênio. Geralmente os produtos da decomposição beneficiam fixadores de nitrogênio, de modo que este, embora indispensável para a atividade dos *Cytophagas,* não necessita ser adubado. Na figura 4.9 mostra-se o processo da transformação de uma molécula de celulose em uma de ácido urônico.

Adiciona-se, por via biológica, uma molécula de oxigênio à celulose.

O material celulósico agregado ao solo é palha, folhas secas ou qualquer resíduo da colheita de cereais, algodão ou outros. Não se necessita inoculação alguma com *Cytophagas,* necessitam-se tão somente as condições favoráveis para sua vida. Assim, por exemplo, a decomposição de *linter* de algodão dificilmente se beneficia com a inoculação. Porém quando criadas as condições para a vida dos *Cytophagas* e se *forem agregadas as substâncias que as bactérias necessitam para sua vida,* isto é, algum nitrogênio, cálcio, fosfato, potássio e alguns micronutrientes, a decomposição do *linter* ocorre em 4 a 6 semanas, sem que tivesse sido inoculado. *As bactérias apropriadas aparecem espontaneamente.* As bactérias celulolíticas fazem parte de uma comunidade à qual também pertencem os fixadores de nitrogênio e as amebas (vide capítulo 6), de modo que um ambiente favorável aos fixadores de nitrogênio também o será para a formação de substâncias agregantes.

Responde-se com isso também à pergunta: enterrar os restos orgânicos de uma cultura, queimá-los ou incorporá-los superficialmente?

Se a palha e os restolhos (soca) forem queimados, priva-se o solo da matéria orgânica e com isso da possibilidade de renovar sua bioestrutura favorável à produção.[3]

Se a palha for enterrada, para permitir um campo limpo e "hortado", haverá uma decomposição anaeróbia, que igualmente não beneficia de maneira alguma a bioestrutura, porque bactérias anaeróbias não formam a "geleia" agregante de que necessitamos.

Se a palha for incorporada superficialmente, até 8 a 10 cm de profundidade, teremos a possibilidade de agregar o solo, tornando-o grumoso e, ao mesmo tempo, fixar nitrogênio, por decompor a palha em meio parcialmente aeróbio, parcialmente anaeróbio[13,25,83] (vide capítulo 6).

A produção de "*geleia cytophaga*" depende das condições que as bactérias encontram. Em alguns solos não necessitam nada mais do que a palha, em outros preci-

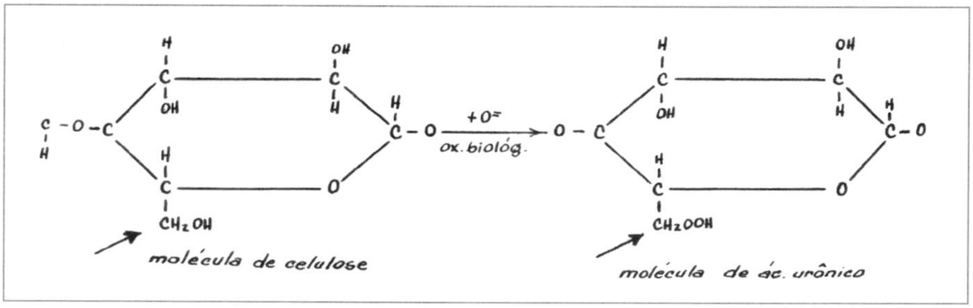

Figura 4.9 A oxidação da celulose e a formação de ácido urônico. (Flaig, 1965)

sam ainda de um fosfato cálcico, em outros ainda, de potássio e micronutrientes e, em solos salinos, de nitrogênio. Numa decomposição dirigida de material rico em celulose, sempre se pode conseguir o melhoramento da estrutura do solo.

A geleia citofaga é somente um açúcar ácido, sendo, portanto, facilmente decomposta por outros microrganismos. É de pouca durabilidade, como se verifica na figura 4.10.

Em campo arado teremos um máximo de bioestrutura entre 3 e 8 semanas após a aplicação da palha. Com 3 meses cessa o efeito em clima tropical.

Em clima subtropical este pode durar até 4 meses.[56,97] Isso significa que é passageiro, e o retorno da palha ao solo deve ser prática corriqueira. Numa cultura bem feita, com espaçamento correto e "fechamento" do solo, sombreando-o logo em seguida, e um enraizamento denso, a bioestrutura não desaparece com o desapareci-

Quadro 4.3

A degradação da celulose. (**Reese**, 1968)

em meio aeróbio
↓
ácido urônico e poliurônico, derivados fosforilados (geleia Cytophaga)
↓
CO_2, H_2O, minerais e calorias

em meio anaeróbio
↓
álcool etílico e butílico, ácido acético, fórmico, láctico e succínico, acetona e metano
↓
CH_4, H_2O, minerais e calorias

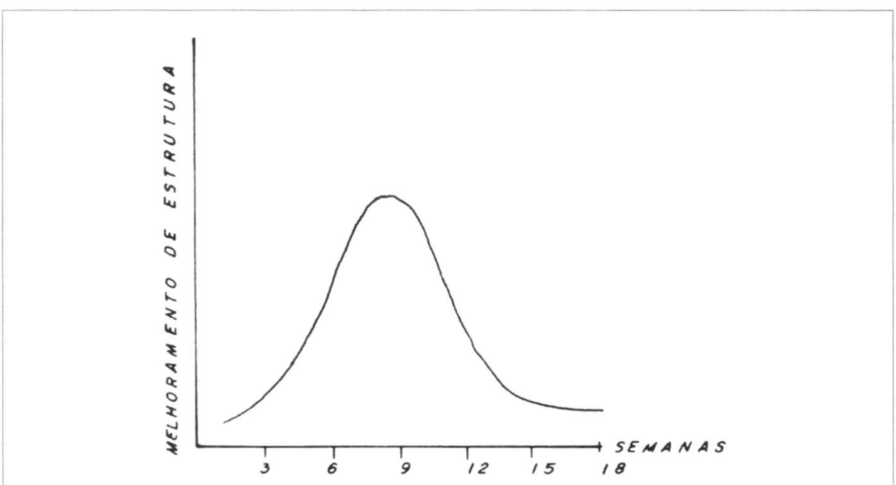

Figura 4.10 A decomposição da palha e a estabilidade da bioestrutura da camada arável. (Pauli, 1961)

mento da palha, mas continua através da ação física e química das excreções radiculares, especialmente se estas viverem em simbiose com micorrizas endótrofas. Assim, ela pode ser mantida até a colheita e o novo retorno de palha ao solo.

Podemos calcular o retorno de matéria orgânica ao solo por ano de acordo com o quadro 4.4.

Verificamos que somente o que retorna pelas raízes e restolhos (soca) é muito pouco, especialmente tendo-se em vista a taxa de decomposição, que em nosso clima é 1% em pastagem nativa, 3% em floresta ou mata e 3 a 4% em campo cultivado.[32,48,106]

Dez toneladas de palha significam 1% de restos orgânicos nos 10 cm de solo superficial. Essa matéria orgânica produz somente 0,09 a 0,20% de húmus, uma vez que somente a parte lignosa se transforma em húmus. Portanto, somente 1 / 10 a 1 / 5 da matéria orgânica adicionada poderia aparecer como húmus.[41,97]

Confrontando a possibilidade de formar húmus e a taxa de decomposição, verifica-se a impossibilidade de acumular húmus em solo agrícola tropical. E, mesmo em solo florestal, a acumulação, em geral, varia desde 3,5% na hileia amazônica até 6,0% em mata virgem na serra do Rio Grande do Sul.

As espessas camadas de húmus e matéria orgânica, que se acumulam nas florestas temperadas, são inexistentes em solo de floresta tropical, relativamente pouco humoso.

A decomposição de matéria orgânica depende não somente do clima e microrganismos, mas igualmente do uso do solo. Em pastagens perenes, mal manejadas, com queima anual e a maior parte das raízes até 3 a 4 cm de profundidade, a acumulação de matéria orgânica não é somente quase nula, mas o húmus formado é ácido, composto de ácidos fúlvicos,[96] a não ser em solos rasos de basalto básico, onde se forma principalmente ácido húmico. Pastagens bem manejadas perdem menos e, portanto, são mais propícias a acumular húmus. Ademais, as raízes de gramíneas e leguminosas excretam ácidos poliurônicos,[28] sendo a terra gramada o melhor recuperador de solo.[51] Porém, pastagens mal manejadas destroem o solo. Somente em rodízio bem feito, com, no mínimo, uma ceifa por ano, consegue-se melhorar o solo. Rodízio de pastejo[99] sem ceifa normalmente não consegue melhorar o solo, mas somente melhora o aproveitamento do capim.

Quadro 4.4

mata virgem	20 a 40 t/ha
pastagem queimada	3 t/ha
forragem fenada	4 a 5 t/ha
trigo, restolhos (palha levada)	2 t/ha
trigo, restolhos e palha	8 t/ha
milho (restolho e palha)	10 a 12 t/ha
feijão e ervilha (raízes)	0,5 t/ha
batatinha e mandioca	0,4 a 0,5 t/ha
cana-de-açúcar queimada	2 a 3 t/ha
cana-de-açúcar, palha enleirada	10 a 15 t/ha

(Compilado por Primavesi).

É óbvio que o abandono do solo é feito para recuperar o húmus e a bioestrutura do solo.[33] Por isso, onde não existem técnicas melhores, o abandono do solo é benéfico e até a única maneira de fazer o solo produzir novamente.[77] Porém, a recuperação da bioestrutura pode ser conseguida sem húmus, como explicado anteriormente. E a recuperação da matéria orgânica, cuja perda sempre resulta em perda de produtividade,[3] pode ser conseguida num rodízio de lavouras e pastagens racionalmente planejado[53] como será explicado no capítulo 9. Uma mistura de gramíneas e leguminosas implantada é mais "recuperadora" do que o repouso.[93]

OS BENEFÍCIOS DA MATÉRIA ORGÂNICA EM DECOMPOSIÇÃO E DO HÚMUS

Se o papel da matéria orgânica fosse unicamente adicionar nutrientes ao solo, especialmente nitrogênio, teria pouca importância, uma vez que a adubação mineral age com muito maior precisão e eficiência, embora, por exemplo, o feijoeiro reaja melhor a uma adubação verde, que é principalmente nitrogênio, do que a uma adubação mineral.[64,65] E como matéria orgânica em solo pobre só pode ser pobre, o ciclo da miséria seria completo, uma vez que não pode adicionar ao solo outros minerais além dos que já existiam.

Porém, ficou evidente que ninguém consegue substituir o efeito da matéria orgânica. A adubação mineral, por mais completa que seja, nunca consegue manter a produtividade do solo, quer o clima seja temperado ou tropical,[3,70,78,87,94] sem que exista o retorno sistemático e dirigido da matéria orgânica.

A matéria orgânica fornece:

1. Substâncias agregantes do solo, tornando-o grumoso, com bioestrutura estável à ação das chuvas;
2. Ácidos orgânicos e álcoois, durante sua decomposição, e que servem de fonte de carbono aos microrganismos de vida livre, fixadores de nitrogênio, possibilitando, portanto, sua fixação[12] (vide, no capítulo 6, os parágrafos sobre fixadores de nitrogênio de vida livre);
3. Possibilidade de vida aos microrganismos, especialmente os fixadores de nitrogênio, que produzem substâncias de crescimento, como *triptofano* e *ácido indolacético* que possuem efeito muito positivo sobre o desenvolvimento vegetal;
4. Alimento aos organismos ativos na decomposição, produzindo antibióticos que protegem as plantas de pestes, contribuindo assim à sanidade vegetal;[5]
5. Substâncias intermediárias produzidas em sua decomposição, que podem ser absorvidas pelas plantas, aumentando o crescimento;[23,52,56,86]

Mas, quando a matéria orgânica ainda for humificada, traz mais benefícios, além desses:

6. Aumenta a capacidade de troca de cátions do solo (CTC) (vide capítulo 3);

7. Aumenta o poder tampão, isto é, a resistência contra modificação brusca do pH, que é especialmente importante para terras quimicamente adubadas (como mostra a figura 4.11);
8. Fornece substâncias como fenóis, uma vez que é um heterocondensado de substâncias fenólicas,[30] que contribuem não somente para a respiração e a maior absorção de fósforo, mas também à sanidade vegetal.[5,73,74]

Verifica-se que também na decomposição de matéria orgânica se formam substâncias de crescimento e o melhoramento físico do solo é comum ao húmus e à matéria orgânica em decomposição. Dos diversos tipos de substâncias orgânicas, somente o húmus consegue influir nas propriedades químicas do solo, embora a palha, durante sua decomposição, tenha influência maior sobre a física do solo (quadro 4.5).

Mas não somente a CTC sobe com o teor em húmus, como também o poder tampão, que evita um choque violento da calagem ou adubação sobre a microvida e evita igualmente desequilíbrios minerais, acarretados facilmente por uma adubação química, e que prejudicam seriamente a produção vegetal (figura 4.11).

O "solo 1" é um solo arenoso com poder tampão muito reduzido, sendo o efeito do hidróxido de cálcio muito forte. O "solo 2" é um solo arenoso com teor ade-

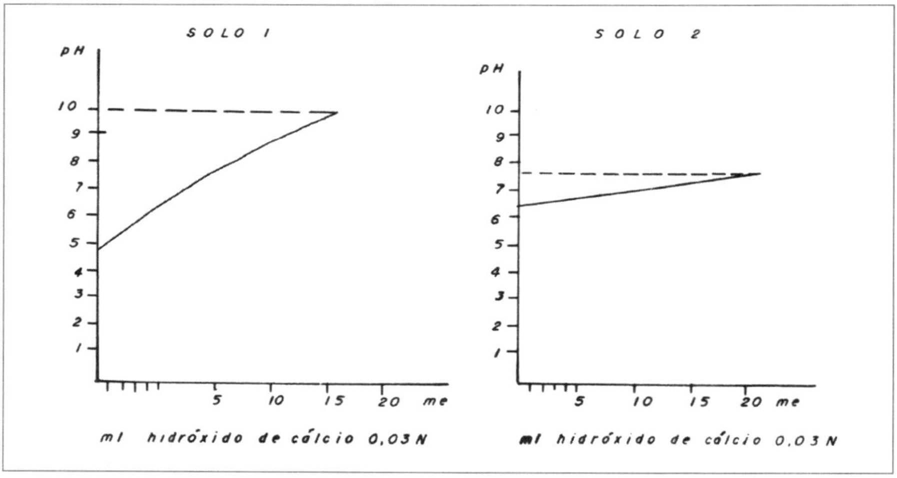

Figura 4.11 O poder tampão dos solos 1 e 2, acima citados. (Primavesi, 1973)
Obs.: cada ml. da suspensão de $Ca(OH)_2$ equivale a 130 kg/ha de $CaCO_3$.

Quadro 4.5 Influência da argila e da matéria orgânica sobre a CTC.

	pH	M.O. (%)	argila (%)	CTC me% (pH 7,0)
solo 1	4,9	0,3	5	1,9
solo 2	6,6	3,2	5	10,4
solo 3	4,5	3,1	25	17,7

quado de matéria orgânica (vide quadro 4.3) cujo poder tampão é grande, protegendo as plantas, que ali crescem, de choques bruscos da modificação do pH pela calagem ou adubação. As colheitas são mais garantidas e o perigo de um desequilíbrio mineral pela adubação é mais remoto. O aumento da CTC significa que a planta será melhor nutrida, porque o solo consegue manter mais nutrientes em formas trocáveis e disponíveis para a planta. Não conseguimos rendimentos bons em solos com CTC muito baixa.

Nos solos brasileiros, a matéria orgânica tem uma CTC entre 122 me% e 360 me%, com uma média de 200 me%.[19] Isso daria para cada porcento de matéria orgânica no solo, em média, um aumento de 2 me% de capacidade de troca, o que significaria que mais 40 mg de cálcio ou 78 mg de potássio podem ser mantidos à disposição das plantas por cada 100 g de solo, equivalendo a 40 kg de cálcio ou 78 kg de potássio por hectare, nos dez centímetros superficiais, quando o pH do solo for maior que 5,6.

A SANIDADE VEGETAL E A MATÉRIA ORGÂNICA

Todos sabem que culturas em roça nova dificilmente são atacadas por pestes. À medida que a bioestrutura do solo decai, aumenta a susceptibilidade das plantas a pragas e pestes e aumentam os parasitas microrgânicos e animais do solo (vide capítulos 5 e 6). Primavesi (1967 e 1968) mostrou que numa zona onde o trigo desapareceu por causa de ferrugem, esta não atacou mais a cultura quando a estrutura do solo permitia um desenvolvimento rápido e sadio das plantas. Depois de 3 anos de um cultivo intenso, como, por exemplo, feito pelos hortigranjeiros, não existem mais defensivos que protejam as culturas nos solos biologicamente decaídos.

A sanidade vegetal, de um ou outro modo, está ligada à "sanidade" do solo. Em solo decadente é difícil criar culturas sadias. E cada plantador de soja no Paraná sabe que, em roça nova, a cultura é sadia e em terra, velha de cultura, a soja constitui um verdadeiro ambulatório de pragas e doenças.

Esses fatos, mais que conhecidos dos agricultores, permitem concluir que todas as medidas que contribuem para a recuperação das condições favoráveis do solo, contribuem igualmente à sanidade vegetal.

Portanto, a adição de matéria orgânica no solo, quando melhora a sua bioestrutura (vide capítulo 9), é uma medida de melhorar a saúde vegetal, não somente porque melhora a estrutura grumosa mas por contribuir, também, à diversificação da microvida e fauna terrícola (vide capítulo 5).

Porém, a adição de material orgânico de solos ácidos a solos ácidos não é medida de saneamento. Beneficia microrganismos patógenos, graças à formação de ácidos fúlvicos, contribuindo para o aumento de doenças vegetais.[66]

Os ácidos húmicos, por exemplo, de estrume de curral curtido, aumentam de tal maneira a microflora benéfica às raízes, que as ervilhas ali plantadas permanecem completamente isentas de nematoides.[11] Também Primavesi mostra que soja, quando recebe uma adubação adequada e encontra um teor adequado de matéria orgânica no solo, é atacada por nematoides, mas tolera uma carga muito grande (3 000 a 5 000 por 5 g de raízes) sem ser prejudicada,[79] uma vez que o prejuízo maior dos nematoides são os microrganismos patógenos que penetram na raiz. Em presença de ácidos húmicos os patógenos no solo são poucos.

Assim, os restos orgânicos podem contribuir para a maior ou menor incidência de pestes, conforme os ácidos que se formam na sua decomposição e transformação.

Uma agricultura, onde somente se empregam técnicas cujo efeito sobre o solo, sua vida e seus processos biológicos, é desconhecido, pode, portanto, trazer muito lucro ou prejuízos catastróficos, conforme as condições do solo existentes.

A agricultura, como atividade biológica, não depende somente das técnicas, mas especialmente de sua adaptação ao ambiente, isto é, ao solo e clima em que são usadas.

E o efeito do "pacote tecnológico" depende de sua atuação sobre as condições ecológicas. Por isso não se deve perguntar "qual técnica" deveria ser usada mas "por que" será usada ("*Why, not what!*").

Geralmente também se menciona que o húmus torna as plantas mais resistentes à seca,[6,75,87] apesar de que em presença de húmus e adubos se formem raízes mais curtas,[91] embora mais volumosas.

Verifica-se na figura 4.12 que com 5% de M.O. no solo o milho cresceu um pouco mais, porém apresentando um nível 57% maior em nitrogênio. A raiz, porém, não cresceu mais, apesar de a parte vegetal ser maior e ter havido maior absorção. O húmus ativa os processos catalíticos na planta e com isso a síntese de compostos orgânicos.[86]

A QUANTIDADE DE ÁCIDO HÚMICO QUE BENEFICIA A PLANTA

Há uma tendência de se acreditar piamente que tudo que é bom deve ser melhor ainda quando usado em grande quantidade. Porém, já se sabe na terapêutica que muitas substâncias benéficas se tornam tóxicas quando usadas em maior quantidade. Isso vale não somente na medicina humana, mas também no solo para a planta. Especialmente o fato de que o húmus é um heterocondensado de substâncias fenólicas faz com que ative os processos de respiração e, com isso, o metabolismo e a absorção vegetal, especialmente do fósforo, tornando a planta mais vigorosa.[52] Mas, se a respiração é ativa demais, gasta tudo que foi fotossintetizado e o crescimento estagna. Portanto, cada planta possui seu ótimo em ácidos húmicos, que a beneficiam.

Segundo Hernando (1969), as quantidades de ácido húmico que uma planta suporta dependem da espécie. Assim, em clima temperado, especialmente sob condições subúmidas, como existem em várias regiões da Espanha, não é raro que uma adubação com estrume curtido ou composto prejudique a colheita, quando já houver suficiente húmus no solo. E, mesmo tratando-se de *húmus-mull*, a maioria das plantas suporta má quantidades excessivas.

Verifica-se que a produção máxima de massa verde exige quantidades diferentes de humato de sódio, segundo a planta usada. Quando, porém, a concentração de

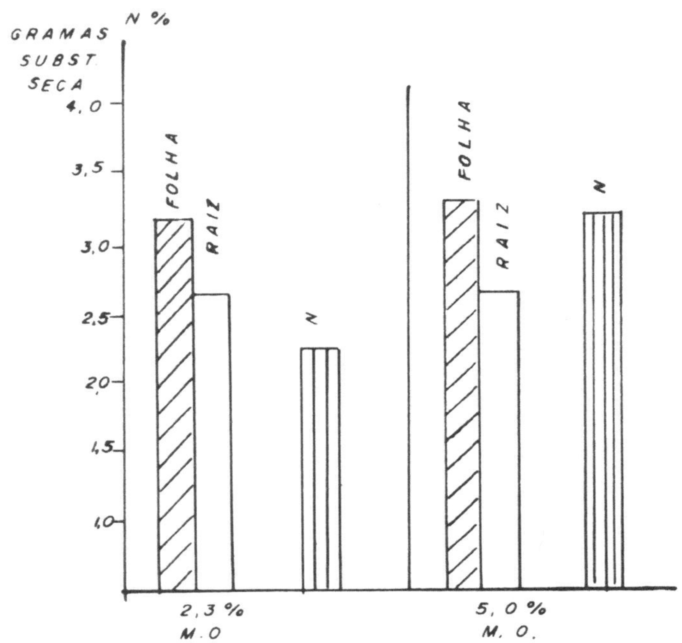

Figura 4.12 Produção de folhas e raízes de milhos e absorção de nitrogênio com níveis diferentes de matéria orgânica no solo. (Pignataro, 1973)

Quadro 4.6 Produção máxima de plantas com diferentes níveis de ácido húmico.

planta	humato sódico			
	4 mg/l	6 mg/l	12 mg/l	24 mg/l
nabos	—	—	máxima	—
alface	máxima	—	—	—
trigo	máxima	—	—	—
milho	—	—	—	máxima

Seg. Hernando, 1961.

nutrientes se torna duas a três vezes maior que a normalmente exigida pela planta, o que ocorre após uma adubação, a quantidade de ácido húmico, necessário para a produção máxima, aumenta, podendo duplicar e até triplicar. No caso, o húmus age como desintoxicante e seu nível ótimo depende da quantidade de minerais em solução.[4] Solos humosos suportam adubações minerais muito mais pesadas. E, quando houver o excesso tóxico de um mineral, o húmus elimina sua ação maléfica. Portanto, em solos ricos a quantidade de húmus deve ser maior.

A propriedade do milho de suportar concentrações elevadas de ácido húmico torna-o planta pioneira em roças novas.

A MATÉRIA ORGÂNICA INDECOMPOSTA, O HÚMUS E O CULTIVO

Sabe-se que, com o cultivo e pelo arejamento consequente do solo, diminui a quantidade de húmus existente no solo. Nosso caboclo exprime isso, quando diz: "falta a gordura da terra!" (vide capítulo 2). E, finalmente, a aração foi introduzida para mobilizar a terra, isto é, a sua microvida, uma vez que coisa inerte não pode ser mobilizada. Com isso ativa-se a decomposição da matéria orgânica. Também, a adubação mineral ativa os microrganismos, uma vez que fornece substâncias essenciais à sua vida. Solos adubados durante muito tempo com fertilizantes comerciais apresentam menos húmus e menos matéria orgânica que solos sem adubo mineral, apesar do crescimento vegetal ter sido aumentado pela fertilização.[70] Mas, não é somente o crescimento das culturas que aumenta, aumenta igualmente o crescimento da microvegetação, isto é, de bactérias, fungos, amebas e outros, que decompõem a matéria orgânica formada. A decomposição da matéria orgânica e húmus não depende somente de melhores condições para os organismos decompositores. Depende igualmente das plantas cultivadas e das técnicas agrícolas usadas. Em cultivos rotativos a perda, geralmente, é menor, uma vez que o rodízio tem por fim alternar plantas destruidoras de húmus como batatinhas, mandioca, algodão, feijão-preto etc., com plantas recuperadoras, como forrageiras, gramíneas de porte baixo, leguminosas forrageiras e todas as culturas que deixam grandes quantidades de restos orgânicos no campo.

Por isso, a monocultura de algodão deixa o solo com muito menos matéria orgânica que uma de lespedeza ou mesmo de milho.[9]

Uma cultura capinada a limpo deixa menos restos orgânicos do que uma cultura consorciada. O responsável por este fenômeno é o sistema de enraizamento, uma vez que, atualmente, o retorno da palha é raro, por causa da dificuldade de mecanização, que, porém, está sendo superada pelo uso de máquinas mais modernas. Queima-se, por exemplo, a palha de algodão para evitar a difusão da lagarta rosada, mas Bachelier (1966) prova que a lagarta rosada aparece menos em campos onde a palha foi superficialmente incorporada, do que onde foi queimada (vide capítulo 5).

Como *o retorno da palha parece ser imperioso para uma agricultura lucrativa,* desenvolvem-se máquinas para "vencer" a palha comprida e possibilitar o preparo do solo para a próxima semeadura. Assim, existe o picador de palha, que se adapta à colhedeira automotriz e que, na cultura de soja, trigo ou arroz, pica e distribui a palha numa camada uniforme sobre o solo. Um solo coberto por esta camada morta ou "*mulch*" apresentou-se mais úmido e "macio", mesmo após dois meses de seca, enquanto que, nos campos vizinhos onde a palha foi queimada, o solo estava seco e rachado.

No INTA (Instituto Nacional de Tecnologia Agrícola), na Argentina, desenvolveu-se uma enxada rotativa que trabalha em frente da semeadeira, picando a palha da colheita anterior, bem como as ervas invasoras nascidas, mas que não revolve o solo. Permite ser acoplada à implantadeira ou à semeadeira, para a semeadura sem lavração.

O único problema que ainda poderá surgir com a palha é que existem sementes que não suportam o lixiviato desta. Assim, o trigo é sensível contra substâncias lixiviadas de sua própria palha. E, quando a palha for incorporada superficialmente, ocorre facilmente uma fitotoxicidade temporária[71] pelos produtos excretados pelos fungos que principiam a decomposição, como, por exemplo, *Penicillium urticae*. Isso ocorre em solos arenosos, mas raramente em solos argilosos de melhor fertilidade. Esses produtos podem impedir ou atrasar a germinação da semente.[71]

Geralmente se atribui o efeito desfavorável da palha exclusivamente à falta de nitrogênio no solo, que ocorre durante sua decomposição. Porém, essa falta ocorre quando a palha for enterrada. Palha na superfície, como cobertura morta ou palha muito superficialmente incorporada (*stuble-mulck*) não provoca a falta de N no solo para o crescimento vegetal.[8] Neste caso o efeito desfavorável da palha ocorre somente pelas fitotoxinas. Portanto, nunca se deve plantar quando a palha for recém-aplicada. Deve-se esperar uma chuva abundante para permitir antes a lixiviação dos produtos tóxicos da palha, que se formaram no início da decomposição. No momento em que os fungos romperam os ciclos lignosos, podem ser substituídos por bactérias. A decomposição entra na sua segunda fase,[100] em que passou a fase das *substâncias germistatos,* prejudiciais ao nascimento das sementes. Nesta, são beneficiadas por substâncias de crescimento, excretadas pelas bactérias, apressando a germinação.[100,101]

Para apressar o aparecimento de bactérias, deve-se tornar rotina a aplicação de um fosfato cálcico, especialmente de termofosfatos,[81] à palha, quando se tratar de solos ácidos. Nos solos alcalinos basta sulfato de amônio.[26,83]

Palha superficialmente incorporada possibilita a fixação de nitrogênio atmosférico por bactérias de vida livre, consorciadas com as bactérias celulolíticas, decompositoras da palha. Mas quando a palha for enterrada profundamente, retira-se o nitrogênio do solo para sua decomposição, e ocorre a tão conhecida depressão da colheita.

O "acolchoamento" do solo com capim não somente beneficia a microvida e a estrutura do solo mas, igualmente, provou ser um dos métodos mais poderosos de

Quadro 4.7 Perdas anuais de terra e água. (Estação Experimental de Ribeirão Preto, ano agric. 1958/59)

tratamento	perdas de	
	terra (toneladas)	água (mm)
plantio em sebe-menor	2,53	47
sem aração	1,51	36
com passagem de grade de disco	1,31	42
herbicidas	1,24	38
alternância de capinas	0,94	30
plantio em contorno	0,67	21
adubação verde anual	0,50	19
acolchoamento alternado com capim	0,03	5

combate à erosão. Assim Marques *et al.* (1961) podem mostrar seu efeito, que também Molina (1955) e muitos outros verificaram, e que apresentamos no quadro 4.6.

Neste caso o efeito não é do "húmus", mas sim da proteção do solo contra o impacto da chuva (vide capítulo 7).

A ADUBAÇÃO VERDE E O ESTRUME DE CURRAL

A adubação verde

Tanto o estrume como a adubação verde não enriquecem o solo com matéria orgânica[35,38] mas aumentam a soma de bases e beneficiam a colheita.

O efeito da adubação verde consiste especialmente no fornecimento de nitrogênio orgânico e de substância de crescimento. Especialmente na canavicultura o efeito de uma adubação verde, com *Crotalaria juncea,* é impressionante. Mas também nas batatinhas, no feijão e em outras, a adubação verde surte um efeito altamente benéfico.

Opina o autor do quadro 4.8 que a adubação verde é mais econômica, uma vez que para plantações maiores, a obtenção de capim-gordura em quantidade suficiente se torna difícil. É lógico que a matéria orgânica sempre é acompanhada de calagem e adubação quando for necessário.

Na cultura de cana-de-açúcar, a adubação com *Crotalaria* é tão eficiente como o simples cultivo de crotalaria antes do plantio de cana. Neste caso os caules da crotalaria são vendidos para a fábrica de cigarros, uma vez que fornecem o papel mais fino.

Observa-se que o nitrogênio faz pouco ou um efeito negativo, o que mostra o efeito da adubação verde, pesando sobre o abastecimento com nitrogênio.

Quadro 4.8 Rendimento em laranjas em kg de frutos, na média de quatro anos. (Gallo, 1960)

tratamento	média da colheita (kg/ha)
limpo com herbicida	2 606
cobertura morta com capim-gordura	5 357
adubação verde com guandu	3 897
adubação verde com mucuna	3 176
duas lavras superficiais	3 051

Obs.: o adubo verde é picado com grade e deixado na superfície.

Quadro 4.9 O efeito da adubação verde na produção de cana-de-açúcar. (Wutke, 1968)

tratamento	1° corte	2° corte
PK e adubação verde	87,6	47,4
NPK e adubação verde	66,0	36,8
PK, calagem e adubação verde	115,7	64,0
NPK, calagem e adubação verde	122,9	67,3

O decréscimo do rendimento na cana soca, embora comum no Brasil, é o resultado do adensamento do solo, de modo que a passagem de um cultivador surte um efeito surpreendente.

Deve-se ressaltar que:

1. A adubação verde não é fonte de húmus, mas simplesmente de nitrogênio. É decomposta dentro de 3 a 4 semanas, podendo gastar as fontes de carbono existentes no solo, empobrecendo-o em matéria orgânica.[38] Enriquece o solo, temporariamente, em nitrogênio e permite a produção de substâncias de crescimento, podendo beneficiar a cultura seguinte de maneira expressiva, como, por exemplo, a cultura de cana-de-açúcar ou a do feijoeiro. Não melhora a bioestrutura do solo ou somente por muito pouco tempo, mas contribui ao empobrecimento do solo em húmus. Quando o nitrogênio sintético surte pouco efeito numa cultura, como na do feijoeiro, a adubação verde pode ser a salvação;[38,41,58,64,65,95]
2. Cria muitos fungos, entre os quais também patógenos, que podem atacar a cultura;[44]
3. Nem sempre é uma prática rentável, pois perde-se, às vezes, um ano de cultivo e não tem efeito prolongado. Hallam (1953) diz: "a adubação verde é útil para muita coisa, menos para enriquecer o solo em matéria orgânica."

Geralmente se usa uma leguminosa para a adubação verde porque fixa nitrogênio e possui folhas mais ricas em nitrogênio. Sua incorporação no início da floração, evita que se torne fibrosa. Mas, justamente a planta fibrosa é a que contém material celulósico e lignoso.

Em nossas latitudes a precariedade da bioestrutura, muitas vezes, possui um efeito mais depressivo sobre a cultura comercial do que a falta de nitrogênio.

Gramíneas de porte baixo, que "fecham" o solo, provaram ser muito eficientes na recuperação dos solos. Através de suas excreções radiculares melhoram as condições físicas do solo.

O estrume de curral

Nas hortas o uso de estrume de curral é comum. Mesmo misturado com quatro partes de palha por uma de excrementos animais e passando por um processo de curtimento, não enriquece o solo em carbono, apesar de seu efeito benéfico sobre a bioestrutura do solo e o crescimento vegetal.[34] Em aplicação frequente, como facilmente ocorre em hortas, enriquece-se o solo de tal maneira com nitrogênio e se empobrece de cobre que sua deficiência aguda ocorre. Também mobiliza fósforo, até 800 γ/g de solo em que uma produção vegetal se torna difícil provavelmente por causa de falta aguda de micronutrientes.

Em propriedades com gado leiteiro, onde os excrementos animais são captados em "açudes", junto com a água de lavagem das leiterias estes poderiam ser bombeados aos pastos para adubação.

O costume europeu de aplicar anualmente estrume de curral na horta e nos campos não é viável em nosso clima, especialmente porque nosso estrume, geralmente, é constituído exclusivamente de excrementos animais, sem palha, sendo a ativação da microvida incontrolável.

Nos países frios, onde o estrume se acumula durante os meses em que o gado vive estabulado, recebendo palha como cama, seu uso se torna imperioso, uma vez que deve ser eliminado de perto das estrebarias. Aqui, onde somente nas propriedades de gado leiteiro existe acumulação de palha e excrementos nos currais e a agricultura é extensiva, o uso de estrume de curral não parece fácil e nem sempre econômico.

Observa-se no quadro 4.10 pouca diferença entre o efeito do adubo químico e do orgânico. Porém, *não se trata de substituir o fertilizante químico mas de aumentar seu efeito* pela melhor absorção do solo tratado com estrume.[83]

O aumento da CTC, da agregação e de substâncias de crescimento são mais importantes que os minerais adicionados pelo estrume.

Matéria orgânica, inclusive estrume curtido, tem efeito regulador sobre o pH do solo. O solo ácido acidifica-se mais através de restos orgânicos decompostos em ácidos fúlvicos. Porém, com condições favoráveis, isto é, em presença de cálcio e fósforo, a microvida aumenta o pH durante a decomposição de matéria orgânica, tanto pela amonificação do solo como pelas excreções alcalinas de bactérias.[78]

Em solos alcalinos, a matéria orgânica promove sua acidificação por:

1. Aumentar a infiltração de água e lixiviação dos sais;
2. Produzir ácido carbônico, que é um dos agentes mais poderosos de dessalinização.[67,68]

Portanto, palha superficialmente incorporada ao solo ou estrume de curral, fermentado com palha, possuem efeito "corretivo" sobre o solo, especialmente porque:

a) Aumentam o pH de solos ácidos e baixam-no de solos alcalinos;
b) Eliminam a toxidade do manganês;[7,15]
c) Eliminam a toxidade do alumínio trocável, transformando-o em humatos de alumínio, que não são tóxicos para os vegetais.[16,45,59]

Quadro 4.10 Resposta de culturas gramíferas e de raízes ao estrume de curral, no Quênia. (Grimms e Clark, 1962)

cultura	colheita (t/ha)				
	anos plantados	testemunha	NPK	estrume (6 t/ha/ano)	estrume (38 t/ha/ano)
milho	6	0,930	1,546	1,394	1,504
sorgo	6	1,686	2,074	2,628	2,528
mandioca	6	10,050	16,300	15,300	14,774
batata-doce	4	4,120	8,156	8,656	7,470

Esse efeito sobre o pH não é privativo à palha e ao estrume, mas igualmente à vinhaça, bagacilho-de-cana, torta-de-filtro ou qualquer outra substância orgânica que possa servir de alimento para a microflora.

RESUMO

O retorno de matéria orgânica ao solo é essencial, e sua aplicação periódica se torna indispensável. Seu efeito principal é sobre a bioestrutura do solo. Para isso, a incorporação superficial de palha ou de qualquer material celulósico é adequada.

O efeito corretivo sobre o pH ocorre por qualquer material orgânico, desde que seja aplicado em condições que favoreçam uma microvida, em parte, aeróbia. Em condições que não favorecem a microvida este efeito não ocorre.

A adubação verde não enriquece o solo em matéria orgânica, ao contrário, gasta-a. É uma adubação nitrogenada.

Material orgânico de solos pobres dá origem a ácidos, que lixiviam e empobrecem o solo. O mesmo pode ocorrer após uma calagem maciça. O solo deve ser enriquecido com quantidades módicas de P e Ca para poder produzir um efeito benéfico da matéria orgânica (vide capítulo 8).

O húmus difere segundo o lugar em que se forma e a vegetação da qual se forma. Em clima tropical forma-se em quantidade reduzida. Uma calagem no início da estação seca torna-o mais estável, no início das águas fá-lo desaparecer rapidamente.

O abandono do solo para recuperá-lo, como sistema da agricultura itinerante ou nômade, visava restabelecer a bioestrutura grumosa e acumular húmus. As plantas mais recuperadoras são gramíneas mistas com leguminosas. A acumulação de húmus não ocorre em solo agrícola tropical anualmente arado, mas podem conseguir-se substâncias de crescimento e de agregação do solo por meio da decomposição superficial da palha, em presença de Ca e P e, às vezes, de K e micronutrientes.

A matéria orgânica contribui para a sanidade vegetal, por diversificar a vida do solo, produzir substâncias fungistáticas, como fenóis, e permitir a produção de antibióticos por bactérias. Porém, o efeito da matéria orgânica depende do seu manejo adequado.

REFERÊNCIAS BIBLIOGRÁFICAS

1. **Aichinger, E.** (1951). *Agewandte Pflanzensoziologie. 1:1-56.*
2. **Bachelier, G.** (1973). Action de la faune du sol sur l'humification de materiaux vegetaux. *Rev. Ecol. Biol. Sol. 10(4):453-74.*
3. **Baver, L. D.** (1968). The effect of organic matter on soil structure. *Scient. Varia. 32:368-96.*
4. **Bogdanovic, M. R.; K. V. Djuricic** e **N. Mesorinski** (1964). Wirkungen verschiedener Humate auf Hafer in Wasserkulturen. Abstr. *VIII Int. Soil Sci. Congr. p. 114-115.*
5. **Borys, M.W.** (1968). Influência da nutrição vegetal na resistência das plantas aos parasitas. *Progr. Biodin. Produt. Solo, Sta. Maria/RS. p. 385-404.*
6. **Chaminade, R.** (1968). Rôle specifique de la matière organique sur la nutrition et le rendement des vegetaux. *Scient. Varia. 32:277-304.*
7. **Chenery, E. H.** (1954). Acid sulphate soils in Central Africa. *V Int. Soil Sci. Congr. Leopoldsville, 15:195-98.*

8. **Danneberg, O.** (1971). Investigationen mit ^{15}N als Beitrag zum Wissen der Humifikationsprozesse. II: Synthese von organischen Substanzen und Stickstofformationen der Rotte von Maisstoppeln. *Bodenkult. 22(3):264-78.*
9. **Davidson, J. F. Gray** e **D. I. Pinson** (1967). Changes in organic matter and bulk density with depth, under two cropping systems. *Agron. J. 59(4):375-78.*
10. **DeKock, P. C.** e **E. L. Strmecki.** An investigation on the growth promoting effect of a lignite. *Physiol. Plant. 7:503-12.*
11. **Denarie, J.** (1968). Effect of small applications of dung near the seeds on plant resistance to nematode infection. *Hebd. Sceance Acad. Agric. France. 54:651-58.*
12. **Dhar, N. R.** (1967). Carbon and nitrogen transformation in world soils. *An. Edafol. y Agrobiol. XVI(1-4):88-130.*
13. _______ (1968). The value of organic matter, phosphate and sunlight in nitrogen fixation and fertility improvement in world soils. *Scient. Varia. 32:230-347.*
14. **Dobby, E. G. H.** (1950). The study of shifting cultivation. *Panamerican Union Stud. Monogr. 6, Washington, p. 165.*
15. **Döbereiner, J.** e **R. Alvahydo** (1966). Eliminação da toxidez de Mn pela matéria orgânica em solo "gray hidromórfico". *Pesq. Agropec. Bras. p. 234-48.*
16. **Duchaufour, P** e **F. Jacquin** (1966). Nouvelles recherches sur l'extraction et le fractionnement des composés humiques. *Bull. École Nat. Sup. Agron. Nancy, VIII(1):1-24.*
17. _______ (1965). *Précis de pédologie, 2 ed. Masson, Paris.*
18. **Durasov, A. M.** e **V. F. Marschenko** (1966). Humus composition in dark chestnut soils and the carbon total/nitrogen ratio. *Pochvov. 10:56-63.*
19. **Duriez, M. M. de** e **L. Vettori** (1973). Determinação da CTC da matéria orgânica de alguns solos brasileiros. *XIV Congr. Bras. Ciênc. Solo, Sta. Maria/RS.*
20. **El-Swayfi, S. A; S. Ahmed** e **L. D. Swindale** (1970). The influence of exchangeable cations on the physical properties of tropical red and black soils. *J. Soil Sci. 21:188-98.*
21. **Ewell, J. J.** (1968). Dynamics of litter accumulation under forest succession in eastern Guatemala lowland. *Thesis, Univ. Florida, Gainesville.*
22. **Flaig, W.** (1965). Anwendung der Isotopen zur Untersuchung der Organischen Substanz. *Landbau Forsch. 15(1):21-24.*
23. _______ (1967). Einwirkung von Ligninabbauprodukten auf das Pflanzenwachstum. *Qualit. Plant. et Mat. Veget. XIV(1-2):121-40.*
24. _______ (1970). Contribution à la connaissance et la synthese des acides humiques du sol. *Science du Sol. 2:39-72.*
25. **France, E.** (1968). O azotobacter como fonte de nitrogênio. *FIR, PV. XI(13):6-7.*
26. **Fuentes Godo, P.** (1968). Estudio de la descomposición de la cellulosa en placas de tierra granulada. *Progr. Biodin. Produt. Solo, p. 17-21.*
27. **Gallo, J. R.** e **O. Rodriguez** (1960). Efeitos de algumas práticas de cultivo de solo na nutrição mineral dos citrus. *Bragantia. 19(23):345-60.*
28. **Gaponenkow, T. K.** e **S. T. Umakova** (1966). Chemische Zusammensetzung ein und mehrjähriger Leguminosen und Gramineen. *Agrokhimiya. 10:64-66.*
29. **Gomes, A. G.; H. Gargantini** e **W. R. Venturini** (1963). Competição entre fertilizante nitrogenado orgânico e mineral na cultura da batatinha. *Bragantia. 22(46):575-81.*
30. **Grabbe, K.** e **K. Haider** (1971). Die Huminstoffbildung und die Stickstoffverteilung bei der Strohrotte in Beziehung zur mikrobiellen Phenolbildung. *Z. Pflanzenern. Bodenkd. 129(3):202-16.*
31. **Greenland, D. J.** (1958). Nitrate infiltration in tropical soils. *J. Agric. Sci. 50:82-92.*
32. _______ e **P. H. Nye** (1960). The effect of deep mass burial of organic matter. *Proc. 7 Int. Congr. Soil Sci. (Madison) 2:478-85.*

33. _______ e _______ (1959). Increase in the carbon and nitrogen content of tropical soils under natural fallow. *J. Soil Sci. 9:284-99.*
34. **Grohmann, F.; J. B. Oliveira, de** e **J. P. Queiroz Neto, de** (1966). Influência da adubação nas características dos agregados do solo da série "Chapadão". *Bragantia. 25(34):263-70.*
35. **Grohmann, F.; J. P. Queiroz Neto, de** (1966). Efeito da compactação artificial de dois solos limo-argilosos sobre a penetração das raízes de arroz. *Bragantia. 25(38):421-32.*
36. **Grohmann, F.** e **O. E. Camargo** (1971). Influência dos óxidos de ferro livres e da matéria orgânica na absorção da água pelo solo. *XIII Congr. Bras. Ciênc. Solo, Vitória.*
37. **Haider, K.** e **J. P. Martin** (1967). Synthesis and transformation of phenolic compounds by *Epicoccum nigrum. Soil Sci. Amer. Proc. 31(6):766-72.*
38. **Hallam, M. J.** e **W. V. Bartholomew** (1953). Influence of rate of plant residue addition in accelerating the decomposition of soil organic matter. *Soil Sci. Soc. Amer. Proc. 17(4):365-68.*
39. **Haney, E. B.** (1968). The nature of shifting caltivation in Latin America. *Land Tenure Center, Wisconsin, Univ. LTC 45-59.*
40. **Hardy, F.** (1970). Suelos tropicales. *Herrero, Mexico.*
41. **Hausmann, G.** (1968). Culture technique from the standpoint of conservation and incrimentation of organic matter in the soil, in the light of modern research. *Scient. Varia. 32:415-449.*
42. **Hernando, F. V.; C. P. Sanchez** e **B. C. Ortega** (1969). Acción del ácido húmico sobre la planta de maiz cultivada en solución nutritiva equilibrada de concentración superior a la normal. *An. Edaf. y Agrobiol. XXVIII (11-12):835-46.*
43. _______, _______ e _______ (1969). Acción del humato sódico sobre el desarollo de diversas plantas. *An. Edaf. y Agrobiol. XXVIII (11-12):791-809.*
44. **Hirte, W. F.** (1968). The influence of organic matter to the microflora of different soils. *Progr. Biodin. Produt. Solo, Sta. Maria, p. 207-17.*
45. **Jacquin, F.** e **C. D. P. Juste** (1965). Contribution à l'étude de la matière organique des sols sableux de Gascogne. *Acad. Agric. France. 1190-1197.*
46. _______ (1965). Determination de la valeur agronomique de quelques compostes de sciure. *Bull. École Nat. Sup. Agron. Nancy. VII(1):24-8.*
47. **Jenny, H.** (1930). Consistency of organic matter in soil as dictated by the zonality principle. *Missouri Agr. Exp. Sta. Bull. 152.*
48. _______ (1950). Causes of high nitrogen and high organic matter content in certain tropical forest soils. *Soil. Sci. 69:63-69.*
49. _______, **A. E. Salem** e **J. R. Wallis** (1968). Interplay of soil organic matter and soil fertility with state factors and soil properties. *Scient. Varia. 32:5-37.*
50. **Kellermann, V. V.** e **I. G. Tsyurupa** (1966). Role of iron and organic matter in the aggregation of the soil clay components. *Pochvov. 8:940-47.*
51. **Khan, S. U.** (1969). Einfluss des Bewirtschaftungssystems und der Düngung auf die Humussäurefraktionen eines *gray-wooded soil. Geoderma. 3:247-54.*
52. **Kristewa, L. A.** (1968). About the nature of physiologically active substances of the soil humus and of organic fertilizers and their agricultural importance. *Scient. Varia. 32:700-21.*
53. **Köhnlein, J.** (1957). Futterbau und Bodenfruchtbarkeit. *Landw. Forsch, Sonderth. 9:201-12.*
54. **Kolenbrander, G. J.** (1955). Die Verluste organischer Substanz im Stalldünger. *Z. Pflanzenem. Düng. Bodenkd. 69(2):125-34.*
55. **Koltakova, P. S.** e **G. A. Schwetschenko** (1966). Einfluss langjähriger Kultur und systematischer Düngeranwendung auf Gehalt und Zusammensetzung von Humus in ausgelaugter Schwarzerde. *Agrokhimiya. 5:27-33.*
56. **Kononova, M. M.** (1961). Soil organic matter. *Pergamon Press, Oxford.*
57. _______ (1968). Humus of the main soil types and soil fertility. *Scient. Varia. 32:361-82.*

58. **Lenz, K.** (1968). Über den Abbau von organischen Substanzen verschiedenen Alters mit unterschiedlichem N-Gehalten im Boden. *A. Thaer Arch. 12(5):413-23.*

59. **Levashkevich, G. A.** (1966). Interaction of humic acids with iron and aluminium hydroxides. *Pochvov. 4:422-27.*

60. **Mangenot, F.; F. Jacquin** e **M. Metche** (1965). A propos des interaction plant-sol. I: Les exudates foliaires peuvent-ils être une source des substances humiques? *Oecol. Planta. 1:79-102.*

61. **Manil, G.** (1961). Quelques aspects actuels du problème de la matière organique des sols. *Medel. Landbouw. Gent. Deel XXVI (1):50-83.*

62. **Marques, A. Q.; J. Bertoni** e **G. B. Barretto** (1961). Perdas por erosão no estado de São Paulo. *Bragantia. 20(47):1143-82.*

63. **Martin, J. P.; K. Haider** e **D. Wolf** (1972). Synthesis of phenols and phenolic polymers by *Hendersonula toruloides* in relation to humic acid formation. *Soil Sci. Soc. Amer. Proc. 36(2):311-15.*

64. **Miyasaka, S.; A. P. Camargo, de** e **R. Inforzato** (1966). Efeitos da cobertura e da incorporação ao solo, imediatamente antes do plantio, de diferentes formas de matéria orgânica não decomposta, na cultura do feijoeiro. *Bragantia. 25(32):349-69.*

65. ________ e **L. A. C. Lovadini** (1967). Efeitos sobre a produção do feijoeiro da aplicação de diversos tipos de matéria orgânica, não decomposta, na presença de adubação mineral com P, NP ou PK. *Bragantia. 26(14):187-96.*

66. **Mochizuki, T.** (1965). Orchard soils in relation to root rot disease in apple trees. *Nippon Dojo Hiryog. Zass. 36(10):311-16.*

67. **Molina, J. S.** (1966). La chala de maiz como mejoradora de los suelos. *Rev. Argent. Agron. 22(3):154-57.*

68. ________ (1968). La composición aerobia de la cellulosa y la estructura activa de los suelos. *Progr. Biodin. Prod. Solo, Sta. Maria/RS, p. 217-24.*

69. **Naglitsch, F.** e **J. Matschke** (1970). Untersuchungen über den Abbau organischer Substanz im Boden. *Pedobiol. 10:121-34.*

70. **Nehring, R.** e **W. Wiesemüller** (1968). Untersuchungen über den Einfluss der Mineraldüngung auf den Humusgehalt der Ackerböden. *Z. Pflanzenern. Bodenkd. 119(1):11-24.*

71. **Norstadt, A.** e **T. M. McCalla** (1968). Microbial induced phytotoxicity in stubble mulched soil. *Soil. Sci. Soc. Amer. Proc. 32(2):238-40.*

72. **Oliveira, J. B. de; F. Grohmann** e **J. P. Queiroz Neto, de** (1966). Características dos agregados de solo podzólico vermelho-amarelo da Estação Experimental de Monte Alegre do Sul. *Bragantia. 25(40):445-50.*

73. **Ortega, C.** (1973). Matéria orgânica, formas e análises. *Curso extraord. na Pós-grad. da UFSM.*

74. **Pauli, F. W.** (1961). Humus and plant. *Sci. Progr. XLIX:427-39.*

75. ________ (1968). Anthropogenic ecosystem and soil biodynamics. *Progr. Biodin. Produt. Solo, Sta. Maria, p. 225-32.*

76. **Pignataro, I.; J. D. Jobim** e **S. Carvalho** (1973). Efeito do húmus sobre o crescimento vegetal, com espaçamento diferente de irrigação. *Curso Pós-grad. Biodin. Produt. Solo, Sta. Maria (não public.).*

77. **Popenoe, H. L.** (1957). The influence of the shifting cultivation cycle on soil properties in Central America. *Proc. 9 Pacific Sci. Congr. (Bangkok), 7:72-77.*

78. **Primavesi, A. M.** (1973) Polígrafo das aulas de "Nutrição Vegetal". *Curso Pós-grad. Biodin. Produt. Solo, Sta. Maria.*

79. ________ (1973). Beziehungen zwischen Düngung und Nematodenbefall und dessen Einfluss auf den Ertrag von Mais und Sojabohnen. *Agrochim. XVII:511-19.*

80. ________ (1973). Influência do teor de cálcio sobre o nível de matéria orgânica em solos nativos do Rio Grande do Sul. *XIV Congr. Bras. Ciênc. Solo, Sta. Maria/RS.*

81. ________ (1973). Melhoramento da produtividade do solo por bactérias celulolíticas. *Relatório ao Cons. Nac. Pesquisa.*

82. **Primavesi A.** (1966). Recuperação de solos improdutivos por métodos biológicos. *Monogr. Progr. Biol. Suelo. Montevideo, p. 83-70.*

83. ________ (1968). Organic matter and soil productivity. *Scient. Varia. 32:654-99.*

84. **Reese, E. T.** (1968). Microbial transformation of soil polysaccharides. *Scient. Varia. 32:325-82.*

85. **Rivière, J.; Y. Fouard** e **G. Catroux** (1970). Influence de application répété de queue de mais sur la flore bacterielle du sol. *Ann. Agron. 21:403-20.*

86. **Rotini, O. T.** (1964). Role of soil substances in root nutrition and plant metabolism. *VIII Int. Congr. Soil Sci. (Bucharest), p. 14-15.*

87. **Russell, E. J.** e **R. W. Russell** (1961). Soil conditions and plant growth. *9 ed, Longmanns & Green, London.*

88. **Russell, E. W.** (1968). A importância da estrutura ativa do solo na história da humanidade. *Progr. Biodin. Produt. Solo, Sta. Maria, p. 269-84.*

89. **Santoro, T.** e **G. Stotzki** (1967). Influence of cations on floculation of clay minerals by microbial metabolites, determined by the electrical sensing zone particle analysis. *Soil Sci. Soc. Amer. Proc. 31(5):761-65.*

90. **Scharpensel, H. W.** e **E. Kruse** (1971). Aufbau und Bindungsformen der Ton-Humussäurekomplexe. *Z. Pflanzenern. Bodenkd. 129(3):226-36.*

91. **Scheffer, F.** e **F. Przemeck** (1964). Enzym-histochemische Untersuchungen über physiologische Wirkung von Huminstoffen auf das Wurzelmeristem von *Lepidium sativum. Abstr. VIII Int. Soil Sci. Congr. (Bucharest), p. 112-13.*

92. **Sekera, F.** (1943). Der gesunde und der kranke Boden. *Parey, Berlin.*

93. **Spratt, E. D.** (1966). Fertility of a chernozem clay soil after 50 years of use, with and without forage plants in crop rotation. *Canad. J. Soil Sci. 46:207-12.*

94. **Sowdon, F. J.** e **H. J. Atkinson** (1968). Die Wirkung langjähriger Gaben organischer Dünger auf die organische Substanz eines Tones und Sandes. *Canad. J. Soil Sci. 48:323-30.*

95. **Swaby, R. J.** (1968). Stability of soil organic matter and its significance in practical agriculture. *Scient. Varia. 32:582-613.*

96. **Tan, K. H.; E. R. Beaty; R. A. McGreery** e **J. D. Powell** (1972). Humic-fulvic acid content in soils related to the ley clipping management and fertilization. *Soil Sci. Soc. Amer. Proc. 36(4):565-67.*

97. **Tyurin, I. V.** (1965). Soil organic matter and its role in soil fertility. *Izd. Nauka, Moskow.*

98. **Vageler, P.** (1930). Grundriss der tropischen und subtropischen Bodenkunde. *Parey, Berlin.*

99. **Voisin, A.** (1960). Dynamique des herbages. *Maison Rustique, Paris.*

100. **Waksman, S. A.** (1938). Humus, origin, chemical composition and importance in nature. *Wilkins, Baltimore Md.*

101. ________ (1968). Microbes, organic matter and soil fertility. *Progr. Biodin. Produt. Solo, Sta. Maria, p. 321-332.*

102. **Watters, R. F.** e **L. Bascones** (1971). The influence of shifting cultivation on soil properties at Altamira-Calderas. *FAO Forestry Developm. Paper. 17:291-99.*

103. **Weakly, B.; T. M. McCalla** e **F. A. Haskins** (1967). Aggregate size distribution under influence of microorganisms. *Soil Sci. 103:75-77.*

104. **Webb, L. J.** (1966). Note on the studies on rain forest vegetation in Australia. *Proc. Kand. Symp. UNESCO, 1966, p. 171-73.*

105. **Wiebe, H. J.** (1966). Einfluss von Stroh und Torf auf ertragsbestimmende Faktoren des Bodens. *Gartenbauwiss. 31:125-62.*

106. **Willians, W. A.** (1967). The role of legumes in pasture and soil improvement in the neotropica. *Trop. Agric. 44(2):103-15.*
107. **Zaystev, B. D.** (1966). Influence of exchangeable calcium on the content of organic matter and the total nitrogen in coarse humus horizons. *Pochvov. 12:1380-82.*

5

A BIOLOGIA DO SOLO

A MESO E A MACROFAUNA E SEU MANEJO

Quase ninguém se dá conta de que bilhões de animaizinhos populam cada metro quadrado do solo. Em parte são tão pequenos que somente podem ser vistos ao microscópio (microfauna). Em parte são visíveis a olho nu, mas ainda de tamanho tão reduzido que apenas podem ser vistos com observação muito atenta (mesofauna). E, em parte, são de tamanho maior, como as minhocas, centopeias e inúmeros insetos (macrofauna), de modo que já são conhecidos por todos. Geralmente, ninguém liga para os animais do solo enquanto não se tornarem praga e não incomodarem. Ademais, também não perguntam por que chegaram a constituir uma praga e, simplesmente, os combatem com defensivos de alta toxidade, como DDT, BHC, Aldrin e outros que hoje já são proibidos na maioria dos países civilizados para uso em culturas e nos rebanhos. Na euforia de poder proteger suas colheitas de pragas, muitos passaram todos os limites do razoável, pondo em perigo toda vida silvestre, tanto a das águas como a dos campos. Hoje se observa claramente que nos países onde existe o uso racional dos pesticidas os resíduos tóxicos em animais e homens são mínimos, enquanto que em países onde ainda vigora um uso irracional de defensivos a intoxicação de animais e humanos é impressionante, causando inúmeras "doenças de civilização", ou melhor, de "princípio de civilização."

O maior perigo dos defensivos é que as pragas se tornam resistentes, obrigando a produção de fórmulas sempre mais tóxicas.

A agricultura torna-se cada vez mais difícil, mais arriscada, mais onerosa e mais desastrosa, pondo em perigo também todo o meio ambiente e, com isso, a sobrevivência do homem em vastas áreas de nosso globo. Apesar de todo progresso técnico, o homem é e será somente parte da natureza.

O que aconteceu? Por que as pragas e pestes se têm apresentado com frequência sempre maior e com violência aumentada?

Explica-se que, com a criação de variedades vegetais de maior produtividade, preferidas pelas pragas, ocorre a maior multiplicação destas. Outros dizem que antes também havia pragas mas ninguém nunca se preocupou com isso porque não havia agricultura industrial. Alguém disse: "É melhor morrer envenenado do que morrer de fome." Mas, não existe necessidade alguma de morrer de fome nem envenenado; existe tão somente a necessidade de trocar nosso raciocínio fatorial por um ecológico.

Se soldados ultrapassam as fronteiras de seu país e matam não fazem isso simplesmente porque existem e porque são desordeiros, mas, sim, porque há uma razão séria que os impulsiona a agir assim. Se animais se tornam praga também há uma razão muito séria para que isso aconteça. E a razão é que o homem, ignorando a existência de equilíbrios muito delicados que organizam toda vida no mundo, interferiu nesses equilíbrios de maneira muito infeliz, e agora está pagando por isso. Se nosso mundo atual está cheio de catástrofes, como enchentes, secas e doenças, superpopulação e fome, escassez de água e formação de desertos, é por causa da atividade humana, cuja ciência é incrivelmente limitada, afunilada em canais cada vez mais estreitos, sabendo cada vez mais de cada vez menos em sua especialização, perdendo assim completamente a visão do conjunto.

A vida não se tornou mais humana com as violações da natureza pelo homem. Ao contrário, tornou-se muito difícil, sendo hoje uma luta permanente contra a na-

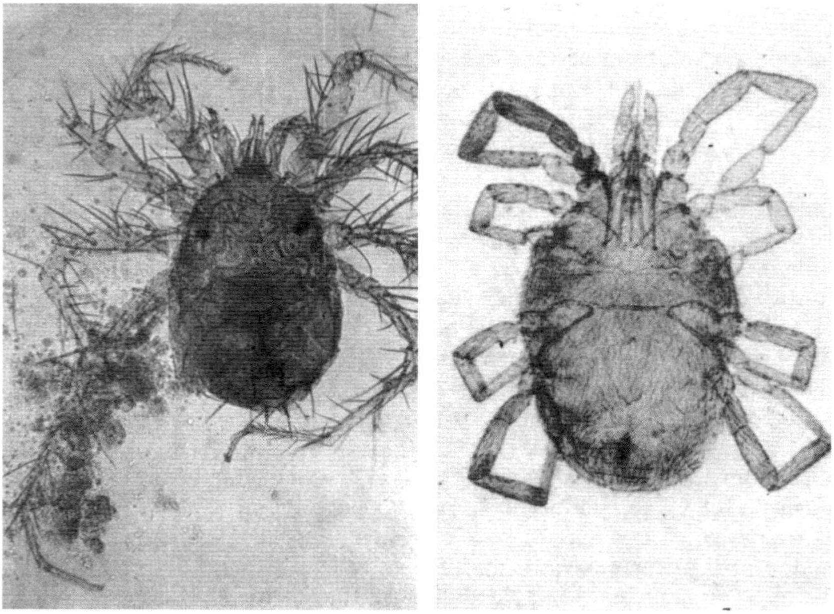

Figuras 5.1 e 5.2 Ácaros do solo, não parasitários. (Tamanho real: 1 a 2 mm)

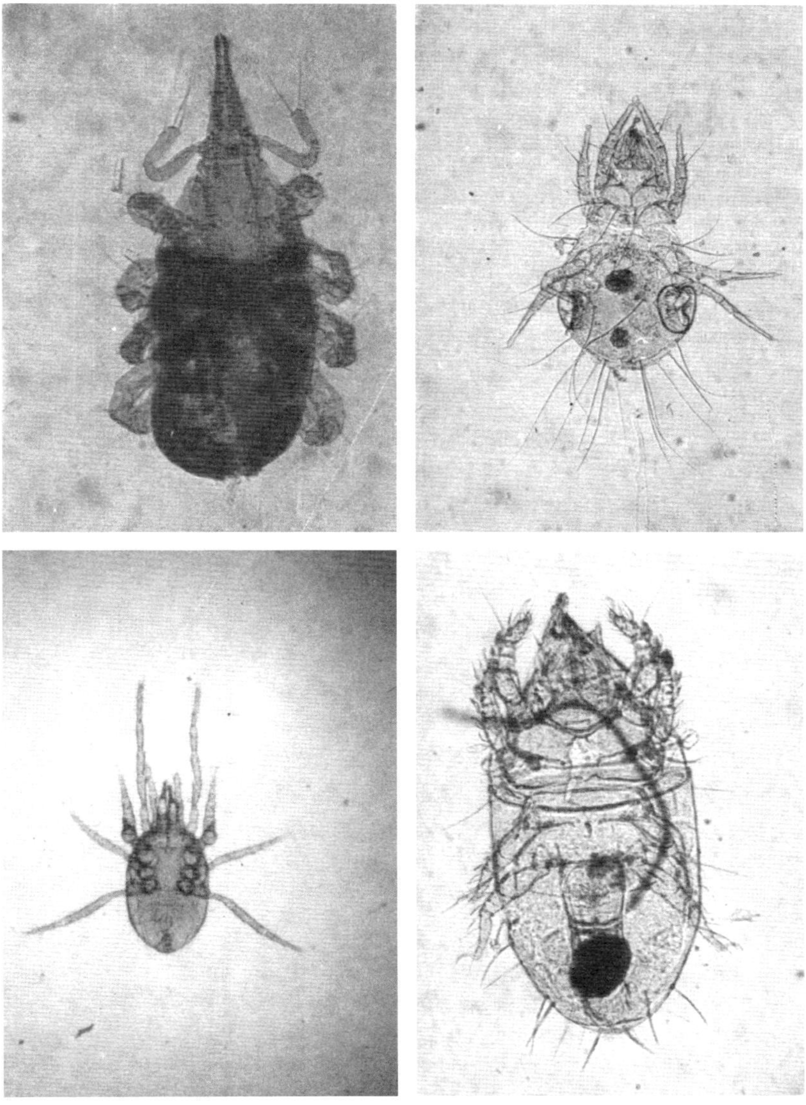

Figuras 5.3 a 5.6 Ácaros do solo, não parasitários. (Tamanho real: 1 a 2 mm)

tureza. O mundo poderia ser bem outro se manejado de acordo com as leis naturais. Mas, para poder manejá-las bem, necessita-se conhecê-las.

Mesmo morando em cidades de concreto, vidraças e asfalto, o homem não escapa aos ciclos vitais, e *não escapa de ser somente um membro do ciclo vital que rege toda natureza,* do átomo até as estrelas. *A luta contra a natureza é, portanto, a luta do ser humano contra si mesmo.* Todo ser vivo, por pequeno e insignificante que possa parecer, tem alguma função no ciclo da vida, que reside basicamente na formação de substâncias pelas plantas superiores e na destruição destas substâncias por microrganismos e micro e mesoanimais. *Se não houvesse destruição, a vida não poderia continuar,* porque o mundo estaria atulhado de plantas e animais mortos, de dejeções e de lixo. Deste ciclo de formação e degradação depende toda vida animal, da ameba até o homem. E, quanto mais se aproxima da destruição total da substância, tanto mais se aproxima também do início de nova vida. Toda vida sobre a terra firme inicia-se no solo, que determina a micro e mesovida, sendo estas, por sua vez, fatores de formação do solo. Em um metro quadrado de solo pastoril, até 30 cm de profundidade, vivem, segundo Dunger (1964) e Kevan (1965), os animais descritos no quadro 5.1.

Isso significa que 0,206% do solo agrícola são animais. Parece muito pouco e é quase insignificante. E, se deduzirmos as minhocas, restariam somente 219 g, o que seria 0,07% do solo agrícola.

Especialmente os animais menores, como os protozoários, nematoides, colêmbolos e ácaros, têm multiplicação muito rápida. Sua importância não é o número em si, nem o peso, mas sim a taxa de renovação. Somente os protozoários, especialmente amebas, têm 3 a 4 gerações por dia. Um mg de amebas multiplica-se a 1 kg em 12 dias e em mais 15 dias seriam 1 tonelada. Em mais um mês seu peso equivaleria ao peso de 1 hectare de solo arável, isto é, 3 milhões de quilogramas. Se não estivessem sob o controle dos outros animais do solo e se não dependessem da alimentação local, em pouco tempo somente existiriam amebas no mundo e a superpopulação de amebas seria muito mais violenta que a do homem.

Os nematoides podem alcançar uma nova geração entre 5 e 50 dias, conforme a espécie e dependendo dos fatores que determinam suas populações. A média é 21 dias. Poderíamos fazer um cálculo semelhante ao das amebas para os nematoides.

Os colêmbolos necessitam 30 a 50 dias desde o ovo até o estágio de reprodução. Nos ácaros e insetos os estágios são algo mais longos e dependem também da temperatura[23] e da atividade metabólica das plantas.[56]

Quadro 5.1

animal	números			peso (g) do número ótimo de animais
	mínimo	máximo	ótimo	
protozoários (amebas)	–	–	1 551 000 000	10
nematoides	1 800 000	120 000 000	21 000 000	40
ácaros	20 000	400 000	100 000	10
colêmbolos (saltadores)	10 000	440 000	50 000	20
centopeias, milipés e outros	1 200	2 900	2 500	23
formigas	200	500	–	–
larvas de insetos	–	–	–	60
minhocas (*Oligochaetas*)	600	2 000	800	400
minhocas miúdas (*Enchytraeides*)	10 000	200 000	200 000	26
moluscos (lesmas, caracóis)	20	1 000	50	30

Peso total da fauna de 1 m^2 de solo até 30 cm de profundidade: 619,0 g

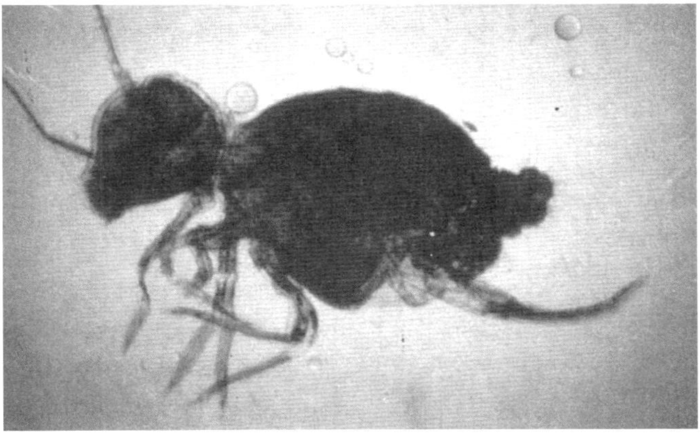

Figuras 5.7 a 5.9 Colêmbolos ou saltadores. (Tamanho real: 1 a 3 mm)

Em todo caso, isso nos dá uma visão do que seria o mundo se cada ser pudesse multiplicar-se livremente, sem ser controlado por outros. Porém, existem, no solo, dois sistemas de controle muito rígidos:

1. Enzimas excretadas por outros organismos, especialmente bactérias e fungos, mas também por animais como amebas, nematoides e até minhocas, que delimitam o seu espaço, e que podem até suprimir a outros seres;

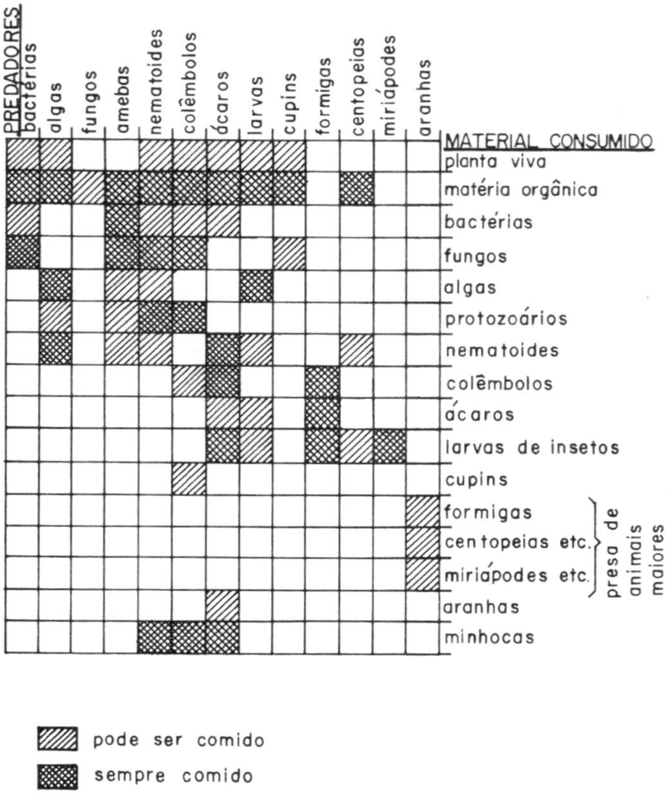

Figura 5.10 Esquema da "cadeia alimentícia" da micro, meso e macrofauna do solo. (Seg. Balogh, 1958, organizado por Primavesi)

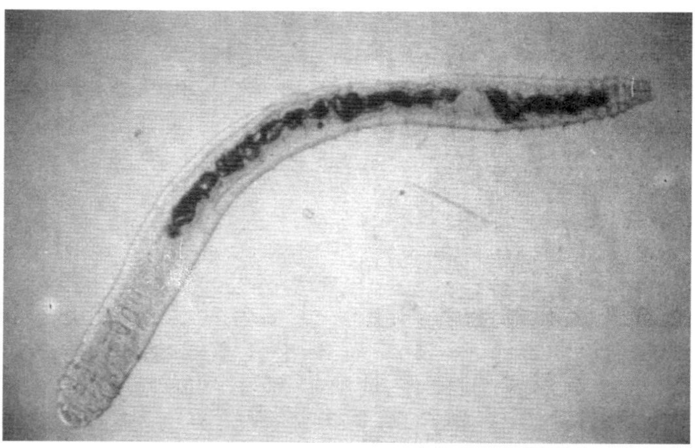

Figura 5.11 Minhoca (tamanho 30 mm).

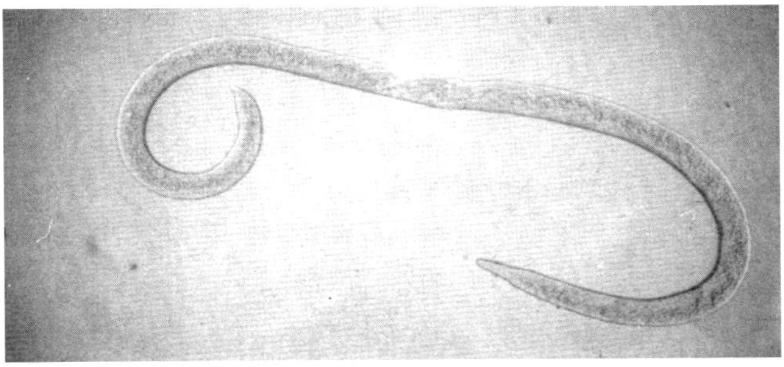

Figura 5.12 Nematoide de vida livre (tamanho 3 mm).

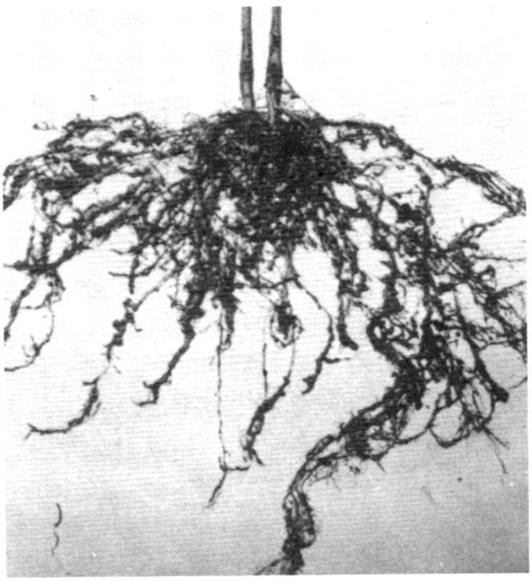

Figura 5.13 Raiz de soja atacada por nematoides parasitas (*Meloidogyne sp.*).

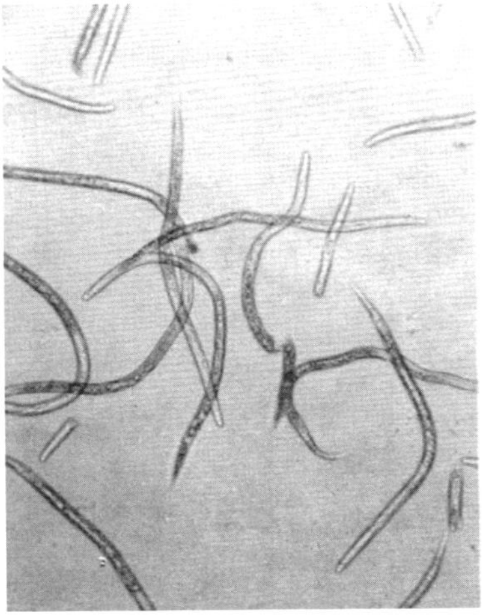

Figura 5.14 Nematoides parasitas extraídos da raiz de soja.

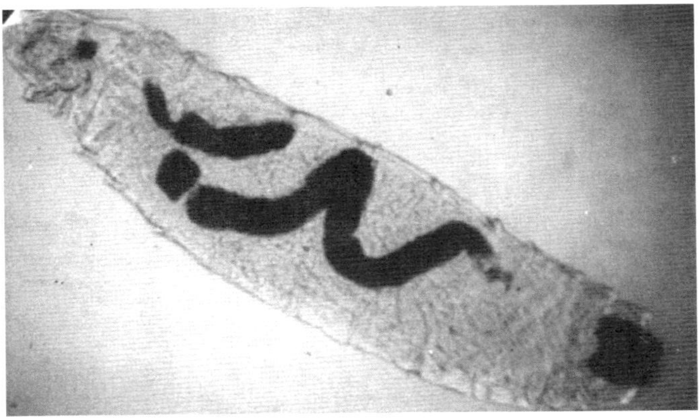

Figura 5.15 Larva de díptero (inseto), tamanho natural 3 mm.

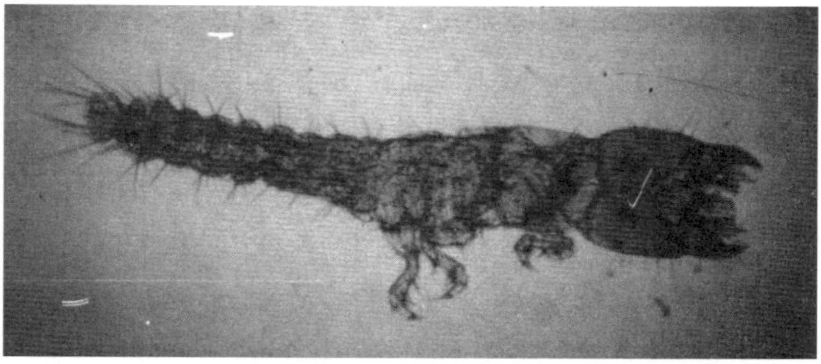

Figura 5.16 Larva de coleóptero (besouro), tamanho normal 3 mm.

2. O alimento disponível na "cadeia alimentícia" ou "pirâmide de energia", onde o ser de energia inferior serve de alimento ao ser de concentração energética superior.[6]

Verificamos que cada animal é presa de outro, sendo controlado por este.

O SOLO E SUA VIDA

O solo não é um conjunto residencial onde os seres vivos coexistem sem se conhecerem uns aos outros. Não existem espécies isoladas, habilmente classificadas, existe, sim, uma sociedade intimamente inter-relacionada. O homem, em seu hábito de "classificar" tudo em ordens, famílias e espécies segundo critérios arbitrários, destruiu a visão da sociedade e comunidade animal.

O solo funciona como um corpo, com a diferença de que não possui seus "órgãos" alinhados ao longo de uma espinha, e seu "sangue" não circula em artérias fechadas, mas em poros abertos. Na Biologia designa-se como ser vivo "tudo que possua um metabolismo próprio". O solo o possui. O ser vivo é de ordem superior quando possui temperatura própria. O solo a tem. É considerado um ser terrestre quando aspira oxigênio e libera gás carbônico (CO_2); o solo o faz. Mas, a vida do solo não é fácil de entender, por estarmos acostumados a ver os corpos alinhados numa ossatura e cobertos por uma pele.

Mas, temos, por exemplo, os cupins (*Termitae sp.*) que constituem "um corpo" apesar de se comporem de milhões de seres separados. Possuem somente uma cabeça em comum: a rainha. Quando esta morre, todo o povo morre dentro de 24 horas por falta de seu centro nervoso. No solo falta essa "cabeça" que os cupins ainda possuem, e o que regula a vida são os equilíbrios biológicos.

Os seres vivos no solo fazem parte dele, modificando-o e influenciando-se mutuamente. O solo é formado através de sua vida, e a vida é típica às características específicas do solo. Quer dizer: o solo determina sua vida e a vida determina o solo. É, pois, um círculo vicioso como a inflação ou qualquer outro ciclo.

Por isso, Ghilarov (1965) consegue classificar os solos segundo sua vida, como nós os classificamos segundo seus horizontes.

Os seres vivos, quer sejam bactérias ou animais, vivem em sociedade onde imperam as mesmas leis que regem nossa sociedade de consumo. Vale a lei do mais forte, a defesa da área vital; existem associações mas existem igualmente os vícios no reino animal, como formigas toxicômanas que gostam de comer colêmbolos tóxicos para ficarem embriagadas. Existe a corrupção onde, por exemplo, o colêmbolo perseguido por cupins-guerreiros, lhes oferece um bocado de comida, sendo imediatamente deixado em paz, podendo roubar do cupinzeiro.

Um dos maiores méritos da micro e mesofauna do solo é o de manter a população bacteriana sempre nova e ativa. Comem as bactérias adultas, eliminando assim as pouco ativas.

Todos sabem que os fixadores de nitrogênio, como os *Azotobacter,* fixam até quatro vezes mais em presença de amebas, como a *Colpodia.* O mesmo pode ser dito das bactérias que produzem coloides, na decomposição de celulose, para a agregação do solo, como as *Cytophaga,*[14,57,77] e que somente são ativas na produção de coloides quando associadas com amebas.

O EFEITO DA MESO E DA MACROFAUNA SOBRE A ESTRUTURA E FERTILIDADE DO SOLO

A maioria dos componentes da mesofauna e muitos da macrofauna melhoram o solo; especialmente no que diz respeito à mobilização de nutrientes, através de enzimas, e o melhoramento da estrutura, a partir da ativação da microvida. Em parte melhoram a física do solo, revolvendo-o e cavando-o. Apesar de o Brasil ser um dos maiores exportadores de minhocas (Rio Grande do Sul e Pernambuco), geralmente existem muito poucas minhocas em seus solos porque não suportam a insolação direta e as queimadas. Especialmente os solos capinados, expostos ao sol, aquecidos, e compactados pela chuva não são um ambiente propício para elas.[76] Porém, aparecem espontaneamente em todos os solos cobertos se existir um mínimo de fósforo e cálcio. Não se necessita inocular o solo com minhocas, o que necessitamos é criar um ambiente em que possam viver.

A lavração, a queimada, a exposição do solo ao sol e o uso de adubos amoniacais fazem com que a maioria da mesofauna desapareça. Essa é uma das razões principais por que se tenta a não lavração em muitos países do mundo, bem como a introdução de plantas protetoras do solo nas culturas comerciais.

Na Austrália se diz: "quantos quilogramas de minhocas um hectare de solo pastoril contiver, tantos quilogramas de ovinos o pasto suportará." Fazem esta relação direta, porque as minhocas melhoram substancialmente a produtividade do solo. São igualmente capazes de transportar à superfície a argila lixiviada para horizontes mais baixos, melhorando, assim, a textura do solo superficial.

As galerias construídas pelos animais do solo, como larvas de insetos, insetos, minhocas, besouros e outros servem à penetração das raízes, à infiltração da água e à circulação do ar. A atividade animal não pode ser separada da atividade microrgânica do solo, já que, muitas vezes, os animais criam condições favoráveis para a microvida,[45] mas, por outro lado, controlam-na. Também as enzimas excretadas por animais do solo, como minhocas, nematoides saprófagos (que vivem de matéria orgânica morta), larvas de insetos etc. podem estimular o crescimento de plantas de cultura. Por exemplo, as minhocas estimulam o crescimento de soja e trevo-branco.[32]

Existe uma relação específica entre os animais de um certo solo e suas condições pedológicas. À medida que o solo piora em suas condições físicas e químicas, diminui a relação entre ácaros e colêmbolos.

Quanto mais adensado o solo e quanto mais inóspito, tanto menor se torna a população acarina.

Na figura 5.17 mostra-se o efeito de alguns animais sobre os nutrientes disponíveis.[51,52] Isso ocorre em parte pela incorporação e decomposição de matéria orgânica. Porém, nem sempre é o caso, porque os cupins afrouxam o solo perto dos seus montículos e aumentam muito o teor em nitrogênio e algo em cálcio: apesar de detestarem matéria orgânica, são especializados em material lignificado, como raízes e madeira, que porém deve ser atacado primeiro por microrganismos, que o pré-digerem.

As formigas afrouxam o solo, enriquecendo-o substancialmente com cálcio. As minhocas são as mais efetivas melhoradoras do solo. Além de revirá-lo, passando toda camada arável por seus intestinos a cada três anos, ainda possuem glândulas

Quadro 5.2 Relação entre ácaros e colêmbolos. (Maldague, 1961)

biótipo	ácaros (nº)	ácaros (%)	colêmbolos (nº)	colêmbolos (%)	proporção
floresta ribeirinha	57 242	79,5	10 123	14,1	5,65
floresta seca	49 749	78,1	11 509	18,1	4,32
pasto de Brachiaria	56 144	63,7	26 973	30,6	2,08
girassol	23 144	55,5	15 485	37,1	1,49

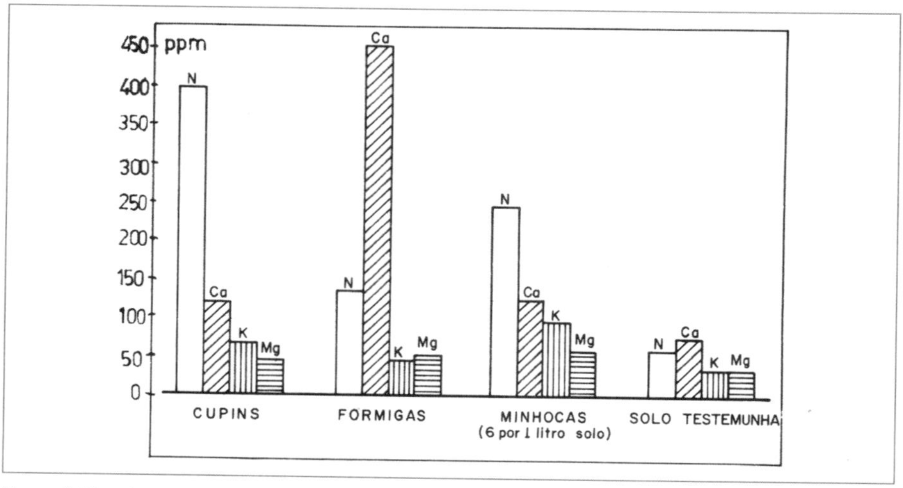

Figura 5.17 Aumento de nutrientes disponíveis pela atividade de alguns animais do solo. (Primavesi, 1968)

calcíferas, as *"glândulas de Morren"*, que neutralizam o ambiente pelos excrementos ricos em cálcio. Sabemos hoje que muitos animais do solo como larvas de insetos, miriápodes etc. possuem glândulas calcíferas[67] (figura 5.17).

Também é conhecido o efeito amonificante de muitos animais do solo, principalmente porque em seus excrementos prosperam microrganismos fixadores de nitrogênio atmosférico.

Como a mesofauna diversificada depende de matéria orgânica no solo e seu arejamento adequado, a decadência física contribui para o desaparecimento da maioria dos animais do solo, sobrando somente algumas espécies que suportam as condições adversas. E estes têm a sua proliferação garantida por falta de inimigos.

Em solos ricamente populados pela mesofauna, o húmus produzido sempre é de boa qualidade, melhorando a CTC do solo. Nunca se forma húmus ácido em solos com atividades animal diversificadas. Os animais comem a matéria orgânica, pré-digerindo-a, de modo que possa ser atacada diretamente por bactérias. *Onde existe uma meso e macrofauna ativa há menos fungos no solo,* por executarem a sua tarefa de romper a estrutura de lignina e de celulose. Portanto, *há menos perigo de doenças fúngicas.*

O FATOR ALIMENTO COMO REGULADOR DA POPULAÇÃO DO SOLO

Cada solo possui seu potencial energético específico. Esta energia existe em forma de carbono, quer seja oriunda de matéria orgânica morta, de animais mortos ou de dejeções de animais,[6] de bactérias ou de micro e mesoanimais. O número e as espécies animais que populam um solo são, portanto, determinadas, em maior parte, pela alimentação disponível. Quanto maior o teor em matéria orgânica, tanto mais animais terá, isto é, animais saprófagos, que se alimentam de matéria orgânica. Os animais saprófagos geralmente também apreciam bactérias e fungos, porque através destes recebem proteínas facilmente digeríveis. Por outro lado, as bactérias gostam das dejeções animais, porque são alimento pré-digerido, com as substâncias complexas desdobradas a produtos mais simples.

Os animais pequenos, as bactérias e os fungos são extremamente especializados, dispondo geralmente apenas de uma a duas enzimas. E cada enzima somente é suficiente para adicionar um íon de oxigênio a uma substância ou subtrair um íon de hidrogênio ou uma molécula de água, transformando-a muito pouco. Por exemplo, oxidam a celulose a açúcares ácidos, açúcares primários até o desdobramento em água e dióxido de carbono. Mas, isso é um caminho longo e permite a vida de muitos organismos ao longo deste percurso. É também a razão por que existem tantos detritófagos, ou simplesmente coprófagos no solo. É como numa linha de desmontagem onde dezenas de seres trabalham para desmontar uma peça, fazendo cada um somente uma pequena manipulação.

E, como bactérias, fungos, amebas, nematoides etc. são muito pequenos, em sua maioria são obrigados a digerir, ou no mínimo pré-digerir, o alimento fora do corpo, isto é, no solo. Portanto, uma infinidade de enzimas existem no solo, como urease, catalase, invertase, fosfatases etc. Elas transformam não somente a matéria orgânica do solo mas aumentam o que se denomina "potencial enzimático" do solo. *Um solo não se torna "ativo" pelo número de microrganismos ou microanimais presentes, mas, sim, pela quantidade de enzimas nele existentes* e que geralmente são mais ativas em pH entre 5,0 e 6,0. Pode haver grande número de organismos no solo, porém, famintos e inativos. De modo que não interessa a quantidade de seres, mas sim, sua atividade, que se exprime pela quantidade de enzimas excretadas.

Neste sistema de digestão externa logicamente aparecem outros pretendentes prontos para participar da refeição. Por isso, cada um dos seres microscópicos defende seu espaço vital por meio de antibióticos, que tornam a sua comida inalcançável para os outros. Também as raízes das plantas usam este sistema. Os antibióticos são específicos, mas há seres, como as amebas, capazes de quebrar as barreiras antibióticas, como também há microrganismos que se especializam nelas e vivem dessas toxinas. Há, portanto, uma complicadíssima inter-relação, no solo, entre todos os seres vivos, inclusive a raiz vegetal. Esta vai da antipatia e prejuízo mútuo por antibióticos e tóxicos (*alelopatia*) por sobre consorciações até à simbiose, que não somente existe entre microrganismos e a micro e mesofauna, a mesofauna entre si, mas igualmente entre a microvida e as raízes vegetais. Por exemplo, muitas bactérias vivem com seus fagos no corpo, amebas podem viver junto com fungos, nematoides e cupins têm amebas e bactérias em seus intestinos para a digestão, e no intestino das minhocas vivem nematoides. Simbiose, porém, são associações que somente funcionam enquanto tudo for bem. O simbionte torna-se parasita quando o hospedeiro é enfraquecido por alguma adversidade. De modo que os limites são delicados entre a íntima colaboração, que é a simbiose, e o parasitismo.[4]

É uma regra fixa que a quantidade de seres vivos que pode existir num solo é determinada pela quantidade de alimento existente no local. Alimento é tudo que inclui carbono, exceto o dióxido de carbono puro, e mesmo este é aproveitado pelos micro seres clorofilados. A população de um habitat, portanto, não pode ser aumentada enquanto não se adicionar outra fonte alimentícia. Quando, porém, o alimento dobra, a população não se duplica, mas se torna mais ativa (*lei de Thienemann*). Os animais mais favorecidos modificam o ambiente progressivamente a seu favor, formando um novo equilíbrio, que pode ser melhor ou pior para as plantas cultivadas.

Assim cada ambiente possui sua fauna terrícola própria (figura 5.18) e não existe um metro quadrado de chão que tenha idêntica fauna do metro quadrado seguinte, uma vez que na "cadeia alimentícia" entram minerais, excreções radiculares, bactérias, algas, fungos, matéria orgânica etc.

Quadro 5.3 Distribuição da matéria orgânica entre os seres vivos no solo. (McFadyen, 1961)

recebem da matéria orgânica no solo	organismos
85%	fungos e bactérias
8%	protozoários, especialmente amebas
3,5%	nematoides, ácaros e insetos
3,5%	moluscos, miriápodes, oligoquetas etc.

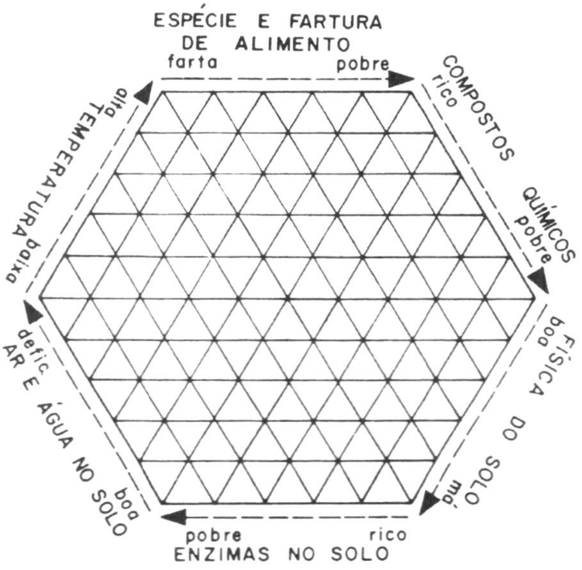

Figura 5.18 Esquema das inter-relações dos fatores do solo com a população do solo. (Cada cruzamento de linhas é outra alternativa de composição de espécies). (Balogh, 1958)

OS FATORES DO MEIO AMBIENTE E SUA AÇÃO SELETIVA SOBRE A FAUNA

Hoje, muito se fala do meio ambiente, mas pouco se imagina sob esta expressão. Meio ambiente são todos os fatores físicos, químicos e biológicos de um lugar. Portanto, *os seres vivos que existem num determinado lugar sempre são uma comunidade determinada pelas condições reinantes e nunca são espécimes isolados*, que, por acaso, ali existem. O meio ambiente de um lugar inclui tanto o solo, o clima, como também fatores estranhos introduzidos pelo homem, como culturas agrícolas, adubos, irrigação, herbicidas etc.[12]

Principais fatores abióticos para a fauna do solo

1. Umidade excessiva ou seca;[4]
2. Temperaturas do solo muito elevadas ou muito baixas;[37]
3. Luz solar direta;[22]
4. Distúrbios frequentes como aração, capinas etc;[24]
5. Queimadas;[12]
6. Adubação com sulfato de amônio,[75] nas quantidades normalmente usadas.

Nossa primeira reação será: se a luz direta do sol e temperaturas elevadas matam os animais do solo, mantendo-se o solo bem ensolarado matá-los-emos a todos, inclusive as pragas.

Seria muito fácil se assim fosse. Mas convém lembrar que:

a) Solo algum é produtivo sem a sua vida, porque o que lhe dá o seu potencial de produção é a bioestrutura, a mobilização dos nutrientes, a fixação de nitrogênio do ar, a capacidade de reter água contra a gravidade, o arejamento adequado, sua permeabilidade para as raízes etc. E tudo depende em grande parte da vida do solo;
b) Mesmo que a produtividade do solo não dependesse de sua vida, produzindo melhor quando estéril, haveria o transporte rápido de micro e mesosseres para o solo morto, através do vento, da água e dos insetos. Certos nematoides se desidratam e podem ser transportados pelo vento. Amebas se encistam como as bactérias; ácaros e colêmbolos agarram-se às patas de insetos, e logo o solo passaria a ser novamente povoado, porém, sempre somente com os micro e mesosseres que encontrarem facilidade de vida neste lugar.

A seletividade do solo para com a sua população é muito grande.[61] Esta seletividade ocorre devido aos seguintes fatores:

A textura do solo

Nematoides preferem solos francos a arenosos, isto é, solos em que podem deslocar-se facilmente, enquanto que os cupins necessitam de, no mínimo, 20 a 30% de argila no solo para poderem construir suas galerias. Muitos insetos têm patas cavadoras, como, por exemplo, certos percevejos, enquanto animais mais delicados ficam impedidos de viver em solos mais compactos. Essa é uma das razões por que em solos adensados aumentam as pragas. São favorecidas pela estrutura adensada do solo e por condições inóspitas para muitos outros micro e mesosseres.

A umidade do solo

Na seca, quase toda vida do solo superficial entra em declínio. Somente a 50 cm de profundidade haveria umidade suficiente para a vida em épocas secas.[1] Os animais fossadores se refugiam para lá. Os não fossadores encistam-se ou morrem. Assim, os solos tropicais, em uso agrícola, geralmente possuem muito poucas espécies de animais, embora estas apareçam em número impressionante. Predominam aqueles que têm a capacidade de se desidratarem ou encistarem, como é o caso de certos nematoides, ou de sobreviver às épocas adversas em forma de crisálidas. Na estação das águas estes reavivem, quase sem inimigos ou concorrentes. Outros sobrevivem em forma de ovos, como os ácaros.

Se a umidade for excessiva, seja por água estagnante seja por irrigação, a maioria dos animais terrícolas morre, sobrevivendo somente umas poucas espécies que possam viver nestas condições de anaerobismo. Os nematoides estão entre eles.

A porosidade do solo

Da porosidade do solo depende a circulação do ar, da água e da própria fauna edáfica. Um solo compacto não é somente anaeróbio, mas igualmente inadequado para muitos animais, opondo-se às suas migrações necessárias, impedindo assim sua existência. Formigas, cupins, larvas de coleóteros e dípteros, centopeias e percevejos cavam com toda facilidade. A presença de cupins sempre é sinal de solos adensados.

As minhocas, embora boas fossadoras, encontram na falta de oxigênio, ou melhor, na acumulação de CO_2,[62,64] uma limitação de sua existência. Em solos compactos pode haver, em lugar de 0,2 a 0,3% de CO_2, concentrações de até 9,4% de CO_2[27] mortíferas para a maioria dos seres vivos. As minhocas se enodam e morrem.

A drenagem adequada da água da chuva é outro fator importante. Em solos com água estagnada vive somente 1/35 da população que vive em solos bem drenados.[4]

A fauna do solo é destruída e induzida à migração pela umidade excessiva. Condições anaeróbias também são prejudiciais a muitos animais, especialmente em solos adensados. É por causa da redução de nitritos *à amônia, que é muito tóxico, para todos os animais*. Não é o nitrogênio em si que prejudica, mas sim a amônia (NH_3), que é considerada um abiótico.[22]

Também o gás sulfídrico (H_2S) em solos encharcados, em concentrações superiores a 0,5%, é mal suportado pela fauna terrícola.[37]

A temperatura

Embora a 50 cm de profundidade a temperatura do solo tenda a estabilizar-se, isso não resolve muito para os animais do solo que, em sua maioria, vivem até 20 a 30 cm de profundidade por necessitarem de oxigênio e matéria orgânica. A elevação da temperatura do solo é mortal para a maioria dos animais do solo, uma vez que somente estão recobertos por finíssima película, que não é capaz de protegê-los contra a seca. Toda a fauna edáfica depende de um certo grau da umidade, de modo que qualquer temperatura que resseca a superfície do solo a prejudica.

A luz e a insolação do solo

A maioria dos animais edáficos são antifototrópicos, isto é, não se dão bem na presença da luz. Se o solo for compacto e desnudo, como ocorre muitas vezes com o solo agrícola, não há onde se refugiar e, portanto, morrem porque em seu estado despigmentado não suportam a insolação direta.

Vale a regra que somente os micro e mesoanimais pigmentados, que migram na superfície do solo, estão protegidos da exposição à luz solar por algum tempo.

A qualidade do alimento

Tudo que influi sobre o vegetal influi sobre a micro e mesofauna do solo, como riqueza mineral, umidade, insolação, temperatura, pragas ou defensivos, estrutura do solo com suas variações de oxigênio, compacidade etc. E cada espécie e variedade sabe aproveitar o solo de maneira diferente. Portanto, a vegetação de um lugar é um dos meios ao nosso alcance para modificar a fauna do solo (figura 5.19). Assim, por exemplo, com adubação verde proliferam fungos que captam nematoides, mas igualmente fungos patógenos. A palha no solo aumenta, geralmente, os ácaros, formigas e aranhas, de modo que contribui para a limpeza do terreno, eliminando inúmeros animais prejudiciais. Certos animais são sensíveis a solos muito ácidos e à vegetação pobre em Ca e nitrogênio, e não é raro que possuam glândulas calcíferas como as minhocas, centopeias e algumas larvas de dípteros, de modo que podem enriquecer seu alimento com cálcio. E todos sabem que a rotação de culturas é o meio mais eficaz de mudar a fauna do solo!

A RELAÇÃO ENTRE OS ANIMAIS

O espaço onde vive um animal é modificado por sua simples existência, especialmente graças às suas enzimas e dejeções. Esta modificação pelos mais favorecidos beneficia ou prejudica a outros, favorecendo ou limitando sua proliferação. Se, por exemplo, uma espécie animal é favorecida pelo plantio de uma monocultura, ela modifica seu ambiente de tal maneira que impossibilita a vida de seus predadores. Portanto, multiplica-se ilimitadamente a ponto de tornar-se praga, como é o caso de certos nematoides. Não possuem mais inimigos, que foram prejudicados seriamente pela lavração e plantio contínuo da mesma cultura, sempre com as mesmas excreções radiculares. Desta maneira elimina-se todo o mecanismo de controle automático do solo.

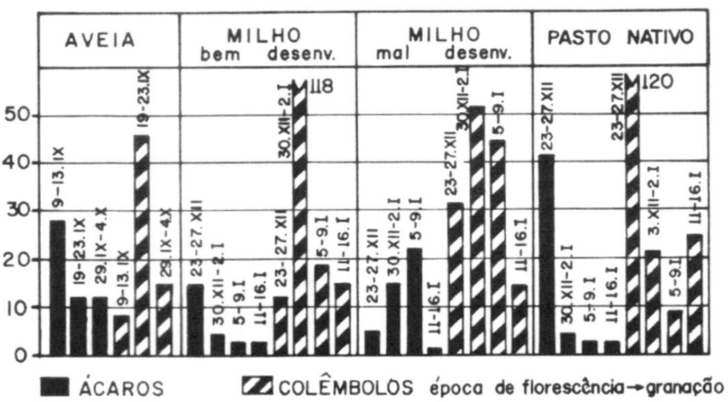

Figura 5.19 A população da mesofauna relativa ao desenvolvimento da cultura. (Primavesi & Covolo, 1968)

Normalmente, a luta pela sobrevivência é dura. As chances de nascer são poucas, porque muitos devoram os ovos de outra espécie. As possibilidades de se tornarem adultos são mínimas, por serem numerosos os predadores de larvinhas, a grande quantidade de tóxicos que impedem a absorção de alimentos, e as enzimas que atacam até o próprio metabolismo. Morrer de velho é impossível porque há não somente predadores mas até mesmo canibais, como o nematoide *Mononchus palpitatus* que, diariamente, pode comer até 83 larvinhas do nematoide *Heterodera.*

A modificação do ambiente equivale, portanto, à modificação de seu equilíbrio.

Do exposto, ficou claro que a menor variação no solo tende a modificar, forçosamente, toda a sua vida, porque beneficia ou prejudica componentes de uma sociedade estabelecida.

Cada aração é uma revolução.[12,23] Penetra mais ar, o solo é secado, crescem outras bactérias que sustentam outras amebas, outros fungos, outros animais. Boa parte da população não suporta este tratamento e, simplesmente, desaparece.

Segue-se a adubação, a calagem, o plantio de uma monocultura, a capina ou herbicidas, inseticidas, irrigação. O solo sempre se adensa pelo cultivo ou pastoreio, especialmente quando mal manejado. Modifica-se a circulação de ar e água no solo e estabelece-se uma comunidade nova.

No solo normal, nativo, há muitas espécies e cada uma com poucos indivíduos por ser grande a pressão interespécie.

Mas, *nos solos extremos, e o agrícola* com sua monocultura é considerado como tal, *há poucas espécies, existindo muitos indivíduos de cada uma,* porque a pressão interespécie aí é fraca.

As espécies beneficiadas, em geral, completamente inexpressivas no sistema anterior, agora são "criadas" pelo homem, embora inconscientemente. E são geralmente animais que conseguem superar todas as dificuldades causadas pela monocultura e a compactação.

Pela monocultura criam-se os parasitas que a aniquilam.

OS ANIMAIS QUE PREDOMINAM EM SOLOS "TROPICAIS"

Segundo Bachelier (1965), em solos tropicais, com suas temperaturas elevadas, predominam os insetos *Pterigotes,* como cupins, formigas, larvas de *Coleópteros* (besouros) e *Dípteros* como também nematoides. Portanto, nematoides, insetos e formigas cortadeiras limitam a produção em zonas tropicais, quando forem beneficiadas demasiadamente por técnicas agrícolas que ignoram sua presença, até que se tornem pragas.

CONTROLE E MANEJO DA FAUNA DO SOLO

Todos os métodos que se chamam de "controle biológico" são efetivos, mas dependem de pesquisas muito demoradas, geralmente impossíveis de realizar em tempo. Exigem, além do mais, verdadeira "indústria" de produção de inimigos naturais.

Figura 5.20 Mosquitinhos do solo (tamanho natural 1 mm).

Criam-se machos estéreis de insetos para evitar a fecundação de fêmeas, inocula-se o solo com fungos ou insetos predadores etc. Sabe-se que a fusariose (*Fusarium oxisporum var. cubana*), que causa a murcha de bananeira, pode ser interrompida pela secreção de um inseto (*Scaptocoris divergens*) que rói a raiz da planta. A podridão do caule de arroz, causada por bactérias, diminui radicalmente quando a planta é atacada por nematoides, que aumentam sua respiração e com isso seu metabolismo.[47] Existe um fungo patógeno, hostil a nematoides, que se desenvolve em matéria orgânica e que é impossibilitado de desenvolver-se quando colêmbolos defecam sobre a matéria orgânica que ele está decompondo. São fatos que, de certa maneira, são interessantes para estudos de comportamento, mas que ajudam pouco no manejo geral da vida no solo.

É um erro considerarmos cada patógeno e cada praga como um ser isolado, e combatê-lo como tal. Na verdade, *não existem seres isolados, existem somente comunidades. E a comunidade pode ser alterada pela modificação de qualquer um dos fatores do meio ambiente. O que existe no solo são sempre equilíbrios dinâmicos,* e um equilíbrio dinâmico pode ser comparado a um mecanismo de relógio. Uma pequena rodinha que para faz todo o mecanismo parar. Qualquer parafuso que se troque, usando outro modelo, exige a troca de todo o mecanismo, porque tais peças são exatamente calibradas para as demais e, existindo uma diferença dentro do esquema, o conjunto não funciona, mas se deteriora. Assim, aumenta ainda mais o problema.

É o que ocorre no solo, e que muitos de nós ignoramos, ou simplesmente não lhe dispensamos a devida atenção. Quando surge um fungo patógeno ou um inseto-praga, a pergunta não deveria ser: como se mata este organismo? A pergunta deveria ser sempre: *Qual a condição ambiental que permitiu seu aparecimento incontrolado?*

Podemos crer que a culpa reside nas técnicas agrícolas arbitrariamente empregadas, destruindo-se assim os equilíbrios biológicos, sem nos darmos conta do que está acontecendo!

A MATÉRIA ORGÂNICA NO CONTROLE DOS ANIMAIS DO SOLO

Todos os animais do solo, com exceção dos predadores, aumentam a humificação do material orgânico, de modo que muitos autores acreditam que sem animais não se forma húmus. Parece que a atividade principal da mesofauna está na decomposição da matéria orgânica, seu enriquecimento com minerais, seu transporte e sua mistura íntima com o solo mineral. Quer ataquem as folhas ou raízes mortas, ou vivam das dejeções de outros animais,[39] sempre contribuem à humificação. Disso conclui-se que a diversificação da vida do solo, "mantendo muitas espécies com poucos exemplares", está ligada à quantidade de matéria orgânica à disposição. Solos *deficientes em matéria orgânica criam condições de extrema exceção, onde o aparecimento de pragas é iminente.* Incluem-se aqui, também os cupins, que, apesar de viverem exclusivamente de lignina e celulose, não apreciam a matéria orgânica humificada no solo, e existem até cupins, como os *Comitermes* (*Nasutitermita*) que, quando encontram húmus na superfície do solo, o destroem. Os cupins, como se sabe, não são capazes de digerir lignina e celulose, e dependem de fungos e bactérias que as pré-digerem para eles, existindo até mesmo culturas de fungos para decompor a celulose que lhes serve de comida.[28]

Condições aeróbias do solo, com matéria orgânica decomposta rapidamente por bactérias celulolíticas e amebas, como as *Cytophagas* associadas com a *Colpodia sp.*, formam um ambiente em que a maioria dos cupins não pode sobreviver.

Sabemos que a fauna do solo se modifica rapidamente, segundo a matéria orgânica que se acrescenta ao solo.[41] De modo que o melhor método para se mudar uma associação no solo é plantar uma cultura diferente e incorporar superficialmente seus restolhos e sua palha.

A rotação de cultura, quando acompanhada da incorporação superficial da palha, modifica rapidamente a fauna do solo, reduzindo pragas e eliminando situações extremas. Na monocultura esse mecanismo não funciona. Além de se influir sobre a fauna, é importante criar plantas de culturas sadias. Sadia não é uma planta cujo crescimento foi artificialmente aumentado por nitrogênio e irrigação. Sadia é a planta que possui os elementos nutritivos de que necessita para formar um máximo de substâncias que lhe são típicas. Incluem, portanto, ao lado de cálcio, nitrogênio, fósforo e potássio, enxofre e micronutrientes, e exigem um solo grumoso com suficiente ar e água.

Já em 1964 Primavesi constatou que não há doença vegetal sem prévia e determinada deficiência mineral, o que Bachelier (1965), Bussler (1966), Braun (1968), Trolldenier (1969) e muitos outros confirmam. Planta biologicamente fraca é a planta mais sujeita a doenças e pragas. Especialmente os elementos cálcio, potássio e fósforo contribuem para a sanidade vegetal e o desenvolvimento de uma fauna terrícola variada, através da maior variedade de excreções radiculares. Como é desejável uma recolonização variada, o mais rápido possível, dos solos agrícolas, é importante deixar faixas de vegetação nativa entre os campos, como refúgio de comunidades silvestres da macro e mesofauna, a fim de manter a sanidade dos campos.[16]

O calor, a luz e a seca matam a vida do solo, permitindo a formação de condições extremas e, com isso, o fomento a pragas. Condições anaeróbias prejudicam quase todas as espécies benéficas às culturas agrícolas e ao solo. Portanto, a cobertura do solo por uma cultura protetora (*cover crop*) ou, na época de seca, com cobertura morta (*mulch*), não mantém somente a estrutura do solo, mas igualmente uma vida benéfica do solo. Controla não apenas as bactérias através de sua redução drástica por amebas, mas fornece ao mesmo tempo alimento aos fungos parasitas, como os *Phycomycetos* que se alimentam de amebas, evitando que parasitem as plantas.[53]

Certos fungos controlam nematoides patógenos[17] como, por exemplo, os de aveia e abacaxi; ácaros controlam os fungos, e formigas controlam os ácaros. O controle, em solos adequadamente manejados, é eficiente. Como a monocultura, às vezes, não pode ser evitada, culturas consorciadas com leguminosas já melhoram muito o equilíbrio biológico no solo. O controle perfeito de pragas, porém, somente se consegue por meio da rotação consciencios a das culturas, de que trataremos mais adiante. A troca de culturas suscetíveis a nematoides por culturas não suscetíveis, ou pouco suscetíveis, é um controle eficaz dos nematoides. Milho, capim-pangola e alfafa são culturas hostis à maioria dos nematoides. Primavesi (1973) prova também que a tolerância das plantas às cargas elevadas de certos nematoides cresce com a alimentação adequada destas, de modo que podem dar colheitas boas a muito altas, apesar de existirem nematoides patógenos no solo.

Em muitos casos a ação dos nematoides limita-se a pequenas lesões, mas que se constituem em portas abertas a bactérias e fungos patógenos.[13,82] Nestes casos, o problema não são tanto os nematoides, mas, sim, os microrganismos patógenos, de modo que um controle eficaz de fungos e bactérias por ácaros e amebas evita tais prejuízos. Soja com mais de 3 000 nematoides *Meloidogyne sp.* em 5 g de raiz fresca ainda deu 5,1 t grão/ha. Bagacilho-de-cana, vinhaça ou outro material orgânico contribui para o combate eficaz de nematoides, se não existirem raízes parasitadas ou muitos quistos no solo. Matéria orgânica, 10 a 15 t/ha, como, por exemplo, a palha deixada no campo por um milharal bem desenvolvido, provoca o aparecimento de organismos predadores de nematoides, reduzindo sua população a 1/10 no decorrer de poucas semanas.[64]

Porém, entre os métodos que mais beneficiam uma vida terrícola variada está a *não lavração.* No *plantio direto* evita-se não somente o revolvimento do solo, mas especialmente a ação direta do sol e da chuva sobre o solo desnudo. Este sistema é tratado em pormenores no capítulo 9.

RESUMO

Controlam-se pragas criando-se condições adversas à sua multiplicação. Rotação de culturas, culturas protetoras *(cover crop)*, sombreamento do solo por cobertura morta na época de seca, a adubação fosfatada e calagem, o suprimento adequado com potássio, a incorporação superficial dos restos de culturas são medidas capazes de controlar eficazmente bactérias, fungos, nematoides e insetos. Deve-se almejar um número grande de espécies de seres vivos no solo com número reduzido de exemplares dentro de cada uma, evitando-se a proliferação de parasitas.

Quando aparecem pragas, é porque o meio ambiente do solo lhes é favorável. A modificação desse meio fá-las desaparecer ou, no mínimo, dificulta sua multiplicação.

Cada ser que aparece espontaneamente, seja ele bactéria, fungo, micro, macro ou mesofauna, ou planta invasora, é a expressão do meio ambiente: um ecótipo.

Não se combate a espécie indesejada, mas modifica-se o ambiente que a criou, de modo que este se torne desfavorável para esta espécie e mais favorável à cultura e a multiplicação de uma gama grande de outros seres vivos. Enquanto não for modificado o ambiente, a espécie indesejada ou nociva voltará, sempre com formas mais resistentes, uma vez que, segundo a lei da natureza, é "dono legítimo" deste solo. É o ecótipo. É ilógico combater a espécie, deixando as condições que a "criaram".

Para a fauna do solo vale: *Melhor manejar do que querer exterminar.* Defensivos são indispensáveis na agricultura moderna, mas somente em casos de emergência, em que o manejo correto falhou.

REFERÊNCIAS BIBLIOGRÁFICAS

1. **Atlavinyté, O. P.** (1973). Distribution of earthworms, moluscs and centipedes. *Lietvuv. T. S. R. MA darbai. Ser. 1 C, 1:61-80.*
2. ________ (1973). The effect of earthworms and their biomass on the biological productivity of barley. *Lietvuv. T. S. R. MA darbai. Ser. 1 C, 1:81-94.*
3. ________ (1973) Mobility of nutritive substances in relation to the density of earthworn numbers in the soil. *Pedobiologia. 13:5-15.*
4. **Bachelier, G.** (1963). La vie animal dans les sols. *O. R. S. T. O. M. Paris.*

5. _______ (1973). Action de la faune du sol sur Thumification de matériaux végétaux. *Rev. Ecol. Et. Biol. Sol. 10(4):453-74.*
6. **Balogh, J.** (1958). Lebensgemeinschaften der Landtiere. *Akademie-Verlag Berlin.*
7. **Bosse, I.** (1967). Wiederbelebung biologisch verarmter Weinbergböden, dargestellt am Beispiel des Regenwurmbesatzes. *Progr. Soil Biol. Holl. p. 299-309.*
8. **Bouche, M. B.** (1973). Observation sur les lumbriciens. *Rev. Ecol. Biol. Sol. 10(3):307-16.*
9. **Braun, A.** (1968). Praktische Bodenbiologie. *Fischer, Jena.*
10. **Bülow, J. F. von** (I960). As ferrungens *(Puccina sorghi, P. polysora e Physopella zea)* do milho; II: Estudo comparativo e inimigos naturais. *Pesq. Agropec. Bras. 1:289-93.*
11. **Bussler, W.** (1968). Symptome und Symptom Sequenzen bei Ernährungsstörungen von höheren Pflanzen. *Kali-Briefe, 2/3.*
12. **Castri, F. di** (1968). Interferencia del hombre en los sistemas edaficos. *Progr. Biodin. Produt. Solo, Sta. Maria, p. 133-43.*
13. **Christie, J. R.** (1960). Em: **Sasser & Jenkins**. *Nematology, Univ. North Carolina Press.*
14. **Darbyshire, J. F.** (1972). Nitrogen fixation by *Azotobacter chroococcum* in the presence of *Colpodia steinii MaCauly Inst. Aberdeen.*
15. **Delamare-Debutteville, Cl.** (1951). Microfaune du sol des pays temperes et tropicaux. *Act. Sci. et. Ind. N°. 1160. Hermann, Paris.*
16. **Deseö, K.** (1958). The importance of native vegetation strips for the biological balance of plowed land. *Acta, Agron. Acad. Sci. Hungr. 8:77-101.*
17. **Duddington, G. L.** e **C. M. Dutchoit** (1961). The controle of pathogen nematodes by some fungus. *Nature. 192(4800):315-17.*
18. _______ (1955). Soil zoology. *Butterworth, London.*
19. **Dunger, W.** (1971). Zur Sukzession von Bodentiergemeinschaften unter halbexperimentellen Bedingungen. *Lemnologica.* 8(2):540-41.
20. **Endo, B. Y.** e **J. H. Veech** (1970). Morphology and biochemistry of soybean roots infected with *Heterodera glycines. Physiopath. 60(10):1493-98.*
21. **Florenzano, G.** (1972). Elementi di microbiologia del terreno. *Ramo Editoriale Degli Agricoltori, Roma.*
22. **Franz, H.** (1953). Der Einfluss verschiedener Düngermassnahmen auf die Bodenfauna. *Angew. Pflanzensoz. XI: 1-49.*
23. _______ (1950). Bodenzoologie als Grundlage der Bodenpflege. *Parey, Berlin.*
24. **Ghilarov, W. S.** (1965). Zoologische Methoden der Bodendiagnose. *Nauka, Moskow.* Ghilarov, W. S.
25. _______ (1972). Chemical Ecology (a review). *Ekologija. 1:110-12.*
26. _______ (1972). Problems of insect taxonomy and plant protection. *Zashita rastend. 2:40-6.*
27. **Giesecke, F.** (1930). Subtropische Schwarzerden. Citado em **Blank, F.** *Handbuch der Bodenkunde. Berlin, Vol. 6, p. 253-342.*
28. **Grasse, P. P.** (1959) Traité de Zoologie. *Masson, Paris.*
29. **Hijink, M. J.** (1967). Fruchtwechsel-Effekte und Nemathoden. *Mitt. Biol. Bundesanst. Land u. Forstw. 121:21-28.*
30. _______ e **R. W. Suatmadij** (1967). Influence of different *Compositae* on populational density of *Pratylenchus penetrans* and some other root infesting nemathodes. *Neth. Z.Pl Path. 73:71-82.*
31. _______ **M. Oostenbrink** (1968). Vruchtwisseling ter Bestrijding van Planteziekten. *Medel. Plantenz. Dienst Wageningen, Sep. 368.*
32. **Hopp, H.** e **C. S. Slater** (1948). Citado em **Bachelier**, 1963. La vie animale dans les sols. *O. R. S. T. O. M. Paris.*

33. **Hryniuk, J.** (1965). Influence of namy years fertilization on the mesofauna in the soil. *Monogr. Biol, del Suelo (UNESCO), p. 413-15.*

34. **Hyan, J.; W. L. K. Frederick** e **D. D. Norton** (1972). Ecology of nematodes in Clarisson--Webster-Toposequence associated with *Glicine max. (L) Meriill. Soil Sci. Soc. Amer. Proc. 36(1):74-8.*

35. **Kevan, D. K. McE.** (1962). Soil animals. *Witherby, London.*

36. ________ (1965). Soil zoology. *Butterworth, London.*

37. **Kühnelt, W.** (1965). Grundriss der Oekologie. *Fischer, Jena.*

38. **Kort, J.** (1969). Der Einfluss resistenter Kartoffeln auf Mischpopulationen von *Heterodera rostochiensis Woll. Mitt. Biol. Bundesanst. Land & Forstw. Berlin, 126:32-8.*

39. **Kurcheva, G. F.** (1960). Pochvov. 4:16-23. Citado em **Bachelier**, 1963. La vie animale dans les sols. *O. R. S. T. O. M. Paris.*

40. **Lee, R. E.** e **T. G. Wood.** (1971) Physical and chemical effects of soil on some Australian termites and their pedological signification. *Pedobiologia. 11(8):376-409.*

41. **Levieux, J.** (1973). Études du peuplement en fourmis terricole d'une savanne pré-forestière de côte d'ivoire. *Rev. Ecol. Biol. Sol. 10(3):379-428.*

42. **MacFadyen, A.** (1972). Faune du sol e processus de la decomposition. *Séminaire de Louvain, Belgique.*

43. **Madge, D. S.** (1969). Litter disappearance in forest savana. *Pedobiologia. 9:288-299.*

44. **Maldague, M. F.** (1961). Relation entre le couvert vegetal et la microfaune. *Publ. Inst, Nat. Agron. Congo. Serie Scient. 90:122-5.*

45. **Marcuzzi, G.** (1968). Ecologia animale. *Feltrinelli, Milano.*

46. **Neumann, V.** (1971). Die Sukzessionen der Bodenfauna in den forstlich kultivierten Gebieten des rheinischen Braunkohlenreviers. *Pedobiologia. 11(3):193-225.*

47. **Nonaka, F.** (1959). Relation between nematode attack and plant respiration. *Scient. Bull Fac. Agric. Kyosho Univ. XVII(1):1-8.*

48. **O'Bannon, J. H.** e **H. W. Reynolds** (1965). Water consume and growth of cotton plants infested or not with root nodulating nematodes. *Soil Sci. 99:251-55.*

49. **Oostenbrink, M.** (1968). Major characteristics of the relation between nematodes and plants. *Sympos. Nematologie, Leiden, 1965, p. 8-10.*

50. **Pauli, F. W.** (1967). Soil fertility. *Hilger, London.*

51. **Piearce, T. K. Jakubczyk** e **Z. Wojcik** (1973). Influence de fourmis sur la modification des sols e des plants dans le milieu de prairies. *Proc. Meth. and Study in Soil Ecol. UNESCO.*

52. ________ (1973). The calcium relation of selected *Lumbricidae. J. Anim. Ecol. 41.*

53. **Pochon, J.** e **H. De Barjac** (1958). Traité de microbiologie du sol. *Masson, Paris.*

54. **Primavesi, A. M.** e **G. Covolo** (1968). Comparação de atividade dos cupins *(Termitidae)* e minhocas com relação a estrutura e nutrientes do solo. *Progr. Biodin. Produt. Solo, Sta. Maria, p. 149-54.*

55. ________ e ________ (1968). Efeitos de diferentes adubos orgânicos sobre a mesofauna do solo. *Progr. Biodim. Produt. Solo, Sta. Maria, p. 261-68.*

56. ________ e ________(1968). Influência da cultura sobre a população da mesofauna. *Progr. Blodin. Produt. Solo, Sta. Maria, p. 263-68.*

57. ________ (1973). Melhoramento na produtividade do solo por bactérias celulolíticas. *Relatório ao CNPq.*

58. ________ e **G. Covolo** (1970). Ensaios com o "método Vassallo" para o combate de nematoides em solos da Depressão Central do RGS. XII *Congr. Bras. Ciência Solo, Curitiba.*

59. ________ e **A. Primavesi** (1973). Beziehungen zwischen Düngung und Nematodenbefall and dessen Einfluss auf den Ertrag von Mais und Sojabohnen. *Agrochimica. XVII (6):511-19.*

60. **Rapoport, E. H.** (1959). Alguns aspectos de la biologia del suelo. *Univ. Nac. del Sur, Bahia Blanca. Argent.*
61. ________ (1968). La fauna edafica y sus aplicaciones en la caracterización de los suelos. *Progr. Biodin. Produt. Solo, Sta. Maria, p. 155-74.*
62. **Rhode, R. A.** (1960). Citado em **Sasser & Jenkins.** *Nematology, p. 447-53.*
63. ________ (1971). Der Einfluss verschiedener Temperaturen und Wechselreize auf das Schlüpfen von Larven der Kartoffelnematoden. *Pedobiologia. 11:143-58.*
64. **Russell E. W.** (1961). Soil conditions and plant growth. *9 ed. Longmanns & Green, London.*
65. **Samedov, N. G. L. A. Bababekova** e **F. K. Rasulova** (1971). Pedo zoologische Analysen von verschiedenen Böden der Mungo-Milskaja Steppen, Azerbaïdjan. *Pedobiologia. 12:2-11.*
66. **Sasser, J.** e **W. R. Jenkins** (1960). Nematology, *Univ. North Carolina Press.*
67. **Satchell, J. E.** (1958). Earthworn biology and soil fertility. *Soil & Fertilizer. 21(4):209-19.*
68. **Schuster, R.** (1966). *Scydmaeniden* Larven als Milbenräuber. *Naturwiss. 53(17).43940.*
69. **Schwerdtle, F.** (1969). Untersuchungen zur Populationsdichte von Regenwürmern bei herkömmlicher Bodenbearbeitung und Direktsaat. (Sodseeding). *Z. Pflanzenkrankh. Pflanzensch. 76(11-12):635-41.*
70. **Shapiro, J.** (1973). Blue green algae: Why they become dominant. *Sci. 179(40):382-84.*
71. **Sharma, R. D.** (1968). Host suitability of a number of plants for the nematode *Tylenchorhynchus dubius. Neth. J. Plant Path. 74:97-100.*
72. **Simon, H. R.** (1964). Zur Ernährungsbiologie Collembolenfangender Athropoden. *Biol Zentr. bl. 83(3):273-96.*
73. **Suatmadij, R. W.** (1967). Studies on the effect of *Tagetes especies* on plant parasitic nematodes. *Veeman & Zonen, Wageningen.*
74. **Törne, E. V.** (1963). Indirekter Nachweis von Elektivwirkung mineralischer Dünger auf die Mikroflora. *Zbl. f. Bakter. Paras. Infekt und Hig. II, Abt. 11:681-88.*
75. **VanRee, J. A.** e **S. Nathans** (1973). Ecological aspects of earthworn populations in relation to wather conditions. *Rev. Ecol. Biol. Sol. 10(4):523-34.*
76. **Waksman, S. A.** (1952). Principles of soil microbiology. *2 ed. William & Wilkins, Baltimore.*
77. **Wiececk, C. S.** e **A. S. Messinger** (1972). Calcite contribution by earthworms to forest soils in northern Illinois. *Soil Sci. Soc. Amer. Proc. 36(3):478-80.*
78. **Wilke, D. E.** (1964). Untersuchungen über den Einfluss von Bodenverschiedenheiten auf das tierische Edaphon. *Z. Acker & Pflanzenb. 118:1-44.*
79. **Winchester, J. A.** (1968). Plant parasitic nematodes of three widely separated areas in the American tropical rain forest. *Progr. Biodin. Produt. Solo, Sta. Maria, p. 185-87.*
80. **Wood, T. G.** e **K. E. Lee** (1971). Termite and soils. *Academic Press, London.*
81. **Yeats, G. W.** (1971). Feeding types and feeding groups in plant and soil nematodes. *Pedobiologia. 11:173-79.*

A MICROBIOLOGIA DO SOLO

6

Toda vida terrestre baseia-se no fato de que a planta verde é capaz de formar açúcares, amidos, proteínas e gorduras a partir de água, gás carbônico e minerais em presença de luz. Essas substâncias servem de alimento aos animais e ao homem. Mas, se não houvesse a destruição posterior dessas substâncias vegetais e animais, montes de plantas e animais mortos cobririam a Terra e atulhariam os mares, terminando com toda possibilidade de a vida continuar.

Para que o que está morto seja removido e o mundo permaneça tão limpo como no primeiro dia, existem os microrganismos, que decompõem as substâncias orgânicas em seus componentes básicos: água, gás carbônico e minerais. Somente a energia não volta mais a ser luz, mas perde-se no espaço em forma de calor (figura 6.1).

De modo que a planta verde é formada das substâncias H_2O (água), CO_2 (gás carbônico) e minerais na presença da luz, e os microrganismos a decompõem novamente em H_2O, CO_2, minerais e calor. A vida pode reiniciar seu ciclo!

Esse processo, que garante a continuidade da vida, é tão discreto que é executado por seres microscópicos, invisíveis a olho nu, somente perceptíveis através de microscópios potentes, com aumento de no mínimo 800 a 1 200 vezes.[146]

Os microrganismos existem em quantidades incrivelmente grandes. Em uma colher de chá de terra encontraremos 100 a 200 milhões de micróbios. Perfazem somente 0,05% do solo e pesam aproximadamente de 1,6 t/ha[46] a 5,7 t/ha, considerando-se um total de 3 000 t de terra agrícola por hectare. Compensam seu tamanho não somente pelo número, mas principalmente pela rapidez de sua reprodução. Levam 30 minutos a 2 horas para criar uma nova geração, de modo que em um dia podem gerar 12 a 48 gerações, o que equivale, em termos humanos, a 3 a 12 séculos.[156] A velocidade de multiplicação depende, em parte, da espécie, mas principalmente das condições do meio em que vivem. Temperaturas elevadas, ao redor de

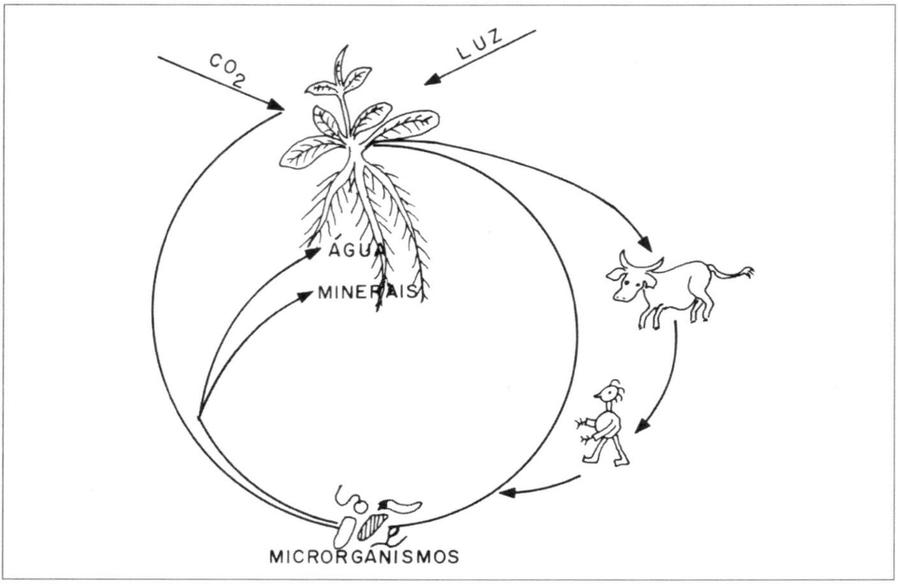

Figura 6.1 A formação e decomposição de material orgânico no eterno ciclo vital.

25 a 30 °C, riqueza em minerais, o suficiente em umidade e matéria orgânica fazem com que esses microrganismos se multipliquem com incrível rapidez.[99]

COMO OS MICRORGANISMOS SE ALIMENTAM

Os microrganismos pertencem à vida mais primitiva que se conhece e todo o seu "corpo" é formado de uma única célula. Não têm boca, nem intestinos, e tudo o que ingerem passa através da parede do seu citoplasma. Quando encontram um meio adequado, com os alimentos que lhes agradam, os esporos ou as células, trazidos pelo vento, começam a proliferar. Excretam enzimas e digerem seu alimento fora da célula.[117] Somente quando as substâncias foram "digeridas e dissolvidas, podem absorvê-las através da membrana finíssima que os separa do meio ambiente.

A maioria das bactérias possui somente uma, no máximo três, enzimas.[111] Fungos e actonomicetos podem possuir mais. Por isso, as bactérias são forçadas a trabalhar em equipe, como os operários numa linha de montagem. Com cada enzima consegue-se catalisar somente *um único processo* bioquímico de decomposição, e que consiste em juntar um íon de oxigênio (oxidação) ou subtrair um íon de hidrogênio da ligação de duas moléculas orgânicas. Toda decomposição é uma sequência de oxidações e reduções de uma substância orgânica até água e gás carbônico. Às vezes, tiram sua energia da modificação da eletrovalência de um metal, durante o processo de oxidação ou redução, mas geralmente ganham-na do carbono da matéria orgânica. Algumas algas, as clorofiladas, e bactérias fotossintéticas são independentes, captando seu carbono do ar e sua energia da luz solar.[79,158]

Por exemplo, na transformação de amônia em nitrato:

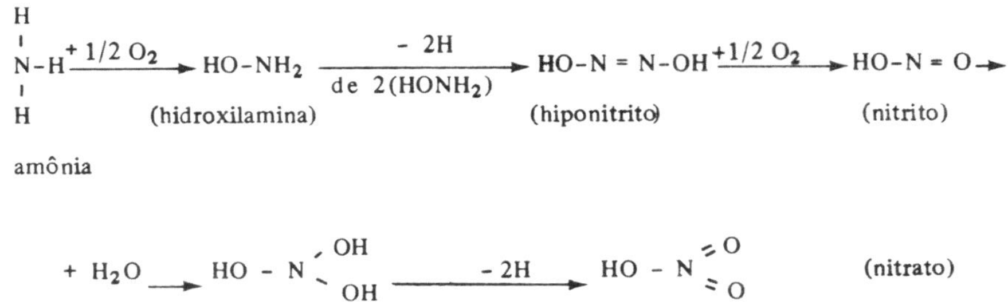

Para cada processo, que é apresentado por uma seta, explicando o que se junta ou subtrai, necessita-se de um outro organismo e outra enzima. São, portanto, vários microrganismos que desencadeiam este processo, e, se faltar um, o processo não é terminado. Nesta oxidação gradativa, o nitrogênio trivalente, com carga elétrica negativa, transforma-se em nitrogênio com cinco eletrovalências positivas. Aí, os micróbios tiram a energia da transferência de elétrons. Seja qual for a maneira pela qual os microrganismos se apoderam de energia, todos necessitam de minerais, que precisam dissolver para poderem absorver. A maioria dos organismos importantes para nossas culturas e nossos solos dependem da matéria orgânica, seja em forma de folhas mortas, de palha, de raízes, de estrume de gado ou dejeções da mesofauna do solo, ou de excreções radiculares, que incluem um sem-número de substâncias, como aminoácidos, açúcares, enzimas, hormônios e muitos ácidos orgânicos, como ácido málico, láctico, tartárico, fumárico, cítrico e outros.[121,122] Mas, devemos estar sempre cientes de que *cada processo químico desencadeado por um microrganismo é somente uma etapa no caminho da decomposição.*[132] Conforme a substância original e a aeração do ambiente, assentam-se espécies distintas de microrganismos, fornecendo produtos intermediários distintos. Também os que fermentam o pão não fazem nada mais que decompor amidos, ou os que produzem vinagre, álcool ou vinho decompõem açúcares em ambiente aeróbio ou anaeróbio. A produção de queijo, cerveja ou seja o que for, nada mais é que o produto intermediário de um processo de decomposição interrompido a certa altura por falta de microrganismos que lhe dessem continuação e que é utilizado industrialmente.

Como os microrganismos do solo necessitam digerir sua alimentação fora de seu "corpo", para poder absorvê-la, excretam suas enzimas no solo. Mesmo a fixação de azoto atmosférico é somente um recurso para obter o nitrogênio necessário à decomposição de álcoois e ácidos orgânicos e a formação, temporária, de proteína celular. Portanto, o solo está cheio de enzimas como catálases, uréases, celubiases, peptases etc., que oxidam e hidrolisam a matéria orgânica em todas as suas formas, a fim de prepará-la como alimento para esta ou aquela espécie de microsseres. Falamos, pois, do *"potencial enzimático" de um solo*[9] *como expressão de sua atividade* microrgânica, o que é muito mais correto que a contagem de germes, uma vez que

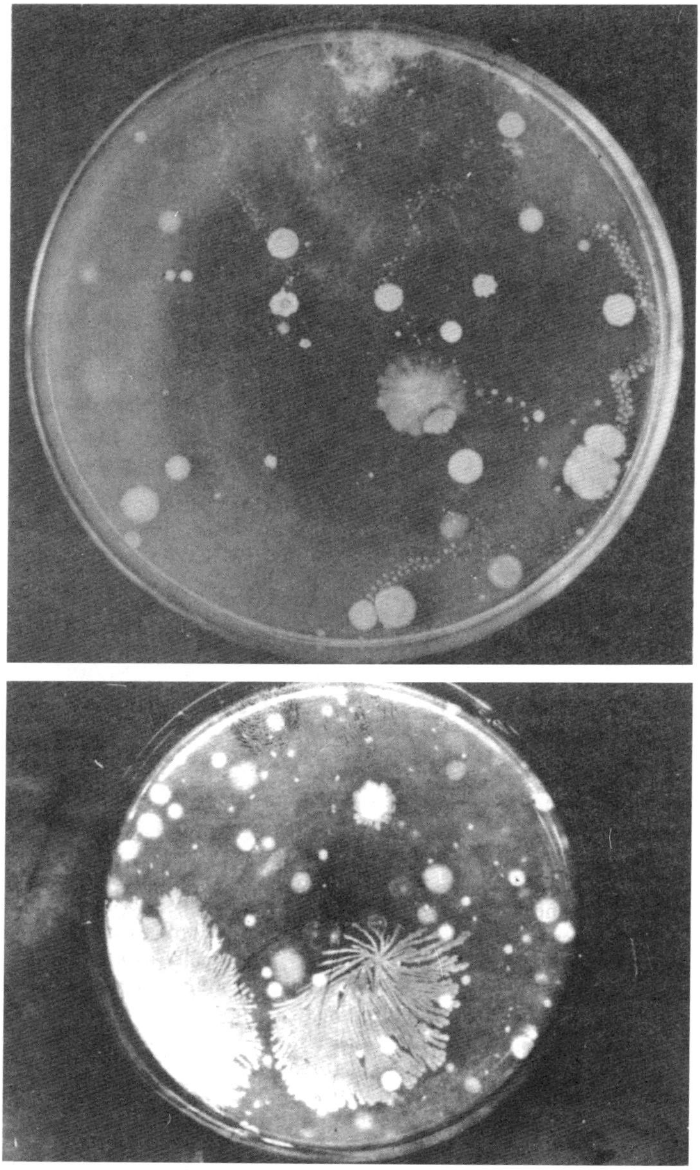

Figuras 6.2 e 6.3 Bactérias proteolíticas, ativas na decomposição de proteínas.

em meio nutritivo nasce tudo, mesmo os germes inativos no solo. Com intensidade crescente todos os países realizam pesquisas enzimológicas do solo. Quanto maior se torna esse potencial, tanto mais fácil se torna, igualmente, a nutrição vegetal, uma vez que os microrganismos solubilizam muitas substâncias, que também a planta pode aproveitar diretamente, antes que o micróbio as absorva.

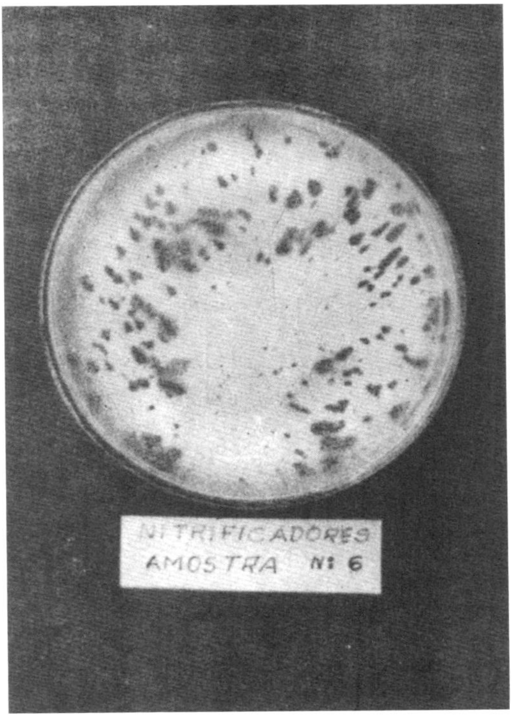

Figura 6.4 Bactérias nitrificantes. Elas não formam colônias visíveis, mas dissolvem a capa de cálcio que cobre o meio nutritivo.

Não somente plantas podem aproveitar os produtos intermediários da decomposição, mas, igualmente, outros microrganismos competem por eles. Assim, os microsseres defendem seu alimento e seu espaço vital por meio de toxinas, os tão conhecidos antibióticos.[158] Esses antibióticos são tóxicos para determinados organismos, isto é, para os que possuem hábitos alimentares parecidos. Para outros são inofensivos, e até podem ser utilizados como alimento. Há organismos que podem inativar os antibióticos por meio de substâncias "desintoxicantes", que provavelmente os oxidam e com isso os desdobram em substancias inofensivas.[9] E, para que as bactérias se mantenham ativas, existem as amebas, que as "pastam". Porém, devoram somente as velhas, fracas e doentes, cuja atividade enzimática diminuiu.

Como somente uma finíssima película separa o microrganismo do meio ambiente, e muitos processos vitais ocorrem fora de seu "corpo", as substâncias excretadas no solo exercem influência muito forte sobre outros microrganismos ali existentes.[27] Assim, eles podem beneficiar-se mutuamente (sinergismo) como, por exemplo, a ameba *Colpodia steinii* e a bactéria *Arthrobacter*,[32] ou o fixador de nitrogênio atmosférico *Azotobacter chroococcum*. Eles podem ser indiferentes uns aos outros, ou podem ser seriamente prejudicados pela presença de outros (antagonismo), como o

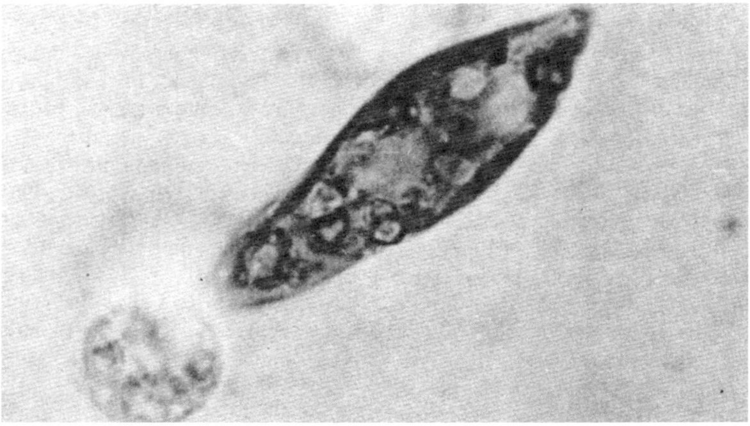

Figura 6.5 Euglenia, ameba clorofilada, ainda vegetal mas também animal em estado ativo e de repouso (aumento de 4 000 vezes).

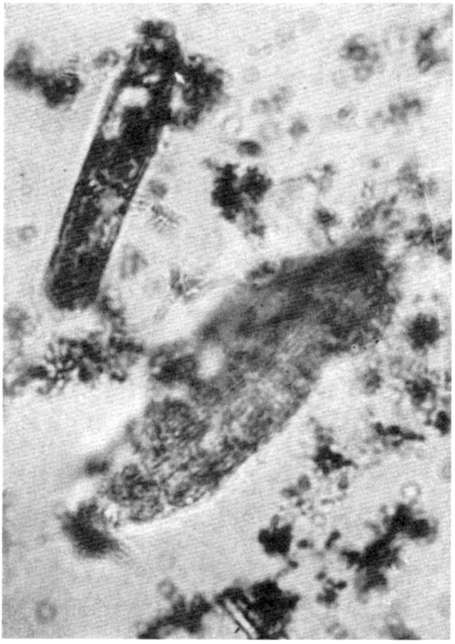

Figura 6.6 Ameba atacada por bactérias, estando em plena decomposição (aumento de 4 000 vezes).

Azotobacter pela presença de fungos da espécie *Penicillium*.[92,143,145] Mas, o *Azotobacter*, por sua vez, ativa o *Bac. megatherium* e suprime o fungo *Aspergillus niger*.[73]

Schlegel (1968) fala, pois, de uma *"ectoindução" da atividade bacteriana* por substâncias presentes no solo, seja por excreções microrgânicas ou vegetais. Essa ectoindução vai a tal ponto que até a produção de enzimas, na própria célula do microrganismo, é modificada pela presença de outros organismos e, portanto, de outra enzima no solo, alterando todo o seu funcionamento. Algumas podem adaptar-se, devido à rápida sequência de gerações, e um exemplo é o aparecimento de bactérias noduladoras em solos onde não existiam, mas onde se plantou leguminosas. Isto é, bactérias do solo acostumam-se à vida mais fácil como simbiontes da raiz, de modo que alguns autores[62,78,106,136] acreditam que as rizobactérias nada mais são do que *Azotobacter, Actinomyces* e outros fixadores de nitrogênio, que se adaptaram às excreções da leguminosa, invadindo finalmente a raiz.

INFLUÊNCIA DO SOLO SOBRE A ATIVIDADE MICRORGÂNICA

A quantidade de enzimas no solo seria incontrolável se não existisse um equilíbrio delicado entre elas e a fase coloidal do solo, podendo os coloides ser tanto de origem mineral (argila) como orgânica (húmus).[58]

$$\text{enzima} \rightleftharpoons \text{coloide}$$

O coloide pode absorver a enzima, ativando-a ou inativando-a através dos íons absorvidos em sua superfície. Sabemos que íons metálicos se ligam como *constituintes* ou *ativadores* aos grupos prostéticos da enzima, sendo que enzima alguma pode reagir sem um íon metálico que lhe seja específico.

Muitas toxinas e muitas enzimas podem ser retiradas de circulação, simplesmente através da absorção pelo complexo coloidal.[9] As enzimas necessitam não somente de uma temperatura específica à sua atividade, que para a maioria das bactérias do solo se situa entre 25 e 32 °C, mas dependem especialmente de uma faixa muito estreita de pH. Cada enzima tem seu pH ótimo em que atinge a maior velocidade

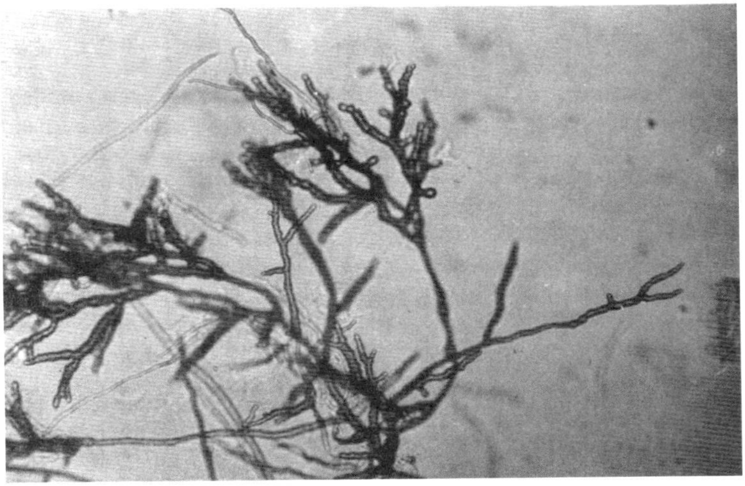

Figura 6.7 Fungo do solo, neste caso um *Penicillium* (aumento de 800 vezes).

de reação. Fora destes pH os processos químicos ocorrem muito lentamente. Portanto podem existir as bactérias e as enzimas no solo, mas se o pH for inadequado, são praticamente inativas (figura 6.8). A maneira mais fácil de influir sobre os microrganismos do solo é através da modificação do pH, que se consegue pela calagem, adubação mineral e adubação orgânica. Mas modifica-se a microflora igualmente pela modificação das excreções radiculares (adubação e rotação de culturas) que tanto influem de modo direto sobre as bactérias como de modo indireto por modificarem as excreções no solo, e com isso o substrato "receptor" das enzimas.

OS MICRORGANISMOS DO SOLO "TROPICAL"

Os microrganismos do solo podem ser nossos aliados se soubermos manejá-los, mas também podem ser nossos inimigos ferrenhos se somente soubermos combatê-los. Deve estar claro que um combate bem-sucedido é quase impossível, uma vez que este não depende tanto da presença do organismo, mas do meio ambiente e das condições favoráveis que o solo oferece, permitindo a reinstalação do organismo. Já Pasteur reconheceu isso quando disse: *"Claude Betrand avait raison, le microbe n'est rien, le milieu c'est tout!"* (Claude Betrand tinha razão, o micróbio não é nada, o ambiente é tudo!).

A proliferação dos microrganismos é limitada pelo pH, riqueza mineral do solo, espécie de matéria orgânica, temperatura e umidade. Em solo com temperatura acima de 20 °C, como ocorre em clima tropical e subtropical, predominam as bactérias, havendo menos fungos e actinomicetos. As bactérias, porém, são extremamente ativas na decomposição de matéria orgânica, não permitindo a acumulação de húmus. Por isso, não se acumula matéria orgânica em terras tropicais, como ocorre em climas temperados. Somente em altitudes acima de 1 000 metros, onde as tem-

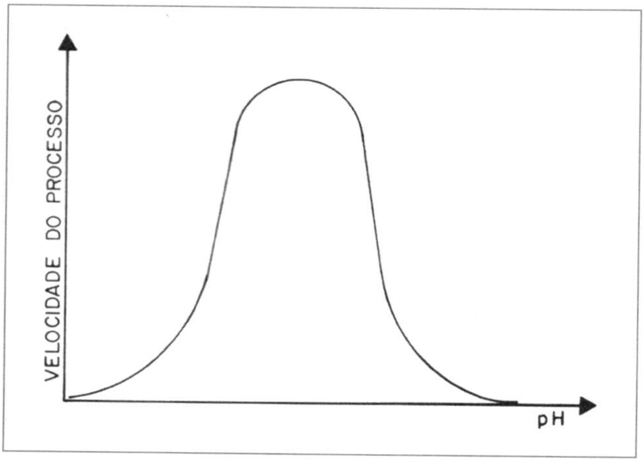

Figura 6.8 A velocidade do processo bioquímico, catalisado por enzimas, dependente do pH do substrato. (Müller, 1973)

peraturas são mais baixas e predominam os fungos, que são decompositores muito lentos, há formação de húmus em maior quantidade.[45,80] O húmus é formado quase que exclusivamente pela ação de fungos e actinomicetos e nunca de bactérias. As bactérias necessitam de uma umidade elevada do ar no solo, que deve estar por volta de 98%,[93] e que ocorre com uma umidade entre 50 e 75% da capacidade de retenção de água do solo. Fungos, mas principalmente actinomicetos, podem crescer em solos bem mais secos, com uma saturação de umidade do ar no solo de 85 a 98%. Mas, tanto fungos quanto actinomicetos necessitam de um arejamento suficiente, e o aumento de umidade sempre corre por conta do arejamento. De modo que em solos mal arejados predominam as bactérias anaeróbias, desaparecendo as aeróbias. O arejamento do solo estimula tanto os fungos como as bactérias aeróbias.[21]

Embora os pesquisadores europeus e norte-americanos indiquem a faixa de 6,5 a 7,0 como sendo a de melhor pH para as bactérias aeróbias úteis, isso não é correto com referência a solos tropicais, parecendo que a atividade das enzimas sofreu adaptação aos solos ácidos tropicais, onde a temperatura as ativa.[160] Assim, Bezerra (1969) e Döbereiner (1953) encontraram *Azotobacter* em solos com pH de até 4,5, apesar de ser considerado como próprio a solos com pH 7,0, e Allison (1947) isolou até *Azotobacter* calciófobos de solos tropicais. Isso, porém, são exceções que ocorrem somente em 2% dos solos,[67] sendo a fixação por bactérias anaeróbias aqui muito mais frequente.[46]

Além disso, o solo não é um substrato homogêneo, mas um sistema de *micronichos,*[107] onde cada um possui seu pH próprio, e nos quais as bactérias, em solos ácidos, têm capacidade de "alcalinizar" o meio ao seu redor através de excreções. É até possível determinar se as bactérias necessitam de uma calagem para prosperar.[97] Se as bactérias acidificam o meio, precisam de calagem, se o alcalinizam dispensam a calagem, pois não gostam dela. Nos *micronichos,* que são cavidades minúsculas nos próprios grumos do solo, o pH pode estar 2 a 3 graus acima do pH medido para o solo em geral.

A RELAÇÃO PLANTA-MICRORGANISMOS[18]

Durante toda a sua vida a planta vive em íntima relação com os microrganismos. Todas as plantas, com exceção de *Crucíferas* e *Liliáceas,*[134] possuem micorrizas em suas raízes, isto é, fungos que as ajudam a mobilizar os nutrientes em volta da raiz. Muitas plantas, mas especialmente as árvores leguminosas, têm uma simbiose com bactérias fixadoras de nitrogênio tanto nas raízes como nas folhas.[70,86,124-126,153] Mas essa relação não necessita ser tão íntima. Na rizosfera, isto é, no espaço densamente enraizado do solo, existe um grande número de bactérias, fungos e actinomicetos, que se aproveitam das excreções radiculares da planta, e que incluem aminoácidos, açúcares, hormônios, vitaminas e um grande número de ácidos orgânicos.[121,122]

Essas substâncias servem como fonte de carbono para os microrganismos, isto é, energia, e estes, em troca, defendem o espaço da raiz com antibióticos contra patógenos.[119] Não porque zelem pela saúde vegetal, mas, simplesmente, porque não querem compartilhar com outros esta fonte segura de alimento.[57] Quanto melhor nutrida a planta, tanto mais intensa a microvida na zona de sua raiz e tanto mais garantida a planta está contra pestes.[85] Devemos advertir aqui novamente que nutrição boa não é simplesmente a nutrição com nitrogênio, que pode provocar um crescimento luxuriante, mas pouco saudável. Neste caso, as excreções radiculares não serão variadas, e, portanto, a vida na rizosfera também não o será. Por outro lado, como a vida na rizosfera depende da nutrição da planta, é possível modificar esta nutrição, através, por exemplo, de adubação foliar, e modificar com isso toda vida no espaço da raiz.[64,155,157] A relação microrganismos-planta depende das condições da planta. Se esta for bem nutrida, crescendo forte e sadia, os microrganismos a beneficiam e a defendem. Se a planta estiver mal nutrida, lutando por sua sobrevivência, os microrganismos patógenos podem chegar até a raiz e atacá-la.[57,129]

Em toda a natureza vale a sabedoria bíblica: "Do pobre será tomado o último, e ao rico será dado de acréscimo". Isso significa que, se algum solo for pobre, as plantas serão mal nutridas e sua microvida radicular será unilateral. Pestes atacarão, e o pouco que se colhe será de qualidade inferior, muitas vezes não comercializável. Havendo um desiquilíbrio mineral, a planta não é biologicamente integral e, portanto, se torna mais facilmente atacável por pragas. O defensivo permite salvar a cultura e até proporcionar uma colheita boa, mas nunca consegue devolver ao produto seu valor biológico característico.

Se, porém, o solo for rico em nutrientes e matéria orgânica, as plantas prosperarão, a microvida prosperará, as colheitas serão abundantes e de boa qualidade, e nada poderá prejudicá-las seriamente. Assim, mesmo infecções vasculares, como a causada por *Pseudomonas solanacearum* no fumo, não lhes causarão dano algum, mas, ao contrário, ainda aumentarão a síntese de aminoácidos aromáticos, simplesmente pelo fato de que quase todos os parasitas "injetam" substâncias na planta que aumentam o metabolismo, para conseguirem mais das substâncias que procuram.

O problema da saúde vegetal já começa com a germinação da semente. Se a semente estiver bem nutrida e fartamente provida de carboidratos, a germinação será rápida e a microvida em volta da semente, composta de vários fungos, como *Penicillium, Aspergillus* e outros[148] e bactérias, beneficiá-la-á, acelerando sua germinação. Mas, quando a semente for mal nutrida e pobre em carboidratos, os microrganismos atacarão a semente, fazendo com que ela apodreça no chão e não possa nascer.

Muitos acreditam que os fungos sempre são prejudiciais quando atacam a raiz vegetal. Porém, existem fungos que até vivem em simbiose com as raízes, beneficiando as plantas. Esses fungos são os micorrizas.

MICORRIZAS E SEU MANEJO

A palavra micorriza vem dos radicais "Myco" = fungo e "rhiz", que é concernente à raiz. Se o solo for suficientemente arejado e as plantas razoavelmente fortes, suas raízes serão povoadas por fungos, os micorrizas, que praticamente todas as plantas possuem, com exceção das *Crucíferas,* às quais pertence o repolho, e as *Liliáceas,* às quais pertencem a cebola e o alho.[29,69,134]

O papel dos fungos no solo parece bastante deturpado. Fala-se deles somente quando são parasitas, mas raramente se considera sua ação benéfica como saprófitas e simbiontes.[29,33]

Sabe-se hoje que a rizosfera vegetal é densamente populada por fungos e bactérias, aproveitando as excreções radiculares, que variam de açúcares e aminoácidos, ácidos orgânicos e nucleotídeos até enzimas, vitaminas e substâncias de crescimento e inibição.[7,88,118,133,147,165] Com o decréscimo do pH do solo aumenta a flora fúngica.[162] Existe, assim, um efeito altamente seletivo sobre os microrganismos em geral, e os fungos em particular. Os fungos por sua vez mobilizam nutrientes minerais para as plantas, aumentam a possibilidade de retirar água do solo, fixam nitrogênio e defendem a rizosfera por antibióticos,[88] sendo os micorrizas os mais eficientes.

A flora fúngica, a exemplo da bacteriana, pode chegar até à simbiose com as raízes. Os fungos sempre são mais frequentes em solos nativos do que em cultivados, onde normalmente predominam as bactérias.[51] São mais frequentes em não leguminosas que em leguminosas por serem ávidos de açúcares mas não apreciarem muito os aminoácidos excretados por estes vegetais.[24,50,98,147]

Ocorrem tanto em plantas arbóreas como em herbáceas, perenes ou anuais. Antigamente acreditou-se que fossem privativos aos *Pinus*[61] mas, hoje, sabe-se que praticamente não existe planta que não consiga entrar em simbiose com fungos, inclusive o cafeeiro.

A vida da rizosfera, simbiótica ou assimbiótica, depende da intensidade do crescimento do hospedeiro[59] enquanto que em plantas arbóreas depende do estágio de desenvolvimento estacional. A "película" de microrganismos que envolve a raiz pode alcançar até a espessura de 5 mm,[25] sendo seu número até setenta e uma vezes maior que a dos organismos do solo.[147]

Com o decréscimo do pH do solo aumenta o número de fungos na rizosfera.[162] Toda adubação que estimula o crescimento vegetal estimula igualmente o crescimento e a multiplicação dos fungos, sendo a adubação fosfórica a mais benéfica.[90] Nenhum fungo da rizosfera é capaz de decompor lignina e celulose e dificilmente pode utilizar amidos. São especializados em açúcares,[49] geralmente de fórmula simples, como glicose ou ésteres como manita e, às vezes, decompõem aminoácidos,[61,76] o que lhe deu o nome de "*sugar fungi*". Também o *Azotobacter* e outros fixadores de nitrogênio são muito mais frequentes na rizosfera do que no solo não enraizado, especialmente quando este for pobre.[142] A razão é que aqui encontram com maior facilidade manita e álcoois, que necessitam para seu metabolismo.[75,95,139]

As raízes de árvores e plantas herbáceas, não leguminosas, são muito mais ricas em fungos, podendo hospedar até 40 espécies diferentes. Raízes de leguminosas atraem mais bactérias.[24,98,147] Porém, a flora microbiana da rizosfera representa um sistema mutável, válido somente para determinado espaço de tempo, mudando com a estação do ano, o desenvolvimento vegetal e as condições do solo.[55,83]

Tanto plantas como fungos excretam substâncias de crescimento e inibição, que controlam a microflora na rizosfera.[7,87,133,165] Os fungos ainda produzem *bacteriostatos,* para garantirem a fonte de seu sustento: a raiz. Mas, o fungo vai mais longe: entra em simbiose com a própria raiz, sendo então chamado de *micorriza*. Para que isso ocorra, a raiz excreta carboidratos, que atraem os fungos à rizosfera,[118] e em seguida hormônios, que incentivam a penetração do fungo na raiz.[49] A infecção simbiótica é maior em solos arenosos, pobres em matéria orgânica, onde a vida saprófita dos fungos se torna difícil.[46] A simbiose é favorecida pela pobreza mineral do terreno.[142]

Existem dois tipos de micorrizas:

1. Os *ectótrofos* ou externos que pouco penetram nas raízes, encobrindo-as com uma película densa de micélios, que variam da cor branca até a negra e normalmente têm uma espessura de 0,02 a 0,04 mm. Somente ocorre em árvores, onde populam as raízes suberificadas e lignificadas, raramente encobrindo também as pontas das radicelas. Podem formar nódulos simples ou coraloides, lisos ou encobertos por outro micorriza em infecção secundária, e podem perfazer até 34 a 45% do peso seco das raízes.[59]

Graças a estes micorrizas as raízes lenhosas, que já não possuíam mais o poder de absorção, entram novamente no processo de absorção, aumentando, destarte, a superfície ativa da raiz, não somente pela maior grossura, que atinge junto com a película fúngica, como pelo aumento considerável da parte da raiz agora ativada pelo fungo, podendo assimilar água e nutrientes, processo antes restringido à coifa das radicelas.

Mas, os micorrizas não somente aumentam substancialmente a área radicular empenhada na absorção, mas possuem, igualmente, um poder de mobilização de nutrientes, muito maior que a raiz vegetal. Especialmente fósforo e nitrogênio aumentam para o vegetal. Atribui-se isso tanto ao maior contato do fungo com o solo, bem como ao seu poder de utilizar compostos orgânicos e de quelatar minerais,[61] de fixar nitrogênio[139] seja diretamente, seja através de bactérias ou algas fixadores de nitrogênio com os quais vivem associados, fornecendo-lhes manita.[46,105] Porém, dependem sempre do arejamento do solo. Por isso, especialmente ocorrem em solos arenosos e em argilosos quando forem grumosos.

2. Os *endótrofos* ou endófitos que vivem dentro da raiz, não sendo visíveis na raiz a olho nu. Ocorrem quase que exclusivamente em gramíneas, leguminosas e praticamente em todas as plantas herbáceas, com exceção de *Crucíferas*[29,69,134] e *Liliáceas*.[52] Fumo, batatinha, algodão, tomates, capins forrageiras e todas as outras plantas cultivadas ou espontâneas beneficiam-se dos micorrizas endótrofos. Geralmente, os fungos pertencem aos ficomicetos e sua vida assemelha-se à dos rizóbios ou bactérias noduladoras. O fungo entra na raiz quando esta estiver su-

ficientemente forte para sustentá-lo e sai dela quando o crescimento estagna, seja por concluir o ciclo vegetativo, seja por inundação ou seca. O fungo sobrevive no solo, somente entrando na raiz quando o crescimento se iniciar novamente. Nas células radiculares forma arbúsculos e vesículas, sendo as últimas órgãos de armazenamento especialmente de graxas, enquanto que os arbúsculos são órgãos de fornecimento para o vegetal, sendo de decomposição fácil, possibilitando à planta retirar dali seus nutrientes. No fim do período as radicelas infestadas morrem,[49] liberando os micorrizas ao solo.

Em gramíneas, os micorrizas podem possibilitar um desenvolvimento normal das plantas, mesmo em solos altamente deficientes em minerais. Assim, por exemplo, aveia consegue crescer satisfatoriamente em solos altamente deficientes em manganês, quando suas raízes forem infestadas por micorrizas.[100,103]

Os micorrizas endótrofos diferem dos ectótrofos por poderem tornar-se facilmente parasitas, se as condições nutricionais dos hospedeiros piorarem, perdendo estes seu vigor e não podendo mais manter seu fungo simbionte. Fato idêntico ocorre com as bactérias noduladoras, ou rizóbios. Em condições adversas podem enfraquecer as raízes dos hospedeiros de tal modo que abrem caminho para fungos patógenos, como *Rizoctonia, Fusarium, Phytium* e outros, o que ocorre especialmente em épocas secas.

Os micorrizas, em condições que lhes são favoráveis, aumentam o crescimento vegetal por mobilizarem nutrientes, especialmente P, Ca e K, fixarem nitrogênio[100] e defenderem o espaço radicular por antibióticos.[99]

Todos os simbiontes são benéficos em condições normais e maléficos em épocas adversas.

O fato de as gramíneas melhorarem a estrutura do solo, agregando-a, não se deve às raízes vegetais mas aos fungos associados a estas,[55,83] e aos metabólitos que excretam, como, por exemplo, ácido urônico. Os fungos mais importantes neste sentido são *Phytium, Aspergillus, Cephalosporum, Cylindrocarpon*[8] e *Penicillium.*[163] Confundem-se os limites entre patógenos, fungos tróficos e simbiontes e parece que a atividade depende tanto do organismo, como das condições em que está sendo obrigado a viver.

Manejo dos micorrizas

Os micorrizas se beneficiam de solos arejados, drenados e protegidos contra insolação direta. Portanto, todas as medidas que contribuem para manter o solo grumoso, beneficiam os micorrizas e com isso o crescimento vegetal. Crostas adensadas na superfície do solo tornam as condições desfavoráveis para os micorrizas, bem como "pans" que estagnam a água do solo. Por isso o afrouxamento do solo por um subsolador e uma gradeação superficial são mais vantajosos que uma aração. *Cover crops* são melhores que herbicidas, que deixam o solo desprotegido, embora não ocorra prejuízo direto ao fungo pelo herbicida.

Beneficiam-se com uma adubação fosfatada, preferencialmente de fosfatos pouco solúveis, como hiperfosfato, termofosfatos, escórias ou fosfatos naturais.[89]

Em terras recém-desbravadas, os micorrizas das árvores constituem, muitas vezes, um problema sério, especialmente em plantas de crescimento mais lento como as teeiras. Aconselha-se, portanto, plantar como primeira cultura sempre alguma planta de crescimento rápido e de hábito diferente, como milho, e manter o solo coberto por uma cobertura morta, a fim de criar um ambiente mais propício às bactérias e menos próprio aos fungos, graças à maior umidade do solo.

A RIZOSFERA E SEU EFEITO

O efeito da raiz vegetal no solo sobre os microrganismos é tanto maior quanto mais pobre for o solo. Isso é facilmente explicável, uma vez que cada raiz excreta substâncias orgânicas que servem de alimento para microrganismos.[75] Em solos mais ricos em matéria orgânica, este efeito desaparece, e em solos pobres é mais forte.[120-122]

Tanto os fungos como actinomicetos e bactérias se assentam perto das raízes. Excretam enzimas, que estimulam o crescimento vegetal,[119] e antibióticos que mantêm os patógenos à distância[57,85] (quadro 6.1).

Neste caso aumentaram tanto os fungos como as bactérias. Em outras plantas os fungos diminuem na rizosfera, enquanto que somente as bactérias aumentam.[149,150]

Na rizosfera sempre predominam as bactérias *Gram negativas* devido à seletividade da raiz. Mas também muitos fixadores de nitrogênio assentam-se ali, especialmente em gramíneas, como os *Azotobacter, Beijerinckia, Spirillum lipoferum, Pseudomonas, Clostridium* etc.[2,3,36,37,75] Ocorre igualmente em maior quantidade o *Bacillus megatherium*, que é muito eficiente na mobilização de fósforo, de modo que Kneur (1968) o denominou *Fosfobacter*. Quando as condições de crescimento vegetal são precárias, com a planta sofrendo com a seca ou com excesso de umidade, devido a uma estrutura deficiente do solo ou de uma chuva prolongada que lixiviou os nu-

Quadro 6.1 Efeito da rizosfera de trigo sobre a população microrgânica. (Katznelson, 1948)

microrganismos	números de microrganismos	
	terra não enraizada	terra da rizosfera
total	57 700 000	1 121 000 000
fungos	120 000	1 160 000
protozoários	990	2 410
algas	26 900	4 500
nitrificadores	100 000	100 000
bactérias esporogênicas	575 000	927 000
bactérias celulolíticas aeróbias	2 700	720 000
bactérias celulolíticas anaeróbias	120 000	9 100
amonificadores	1 800 000	100 000 000
denitrificadores	140 000	12 650 000

trientes do solo precariamente enraizado, ou se uma adubação desiquilibrada dificulta o metabolismo, a planta não excreta mais as substâncias que mantinham sua microflora na zona da raiz, de modo que os microrganismos morrem ou se tornam parasitas. Rubin (1956) acredita que uma atividade excessiva na zona radicular leva microrganismos à simbiose, isto é, a entrar na raiz, para se assegurarem a exclusividade das excreções. O manejo da rizosflora é absolutamente possível, uma vez que depende das excreções radiculares. Qualquer substância acrescida ou absorvida pela folha modifica o metabolismo e, portanto, as excreções, que por sua vez dão origem a modificações da microflora na zona da raiz.[101]

Uma adubação foliar, pulverizando ureia em concentração de 0,5% sobre as folhas de trigo, provocou uma modificação radical dos fungos que ali viviam.[64,155,157]

Verificou-se igualmente que uma pulverização com pesticidas encontra seu efeito na rizosfera.[159]

Para evitar um efeito excessivo da rizosfera, e não expor as plantas ao perigo do parasitismo em épocas adversas, é importante manter uma microvida ativa em todo o solo, o que se consegue através da incorporação superficial da matéria orgânica (vide capítulo 4) e uma adubação módica de P e Ca (fosfato cálcico 250 kg/ha) feita a lanço. Quanto mais ativa a vida do solo em geral, tanto menor o perigo de parasitismo microbiano. Por outro lado não se priva com isso a planta dos benefícios da microflora na rizosfera, mas evita-se a proliferação de patógenos pela maior atividade do solo em geral.

AS BACTÉRIAS NODULADORAS E SEU MANEJO

Como o nitrogênio é o nutriente vegetal que mais falta no mundo, e a sua produção sintética ainda não ultrapassa os 8% da necessidade mundial, todas as possibilidades de fixação por outros meios são interessantes.

Várias plantas possuem bactérias noduladoras ou rizóbios, mas conhecemos especialmente as leguminosas como exemplos. É um erro acreditar que todas as leguminosas sejam noduladoras. Das 12 000 espécies existentes no mundo somente 1 000 foram pesquisadas por enquanto (figura 6.9). Destas, 77 não nodularam de modo algum e somente 8,87% puderam ser consideradas como "noduladoras", isto é, tendo formação expressiva de nódulos e fixação efetiva de nitrogênio.[131] As plantas tropicais nodulam tão bem como as de solos temperados, se as condições forem favoráveis. Assim, 85% das *Mimosoideae* nodularam, mas somente 35% das *Cesalpinoideae*. Também plantas não leguminosas podem ter uma nodulação muito efetiva como *Alnus, Myrica* e outras. Fixam entre 60 e 200 kg/ha de N_2,[141] embora os noduladores não sejam bactérias. Há dois tipos de bactérias noduladoras: os *Rhizobium,* que são bactérias, mas que na "*cross-aglutination*", isto é, no teste sorológico, não mostram diferença perceptível dos *Azotobacteriales, Pseudomonales* e *Arthrobacter,*[99,106] e cujo DNA é igual ao do *Agrobacter.*[62,136] E, como segundo grupo, os *Actonomyces,* que nodulam especialmente não leguminosas[151] de porte arbustivo ou arbóreo, como *Casuarina, Alnus* etc.[19,20]

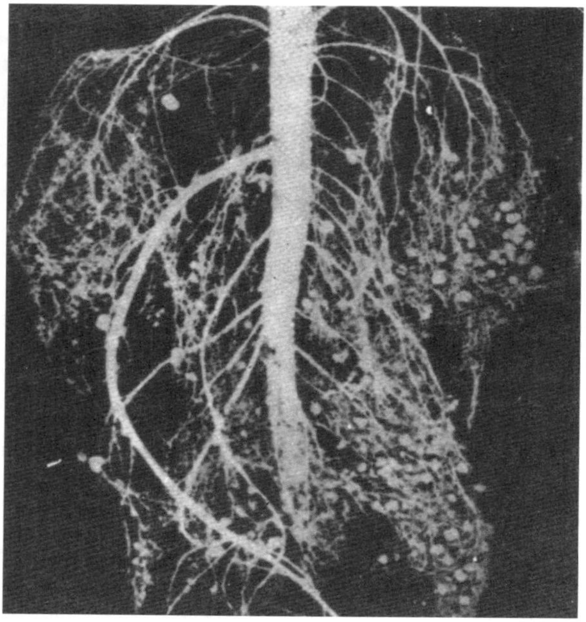

Figura 6.9 Raiz de leguminosa intensamente nodulada por rizóbios.

Mas para que ocorra uma nodulação "efetiva", necessita-se de três condições:

1. Que a planta esteja geneticamente disposta a aceitar simbiontes;
2. Que a planta seja fisiologicamente apta a receber simbiontes;
3. Que as condições do solo sejam favoráveis:
   a) Com uma microflora que estimule a nodulação;
   b) Com os nutrientes necessários, especialmente fósforo, cálcio e, conforme a variedade da planta, com um ou outro micronutriente, especialmente molibdênio.[42,81,109]

Muitas vezes esquecem-se os dois últimos pontos na inoculação e, portanto, um dos maiores problemas na nodulação e fixação de nitrogênio é que muitas linhagens de bactérias são inefetivas ou de fixação tão lenta que são praticamente inefetivas. Isso não depende tanto das bactérias, mas das condições em que a planta hospedeira cresce, e dos fagos que as bactérias possuem.[82]

A simbiose é uma associação entre planta e micróbio, fundamentando-se basicamente no fato de que o micróbio recebe carboidratos diretamente da planta e fornece nitrogênio à planta, após sua morte. Enquanto a planta não estiver em condições de fornecer carboidratos aos micróbios não excreta a substância estimulante que faz os microrganismos migrarem para a raiz. Essa substância é um fosfato cálcico e exige, portanto, que a nutrição de fósforo e cálcio da planta seja suficiente. Se a planta for cortada, sombreada ou inundada,[96] estas condições não prevalecem mais e a planta termina com a simbiose, e os nódulos se desmancham. É um erro acreditar que uma leguminosa em pastejo permanente será capaz de enriquecer o solo com nitrogênio. Geralmente inicia sua fixação somente na 6ª semana de vida, e libera as bactérias para o solo quando pastado pelo gado. De modo que leguminosas permanentemente pastadas não fixam absolutamente nada. Esse é o motivo por que se diz que as leguminosas nativas não fixam. Muitas vezes fixam, mas não sob o trato que recebem.[81]

O efeito dos microrganismos que existem no solo é decisivo para a fixação por rizóbios. Muitos *Actinomyces, Penicillium, Aspergillus, Streptomyces, Bac. mesenthericum* etc. possuem efeito antagônico, evitando a fixação de nitrogênio;[26,34,136] mas outros como *Rhizopus, Phomo* e outros fungos beneficiam a fixação e a atividade das rizobactérias.[143,145]

RESUMO

A nodulação depende da forma de nutrição da planta, e a fixação de nitrogênio da presença de organismos sinergéticos, que a ativam, e da ausência de antagonistas cujas enzimas influem negativamente sobre as bactérias noduladoras.

Mas, como é difícil controlar os antagonistas no solo, lança-se mão do controle das enzimas que eles excretam, oferecendo-lhes um complexo coloidal mais potente. Isto é, pela adição de matéria orgânica e sua humificação em presença de suficiente cálcio e fósforo (vide capítulo 4), é possível "eliminar" este efeito e inativar muitas enzimas no solo, diminuindo assim sua quantidade e sua periculosidade para os rizóbios. Também a modificação do pH pode inativar enzimas desfavoráveis. De modo que uma nodulação efetiva depende também da quantidade de matéria orgânica, fósforo e cálcio no solo, bem como do transporte de carboidratos à raiz. Esta última depende, por sua vez, do abastecimento suficiente da planta com boro. Necessita-se igualmente da transformação do nitrogênio fixado, o que ocorre especialmente em presença de molibdênio. Verifica-se que a nodulação efetiva depende tanto da planta como da linhagem do rizóbio e das condições do solo. A simples presença do inóculo ainda não é o suficiente.

FIXADORES DE NITROGÊNIO NO FILOPLANO (FOLHAS)

As bactérias fixadoras não vivem somente em raízes, mas também nas folhas de muitas plantas tropicais.[16,70,71,86,124-126] Nas florestas tropicais foram encontrados até 20 000 000 de *Azotobacter* e *Beijerinckia* por cm^2 de folha, juntos com *Arthrobacter, Pseudomonas, Streptomyces* e a levedura Rhodotorula.[153] Mas também nas folhas dos capins vivem muitos microrganismos,[46] tendo todos a capacidade de produzir ácido indolacético, um poderoso agente de crescimento, usando como base as excreções foliares.[52] Segundo Daft (1966), 43% têm a capacidade de produzir antibióticos, que protegem as folhas contra ataques de patógenos,[29] e muitos fixam nitrogênio, formando nódulos nas cavidades foliares.[140,141] A fixação de N_2 por estas bactérias foliares, em florestas, ascende a 200 kg/ha.

O problema do nitrogênio é crucial para toda a vida terrestre, uma vez que *toda proteína* é formada à base de nitrogênio, quer se trate de microrganismos, plantas, animais ou homens. Vale a pena examinar o problema mais de perto.

O *nitrogênio* não é de origem mineral e não se encontra em rocha alguma. *Provém do ar.* Se existem depósitos de salitre no Chile, isso não indica sua origem mineral.

O nitrogênio entra no solo proveniente do ar. Pequenas partes entram pelo contato direto do ar com a argila, outras são fixadas por processos fotoquímicos.[30] Partes maiores podem ser acrescidas pelas chuvas tropicais, acompanhadas de trovoadas intensas e, portanto, de descargas elétricas, calculando-se que, em caso favorável, podem perfazer até 70 kg/ha de nitrogênio por ano. Mas parte desse nitrogênio logo se perde para o ar em forma de amônia e outra parte é lixiviada para o subsolo, após sua nitrificação.

Parte de nitrogênio entra através de fixação por bactérias e fungos simbiontes, quer vivam na raiz ou na folha. E mesmo assim calcula-se que somente 4% da necessidade de nitrogênio é coberta por esta fixação.

Uma parte de nitrogênio é captada do ar industrialmente transformado em nitrogênio comercial, cobrindo, porém, mesmo em cálculos otimistas, somente 6 a 8% da necessidade mundial. Outra parte é fixada por microrganismos de vida livre, assimbióticas, como os *Azotobacter* (vide figuras 6.10 e 6.11).

A fixação de nitrogênio por bactérias de vida livre

Se toda fixação de nitrogênio dependesse das *Azotobacteriales,* o nitrogênio faltaria no mundo, desde milênios, e nunca poderia ter existido o suficiente para suportar a vegetação luxuriante do triássico. Nunca teríamos tido nossas florestas tropi-

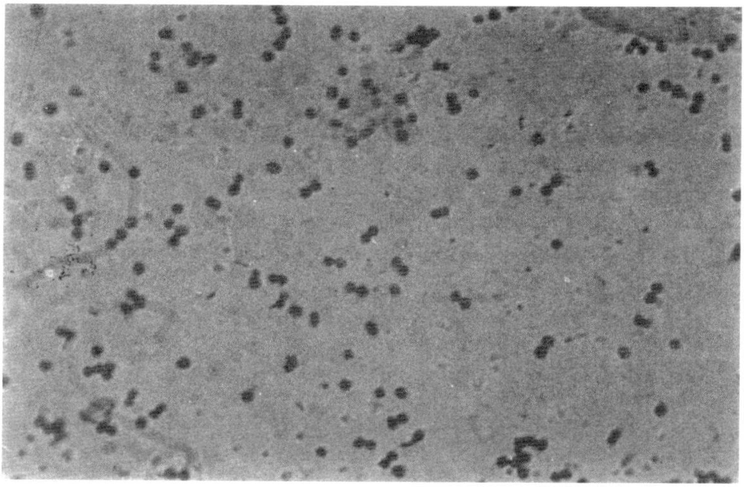

Figura 6.10 *Azotobacter* em sua forma característica de 8.

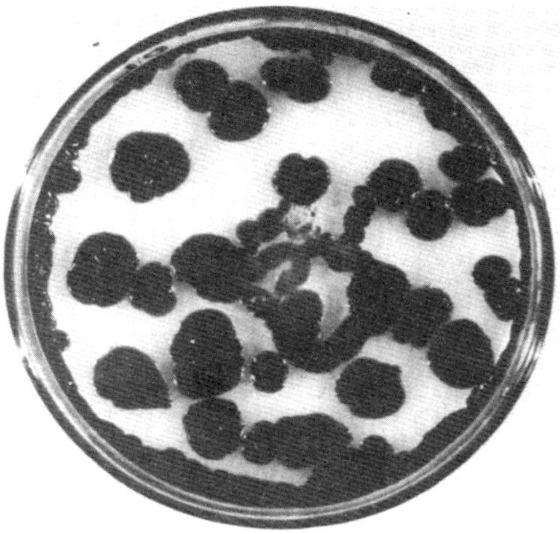

Figura 6.11 Colônias de *Azotobacter* com sua coloração marrom típica.

cais, nem as pradarias férteis. Há quem diga que todo o nitrogênio no solo provém da matéria orgânica. Mas, pergunta-se: e de onde essa matéria orgânica conseguiu o nitrogênio? É claro, do solo. Mas, como o nitrogênio chegou ao solo, uma vez que não faz parte de nenhum mineral? Foi somente por fixação biológica![60,79] Calcula-se que os *Azotobacter* conseguem fixar 40 kg/ha de nitrogênio elementar, que equivalem a 200 kg de sulfato de amônio. Mas, parte deste nitrogênio, em forma de nitratos, é lixiviado pelas águas da chuva, e vai parar no subsolo. Todos sabem que em época de chuva prolongada ocorre o amarelecimento das plantas por falta de nitrogênio. E parte do nitrogênio é perdido para o ar, em forma de nitrogênio elementar ou de amônia. Restaria muito pouco para a vegetação luxuriante dos trópicos.

Hoje sabemos que existem muitos fixadores de nitrogênio. Já em 1885 Berthelot verificou a fixação assimbiótica de nitrogênio. Em 1891 Winogradsky descobriu que o *Clostridium,* uma bactéria anaeróbia, fixa nitrogênio, e, em 1901, Beijerinck isolou pela primeira vez um fixador aeróbio muito ativo, que ele chamou de "*Azotobacter*". E, como o nome era muito alusivo à fixação, logo se concluiu que "naturalmente" só o *Azotobacter* seria capaz de fixar nitrogênio atmosférico.

Mas, apesar de toda estima e apreço que o mundo tem por esse ilogismo, seria um absurdo acreditar que somente "ele" seria capaz de fornecer todo o nitrogênio de que o mundo necessita. O *Azotobacter* não é um atacadista que distribui nitrogênio para todos que dele necessitam.

Cada fungo, bactéria, actinomiceto e alga necessita de nitrogênio para a formação da proteína de seu plasma celular. Ninguém pode formar proteínas sem nitrogênio.

Existem, pois, duas alternativas:

A primeira é que eles encontram o nitrogênio no solo, nos restos orgânicos das plantas, que eles decompõem. Mas sabemos muito bem que a maioria dos restos vegetais tem um teor muito mais baixo de nitrogênio do que os microrganismos necessitam. Estes necessitam, para a formação de suas proteínas, de uma proporção de 10 partes de carbono para uma de nitrogênio. Mas, por exemplo, a palha de cereais tem, geralmente, uma proporção que varia entre 40 e 80 partes de carbono para 1 parte de nitrogênio. E, somente na massa verde há a proporção exigida. O resultado lógico é que nenhum microrganismo seria capaz de decompor esta matéria orgânica, uma vez que ninguém vive somente de energia tirada do carbono.[5,6]

A energia serve para acionar os processos de síntese de substâncias nos microrganismos, especialmente, proteínas. Necessitam, pois, de uma fonte de nitrogênio. E, como ninguém aduba uma mata virgem ou um campo nativo com nitrogênio, esta possibilidade de conseguir o nitrogênio não existe. Retiram-no do solo! Mas, de onde? Da matéria orgânica que não o possui?

Resta, portanto, a segunda alternativa: os microrganismos fixam o nitrogênio do ar.

Hoje, já se conhecem muitos fixadores de nitrogênio, além das *Azotobacteráceas,* que incluem o *Azotobacter, Beijerinckia* e *Derxia.* Temos os *Bacilaceas,* os *Pseudomonaceas, Actinomycetaceas, Spyrillum,* leveduras como o *Rhodotorula,* algas cianofíceas, isto é, as verdes-azuladas, como a *Nostoc, Anabaena, Calthrix* etc.[46,102]

Sabemos que a *Bac. subtilis* fixa quando lhe é induzido o poder de fixação pelo *Bac. capsulatus.* É de supor que muitos organismos têm a capacidade de fixar o nitrogênio para "seu gasto", se existir a necessidade para isso. Mas, nem o *Azotobacter* fixa nitrogênio quando a matéria orgânica, como farinha-de-alfafa, possui uma proporção de C/N menor que 20.[66] Falta a necessidade para a fixação. Provavelmente a fixação de nitrogênio é somente um meio que o habilita a poder utilizar matéria orgânica com tão pouco nitrogênio, que outros organismos podem decompô-la somente muito vagarosamente. Pela fixação de N_2 garante-se uma vida relativamente fácil.

Mas sabemos igualmente que a fixação não depende unicamente da presença do microrganismo fixador, mas também:

1. De sua capacidade de fixar;
2. Da presença de microrganismos sinergéticos e da ausência de antagônicos;
3. De umidade suficiente;
4. Das condições gerais do meio ambiente;
5. De uma fonte adequada de carbono facilmente acessível.

Antigamente os fixadores foram considerados como sendo organismos de solos neutros. Mas sabemos que em solos tropicais ácidos eles se dão muito bem, como vimos anteriormente, quando disporem de suficiente fósforo e cálcio. Um pH 4,5 já permite a presença de fixadores, e uma fixação ativa ocorre a um pH de 5,6.

Quando isolados, praticamente não fixam. Assim, o *Azotobacter* somente fixa maiores quantidades de N_2 quando associado à ameba *Colpodia steinii,*[69] e o *Bac. subtilis* ou o *Bac. capsulatum* fixam, juntos, quantidades consideráveis de N_2, enquanto que nada fixam em estado isolado.[61]

Ocorre que parte dos fixadores necessita de solos aeróbios mas utilizam, quase que exclusivamente, produtos intermediários da decomposição anaeróbia de celulose, razão por que sempre são acompanhados por bactérias celulolíticas que decompõem a celulose da palha.[114]

As fontes de carbono são:

a) Álcoois, como o etílico, butílico, ou seus ésteres, como glicerina e manita;
b) Açúcares, como maltose, sacarose, arabinose, glicose, levulose, galactose etc.;
c) Ácidos orgânicos, como o láctico, acético, cítrico, butírico etc.[71]

A adição de palha ao solo estimulou especialmente os fixadores anaeróbios de nitrogênio, preferencialmente *Clostridium*. Os mesmos resultados foram obtidos por Waksman (1927), Pochon, (1958) ou Dommergue (1970). Explica-se isso pelo fato de que os *Clostridium* são muito tolerantes relativamente ao pH do solo, enquanto que o *Azotobacter*, que é aeróbio, cresce quase somente em solos com pH acima de 5,5, ocorrendo somente em 2% dos solos com pH abaixo de 5,5.[67]

Parece, pois, evidente que, onde há tais produtos, o aparecimento de fixadores é quase certo. De modo que a rizosfera de plantas, que excretam estas substâncias, geralmente é populada por microrganismos fixadores, que ali fixam o nitrogênio, pondo-o à disposição da planta.[74] Mas, como a eficiência de fixação depende do ambiente, tanto da riqueza mineral como da fonte de carbono e dos microrganismos, cada solo possui diferentes nitrogenases na rizosfera de cada planta. Assim, por exemplo, enquanto a rizosfera de arroz é muito rica em fixadores de nitrogênio em solos

Quadro 6.2 Grupos fisiológicos de microrganismos em solo adubado com sulfato de amônio com e sem palha de arroz compostada (Inamatsu, 1974).

Microrganismos		número de germes por grama de solo			
		logo após a mistura		4 meses incubado	
		com palha	sem palha	com palha	sem palha
total	microflora (bactérias)	500 000	800 000	800 000	250 000
	microflora (fungos)	1 400 000	750 000	900 000	750 000
fixadores de N	aeróbios	0	0	13	25
	anaeróbios	45 000	7 500	95 000	2 500
amonificadores		$9,5 \times 10^9$	$4,5 \times 10^9$	$4,5 \times 10^9$	$5,0 \times 10^9$
nitrificadores		450	450	16	110
nitritadores		95	45	2 500	600
celulolíticos	aeróbios	1 500	300	2 500	2 500
	anaeróbios	950	115	2 500	250
sulfobactérias	redutoras	1 500	250	2 500	250
	oxidantes	2 500	2 500	950	250
	mineralizadoras de S orgânico	0	0	0	9

ferralíticos, a de *Eleuzine sp.*, conhecida como pé-de-galinha, somente o é em solos ferruginosos que, portanto, prefere.[160]

A FIXAÇÃO DE NITROGÊNIO POR ALGAS

Às algas atribui-se o princípio de toda vida em "terra firme", por serem microplantas clorofiladas capazes de captar tanto seu carbono como seu nitrogênio do ar.[15]

Entre os paralelos 0 e 30, isto é, nos solos tropicais e subtropicais, constituem o grupo de microrganismos de maior expressão.[47] Os que despertam o interesse maior na agricultura são as algas *Cyanophyceae* ou verde-azuladas que vivem na superfície do solo, quando este tiver umidade adequada. Necessitam da incidência direta da luz para sua vida, que, graças à clorofila formada, é completamente autótrofa. Captam o CO_2 do ar, que fotossintetizam como as plantas superiores, formando carboidratos. Fixam nitrogênio para a formação de suas proteínas e retiram somente minerais do solo. Elas cobrem suas paredes celulares com uma massa mucilaginosa para protegê-las contra um ressecamento rápido e podem formar colônias gelatinosas, como, por exemplo, a alga *Nostoc*. Possuem um poder muito grande de embebimento com água, podendo absorver até 12 vezes o seu volume,[39] perdendo a água somente muito lentamente. Penetram no solo e cobrem-no com uma camada mucilaginosa que confere um aspecto esponjoso à superfície, aumentando seu poder de infiltração e de retenção de água útil. São verdadeiros condicionadores de solo. Enriquecem o solo com matéria orgânica e nitrogênio, aumentando sua porosidade, com resistência ao ressecamento e à erosão.[130,137]

Podem ser encontradas em grande quantidade dentro do solo, porém, seu número elevado não indica atividade. No escuro estão em estado de sobrevivência, praticamente inativas, tendo vida heterótrofa, isto é, sua vida depende da presença de matéria orgânica, uma vez que não conseguem formar clorofila. De modo que em solos secos, sem matéria orgânica, sua sobrevivência é ameaçada.[91]

Sua vida ativa depende, como de qualquer microrganismo, das condições do meio ambiente, que deve possibilitar a velocidade máxima das reações de suas enzimas, e a produção de enzimas depende da idade do organismo.

Como a atividade enzimática é restrita a determinada faixa de pH, este é de suma importância para as algas. Muitas preferem um pH neutro a alcalino, porém, existem centenas de cepas adaptadas à vida em solos ácidos com pH entre 5,3 e 5,6.

A temperatura tem pouca importância para a vida ativa das algas, podendo elas crescer de 4 a 60 °C[40] e ocorrem tanto em lagos como em solos desérticos, onde formam crostas superficiais, possibilitando o verdejar explosivo dos desertos após uma chuva.[47] *As condições básicas para sua vida são umidade e luz.* Daí sua importância grande para as zonas tropicais com estação de seca e estação de águas. No início das águas o solo está descoberto, exposto à luz solar e à água das primeiras chuvas. É a época em que as algas se multiplicam explosivamente, *condicionando* o solo para a vegetação seguinte e fixando nitrogênio.

Essa multiplicação não ocorre após a queimada do campo, nem após uma adubação pesada com sulfato de amônio ou após a adição de sulfato de cobre, que se junta à água de irrigação do arroz.[47,107] É sabido que se pode evitar a proliferação de algas na água de irrigação, adicionando-se 2,5 kg/ha de sulfato de cobre.[144] A queimada de pastos tropicais faz as algas desaparecer e os mosquitos de solo aparecer, já que antes eram controlados pelas algas,[54] especialmente em lugares bastante úmidos.

Provavelmente toda fixação de N_2 por solos úmidos em presença de luz, reportada por muitos autores, se deva às algas verde-azuladas.

As fixadoras mais poderosas entre as algas são *Aulosira fertilissima, Tolypothrix tenuis, Nostoc spp, Cylindrospermos musicola, Anabaena spp* e *A. unispora, A. cylindrica* e outros.

A fixação de nitrogênio varia conforme o ambiente, a eficiência das algas e os microrganismos acompanhantes, podendo alcançar até 90 kg/ha, o que equivale a 450 kg/ha de sulfato de amônio.[11] Na Ásia e na América Central inocula-se o solo com algas secas na base de 0,2 a 2,3 kg/ha. Reavivam-se quando umedecidas, iniciando sua atividade, aumentando ano por ano.

A fixação eficaz depende, porém, não somente da nutrição de alga mas também de outros microrganismos com que vivem associadas ou até em simbiose.[40,105] Tanto as células vivas como os heterocistos podem fixar nitrogênio.[104] Para que possam fixar nitrogênio, necessitam igualmente de um certo nível de cálcio, fósforo e molibdênio no solo.

Quadro 6.3 Colheita de arroz irrigado em kg/ha com e sem inoculação com 200 g/ha de alga *Tolypothrix*. (Subrahmanyan, 1965)

tratamento	rendimento em grão		rendimento em palha		aumento do rendimento em grão (%)
	– alga	+ alga	– alga	+ alga	
testemunha	1 797	2 195	1 994	2 275	28
$(NH_4)_2SO_4$	2 463	–	2 630	–	–
Ca, P, Mo	3 001	3 979	3 145	4 327	32

Obs.: calcário – 1 000 kg/ha; S. de amônio – 20 kg/ha, molibdato de Na – 0,28 kg/ha.

Quadro 6.4 O nitrogênio fixado por algas sob condições controladas em solos nativos da Tunísia. (Englund, 1975)

solo	lugar de amostragem	fixação máxima (µg N_2/g/h)	variação
arenoso, seco	1	11,9	2,6
	2	14,8	9,0
	3	75,0	67,1
areia argilosa úmida	1	133,1	14,3
	2	47,8	4,6
	3	18,2	2,5
areia desértica	1	0	–

Mas, não fixam somente nitrogênio como mobilizam igualmente fósforo no solo. A fixação de N_2 na sombra, por exemplo, em solos pastoris, depende da intensidade da luz no período precedente, da concentração de CO_2 e da quantidade de glicose formada. A glicose aumenta a fixação na luz e a prolonga no escuro.[41]

Todas as algas verde-azuladas crescem melhor em solos afrouxados por cultivação do que em terra nativa, fixando em solos arejados até 10 vezes mais N_2.[40]

Verificamos que a fixação por grama de solo numa hora varia muito segundo o lugar e as diferenças de nutrientes no solo.

Na natureza, as algas nunca aparecem isoladamente mas sempre em associações ou até simbiose com raízes, fungos, protozoários ou bactérias. Os líquens são um exemplo bem conhecido.

Na simbiose com fungos o sócio *phycobionto,* ou seja a alga, capta CO_2 na fotossíntese, transformando-o em carboidratos, abastecendo o *mycobionto,* ou seja, o fungo, com glicose. Dentro de 2 minutos o fungo converte-a em manitol, necessário para a maioria dos fixadores de nitrogênio, inclusive ao *Azotobacter.*[105] Portanto, a pesquisa de culturas isoladas de algas pouco revelará.

RESUMO

As algas verde-azuladas não somente agem como condicionadores do solo, mas fixam igualmente nitrogênio e mobilizam fósforo. Sua atividade depende de um solo arejado, com o suficiente de cálcio, fósforo e molibdênio, com incidência direta de luz e umidade adequada. São prejudicadas por uma adubação com sulfato de amônio, uma queimada do campo ou a adição de sulfato de cobre à água de irrigação. Solos com uma crosta de algas verde-azuladas na superfície são mais resistentes à seca.

COMO SE CRIAM AS CONDIÇÕES PARA A FIXAÇÃO DE NITROGÊNIO

O problema principal não é saber quais os organismos que fixam e quanto eles fixam, mas como criar as condições para que eles fixem nitrogênio de maneira eficiente.

Sabe-se que os fixadores aparecem na rizosfera de capins e gramas, especialmente em companhia de bactérias capazes de decompor celulose, uma vez que utilizam os produtos intermediários dessa decomposição.[123] Dhar (1961, 1968, 1972) foi o primeiro a se aproveitar conscientemente desse fato em solos tropicais ácidos da Índia, com um sucesso inesperado e fora do comum. Na decomposição semiaeróbia de celulose, quer se trate de palha, bagaço, folhas secas ou cascas de algodão, em presença de fosfatos cálcicos, usando escória-de-Thomas, houve uma fixação de nitrogênio tão grande que permitiu colheitas agrícolas altas. Na decomposição semiaeróbia, ele aproveitou-se do aerobismo do solo para os decompositores de celulose, que melhoraram a bioestrutura do solo, e do anaerobismo para a produção de substâncias que podiam servir de alimento para os fixadores.

Primavesi (1973) repetiu esta experiência no Brasil com o mesmo resultado.

A palha incorporada superficialmente ao solo (de 8 a 10 cm de profundidade), junto com 300 a 500 kg/ha de farinha-de-ossos ou escória-de-Thomas, deu, em solo franco-arenoso, uma colheita média de 9,5 t/ha de milho contra 6,5 t/ha com adubação de 550 kg/ha de uma fórmula de NPK para milho.

Em solos salinos, da Argentina, juntou-se sulfato de amônio à palha. Houve um melhoramento substancial da bioestrutura do solo mas nenhuma fixação de nitrogênio.[94,95] No Brasil, análises de nitrogênio mostraram um aumento substancial de N no solo, após o emprego do método anteriormente citado, mas a quantidade de *Azotobacter* encontrada não justificava de maneira alguma este aumento. Parece não ter importância saber qual o microrganismo que fixa o nitrogênio; o importante é que ocorra a fixação. Não é importante inocular a terra com fixadores de nitrogênio, mas criar as condições para que eles possam trabalhar. Os germes aparecerão, trazidos pelo vento, pelos insetos, e talvez de esporos que sobrevivem no solo. De nada adianta uma inoculação sem condições de vida ativa.

RESUMO

Para que ocorra a fixação de nitrogênio no solo, se faz necessário incorporar palha superficialmente ao solo, adicionando ao mesmo tempo os elementos nutritivos carentes, especialmente fósforo e cálcio, mas também potássio e micronutrientes. Isso depende do solo. A fixação não ocorre quando a palha for enterrada profundamente, nem quando o material orgânico e a adubação mineral forem aplicados em épocas diferentes. Deve-se adubar especialmente para beneficiar os microrganismos. A cultura aproveitar-se-à disso. Foi verificado que as plantas crescem melhor com a mesma quantidade de N_2 fixado por bactérias do que quando adubadas como nitrogênio sintético. Isso se explica pelo fato de que os fixadores produzem triptofano e ácido indolacético, de que necessitam para o processo de fixação, mas que são igualmente poderosos hormônios de crescimento para as plantas.

Também a fixação por algas cianofíceas se reveste de grande importância, especialmente em solos tropicais, onde após a estação seca, com o início das chuvas, dão impulso explosivo ao crescimento vegetal,[46,72,148] sem que exista matéria orgânica no solo. Parece lógico que a matéria orgânica no solo não pode ser considerada como fonte primária de nitrogênio, uma vez que a planta tinha de receber o nitrogênio para poder formar sua matéria orgânica. A fonte primária são os microrganismos que o fixam, e que necessitam de matéria orgânica em decomposição se forem bactérias ou que a formam se forem algas.

MICRORGANISMOS QUE MOBILIZAM FÓSFORO NO SOLO

Em solos tropicais, com seu nível extremamente baixo de fósforo, não poderia haver este crescimento exuberante se as plantas não tivessem uma fonte secreta deste nutriente. Nossos extratores, nos laboratórios de rotina, tentam imitar a raiz vegetal, mas nunca procuraram imitar o potencial de mobilização dos microrganismos, quer se tratem de bactérias, micorrizas ou algas.[40,89]

Em solos de horta, periodicamente adubados com estrume de curral fresco, não é raro ocorrer um aumento de fósforo de tal vulto que dificulta sobremaneira a produção vegetal por causa de uma falta aguda de micronutrientes, como zinco, cobre e manganês. O nível ótimo de fósforo disponível, extraído com um extrator de ácidos fortes muito diluídos, parece ser 50 mg por quilograma de terra. Com estrume fresco e chorume pode subir até 800 mg/kg de terra.[114] É um aumento incontrolado, indesejado, mas mesmo assim existente. Sabemos igualmente que leguminosas, como, por exemplo, feijão-miúdo (*Vigna sinensis*) ou Kudzu (*pueraria phaseoloide*) mobilizam fósforo em quantidades apreciáveis para produzir não somente toda colheita, mas deixando igualmente um saldo positivo de fósforo no solo, aumentando seu teor. Assim, um teor inicial de 5 ppm de P no solo pode aumentar até 20 ppm pelo feijão-miúdo e até 45 ppm pelo Kudzu, e isso ainda sem haver ocorrido o retorno da palha.

Sabemos que o *Aerobacter* e *Bacillus,*[53] *Pseudomonas, Bc. circulons,* que também é capaz de oxidar silício,[161] e especialmente *Bac. megatherium,*[22] são capazes de mobilizar fósforo na rizosfera. Os rizobacter são mais efetivos quando associados ao *Bac. megatherium,* que mobiliza fósforo. Também fungos como *Aspergillus, Alternaria* e *Pénicillium*[46] mas especialmente os micorrizas, mobilizam fósforo. Por enquanto o mecanismo ainda não é bem conhecido, sabendo-se somente que os organismos produzem ácido keto-glutônico para mobilizar o P, mas nada sabemos ainda sobre a maneira de produzir um ambiente favorável a esses microrganismos a não ser um solo arejado e um teor adequado de cálcio.

Acredita-se que seja através de determinados aminoácidos que quelatam o fósforo mineral, mas ignoramos ainda como incentivar esta produção de aminoácidos.

Sabe-se ao certo que o fósforo é de fácil disponibilidade em solos grumosos, bem agregados, e é quase ausente em solos compactos. A manutenção da estrutura ativa do solo é, pois, uma medida para mantê-lo disponível (quadro 6.5).

Neste solo argiloso há uma relação direta entre a agregação, o alumínio trocável e o fósforo disponível, embora ainda não se consiga explicar a razão. A influência do pH é nítida, deixando supor que as bactérias ou microrganismos ativos na mobilização de fósforo sejam aeróbios, com enzimas que necessitam de uma reação ao redor do neutro para sua atividade e que encontram na rizosfera.

Na Rússia, inoculam-se sementes com "fosfobactrina", que são culturas de *Bac. megatherium,* alcançando-se aumento considerável de colheitas. Na Áustria inoculam-se sementes de cereais com uma mistura de bactérias e enzimas, conseguindo-se resultados idênticos.

Quadro 6.5 Relação entre agregados estáveis, fósforo e Al.

pH	agregados estáveis (%)	fósforo disponível (mg/kg)	Al trocável (me%)
7,3	62,3	27,0	0,4
5,8	63,4	12,0	0,6
5,4	29,7	7,0	0,6
4,2	25,4	7,5	2,1

Primavesi, 1973.[113]

MICRORGANISMOS QUE CONTRIBUEM À AGREGAÇÃO DO SOLO

Os microrganismos celulolíticos, especialmente *Sporocythophaga* e *Cytophaga*, normalmente ocorrem associados com fungos e amebas. Somente as bactérias mais novas têm forma de bastonetes curvos. As mais velhas e mais distantes da celulose já não encontram condições de vida satisfatórias e encistam-se. Importante não é tanto seu número mas sua eficiência. Em duas placas inoculadas com duas cepas de

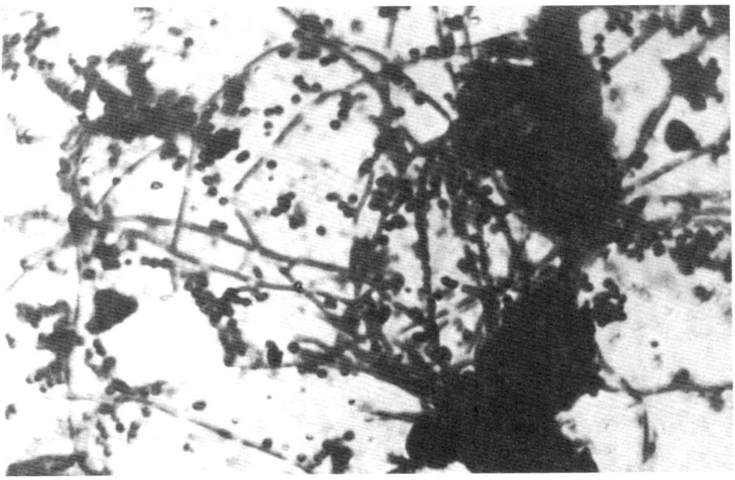

Figura 6.12 *Sporocytophaga* em consorciação com fungos e amebas.

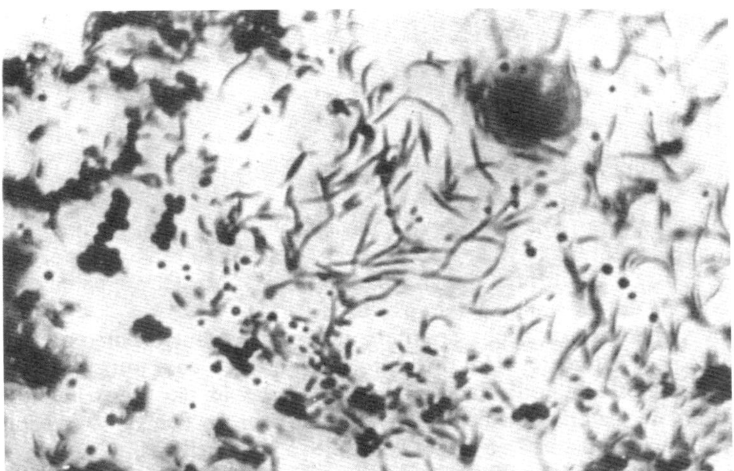

Figura 6.13 *Cytophaga* em forma de bastonetes curvadas perto da fonte de celulose, mas em forma de cistos distantes da mesma.

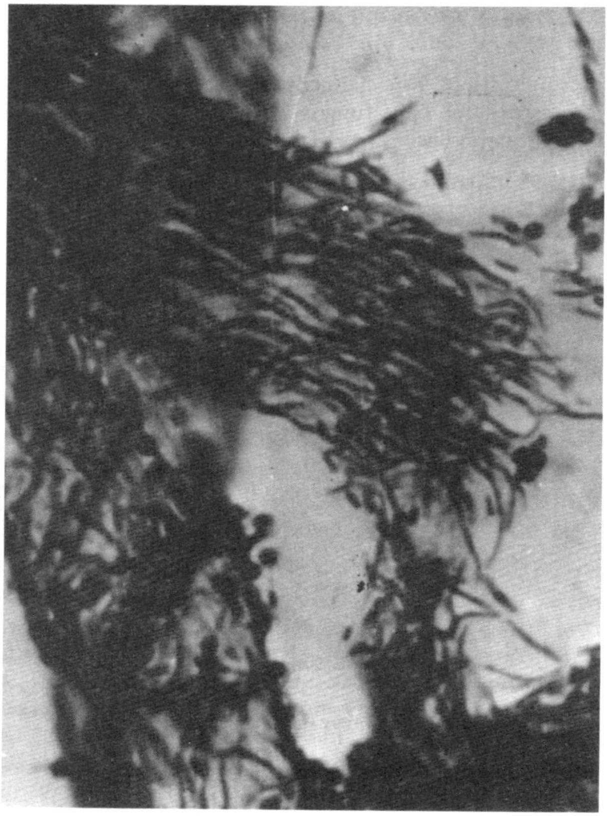

Figura 6.14 *Cytophaga* decompondo uma fibra de celulose.

Cytophaga, uma provém de uma cultura mal nutrida e outra de bem nutrida. Observa-se que os descendentes das bem nutridas produzem muito mais *geleia bacteriana* que os das mal nutridas. Poucos microrganismos eficientes podem produzir muito mais *geleia* do que muitos famintos e ineficientes.

No mesmo solo, com adubação diferente, tanto o número como a eficiência dos celulolíticos é diferente, além do efeito da associação com outros microsseres.

Os microsseres que contribuem à agregação do solo são todos heterótrofos que necessitam de matéria orgânica como fonte de energia. Tornam-se os actinomicetos como os mais poderosos agregadores do solo,[35] especialmente porque são os formadores mais eficazes de substâncias húmicas. Normalmente, em zonas tropicais, a formação de húmus se restringe a lugares de maior altitude e, portanto, de temperaturas mais baixas. Mas o húmus formado nestas condições não agrega mas lixivia o solo (vide capítulo 4). Nos trópicos, em terras agrícolas, a formação de húmus é praticamente impossível. Portanto, os microrganismos importantes para nós são as bactérias celulolíticas, que decompõem celulose em condições aeróbias, produzindo ácidos poliurônicos que agregam o solo. Pertencem a estas, especialmente,

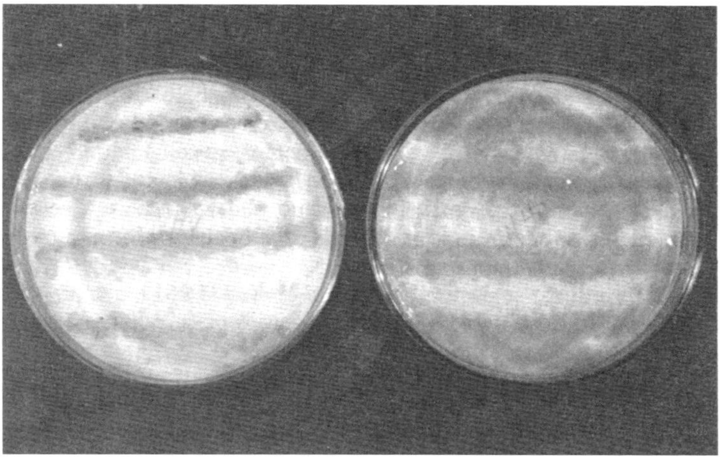

Figura 6.15 Produção de ácido poliurônico: na placa à direita, por bactérias de um solo rico com produção abundante; na placa à esquerda, por bactérias provenientes de um solo pobre, com produção escassa.

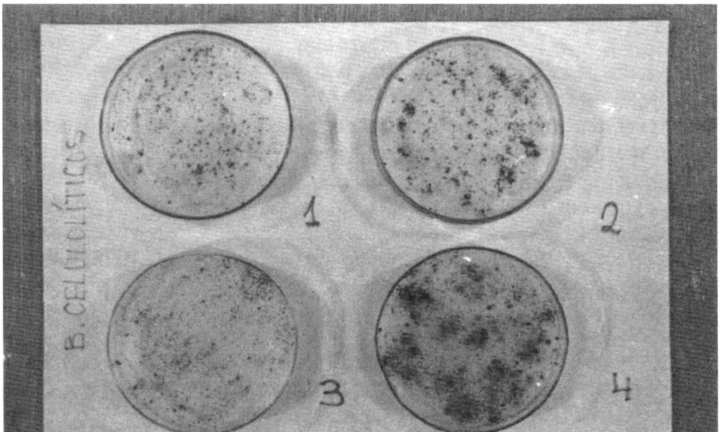

Figura 6.16 O tamanho das colônias bem como a quantidade de "geleia" bacteriana depende da riqueza ou pobreza do solo em que viviam.

Cytophaga, Sporocytophaga, Cellvibrio e semelhantes ao lado dos fungos *Trichoderma lignorum, Penicillium urticae, Fusarium lignorum* e outros.[115]

A "geleia" bacteriana (*bacterial gum*) como se chama aos ácidos poliurônicos, que têm caráter coloidal, é produzida especialmente por *Cytophaga* e *Sporocytophaga* na decomposição de palha em presença de amebas. Baseia-se no fato de que a celulose, que perfaz aproximadamente 40% da palha, nada mais é que açúcar polimerizado, ou, para dizê-lo mais simplesmente, um composto de muitas moléculas de açúcares ácidos unidos a uma estrutura complexa. Pela oxidação quebram-se os elos de

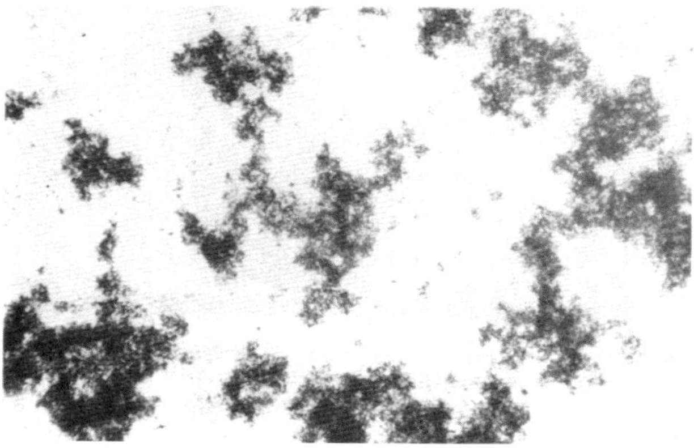

Figura 6.17 Associação de bactérias de uma "cadeia alimentícia".

ligação desta estrutura e libera-se novamente açúcar ácido, o chamado ácido urônico, que no conjunto da celulose e dos açúcares ácidos fornece finalmente os *ácidos poliurônicos*, que possuem o mesmo poder agregante que as substâncias húmicas, apesar de serem um produto da fase inicial da formação de húmus.[151]

O primeiro a utilizar-se deste processo foi Molina (1961), que na prática agrícola se valeu da produção dirigida em massa de ácidos poliurônicos para o melhoramento de solos estepizados, salinos na Argentina, que estavam abandonados. Incorporou superficialmente palha de sorgo junto com uma fonte de nitrogênio para as *Cytophaga*, usando 200 a 300 kg/ha de sulfato de amônio, recuperando desta maneira mais de dois milhões de hectares, que pareciam irrecuperavelmente perdidos para o uso agropastoril.

Primavesi (1973) tentou o mesmo nos solos ácidos do Sul brasileiro e mais tarde no Centro-Sul e constatou que ali os produtores de ácidos poliurônicos não necessitavam tanto de nitrogênio, mas especialmente de cálcio e fósforo e, em solos pesados, ainda de micronutrientes. Neste sistema o nitrogênio necessário foi fixado por outros microrganismos, associados às bactérias celulolíticas.

O problema da impossibilidade de humificação em solos agrícolas tropicais foi assim resolvido satisfatoriamente, por meio da produção dirigida de substâncias agregantes.

Essas bactérias não mobilizam nutrientes mas, como possibilitam um enraizamento de um espaço muito maior do solo, as plantas são melhor nutridas.

Não necessitamos inocular o solo com bactérias celulolíticas. Necessitamos tão somente criar as condições para o seu desenvolvimento e proporcionar um pH em que suas enzimas possam ser ativas, que, neste caso, deve ser aproximadamente 5,6. Assim, consegue-se até a decomposição de linter de algodão, que normalmente resiste a todas as tentativas de decomposição. Acrescentam-se os minerais que as bactérias celulolíticas necessitam. As bactérias assentam-se automaticamente, sem necessidade alguma de inoculação, enquanto os montes de linter forem baixos e a ventilação adequada. Necessita-se de uma proteção contra o sol e o ressecamento bem como contra a lixiviação pela chuva.

Herbicidas pouco afetam a atividade celulolítica.[116]

RESUMO

O manejo dos microrganismos do solo se faz pela criação de condições favoráveis aos organismos benéficos às culturas. Sua atividade pode ser controlada pelo produto de seu trabalho, por exemplo, pela eficiência de decomposição de celulose e a formação de agregados.

Os microrganismos cujo manejo nos é possível, na prática do campo, são:

1. Os rizóbios ou bactérias noduladoras em leguminosas;
2. Os fixadores de nitrogênio, que vivem livres no solo;
3. Os decompositores de celulose e produtores de uma estrutura grumosa do solo agrícola.

Manejam-se os organismos pelo uso de matéria orgânica, adicionando-se-lhe o adubo e o calcário, isto é, aos microrganismos; pela rotação de culturas ou, no mínimo, pela variação de plantas criadas num campo, como ocorre em culturas consorciadas, intercaladas etc., e pela proteção do solo da insolação direta, com exceção das algas. Verifica-se facilmente o resultada da atividade dos microrganismos pela nodulação das raízes, pelo crescimento rápido e sadio das plantas e pela agregação das partículas do solo, formando uma estrutura grumosa. O manejo dos microrganismos é muito fácil. Difícil é conscientizar o agricultor de sua presença.

MEIOS DE INFLUENCIAR OS MICRORGANISMOS DO SOLO

1. Pelo pH

A modificação do pH do solo pode ativar ou quase inativar as enzimas dos microrganismos. Se suas enzimas agem muito lentamente, não conseguindo realizar o processo bioquímico com suficiente rapidez, as bactérias que as excretam morrem de fome, ou no mínimo são obrigadas a encistar-se para sobreviver a esta fase adversa. Uma calagem do solo, que eleva o pH, uma adubação amoniacal, que baixa o pH por causa dos processos de nitrificação que ocorrem, têm, portanto, uma influência muito grande sobre a microvida, quer estejamos cientes disso ou ignoremos o fato.[77] Modificamos, portanto, não somente o pH e o teor em nutrientes no solo, mas modificamos igualmente a microvida. Se essa modificação é dirigida, equivale a um controle de microvida; se é arbitrária, também seus efeitos sobre a microvida escapam ao nosso controle. O pH ainda age sobre a disponibilidade ou fixação de minerais nutritivos. Nem todos os microrganismos podem mobilizá-los e, portanto, sentem o efeito da modificação da reação do solo.

A microvida de solos tropicais é adaptada a um pH entre 5,3 e 6,1, e não exige nem necessita solo neutro para sua melhor atuação. Pode-se dizer que, em solos com pH 5,6, a maioria dos microrganismos, benéficos às nossas culturas, existe e suas enzimas são ativas.

2. Pela matéria orgânica

É o fator mais poderoso de influenciação. A adubação verde cria bactérias e fungos[56] e não contribui para a estrutura do solo, uma vez que é muito pobre em celulose, mas rica em nitrogênio. Facilmente cria patógenos de cereais, especialmente de trigo, provavelmente pelo excesso de N que adiciona ao solo, quer se trate de leguminosas ou de outras plantas, uma vez que todo material novo possui uma relação C/N muito baixa.[44]

A incorporação superficial de palha, resteva, folhas secas, bagaço-de-cana etc., isto é, de material mais lignificado e com alto teor em celulose, é francamente vantajosa em nossos solos. Como todo material seco possui composição distinta, dependendo isso da espécie vegetal de que deriva, beneficia microrganismos distintos.[154]

Essas condições sempre existem se o solo tiver o suficiente em cálcio, fósforo e molibdênio,[138] e se houver uma fonte de carbono de seu agrado.

Palha em solo pobre e ácido não provoca reação benéfica, simplesmente enturfa. As bactérias necessitam tanto de uma adubação como as plantas de cultura, porque na ausência dos nutrientes necessários não são capazes de usar a matéria orgânica como fonte de energia, sendo esta utilizada somente por fungos.

3. Pela adubação

A adubação é, pois, uma medida poderosa de controlar os micróbios de solo e criar aqueles de que necessitamos.

E como a maioria das bactérias, benéficas às culturas, dependem de matéria orgânica, a aplicação dos nutrientes indispensáveis ao seu desenvolvimento deve ser feita junto com a matéria orgânica.

Quer dizer, adubam-se os microrganismos!

Resteva, palha e adubo são incorporados superficialmente ao solo. Isso provoca uma decomposição dirigida, por organismos benéficos. Segundo a adubação, que pode ser somente fosfato cálcico, ou somente sulfato de amônia ou todos os nutrientes, consegue-se um efeito completamente diferente, como vimos. A adubação da cultura poderá ser menor ou poderá ser dispensada conforme o caso.

Os nutrientes também podem ser pulverizados sobre as folhas das plantas, para modificar a microflora no espaço da raiz. Assim, a fixação de nitrogênio em leguminosas pode ser aumentada por uma pulverização com glicose,[152] ou a população fúngica pode ser alterada por uma pulverização com ureia.[157] Isso se deve ao fato de o metabolismo da planta ser alterado e as excreções radiculares se modificarem igualmente.

Também a pilulação ou peletização de sementes com, especialmente, calcário, ou com fosfato cálcico, como farinha-de-ossos e escória-de-Thomas, ou também micronutrientes, é efetiva, especialmente em leguminosas, onde a nodulação deve ser

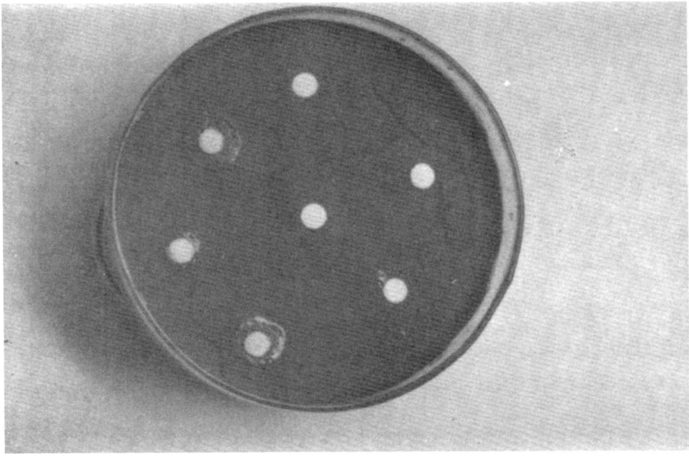

Figura 6.18 O tamanho das colônias de *Azotobacter* depende da quantidade e forma de fosfato aplicado (nos pontos marcados).

encorajada. Os micronutrientes podem ser efetivos conforme a espécie de planta[128] ou riqueza do solo em nitrogênio, sendo especialmente importantes o boro, o molibdênio e o cobre.[58]

Segundo Machado (1971), a pilulação de semente de soja com calcário, na base de 1 kg por saco de semente, provocou o mesmo efeito sobre a nodulação que 7,2 t/ha de calcário no solo (vide capítulo 8). Alguns autores até asseguraram que obtiveram resultados melhores sobre a nodulação com a peletização da semente de leguminosas do que com a calagem do terreno,[13] por colocar o cálcio necessário às rizobactérias diretamente ao seu alcance.

Esteja ciente: *microrganismos são microplantas que necessitam tanto de nutrientes minerais quanto as nossas plantas de cultura, e são prejudicados pela falta destes* (vide figuras 6.19 e 6.20).

Porém, parece difícil determinar quando as técnicas agrícolas beneficiam os microrganismos, uma vez que são invisíveis a olho nu. Mas não se trata de ver as bactérias. O que nos interessa é seu efeito. E não queremos saber se um ou outro microrganismo existe no solo, mas se a *comunidade*, da qual esperamos determinada ação, é ativa. Necessitam-se, antes de mais nada, de um solo bem arejado, com a máxima capacidade de reter água contra a gravidade, e com uma microflora mais diversificada, para que as plantas se beneficiem dela. Quando essas condições existem, o solo é grumoso, bem agregado. Se o solo for compacto e anaeróbio, podemos ter certeza de que muitas coisas estão erradas.

4. Pela rotação de culturas

Uma das medidas mais potentes de influir sobre a vida do solo é o rodízio racional e deliberado das culturas. Isso significa trocar a matéria orgânica, que é adicio-

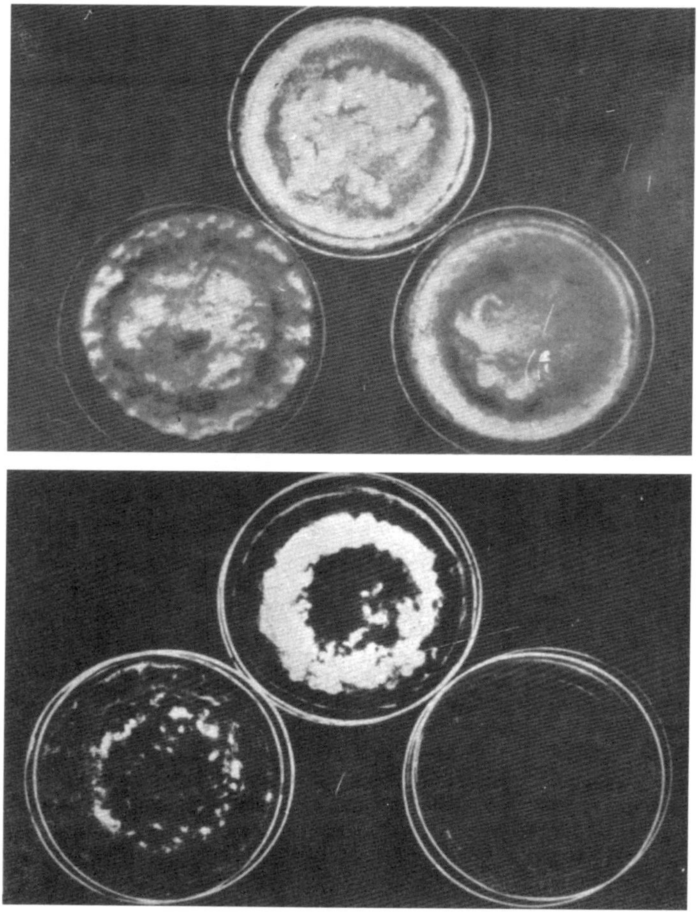

Figuras 6.19 e 6.20 O crescimento e coloração de *Aspergillus niger* em meio nutritivo com quantidades diferentes de ferro.

nada ao solo, mudar as excreções radiculares, modificar a exploração de minerais do solo, enfim, sempre beneficiar organismos diferentes e, com isso, evitar a proliferação unilateral de alguns.

Numa pastagem ou numa floresta nativa há inúmeras espécies diferentes, mesmo quando se tem a impressão de que neste campo somente existe grama-forquilha (*Paspalum notation*) ou capim-gordura (*Melinis minutiflora*). Mas olhando mais de perto, logo encontraremos no mínimo umas trinta espécies diferentes. A multiplicidade das excreções é grande, a exploração é diversificada e a matéria orgânica devolvida ao solo é variadíssima.

A quantidade de nutrientes absorvida é específica à espécie e variedade vegetal. Assim, por exemplo, azevém sempre será pobre em cobre, mesmo com uma adubação de sulfato de cobre, porque não absorve além do seu nível máximo, que é geneticamente fixado. Ou os capins do gênero *Andropogon* sempre serão pobres em cálcio e não absorvem mais, mesmo após uma boa calagem. Ao contrário, desaparecem. Por outro lado, mesmo de solos com pouca disponibilidade de cálcio, a tanchagem (*Plantago maior*) retira tanto, que possui 1,0 mg Ca por ml de seiva, enquanto que a chicória apresenta somente 0,15 mg por ml. Onde cai uma folha morta de tanchagem o solo fica, portanto, mais enriquecido com cálcio, do que onde cai uma folha de chicória.[113] Como consequência, a microvida também será diferente. Esta diferenciação é muito grande em pastagem nativa, evitando eficazmente a proliferação de um outro micróbio ou fungo.

Um solo cultivado com uma espécie de planta, seja ela agrícola, pastoril ou florestal, sofrerá a influência unilateral desta espécie e criará, portanto, uma comunidade de microvida onde predominará um outro organismo, que mais tarde se tornará peste.

A multiplicidade da flora é um método eficaz de controlar os microrganismos do solo e evitar pestes.

Culturas consorciadas, culturas com *"cover crops"* nas entrelinhas e culturas alternadas já são mais seguras que monoculturas.

O abandono da terra cultivada para recuperação permite essencialmente:

1. A recuperação da estrutura grumosa do solo, e
2. A diversificação da micro e mesovida.

Não é necessário abandonar a terra para conseguir isso, se o solo for manejado por técnicas agrícolas dirigidas que visem a multiplicidade de organismos.

RESUMO

O manejo dos microrganismos do solo se faz criando um ambiente que lhes é favorável, como se cria um ambiente apropriado para os microrganismos ativos na produção de comestíveis como queijo, pão, vinho, cerveja e outros.

Controla-se a microflora do solo diversificando-a, podendo, assim, evitar pestes vegetais. A diversificação da microflora consegue-se pela adição periódica de matéria orgânica e a rotação de culturas. O aparecimento de determinados microrganismos, como fixadores de nitrogênio, agregadores do solo ou mobilizadores de nutrientes consegue-se criando um pH adequado à sua atividade e fornecendo os nutrientes minerais que lhe são indispensáveis, além de matéria orgânica. Esta pode provir de restos de culturas como de excreções radiculares. Quase todos necessitam de um solo adequadamente arejado. Em solo adensado a microvida benéfica não se instala!

REFERÊNCIAS BIBLIOGRÁFICAS

1. **Adler, I.** (1966). Chemotaxis in bacterias. *Soil Sci. 153 (3737):708-20.*
2. **Alexander, M.** (1961). Introduction to soil microbiology. *Wiley, New York.*

3. ________ (1968). Biochemical ecology of natural microbial communities. *H. Laurits Jensen Festskrift, 41-42.*
4. **Allison, F. E.; V. L. Gaddy; L. A. Pink** e **W. H. Arminger** (1947). Azotobacter inoculation of crops. II: Effect on crops under greenhouse conditions. *Soil Sci. 64:413-29.*
5. **Amor Assunción, M. J.** (1964). Influência del agregado de estiercol al suelo sobre el desarollo del azotobacter en placas de tierra moldeada. *Rev. Fac. Agroni. y Vet. Buenos Aires. 16(1):167-73.*
6. ________ (1970). Evolución química y microbiológica del processo de nitriflcación en el suelo. *Rev. Fac. Agron. y Vet. Buenos Aires. 18(2):141-49.*
7. **Andal K. Bhuvaneswari** e **N. S. Subra-Rao** (1965). Root exudation of paddy. *Nature. 178:1063.*
8. **Apinis, E. E.** (1968). Biocenotic relationship of grassland fungi. *Progr. Biodin. Produt. Solo, Sta. Maria, p. 377-84.*
9. **Bachelier, G.** (1963). La vie animal dans les sols. *O. R. S. T. O. M. Paris.*
10. **Bajpai, P. D.** e **W. V. S. Rao** (1971). Phosphatlösende Bakterien, I: Der Einfluss des pH Wertes auf die Phosphatlösung in Wasserkulturen durch ausgewählte Bakterien. *Soil Sci. & Plant Nutr. 17:41-3 e 43-53.*
11. **Balandreau, J. P.; G. Rinando; M. M. Oumarov** e **Y. R. Dommergues** (1972). Assimbiotic nitrogen fixation in paddy soils. *Proc. 1 Int. Symp. Nitrogen fixation, Vol. 2, Washington State Univ. Press, p. 611-80.*
12. **Beijerinck, M. W.** (1921). Verzamelte Geschriften. *Delft.*
13. **Bergallo de Arruda, B.; J. Döbereiner** e **C. Magno Getmer** (1967). Inoculação, adubação nitrogenada e revestimento com calcário em três variedades de soja. *An X Congr. Bras. Ciênc. Solo, Piracicaba.*
14. **Berthelot, M. C. R.** (1885). Em: A biocenose do solo na produção vegetal, de **Primavesi, A.,** 1964. *Palotti, Sta. Maria/RS.*
15. **Berthelin, J.** (1971). Transformation dun sable granitique pour l'activité microbielle. *Sci du Sol. 1:11-29.*
16. **Bettelheim, K. A.; J. F. Gordon** e **J. Taylor** (1968). The detection of a strain of *Chromobacterium lividum* in the tissue of certain leaf nodulated plants by the imunofluorescence technic. *J. Gen. Microbiol. 54:177-84.*
17. **Bezerra Campelo, A.** e **L. Bezerra de Oliveira** (1969). Ocorrência e distribuição em profundidade de *Azotobacter* e *Beijerinckia* em alguns perfis de solo na zona úmida de Pernambuco. *Pesq. Agropec. Bras. 4:47-52.*
18. **Black, C. A.** (1968). Soil-plant relationship. *Wiley, New York.*
19. **Bond, G.** (1959). Fixation of nitrogen in non legume root nodulated plants. *Symp. Soc. Exper. Biol. 8 Cambridge Univ. Press, p. 59-72.*
20. ________ e **F. J. Hewitt** (1967). The significance of Cu for the nitrogen fixation of nodulated *Alnus* plants and *Casuarina*. *Plant & Soil. 27:447-49.*
21. **Burges, A.** (1960). Introducción a la microbiologia del suelo. *Zaragossa.*
22. **Callao, V.** (1970). Effect of organism able to mobilize soil phosphorus on simbiontic nitrogen fixation. *Rhiz. Newsletter. 15(2):121.*
23. **Catani-Cátovic, S.** e **J. L Peterson** (1966). Phytotoxicity of metabolic products of soil fungi *(Penicillium funiculosum Th.), Soil Sci. 101:57-62.*
24. **Chester, Ch. G. C.** e **D. Parkinson** (1959). On the distribution of fungi in rizoshperes of oats. *Plant & Soil. 11:145-56.*
25. **Clark, F. E.** (1949). Soil microrganisms and plant roots. *Adv. Agron. 1:245.*
26. **Chonkar, P. K.** e **N. S. Subra-Rao** (1966). Association of fungis with *Rhizobium*. *Cañad. J. Microbiol. 12:125-61.*

27. **Coler, R. A.; H. B. Gunner** e **B. M. Zuckermann** (1968). Model mechanism for soil population selection. *Bact. Proc. 3:A-18.*
28. **Coutinho Machado, W.** e **J. Döbereiner** (1969). Estudos complementares sobre a fisiologia de *Azotobacter paspali* e sua dependência da planta. *Pesq. Agropec. Bras. 4:53-58.*
29. **Daft, M. J.** e **T. H. Nicolson** (1969). The effect of endogen micorrhiza on plant growth. *New Phytolog. 68:953-63.*
30. **Dhar, N. R.** (1969). The value of organic matter, phosphate and sunlight in nitrogen fixation of fertility improvement in world soils. *Scient. Varia. p. 243-360.*
31. _______ (1972). World food crisis and land fertility improvement. *Univ. Press, Univ. Calcutta.*
32. **Darbyshire, J. F.** (1972). Nitrogen fixation by *Azotobacter chroococcum* in the presence of *Colpodia steinii*. I: The influence of temperature. *Soil Biol. Biochem. 4:359-69.*
33. _______ e **M. P. Greaves** (1969). An improved method for the study of the interrelationship of soil microorganisms and plant roots. *Soil Biol Biochem. 2:63-71.*
34. **Dincev, D.** e **G., Gusterov** (1958). Bodenmikroorganismen Antagonisten der Knöllchenbakterien. *Ann. Univ. Sofia, I (Biol):49-60.*
35. **Donahue, R. L.; J. C. Schickluna** e **L. S. Robertson** (1972). Soils, an introduction to soils and plant growth. *Prentice-Hall, New Jersey.*
36. **Döbereiner, J.** (1953). *Azotobacter* em solos ácidos. *Bol. Min. Agric. 11.*
37. _______ (1976). Fixação de nitrogênio em gramíneas tropicais. *An. XV Congr. Bras. Ciênc. Solo, Campinas (1975), p. 593-602.*
38. **Dommergues, Y.** e **F. Mangenot** (1970). Ecologie microbienne de sol. *Masson. Paris.*
39. **Durrell, L. W.** e **L. H. Shields** (1961). Characteristics of soil algae relating to crust formation. *Trans. Am. Microsc. Soc. 80:73-9.*
40. **Englund, B.** (1975). Potencial nitrogen fixation by blue-green algae in some Tunisian soils. *Plant & Soil. 43:419-31.*
41. **Fay, P.** (1976). Factors influencing dark nitrogen fixation in a blue-green algae. *Apll. Environm Microbiol. 31(3):376-79.*
42. **Ferrari, E.** e **J. Döbereiner** (1966). Efeito do revestimento calcário das sementes de leguminosas forrageiras, plantadas em consorciação com gramíneas. *Agron. 24 (único): 5-13.*
43. **Fischer, R. F.** (1972). Spodosol development and nutrient distribution under *Hydnaceae* fungal mats. *Soil Sci. Soc. Amer. Proc. 36(3):492-95.*
44. **Flaig, W.** e **H. Maeder** (1962). Über die Wirkung von stickstoffhaltigen Verbindungen in Strohrotteprodukten. *Agrochimica. 4:720-38.*
45. _______ (1968). Uptake of organic substances from soil organic matter by plants and their influence on metabolism. *Scient. Varia. 32:724-70.*
46. **Florenzano, G.** (1972). Elementi di Microbiologia del Terreno. *Ramo Editoriale degli Agricoltori, Roma.*
47. **Fogg, G. E.; W. D. P. Stewart; P. Fay** e **A. E. Walsley** (1973). The blue green algae. *Academic Press, London.*
48. **Franco, A. A.** e **J. Döbereiner** (1967). Especificidade hospedeira na simbiose com *Rhizobium-feijão* e influência de diferentes nutrientes. *Pesq. Agropec. Bras. 2:467-74.*
49. **Garrett, S. D.** (1950). Ecology of the root inhabiting fungis. *New Phytol. 50:149-66.*
50. **Gerdemann, J. W.** (1964). The effect of mycorrhiza on growth of maize. *Mycologia. 56:342-49.*
51. **Glathe, J.** (1964). Wandlungen einiger Probleme der Bodenmikrobiologie. *Nachr. Giessener Hochsch. 4 7-55.*
52. **Grainger, J. M.** e **R. M. Keddie** (1953). Nutritional studies on coneyform bacteria from soil and herbage. *J. Gen. Microbiol. 31: VIII.*

53. **Greaves, M. P.; G. Anderson** e **D. M. Webley** (1963). A rapid method for determining phytase activity of soil microorganisms. *Nature. 200(4912):1231-32.*
54. **Griffin, G. D.** e **D. M. Rees** (1956). *Anabaena unispora* and other blue-green algae as possible mosquito control in Salt Lake country. *Proc. Utah Acad. Arts Lett. 33:101-03.*
55. **Griffiths, E.** (1965). Microorganisms and soil structure. *Biol. Rev. 40:129-42.*
56. **Grossmann, F.** (1968). Mode of action of green manure against soil born fungal diseases. *Progr. Biodin. Produt. Solo, Sta. Maria, p. 339-40.*
57. **Gusterov, G.** e **M. Ginceva** (1960). *Actinomycetes,* Antagonisten von phytopathogenen Fungi. *Ann Univ. Sofia. I (Biol):71-80.*
58. **Hallsworth, E. G.** e **D. V. Crawford** (1965). Experimental Pedology. *Butterworth, London.*
59. **Harley, J. L.** (1965). Mycorrhiza, em: Ecology of soil born plant pathogens, de **Baker, K. F. e W, C. Snyder**, p. *218-29, Univ. California Press, Berkeley.*
60. **Hauke-Racewiczova, Th.** (1970). Fixation microbienne de l'azóte dans un sol salin tunisien. *Soil Biol. Biochem. 2:47-53.*
61. **Hatsch, A. B.** (1937). The physical basis of mycotrophy in *Pinus. Black Rock Forest Bull 6.*
62. **Heberlein, G. T.** e **R. De Ley-Tijgat** (1967). Deoxy-ribonucleic homology and taxonomy of *Agrobacterium, Rhizobium and Chromobacterium. J. Bacter. 94:116-24.*
63. **Hirte, W. F.** (1970). Untersuchungen zur Wechselwirkung zwischen Bodenreaktion und Mikroorganismen. *Zbl. Bakter. Paras. Infekt. Hig. 125(5):647-60.*
64. **Horst, R. R.** e **L. J. Herr** (1962). Effect of foliar urea treatment on number of actinomycetes antagonistic to *Fusarium roseum f. cerealis* in the rizosphere of corn seedlings. *Arch. Mikrobiol. 65:175-81.*
65. **Humphry, B.A.** e **J. M. Vincent** (1967). The effect of calcium deficiency on Rhizobium. *Rhiz. Newsletter. 12(3):204-06.*
66. ________ (1972). Conferência em Tóquio *(Notícia particular).*
67. **Inamatsu, K.; A. Tardieu, M. H. Moussin** e **M. Pochon** (1 974). Influence d'un composte de paille de riz sur les substances humiques et les microbes d'un sol planté en mûrier. *Rev. Ecol. Biol, du Sol. 11(1):1-14.*
68. **Ishizawa, S.; M. Aragari** e **T. Suzuki** (1969). Actinomycete flora of japanese soils. Ill: Actinomycetes of rice soils, B: the production of antibiotica. *Soil Sci. & Plant Nutr. 15:214-21.*
69. **Jackson, N. E.; P. E. Franklin** e **R. H. Miller** (1972). Effect of vesicular-arbuscular *Mycorrhiza* on growth and phosphor content of three agronomic crops. *Soil Sci. Soc. Amer. Proc. 36(1):64-67.*
70. **Jones, K.** (1970). Stickstoffbindung in der Phyllosphäre der Douglasfichte. *Ann. Bot. 34:239-44.*
71. **Jones, D.; J. S. Bacon; V. C. Farmer** e **D. M. Webley** (1969). A study of the microbial lysis of the cell wall of soil yeast. *(Cryptococcus spp). Soil Biol. Biochem. 1:145-51.*
72. **Jürgens, M. F.** e **C. B. Davey** (1968). Nitrogen fixing blue green algae on acid forest nursery soils. *Canad. J. Microbiol. 14:1179-83.*
73. **Karagujschieva, D.** (1967). Die Rolle freier Stickstoffbinderbei Stickstoffansammlung im Boden. *Nachr. Akad. Wiss. Kazach. SSR, 52-64.*
74. **Kass, D. L.; M. Drosdorf** e **M. Alexander** (1971). Nitrogen fixation of *Azotobacter paspali* in association with Bahia grass *(paspalum notatum) Soil Sci. Soc. Amer. Proc. 35(2):286-89.*
75. **Katznelson, H. A.; A. G. Lochhead** e **M. J. Timonin** (1948). Soil microrganisms in the rhizosphere. *Bot Rev. Lancaster. 14:543-87.*
76. ________, **J. W. Rouatt** e **T. M. Payne** (1955). The liberation of aminoacids and reducing compounds by plant roots. *Plant & Soil. 7:35-48.*
77. **Khaziyev, F. K. H.** (1966). Dependance of nuclease activity of soil on the pH and influence of various substances on it. *Doklady Biol. Kauki. 2:223-27.*

78. **Klezkova, J.** (1965). Mutation in simbiotic effectivness in *Rhizobium trifolii* caused by transforming DNA and other agents. *J. Gen. Microbiol. 40:377-84.*
79. **Kobayashi, M. T.; T. Katayama** e **A. Okuda** (1965). Nitrogen fixing microorganisms in rice soils XIII e XIV Nitrogen fixation in mixed cultures of photosynthetic bacterias. *(B. capsulatus)* and other heterotrophic bacterias. *Soil Sci. & Plant Nutr. 11:74-77 e 78-83.*
80. **Kononova, M. M.** (1961). Soil organic matter. *Pergamon Press, London.*
81. **Kowal'ski, V. V.** e **S. V. Letunova** (1966). Adaption of nitrogen fixing bacterias to the content and relation of Mo, V and Cu in soils. *Agrokhimiya. 7:73-92 (ref. CA. 67(7): 10988f).*
82. ________ (1966). Lysogeny in *Rhizobium melilotti. Acta Microbiol. Polonica. 15:119-28.*
83. **Krasilnikov, N. A.** (1958). Soil microorganisms and higher plants. *A. N. S. S. S. R. Press, Moscow.*
84. **Kneuer, Ch.** (1968). Primeiros passos hacia un *fosfobactrin. Progr. Biodin. Produt. Solo, Sta. Maria, p. 21-28.*
85. **Kretzel, Z.** (1966). Rhizosphere microorganisms as a factor of influencing resistance to plant infection. *Acta Microbiol. Polonic. 15:163-72.*
86. **Last, F. T.** (1955). Seasonal incidence of *Sporobolomyces* in cereal leaves. *Trans. Brit. Mycol. Soc. 38:221-39.*
87. **Lochhead, A. G.; M. J. Timonin** e **P. M. West** (1940). The microflore of the rhizosphere in relation to resistance of plants to soil-born pathogens. *Sci. Agric. 20:414-18.*
88. ________ (1958). Soil bacteria and growth promoting substances. *Bact. Rev. 22:145-53.*
89. **Louw, H. D.** e **D. M. Webley** (1958). A plate method for estimating the numbers of phosphorus dissolving and acid producing bacterias in soil. *Nature. 182:1317.*
90. ________ e ________ (1959). The bacteriology of the root region of the oat plant grown under controlled plot culture conditions. *J. Appl. Bact. 22:216-18.*
91. **Lund, J. W. G.** (1967). Soil Algae. Em: *Soil Biology*, de **Burges, A.** e **F. Raw**, *Academic Press, London, p. 129-98.*
92. **MaCauly Inst. f. Soil Research.** (1971). *Ann. Rep. Nº 41, p. 57.*
93. **Mohr, E. C. J.** e **F. A. Baren** (1954). Tropical Soils. *Interscience Publisher, New York.*
94. **Molina, J. S.** (1968). Fuentes de carbono utilizados por el *Azotobacter* en suelos alcalinos. *Labor. Invest. Agric. Bol. Tec. 1:1-129.*
95. ________ (1968). La decomposición aeróbica de la cellulosa y la estructura activa de los suelos. *Progr. Biodin. Produt. Solo, Sta. Maria, p. 217-25.*
96. **Moore, A. W.** (1960). Symbiotic nitrogen fixation in a grazed tropical grass-legume pasture. *Nature. 185:638.*
97. **Morris, D. O.** (1971). Acid and alcali production by *Rhizobium. Rhiz. Newsletter. 16 (1):30-32.*
98. **Moskowetz, W. S.** (1957). Die Pilzmikroflora in der Rhizosphäre der Luzerne im Süden der ukrainischen SSR. *J. Mikrobiol. Akad. Wiss. Ukraine, SSR. 19:44-50.*
99. **Mulder, E. G.; T. A. Lie** e **J. W. Woldendorf** (1968). Biology and soil fertility. *UNESCO, Rev. Soil Biol. IX: 163-208.*
100. **Müller, G.** (1956). Untersuchungen über die Wechselbeziehungen zwischen Bodenleben und Standortsfaktoren der Futterpflanzen. *VI Cong. Int. Sci. Sol, Paris, III/6:29-37.*
101. **Naumann, K.** (1971). Dynamics of the soil microflora following the application of insecticides. VI: Trials with the insecticide gamma-BHC and Toxophene. *Pedobiologia, II(4):286-95.*
102. **Neves, M. C. P.; M. Nery** e **J. M. Day** (1976). Efeito da temperatura na fixação de nitrogênio de estirpes de *Spirillum sp.* isoladas de *Digitaria sp* e milho. *An XV Congr. Bras, Ciênc. Solo, Campinas, (1975), p. 143-49.*
103. **Nichols, V. O.** (1960). *Mycorrhiza* in the *Gramineae,* II: Development in different habitats, particulary in sand dunes. *Trans. Brit. Mycol. Soc. 39:233-38.*

104. **Osmori, M.** e **A. Hattori** (1972). Heterocyst and nitrogen fixation in *Anabaena cylindrica. Int. Symp. Seaweed Res. Papporo, p. 589-601.*
105. **Panosyan, A. K.** e **K. Nikogasyan** (1966). The presence of nitrogen fixers in lichens *Biol. Sh. Arm. 19:3-11.*
106. **Parker, C. A.** (1968). On the evolution of simbiosis in legumes. *H. Laurits Festskrift, 107-15.*
107. **Pauli, F. W.** (1967). Soil fertility. *Hilger, London.*
108. **Pawlenko, W. P.** (1969). Einfluss einiger Pilzarten auf die Zusammensentzung nativer Mikroflora der Rhizosphäre und der wurzelnahen Zone des Winterweizens. *Mikrobil. 38:329-35.*
109. **Peive, J.; G. Zhiznewskaya** e **I. Tenisone** (1966). Recent latvian studies on trace elements and legume productivity. *Rhiz. Newsletter. 11(2):176-79.*
110. **Pegg, G. F.** e **L. Sequeira** (1968). Stimulation of aromatic biosynthesis in tobacco plants infected by *Pseudomona solanacearum. Phytopath. 58(4):476-83.*
111. **Pochon, J.** e **H. Barjac, de** (1958). Traité de microbiologie des sols. *Dunod, Paris.*
112. **Pokorna-Kozova, J.** e **B. Noviak** (1971). Effect of manuring and fertilizing on soil microflora: Studies about humus. *Trans. Int. Symp. Humus & Plants. V:81.*
113. **Primavesi, A. M.** (1973). Polígrafos de "Nutrição Vegetal" no *curso de Pós-graduação Biodin. Produt. Solo, Sta. Maria/RS.*
114. ________ (1973). Nitrogen increase in soil by semi-aerobic straw decomposition in presence of P and Ca. *Proc. Nat. Acad. Set India. 43 (A/1-2):162-69.*
115. ________ (1973). Melhoramento da produtividade do solo por bactérias celulolíticas. *Relatório ao CNPq.*
116. **Rankow, V.** (1971). Effect of certain herbicides on soil celulose decomposing activity. *Pochvov. Agrokhimiya. 5(6):73-80.*
117. **Reese, E. T.** (1968). Microbial transformation of soil polysaccharides. *Scient. Varia. 32:535-77.*
118. **Richards, B. N.** (1965). *Mycorrhiza* development of lobolly pine seedlings in relation to soil reaction and the supply of nitrate. *Plant & Soil. 22:187-99.*
119. **Rivière, J.** (1963). Rhizosphère et croissance du blé. *Ann. Agron. 14:619-72.*
120. **Rovira, A. D.** (1966). A study of the development of the root surface microflora during initial stage of plant growth. *J. Appl. Bacter. 19(1):74-80.*
121. ________ (1955). Factors influencing soil metabolism and the relationship between plant root and soil microorganisms. *Thesis, Univ. Sydney.*
122. ________ (1959). Influence of plant species, age of plant, light and temperature and calcium nutrition on exudation. *Plant & Soil. 11:53-64.*
123. **Rouquerol, Th.** (1962). Sur les phénomènes de fixation de l'azote dans les rizières de la Camargues. *Ann. Agron. 13(4):325-31.*
124. **Ruinen, J.** (1956). Occurence of *Beijerinckia* species in the phyllosphere. *Nature. 177:220-21.*
125. ________ (1965). The phyllosphere. III: nitrogen fixation in the phyllosphere. *Plant & Soil. 22:375-94.*
126. ________ (1966). The phyllosphere. IV: cuticle decomposition by microorganisms in the phyllosphere. *Ann Inst. Pasteur, III (suppl. au N° 3):342-46.*
127. **Rubin, B. A.** (1956). A simbiose trófica de microrganismos no rizoplano. *Ciência Sov. 2:64-65.*
128. **Ruschel, P. A. A. C. Mesquita Rocha** e **Figueredo Penteado** (1970). Efeito de boro e molibdênio aplicado a diferentes revestimentos da semente de feijão *(phaseolus vulgaris). Pesq. Agropec. Bras. 5:49-52.*
129. **Sallans, B. J.** (1965). Root rots of cereals. *III° Bot. Rev. 31:505-36.*
130. **Sang. J. B. S. K. Hyun, E. W. Leil** e **W. Waternabe** (1970). An observation on the effect of nitrogen fixing blue-green algae at acid soils of rice fields in Korea. *Int. Symp. Blue-green algae, Maebasi, p. 274-75.*

131. **Santoro T.** e **L. E. Casida** (1962). Elaboration of antibiotica by *Boletus luteus* and certain other mycorrhizal fungi. *Canad. J. Microbiol. 8(1):43-48.*
132. **Schaffer, R.** (1966). Medio edáfico y biocenosis. *Monogr. I° Col. Latinonamer. Biol. Suelo p. 547-65.*
133. **Schaffer, F.** e **A. Klocke** (1954). Der Einfluss von Antibiotika auf die Entwicklung und den Nährstoffgehalt von Kulturpflanzen. *Z. Pflanzenern. Düng. Bodenkd. 66(1):29-38.*
134. **Schenk, N.C.** (1970). Mycorrhizal fungi. *Res. Rep. Florida. 11:12-14.*
135. **Schlegel, H. G.** (1968). Mecanismos de controle regular das bactérias do solo. *Progr. Biodin. Produt. Solo, Sta. Maria, p. 43-56.*
136. **Schreven, D. A.** (1964). Die Wirkung einiger Aktinomyceten auf *Rhizobium* und *Agrobacterium radiobacter. Plant & Soil. 21:283-302.*
137. **Schtina, E. A.** (1964). Über die Rolle der Algen bei der Ansammlung von Stickstoff im Boden. *Agroknimiya. 77-88.*
138. **Soriano, S. M. Amor Asunción** e **M. Cusato** (1973). Effecto de la decomposición anaerobia de la paja de maiz en el suelo sobre el desarollo de bactérias assimbióticas, aeróbias, fijadores de nitrogeno atmosférico. *XIV Congr. Bras. Ciênc. Solo, Sta. Maria.*
139. **Stevenson, C.** (1969). Fixation of nitrogen by non-nodulated seed plants. *Ann Bot. 23:622-35.*
140. **Steward, W. D. P.** (1966). Nitrogen fixation in plants. *Athlon Press, Univ. London, p. 168.*
141. ________ e **G. Bondy** (1961). The effect of ammonium-nitrogen on the fixation of elementary nitrogen in *Alnus* and *Myrica. Plant & Soil. 14:347-59.*
142. **Stille, B.** (1938). Untersuchungen über die Bedeutung der Rhizosphäre. *Arch. Mïkrobiol. 9:477-85.*
143. **Subbarao, N. S.** (1970). Rhizobium in relation to fungus from Indian soils. *Rhiz. Newsletter. 12(3):204-6.*
144. **Sylvester, A.** (1965). Nitrogen enrichment of rice soils by blue-green algae, and its effect on the yield of paddy. *Proc. Nat Acad. Sci. 35:382-86.*
145. **Szegi, J.** e **M. Rodrigues** (1966). Influência de los productos metabolicos de los hongos. *I Col. Latinamer. Suelo, Bahia Blanca, p. 573-87.*
146. **Tardieu, P.** (1968). Méthodologie générale et moderne en microbiologie du sol. *Progr. Biodin. Produt. Solo, Sta. Maria, p. 67-73.*
147. **Timonin, M. J.** (1940). The interaction of higher plants and soil microorganisms. I: Microbial population of rhizosphere of seedlings of certain cultivated plants. *Canad. J. Res. 18:307-17.*
148. **Tomaselli, L.** e **G. Florenzani** (1971). Heterotrophy and nitrogen fixation in several blue green algae from soil. *Zb It. Bakteriol. Paras. Infekt. Hig. 2 Abt. 126(4):420-24.*
149. **Trolldenier, G.** (1970/71). The influence of K and N nutrition of wheat on bacterial colonization of the rhizosphere. *Büntehofabstrakt. 18-20.*
150. ________ (1968). Cereal diseases and plant nutrition. *Progr. Biodin. Produt. Solo, Sta. Maria, p. 509-19.*
151. **Uemura, S.** (1970). Non leguminose root nodules in Japan. *Rhiz. Newsletter. 15(2):161-62.*
152. **Uziak, Z.** (1964). Utilization of inorganic and organic nitrogen by leguminose plants at various C/N ratios in the plant. *Ann. Univ. M. Curie-Sklodow, Lublin, Sect. E, 19:163-87.*
153. **Vasantharajan, V. N.** e **J. V. Bhat** (1968). Relation between microorganisms and mulberry. II: The microflora of the phyllosphere and the N-fixation on leaf and root surface. *Plant & Soil. 28:258-67.*
154. **Velasco, P. F. de** e **J. M. Lozano Calle** (1971). Microbial activity of humus in the semi-arid soils. *An Edaf. y Agrobiol. 30(3-4):231-41.*
155. **Vencata, R. C. S.** (1960). Foliar application of nutrients and rhizosphere microflora of *Camelia Sinensis. Nature. 187:621-22.*
156. **Verona, O. di** (1966). Microbiologia agraria. *Torinense, Torino.*

157. **Vrany, J.** (1968). Reação da microflora da rizosfera após a aplicação de ureia e outras substâncias. *Progr. Biodin. Produt. Solo, Sta. Maria, p. 521-32.*
158. **Waksman, S. A.** (1968). Microbes, organic matter and soil fertility. *Scient. Varia. 32:474-94.*
159. _______ (1927). Principles of soil microbiology. *Williams & Wilkins, Baltimore.*
160. **Weinhard, P. J. Balandreau** e **G. Rinaud** (1971). Non simbiotic nitrogen fixation in the rhizosphere of non-leguminose tropical plants. *Rev. Ecol. Biol. Sol. 8(3):367-73.*
161. **Webley, D. M.** *et al.* (1965). A study on polysaccharid producing organisms of the root zone of some forrage grasses, *J. Soil Sci. 16:149-57.*
162. **Welte, E** e **G. Trolldenier** (1961). Der Einfluss der Wasserstoffionenkonzentration des Bodens auf den Rhizosphäreneffekt. *Naturwiss. 48(14):509.*
163. **Wernli, M. P.** (1968). Analisis microbiologico de la rizosfera de *Prosopis tamarugo Phil.* arbol de la pampa de Tamarugal, Chile. *Progr. Biodin. Produt. Solo, Sta. Maria, p. 537-38.*
164. **Winogradsky, S.** (1925). Études sur la microbiologie du sol. *Ann. Inst. Pasteur. 39:299-354.*
165. **Winter, A. G.** (1951). Untersuchungen über die Ökologie und den Massen Wechsel bodenbewohnender mikroskopischer Pilze. *Arch. Mikrobiol. 16:136-42.*

7

A BIOESTRUTURA DO SOLO

QUE É BIOESTRUTURA?

A bioestrutura do solo consiste em sua *forma grumosa, estável à água,* na camada compreendida entre 0 a 20 cm de profundidade. Pode haver uma agregação boa na camada mais baixa, porém, esta não é estável à água, desmanchando-se quando em contato com a chuva.

Os agregados de formação química são "agregados primários" dos quais os microrganismos do solo formam os "grumos" ou "agregados secundários"[1,16,18,41,72,78] cuja estabilidade depende da presença de matéria orgânica.

Entre nós, chama-se de agregado todo agrupamento de partículas do solo entre 0,5 e 5,0 mm de tamanho, independentemente de sua densidade, porosidade e presença de matéria orgânica e microvida, bem como de sua estabilidade à ação das chuvas. Os ingleses e americanos distinguem entre *"crumbs"* ou grumos e *"clods"* ou agregados do tipo torrõezinhos estando a diferença no seu peso específico, ou seja, sua densidade aparente, como será explicado mais adiante (figura 7.11).

Esta estrutura, formados de grumos estáveis à água, depende de coloides ou "cola orgânica" produzida por bactérias, de filamentos de algas e de hifas de fungos. Portanto, é temporária e depende de sua renovação periódica.

O estado grumoso do solo, estável à água, em alemão se chama *"Gare"*, em inglês *"tilth"* e Primavesi o denominou em português *"fofice"*.[66] Nossos caboclos chamam a terra grumosa de "gordura da terra" enquanto que denominam "solo frio" o subsolo adensado.

E como a bioestrutura, até hoje, não foi considerada como fator de produção, e seu manejo não foi incluído no "pacote tecnológico", permanece o "fator no mínimo" que limita a produção agrícola brasileira.

Os incas contam: "O primeiro homem que veio à Terra tomou sua mulher pela mão e caminharam com varas até que estas afundaram em terra macia e fofa. Ali pararam e fizeram sua casa, fundando a cidade santa de Cuzco". O conhecimento de terra fofa ser terra fértil e produtiva é tão velho como a história da agricultura. Desde que os homens cultivam o chão procuram terra grumosa, e não importa se a procuram com uma vara ou um cavalo. Onde o tropel do cavalo se tornava surdo, desciam e ficaram porque a terra era boa.[29] Somente, quando o homem montou em tratores perdeu o contato com sua terra. Ainda notava que a terra virgem caía do arado como se fosse arroz e terra velha de cultura caía em torrões grandes, que necessitavam ser destorroados. Via as nuvens de poeira que as máquinas provocaram mas não pensava em mais nada, a não ser no dinheiro que pretendia ganhar.

Terra grumosa é porosa, permitindo a pronta infiltração de água, de ar e a penetração das raízes. Por isso criou-se a expressão de *"fertilidade física"* pois a fertilidade química, isoladamente, não podia fazer o solo produzir.[7,23,53,87]

Pode-se deduzir do quadro 3.3 que os macroporos sejam para a terra roxa mistura 35,5, para a terra roxa legítima 33,0 e para o arenito 16,6. Isso significa que a porosidade de uma terra "virgem" não depende de sua granulometria mas sim de seus grumos. A capacidade reduzida de arenito em reter água depende do fato de que os grãos de areia não possuem microporos e não podem armazenar água. Por outro lado a densidade aparente relativamente alta (1.35), já indica um processo de adensamento e portanto a presença de grande quantidade de poros capilares, que se situam entre os grãos mas nunca nos grãos como ocorre com os grumos.[44,61,66,86]

Quanto maior a densidade aparente, tanto mais compacto o solo é.

Terra compacta, mesmo se for duas vezes arada e três vezes gradeada, com grade de discos recortados, para melhor destorroá-la e pulverizá-la, enfim para "prepará-la bem", nunca produz como antes, quando ainda não necessitava de destorroamento.[68] Cada chuva, depois do plantio, encrosta a terra, e um ano chuvoso acaba com a colheita, apesar de as plantas necessitarem de chuva e já se ressentirem com alguns dias de sol. O efeito dos adubos tornou-se cada vez menor e as pragas e pestes tornaram-se dezenas. Chega-se até ao absurdo de usar 0,5 kg de pesticida para cada quilograma de soja produzida, como ocorreu numa região do Rio Grande do Sul.

E pode-se afirmar: Os povos que não tratarem adequadamente suas terras têm de tratar suas culturas com quantidade excessivas de defensivos! E, enquanto na Inglaterra se usam 10 g de defensivo por quilograma de soja produzida, nos EUA se usam 20 g e no Brasil até 500 g. A agricultura torna-se insegura e ingrata.[24,25]

Por quê?

Simplesmente porque solo adensado permite somente a proliferação de um grande número de insetos de algumas poucas espécies, como se explica no capítulo 5. Onde aparece areia branca na superfície do solo, é um sinal de adensamento e de perigo de pestes e pragas.

Produtivo chama-se um solo que com água e nutrientes o suficiente é capaz de produzir colheitas fartas.

Onde enxurradas sulcam os campos o adubo não reage mais economicamente. Não é por terem as enxurradas levado os adubos, mas sim, por existir somente erosão onde o solo é encrostado, compactado ou adensado na sua camada superficial.[66,67] Neste caso, a raiz não consegue aproveitar o adubo, seja por não alcançá-lo, seja por falta de água na camada ainda não adensada, ou por falta de oxigênio (vide capítulo 1), ou por um superaquecimento do solo (vide capítulo 2). Onde cupins fazem seus ninhos, os anos gordos se foram para a agricultura.

Quanto maior a infiltração de água (veja figura 9.8), tanto menor a perda de solo por escorrimento de água. A grumosidade deficiente da superfície do solo é o ponto de estrangulamento de nossas colheitas, desde que o controle da fertilidade química se tornou um ato rotineiro. Especialmente nas regiões tropicais onde, por razões explicadas no capítulo 2, a raiz vegetal necessita explorar um espaço maior de terra, a formação de adensamentos, por causa de grumosidade perdida, torna-se um problema grave. Da bioestrutura do solo depende a resposta à adubação, a suscetibilidade das plantas às oscilações climáticas e a frequência de pragas e pestes e finalmente o lucro da atividade agropecuária.[4,11,13,23,30,37,64,66,78,89,93,97,101]

Existem ainda muitos que duvidam ter o cultivo efeito negativo sobre as condições físicas do solo, causando seu adensamento. Essa dúvida teria muita razão se a física fosse restrita à granulometria. Porém, como a física, em grande parte, depende da bioestrutura, o efeito sobre a porosidade do solo pode ser drástico.[9,11,12,14,26,34,46,47] Na figura 7.1 mostra-se o efeito do cultivo sobre a condutividade hidráulica, apresentando um campo nativo e um cultivado há 50 anos. Este último, na camada su-

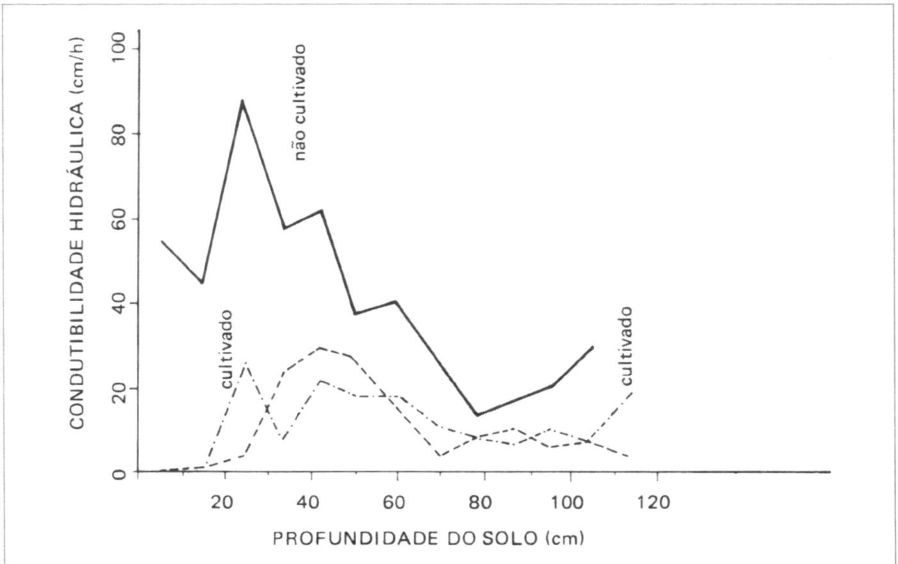

Figura 7.1 Variação dos valores de condutibilidade hidráulica (K) em função da profundidade do solo. (Corsini, 1974)

perficial, praticamente não possui condutividade hidráulica. O deflúvio de água, num solo destes, é pronunciado, uma vez que a permeabilidade é muito reduzida.

O problema da perda de macroporosidade, como discutido no capítulo 1, não somente evita grande parte da infiltração de água mas também atrasa sua drenagem, priva as raízes de oxigênio e constitui uma barreira física para sua expansão.[31,36,64,71,89,91,97,100]

Geralmente a deficiência de água é maior na camada superficial do solo, à qual a raiz permanece confinada devido aos adensamentos em pouca profundidade.[33,67,89]

A reação mais acertada é fazer a raiz crescer até maiores profundidades do solo. E isso somente pode ocorrer se este estiver pouco compacto.[3]

Na figura 7.2 mostra-se o efeito de duas semanas de "seca" sobre um solo perto de Brasília. Na primeira semana após a chuva o solo perde rapidamente a água da camada superficial até aproximadamente 23 cm de profundidade. Abaixo, a umidade permanece mais elevada.

Se a raiz consegue explorar o solo até maiores profundidades, dificilmente sofrerá com a distribuição irregular das chuvas. E esta penetração depende, como a penetração da água, da bioestrutura.[8,24,25,61,73,82]

A POROSIDADE DO SOLO

Todos sabem que entre grãos de trigo ou arroz existem interstícios relativamente grandes. Se água for derramada por cima desses grãos, desaparecerá rapidamente, infiltrando-se pelos "poros". Mas, se o trigo for moído em farinha, existirão so-

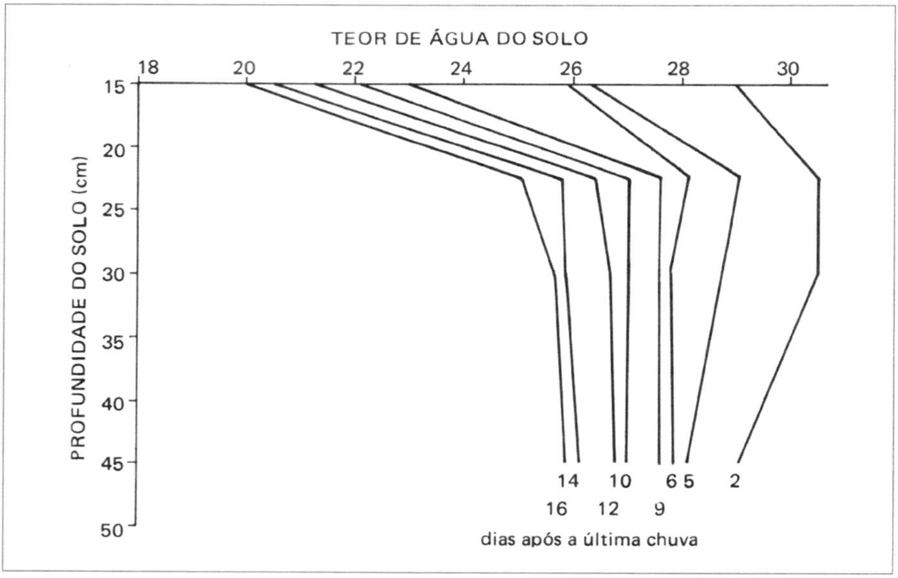

Figura 7.2 A diminuição do teor em água num solo descoberto durante duas semanas sem chuva na estação das águas de 1974/75. (Bandy e Musgrave, 1975)

Quadro 7.1 Características de um adensamento. (Oliveira, L. B. de, 1968)

profundidade (cm)	densidade aparente (g/cm³)	microporos (%)	macroporos (%)	coeficiente de permeab.	areia grossa (%)	areia fina (%)	azotobacter (100 mg × 10)
0-8	1,47	17,6	22,8	21,50	55	30	12,0
8-10	1,65	17,4	19,1	12,00	49	32	28,0
10-24	1,65	22,7	11,9	3,80	44	29	5,0
24-32	1,59	25,4	9,2	2,05	33	35	16,0
32-40	1,59	27,8	6,8	1,47	31	34	14,3
40-48	1,56	27,3	8,6	1,39	41	25	-

mente espaços minúsculos entre os grãos e se água for derramada sobre a farinha, empoçará, penetrará vagarosamente e não a molhará toda.

Um solo grumoso é semelhante ao trigo em grão, com muitos macroporos em que circula o ar, infiltra-se a água que se drena por força da própria gravidade e em que avançam as raízes. Mas se os grumos se desmancharem, o solo é como a farinha. Faltam-lhe os macroporos. Os microporos predominam e consequentemente faltará ar, água e a possibilidade de penetração radicular.[30,51]

O quadro 7.1 mostra esta modificação, ou seja, a perda de macroporos e o aumento de microporos num adensamento, embora o solo escolhido já não fosse mais grumoso, mas compactado.

Verifica-se que a 8 cm de profundidade a densidade do solo alcança um nível que se torna intransponível para a maioria das raízes, uma vez que uma densidade aparente de 1,6 é tomada como limite. Nesta camada inicia-se a diminuição dos macroporos e o aumento dos microporos que se torna drástico na camada entre 24 e 40 cm de profundidade. Como se trata de um solo arenoso, a profundidade da camada adensada é maior do que em solos argilosos, onde se situa, geralmente entre 6 e 25 cm. Isso se deve à maneira de sedimentação e entupimento dos poros pela areia fina ou pela argila, o que será discutido mais adiante.

Por outro lado mostra que um solo arenoso, com 85% de areia, pode ser tão duro como uma argila, de modo que solo arenoso não é garantia de ser "macio" sem se considerar ainda a possibilidade de sua "vitrificação", como discutido no capítulo 3.

Pelo cultivo sempre ocorre uma degradação da estrutura do solo.[46] Os grumos se tornam instáveis à água e uma camada adensada forma-se no subsolo ou na superfície. Existem solos em que a estabilidade dos grumos é grande, como na terra roxa legítima. Mas há outros solos onde é muito pequena, especialmente nos solos arenosos. Um adensamento nestes solos facilmente se determina, tirando-se um "bloco" de terra com uma pá, como mostra a figura 7.3.

Esse "bloco" facilmente se desmancha, caindo da pá. Onde houver a menor modificação da bioestrutura, o solo apresenta uma rachadura. Somente as raízes conseguem manter a terra ligada, que é grumosa e portanto muito solta, embora se trate de argila.

Produzindo uma "lâmina delgada" desta terra e examinando-a abaixo do microscópio (aumento 40×) como mostra a figura 7.4, verificam-se muitas áreas brancas,

Figura 7.3 Solo grumoso extraído com uma pá.

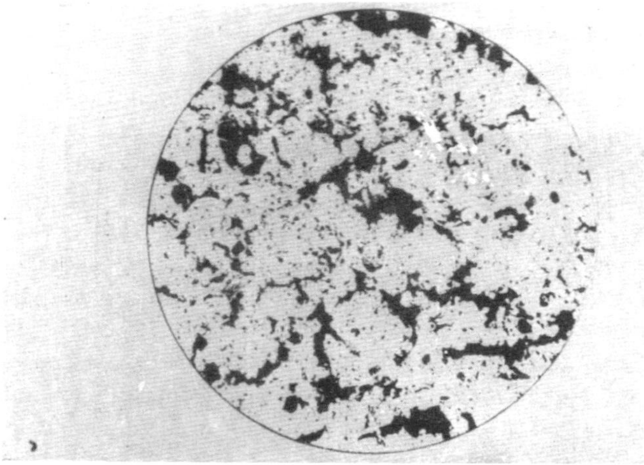

Figura 7.4 Lâmina delgada de um solo grumoso.

que são os espaços porosos. As partes pretas são os minerais e a matéria orgânica. A grande quantidade de poros torna o solo leve com pouco peso específico (entre 0,9 e 1,2 g/cm^3).

Esse solo reage otimamente a uma adubação, conserva o suficiente de água para poder passar períodos secos e possui o bastante de ar para permitir um metabolismo ativo dos vegetais e um enraizamento abundante. Um solo adensado – como tal considera-se os solos com um peso específico acima de 1,35 – pode ser retirado como bloco inteiro, como mostra a figura 7.5. Não existe rachadura, e quando rachar decai em torrões.

Na lâmina delgada não se observa espaço branco maior, mas somente espaços brancos pequenos, ou seja, microporos, por onde o ar não circula e nos quais a penetração de água é muito difícil. Por outro lado não há drenagem por gravidade.

Num solo como mostrado na figura 7.5 o adubo já não reage mais satisfatoriamente e muitas vezes nem há reação alguma. As culturas desenvolvem-se mal e as pragas e pestes proliferam. Os "riscos climáticos" tornam-se muito grandes. Falta a bioestrutura ativa.[5,59,65]

As colheitas decresceram, apesar da adubação. A quantidade de grumos estáveis à água era pequena demais para garantir um desenvolvimento satisfatório das plantas.[8,37,63,73]

É a bioestrutura que faz o solo produzir. Ela é formada de grumos de 0,5 a 2,0 mm de diâmetro, estáveis à água. Depende intimamente da matéria orgânica e da vida

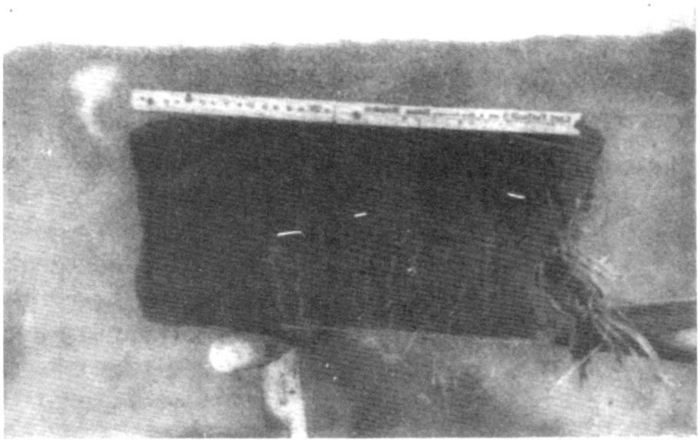

Figura 7.5 Bloco de terra adensada tirada com a pá.

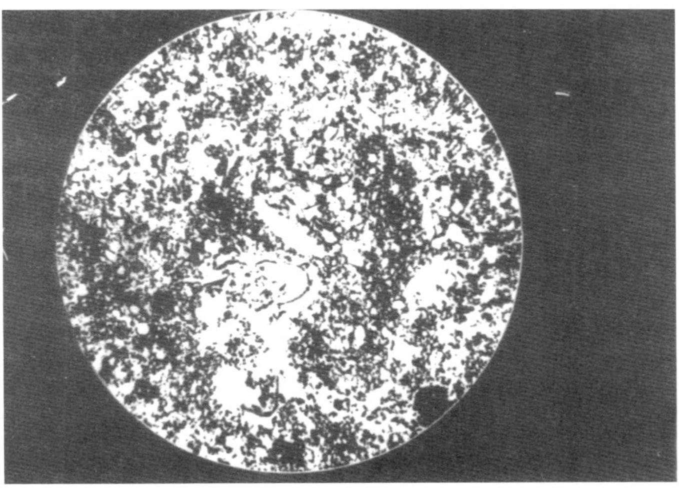

Figura 7.6 Lâmina delgada de um solo adensado.

do solo. Tanto a micro, meso e macrofauna como os microrganismos e as raízes das plantas superiores influem sobre os grumos.[15,25,40,60,69,77]

A RESISTÊNCIA DOS GRUMOS E O EFEITO DA ESTRUTURA GRUMOSA

Antigamente acreditava-se que a estrutura do solo fosse uma propriedade das argilas. Atribuía-se a estrutura do solo à agregação química (agregados primários) que em síntese agia como mostra a figura 7.7 As valências negativas das argilas atraíam as positivas dos íons adsorvidos e as partículas se floculavam, formando agregados.

Mas, considerava-se "estrutura" especialmente a maneira com que as argilas se expandiam, quando úmidas, e se contraíam, quando secas. Chamou-se de estrutura às formas de rachaduras e fendilhamentos assim produzidos, como estrutura em blocos, colunar, laminar, granular etc.[20] Porém, não se considerou que este movimento de inchar e contrair, produzindo rachaduras, somente ocorre quando a argila é completamente dispersada, sem agregação alguma e sem um teor em matéria orgânica. Nessa condição, os grãos ultrafinos da argila são embebidos com água, inchando, ocupando mais espaço, quando secam, novamente, voltam a seu tamanho original e o espaço, antes ocupado pelo grão úmido, entumescido, fica livre. Como a argila não se assenta simplesmente, havendo adesão entre suas partículas, formam-se rachaduras e fendas, produzindo assim grânulos, blocos, colunas ou lâminas de tamanho e formas diferentes, o que em parte depende da qualidade da argila presente, em parte dos cátions aderidos à argila.

Encontramos campos agrícolas intensamente rachados, como mostra a figura 7.8. Diz-se que é a seca. Porém, o solo pode rachar também quando ainda existir umidade, como mostra a figura 9.57.

Seca alguma poderia rachar o solo quando este tiver uma estrutura grumosa! Nesta, a argila, ao inchar, somente ocupa parte dos macroporos e, ao contrair-se, os desocupa novamente. Portanto, o solo que racha tem sua produtividade seriamente comprometida por não possuir macroporos.[46,63,68,69,85,86]

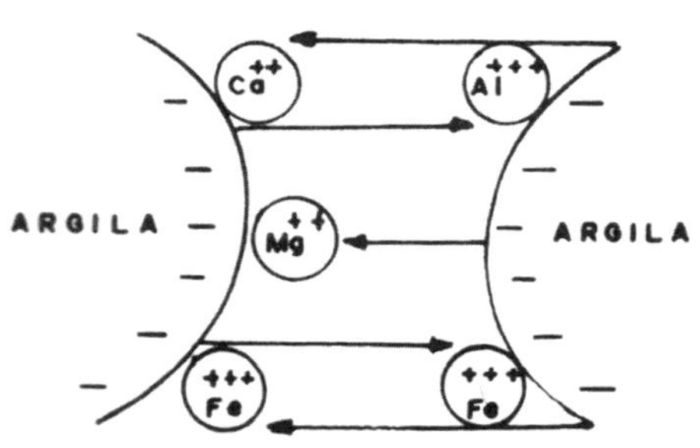

Figura 7.7 Esquema de atração de dois grãos de argila através dos íons adsorvidos.

Figura 7.8 Terra agrícola rachada; no fundo um campo pastoril.

Um solo grumoso, posto numa placa petri com água, apresenta-se como na figura 7.9. Não existem partículas de argila ou areia que se soltaram. Toda a terra é "floculada". Os grumos resistem à ação da água. Sabe-se que a estrutura grumosa melhor se encontra nos solos pastoris, e aqui, especialmente nas pradarias de fenação, por causa da ação favorável das raízes dos capins. Na mata a estrutura não é melhor, porém a proteção da superfície do solo é superior, como mostra o quadro 7.2.

Onde a infiltração é maior, a perda é menor. A infiltração da água depende dos macroporos na superfície do solo, ou seja, de sua estrutura grumosa.[50,51] Na figura 7.10 apresenta-se um solo que não resistiu à ação da água desmanchando-se quase que completamente. Este solo forma uma crosta superficial logo após a primeira chuva e, em seguida, forma um adensamento subsuperficial, em consequência da argila carreada para dentro do solo, entupindo seus poros.[2,50,51,66]

Existem várias classificações da estabilidade à água dos agregados do solo. Apresenta-se em seguida a classificação de Sekera (1943) (figura 7.11) que possui muita semelhança com outras, uma vez que os conceitos sobre estabilidade à água são praticamente idênticos.

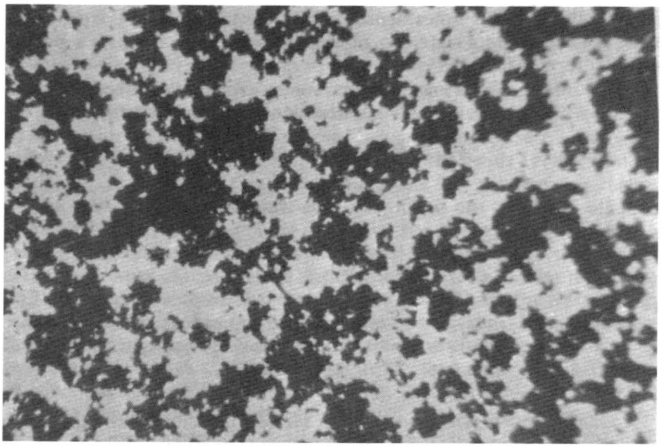

Figura 7.9 Um solo grumoso em contato com a água permanece floculado.

Quadro 7.2 Efeito do tipo de cobertura. vegetal sobre as perdas por erosão. (Dados médios dos diversos tipos de solo do Estado). (Fonte: Secret. de Agricultura de SP, 1978)

tipo de cobertura	perdas de	
	terra (t/ha)	água (% da chuva)
mata	0,004	0,7
pastagem	0,4	0,7
cafezal	0,9	1,1
algodoal	26,6	7,2

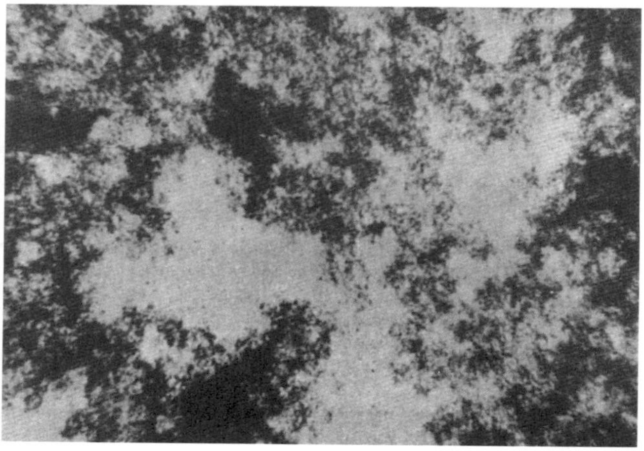

Figura 7.10 Um solo adensado, quebrado a "agregados" de 2 mm não resiste à ação da água, desmanchando-se completamente.

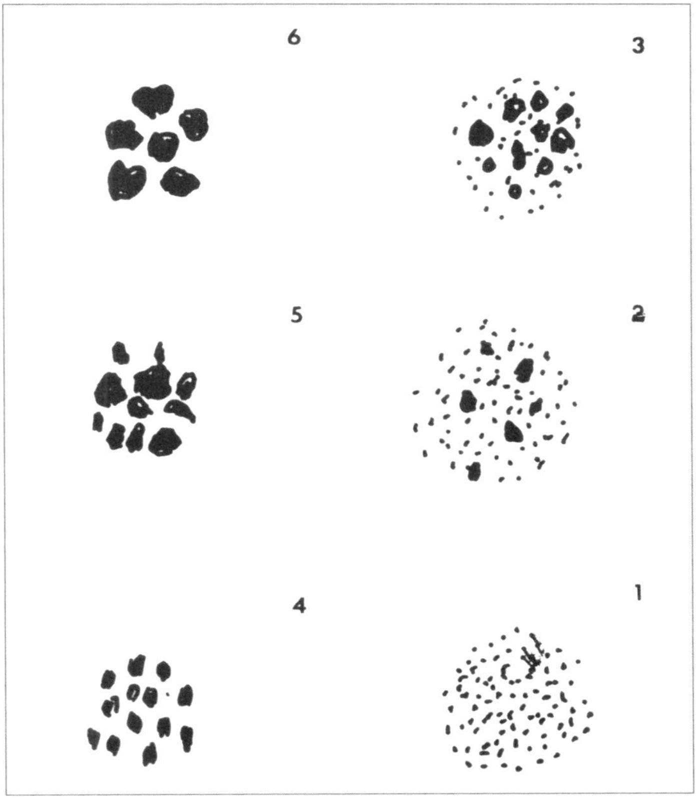

Figura 7.11 Classificação dos agregados do solo segundo sua estabilidade à água. (Sekera 1943)
Grumos postos em água conservam-se ou decaem segundo sua estabilidade.
1. Todos os grumos desmanchados;
2. Existem alguns fragmentos de grumos intactos;
3. Existem ainda alguns grumos intactos;
4. Quase todos os grumos quebrados mas nenhum desmanchado;
5. Parte dos grumos quebrados;
6. Todos os grumos intactos (perfeita estabilidade à água).

A estabilidade dos grumos depende da microvida do solo. E como não existe microvida heterótrofa sem matéria orgânica, esta é indispensável para a manutenção dos grumos.[13,21,29,81,86]

Deve-se distinguir claramente entre grumos com densidade aparente entre 0,9 e 1,3 g/cm^3 e grânulos ou torrõezinhos com densidade aparente entre 1,35 e 1,65 e até 1,90 g/cm^3. A estrutura "granular" produzido pelo destorroamento de torrões maiores, revolvidos à superfície pela aração, quebrando adensamentos do solo, pode ser formada por grânulos de 2 a 20 mm de diâmetro.[20,32,34] Se a máquina agrícola é muito eficiente, não se formam, mas são reduzidos a pó. Mas, *não é o pó, nem os grâ-*

nulos grandes e densos que fazem o solo produzir! Além do peso específico diferente, também a forma dos grânulos difere da dos grumos. *Os grumos* geralmente têm um tamanho entre 0,5 e 2,0 mm de diâmetro, sempre possuem cantos arredondados e são transpassados por grande quantidade de microporos. Em terra úmida, onde podem grudar em "torrões" maiores, quando quebrados, sempre apresentam uma face de ruptura muito irregular, cheio de protuberâncias arredondadas. *São o produto de "agrupamento" biológico e nunca de destorroamento mecânico.*[4,29,69]

Os grânulos ou torrõezinhos podem ter um tamanho entre 0,2 e 20,0 mm, sempre possuem cantos agudos, não têm microporos e quando quebrados produzem faces de ruptura retos[15,16,85,86] e lisos. Por isso distinguem-se entre grumos e torrõezinhos ou grânulos. Na figura 7.12 apresenta-se, de maneira esquematizada, a diferença entre grumos e grânulos.

Grumos sempre são o produto final da agregação química e biológica;[72] *grânulos são o produto do destorroamento mecânico de adensamentos.*[19] Grumos são estáveis à água e portanto não desmoronam com a chuva, especialmente quando foram protegidos por uma cobertura morta ou pela vegetação. Os grânulos ou torrõezinhos desmancham-se em contato com a água, mesmo se foram protegidos, causando crostas superficiais e adensamentos subsuperficiais.

Em anos relativamente secos, com chuvas "mansas" mas bem distribuídas, os solos adensados, bem preparados, podem dar colheitas boas, uma vez que as chuvas não conseguiram desmanchar todos os grânulos, mantendo-se o solo "aberto". Por isso existe a crença, que em cada 7 anos existe um com colheita boa. Em anos mais chuvosos, especialmente quando houver chuvas torrenciais, já as primeiras chuvas formam uma crosta superficial, "vedando" o solo contra a entrada de ar e água. E, logo em seguida, está-se formando uma laje impermeável subsuperficial. As colheitas serão baixas.[11,13,26,52,63]

Mostra-se na figura 7.13 o efeito da falta de oxigênio no solo sobre a cultura de milho.

Compreende-se, então, que uma crosta superficial, vedante, já pode ser o suficiente para baixar o rendimento da cultura.

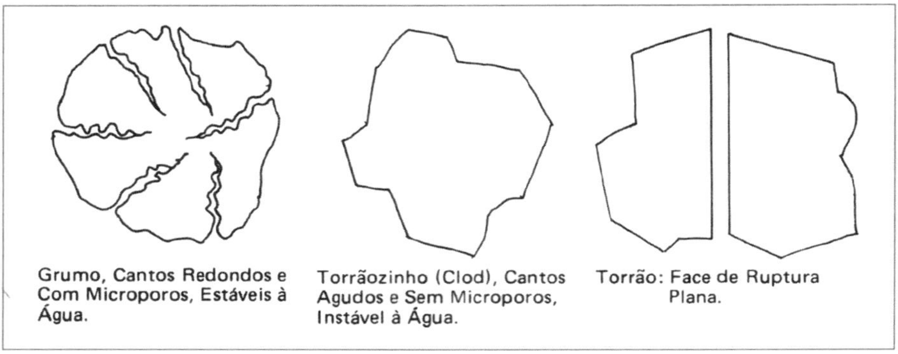

Figura 7.12 Esquema de diferenciação entre grumos e grânulos ou torrõezinhos.

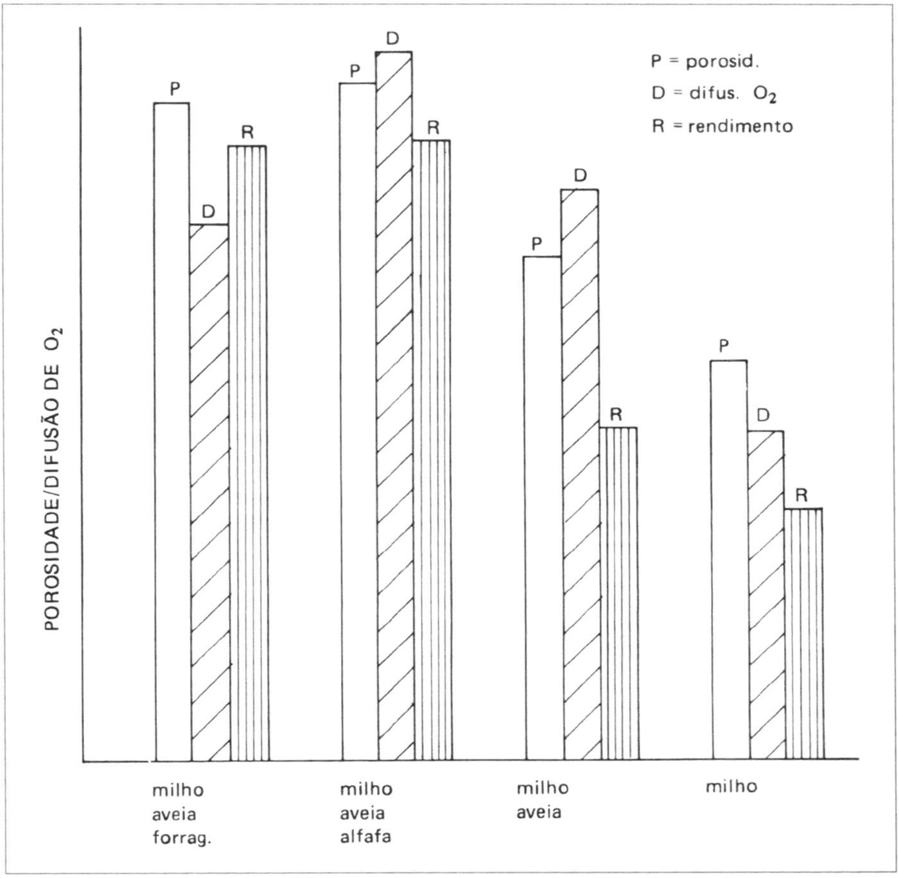

Figura 7.13 O rendimento da cultura de milho em dependência da porosidade e da difusão de oxigênio no solo. (Blake e Page, 1948)

ESTABILIZAÇÃO E PROTEÇÃO DOS GRUMOS

Para formar grumos estáveis à ação da água necessita-se matéria orgânica e microrganismos. Estes, na decomposição de material celulósico, produzem uma "*geleia bacteriana*", os ácidos poliurônicos, que colam os agregados a grumos. As bactérias mais eficientes são os *Cytophaga* e *Sporocytophaga*,[72,78] bactérias aeróbias, que, quando bem nutridas, podem produzir grandes quantidades de "*cola*". Não depende tanto de seu número como de sua eficiência, como explicado em capítulo 6. Porém, para formar grumos, necessitam encontrar agregados formados por atração eletroquímica. Desses agregados primários podem ser formados agregados maiores pela ação de grupos carboxílicos ($COOH^-$), como mostra a figura 4.5, e onde os grumos orgânicos, oriundos da humificação de matéria orgânica, agem como "pontes" entre os agregados formados por atração eletroquímica. Forma-se assim um complexo argilo-humoso de decomposição difícil. Porém somente parte dos agregados se formam nesta base. Geralmente os agregados primários, e em parte os argilo-húmicos, são juntados a unidades maiores pela cola bacteriana. Este, como é açúcar ácido, serve de alimento para fungos e actinomicetos, que com suas hifas envolvem os grumos e os entrelaçam, conferindo-lhes assim a estabilidade à água.[86] Em parte participam, também, algas na estabilização dos grumos.

Na figura 7.14 mostra-se um esquema da estabilização dos grumos, que pode ser observado em qualquer microscópio. Também a trama dos fios de fungos verifica-se com facilidade, quando, abaixo de um microscópio, se pinga água a um grumo. Este, com o tempo, fica mais solto, podendo-se observar uma trama de fios, que laçam as partículas minerais e orgânicas.

Mas, quando terminam os ácidos poliurônicos, as hifas dos fungos morrem e os grumos perdem sua estabilidade. A proteção da superfície do solo pode proteger os grumos, por mais algum tempo, de se desmancharem com a ação da chuva. Mas, o retorno da matéria orgânica é imprescindível.[5,17,59]

Para a estabilização dos grumos não serve adubação verde, mas somente material celulósico, como palha, folhas mortas, pontas de cana-de-açúcar, bagacilho, cascas de café etc.[46,55,58,79,96]

Mas exige-se que:

1. Essa matéria orgânica seja incorporada somente superficialmente, no máximo até 8 cm de profundidade, permanecendo grande parte ainda fora da terra, porque os microrganismos que devem decompô-la são aeróbios. Uma decomposição anaeróbia não beneficia os grumos e sua estabilidade;[59,72,79]
2. Se adicionem os nutrientes minerais, que faltem ao solo e de que as bactérias necessitam para sua vida. Esses nutrientes são especialmente fósforo e cálcio mas também micronutrientes e às vezes potássio, conforme o solo e sua riqueza mineral (vide capítulo 6).

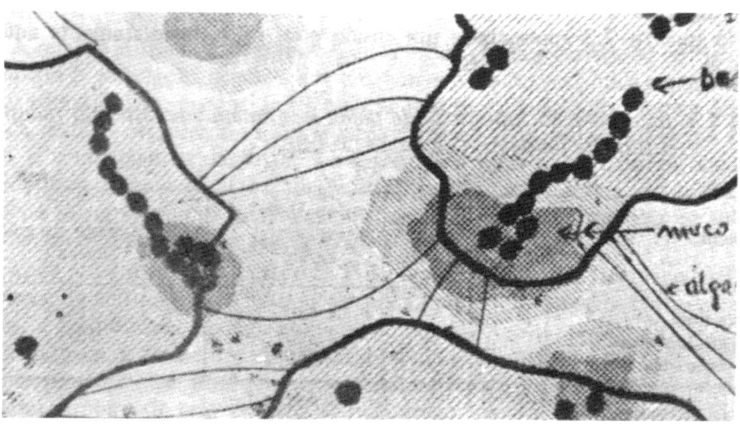

Figura 7.14 Esquema de estabilizacão de grumos.

A inovação na aplicação da matéria orgânica madura não poder ser enterrada com o arado mas somente com a grade e que 2/3 da adubação, que se destina à cultura, é dada às bactérias que decompõem a matéria orgânica. Adubando as bactérias, a cultura beneficia-se duas vezes:

a) Pela bioestrutura grumosa;
b) Pela presença dos nutrientes em forma orgânica.

A ideia de que palha prejudicaria a cultura é incorreta. Prejudica-a somente quando for enterrada, mas não a danifica quando incorporada superficialmente, como mostram muitos trabalhos, especialmente de Dhar (1972), e como será explicado no capítulo 10.

No quadro 7.3 apresenta-se um ensaio com palha imediatamente antes do plantio.

Geralmente, quando se traz a matéria orgânica de outro lugar, ocorre uma compactação indesejável pelas rodas das máquinas distribuidoras e que resulta em diminuição da colheita. O método melhor sempre será a utilização integral dos restos da cultura anterior.

Mas, o problema não é somente o da formação de grumos, mas igualmente o de sua conservação e, portanto, proteção.[101]

Como foi dito, sua estabilidade à água é temporária e pode ser prolongada por uma proteção da superfície da terra. Esta, aliás, se faz indispensável, uma vez que grumo algum suporta as chuvas torrenciais dos trópicos. Uma "cobertura morta" na estação da seca e uma "cobertura viva" ou "cultura protetora" na estação das águas é indispensável para a manutenção de uma camada grumosa na superfície do solo.

No quadro 7.4 mostra-se o efeito de uma cobertura morta num laranjal.

Quadro 7.3 Incorporação superficial de palha imediatamente antes do plantio (na cultura de feijoeiro). (Miyasaka, 1966)

tratamento	água disponível no solo (%)	produção de massa vegetal (kg/ha)	rendimento em grãos (kg/ha)
testemunho	0,8	4 000	154
capim-gordura seca	1,8	4 500	321
soja perene seca	1,8	6 070	625

Quadro 7.4 Efeito da matéria orgânica na cultura da laranjeira. (Gallo, 1960)

tratamento	colheita em kg/ha (média de 4 anos)
herbicida	2 606
cobertura morta (capim)	5 357
adubação verde (mucuna)	3 897
adubação verde (guandú)	3 176
duas arações (para limpeza)	3 051

Obs.: Na cobertura morta baixou o nível de N nas folhas mas aumentou este de Ca, P e Mg.

Verifica-se que a adubação verde, embora constitua uma adubação nitrogenada, não aumentou a colheita acima do efeito de um afrouxamento do solo. O que faltou em primeiro lugar era oxigênio no solo. Quando este faltar, geralmente as plantas acusam a deficiência de quase todos os nutrientes por causa de uma absorção dificultada e um metabolismo reduzido (vide capítulo 1).

A cobertura morta aumentou substancialmente a colheita, por proteger a superfície do solo e mantê-la "aberta" para ar e água.

O efeito da matéria orgânica não reside tanto na liberação de nutrientes, mas na manutenção de uma microvida heterótrofa e da bioestrutura[25,86] (vide capítulo 6).

A relação íntima de matéria orgânica e dos grumos verifica-se na figura 7.15, que mostra a correlação negativa entre o teor em matéria orgânica e quantidade de grumos estáveis. Isso, porque, neste caso, se juntou palha ao solo. Onde a decomposição da matéria orgânica foi mais rápido, a formação de grumos estáveis à água foi maior. E onde maior quantidade de matéria orgânica se apresentou, como, por exemplo, nos tratamentos 1 e 7, a quantidade de grumos estáveis era menor. *A estabilidade dos grumos não depende*, pois, *de existir matéria orgânica no solo, mas que esta seja decomposta por bactérias aeróbias.*[59,70,79]

Após 3 a 4 meses (vide capítulo 4) a matéria orgânica adicionada geralmente desaparece de solos agrícolas, como mostra a figura 4.4. Em solos pastoris bem ma-

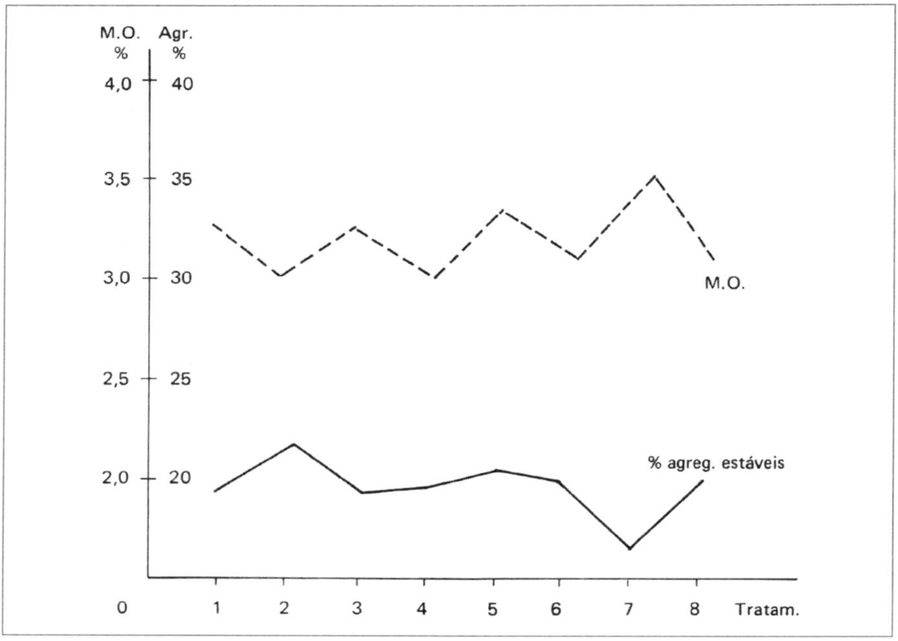

Figura 7.15 Correlação negativa entre o teor em matéria orgânica e a quantidade de agregados estáveis à água, num solo franco-arenoso. (Primavesi, 1973)

nejados, a grumosidade do solo aumenta com o decorrer do tempo.[12,13] Isso se deve ao fato de as raízes dos capins produzirem permanentemente radículas novas, que após pouco tempo morrem e que excretam ácidos poliurônicos que, nas condições semiaeróbias do solo pastoril, são decompostos por actinomicetos. Estes são conhecidos como os mais eficientes estabilizadores de grumos (vide capítulo 6).[96]

Por isso os capins são considerados como os melhores renovadores da bioestrutura e com isso da produtividade do solo (vide capítulo 10). *Surge agora uma visão diferente da matéria orgânica: não é o fornecedor preferencial de nitrogênio orgânico, mas é o pivô na formação dos grumos e da bioestrutura, sem a qual não existe produtividade do solo.* Portanto, a manutenção de um teor elevado em matéria orgânica não interessa tanto como sua decomposição dirigida, que, porém, exige sua reposição frequente.

A calagem, que geralmente contribui para a decomposição da matéria orgânica, exerce um efeito muito grande em solos recém-tornados em cultura, não somente por elevar o pH e eliminar o alumínio trocável ou por liberar os nutrientes contidos na matéria orgânica, mas sim por contribuir a uma bioestrutura favorável e portanto a uma nutrição vegetal melhor.[16,81,85] Porém ela contribui, também, para a decadência da produtividade do solo quando não tratarmos da reposição da matéria orgânica.

Antigamente acreditava-se que a calagem seria um agente infalível da agregação do solo. Em clima temperado, onde predominam as argilas 2:1, o cálcio, de fato, é o agente agregante para os agregados primários.[20,82,92] Nos solos tropicais com elevado teor em cátions trivalentes, como alumínio e ferro, o efeito agregante da calagem é pouco expressivo.[1,18,21,41] O que importa mais são os agregantes orgânicos[40,60,72,78] e os cátions trivalentes.[16,18,21,41]

RESUMO

A produtividade do solo depende não apenas de suficientes nutrientes mas igualmente de um sistema poroso adequado na "camada arável" do solo. Este sistema não se forma graças à granulometria da parte mineral mas especialmente graças à formação de grumos de tamanho entre 0,5 e 2,0 mm de diâmetro e de um peso específico entre 0,9 e 1,3 g/cm^3. O importante nesses grumos é que resistam à ação das gotas de chuva, sendo estáveis à água. No momento em que se perde essa estabilidade à água, ocorrem crostas superficiais e adensamentos subsuperficiais.

A estabilidade dos grumos depende da ação biológica, ou seja, de bactérias celulolíticas, fungos e actinomicetos, mas também de algas. Para que a microvida seja ativa, necessita-se de matéria orgânica. Portanto, a bioestrutura tem de ser periodicamente renovada através da incorporação superficial de matéria orgânica e dos nutrientes indispensáveis à atividade das bactérias *Cytophagas*.

As leguminosas e, especialmente, os capins contribuem à conservação da bioestrutura.[98] Os primeiros principalmente pelo fornecimento de nitrogênio e a mobilização de fósforo.[8]

A estabilidade da bioestrutura é passageira, e depende:

1. Da saturação do complexo de troca com cátions bi e trivalentes;
2. Da presença de material celulósico em decomposição;
3. Da atividade microrgânica do solo.

Dela depende a infiltração e o armazenamento de água no solo, a ventilação e a disponibilidade de oxigênio para a raiz e o metabolismo vegetal (vide capítulo 1) e a expansão da raiz que, com o maior volume de solo explorado, encontra maior quantidade de nutrientes disponíveis, além dos produtos orgânicos. A planta torna-se melhor nutrida e mais resistente aos "riscos climáticos". A qualidade do produto é melhor[28] e com o melhor "valor biológico" aumenta a resistência a pragas e pestes. Da bioestrutura depende, em grande parte, o lucro de nossas culturas, uma vez que aumenta o rendimento e diminuem os riscos.

O EFEITO DO CULTIVO SOBRE A BIOESTRUTURA

Görbing (1944), Köhler (1951), Russell (1950), Sekera (1953) Primavesi (1953), Franz (1960), e, de aqui em diante, todos os ecólogos do solo, as Estações Experimentais e as Sociedades de Engenheiros Agrônomos (1971) constataram a perda de porosidade do solo pelo cultivo. A decadência dos grumos estáveis à água, a formação de crostas superficiais e de adensamentos subsuperficiais são bem conhecidos como consequências do cultivo (vide capítulo 2). O livro mais completo sobre este problema é da American Society of Agricultural Engineers: "Compaction of agricultural soils."[2] Também no Brasil, desde a instalação do curso de pós-graduação em "Biodinâmica e Produtividade do Solo" por Primavesi (1970), os autores que tratam deste assunto se tornam sempre mais frequentes.[14,22,27,33,44,51,61,62] A questão não é, se o cultivo destrói a bioestrutura e com isso a base para uma produção agrícola abundante, mas como evitar que essa destruição ocorra, para que não aconteçam depressões das colheitas e até seu fracasso.[46] Nos EUA calcula-se que pela compactação e adensamento dos solos agrícolas ocorre a redução de colheitas equivalente a 1,18 bilhões de dólares, de modo que *o objetivo do manejo do solo é a redução destes processos de decadência e a manutenção de uma produtividade maior dos solos de cultura.*

Este problema não é novo como mostram as leis romanas, obrigando à utilização de adubo verde, rotação de culturas, estrume de curral, calagem e leguminosas para não "perder a fertilidade do solo."[63]

Não é novidade alguma que as deficiências químicas do solo afetam diretamente a nutrição das culturas. Porém, que as deficiências físicas do solo possuem efeito semelhante, pelo impedimento da expansão radicular, restringindo o volume de solo do qual se podem absorver nutrientes; que um regime hídrico seriamente comprometido impossibilita a solubilização dos nutrientes;[51,52,56] e que uma deficiência aguda de oxigênio diminui radicalmente a eficiência do metabolismo dos nutrientes, esses fatos passaram despercebidos por muitos. E, mesmo assim, uma deficiência física do solo afeta a nutrição vegetal do mesmo modo que a química. Na primeira os nutrientes não existem em quantidade suficiente no solo, na segunda, embora existentes, não podem ser absorvidos e metabolizados de maneira suficiente.

A compactação ou adensamento afeta primeiramente os macroporos e com isso a infiltração de água, sua drenagem e a circulação de ar no solo.[56] Consequentemente o movimento de água com os íons dissolvidos (*mass flow*) e a absorção dos nutrientes, antes de tudo de cálcio e nitratos,[63] são diminuídos.

O cultivo contribui à decadência do solo pelas razões seguintes:

1. Aração profunda, revolvendo o solo instável à água à superfície;
2. Retorno deficiente de matéria orgânica ou sua incorporação profunda;
3. Exposição da superfície do solo ao sol e impacto das chuvas;
4. Deficiência de cálcio e fósforo mas também de outros nutrientes;
5. Monocultura, pela uniformização da microvida e das excreções radiculares.[35]

Todas as técnicas atualmente usadas na agricultura convencional têm por objetivo "mobilizar" o solo.

Mas, por que mobilizar se sua vida já é ativa demais?

Na antiguidade, os países produtores de alimentos, "o celeiro do mundo", eram os subtropicais. Nas zonas temperadas a fome rondava os povos. A produção agrícola era muito incerta devido ao clima frio e instável. "Os riscos climáticos" eram grandes demais. Porém, depois, estes povos descobriram a maneira de fazer suas terras produzir bem: revolviam-nas para aquecê-las também embaixo, expuseram-nas ao sol, para enxugá-las melhor da água de degelo, mantinham-nas limpas para permitir o máximo de insolação, e, de repente, estas zonas desfavorecidas tornaram-se os maiores produtores de alimentos no mundo. E, apesar de uma população densa, possuem hoje uma superprodução agrícola, podendo exportar alimentos.

Generosamente exportavam seu "*know-how*" para quem quisesse e os países tropicais o importavam. Porém os métodos adequados para as terras frias não deram certo. A produção tornou-se cara e arriscada, como era a dos países temperados enquanto usavam os métodos da agricultura subtropical.

Hoje, sabemos como são nossas terras e nosso clima, e técnicas adequadas para manejá-las e fazê-las produzir bem, foram desenvolvidas. Por que não usá-las?

Todas as técnicas de cultivo do campo que têm por objetivo "mobilizar" o solo, tais como lavração profunda, adubação verde, adubação nitrogenada de terras humosas, calagem forte, drenagem e irrigação, quando feitas em presença de temperaturas elevadas do solo, contribuem para a destruição mais rápida da estabilidade da bioestrutura[18,65,91] exigindo, pois, uma renovação mais frequente da matéria orgânica. E, se o solo for pobre em óxidos de alumínio e ferro, também um empobrecimento em bases, especialmente de cálcio e magnésio, contribui à decadência da bioestrutura, porque priva os ácidos orgânicos da possibilidade de ligar as partículas de argila.[41,81] Argilas pobres, sem cátions polivalentes, não podem ser floculadas por ácidos húmicos; ao contrário, ainda sofrem uma dispersão, como ocorre pela ação do sódio e também do potássio.[1,21]

No momento em que se inicia o cultivo de um solo nativo, seja ele de floresta ou de pastagem, *inicia-se a decadência de sua bioestrutura,* tanto pela decomposição da matéria orgânica, como pelo empobrecimento em cátions (Ca, Mg) e ânions (P) e pela exposição do solo ao impacto das chuvas. *Exige-se, pois, um manejo que proteja a bioestrutura.* Em solo sem uma estrutura grumosa e ativa na superfície, estável à água, não há resposta satisfatória à adubação química.[5,66,67,70,71,75] Com a diminuição da fração orgânica decomponível, diminui a quantidade de grumos estáveis à água e aumenta a densidade aparente do solo.[17] Segundo Scheffer (1956), um solo arenoso deve ter, no mínimo, 23% de agregados maiores que 0,5 mm, estáveis à água, e um solo argiloso *43%,*[47] sendo seu ótimo 63%.

Com a decadência da bioestrutura diminui a produtividade do solo.[11,66,68,82]

Porém, a presença de matéria orgânica por si não promove a agregação do solo, nem melhora a estabilidade dos agregados à água. O que se necessita são os produtos intermediários de decomposição. Portanto, é de supor que estrume de curral bem curtido e semi-humificado dará menor efeito agregante que palha de arroz, trigo ou milho em decomposição.

Terra de cultura apresenta-se geralmente com uma crosta superficial, que varia entre 0,5 e 3 cm de espessura, uma camada solta até 6 a 8 cm de profundidade e uma laje adensada a partir de 8 cm até 25 a 30 cm de profundidade, conforme a profundidade da aração e a textura do solo.[63]

Um pedaço de terra grumosa esmigalha-se entre os dedos sob a menor pressão,[98,99] enquanto um torrão, produto do destorroamento de um adensamento, somente se desagrega em pó sob forte pressão dos dedos.

COMO OCORRE A DESTRUIÇÃO DOS GRUMOS DO SOLO?

A destruição dos grumos pode ocorrer por:

1. Pressão mecânica de máquinas agrícolas, quer se trate de rodas do trator ou da sola de trabalho do arado, enxada rotativa ou semelhante, especialmente quando o solo for trabalhado enquanto estiver com umidade elevada;[4,19,94]
2. Compressão do ar nos microporos dos agregados durante o reumedecimento de um solo seco, com elevado teor em argila. A argila umedecida expande-se comprimindo o ar nos microporos, causando a "explosão" do grumo (*puddling*);[4]
3. Força cinética da gota de chuva (*splash*), que é capaz de atirar partículas arrancadas até 1 a 2 metros de distância.[20] O grumo despedaçado manifesta-se:
   a) Pelo turvamento da água, tanto da que escorre como da que se infiltra no chão, por carrear as partículas de argila;
   b) Pela areia branca que permanece na superfície do solo em todas as pequenas cavidades;
   c) Pela crosta superficial que se forma logo após a primeira chuva;
   d) Pela laje adensada na subsuperfície do solo, originada pelo entupimento dos poros pela argila carreada pela água;

4. Pela aração profunda e o abafamento dos grumos;[4,29]
5. Pela falta de matéria orgânica e nutrientes.

A exposição do solo à chuva é tanto mais séria, quanto mais profunda a terra for arada. Virando a terra, talvez agregada mas instável à água, à superfície, o encrostamento e adensamento ocorre em menor tempo. Geralmente aprofunda-se a aração para "eliminar a laje adensada" ou simplesmente "porque a máquina é suficientemente forte". Não há dúvida que uma laje adensada deve ser quebrada.

Existem trabalhos que indicam que a aração profunda é mais vantajosa, como o de Leme (1956). Porém, ele dá as características do solo, que se beneficia com uma aração profunda, conforme demonstrado no quadro 7.5.

Verifica-se que este solo era completamente adensado, apresentando uma densidade, que para a maioria das raízes é intransponível. Nesta terra um plantio direto somente pode fracassar, por não terem as raízes das sementes nem a mínima possibilidade de penetrar. Também a água escorre quase totalmente, de modo que o chão é pouco umedecido pela chuva.

Por outro lado a não lavração ou a lavração mínima estão começando por toda a parte, no esforço de não enterrar a parte grumosa.

Assim a EMBRAPA organizou, em 1977, em Londrina, a primeira reunião sobre o plantio direto, que não somente consegue manter as colheitas estáveis, diminuindo os "riscos climáticos", mas que ao mesmo tempo tem influência altamente benéfica sobre a disponibilidade de fósforo.

Existem muitas técnicas no Brasil que tentam diminuir os efeitos desfavoráveis sobre a camada grumosa superficial. Diminui-se o movimento das máquinas, evita-

Quadro 7.5 Latossolo, fase arenosa, em que a aração profunda foi melhor. (Leme, 1956)

profundidade (cm)	densidade aparente (g/cm^3)	índice de tenacidade (I.T. %)
0-5	1,65	0,93
5-15	1,65	0,63
15-30	1,44	1,54
30-70	1,46	1,09

Quadro 7.6 Fertilidade do solo em comparação entre plantio direto e convencional. (Roman, 1978)

	(Amostragem de 0-5 cm, média de 5 anos)					
	Girua		Palmeira		Santo Ângelo	
	P.D.	convenc.	P.D.	convenc.	P.D.	convenc.
pH	5,3	5,4	4,6	4,8	4,8	5,0
P ppm	39,5	13,5	7,5	4,0	45,0	20,0
K ppm	105,0	120,0	65,0	55,0	200,0	200,0
M.O. %	5,7	4,8	4,8	4,0	6,7	4,7

P.D.: plantio direto.

-se o secamento total do solo por uma camada morta, uma vez que grumos com 20% de umidade não "explodem" mais, protege-se a superfície do solo contra o impacto da chuva. E, finalmente se usa, sempre com maior frequência, o subsolador, para "abrir" ou romper o solo sem revolvê-lo.

O impacto da chuva sobre os grumos é tanto maior quanto maior for a chuva. Esta, com 80 mm de precipitação por hora, é a mais prejudicial. Em chuvas maiores, as gotas de água se repartem antes de atingir o chão e seu efeito destruidor é menor. E sabe-se que quanto mais rapidamente se formar uma crosta superficial, tanto mais cedo haverá água escorrendo, pela impossibilidade de infiltrar-se.[53]

Na figura 7.16 mostra-se o efeito do impacto da gota de água sobre um grumo, que é despedaçado.

As partículas do grumo são lançados à distância. A superfície do solo encrosta, como mostra a figura 7.26.

As partículas finas, de argila, penetram com a água para dentro do solo. E onde a força da água se torna menor, sedimentam-se estas partículas, entupindo os poros e causando o início de um adensamento.[4] Toda água, que daí em diante penetrar, é "filtrada" por esta camada, depositando sua argila acima dos poros inicialmente entupidos. Uma laje densa "cresce" de baixo para cima, como mostra a figura 7.17. O espaço de terra solta se torna cada vez menor, e, com isso, o espaço à disposição das raízes. Forma-se o adensamento ou "pan".[19,92,94]

Em solos argilosos o início da laje, geralmente, ocorre a 20 até 30 cm de profundidade e em solos muito "pesados" a 15 cm. Em solos arenosos este adensamento pode se iniciar a 40 até 50 cm de profundidade e existem casos onde se inicia a 80 cm. Quanto mais profundo, tanto mais difícil será sua remoção, porque numa profundidade abaixo de 40 cm depende da microvida do solo, uma vez que uma subsolação se torna inviável (vide capítulo 5).

O problema máximo das zonas tropicais, com suas chuvas torrenciais, é a proteção da superfície do solo contra o impacto das gotas de água e a manutenção dos grumos "ativos", ou seja, da bioestrutura, na superfície do solo.[4,7,53,54,66,101]

Na mata a chuva cai primeiro nas folhas das árvores, deslizando suavemente para a subvegetação e finalmente para a cobertura morta de folhas no chão. Amortece-se

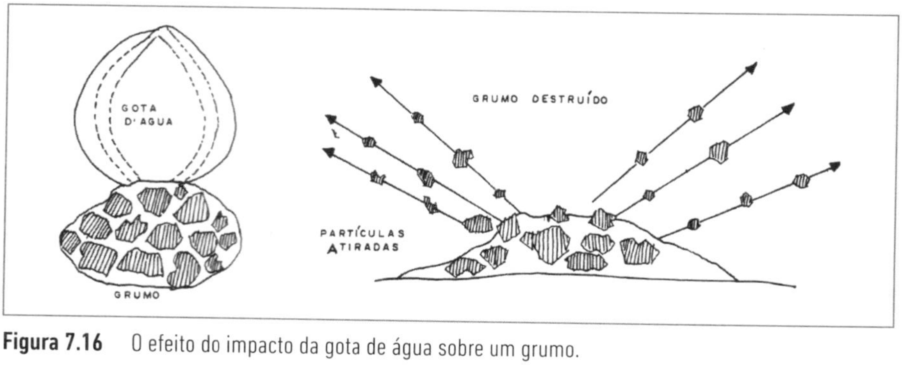

Figura 7.16 O efeito do impacto da gota de água sobre um grumo.

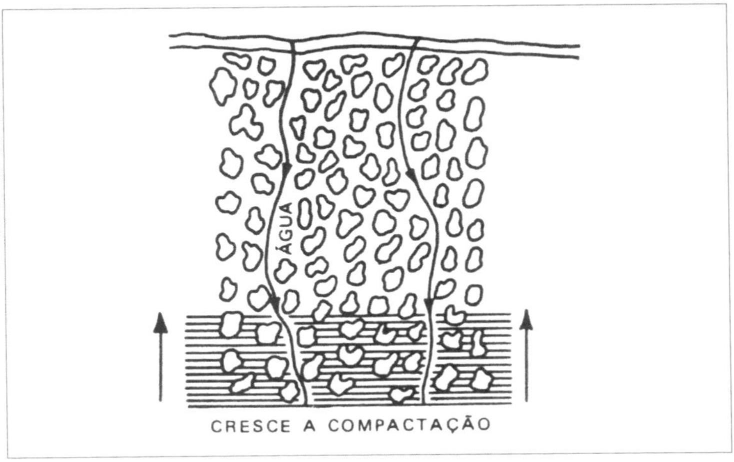

Figura 7.17 A formação de um adensamento ou "pan" pela sedimentação da argila carreada pela água que se infiltrou.

Figura 7.18 Engenheiros-agrônomos de pós-graduação examinando a estrutura ativa de um solo na zona da batatinha.

o impacto, e a destruição dos grumos é insignificante. E, como o chão, geralmente, é mantido com aproximadamente 20% de umidade, a destruição será nula.[15,16,52]

Portanto, uma irrigação bem conduzida pode ser uma medida protetora como também uma adubação comercial que apressa o "fechamento" da cultura.

ANÁLISES DA BIOESTRUTURA

O exame da bioestrutura pode ser feito diretamente no campo não necessitando imperiosamente análises de laboratório.[4,29,69] Em vários casos a análise visual no campo é a única possível, como mostra a figura 7.18, onde uma turma de pós-graduação em Biodinâmica do Solo examina um campo de batatinhas, onde a cultura fracassou, embora se trate de roça nova. O problema foi uma aração profunda demais, enterrando a parte grumosa e virando à superfície o solo instável à água. Formou-se um adensamento entre a raiz e o adubo, que fez a cultura fracassar.

Para a análise visual usa-se:

1. A análise da pá,[69] retirando-se um bloco de terra inalterada. Esta é levemente movimentada mediante uma "escartilha" para indicar as zonas de mudança de estrutura que se manifestam por uma rachadura. Retira-se de cada estrutura uma pequena porção de terra, examinando-a. As alternativas são:
   a) Esmigalhar-se em grumos;
   b) Ostentar uma crosta superficial de espessura determinada;
   c) Quebrar em torrões com faces irregulares (pouca densidade);
   d) Quebrar em torrões com faces planas (densidade elevada);
   e) Quebrar em lâminas (densidade muito elevada);
2. Ao mesmo tempo examina-se a raiz pivotante de alguma planta de cultura ou invasora, medindo a parte grossa com cabeleira abundante; a parte subitamente afinada, retorcida, com poucos cabelos e a profundidade em que a raiz desvia definitivamente para o lado, o que indica uma densidade muito elevada (vide figura 2.12);
3. Estas análises podem ser suplementadas pelo exame com o trado, desenvolvido na Universidade de Buenos Aires (figura 7.19). Retira-se terra com um trado tubular e pinga-se uma suspensão de carbonato de cálcio de 25 a 30% de 5 em 5 cm sobre o solo contido no trado. Onde o cálcio desaparece em grande parte, o solo é grumoso ou pouco adensado. Onde aparecem manchas pronunciadamente brancas, o solo é muito denso. Esse sistema, porém, não funciona em solos

Figura 7.19 Exame da densidade do solo com o método do trado.

onde o adensamento é muito recente, envolvendo grumos enterrados pela aração (vide capítulo 2);

4. Em casos duvidosos procede-se ainda à peneiração úmida, no campo, determinando-se, aproximadamente, a quantidade de grumos estáveis à água, maiores que 0,5 mm.

O restante das análises tem de ser feito no laboratório, se existir necessidade.

A análise da bioestrutura informa sobre as medidas a serem tomadas, especialmente sobre a maneira do preparo do solo, a cultura a ser escolhida e a necessidade de matéria orgânica, como será explicado no capítulo 9.

O EFEITO DAS MÁQUINAS AGRÍCOLAS SOBRE A ESTRUTURA ATIVA DO SOLO

Como mostra o quadro 2.9, o efeito das máquinas sobre o solo é diferente. A menor densidade aparente sempre ocorre onde usou o subsolador e a maior com a enxada rotativa. Como será explicado no capítulo 9, o efeito desfavorável das máquinas sobre a estrutura depende, também, do "ponto" de umidade do solo. Geralmente o efeito destruidor é maior quando o solo estiver mais úmido.[4,19,46] A máquina agrícola prejudica a bioestrutura pela pressão das rodas, e pelo deslizamento dos implementos, que possui ação "vedante" sobre os poros.

Quanto maior a movimentação das máquinas no campo, tanto pior se tornará sua estrutura grumosa. Os grumos esmagados não se refazem mais pelo afrouxamento do solo compactado. Por isso o acoplamento das máquinas de preparo do solo e o uso da aviação agrícola se torna sempre mais comum. A movimentação descontrolada das máquinas, como mostra a figura 7.20, sempre será prejudicial.

Figura 7.20 O movimento descontrolado das máquinas agrícolas compacta o solo.

Examinando-se esta terra poucas semanas após o plantio, verifica-se sua estrutura muito adensada, apesar de todo preparo, uma vez que não existiam mais grumos intactos, resistentes à água (figuras 7.21a e 7.21b).

Geralmente, seis semanas após o plantio a terra se "assentou", sendo tão compacta como antes do preparo do solo e às vezes, pior.

Todos sabem que na beirada do campo, onde as máquinas manobram, o rendimento é muito menor, apesar de ter recebido adubação idêntica.

Na figura 7.22 mostram-se plantas de arroz. A da esquerda foi retirada do meio do campo, as da direita são da terra onde as máquinas manobram. A diferença é grande, tanto no tamanho como no rendimento.

Figura 7.21a Solo adensado pela movimentação descontrolada de máquinas.

Figura 7.21b Solo grumoso antes da entrada das máquinas.

Figura 7.22 Plantas de arroz de terra grumosa e de terra onde os grumos foram destruídos pela pressão das rodas de máquinas.

Mas não é somente a pressão das rodas de máquinas que destrói os grumos. Antigamente acreditava-se que somente arado de aiveca pudesse causar uma "sola de arado", por deslizar no solo, vedando os poros. Porém, o arado de disco não avança em direção da tração, mas transversalmente, de modo que o disco arrasta e isso tanto mais, quanto mais rápido o trator andar e quanto mais pesado o arado for. O empastamento na camada de deslizamento (*smearing*) provocado pelo arado de disco em solo úmido é maior que o do arado de aiveca.[19]

Também a enxada rotativa não somente despedaça os grumos graças à velocidade do movimento de suas "enchadas" mas desliza igualmente, causando uma camada de vedação ou "sola-de-trabalho." Combinando a destruição dos grumos e a sola-de-trabalho, a enxada rotativa possui efeito pior sobre a bioestrutura do solo, provocando os adensamentos maiores.[4]

Na figura 7.23 esquematizou-se a ação das máquinas sobre o solo.

No quadro 2.9 demonstra-se o efeito da compactação sobre o solo. A mecanização excessiva tornou-se um problema grave. A distribuição do corretivo, a aração, duas ou mais gradeações, e plantio e a adubação, a distribuição do herbicida, três a seis aplicações de pesticidas ou praguicidas somam, no mínimo, dez passagens de máquinas sobre o campo. E como nos plantios extensivos não é possível esperar o

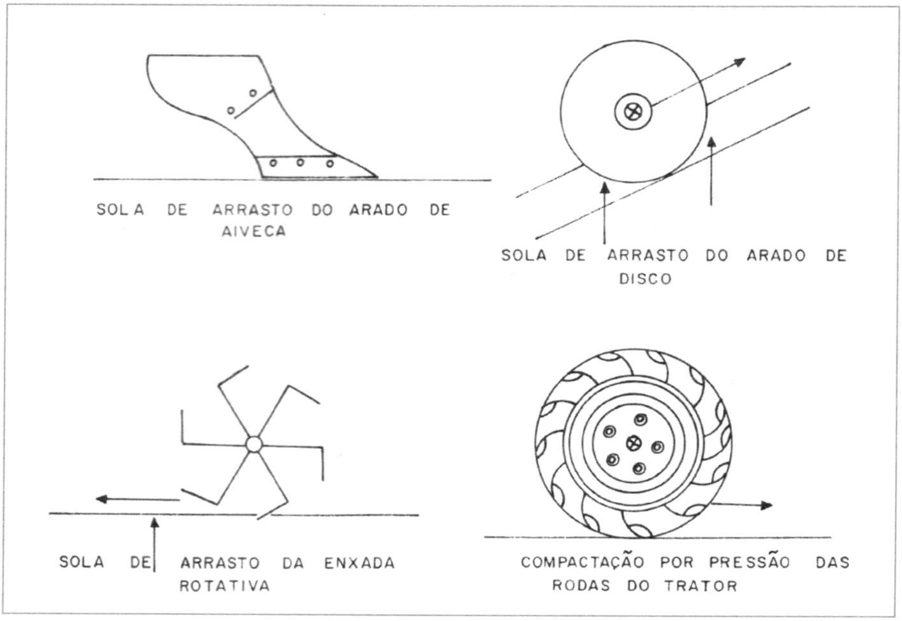

Figura 7.23 O efeito da compactação e empastamento do solo por máquinas agrícolas.

"tempo ótimo" para a operação, muitas vezes as máquinas entram em campos ainda muito pouco "enxugados" da última chuva.[94]

A mecanização descontrolada, que ocorreu na euforia de poder usar máquinas cada vez maiores e mais sofisticadas, na maioria dos países cedeu a um uso bem mais reduzido e cuidadosamente planejado.[63] Isso vale tanto para culturas anuais como para perenes, sejam elas café, cana-de-açúcar, citrus, chá-da-índia e outras, onde pela passagem frequente das máquinas o solo entre as linhas se compacta, de modo que a infiltração da água será reduzida, o ar pouco e as raízes das plantas serão limitadas às covas do plantio. Quando os adubos ali escasseiam, os pés regridem, iniciando-se o "*die back*". À compactação pelas rodas junta-se a ação vedante dos implementos, produzida pelo deslizamento. Empastar os poros não seria o suficiente para a formação de um adensamento. Também é necessário que os grumos da camada superficial sejam destruídos pela pressão das rodas, pisoteio animal ou a ação das chuvas.[42,92]

Para destruir os grumos não se necessita um trator pesado ou um boi. As patas de uma saúva o conseguem também. E, quanto mais úmido o solo for durante o prepraro ou pastejo, pior será o efeito[4] (vide figura 9.48).

Porém, não é somente a pressão das rodas e o deslizamento das máquinas. A aração em profundidade inadequada ainda é pior.

Na figura 7.24 vê-se a aração incorreta. O arado passa pela camada adensada na tentativa de rompê-la, virando-a à superfície, abafando a camada grumosa, agora enterrada. Após alguns meses o solo será compacto, sendo pior do que antes da ara-

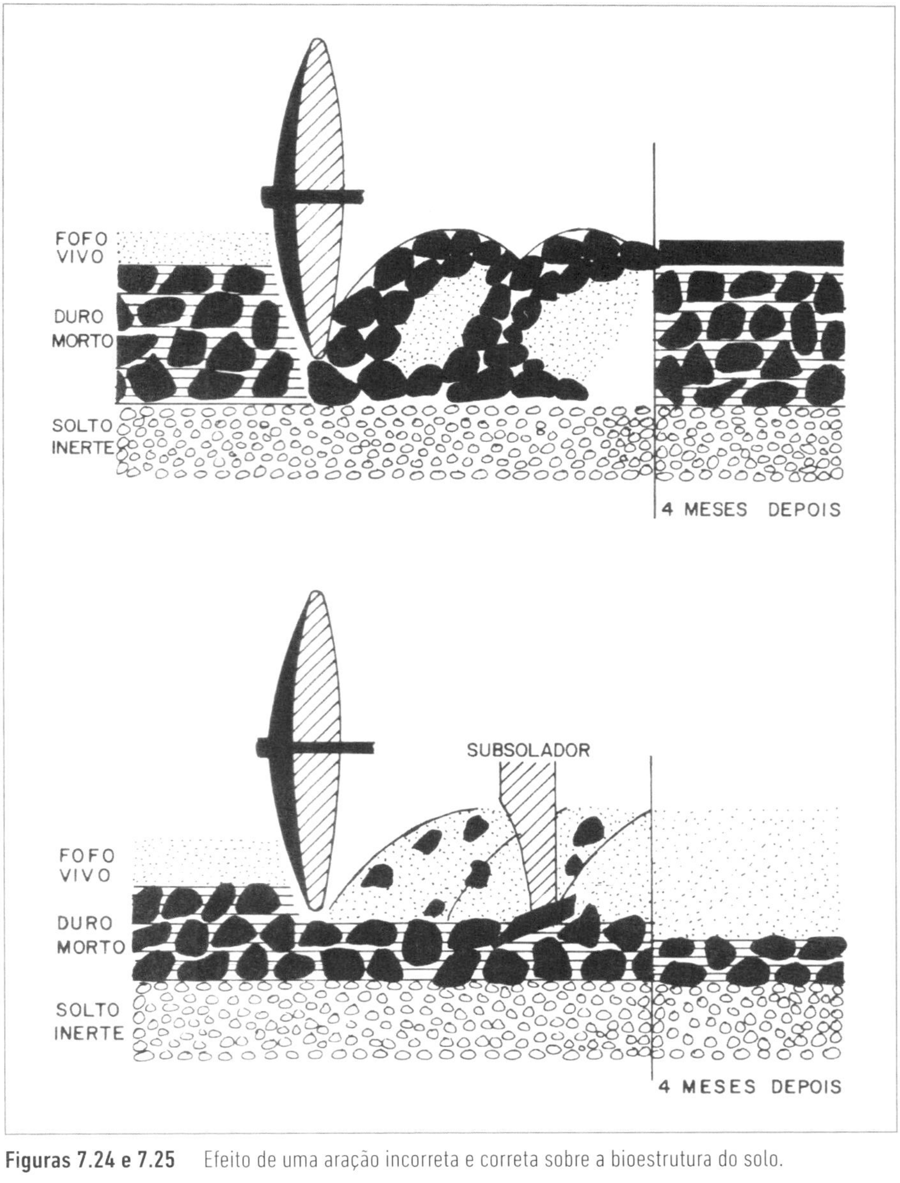

Figuras 7.24 e 7.25 Efeito de uma aração incorreta e correta sobre a bioestrutura do solo.

ção. Na figura 7.25 o arado entra somente 2 cm no adensamento, sendo a laje rompida pelo subsolador. Os poucos torrões misturados com a terra grumosa podem ser "absorvidos" por esta.[29] No fim do período toda terra arada apresenta-se grumosa.

Essa sabedoria fez com que muitos não quisessem se arriscar a uma aração, talvez errada, inclinando-se para o "preparo mínimo" do solo,[27,46] ou para o plantio direto.[22] Passa-se uma grade para incorporar superficialmente a vegetação e em seguida o subsolador. Porém, seja advertido que grade recortada também revolve parcialmente o solo e em solo arenoso pode se igualar a uma aração.

O solo arado profundo demais, expondo-se o adensamento à superfície, mesmo se for "pulverizado", não resiste nem à primeira chuva, formando-se logo em seguida uma crosta que em casos extremos pode atingir até 5 cm de espessura (figuras 7.24 e 7.25).

A maneira mais rápida de destruir a produtividade de um solo é uma aração inadequada.[4,29,42] Isso ocorre:

1. Em solo com umidade superior ao "ponto de aração". A umidade certa para a aração não deve ser testada na superfície do solo mas na profundidade em que se pretende lavrar;
2. Em profundidade demasiada, querendo revolver o adensamento, virando desta maneira o solo inerte à superfície. A lavração correta é somente 2 cm mais profunda do que a camada grumosa;[29,69]
3. Sem proteção rápida do solo contra a ação das chuvas, que seria a semeação imediata de uma leguminosa de germinação rápida, que cobriria a superfície do solo até a cultura entrar. O melhor é a implantação da cultura nesta "cultura protetora".

A profundidade da aração depende das condições biofísicas do solo, isto é, da espessura da camada grumosa e nunca da potência da máquina. A camada subjacente é rompida por um subsolador, de modo que as raízes consigam penetrar e a água possa infiltrar-se.

A BIOESTRUTURA E SUA RELAÇÃO COM O CLIMA E A EROSÃO

A ignorância dos fatores que formam a produtividade do solo faz com que esta seja rapidamente perdida.[9,43,52] O agricultor se vê obrigado a abandonar sua terra e procurar outra, onde a bioestrutura está intacta e onde as técnicas agrícolas ainda compensam. Quarenta por cento da agricultura brasileira ainda é itinerante ou nômade, seguindo o sistema: roçar-plantar-abandonar, para que a terra se recupere abaixo de capoeira ou pastagem. A terra é abandonada, segundo a zona, por 8 a 20 anos. Desta maneira um colono que possui 60 hectares de terra e que necessita 8 anos para recuperar a produtividade perdida, nunca cultiva mais que 15 hectares. Culpa-se o clima, mas quando o solo é fisicamente decaído, o clima ganha em importância,[22,98] simplesmente porque as raízes vegetais estão sendo confinadas a camada superior do solo, que é exposta a um aquecimento e ressecamento frequente. E, pelo volume pequeno de solo explorado, igualmente faltam os nutrientes. Muitas vezes os adubos aplicados permanecem intactos no solo adensado, sem poderem ser dissolvidos e absorvidos. Em solo com bioestrutura decaída, o adubo faz pouco efeito! E, em solo denso, sempre aumenta o alumínio (figura 3.6) e baixa o teor em fósforo (quadro 7.7). Embora várias plantas tropicais suportem o Al,[51] não suportam o adensamento. Um solo grumoso, que armazena o suficiente em água

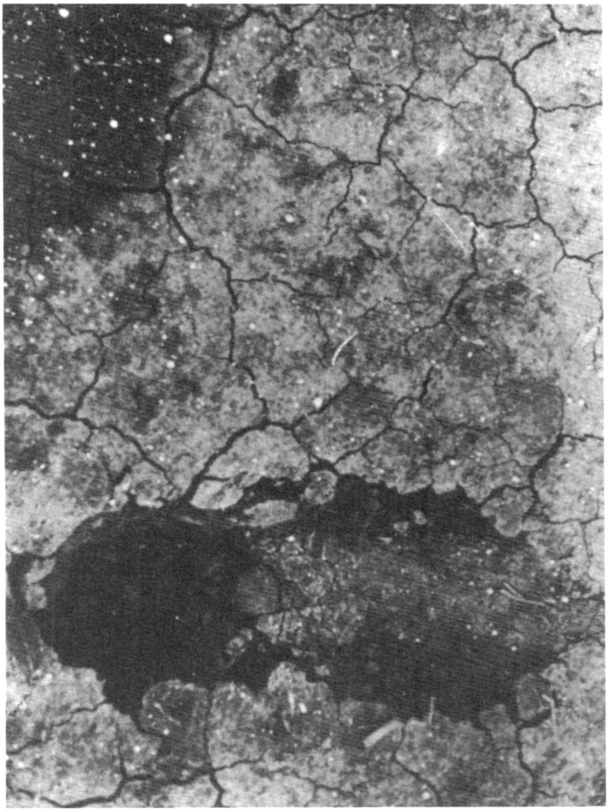

Figura 7.26 Crosta formada num solo arado profundamente. A marca do sapato visualiza melhor a crosta.

e onde circula o suficiente em ar, não faltando oxigênio à raiz para o ganho máximo de energia no metabolismo vegetal (vide capítulo 1) sempre produz plantas fortes e sadias. Ele possui uma micro e mesovida equilibrada com muitas espécies e forte pressão interespécie, de modo que a proliferação de pragas é mais rara e as plantas mais fortes são menos suscetíveis (vide capítulo 5).[24,25]

À medida que o solo se adensa, diminui a infiltração da água (quadro 7.7) e a falta de água se torna aguda após alguns dias de sol. Não somente porque a infiltração é menor, mas também porque o espaço de solo, explorado pela raiz, é menor.

Quando chove, grande parte da água escorre causando a erosão (figura 7.27) arrebentando até terraços velhos ou enchendo os terraços com água (figura 7.28a) que parecem canais de irrigação.

Toda chuva causa erosão e enchentes, e encharca a camada tênue, grumosa, na superfície; e cada semana de sol causa a seca.

O solo adensado sempre sofre de extremos, e ainda lhe falta oxigênio para o metabolismo vegetal. As plantas se tornam fracas, sem crescimento.[30,36,64] O adubo pode

Quadro 7.7 Infiltração de água num Latossol Roxo Distrófico, textura argilosa. (Machado, 1976)

uso do solo	infiltração (mm/hora)						
	1ª h	2ª h	3ª h	4ª h	5ª h	6ª h	7ª h
mata	136,8	92,9	82,6	82,0	77,0	75,0	73,0
plantio direto	113,1	78,9	74,5	62,7	61,0	54,8	51,5
campo nativo (pastagem)	96,1	66,3	63,0	52,7	51,8	46,7	44,2
plantio convencional	48,0	33,0	31,5	25,5	24,0	23,0	22,0

Figura 7.27 Campo de trigo sulcado por enxurrada. Terraços somente fazem efeito quando muito bem conservados.

ser absorvido mas a metabolização é vagarosa, por falta de energia (vide capítulo 1), não contribuindo, como devia, para o desenvolvimento vegetal.[37,100] E, à medida que a raiz é impedida de expandir-se, enfraquece a parte aérea do vegetal. Mas, uma parte vegetativa fraca também enfraquece a raiz, entrando-se num círculo vicioso. A raiz enfraquecida absorve menos água e menos nutrientes do que poderia fazer se estivesse forte, seu espaço vital está limitado à camada superior do solo, que facilmente sofre de falta de água e superaquecimento. E acima de 33 °C raiz alguma consegue absorver. Se o clima não é exatamente como a planta o necessita para poder viver neste espaço limitado, do solo superior, a colheita é fraca ou fracassa. Por isso diz-se que somente de 7 em 7 anos se obtém uma colheita farta.

Onde o clima incomoda, pode-se ter a certeza de que o solo está decadente, uma vez que solo grumoso e suficientemente poroso, age como "amortecedor", amenizando o efeito desfavorável de uma distribuição má de chuvas. Isso não somente porque a infiltração da água é boa e o armazenamento suficiente, mas também porque a raiz consegue explorar um volume grande de solo, podendo absorver água de camadas não atingidas pela "seca".[3]

Figuras 7.28a e 7.28b Em solo impermeável quase toda água de chuva escorre, enchendo os terraços (a) ou provocando a erosão (b).

Diz-se que "há erosão quando cair mais água do que é possível penetrar no solo." Isso é certo quando tomada a condição adensada e encrostada como inalterável. Porém, o quadro 7.7 mostra que a infiltração da água depende do manejo do solo e da sua densidade aparente.

Verifica-se que na mata virgem, com suas três capas de proteção do solo (arbórea, arbustiva, folhas mortas), praticamente não existe chuva que não se infiltre, uma vez que 136,8 mm por hora de precipitações são raras. Enquanto na terra, cultivada convencionalmente, a infiltração é três vezes menor do que na mata, de modo a existir a probabilidade de "cair mais água do que possa infiltrar-se." A *erosão não é um fenômeno natural. É o sintoma visível de um estado de decadência do solo,* ou seja, da diminuição drástica de macroporos, como mostra o quadro 7.8.

Quadro 7.8 Algumas propriedades físicas do Latossol Roxo Distrófico, textura argilosa. (Machado, 1976)

propriedades do solo	solo da mata	solo de campo	plantio direto	plantio convencional
densidade aparente	1,20	1,24	1,21	1,35
macroporos	20,4%	14,4%	14,3%	6,9%

A água que não consegue infiltrar-se escorre. Não só enche os terraços, mas arrasta igualmente partículas superficiais do solo, de grumos despedaçados. Deposita essas partículas em pequenas depressões do solo, faz sulcos, enxurradas, voçorocas, arrasta quantidades sempre maiores de terra, sementes, plantas, árvores. Turva rios, atulha represas, inutiliza portos para a navegação e torna o mar nas praias lamacento. Causa enchentes e inundações que arrasam casas, pontes, partes de cidades. Eis a erosão.[50,98]

Quando o solo racha com alguns dias de sol (figura 7.29a) ou quando tem de ser destorroado, muita coisa está errada. É sinal de alerta!

Verificamos que a altura das plantas acompanha as condições físicas desfavoráveis do solo. Um solo que racha não necessita de irrigação por ser muito seco, mas, necessita, antes de tudo, da recuperação de seu sistema poroso, de sua bioestrutura, para que a água das chuvas possa infiltrar-se.

Figura 7.29a Campo de algodão com solo rachado. As plantas se desenvolvem mal.

Figura 7.29b Soja em solo decaído.

A EROSÃO

Quando a bioestrutura desaparece, instala-se a erosão, as enchentes e, consequentemente, a seca. A origem dessas catástrofes naturais é tão insignificante que, por muito tempo, passou despercebida:

Um solo desnudo, uma terra seca, grumos mal "cimentados" por falta de matéria orgânica.[66]

Faz somente uns 30 anos que se descobriu a origem *verdadeira* da erosão: a infiltração deficiente da água no solo.[36,70,71,76]

Segundo Wagner (1954), a quantidade de água que se infiltra em 3 minutos num solo florestal nativo pode levar até 240 minutos num solo capinado de um bananal ou milharal.[98]

Existe água que permanece tanto tempo parada em cima da terra até que consiga infiltrar-se? Evidentemente não. Ela escorre. Por isso constroem-se os terraços. Mas, os terraços somente podem fazer com que a água escorra menos rapidamente. Nunca conseguem remover as causas da erosão: a pouca permeabilidade do solo.

Resta perguntar: Por que se tenta evitar somente o deflúvio da água e não se melhora a permeabilidade do solo e com isso a infiltração? Água que se infiltra não pode escorrer, como mostra o esquema da figura 7.30. Ao lado direito apresenta-se um solo grumoso com boa permeabilidade. A água pluvial infiltra-se e a terra arrastada por chuvas torrenciais é muito pouca. Seguindo para a esquerda, os solos apresentados possuem cada vez menor camada grumosa e maior adensamento e, portanto, uma infiltração pior, até o quadro à esquerda, onde praticamente não existe possibilidade de infiltração, mesmo se este solo tivesse sua superfície protegida.

Um quadro muito interessante é apresentado por Lombardi e Pestana (1972). Nele mostra-se que, em campo de algodão contínuo, idêntica quantidade de chuva causa uma erosão e um deflúvio muito distinto na década de 1950 e na de 1960 onde o uso de tratores já era comum.

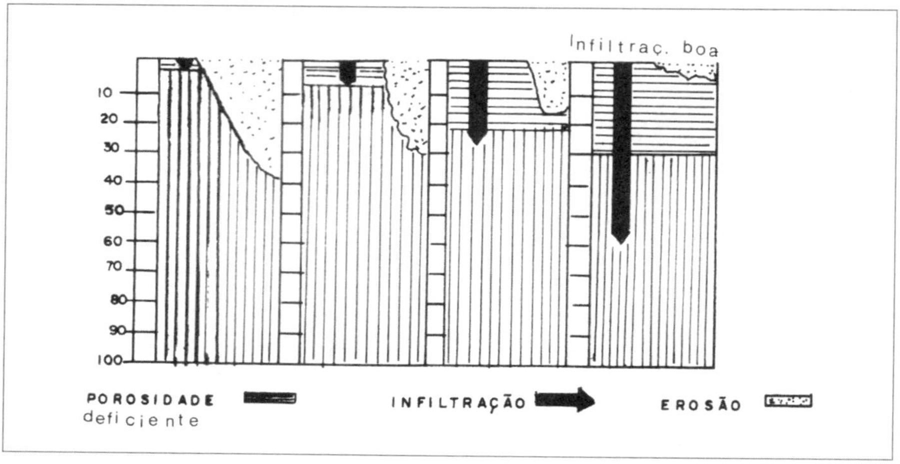

Figura 7.30 Esquema de permeabilidade, infiltração e deflúvio de água.

Olhando para o quadro 7.9, surge a pergunta: Por que a partir de 1962/63 as chuvas se tornaram mais erosivas? E os autores concluem: *"a capacidade de uma chuva erodir um solo depende sobretudo da intensidade envolvida durante a chuva, da sua quantidade e das condições da superfície do solo"*.

A conclusão lógica que se impõe é: *quando as condições da superfície do solo forem boas, ou seja, grumosas, e quando esta for protegida da intensidade ou força cinética da chuva, a erosão será muito menor.*

Que isso é verdade mostra Marques no quadro 7.10, comparando vários métodos de plantio e a proteção do solo por cobertura morta.

Para a interpretação melhor deste quadro se necessitariam os dados sobre a densidade do solo e a umidade do campo na hora de trabalho. Em todo caso pode-se verificar que não é somente a chuva que causa a erosão, mas igualmente o sistema de plantio e a proteção do solo.

A cobertura morta em cada segundo intervalo entre as linhas deu o resultado melhor, possibilitando a maior infiltração de água.

As condições da superfície do solo dependem, pois, absolutamente do manejo recebido. Assim Silva e Figueiredo (1975) constataram no triângulo mineiro que o latossolo roxo existente ali sofre compactação subsuperficial muito rapidamente quando desnudado (sem cobertura vegetal), sendo a espessura e profundidade desta camada adensada variável, a qual não somente se torna um obstáculo à penetração radicular mas igualmente ao próprio preparo do solo. E segundo os autores: Neste solo, quando arado, "às vezes, uma simples chuva é o suficiente para arrastar toda a camada revolvida."

Verifica-se que todo problema se resume na bioestrutura deficiente. A erosão, aqui, não necessita de chuvas torrenciais, uma vez que quase toda água escorre. O problema não é o solo mas, seu manejo.

Quadro 7.9 Precipitação anual, perdas de terra e de água e número de chuvas totais e que ocasionaram somente perdas de terra e água, para algodão cultivado continuamente, no Centro Experimental de Campinas. (Lombardi e Pestana, 1972)[49]

ano agrícola	chuva (mm)	número de chuvas		perdas	
		total	que provocaram perdas	água (mm)	terra (t/ha)
1954/55	1 055	99	3	14,5	1,8
1955/56	1 225	112	12	43,1	5,3
1956/57	1 314	101	9	63,9	9,0
1957/58	1 607	144	34	198,9	65,7
1958/59	984	123	6	10,3	2,8
1959/60	1 270	121	10	41,9	6,0
1960/61	1 427	126	9	67,1	7,3
1961/62	1 163	104	9 = 11,7%	94,6	24,7
1962/63	1 270	99	23	247,6	102,9
1963/64	1 037	91	23	131,5	121,8
1964/65	1 866	135	43	343,3	128,1
1965/66	1 426	122	35	270,6	101,3
1966/67	1 507	121	33	283,8	114,9
1967/68	1 303	108	31	133,2	51,2
1968/69	916	94	13	39,4	18,6
1969/70	1 983	120	39 = 26,9%	344,2	79,1

Obs.: a declividade do terreno é de 9,9%.

Quadro 7.10 Perdas anuais de terra e água (Estação Experimental de Ribeirão Preto no ano agrícola (1958/59). (Marques, 1961)

tratamento	perdas	
	terra (t)	água (mm)
plantio em sebe menor	2,53	47
sem aração	1,51	36
grade de disco só	1,31	42
herbicidas	1,24	38
alternância de capina	0,94	30
plantio em contorno	0,67	21
adubação verde anual	0,50	19
acolchoamento alternado com capim	0,03	5

Obs.: desconhece-se a densidade do solo.

Os terraços

Foi provado que 95% da erosão se deve à má infiltração de água e somente 5% ao declive do terreno.[4]

A erosão é tão antiga quanto a história da humanidade. Há 2 500 anos, na China, as ladeiras já eram terraceadas. Nas Filipinas ou nos Andes os terraços são comuns. Os incas os conheciam tanto como os sumérios da Mesopotâmia e os povos que habitavam o Saara, quando ainda era o "celeiro do mundo".[76] Mas o terraço somente possui valor quando intacto e muito bem conservado. Na figura 7.27 veem-se terraços arrebentados.

No momento em que se constrói um terraço assume-se um compromisso muito sério: deve-se ter a certeza absoluta de poder conservá-lo, ano por ano, quer o tempo seja desfavorável para os trabalhos no campo, haja tempo disponível para sua conservação, haja qualquer impedimento como guerra ou revoluções, falte dinheiro, se quebrem as máquinas ou falte mão de obra. *Um terraço feito exige imperiosamente sua conservação.* A erosão é séria quando não há terraço. A água escorre toda a superfície (*sheet erosion*), porém com força relativamente pequena, formando enxurradas.

Mas, quando um terraço se rompe, a água retida neste se afunila pela brecha, escorre como enxurrada forte até o terraço próximo, também cheio de água, arrebentando-o. Com a força da água enfunilada do segundo terraço, já se forma correnteza respeitável, arrancando não somente o solo superficial mas igualmente o subsolo, formando voçorocas profundas. Estragos feitos por terraços arrebentados não podem ser eliminados pelo trator com arado. Já exigem obras especializadas, caríssimas.[4]

E, continuando a erosão, essas obras geralmente não poderão mais ser realizadas, ocorrendo normalmente o abandono das terras.

Povos inteiros desapareceram por causa de seus terraços rompidos, como, por exemplo, os povos do Saara, os sumérios, os incas e os maias.[76]

Hoje sabe-se que não é tanto o declive que causa o escorrimento da água e com ela a erosão, mas a pequena capacidade de infiltração do solo. Bertoni e Pestana (1964), em São Paulo, encontraram uma relação pouco significante entre o declive do terreno, a intensidade da chuva e o escorrimento da água. E Suarez (1957) constatou que o cultivo aumenta a impermeabilidade do solo e o deflúvio da água. O pior, nos solos de pouca permeabilidade, é que a água, em lugar de molhar o solo, escorre, e este permanece seco. Mas não é somente isso. O solo com superfície destruída sempre possui camadas adensadas em profundidades que variam, segundo a textura do solo, entre 18 e 80 cm, impedindo a penetração e o desenvolvimento radicular das plantas e o abastecimento e reposição dos lençóis subterrâneos de água, de modo que não há mais nascentes nestas regiões e os rios somente têm água durante a estação das chuvas. Quando chove, enchem e inundam vastas zonas, quando terminam as chuvas, a vazão dos rios diminui drasticamente e podem secar por completo.[98]

A região adquire caráter desértico, como se vê, por exemplo, na figura 7.31, sem que, por enquanto, haja mudado o regime pluvial.[83] Basta a chuva não poder penetrar no solo, enchendo somente os rios e escorrendo para os mares, sem que passem pelo solo. Na África denominam-se "Wadi" estes rios temporários que somente possuem água enquanto chover e que não se alimentam por nascentes.

Assim existem regiões desérticas no Sul da África com mais de 2 800 mm de chuva.[83]

Figura 7.31 Solos impermeáveis não somente são devastados pela erosão mas podem adquirir caráter desértico.

Como a vegetação se torna rala, raquítica e retorcida, o ar aquece-se muito sobre estas terras, de modo que, mais tarde, as chuvas se tornam mais desiguais, pior distribuídas, mas de violência muito maior, como mostra a figura 3.5. A vegetação das savanas se deve a este fato[77,102] e talvez, também, a dos cerrados, uma vez que a má infiltração da água e a deficiente expansão radicular sempre significam uma deficiência aguda de nutrientes minerais para a planta, como foi explicado anteriormente.

Secas e enchentes

Onde existem camadas adensadas na superfície do solo ou em pouca profundidade e onde houver crostas superficiais, a água das chuvas escorre em sua maior parte. O escorrimento da água causa a erosão e as enchentes, uma vez que escorre em prazo curtíssimo para os rios, provocando as mais pavorosas inundações. Quantos rios existem que anteriormente ao "surto agrícola" eram cristalinos e as pontes que os atravessaram eram baixas? O nível de água não mudou muito no decorrer do ano. Mas, com o cultivo das terras e a erosão, as pontes foram levadas pelas águas das cheias. E onde há cheia, facilmente há inundação.

As inundações se tornam ano a ano mais pavorosas, como mostra a figura 9.5. Alguém já viu um rio com água cristalinas inundar campos e cidades? Ninguém o viu porque não existe. Os rios que causam as inundações são turvos da terra trazida pela erosão.

Todos sabem que a inundação cobre tudo com uma camada de limo, que pode ser tão fértil como era a do Nilo, adubando os terrenos e possibilitando colheitas boas. Mas também pode entulhá-los, soterrando culturas, casas e até partes de cidades, como em Tubarão e Recife. E, *quando a enchente e a inundação passam, criando cada vez mais flagelados, sobrevem, imperiosamente, a seca.*

Por quê?

A água da chuva não penetrou no chão, não fomentou os níveis freáticos, não fomentou as nascentes, escorreu simplesmente. E a retificação dos rios pode levar a água da erosão e das enchentes mais rapidamente ao mar, evitando as inundações. Mas nunca pode evitar a seca, restituir os níveis subterrâneos de água, fazer as nascentes brotar e a terra "molhar".[98]

Pergunta-se: por que não se reúnem as obras de terraceamento e de melhoramento da permeabilidade do solo? Por que não se evita ao mesmo tempo o escorrimento da água e se restabelece e protege a estrutura grumosa do solo, para que possa ocorrer uma infiltração de água de 130 a mais mm por hora? Em solo protegido, onde a chuva não bate nos grumos, mas sim numa cobertura morta de uns 5 cm de espessura, nunca haverá deflúvio e erosão. E podem-se infiltrar 100 mm de chuva em 5 minutos.[98] E isso será mais que suficiente para evitar enchentes e inundações.

Por enquanto o homem sempre tentou "dominar" a natureza em lugar de "manejá-la". E a consequência é que o meio ambiente está se deteriorando perigosamente, uma vez que todos os fatores de um lugar *sempre* constituem um conjunto harmonioso. Nenhum sintoma é algo isolado. Sempre haverá uma causa e esta causa sempre será engrenada num conjunto de fatores, que, talvez, para o leigo aparecem isolados, mas, que em verdade *nunca* o serão. E deve-se lembrar que *a modificação de um fator do ambiente modifica, automaticamente, a todos.* Desta maneira, a vegetação que cresce em solos, adensados severamente, é paupérrima e raquítica, de um xeromorfismo pronunciado, uma vez que este solo é seco, embora possa haver um regime pluvial bastante satisfatório.[83]

Somente a água que se infiltra pode fazer crescer as plantas! A soma das precipitações faz pouco efeito quando escorre, e a distribuição das chuvas ajuda pouco quando a água não pode penetrar.

E, logo em seguida, a vegetação raquítica não consegue mais "atrair" as nuvens que passam, como o fizeram as florestas, e a seca se instala.[98]

E, em lugar de melhorar as condições do solo e do ambiente, com grandes esforços, gasto de dinheiro e sacrifícios instalam-se obras de irrigação que, muitas vezes, acarretam a salinização dos solos e sua perda definitiva, como será discutido mais adiante (capítulo 9).

A erosão sempre é pior em regiões com alternância de clima úmido e seco, comum em grandes áreas dos trópicos, e em quase todo o Brasil.[77] É porque as chuvas são mais fortes e os grumos são mais facilmente destruídos. A vegetação seca convida à queima, desnudando o solo completamente.

O deflúvio da água depende:

1. Da estrutura da superfície do solo (grumosa ou adensada);
2. Da proteção dessa estrutura grumosa ou da cobertura vegetal; (cobertura morta, floresta, pastagem ou campo agrícola, cultura densa, espaçada, consorciada ou capinada a limpo ou tratada com herbicidas);
3. Da intensidade e duração das chuvas;

4. Do declive do terreno e das práticas conservacionistas (terraços, plantio em curva de nível);
5. Da fertilidade do solo, da qual depende, em parte, o vigor e a densidade da cobertura vegetal;
6. Do uso do solo e das práticas agropastoris.[9,38,39,66,70]

A PROTEÇÃO DA BIOESTRUTURA

No mundo inteiro, sempre se tentou proteger o solo, embora essas tentativas fossem mais inconscientes do que dirigidas. No quadro 7.11 mostram-se alguns dados bastante elucidativos:

O quadro 7.11 mostra claramente que o problema não é tanto a evaporação mas o impacto das gotas de água sobre a terra. O filó pode "despedaçar" as gotas, de modo que sua força cinética diminui muito. Com isso mantêm-se os grumos superficiais intactos, conservando os macroporos, que servem para a infiltração da água.

Porém, em solo compacto ou solo "pulverizado" a proteção da superfície não pode ter mais efeito, uma vez que não existe mais nada a ser protegido. Uma casa intacta pode ser protegida contra o fogo. Uma vez queimada, essa proteção não adiantaria mais nada, uma vez que já estamos diante de ruínas.

No quadro 7.12 fica claro que a adubação verde não é proteção para o solo, nem contribui para o melhoramento de sua estrutura. Até a cultura de milho, plantado em contorno, é mais favorável. A razão é a seguinte:

A adubação verde protege o solo enquanto em pé, porém expõe-no quando enterrada, esperando-se sua decomposição. Geralmente, gasta ainda o húmus do solo

Quadro 7.11 Perda de solo pela erosão por hectare em três anos. (Batey, 1973)

	t/ha de terra
solo arado sem vegetação	350,0
pasto nativo (campo nativo)	3,3
solo arado protegido por um filó colocado a 5 cm acima da terra	3,0
solo protegido por uma camada de 5 cm de palha picada	3,0

Quadro 7.12 O efeito de prática de cultivo sobre o deflúvio numa argila pesada na África tropical (Rodésia). (Hudson, 1965)

	declive 6,5%			declive 4,5%			declive 3,0%		
	milho milho	milho adub. verde	capim Napier	milho milho	milho adub. verde	capim Napier	milho milho	milho adub. verde	capim Napier
perda de solo (t/ha)	8,0	46,8	2,8	5,0	15,0	3,4	5,6	11,8	0,8
água escorrida (mm)	280,8	391,5	72,9	270,0	261,9	140,4	180,9	299,1	24,8
água escorrida (% das chuvas)	29	40	8	28	27	14	19	31	3

uma vez que a relação C/N é estreita demais e as bactérias decompositoras necessitam de uma fonte de energia, o carbono do solo, para poder utilizar a adubação verde. Portanto, não é medida de proteção ou melhoramento físico do solo.

Um ensaio de Mascarenhas e Miyasaka (1967) com adubação verde para feijoeiro mostra que esta, praticamente, não tem efeito sobre as propriedades químicas do solo, no tratamento V_2 do quadro 7.13, as condições do solo em parte pioram. Isso provavelmente pelo pisoteio mais intenso durante a retirada das hastes da crotalaria. E presumivelmente importa numa compactação maior do solo.

O aumento do rendimento do feijão em grão é maior onde foi colocada toda matéria orgânica (504 kg/ha) e menor onde se retiraram as hastes, (426 kg/ha), o maior teor em C e em alumínio trocável deixa supor uma maior compactação do solo em V_2 e que a diminuição da colheita não se deve exclusivamente a menores quantidades de massa verde, mas igualmente às piores condições físicas do solo e às condições piores de decomposição (maior teor em Al e C).

O *mulch* ou cobertura morta é uma proteção excelente da superfície do solo, como mostra a figura 7.32. Onde a infiltração de água é pequena, a perda de terra, por erosão, é grande. Mas, onde a infiltração de água é boa, a perda de terra é insignificante.

Porém, na estação das chuvas, a infiltração de água importa igualmente em lixiviação do solo, de modo que a cobertura morta deve ser substituída por uma cobertura "viva".[101]

Esta pode ser conseguida:

a) Por um espaçamento menor da própria cultura;[10,101]
b) Pelo plantio de duas culturas ao mesmo tempo, porém de altura diferente, como, por exemplo, mandioca-feijão, milho-soja etc.;
c) Pelo plantio de uma "cultura protetora" como será discutido no capítulo 9.

Quadro 7.13 O efeito da adubação verde do feijoeiro da "seca" com *Crotalaria juncea L.* (Mascarenhas e Miyasaka, 1967)

características determinadas após a colheita	tratamentos		
	V_0	V_1	V_2
pH	5,10	5,11	5,06
PO4 (e.mg/100 g)	0,08	0,07	0,08
K (e.mg/100 g)	0,10	0,15	0,11
Ca + Mg (e.mg/100 g)	3,15	3,22	3,09
Al (e.mg/100 g)	0,38	0,35	0,42
C (%)	1,46	1,49	1,54
aumento do rendimento (%)	100	141	128

V_0 = testemunha
V_1 = toda a vegetação colocada ao solo
V_2 = retiraram-se as hastes, colocando-se somente as folhas ao solo

Em todos os casos deseja-se a proteção do solo contra o impacto da chuva e uma infiltração melhor de água.[4,101]

Antigamente temia-se que um menor espaçamento poderia resultar numa deficiência de água para a cultura. Porém o encrostamento e adensamento do solo e a infiltração muito reduzida de água provoca um deficit de umidade muito maior do que um espaçamento menor com uma população vegetal maior, mantendo o solo "aberto", com infiltração boa das chuvas.

De modo que, segundo os autores do ensaio representado no quadro 7.14, a diminuição do espaçamento pode constituir um meio para elevar a colheita por hectare.

Verifica-se que as colheitas maiores se conseguem com o espaçamento menor, de 60 cm entre as linhas, mas somente 3 plantas por metro linear e os rendimentos menores obtêm-se com o espaçamento maior, de 100 cm entre as linhas.

Resultados semelhantes foram obtidos em outras culturas, inclusive no café. Embora a área foliar seja maior, transpirando mais água, a infiltração de água é muito maior, compensando esta "perda". E, justamente em zonas com má distribuição das

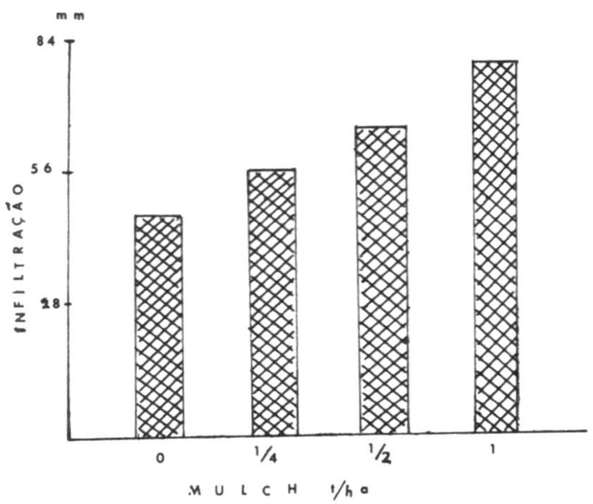

Figura 7.32 Influência de várias quantidades de restos de cultura na infiltração de água e perda de terra. (Mannering, 1975)

Quadro 7.14 Espaçamento e densidade de plantio na cultura algodoeira (*G. hirsutum L.*) no norte de Minas Gerais. (Buenda e Purcini, 1974)

plantas/ metro linear	espaçam. 60 cm		espaçam. 80 cm		espaçam. 100 cm	
	nº plantas/ha	rendim. kg/ha	nº plantas/ha	rendim. kg/ha	nº plantas/ha	rendim. kg/ha
3	50 000	2 030	37 500	1 714	30 000	1 482
5	83 333	1 978	62 500	1 883	50 000	1 522
7	166 667	1 974	67 500	1 683	70 000	1 338
9	150 000	1 726	112 500	1 967	90 000	1 331

chuvas, a proteção do solo contra encrostamento é importante, uma vez que permite o aproveitamento de *todas* as precipitações caídas, porque água escorrida não serve para regar as plantas. Somente avoluma as enchentes.

A proteção da bioestrutura ou dos grumos do solo se faz:

1. Pela proteção da superfície do solo contra o impacto da água:
   a) Por cobertura morta;
   b) Pela vegetação densa. Esta pode ser conseguida por um espaçamento menor, culturas consorciadas ou a implantação de "culturas protetoras" (vide capítulo 9).

   Essa proteção à superfície impede a destruição dos grumos e com isso a formação de crostas superficiais e de adensamentos. Por isso garante a infiltração rápida da água e evita o seu escorrimento;
2. Pelo retorno periódico da matéria orgânica para renovar os grumos; para isso deve ser *superficialmente misturada* com a terra;
3. Pela adubação química dirigida para os microrganismos decompositores da matéria orgânica;[72]
4. Pela aração pouco profunda ou aração mínima. Se for preciso, esta deve ser suplementada por uma subsolação. Em solo sem adensamentos a subsolação não é necessária. É importante que todos os trabalhos no campo sejam feitos em solos com pouca umidade. Solos muito úmidos são "estragados" pela aração ou subsolação, devido ao efeito vedante dos implementos agrícolas, ao deslizar na terra;
5. Pela rotação de culturas para promover a multiplicidade da microvida (vide capítulos 5, 6 e 9);
6. Evitando o fogo.

Todas essas técnicas visam exclusivamente manter os grumos e com eles os macroporos do solo, responsáveis pela infiltração da água e a circulação do ar no solo, indispensáveis para um metabolismo ativo das plantas e para a penetração mais profunda das raízes vegetais.

Quando falta a cobertura do solo durante a época de seca, uma irrigação por aspersão, mantendo os grumos acima de 20% de umidade, protege os solos argilosos de ter seus grumos destruídos pela primeira chuva primaveril.

A queimada, tão "apreciada" no fim da seca, é um agente poderoso de destruição da bioestrutura do solo. No capítulo 9 mostrar-se-á o efeito do fogo sobre a densidade do solo e sua repelência à água.[80]

Em zonas pastoris deve-se evitar o superpastoreio dos campos em épocas úmidas ou secas e recuperar a estrutura do solo por um manejo adequado das pastagens. Este inclui, imperiosamente, uma vez por ano, um repouso prolongado, até a floração dos capins e o uso de rolo faca em lugar do fogo.[79]

O abandono da terra na agricultura itinerante para pastagens ou capoeiras não visava tanto o enriquecimento do solo com nutrientes disponíveis, que nunca podia ser maior do que a CTC do solo e que em terras tropicais, portanto, nunca seria elevado. O fim deste método é recuperar a bioestrutura pelo efeito triplo da cobertura perene (vide introdução):

- Proteger o solo contra o impacto da chuva;
- Afrouxar o solo pela ação radicular;
- Enriquecer o solo com matéria orgânica que tanto contribui para a maior estabilidade dos grumos, como para o aumento da CTC.

Deve-se distinguir entre culturas perenes e cobertura perene. Em culturas perenes, geralmente grande parte do solo permanece desnuda, graças às capinas frequentes ou aos herbicidas. Na cobertura perene o solo é coberto por uma vegetação herbácea ou arbustiva. Normalmente, uma pastagem nativa cobre o solo, enquanto a plantada, muitas vezes, não consegue cobrir o solo. Assim, p. ex., no capim colonião até 80% do solo pode ficar desnudo, conseguindo-se a "cobertura" somente quando o capim for alto, Quando pastado, geralmente, as áreas descobertas são frequentes (vide capítulo 10). Portanto, dizem os fazendeiros: "baixando-se o capim, as invasoras tomam conta."

RESUMO

A bioestrutura ou estrutura grumosa da superfície do solo forma-se pelo agrupamento de agregados primários, formado por atração eletroquímica, por substâncias húmicas e "cola" bacteriana. Consegue sua estabilidade à água, especialmente, por hifas de fungos e actinomicetos, que se nutrem da "cola" bacteriana.

Portanto, *a bioestrutura é temporária e necessita de renovação periódica.* Essa renovação se faz pela incorporação superficial de matéria orgânica e a aplicação de adubos, especialmente de fósforo e cálcio, para uma atividade dirigida de microrganismos.[45,87]

As vantagens da bioestrutura são: a infiltração rápida de água, a circulação de ar e a penetração fácil de raízes no solo. Quando não é protegida por uma camada protetora, seja ela de restos orgânicos ou de uma vegetação que "cobre" o solo, a bioestrutura é destruída pelo impacto das chuvas. Formam-se crostas superficiais e adensamentos subsuperficiais que impedem a penetração de ar, água e raízes. Consequentemente ocorre uma quebra drástica da colheita, causada pela absorção deficiente de nutrientes, um metabolismo muito vagaroso e a falta de água. Sobem os "riscos climáticos".

A conservação da grumosidade e com isso da produtividade do solo faz-se com:

1. A incorporação superficial dos restos orgânicos junto com uma adubação;
2. A proteção da superfície do solo contra o impacto das chuvas, seja por uma cobertura morta, seja por um espaçamento menor da cultura, por uma cultura consorciada ou por uma "cultura protetora" que é intercalada;
3. Uma adubação completa e equilibrada com macro e micronutrientes para conseguir o mais rapidamente possível o "fechamento" do solo;
4. Uma vegetação herbácea perene (pastagens).

Capins são considerados os melhoradores mais eficientes da bioestrutura.
Erosão, enchentes e seca são sintomas visíveis da perda de bioestrutura.

MEDIDAS DE CONSERVAÇÃO DA PERMEABILIDADE EM PASTAGENS

Muitas vezes acredita-se que a maneira exclusiva de arejar o solo seria arar e revolvê-lo.

Porém, areja-se um solo agrícola protegendo-se sua bioestrutura, renovando-a periodicamente, isto é, zelando pelos seus macroporos.

Areja-se um solo de arroz irrigado pela drenagem, desocupando os macroporos da água.

Areja-se um solo pastoril com cobertura total pela vegetação, por um repouso da pastagem e o fortalecimento das raízes, usando-se a forragem para a fenação. Aumentam-se com isso os macroporos.

Pastagens permanentes em solos arenosos podem sofrer de erosão com a mesmas facilidade que lavouras mal conduzidas.

O pisoteio dos animais arrebenta a relva, especialmente enquanto o solo estiver úmido, dando à chuva a possibilidade de bater em solo desnudo. O mesmo efeito se consegue por um superpastoreio na estação seca ou pelo fogo descontrolado.

Quanto mais extensivo o manejo de uma pastagem, tanto mais séria será a erosão e existem empresas que abandonaram suas terras pastoris por causa de erosão gravíssima.

A erosão instala-se sempre em partes desnudas do solo. Isso pode ocorrer por herbicidas que se usam para o combate à invasoras, pelo pastejo mal conduzido, incluindo-se aqui o superpastoreio de áreas distintas e o pisoteio intenso dos animais, ou em pastagens plantadas mal instaladas.

A erosão é frequente em pastagens com pastejo permanente onde o pastejo seletivo dos animais desnuda manchas de chão. Especialmente quando se tratar de pastagens implantadas, o sistema radicular, após uns dois anos de uso, restringe-se à camada superficial até 3 cm de profundidade.

Portanto, sofrem da "seca" com muita facilidade. Os animais, na procura de forragem verde, desnudam os lugares onde ainda houver alguma vegetação comestível. Esta "superlotação" faz com que o solo desnudo comece a deslizar e, quando as chuvas iniciam, principie a erosão.

A erosão sempre inicia em terreno desprotegido. Portanto, também é de grande importância mudar os saleiros de vez em quando e fechar os bebedouros alternadamente, a fim de que o solo possa recuperar-se do pisoteio intenso que sofreu e a vegetação possa voltar.

O descanso da pastagem, normalmente, aumenta o sistema radicular. Por isso é uma das medidas que mais contribui para a conservação do solo pastoril. No manejo rotativo as raízes vegetais se concentram tanto à superfície como no pastejo permanente, se não forem intercalados descansos maiores e talvez um ano de fenação.

Quando o solo for muito pobre, o descanso não contribui para o aprofundamento dos sistema radiculares. Deve-se lançar mão da adubação, especialmente da fosfocálcica, usando adubos de pouca solubilidade em água, como, por exemplo, escória-de-Thomas, hiperfosfato, farinha de ossos e outros, que sempre devem ser aplicados na primavera.

Para fortalecer a pastagem para a estação de seca, uma adubação nitrogenada no outono é indicada. Quanto melhor a pastagem, tanto menor o dano de um pisoteio intenso e tanto melhor a conservação do solo pastoril.

Superpastoreio e superlotação na estação de seca é o método mais seguro para provocar a erosão.

Em muitas partes do mundo ainda existe uma espécie de nomadismo pecuário, denominado *"transumância"*, e que consiste na transferência dos rebanhos, na estação de seca, para as montanhas ou as baixadas onde a vegetação verde em abundância permite o descanso total das pastagens atingidas pela seca. Esse sistema existe até em Roraima onde os rebanhos, por instinto, procuram as pastagens à beira dos rios, em desconsideração de propriedades e proprietários.

Enquanto o nomadismo era praticado na África, não ocorria erosão. Esta instalou-se de modo violento quando as tribos se tornaram sedentárias, e as pastagens sofreram superlotação na estação de seca.

A superlotação não se calcula em animais por hectare, mas em animais relativos à forragem existente. E enquanto 4 animais/ha, na estação das águas pode ser considerada ainda uma lotação baixa, 0,5 animal/ha na estação da seca pode ser uma superlotação. Depende, pois, da pastagem, seu manejo e a adaptação ecológica das forrageiras.

No sistema de engorda a pastagem descansa na seca. No sistema de cria este descanso falta. Portanto, o descanso deve ser planejado, para manter a pastagem produtiva.

RESUMO

A manutenção da produtividade do solo pastoril depende de sua fertilidade e do descanso que recebe na estação de seca, bem como do desenvolvimento radicular na estação das águas. Tanto o pastejo permanente como o rotativo podem destruir a bioestrutura do solo e com isso sua produtividade quando faltar o descanso. O pisoteio intenso, com todas as suas consequências, ocorre também no pastejo permanente pela seletividade do gado e o pastejo preferencial nas áreas com vegetação nova, isto é, que já foram pastadas recentemente.

REFERÊNCIAS BIBLIOGRÁFICAS

1. **Ahmed, S.; S. Windale** e **S. A. El-Swaify** (1969). Effect of absorbed cations on physical properties of tropical red earth and tropical black earth. *Soil Sci. 20(2):255-68.*
2. **American Society of Agricultural Engineers** (1971). Compaction of agricultural soils. *Basselmann, Michigan.*

3. **Bandy, D. E.** e **R. B. Musgrave** (1975). Management of water stress periods. *Agron. Econ. Res. on Tropical Soils, Ann. Rep. 1975:65-111.*
4. **Batey, Th.** (1973). Uso e manejo do solo tropical. *Curso Pós-grad. Biodin. Produt. Solo, Sta. Maria/RS.*
5. **Baver, L. D.** (1968). The effect of organic matter on soil structure. *Prog. Biodin. Produt. Solo, Sta. Maria/RS.*
6. **Blake, G. R.** e **J. B. Page** (1948). Direct measurement of gaseous diffusion in soils. *Soil Sci. Soc. Amer. Proc. 13:37-42.*
7. **Bertoni, J.** e **F. I. Pestana** (1964). Relação chuva/perdas por erosão em diferentes tipos de solo. *Bragantia. 23:3-11.*
8. **Blanchet, R.** (1972). Fertilizer use and ecologial factors. *Scient Varia. 38(2):363-401.*
9. **Bouchard, L.** (1967). Étude de l'évolution des sols sous cultures en liaison avec l'étude de la regéneration de la fertilité. *Coll. Fert. Sols Tropic. (Madagascar) 15:8-30.*
10. **Buenda, J. P. L.** e **A. A. C. Purcine** (1973/74). Espaçamento e densidade de plantio na cultura algodoeira *(G. hirsutum L.)* no Norte de Minas Gerais. *EPAMIG Proj. Algodão, Rel An. 206-220.*
11. **Cerny, V.** (1966). Alteration of the physical state of soil and its effect on plants. *Sb. Ref. mzin. véd. Symp. Bré. p. 77-91.*
12. **Clark, A. L.; D. J. Greenland** e **J. P. Quink** (1967). Changes of the physic properties of the enpoverished soil surface of a red brown grassland soil. *Austral. J. Soil Res. 5:59-68.*
13. **Clement, C. R.** (1964). The growth of cereals under soil conditions characteristic to an unstable tilth. *Plant & Soil. 20:265-70.*
14. **Corsini, P. C.** (1974). Modificações de características físio-hídricas em perfis das séries Jaboticabal e Santa Teresa, ocasionadas pelo cultivo intenso. *Cientif. 29(2):148-68.*
15. **Czeratzki, W.** (1972). Die Ansprüche der Pflanze an den physikalischen Bodenzustand. *Landbauf. Völkenrode. 1:29-36.*
16. ________ (1972). Der Einfluss hoher Gaben von Kalkhydrat auf Plastizität, Krümelstabilität und Wasseraufnahme des Bodens. *Mitteilg. Dtsch. Bodenkd. Gesell. 15:56-58.*
17. **Davidson, J. M.; F. Gray** e **D. I. Pinson** (1967). Changes of organic matter and bulk density with depth under two cropping systems. *Agron. J. 58(4):375-78.*
18. **Deshaude, T.L.; D. J. Greenland** e **J. P. Quink** (1967). Changes of soil properties with removing Fe and Al oxydes. *Soil Sci. 19:108-22.*
19. **Denker, C. H.** (1961). Landwirtschaftliche Stoff und Maschinenkunde. *Parey, Berlin-Hamburg.*
20. **Donahue, R. L.; J. C. Schickluna** e **L. S. Robertson** (1972). Soils, an introduction to soil and plant growth. *Prentice-Hall, New Jersey.*
21. **Elgabály, M. M.** e **W. M. Elgahamry** (1970). Water permeability and aggregate stability of caolinits, influenced by different cation absorption. *Soil Sci. 110:107-10.*
22. **EMBRAPA** (1977). Síntese da Reunião sobre plantio direto. *Centro Nac. Pesq. Soja. Londrina.*
23. **Foglino, E.** (1965). La lotta antierosiva en Ecuador. *Riv. Agr. Subtrop. Trop. 59:10-12.*
24. **Franza, H.** (1960). Feldbodenkunde, *Fromme, Wien.*
25. ________ (1964). Die Bedeutung des biologischen Geschehens für den Bodenfruchtbarkeitszustand. *Z. Pflanzenem. Düng. Bodenkd. 108(2):123-28.*
26. **Gallo, J. R.** e **O. Rodriguez** (1960). Efeito de algumas práticas de cultivo do solo, na nutrição mineral dos citrus. *Bragantia. 19(1):345-60.*
27. **Gomes, A. S.; J. F. Patella** e **E. A. Pauletto** (1978). Efeitos de sistemas e tempo de cultivo sobre a estrutura de um solo podzólico vermelho amarelo. *Rev. Bras. Ciênc. Solo. 2(1):17-20.*
28. **Gomes, A. G.; H. Gargantini** e **W. R. Venturini** (1963). Competição entre fertilizante nitrogenado orgânico e mineral na cultura de batatinha. *Bragantia. 22(46):575-81.*
29. **Gorbing, J.** (1944). Die Grundlagen der Gare im praktischen Ackerbau. *Landbuch-Vlg. Hannover.*

30. **Grabbe, D. R.** e **E. G. Siermer** (1968). Effect of bulk density on elongation of corn roots. *Soil Sci. Soc. Amer. Proc. 32(1):180-88.*
31. **Grohmann, F.** (1960). Distribuição e tamanho de poros em três tipos de solos do estado de São Paulo. *Bragantia. 19(21):319-27.*
32. ________ (1960). Análise de agregados do solo. *Bragantia. 19(1):201-14.*
33. ________ e **J. J. P. Queiroz Neto, de** (1966). Efeito da compactação artificial de dois solos limo-argiloso sobre a penetração das raízes de arroz. *Bragantia. 25(38):421-32.*
34. ________, **J. Oliveira** e **J. P. Queiroz Neto, de** (1966). Influência da adubação nas características dos agregados do solo da série Chapadão. *Bragantia. 5(24):263-70.*
35. **Grosse, B.** (1970). Die Sandböden und die Möglichkeiten ihrer Verbesserung. *Kali-Briefe, 1/1.*
36. **Hanus, H.** (1968). Permeabilitätsmessungen mit Luft und Wassermodellproben. *Z. Pflanzenern. Düng. Bodenkd. 120(2):131-40.*
37. **Hartge, K. H.** (1966). Einfluss der Porengrössenverteilung auf Ertrag von Salat und Sellerie bei K und Düngungsversuchen. *Z. Pfanzenern. Düng. Bodenkd. 112 (2):114-21.*
38. **Hudson, J. C.** (1965). Agronomic use of a soil survey in Barbados. *Exp. Agr. 1(3):215-24.*
39. **Kamprath, E. J.** (1972). Citado em **Sanchez**, 1972. A review of soil research in tropical Latin America. *Soil Sci Dept. North Carolina State Univ. Raleigh. Contr. AID/csd 2806, p. 167-82.*
40. **Katznelson, H. A.; G. Lochhead** e **M. I. Timonin** (1948). Concentration of microorganisms on the root surface. A review; *Bot. Rev. 14:543-62.*
41. **Kellermann, V. V.** e **I. G. Tsyrupa** (1966). Role of iron and organic matter in the aggregation of the sod components. *Pochvov. 8:940-47.*
42. **Köhler, R.** (1951). Der biotechnische Ackerbau. *Bayerischer Landw. Vlg. München.*
43. **Kovda, V. A.** (1966). Scientific fundamentals of soil melioration in the USSR. *Pochvov. (Amer. Issue), 11:1213-16.*
44. **Küpper, H.; F. Grohmann** e **C. M. Franco** (1977). A massa específica aparente do solo como fator limitante do desenvolvimento do sistema radicular do cafeeiro. *An. Congr. Bras. Pesq. Cafeeira, Guarapari, ES.*
45. **Köpf, H.** (1961). Neue Ergebnisse der Bodenbiologie. *Jb. vaterl Naturkde. Württemberg. 116:266-78.*
46. **Larson, W. E.** e **R. R. Allmans** (1971). Management factores and natural forces as related to compaction. Em: Compaction of agricultural soils, de **Barnes.** *Amer. Soc. Agr. Eng. Mich, p. 367-430.*
47. **Leenher, L. de** e **M. S. De Boodt** (1966). Factors and forces on soil structure. Em: Handbuch der Pflanzenernährung und Düngung, de **Scharger** e **Linser**. *Springer, Wien-New York. Vol. 11(1):180-226.*
48. **Leme, H. A. de** (1956). Contribuição para o estudo da influência da profundidade de trabalho de arado na produção agrícola. *An. E. S. A. "Luiz Queiroz", p. 97-111.*
49. **Lombardi Neto, F.** e **F. I. Pestana** (1972). Relação chuvas-perdas por erosão. *Bragantia. 31(19):227-34.*
50. **Lugo-Lopez, M.; A. J. Juarez Jr.** e **R. P. Escalar** (1970). Correlation between the rate of water intake of tropical soils at hourly intervales to the eight hour. *J. Agr. Univ. Puerto Rico. 54(3):570-75.*
51. **Machado, J. A.** (1976). Efeito dos sistemas de cultivo reduzido e convencional na alteração de algumas propriedades físicas e químicas do solo. *Tese de Livre-doc. Sta. Maria/RS.*
52. **Mannering, J. V.; I. D. Meyer** e **C. B. Johnson** (1966). The influence of minimum tillage on infiltration and erosion in corn crops. *Soil Sci. Soc. Amer. Proc. 30(1):101-05.*
53. ________ (1975). Apresentação de programas de pesquisa em conservação do solo nos Estados Unidos. *EMBRAPA, I Encontro nacional sobre pesquisa de erosão com simuladores de chuva, Londrina, p. 73-106.*

54. **Marques, A.; J. Bertoni** e **G. B. Barreto** (1961). Perdas por erosão no estado de São Paulo, *Bragantia. 20(47):1143-82.*

55. **Mascarenhas, H. A. A.; S. Miyasaka** e **L. A. C. Lovadini** (1967). Efeito da adubação verde do feijoeiro "da seca" com *Crotalaria juncea L.* empregando-se toda a vegetação ou retirando-se do campo as hastes despojadas de suas folhas. *Bragantia. 26(17):220-34.*

56. **McNeal, B. L.; D. A. Layfield; W. A. Norwell** e **J. D. Rhoades** (1968). Factors influencing hydraulic conductivity of soils in the presence of mixed salt solutions. *Soil Sci. Soc. Amer. Proc. 32(2):187-90.*

57. **Miranda, E. R.** e **A. C. C. P. Dias** (1971). Efeito da saturação de alumínio no crescimento de plântulas de cacau. *Theobroma. 1(3):33-42.*

58. **Miyasaka, S.; A. P. Camargo** e **B. Inforzato** (1966). Efeitos da cobertura e da incorporação ao solo, imediatamente antes do plantio, de diferentes formas de matéria orgânica não decomposta na cultura do feijoeiro. *Bragantia. 25(32).349-69.*

59. **Molina, J. S.** (1968). La decomposición aeróbia de la cellulosa y la estructura activa de los suelos. *Progr. Biodin. Produt. Solo, Sta. Maria/RS. p. 17-24.*

60. **Müller, G.** e **W. Hiecke**, (1968). Aspekte bei der Krümelstabiliserung durch Bakterienpolysaccharide. *A. Thaer Arch. 12(5):425-33.*

61. **Oliveira, L. B. de; H. S. Dantas, de; A. B. Campelo; S. J. Galvão** e **I. F. Gomes** (1968). Caracterização de adensamento no subsolo de uma área de "Tabuleiro" da Estação Experimental do Curado, Recife. *Pesq. Agropec. Bras. 3:207-14.*

62. _______ (1968). Determinação da macro e microporosidade pela "mesa de tensão" em amostras de solo com estrutura indeformada. *Pesq. Agropec. Bras. 3:197-200.*

63. **Parish, D. H.** Effects of compaction on nutrient supply to plants. Em: Compaction of agricultural soils, de **Barnes**. *Basselmann, Mich. p. 277-91.*

64. **Périgaud, S.** (1965). Effect du resistance mechanique e du manque de oxygène sur la croissance des racines. *Compt. Rend. Acad. Agric. France. 51:1209-20.*

65. **Potapov, B. I.** (1966). Influence of moisture content and soil compaction on the soil maximum shear strength. *Pochvov. (Amer. Issue) 4:396-98.*

66. **Primavesi, A.** (1952). A erosão. *Melhoramentos, São Paulo.*

67. _______ e **A. M. Primavesi** (1964). Factors responsibles for low yields of sugar cane in old cultivated Terra Roxa Estruturada in eastern Brazil. *Soil Sci. Soc. Amer. Proc. 28(5):578-80.*

68. _______ (1965). Weizenerträge in Beziehung zur Bodenstruktur und Wurzelentwicklung. *Bodenkult. 1(2):50-8.*

69. _______ (1962). O diagnóstico bio-físico da terra. *Imprens. Univ. Sta. Maria/RS.*

70. _______ (1968). A manutenção da estrutura ativa do solo e sua influência sobre o regime hídrico do solo. *Progr. Biodin. Produt. Solo, Sta. Maria/RS. p. 447-62.*

71. **Primavesi, A. M.** e **A. Primavesi**, (1968). Influência da bioestrutura do solo sobre a infiltração e evaporação da água. *Progr. Biodin. Produt. Solo, Sta. Maria /RS, p. 253-68.*

72. _______ e _______ (1973). Agregação de solos ácidos arenosos pelos produtos da atividade de bactérias celulolíticas na decomposição semiaeróbia de palha. *XVI Congr. Bras. Ciência Solo, Sta. Maria/RS.*

73. **Reeder, S. W.; M. A. Arshad** e **W. Odynsky** (1967). The stability of structure and chemical properties of some Solonetzic soils in NW Alberta. *Canad. J. Soil Set. 47:231-37.*

74. **Roman, E. S.** (1977). Na reunião sobre plantio direto, resumo dos trabalhos apresentados pela ICI do Rio Grande do Sul. p. 52-53.

75. **Russell, E. W.** (1961). Soil conditions and plant growth. *9 ed. Longmans & Green, London.*

76. _______ (1968). A importância da estrutura ativa do solo na história da humanidade. *Progr. Biodin. Produt. Solo. p. 269-84.*

77. **Sanchez, P. A.** (1972). The review of soil research in tropical Latin America. *AID, csd. 2806 Soil Sci Dpt. North Carolina State Univ. Raleigh.*
78. **Santoro, T.** e **G. Stotzky** (1967). Influence of cation floculation of clay minerals by microbial metabolites, as determinated by the electrical sensing zone particle analysis. *Soil Sci. Soc. Amer. Proc. 31(6):761-65.*
79. **Sauberan, C.; J. S. Molina** e **G. H. Lundenberg** (1968). Recuperación biológica de suelos sódicos. *Progr. Biodin. Produt. Solo, Sta. Maria/RS, p. 293-98.*
80. **Savage, S. M.; J. Osborn; J. Letey** e **C. Heaton** (1972). Substances contributing to fire induced water repellance in soils. *Soil Sci. Soc. Amer. Proc. 36(4):674-78.*
81. **Schahabi, S.** e **V. Schwertmann** (1970). Wirkung steigender Kalkgaben auf die Wasserstabilität der Boden aggregate in zwei sauren Böden. *Landw. Forschg. 23(2):134-41.*
82. **Scheffer, F.** e **O. Thornau** (1953). Lehrbuch des Acker und Pflanzenbaus. *Parey, Berlin.*
83. **Schendel, V.** (1967). Probleme des Wasserhaushaltes, der Bodenerosion und der Bewässerung in wärmeren Klimazonen. *Kulturtech. u. Flurber. 8(2):68-84.*
84. **Secretaria de Agricultura, SP** (1978). Conservação do solo.
85. **Sekera, F.** e **A. Brunner** (1943). Beiträge zur Methodik der Gareforschung. *Z. Bodenkd. u. Pflanzenern. 29:169-212.*
86. ________ (1953). Der gesunde und der kranke Boden. *Parey Berlin.*
87. **Silva, T. C. A. da** e **S. Figuereido, de** (1975). *I encontro nacional sobre pesquisa de erosão com simuladores de chuva. Programação de Minas Gerais. p. 62-72.*
88. **Stefanson, W.** (1971). Influence of perjodat and phosphate on seasonal oscilations of aggregate stability. *Austral. J. Soil Sci. Res. 9:33-41.*
89. **Stevenson, D. S.** (1967). Wirksames Bodenvolumen und seine Bedeutung für das Wurzel und Sprosswachstum. *Canad. J. Soil Sci. 47:163-74. (ref. Z. Pflanzenern. Bodenkd. 119(2):158).*
90. **Suarez de Castro, F.** (1957). Las quemas como práctica agrícola y sus efectos. *Fed. Nac. Cafetaleros de Colombia, Bol. Tec. 2.*
91. **Taylor, H. M.** e **H. Gardener** (1964). Penetration of cotton seedling tap roots as influenced by bulk density. *Soil Sci. 96(3):153-56.*
92. **Taylor, H. M.** e **E. Burnett** (1963). Some effects of compacted soil pans on plant growth in the southern Great Plains. *Soil Sci. 18(6):235-36.*
93. **Tisdale, S. L.** e **L. W. Nelson** (1965). Soil fertility and fertilizers. *MacMillan, New York.*
94. **Vetter, H.** (1970). Probleme der Bodenbearbeitung mit zu schweren Schleppern. *Kali-Briefe, 2/2.*
95. **Viegas, G. P.; J. Andrade Sbr.º** e **W. R. Venturini** (1963). Comportamento dos milhos H-699, Asteca e Cateto em três níveis de adubação e três espaçamentos, em São Paulo. *Bragantia. 22(8):201-30.*
96. **Volk, G. M.** e **D. P. Hengel** (1970). Aggregation of mineralic and organic substances in Rutlege Ona Leone fine sand. *Soil Sci. 110:33-38.*
97. **Voorhee, W. N.; R. R. M. Ameniya Alimaras** e **W. E. Larson** (1971). Some effect of aggregate structure heterogeneity on root growth. *Soil Sci. Soc. Amer. Proc. 35(4):638-43.*
98. **Wagner, H. O.** e **H. Lenz** (1963). A floresta e a conservação do solo. Trad. **Primavesi, A.** *Melhoramentos, São Paulo.*
99. **Williams, B. G.** *et al.* (1966). Methods for determination of aggregate stability. *Soil Sci. 101(1):137-63.*
100. **Wiersum, L. K.** (1961). Utilization of soil by plant root system. *Plant & Soil. 15:189-92.*
101. **Wrigley, G.** (1969). Tropical agriculture. *Faber & Faber, London.*
102. **Wambeke, A. van** (1975). Propriedades que influem en el manejo de los Oxisoles en ecosistemas de sabana: Manejo de suelos en la America Tropical. *Univ. Cons, on Soils of the Tropics, North Carol. State Univ. Raleigh, p. 371-79.*

8 A ADUBAÇÃO E A NUTRIÇÃO VEGETAL

A planta é o elo que existe entre a matéria morta, os minerais, os animais e o homem. Somente ela é capaz de transformar minerais em proteínas, ácidos, graxas e açúcares. Só ela é capaz de se utilizar da energia solar para seus processos bioquímicos. Se não houvesse a planta, não haveria vida.

O mineral que a planta retira do solo e transforma em substâncias orgânicas volta a ser mineral, fazendo novamente parte do solo, num ciclo misterioso de vida e morte.

Por isso se reza no batismo: "Lembra-te que és pó e a pó tornarás." Este "memento *mori*" deve nos lembrar de muito mais. Ele deve nos lembrar que nosso corpo é constituído de minerais provenientes da terra, e que voltarão à terra. Podemos receber somente o que a terra possui. Se algum mineral faltar, não faltará somente para a planta mas igualmente para o homem. É por isso que os povos prosperam enquanto suas terras forem férteis e desaparecem quando suas terras decaírem.[249,270] Quantas nações e povos já passaram pela face deste mundo! Passaram e desapareceram, porque no progresso e bem-estar se esqueceram de suas terras e de sua origem do solo. *Terras boas, povos dinâmicos; terras esgotadas, povos indolentes e doentios!*[10,28,85]

Nenhum avanço técnico pode nos desligar do fato de que nos originamos do solo e a ele voltaremos. Mesmo se vivermos em cidades de concreto, asfalto e vidraças, os alimentos virão do solo, trazendo-nos os minerais da terra, e os nossos corpos serão entregues novamente ao solo, para lhe devolvermos o que dele recebemos.

Quão pouco nos interessou este solo!

Somente nos servia para tirar dinheiro, espoliá-lo, exauri-lo e estragá-lo, abandonando-o e mudando para outra gleba intacta, numa agricultura itinerante. Tira-

Quadro 8.1 Composição de rocha, planta e homem.

elemento	litosfera (rocha) %	troposfera (ar) %	planta (mat. seca) %	homem %
carbono	–	0,03	43,57	55,99
oxigênio	46,60	20,95	44,00	14,62
hidrogênio	–	0,00005	6,24	7,46
nitrogênio	–	78,09	1,46	9,33
silício	27,72	–	1,17	0,005
alumínio	8,13	–	0,11	–
ferro	5,00	–	0,08	0,012
cálcio	3,63	–	0,80	4,67
sódio	2,83	–	0,05	0,47
potássio	2,59	–	1,92	1,09
magnésio	2,09	–	0,18	0,16
enxofre	traços	–	0,17	0,78
fósforo	traços	–	0,20	3,17

Obs.: a litosfera é a camada sólida do globo terrestre até 12 km de profundidade.
(Fonte: Mohr e Baren, 1954)

mos lucro do solo, mas dele também tiramos nossa vida, nossa saúde e nossa vitalidade. Se o solo for ruim, saúde e economia também o serão.[106]

Todos conhecem os sintomas de deficiências nas plantas, havendo muitos livros ilustrativos sobre isso,[165,242,279,307] e nenhum autor sobre nutrição vegetal se esquece de dedicar um capítulo aos sintomas visíveis da deficiência mineral no vegetal. Mas, como o vegetal é fonte, quase que exclusiva, de minerais para o mundo animal que também inclui o homem, não sabemos como se pode imaginar que o homem não apresente as mesmas deficiências do vegetal. Se faltar cobre ou boro para a planta, consequentemente também faltarão para o animal e o homem. O que a planta não retirar do solo o homem não poderá receber!

Mas o caminho não é o reto, e pela absorção seletiva tanto do homem como da planta, a composição mineral destes difere daquela existente na rocha.

A água perfaz 80 a 95% da planta, não sendo aqui computada por tratarmos de matéria seca. Também no homem são computados somente os minerais.

Mas o solo não é rocha. A planta não consegue absorver os minerais em forma sólida. Estes devem ser dissolvidos em água e mantidos disponíveis à planta na camada intemperizada, que é animada por microrganismos e pequenos animais: *O Solo.*

O importante é a disponibilidade dos elementos nutritivos, e não o seu teor total. É comparável ao homem para quem é importante o dinheiro que possui em sua conta, à sua disposição, e não lhe interessa o total do dinheiro que o banco mantém no cofre, uma vez que lhe é inalcançável. A planta, também, não pode viver da riqueza total do solo em minerais, mas somente daquela que pode alcançar e absorver.

Isto é: interessam os minerais que podem entrar em solução e que possam ser alcançados pela raiz.

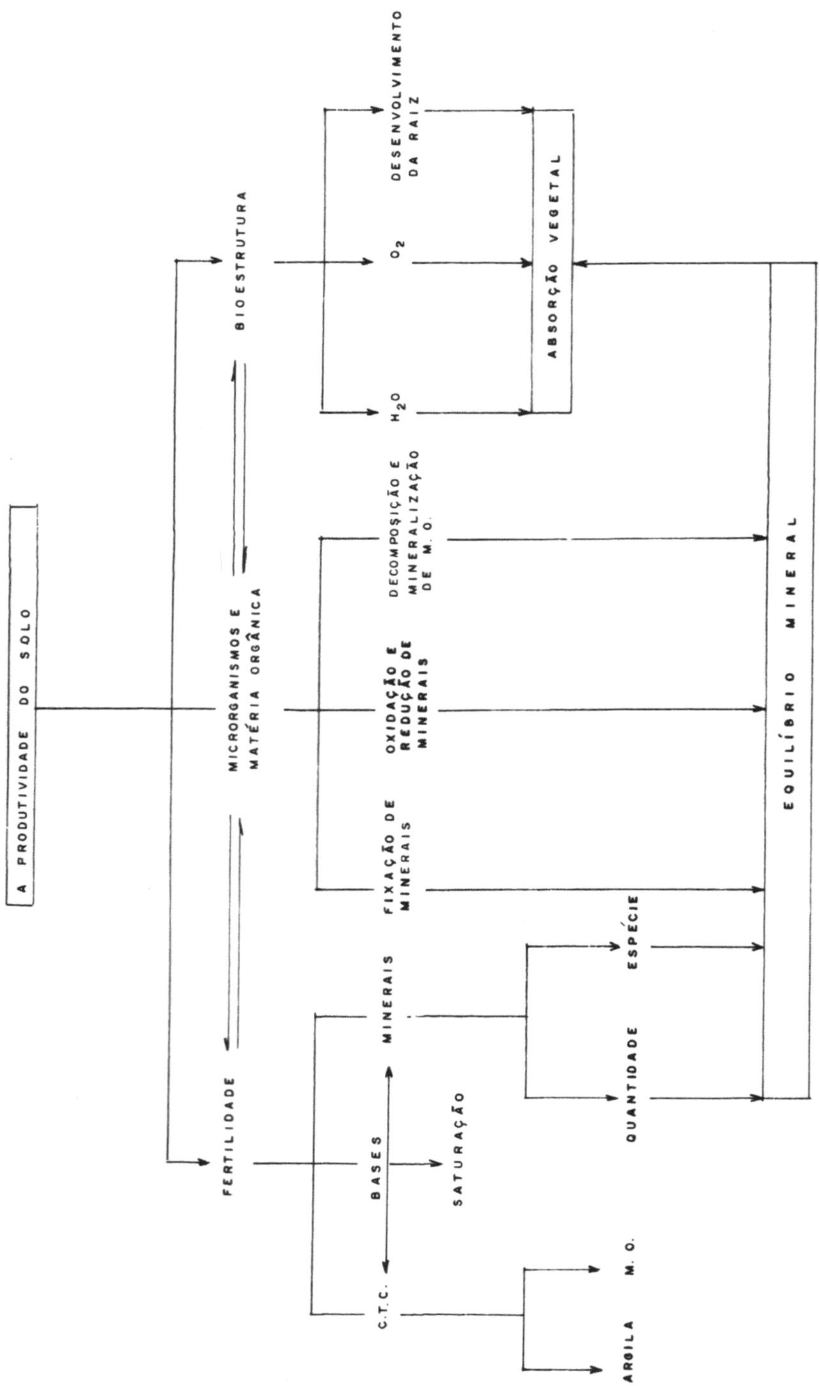
A PRODUTIVIDADE DO SOLO
BIOESTRUTURA
MICRORGANISMOS E MATÉRIA ORGÂNICA
FERTILIDADE
DESENVOLVIMENTO DA RAIZ
O_2
H_2O
ABSORÇÃO VEGETAL
DECOMPOSIÇÃO E MINERALIZAÇÃO DE M. O.
OXIDAÇÃO E REDUÇÃO DE MINERAIS
FIXAÇÃO DE MINERAIS
EQUILÍBRIO MINERAL
MINERAIS
ESPÉCIE
QUANTIDADE
BASES
SATURAÇÃO
C.T.C.
M. O.
ARGILA

fase mineral ⇌ complexo de troca ⇌ em solução na água do solo

Porém, a simples disponibilidade dos minerais ainda não faz o solo produzir. Necessitam-se condições para a absorção e metabolização desses minerais pela planta, e que se resumem em: água no solo para atuar como solvente, oxigênio no solo para a absorção ativa dos minerais,[189] e espaço para a raiz poder desenvolver-se.

A PRODUTIVIDADE DO SOLO

O solo somente produz quando todos os fatores estiverem equilibrados.[248] A fertilidade somente é um dos fatores de produção, embora não haja dúvida de que os minerais sejam básicos à nutrição vegetal. Mas também não há dúvida de que a absorção e metabolização são tão importantes como sua presença e disponibilidade no solo. A simples presença do elemento nutritivo no solo ainda não nutre a planta.[68]

O solo contém muitos elementos minerais que a planta não utiliza ou utiliza somente em escala muito reduzida.

São tidos como nutrientes todos os minerais que a planta necessita para amadurecer e frutificar normalmente. Mas, sabe-se atualmente que este conceito é muito limitado, porque uma planta consegue amadurecer e frutificar "normalmente" mesmo na falta de um ou outro elemento. Porém, ela forma mais substâncias, especialmente proteínas, é mais saborosa, mais rica em carboidratos e graxas e mais resistente a adversidades quando ainda possui outros elementos, que não são considerados como "essenciais" pela escola clássica. Por isso *distingue-se entre plantas biologicamente integrais e biologicamente pobres.*

Assim, por exemplo, o silício não é considerado essencial, mas todas as plantas o contêm para fortalecerem a sua estrutura. Quanto mais inóspito for o meio ambiente tanto mais silício a planta conterá, provavelmente para se defender contra as adversidades. O cromo aumenta a produção de batatinhas e o cobalto a de algumas gramíneas.[20] Chumbo não é nutriente vegetal, e mesmo assim a aveia produz melhor quando recebe traços deste elemento.

Geralmente não se percebe a necessidade de um elemento quando se desconhece sua função. Porém, nosso desconhecimento de alguma coisa não é prova que esta não exista. Os nutrientes necessários a cada planta dependem não somente da espécie, mas também da variedade.[230,232] Os norte-americanos falam, por isso, do "*back-ground*" ou histórico da variedade, e ninguém iria adubar alguma cultura sem saber se é capaz de responder à adubação. Por isso, no Rio Grande do Sul o Banco do Brasil S.A. não financia adubos para a variedade de soja Majós nem para a variedade de arroz Farroupilha porque sabe, por experiência, que estas variedades não respondem a uma adubação.

O problema não é tentar descobrir "a técnica mágica" que valha para todos os solos, climas, culturas e variedades, mas estabelecer os princípios básicos que regulam a nutrição vegetal.

O SOLO COMO SISTEMA DINÂMICO

O solo não é somente suporte para plantas e adubos, nem rocha moída com alguns elementos em solução. É um sistema dinâmico de complexas inter-relações recíprocas entre seus componentes físicos, químicos e biológicos.

Existem muitos minerais no solo, uma vez que este é formado predominantemente por minerais. Em parte apresentam-se como cristais intactos, ainda inacessíveis à planta, em parte encontram-se em forma alterada, sempre prontos a entrar em combinação com outros minerais, a se precipitarem, em parte, dissolver. Uma parte encontra-se em solução ou está adsorvida à superfície da argila ou matéria orgânica. É um erro acreditar que no solo existam somente os elementos nutritivos para a planta. Há muitos elementos de pouca utilidade para o vegetal ou mesmo tóxicos. O solo não se adapta à planta, mas cada tipo de solo apresenta predominantemente espécies de plantas que nele melhor se adaptam (*ecótipos*).

Conforme a inter-relação biofísica, a química do solo é alterada, ou melhor, adaptada em conformidade com as alterações da parte biofísica.

Elementos podem ser "fixados" ou imobilizados, oxidando ou reduzindo-se ou modificando sua valência conforme as condições biofísicas do solo, que determinam a vida e a química, e vice-versa.

Assim, elementos normalmente existentes, mas fixados ou em formas inócuas, podem ser mobilizados ou tornar-se tóxicos, como o alumínio, o manganês e o ferro em solos adensados e ácidos, e o boro, o molibdênio e o selênio em solos adensados salinos. Mas, verificamos que esta toxidez ocorre somente quando as condições biofísicas do solo se tornarem extremas.

O indicador dessas condições é o pH.

O PH DO SOLO

Transferiu-se esta expressão diretamente do laboratório químico ao campo. O pH (potencial hidrogeniônico), em uma solução no copo, significa nada mais que a quantidade de íons de hidrogênio (H^+) dissociados e, portanto, livres. Quanto mais íons livres de H^+, tanto mais ácida se torna a solução.

Logo, conclui-se que o solo é ácido quando possui muitos íons de H^+ e poucos de cálcio (Ca^{++}), magnésio (Mg^{++}), potássio (K^+) e sódio (Na^+) adsorvidos em seu complexo coloidal, isto é, de troca.

Em parte é correto, em parte se tomou a fumaça pelo fogo, uma vez que o pH do solo é como a temperatura do homem. *Não é a causa mas o indicador de uma situação,*[266] que é anormal quando alcança valores extremos. Quando o pH abaixa muito aquém de seus limites, isto também indica um solo compacto, adensado, sujeito à erosão.[106] O mesmo ocorre quando o pH se desvia muito para o lado alcalino, porém, a diferença é que o primeiro é pobre em cátions disponíveis e outro os possui em excesso. Com relação a isso existem inúmeras tabelas que procuram dar as preferências de pH das diversas culturas, mas que dependem das variedades plantadas, do solo e suas condições biofísicas e, portanto, sempre serão somente uma aproximação e nunca algo muito concreto.

Reproduzimos a tabela de Ignatieff (1958) indicando as faixas de pH para diversas culturas tropicais:

		pH
pH 3,5	seringueira *(Hevea brasiliensis)*	3,5-8,0
pH 4,0	chá-da-índia *(Thea sinensis)*	4,0-6,0
pH 4,5	cafeeiro *(Coffea spp)*	4,5-7,0
	lespedeza *(Lespedeza japonica)*	4,5-6,5
pH 5,0	arroz *(Oryza sativa)*	5,0-6,5
	milheto *(Setaria italica)*	5,0-6,5
	algodão *(Gossypium hirsutum)*	5,0-6,0
	abacaxi *(Ananas comosa)*	5,0-6,5
pH 5,3	amendoim *(Arachis hypogaea)*	5,3-6,6
pH 5,5	milho *(Zea mays)*	5,5-7,5
	sorgo *(Sorghum vulgare)*	5,5-7,5
	mucuna *(Stizolobium sp.)*	5,5-7,0
	batata-doce *(Ipomoea batatas)*	5,5-6,0
pH 6,0	soja *(Glycine max. (L.) Merril.)*	6,0-7,0
	feijão *(Phaseolus vulgaris)*	6,0-7,0
	cana-de-açúcar *(Saccharum offic.)*	6,0-8,0
	banana *(Musa cultivare)*	6,0-7,5
	coco *(Cocos nucifera)*	6,0-7,5
	girassol *(Helianthus annuus)*	6,0-7,5
pH > 6,0	alfafa *(Medicago sativa)*	6,5-8,5

As plantas que preferem um pH muito baixo são sensíveis à falta de micronutrientes, especialmente de manganês, ferro e zinco. Existem variedades de culturas que suportam muito bem um pH baixo, como ocorre no café, que possui seu desenvolvimento melhor em solos com pH entre 4,0 e 6,0, como mostra a figura 8.2. Isso, porém, não quer dizer que não necessite de cálcio em quantidade maior, podendo-se usar até 2,2 kg/pé de calcário.[97]

Porém, existem variedades de culturas sensíveis a solos ácidos que suportam muito bem um pH baixo e uma concentração maior de alumínio como, por exemplo, variedades de soja (até 25% de saturação da CTC com alumínio) e trigo (até 45% de saturação da CTC com alumínio).[8,193]

Normalmente se consegue saber rapidamente se uma cultura ou variedade gosta de um pH baixo ou mais elevado através de suas secreções radiculares. Plantas que preferem solos ácidos, ou pelo menos conseguem crescer ali, excretam substâncias alcalinas, enquanto que plantas que crescem em pH pouco ácido a neutro excretam ácidos, para poderem mobilizar nutrientes que neste pH são pouco móveis. As plantas mais pesquisadas neste sentido são as leguminosas.

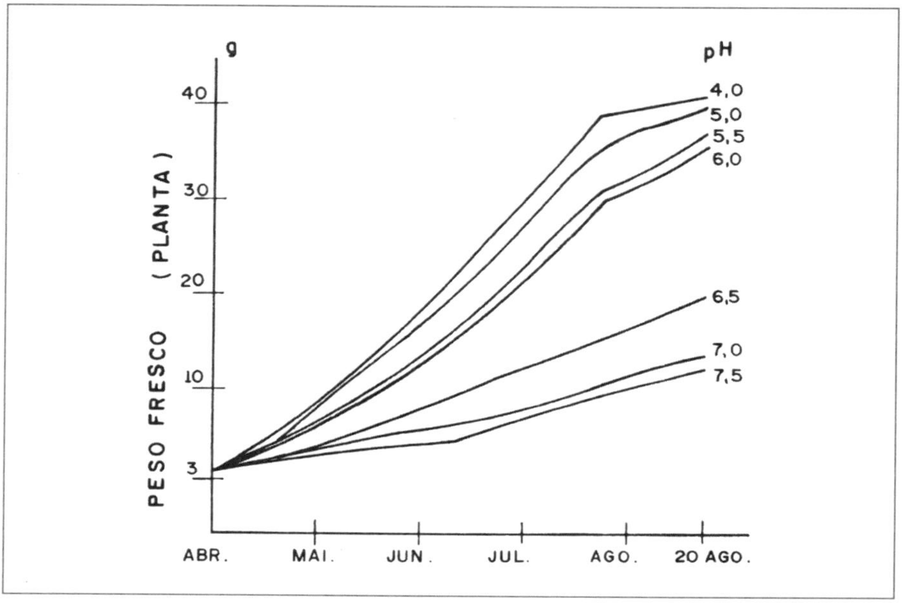

Figura 8.2 O crescimento de cafeeiros durante 6 meses em pH diferente. (Amorim, 1968)

Quadro 8.2 Leguminosas e suas excreções radiculares. (Wrigley, 1969)

gêneros e espécies que produzem ácidos (sementes piluladas com carbonato de cálcio)	gêneros e espécies que produzem álcalis (sementes piluladas com carbonato de cálcio)
Adesmia	*Acácia*
Astragalus	*Arachis* (amendoim)
Lathyrus (babosinha)	*Cajanus* (guandu)
Lens (lentilha)	*Centrosema*
Lotus corniculatus (cornichão)	*Crotalaria* (ex. mata-pasto)
Medicago (ex. alfafa)	*Desmodium* (pega-pega)
Melilotus (trevo-doce)	*Glycine* (soja)
Phaseolus vulgaris (feijão)	*Indigofera* (ex. mata-zombando)
Pisum (ervilha)	*Lotononis*
Trifolium (trevo)	*Lotus uliginosus*
Vicia (ervilhaca ou vica)	*Lupinus* (tremoço)
	Phaseolus (var. nativas)
	Pueraria (ex. kudzu)
	Stizolobium (mucuna)
	Vigna (ex. feijão miúdo)
exigem calagem, necessitam pH ao redor da neutralidade e solos ricos	crescem bem em solos ácidos, sendo próprias para solos tropicais

Mas não há somente plantas que crescem bem em solos ácidos, existem igualmente plantas que se adaptam a solos salinos. Porém, destas se tratará mais adiante sob o título: Solos salinos.

O pH é um indicador de uma situação biológico-físico-química, e como tal seria enganoso considerar somente os efeitos químicos.

Uma planta que consegue crescer em solo ácido ou alcalino deve ser capaz de desenvolver sua raiz em solo compacto, superar o anaerobismo do solo, mobilizar nutrientes fixados, absorver água contra tensões altas e equilibrar excessos de íons metálicos, que seriam tóxicos. Assim, por exemplo, o arroz suporta 8 mg de manganês por grama de raiz porque equilibra a toxidez de manganês através de uma absorção maciça de ferro, que, por si, também é tóxico.[127]

Um solo excessivamente ácido, como o excessivamente alcalino, sempre tem uma estrutura pior, tem menos oxigênio, menos matéria orgânica, menor capacidade para reter água, menor possibilidade de penetração de chuvas e raízes, menos microvida heterótrofa e mais íons tóxicos.[121] Sofreram o mesmo processo de decadência, só que o solo ácido se formou sob regime de abundante umidade, pelo menos em uma época do ano, enquanto que o solo alcalino por sódio se formou sob regime de escassez de chuvas. Por isso, os dois podem ser corrigidos pela aplicação de matéria orgânica[186,299] e calagem.[224] Normalmente o pH ácido, menor que 5,0 em solo argiloso, menor que 5,5 em solo arenoso e menor que 4,0 em solo orgânico[304] ou o pH alcalino, maior que 7,5 em solos argilosos e maior que 7,0 em solos arenosos, são somente a expressão de um desenvolvimento anormal dos solos. Podem apresentar um teor elevado de íons de hidrogênio (H^+) ou de hidroxila ($OH-$), mas não necessariamente. Além disso, a concentração de íons de H^+ em solução nutritiva até um pH 2,5 não prejudica a planta.[76] Prejudiciais são as condições que o solo oferece como Al tóxico, a falta de P, o anaerobismo etc.

Ninguém pode concluir qual a concentração em cátions a partir de um determinado pH do solo,[16] já que esta depende essencialmente do complexo de troca. Nem podemos saber algo sobre a absorção dos nutrientes pela planta, conhecendo-se a quantidade de íons disponíveis. O solo pode ser aparentemente pobre, mas se tiver uma boa bioestrutura, ou se a planta estiver adaptada ao meio, poderá permitir a absorção suficiente de minerais. Por outro lado, o solo pode ser rico, devido a uma adubação abundante, mas ser anaeróbio, e a planta não consegue assimilar os nutrientes.

O pH somente possui algum valor prático quando se conhece a textura e a estrutura do solo.

Tanto o pH como a saturação em bases e a capacidade de troca são influenciados pelo uso do solo. A camada superficial distingue-se claramente das camadas subjacentes. É a biosfera do solo, que sofre a atividade humana e animal, que pode melhorar ou piorar o solo.

Em pH 5,5 o fósforo normalmente já é disponível.[94,266] Tanto os cientistas brasileiros[94,281] como os estrangeiros[81,144,252] afirmam que em muitos casos um pH maior que 5,5 pode baixar as colheitas devido a uma imobilidade de fósforo e micronutrientes. A absorção dos nutrientes varia segundo o pH e a espécie vegetal, como mostra a figura 8.3.

Verificamos que existem dois ótimos de absorção, estando o primeiro em pH 5,5 e o segundo em pH 7,2. Um pH 5,5 não impede a nutrição normal do tomateiro, mas o que pode ser prejudicial é a falta aguda de cátions, frequente neste pH, especialmente em solos arenosos. O problema não é a correção do pH mas o forneci-

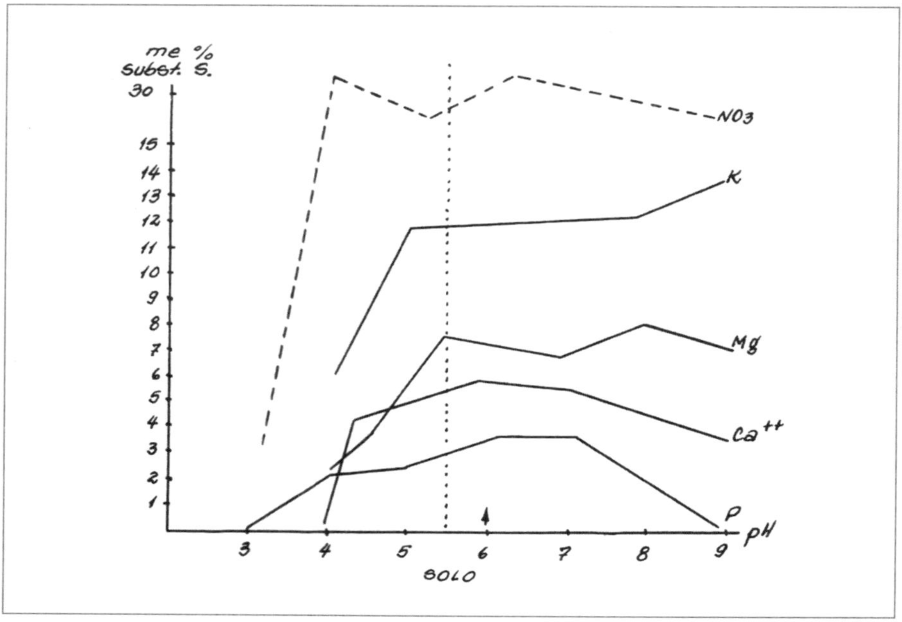

Figura 8.3 A absorção de nutrientes por um tomateiro em diferentes níveis de pH.

mento equilibrado de nutrientes. A dificuldade da absorção de fósforo dos complexos de ferro e alumínio existe tanto como dos de cálcio. O alumínio trocável de maneira alguma é o único responsável pela fixação de fósforo no solo.[284] A calagem pode fixar igualmente o fósforo, acima de certos valores de pH.[281] Mas especialmente o ferro e o alumínio amorfo parecem estar entre os maiores responsáveis pela fixação de fósforo em nossos solos.[222] Em solos irrigados de arroz o ferro é o agente fixador principal de fósforo, passando o Al/P para Fe/P, constituindo uma transferência irreversível,[174] enquanto perdurarem as condições submersas. Existem plantas que podem absorver fósforo de complexos de ferro e alumínio, como o trigo-mourisco (*Fagopyrum esculentum*) e muitas leguminosas tropicais, como *Puerária, Calopogonium* e outros.

Nos trópicos e subtrópicos existem muitas plantas que:

1. Acumulam alumínio, como algumas *Rubiáceas, Diapensiaceaes* etc. que podem ter 3,5% e mais de alumínio nas folhas;[101]
2. Necessitam pequenas quantidades de alumínio, como o milho e o sorgo, o cafeeiro e o teeiro,[101] a seringueira, a batatinha[151] e muitas outras;
3. Toleram maiores quantidades de alumínio, como diversas variedades de soja que toleram até 2 me%,[214] todas as nossas variedades de trigo, o capim-pangola, o algodão, a mandioca etc.;
4. São sensíveis a maiores quantidades de alumínio trocável (acima de 0,5 me%), como trevos, cevada, tomateiros etc.

O mesmo valor de pH também não indica a mesma quantidade de cátions trocáveis, que depende da CTC (argila e matéria orgânica humificada) e do solo.[49] Assim um pH de 6,1 em solo arenoso pode equivaler a um teor insuficiente de bases para a maioria das culturas, enquanto o mesmo pH em solo argiloso indica um solo rico. Portanto, não existe correlação entre a quantidade de nutrientes disponíveis e o pH, como se acreditava,[25] nem entre o pH e a acidez nociva, que depende de cada unidade de solo e da adaptação das plantas. Solo que possui pouca argila geralmente não possui alumínio trocável em proporções maiores, tendo os solos ácidos dos cerrados de Mato Grosso nenhum alumínio trocável. O pH indica somente a porcentagem de eletrovalências da CTC ocupadas por bases (Ca, Mg, K, Na).

O que mais preocupou nos últimos tempos foi o alumínio trocável que aparecia em solo com pH ácido ou muito alcalino, isto é, com pH abaixo de 5,5 e acima de 9,0,[266,293] porque pode ser tóxico para as plantas quando existir como cátion dominante no complexo de troca ou quando estas forem sensíveis à sua presença, como por exemplo a cevada.

Quadro 8.3 O alumínio trocável.

solo	país	pH	Al troc. (% da CTC)	fonte
ultissolos e oxissolos	Colômbia	4,2-5,1	68,0	
oxissolos	Brasil	5,5	0,0	
oxissolos	Brasil	5,0-5,5	16,0	
oxissolos	Brasil	4,2-5,0	58,0	(Anastácio, 1968)
latossolos vermelho-amarelos	Brasil	4,2-5,0	79,0	
podzólicos	Brasil	4,2-5,0	63,0	(Pratt, 1966)

Obs.: exceção é a terra roxa legítima. (Fonte: Sanchez, 1972)

O solo possui tanto mais alumínio quanto maior for o teor em argila caulinítica, uma vez que o alumínio é parte integrante predominante do argilo-mineral 1:1. Em solos argilosos com pH menor que 5,5 a causa mais comum de acidez é o alumínio trocável.

Enquanto os cristais de argila estiverem intactos, haverá pouca possibilidade de aparecer alumínio trocável. Quando, porém, ocorrerem condições anaeróbias no solo, por causa de sua compacidade, e o pH decrescer ou subir muito, a argila decai, liberando o alumínio.[266] Esta decadência da argila inicia-se geralmente, a um pH entre 5,3 e 5,0, aumentando até um pH de 4,1; ou no meio alcalino acima de 9,0[293] até pH 10,5.

Em pH mais baixo, o alumínio normalmente precipita, diminuindo novamente sua quantidade. Essa também é a razão por que, às vezes, se evita elevar o pH acima de 4,0 em solos orgânicos muito ácidos, a fim de não entrar na faixa onde o alumínio se torna trocável.[266]

Sabe-se hoje que pequenas quantidades de alumínio trocável, que podem ser absorvidos pela raiz vegetal, beneficiam o crescimento porque aumentam a absorção de fósforo.[135,258] Quantidades maiores prejudicam por causar plasmólise nas células radiculares.[179] No solo podem precipitar o fósforo, impedindo assim sua absorção.

Uma eliminação total do alumínio assimilável ou trocável geralmente baixa o rendimento, não sendo prejudiciais quantidades até 0,5 me%,[134] quando o nível dos outros cátions for suficiente.[271]

Muitos autores até têm a opinião de que a quantidade de alumínio trocável não importa, importando só sua proporção com o cálcio, magnésio e potássio.[151,183,184] Calcula-se sua proporção pela fórmula:

$$\frac{100 \times \text{Al trocável (me\%)}}{\text{bases troc.} + \text{Al trocável (me\%)}}$$

De modo que, se num solo existirem 2,0 me% de Al trocável e 10 me% de cálcio e potássio, o Al perfaz somente 16,6% do total de bases, o que todos os autores indicam como sendo não prejudicial. Assim, Miranda (1971) constatou que o cacaueiro cresce bem quando o alumínio trocável está entre 5 e 32% do total das bases trocáveis, e somente 41% de Al prejudicaram. Patella (1971) indica 42% como início da taxa prejudicial e Krüger (1971) 40%. Porém, nas plantas sensíveis ao Al, como na cevada, não se encontrou correlação.

Para poder desenvolver sua atividade máxima, o plasma celular das raízes necessita de uma hidratação equilibrada, que alcança através dos cátions absorvidos. Enquanto os cátions como sódio e potássio hidratam (vide capítulo 1), cálcio, magnésio e alumínio desidratam. Cada um desses íons, isoladamente, é tóxico![76,179] O potássio ou cálcio, quando fornecido com íon único, é tão tóxico para a célula vegetal como o alumínio. *Cada solução monossalina é tóxica.*[118] Somente a mistura com outros íons propicia um efeito benéfico. O mesmo ocorre com o ferro, manganês ou alumínio. Somente que a planta os suporta em quantidades muito menores, não podendo utilizá-los em concentrações idênticas aos de cálcio ou potássio.

Não existe *um elemento* tóxico para a planta, existe, sim, uma proporção que, quando estreita demais, pode tornar qualquer elemento tóxico. E como, na maioria dos solos, o nível dos cátions trocáveis, entre outros, é ligado à atividade biológica do solo e esta depende de uma oxigenação suficiente, a bioestrutura é de suma importância para garantir proporções adequadas para o crescimento vegetal.

Na figura 8.4 Ranzani mostra que tanto a soma de bases trocáveis como a capacidade de troca na camada superficial dos solos é idêntica ou maior que nas camadas mais profundas, o que indica sua dependência de atividades biológicas.

Por outro lado, o pH geralmente aumenta nos solos examinados, com a profundidade do perfil, onde, presumivelmente, a quantidade de húmus seja menor, e, portanto, a CTC também.

RESUMO

O alumínio trocável aparece em maiores quantidades em solos cujas condições gerais se tornam desfavoráveis para a raiz vegetal. Seu efeito tóxico depende da proporção dos outros cátions e da sensibilidade da espécie. Porém, as culturas tropicais e subtropicais são geralmente bastante tolerantes ao alumínio trocável. Pequenas quantidades de Al, que

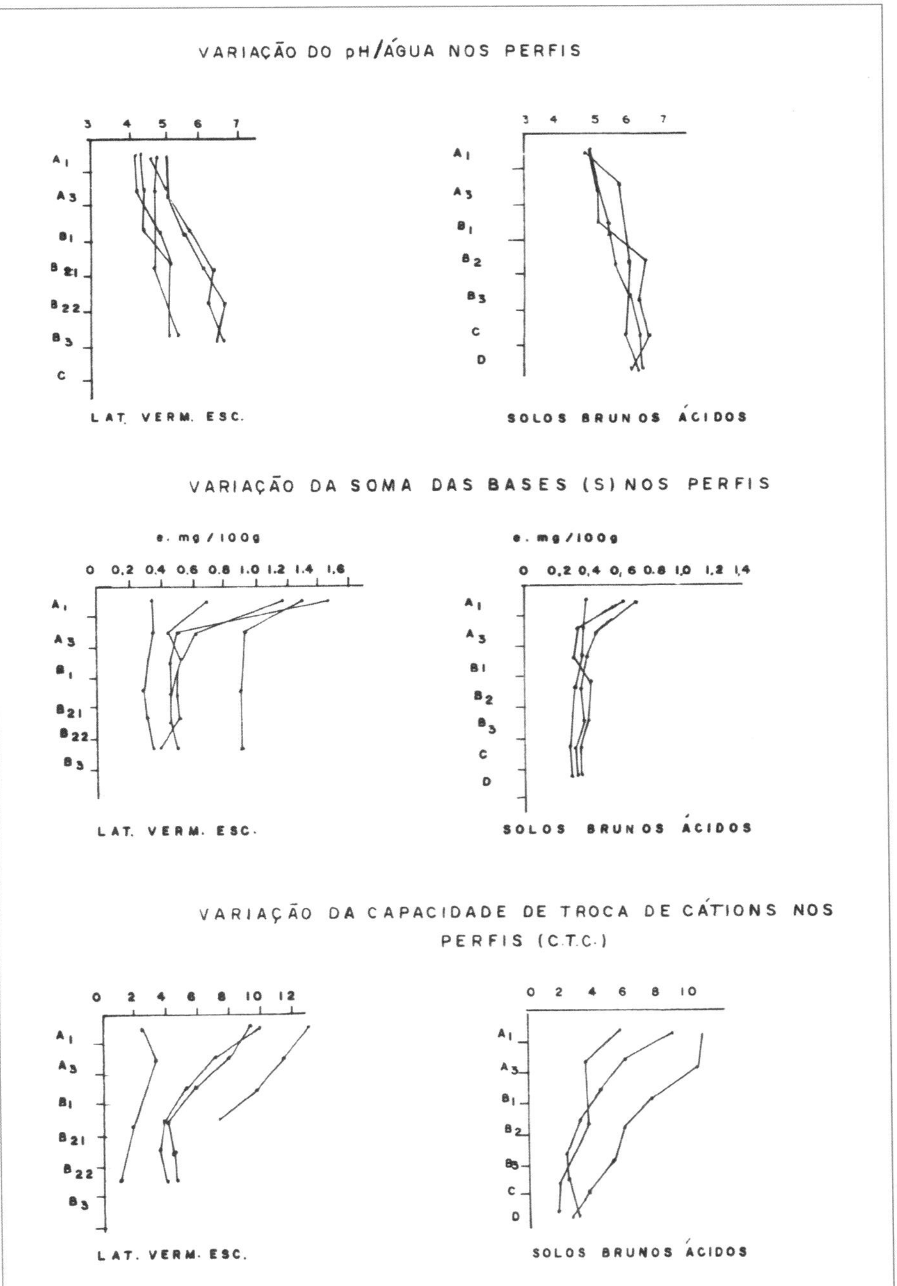

Figura 8.4 Variações de pH, de soma de bases (Ca, Mg, K, Na) e de capacidade de troca em perfis de vários solos de São Paulo. (Ranzani, 1971)

foram limitadas em 0,5 me%, parecem ser inócuas e em alguns casos até necessárias,[135] e raramente são prejudiciais.

Em parte o alumínio trocável mas especialmente os sesquióxidos de Fe e Al amorfos são responsáveis pela fixação de fósforo solúvel em solos tropicais. Normalmente a elevação do pH até 5,5 é suficiente para evitar efeitos desfavoráveis de alumínio trocável.[263] Corrige-se a toxidez do alumínio trocável através da calagem. Essa "correção" modifica o pH, a capacidade de troca e a proporção alumínio/cálcio.

O CÁLCIO E A CALAGEM

Desde que existe a química do solo, a necessidade de calcário (*lime requirement* nos EUA, *Kalkbedürfnis* na Alemanha) preocupa a todos.[88]

O primeiro resultado do uso do calcário, indiscriminadamente aplicado, foi o empobrecimento dos solos agrícolas nos outros cátions, de modo que se tornou adágio: "A calagem faz os pais ricos e os filhos pobres." Mas, com a adubação potássica e o uso de calcário dolomítico, que contém magnésio, isso não é mais verdade.

Existe a ideia de poder "enriquecer" o solo de maneira duradoura com cálcio e para isso basta aplicar quantidades elevadas de calcário, variando entre 20 e 30 e mais t/ha (48 a 72 t/alq). Infelizmente esse enriquecimento não é possível em solos tropicais com uma CTC entre 1,0 e 7,5 me% por não ter a possibilidade de reter o Ca^{++}.

O cálcio tem basicamente quatro funções no solo:

1. Corrigir o pH, ou seja, ocupar lugares "vazios" do complexo de troca, entrando no lugar dos íons de hidrogênio ou oxidrilas;
2. Neutralizar o alumínio e o manganês tóxico;
3. Flocular o solo, contribuindo à melhor agregação;
4. Ser nutriente vegetal.

O cálcio é deficiente em quase todos os solos de zonas tropicais por ser o primeiro cátion a ser lixiviado. Porém, a lixiviação é proporcional à do potássio e do magnésio,[235,247,295] e a calagem nem sempre proporciona um aumento econômico da colheita, como mostra a figura 8.5.

A correção do solo pela calagem

Como o pH 7,0 é o ponto neutro, acreditava-se que todos os solos deveriam ser corrigidos até atingir este ponto. Era uma ideia absurda que prejudicou sobremaneira a agricultura tropical.

A correção do pH deve visar três pontos:

a) Aumentar o complexo de troca, isto é, influir sobre a CTC dependente do pH,[109] o que ocorre a partir de pH 5,0;

b) Saturar o complexo de troca com cálcio em até 40% em solos tropicais predominantemente cauliníticos e até 80% em solos predominantemente montmoriloníticos;[266]
c) Elevar o pH até um nível em que o alumínio trocável não prejudique mais, o que geralmente ocorre a um pH 5,5;

A calagem de "correção" é, pois, um método de criar o que se domina *"lastro de produtividade"*. Isso indica que a *quantidade de calcário aplicado deve estar em conformidade com as características do solo.* Deve ser maior em argilas e menor em solos arenosos. Para determinar a quantidade de calcário necessário desenvolveram-se muitos métodos, infelizmente sendo os melhores os mais demorados. Os métodos rápidos como do pH/SMP não foram ainda calibrados satisfatoriamente para nossos solos em zonas tropicais.

Sabemos atualmente que não existem culturas acidófilas e calciófilas, uma vez que não existe planta que não necessite de cálcio para a saturação da superfície de sua raiz e para a manutenção da seletividade de seu plasmalema (vide capítulo 2). O que existe são plantas que não suportam a modificação do pH, por causa da imobilização de vários micronutrientes, que lhe são essenciais, como manganês, zinco e cobre, bem como a imobilização de enzimas do solo (vide capítulo 6). Por isso pode

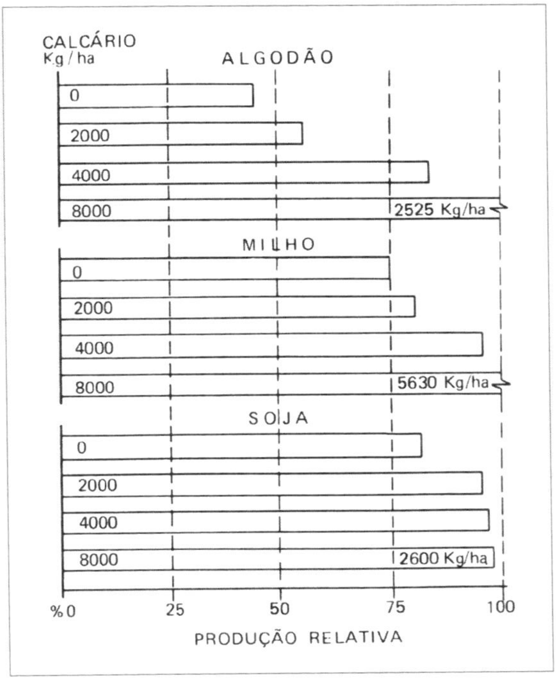

Figura 8.5 Efeito de quantidades crescentes de calcário sobre as culturas de algodão, milho e soja. (Freitas & Mikkelsen, 1971)

ocorrer que uma calagem com calcário dolomítico não tenha efeito[137,155] ou até efeito desfavorável, deprimindo a produção.[107] Assim o efeito depressivo pode ocorrer mesmo em solos ácidos por diminuir a absorção de boro, por exemplo, pelo algodão, ou de manganês e ferro pela soja, ou de zinco pela jabuticabeira ou a *Hevea*.[86] Porém, se ocorrer uma depressão do rendimento pela calagem, não é porque a planta não necessitaria de cálcio, mas por induzir a deficiência de outros nutrientes, cuja disponibilidade era precária. Normalmente sulfato de cálcio (o gesso) ou borato de cálcio aumentam os rendimentos de culturas sensíveis a uma modificação do pH.

Hoje se sabe que pela aplicação arbitrária de calcário, com o objetivo de neutralizar o solo, ignorando todas as necessidades e conveniências do solo e da planta, bem como os equilíbrios minerais, a calagem não é técnica mas jogo de sorte, podendo dar resultados maravilhosos ou negativos. Inúmeros autores indicam o efeito desfavorável de uma calagem "neutralizante"[194,254,281] por causa de desequilíbrios com K, Mn, Zn, Cu e B.[107,140] De outro lado existem exemplos onde 20 t/ha de calcário no cerrado deram efeitos momentâneos altamente satisfatórios. Porém, a mobilização dos outros cátions e a modificação radical da microvida e de todo "potencial enzimático" do solo acarretam, após o terceiro ano, uma decadência séria do solo, que é muito difícil de recuperar.

Por outro lado, um pH elevado nem sempre indica grande quantidade de cátions disponíveis, uma vez que *mede tão somente a saturação da CTC com cátions*. E, se a CTC for muito reduzida, uma quantidade insignificante de elementos nutritivos já é capaz de produzir um pH entre 5,8 e 6,6. Assim, as plantas podem "passar fome" num solo com pH 6,5. Portanto, a elevação do pH do solo ainda não garante uma concentração elevada de cátions, e especialmente em solos arenosos é muito enganoso.

No Rio Grande do Sul se diz: "o efeito da calagem aparece na adubação posterior." Quer dizer, pela calagem cria-se o lastro adequado para a saturação com os outros nutrientes.

Sonha-se com uma "calagem de reserva", isto é, com a possibilidade de aplicação de grandes quantidades de calcário de uma só vez, podendo usufruir seus efeitos benéficos durante muitos anos. Esta "reserva" é impossível criar em nossos solos com CTC tão reduzida e mesmo nos solos de clima temperado com CTC muito elevada ninguém consegue a "construção" deste lastro de fertilidade com uma calagem única, mas com calagens pequenas e frequentes. A única maneira de conseguir uma reserva de cálcio no solo é por uma granulometria grossa de dissolução lenta. Se a quantidade de calcário for grande e a granulometria fina, não somente é capaz de prejudicar a colheita por causa da imobilização de micronutrientes, mas tornar as culturas mais suscetíveis à seca, por aumentar muito a concentração da solução do solo, dificultando a absorção de água.[289] Também as perdas por lixiviação aumentam à medida que aumenta a quantidade aplicada.[93,187] O que se compreende facilmente, uma vez que o excesso de cálcio, que não pode ser absorvido pelo complexo de troca é lixiviado. O ácido carbônico formado na decomposição de $CaCO_3$ é um dos maiores agentes de lixiviação! Por isso, em solos alcalinos por sódio, como ocorrem no Nordeste brasileiro, uma calagem é capaz de baixar o pH,

Quadro 8.4 Valor corretivo de algumas substâncias em comparação ao óxido de cálcio (CaO). (Sluijsmans, 1970)

1 kg de K_2O equivale a 0,6 kg de CaO
1 kg de MgO equivale a 1,4 kg de CaO
1 kg de Na_2O equivale a 0,9 kg de CaO

e até remover a deficiência de manganês.[71] Usa-se a calagem tanto para elevar o pH do solo como para baixá-lo, uma vez que o $CaCO_3$ funciona como tampão (*buffer*) poderoso, podendo agir nos dois sentidos. O valor corretivo do cálcio para solos ácidos não é privativo ao Ca, como mostra o quadro 8.4.

Apesar do magnésio ter efeito corretivo maior que o cálcio, não se pode comparar sua ação no solo, onde se procura tanto a elevação do pH como o elemento cálcio. Assim, por exemplo, num ensaio do IPEAS, 1 kg de $CaCO_3$ usado na pilulação (peletização) de 60 kg de semente de soja, teve o mesmo efeito sobre a nodulação que 7,2 t/ha de calcário aplicados a lanço neste solo.[145]

A correção do pH normalmente é satisfatória após a eliminação do Al tóxico, o que ocorre com a elevação do pH a 5,5. Para culturas mais sensíveis à acidez a elevação do pH deve ser até 6,1.[80,137] Mas, muitas vezes a simples elevação do pH e a eliminação do Al e Mn tóxicos não é suficiente. O que pode faltar é uma quantidade suficiente de cálcio como nutriente.

O cálcio como nutriente

Em muitos solos tropicais o problema maior é o de cálcio como nutriente. Muitas plantas tropicais estão adaptadas à vida em solos ácidos e também com o alumínio trocável. Assim, nossas variedades de trigo e parte das de soja suportam bem até 2,0 me% de Al trocável. O problema máximo que se nos apresenta é, portanto, fornecer o nutriente cálcio, indispensável para a nutrição vegetal e o equilíbrio mineral.

A absorção de cálcio depende da temperatura, sendo melhor quando as mesmas foram elevadas.[14] As plantas, ao sol, necessitam-no mais que as da sombra e as de climas secos têm maiores teores de Ca em suas folhas que as de climas úmidos.[179,184] Tanto o rendimento como a semente se ressentem da falta do nutriente cálcio, como mostram as figuras 8.6 e 8.7.

O efeito do nutriente cálcio depende intimamente do equilíbrio com os demais cátions, especialmente K, Mg, Zn, Mn, B, Cu e Fe. A primeira deficiência mineral verificada foi justamente a de ferro induzida por uma calagem dos campos de abacaxi no Havaí, (*lime induced clorosis*). Mas o desequilíbrio com o boro, causado por uma calagem, prejudica as sementes tanto como a falta de cálcio (figura 8.7). A proporção Ca/Mg, Ca/K e Ca/B é característica para cada solo[247] e cada planta,[306] não podendo ser alterada.

Existem autores que dão a proporção de Ca/K no solo como sendo no mínimo de 6 (600 mg de Ca^{++} contra 100 mg de K^+ por quilograma de terra),[136] enquanto

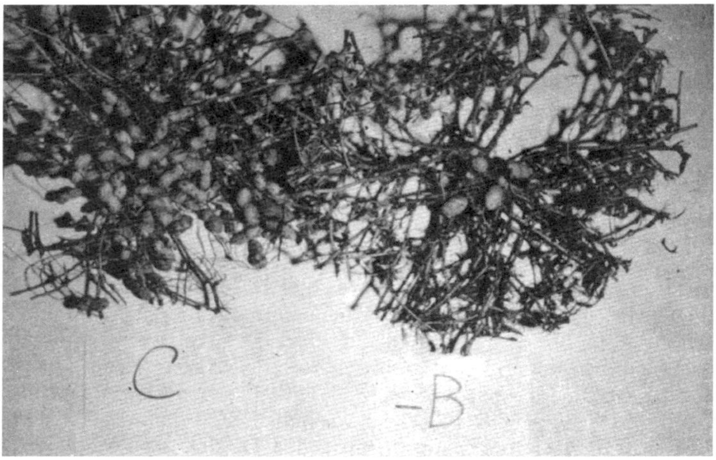

Figura 8.6 A deficiência de cálcio em amendoim. C: com cálcio e formação abundante de vagens B: sem cálcio com poucas vagens.

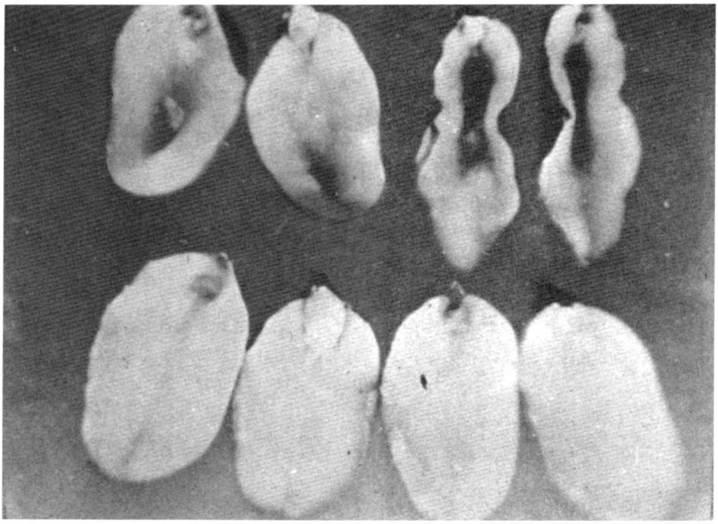

Figura 8.7 A deficiência de cálcio em amendoim. Na linha superior, sementes deformadas e caverna necrótica devido à deficiência. Abaixo sementes normais. (Gentileza: H. C. Harris, 1973)

outros exigem-na como sendo 10 ou até maior,[266] o que ocorre em solos salinos. Uma proporção de 40 é o limite do tolerável em solos salinos com 10 000 mg de Ca^{++} e 250 mg de K^+ por quilograma de terra. Acima de 10 000 ppm de Ca^{++} cessa o crescimento da maioria das plantas.[266] Exige-se igualmente que a calagem não precipite o fósforo na solução do solo. Fosfato tricálcico é tão pouco solúvel como o férrico ou alumínico.

Em pastagens, sobre solos arenosos, o pH pode ser 6,5 mas o cálcio permanecer tão baixo (menos que 30 ppm) que não há gramínea que possa crescer ali, e a proliferação de ciperáceas ocorre como consequência da falta de cálcio, embora não haja acidez.

Para pastagens utilizadas para a cria, deve-se exigir um mínimo de 600 ppm de Ca, para a agricultura um lastro de 800 ppm, ou seja, 4 me% de Ca, é o necessário para poder produzir colheitas boas, que não são possíveis sem um efeito adequado do potássio. Aqui, não se trata da eliminação de alguma toxidez, mas do equilíbrio de nutrientes!

O manganês tóxico elimina-se tanto por uma calagem pesada como por uma calagem módica (1 a 2,5 t/ha) junto com uma adubação orgânica.[67,224] Porém, nem sempre se trata da eliminação de toxidez, mas do abastecimento com cálcio.

A aplicação de cálcio em culturas acidófilas como seringueira, teeiras, jabuticabeiras etc. somente pode ser feita quando se usar sulfato de cálcio (gesso) ou quando se aplicar ao mesmo tempo o micronutriente que esta espécie mais necessita, como, por exemplo, manganês para as teeiras, zinco para as jabuticabeiras, manganês e zinco para as seringueiras. Não se trata de corrigir o pH mas de fornecer o nutriente cálcio que está deficiente. A absorção mais difícil dos micronutrientes, após a calagem, deve ser compensada.[107,243]

A calagem por si tem efeito direto quando faltou o elemento cálcio para a nutrição vegetal ou quando eliminou a toxidez de algum elemento. Ela não tem efeito direto, quando necessária como "lastro de fertilidade", ou seja, quando deve estabelecer um equilíbrio com os demais nutrientes. Neste caso, o efeito somente aparece após a adubação seguinte.

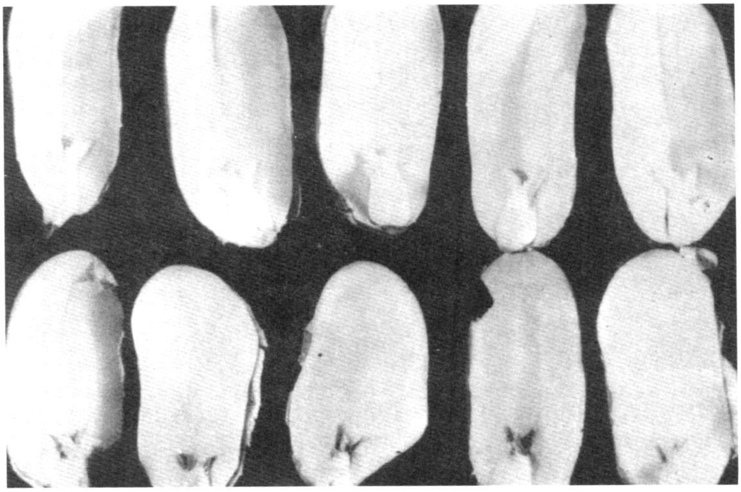

Figura 8.8 A deficiência de boro em amendoim. Na linha superior sementes sadias, na linha inferior com o epitélio germinativo necrosado. As sementes não nascem. (Gentileza: H. C. Harris, 1973)

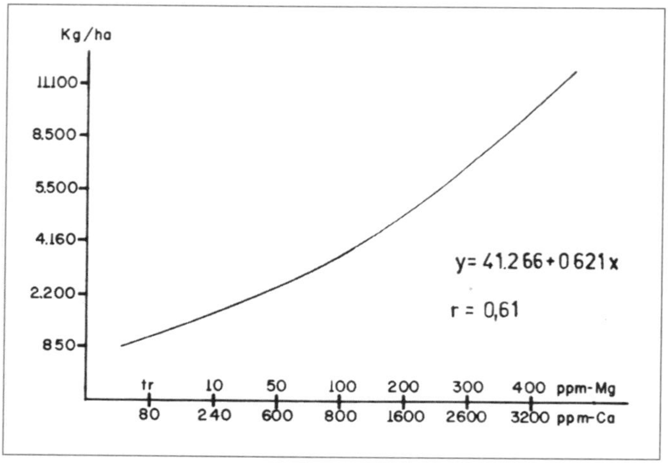

Figura 8.9 Rendimentos de arroz irrigado em relação aos teores de cálcio e magnésio no solo. (Primavesi, 1972)

Desaconselham-se quantidades de cálcio que forem maiores do que o indispensável para a saturação (40%) da CTC ou para elevar o nível de Ca ao mínimo exigido. Uma calagem de 20 a 30 t/ha pode trazer em solos argilosos efeitos maravilhosos nos primeiros dois anos. Porém a "ressaca" vem irremediavelmente em especial por causa da destruição da bioestrutura e a formação de húmus ácido (vide capítulo 6), que é um agente poderoso de lixiviação (vide capítulo 4).

O cálcio, como elemento de equilíbrio, aumenta a absorção de nitrogênio nítrico[182] e de potássio[136] e beneficia a absorção de magnésio, sódio e manganês. É um erro acreditar que um pH elevado dispensa sua aplicação. Especialmente no arroz irrigado, onde o pH do solo sobe com a inundação, a calagem, muitas vezes, é dispensada. Porém, colheitas altas, de 350 a 420 sacas por quadra de arroz (10 a 12 t/ha) somente ocorrem em solos com níveis elevados de cálcio e magnésio.[136] Mesmo com quantidades elevadas de NPK o arroz irrigado não proporciona rendimentos altos, sem que haja um lastro suficiente de cálcio e magnésio (figura 8.9).

Planta alguma dispensa o equilíbrio entre ânions e cátions e, portanto, *não produz em junção do pH mas em junção dos nutrientes disponíveis.* Por isso Ca e Mg são indispensáveis para uma produção elevada mesmo para arroz irrigado.

A calagem como medida de agregação do solo

Um dos efeitos mais apreciados da calagem é seu efeito agregante sobre o solo das zonas temperadas. Toda literatura americana e europeia o cita. Porém, para que haja esse efeito, é necessário que não existam outros cátions polivalentes no solo.

Nas argilas montmoriloníticas, o cálcio e o magnésio geralmente são os únicos cátions polivalentes e, portanto, sua deficiência equivale à "peptização", ou seja, à desagregação do solo.

Em solos tropicais, onde geralmente existe elevada quantidade de ferro e alumínio em estado oxidado, que são floculantes muito eficazes, o efeito de cálcio como agregante é insignificante, bem como o efeito de sódio como desagregante, não é forte (vide capítulo 3). Somente em grumossolos e solos de baixadas, onde ocorre a acumulação de argilas montmoriloníticas, o cálcio é necessário para a floculação do solo e a formação de sua estrutura grumosa.

Gasto e lixiviação do cálcio

O cálcio do solo é gasto pela vegetação, lixiviado pelas chuvas ou precipitado em formas insolúveis, de modo que ocorre a "acidificação" dos solos que receberam uma calagem.[264] Porém, normalmente o solo nunca mais fica tão ácido como era antes da calagem. Após 4 a 5 anos a calagem deve ser repetida mesmo quando se aplicou uma quantidade muito elevada. Porém seu efeito sobre a produção já não depende mais da calagem mas da bioestrutura do solo.

A aplicação de quantidades módicas mas frequentes é mais aconselhável. Em presença de cloretos a lixiviação de cálcio é maior, por se ligar a $CaCl_2$ que é um sal muito hidrossolúvel.[9] Em solos salinos o cloro é utilizado para a eliminação do excesso de cálcio.

O efeito melhor da calagem sempre se consegue em presença de matéria orgânica.

A ACIDIFICAÇÃO DO SOLO PELA ADUBAÇÃO

Não é mistério para ninguém que a adubação acidifica o solo, no mínimo, a de NPK comumente usada.

Porém, como a obtenção de colheitas elevadas depende de uma adubação, muitas vezes maciça, um dos maiores problemas do solo agrícola não é somente sua manutenção com um nível razoável de cálcio e evitar um excesso de alumínio tóxico, mas impedir que, em longo prazo, os fertilizantes aplicados tenham efeito negativo sobre a produção.[139]

Sabe-se, há muito, que os adubos possuem efeito fisiologicamente ácido ou alcalino, dependendo do resíduo não absorvido, deixado no solo. É esta uma das razões que leva a fórmulas de adubo mais concentrados como DAP, nitrato de cálcio e outros, onde tanto a parte alcalina como a ácida do sal podem ser absorvidas pela planta.

Nos adubos convencionais, em geral somente uma parte é absorvida, permanecendo a outra no solo. Assim, do KCl o resíduo no solo é o cloro, que se pode ligar ao cálcio formando $CaCl_2$, um sal facilmente lixiviável. No salitre do Chile ($NaNO_3$) o nitrogênio é absorvido pela planta, permanecendo o sódio como resíduo, que tem efeito alcalinizante.[267] No sulfato de amônio permanece o enxofre no solo etc.

Os adubos mais acidificantes são parte dos nitrogenados, especialmente sulfato de amônio ($SO_4(NH_4)_2$). Também o NH_2 da ureia transforma-se em NH_4 e mais tarde em NO_3, só que o processo é mais lento.[65]

A redução do pH é mais drástica quando se usa uma fórmula de NPK. Assim, por exemplo, após o uso repetido de 700 kg/ha da fórmula 5-20-20, para milho, necessitava-se 5,9 t/ha a mais de calcário para manter o pH do que para a testemunha.[26]

Essa acidificação ocorre em parte pela acidificação direta por ácidos formados, em parte pela lixiviação maior e em parte pela maior absorção pelas plantas e a excreção de ácidos pelas raízes ao solo,[156] e, não por último, pela mobilização de alumínio e manganês trocável.[82]

Cada acidificação significa igualmente uma deterioração das condições gerais do solo. Porém não deveremos desistir da adubação que necessitamos muito, mas teremos de dar maior atenção à manutenção do pH adequado, à reposição da matéria orgânica e ao equilíbrio dos demais nutrientes adicionados, como Ca, Mg e todos os micronutrientes.[93]

A adubação comercial com NPK não pode ser medida isolada, mas é um dos fatores de um complexo grande, que denominamos fertilização. E quem usar NPK, forçosamente, deverá usar também uma calagem, a adubação orgânica e a adição esporádica de micronutrientes, conforme a unidade do solo e a variedade de cultura plantada.

Como verificamos num ensaio no Paraná, o uso de sulfato de amônio baixou o pH pela mobilização do alumínio trocável que, neste caso, aumentou de 6,7 a 8,1 me%.[216] O sulfato de amônio geralmente aumenta o manganês tóxico no solo e o empobrece em cálcio, magnésio e potássio,[16,18] podendo deprimir a colheita.[53,83]

Esse efeito desfavorável do sulfato de amônio não ocorre com o nitrogênio orgânico, aplicado em forma de adubação verde, eliminando o manganês tóxico.[67]

Pela adição de fertilizantes a matéria orgânica é mais rapidamente mineralizada e o solo perde sua bioestrutura,[102] adensando-se, tendo produção insatisfatória. A perda da bioestrutura é ainda acelerada pelas técnicas de cultivo e a pressão das máquinas. Geralmente quatro anos de cultivo são o suficiente para a compactação e o adensamento do solo, o que reduz drasticamente o efeito da adubação, quando não houver retorno de matéria orgânica.

O problema do decréscimo do efeito da adubação comercial não desaparecerá enquanto se usar o NPK como fator único de "fertilização", esquecendo-se especialmente a calagem e a adubação orgânica. É possível "construir" uma produtividade e fertilidade maior do que existia originalmente, quando consideramos todos os fatores envolvidos.

Necessitamos da adubação comercial, mas precisamos igualmente manter a produtividade de nossos solos. Talvez seja algo mais caro no momento, mas no decor-

O efeito acidificante de alguns adubos nitrogenados num solo de pH 5,7 e 3,4% de matéria orgânica. (Lotero, 1970)

sulfato de amônio baixa o pH de 5,7 para pH 3,9
ureia o baixa de pH 5,7 para pH 4,8
salitre do Chile aumenta o pH de 5,7 para pH 6,8

rer dos anos provará ser infinitamente mais barato do que destruir o solo e depois ter de recuperá-lo.

A fertilização deve ser regida por três princípios fundamentais:

1. Não se deve usar adubo comercial sem prévia calagem, quando o pH do solo já estiver no limite inferior, ou seja, pH 5,0 a 5,3;
2. Manter o solo com bioestrutura intacta e quantidade adequada de matéria orgânica, a fim de possibilitar:
   a) O melhor aproveitamento do adubo pela raiz (solo melhor agregado e com substâncias de crescimento);
   b) Aumentar o poder tampão do solo, para evitar a mudança brusca do pH e o aparecimento de Al e Mn tóxicos;
3. Nas culturas anuais usar a rotação para aproveitamento melhor dos resíduos do adubo. Por exemplo, a soja pode utilizar o enxofre do sulfato de amônio que o algodão deixou como resíduo, embora soja-algodão não seja uma rotação aconselhável.
4. Nas culturas perenes utilizar "culturas protetoras" diversas.

Quem não observar essas regras, mais cedo ou mais tarde, terá a amarga experiência de que o uso de NPK destruiu a produtividade de seu solo. Em lugar de ficar mais rico ficou mais ácido, mais pobre e mais adensado. Onde existirem lavouras intensivas, especialmente na olericultura, o menor efeito do adubo, após alguns anos de uso, é compensado pela aplicação de maiores quantidades do mesmo até não somente roubar todo lucro mas também toda a recompensa do trabalho do agricultor. Destes solos é lixiviado em tais quantidades que polui os riachos, rios e lagos cujas águas se tornam viscosas pela quantidade de algas que aparecem,[291] tornando-se um problema sério nos EUA e Europa onde a agricultura se tornou a "maior poluidora dos recursos hídricos". A terra tem de ser abandonada como em muitos "Creeks" dos EUA.

Não adianta afirmar: estamos na primeira etapa da adubação, as medidas da conservação do solo virão mais tarde!

O agricultor mal acostumado é muito mais difícil de reeducar do que aquele já acostumado com a técnica certa.

O solo, uma vez destruído, é mais difícil de recuperar do que a conservação de sua produtividade. Geralmente faltarão recursos para sua recuperação, uma vez que os anos, cada vez piores, já consumiram as reservas de recursos e as bases de um crédito. *Tão necessário como uma adubação, é seu uso correto dentro dos princípios conservacionistas.*

A ABSORÇÃO DOS NUTRIENTES

Para que uma planta possa absorver os nutrientes, devem:

1. Antes de tudo, existir no solo em forma assimilável. Não adianta um pH adequado, nem a ausência de Al ou Mn ou Fe trocável, se os minerais nutritivos não existirem;
2. Devem ser alcançados pela raiz. Se o solo for adensado e impenetrável para a raiz, não adianta que os elementos existam no solo. A raiz deve ter a possibilidade de aproximar-se deles;
3. Devem ser dissolvidos em água. Sem água não existe absorção;
4. A velocidade de difusão, isto é, do movimento que os elementos fazem em direção à raiz, e da qual também dependem, deve ser considerada.[105] Este movimento é causado pela menor concentração de íons perto da raiz, que os assimila, bem como pelas eletrovalências negativas da raiz e sua saturação com cálcio, que os atraem. Mas, para que haja difusão necessita-se de água. Em solo seco cessa a difusão dos nutrientes e a raiz sente a falta de nitrogênio, potássio, zinco, manganês e boro.[243] Por isso é o nitrogênio o primeiro nutriente a "faltar" quando passa um período seco, enquanto que o zinco é a "deficiência clássica" dos países tropicais. Quando chove, as deficiências desaparecem novamente. Mas para que haja difusão, os elementos devem estar solubilizados em água. Elemento precipitado não se move.[179] Por isso, van der Paauw (1959) encontrou para solos com argilas montmoriloníticas que o teor dos elementos solúveis na água tem muito mais importância para a nutrição vegetal que o teor dos elementos trocáveis. Isto dá-se porque a análise dos elementos trocáveis age segundo princípios arbitrários e pode utilizar elementos da rede cristalina que não são nem solúveis nem trocáveis nas condições que o solo oferece;
5. A planta deve fotossintetizar o máximo possível para poder manter sua raiz vigorosa e forte. Para a fotossíntese não é suficiente ter luz e água, que poderia ser fornecida pela irrigação. Necessita-se, antes de tudo, gás carbônico. Este é levado pelo vento. Não por ventos fortes, mas sim por brisas constantes, que podem ser interceptadas facilmente por quebra-ventos. Essa é a razão porque várias culturas reagem favoravelmente a um espaçamento menor e quase todas se beneficiam com quebra-ventos.

Absorção e produção

A absorção de nutrientes sempre é correlacionada com a produção. Uma planta pode ser muito rica em elementos nutritivos e produzir muito pouco. A análise foliar não pode dar informação sobre a produção da cultura enquanto não se considerar:

1. As proporções entre os elementos. Assim, por exemplo, se houver um nível alto de fósforo mas pouco zinco, a planta não se desenvolve e quase não produz. Mas, também pode ser que as proporções sejam boas e os níveis sejam inadequados. Assim, necessita-se saber a taxa de crescimento, indicando a amplitude do efeito de diluição;

2. Um nível baixo de elementos em uma planta de crescimento rápido muitas vezes é o suficiente, porque apresenta o "efeito de diluição".[58,59,179,238] A planta que cresce "dilui" os nutrientes para toda área em crescimento, enquanto que uma planta com crescimento estagnado "acumula" os nutrientes em área pequena.[294] Por isso, Hernando (1973) introduz a análise da seiva vegetal, verificando a quantidade dos nutrientes em circulação, verificando igualmente o peso total da planta em relação à sua idade fisiológica. Um teor médio de nitrogênio na seiva vegetal bem desenvolvido significa um bom abastecimento de nitrogênio. Mas muito nitrogênio na seiva de uma planta mal desenvolvida significa um impedimento de metabolização. Primavesi (1973) propõe a comparação de nitrogênio em circulação contra o nitrogênio total na planta que inclui o metabolizado, para calcular a "taxa de crescimento". Para poder metabolizar, a planta necessita:
   a) Que todos os fatores de metabolização estejam no ótimo, incluindo-se água, oxigênio no solo, transpiração, gás carbônico no ar e uma fotossíntese ativa com respiração moderada, permitindo um saldo adequado de produtos fotossintetizados (vide capítulo 1). *Um nível médio ou alto de nutrientes na folha, portanto, dificilmente pode dar uma informação exata sobre a produção enquanto a taxa de crescimento e a porção dos nutrientes não for conhecida;*
   b) Absorver elementos conforme:
      - sua concentração no solo;
      - a concentração dos outros elementos nutritivos no solo (equilíbrio) (vide figura 8.10);
      - a idade fisiológica da planta;
      - a insolação ou sombreamento.

Níveis muito altos de nutrientes no tecido vegetal frequentemente indicam um impedimento de crescimento ou um ataque por fungos, insetos ou nematoides. Portanto, não podem ser tomados como sinal infalível de uma nutrição ótima, indicando uma produção boa.

O nitrogênio possui efeito diferente sobre a absorção de bases, segundo sua forma de ânion (NO_3) ou cátion (NH_4) como mostra a figura 8.10.

Verificamos que com o aumento de N–NH_4 diminuem no tecido vegetal os teores de K, Ca e Mg. Mas, por outro lado, sabe-se que doses maiores de nitrogênio exigem proporções mais próximas com o potássio e o fósforo.[98] O que importa não é a quantidade de um elemento, mas sua proporção com os demais, inclusive os que se encontram no solo e que não foram adicionados.[39,72]

AS PROPORÇÕES ENTRE OS NUTRIENTES NA PLANTA

Há mais de 100 anos que sabemos o fato de o uso de nutrientes pela planta depender da presença dos outros nutrientes. A famosa "lei do mínimo" de Liebig (1885) foi a primeira tentativa para chamar a atenção ao fato de que, quando um elemento faltar, os outros não poderão atuar normalmente.

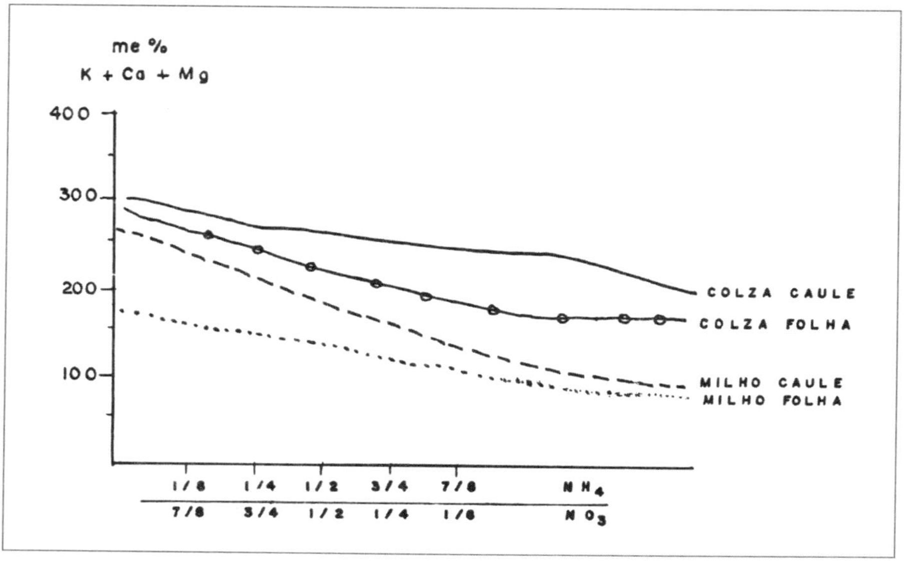

Figura 8.10 O efeito de amônia sobre a concentração dos outros cátions na folha e caule de milho e colza. (Welte, 1962)

Desde que se pesquisam os sintomas das deficiências minerais nos vegetais,[19,164,243,279,307] é bem conhecido que uma deficiência pode ser induzida pelo excesso de outro elemento.[37] Se um elemento, porém, está em condições de induzir a deficiência de outro, deve haver um desequilíbrio grave e talvez a toxidez do elemento em excesso.

A necessidade de equilíbrio entre os macro e micronutrientes baseia-se no fato de os últimos agirem como "ativadores" de enzimas indispensáveis nos processos de metabolismo vegetal, ou seja, na síntese, transformação e eliminação de substâncias. De modo que o efeito dos macronutrientes é ligado intimamente à dos micronutrientes. Se existirem muitos micronutrientes e pouco macronutrientes, as plantas não se desenvolvem, mas se existem macronutrientes e poucos micronutrientes, as plantas também não se desenvolvem normalmente. Cada excesso de um nutriente equivale à deficiência de outro, com que mantém um equilíbrio (quadro 8.5) como, por exemplo, N/Cu, P/Zn, Ca/Mn e outros. Mas existem igualmente equilíbrios entre os macronutrientes, como entre N/P/K ou entre Ca/Mg/K ou entre P/S que dependem da sua função no metabolismo vegetal.

E finalmente existem equilíbrios entre os micronutrientes segundo a necessidade de ser presente no processo catalisado por outro, como, por exemplo: Cu/Mo, Cu/Mn/Zn, Co/Fe e outros.

Primavesi reuniu essas inter-relações em 4 compostos principais; o do fósforo, o do potássio e o do nitrogênio, bem como o de N–P–K, como apresentado na figura 8.11. Porém há inter-relações entre os elementos dos diversos compostos, criando uma trama complicada do que ressalta a necessidade de um poder tampão elevado do solo, para evitar desequilíbrios pela adubação.

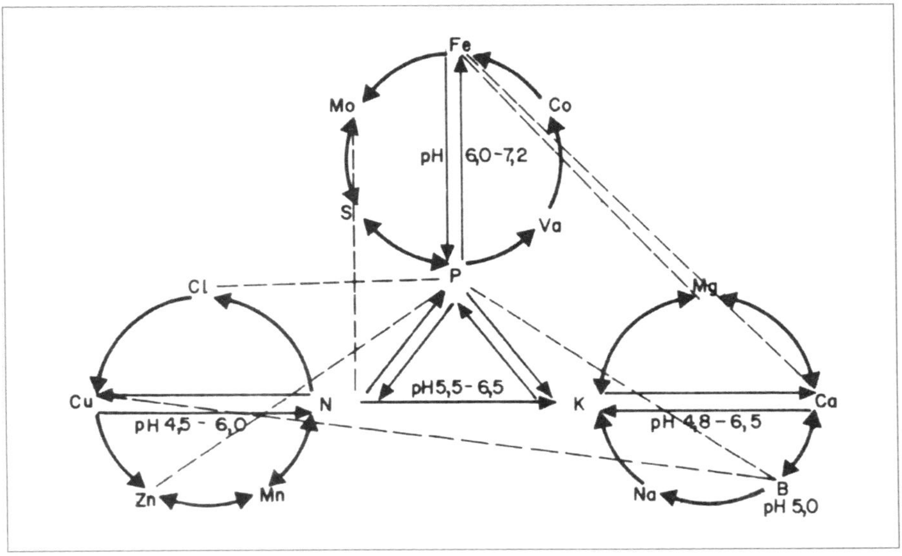

Figura 8.11 O equilíbrio dos nutrientes em dependência de suas proporções específicas. (Primavesi, 1965)

Todos conhecem os campos de milho, não adubados, com pés pequenos mas sadios. Após uma adubação com NPK, o milho se torna maior, porém é mais facilmente atacado por pragas, por terem sido aumentados somente os níveis de NPK, permanecendo os dos outros nutrientes baixos. O equilíbrio original, porém insuficiente, foi quebrado.

Em todos os equilíbrios, que são característicos às espécies, não importa a quantidade do nutriente em si, mas sua proporção com seus antagonistas. *Podem-se elevar os níveis das proporções, mas não se pode elevar um ou outro componente de uma proporção, destruindo-a.* Obtém-se a proporção de dois nutrientes dividindo o nutriente que existe em quantidade maior pelo que existe em quantidade menor, representando-se somente o quociente. Uma proporção de 10 entre K/Ca na folha de arroz significa 10 vezes mais potássio do que cálcio. Ou, enquanto o nitrogênio no solo deve estar ao redor de 800 a 1 200 mg/kg, do cobre bastam 1,5 a 3,5 mg/kg, dando uma proporção de 533,3 a 342,8.[315] Mas se esta quantidade mínima de Cu não existir, a síntese de proteínas será deficiente, permanecendo em forma de aminoácidos. O crescimento da planta será exuberante mas doentio e a produção de sementes será muito reduzida ou nula. Para haver um "excesso" de nitrogênio, não é preciso existir uma quantidade elevada deste elemento, mas tão somente uma quantidade insuficiente de cobre, tornando a proporção larga demais.[238]

A proporção entre os elementos nutritivos é característica à espécie vegetal e permanece idêntica dentro das variedades. O que pode oscilar é o nível dos elementos.[232]

A deficiência de um elemento provoca o excesso ou toxidez de outro,[36] e consequentemente o excesso de um produz a deficiência de outro.

Quadro 8.5 Deficiência induzida pelo excesso de outro nutriente. (Bussler, 1970)

excesso de	deficiência de
nitrogênio amoniacal, sódio	cálcio, potássio
potássio	magnésio, cálcio
cálcio (calagem com $Ca(OH)_2$) (cálcio dolomítico não provoca a deficiência de magnésio)	potássio, magnésio, fósforo, ferro, boro
nitrogênio nítrico (Salitre)	potássio, molibdênio
enxofre (ocorre perto de centros industriais)	cálcio
fósforo (adubos concentrados)	cálcio, ferro, zinco
ferro (em solos inundados)	manganês, fósforo
manganês (mobilizado por uma adubação de sulfato de amônio)	ferro
cobre, zinco (especialmente em pomares pulverizados com fungicidas à base de cobre e zinco)	ferro, manganês
alumínio trocável	fósforo
boro (em solos salinos)	molibdênio
níquel, cobalto, cromo (em solos arenosos com deficiência aguda de matéria orgânica)	ferro

Um excesso pode significar toxidez![126] A deficiência, neste caso do elemento antagônico, não é verdadeira mas induzida por um manejo errado, que desequilibrou a proporção correta. É, portanto, uma deficiência relativa.[35]

Quanto menor for o poder tampão de um solo, como ocorre em solos arenosos, tanto mais rapidamente aparecerá uma deficiência induzida por excesso de outro elemento. Uma adubação se torna difícil. Mas, a matéria orgânica é um poderoso elemento amortecedor de erros de manejo. Ela aumenta o poder tampão do solo e diminui, com isso, os perigos de desequilíbrios minerais no solo, causados por uma adubação arbitrária. Quanto menor a CTC de um solo, tanto mais perigosa uma desproporção de nutrientes. Em solos argilosos, especialmente quando têm suficiente matéria orgânica em decomposição, este perigo é muito menor. Sabemos que *o maior rendimento não depende somente da maior adubação com NPK, mas do melhor equilíbrio entre todos os elementos nutritivos.*[39]

Como podemos verificar na figura 8.12, no solo tropical, com argila predominantemente caulinítica e com poder tampão reduzido, 2,0 t/ha de calcário aumentaram o pH de 3,8 a 5,5 e 4,0 t/ha a 6,5. No solo de clima temperado, com argila montmorilonítica somente 30,0 t/ha de calcário conseguiram aumentar o pH a 6,5. Explica-se com isso por que muitas técnicas agrícolas podem ser executadas em clima temperado sem problema algum, enquanto que no clima tropical as dificuldades logo surgem.

Em solos arenosos a calagem como a adubação potássica, mas também a nitrogenada podem causar a depressão da colheita. São necessárias mas causam uma

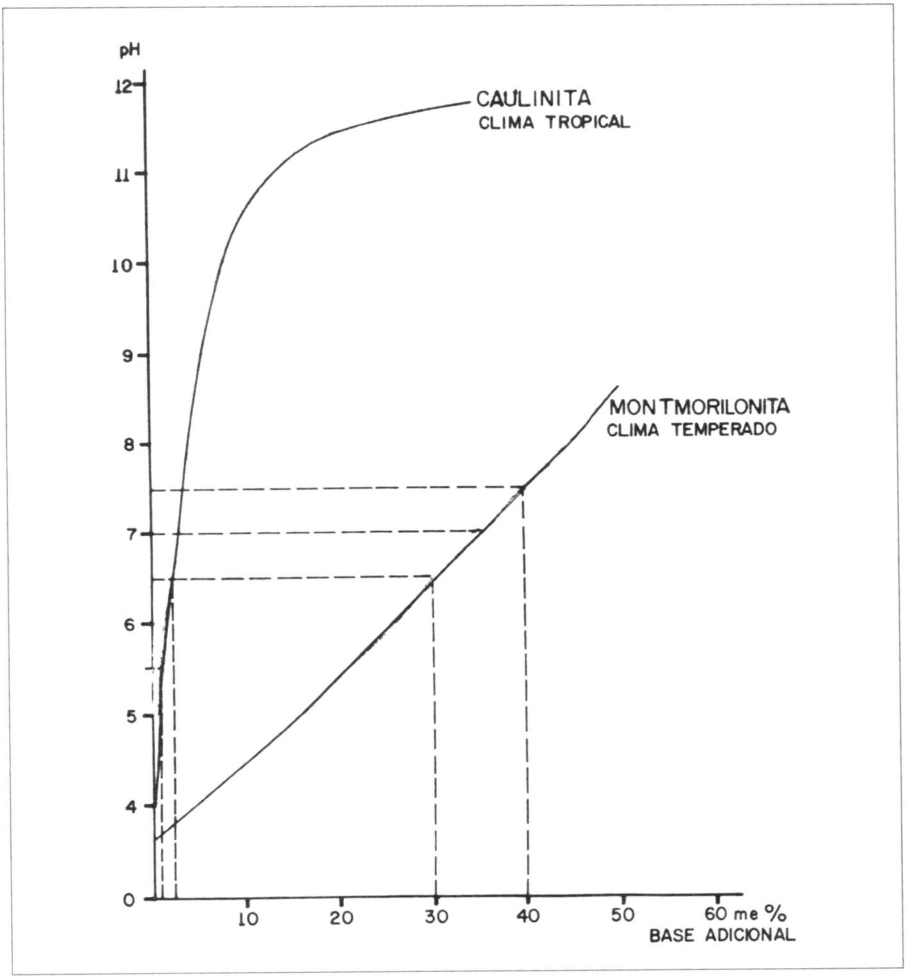

Figura 8.12 Reação de um solo tropical e temperado à adição de uma base. (Matsusaka, 1964)
Obs.: 1 me% equivale a 1 000 kg/ha de $CaCO_3$.

desproporção acentuada nesses solos com poder tampão reduzido quando os elementos antagônicos não forem aplicados. Não existem proporções somente para os nutrientes em geral como para nitrogênio/cobre,[236,302] o que consequentemente exige maior quantidade de cobre quando adicionamos um fertilizante nitrogenado;[28,142,286] ou para cálcio/enxofre, onde uma proporção de 0,15 na raiz de algodão causa paralização do crescimento e uma proporção de 0,05 a sua morte;[1] ou entre potássio/cálcio que no arroz irrigado deve ser 10;[236] ou a proporção de N–P–K em suas folhas que deve ser 5–0,2–1,5. Se for menor, não ocorre mais o perfilhamento.[321] Também existem proporções entre ácidos (ânions) e bases (cátions),[119] que sempre devem ser aproximadamente 1.

$$NO_3^- - SO_4^= - PO_4^= - Cl^- : K^+ - Ca^{++} - Mg^{++} - Na^+$$
$$100 \text{ a } 103 \text{ (ácidos)} : \text{(bases) } 100$$

Podem variar as quantidades entre as bases ou entre os ácidos, mas a soma deles deverá ser semelhante a 100:100 para manter o equilíbrio. Assim, por exemplo, quando substituímos o nitrogênio nítrico[120] (N–NO_3^-) pelo amoniacal (N–NH_4^+), causamos um desequilíbrio sério entre ácidos e bases, uma vez que o nitrogênio amoniacal pertence às bases; sua oxidação a nitratos depende das condições existentes no solo. Pode ocorrer, portanto, a diminuição de absorção dos demais cátions, especialmente do K e Ca, e o aumento da necessidade de ânions, especialmente do P, para equilibrar novamente a proporção ácido/base.[119,147,312] Em solos ativos a nitrificação do nitrogênio amoniacal ocorre em pouco tempo, possibilitando a absorção normal de K e Ca pelo vegetal. Em solos pouco ativos, isto é, mal arejados (falta M.O.), esta nitrificação não ocorre ou somente é muito incompleta, de modo que a absorção de K e Ca é deficiente, tornando as plantas extremamente suscetíveis a pragas e doenças. Causa igualmente a ineficiência da adubação potássica (vide figura 8.10).

Para cada espécie existe uma proporção de nutrientes que lhe é característica. O problema maior da aplicação excessiva de um elemento não é somente o aumento da necessidade dos outros, mas igualmente a diminuição da possibilidade de absorção dos outros elementos, como consequência do desequilíbrio ácido/base.

O total absorvido permanece aproximadamente estável, porém, com o aumento de K na solução diminui a absorção dos outros cátions. Portanto, uma adubação rotineira de NPK pode causar a absorção deficiente de cálcio, pois tanto o nitrogênio amoniacal como o potássio pesam no lado dos cátions. O resultado é uma deficiência de cálcio na planta que se expressa por um aproveitamento deficiente de potássio e pela toxidez induzida de alumínio ou manganês.

A base de uma adubação bem-sucedida é um abastecimento suficiente do solo com cálcio, fósforo e matéria orgânica. Assim o equilíbrio com o potássio melhorará porque haverá a nitrificação do nitrogênio amoniacal, que consequentemente passa a ser um ânion. Em solos tipicamente arenosos, de manejo difícil, aconselha-se a adubação verde como fonte de nitrogênio, ou a promoção da fixação de nitrogênio por

Quadro 8.6 Teor em minerais das folhas de beterraba com doses crescentes de potássio. (Em me% de substância seca da folha, seg. Mengel, 1972)

íons absorvidos	potássio (em miligramas equivalentes por litro da solução nutritiva)		
	0,2	1,0	5,0
potássio	7,9	23,5	107,9
cálcio	73,0	57,0	39,0
magnésio	103,3	87,7	75,4
sódio	115,2	132,1	92,1
total de íons absorvidos	299,4	300,3	314,4

microrganismos de vida livre, evitando os problemas com os outros cátions (vide capítulo 6).

RESUMO

Deverá haver equilíbrio entre os nutrientes como: Ca/Mg + K, N/P, N/Cu, P/Fe, Zn, Mn, K/B, Cu/Mo, S/P etc. e deverá haver igualmente um equilíbrio entre ânions e cátions, que sempre é aproximadamente 1.

Em solos das zonas tropicais, com poder tampão reduzido, ocorre facilmente um desequilíbrio pela adubação. Isso se evita com um nível adequado de matéria orgânica no solo, que deve ser renovado periodicamente (vide capítulo 4). Para a manutenção desse equilíbrio a conservação da microvida ativa é essencial, e esta por sua vez necessita de matéria orgânica, fósforo e cálcio. A manutenção de um nível adequado de cálcio no solo é importante, embora a sua aplicação, às vezes, deva ser feita em forma de $CaSO_4$ (gesso) para evitar uma elevação brusca do pH que muitas culturas tropicais não suportam. Às vezes tem de ser feita para a cultura precedente, para ter saído da superfície do solo e não concorrer com os micronutrientes, como, p. ex., no feijão; em outros casos deve ser aplicado em cobertura, para existir na zona superior do solo mas não interferir com a absorção de potássio, como, por exemplo no amendoim; ou pode ser dado também em "cochos" como, por exemplo, nas oliveiras.[97]

A IDADE FISIOLÓGICA DA PLANTA E SEU EFEITO SOBRE A ABSORÇÃO

Geralmente, a planta anual absorve mais da metade dos nutrientes até a plena floração, ocorrendo a absorção mais intensa antes da floração.[97,164,179] As plantas perenes, normalmente, possuem mais potássio nas folhas novas, enquanto as velhas são mais ricas em cálcio.[22] Em plantas com crescimento forte ocorre o *"efeito de diluição"*,[76] quer dizer, por área ou peso do tecido vegetal ocorrem menos íons nutritivos, sendo a quantidade de íons absorvidos *"diluídos"* em uma área maior.[147] O menor teor em nutrientes não precisa, necessariamente, acusar uma absorção e nutrição deficiente, mas pode indicar também um crescimento intenso.

É bem conhecido que uma análise foliar somente é comparável com outra quando colhida em planta com idade fisiológica idêntica. Distingue-se a idade real e a idade fisiológica. A idade real se conta em dias após o nascimento, a idade fisiológica pelo estágio de desenvolvimento vegetal, por exemplo no milho: aparecimento da primeira espiga, aparecimento de "seda" ou aparecimento do pendão; no trigo: emborrachamento, aparecimento das espigas, floração, grãos leitosos; ou no algodão: aparecimento da 5ª folha, plena floração, início da abertura dos capulhos etc. Este estágio da planta depende não somente da variedade mas essencialmente da nutrição da planta, do abastecimento com água e o ataque por insetos. Pode haver um amadurecimento prematuro por alguma adversidade, e pode haver um prolongamento da fase vegetativa, especialmente pela deficiência de P e Mg. Assim, as curvas 8.13 e 8.14 mostram a absorção pelo trigo e algodoeiro em idades diferentes, po-

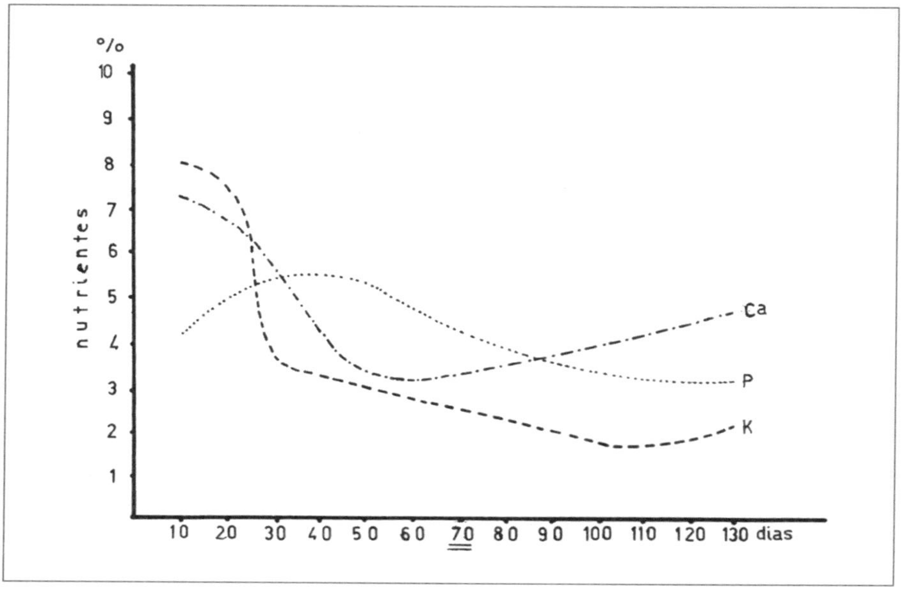

Figura 8.13 Absorção de nutrientes pelo trigo em vários estágios de desenvolvimento. (Gargantini *et al.*, 1973)

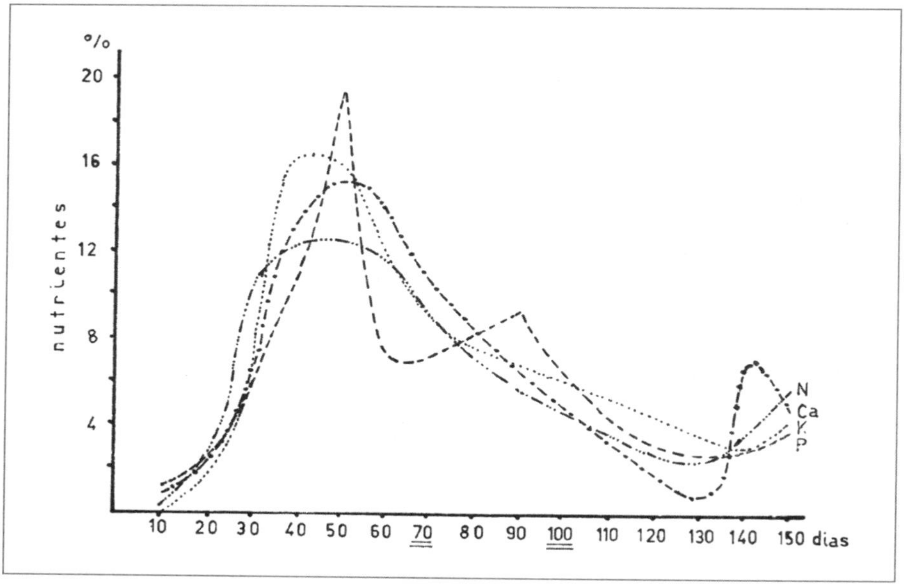

Figura 8.14 Absorção de macronutrientes pelo algodoeiro, crescendo em solução nutritiva. (Malavolta, 1962)

Obs.: 70 = plena floração; 100 = abertura dos capulhos.

rém com referência à idade fisiológica. Verificamos que a maior absorção ocorre antes da floração, onde a atividade da planta é maior. No algodoeiro ocorre um outro pico na absorção de P antes do início da abertura dos capulhos e outro do nitrogênio pouco antes da maturação total.

As necessidades nutricionais da planta nova são maiores do que as da planta velha, que, ao contrário, pode desassimilar nutrientes da raiz para o solo, como, por exemplo, o potássio e o fósforo.

Não adianta fornecer somente potássio sem cálcio, porque a planta deficiente em cálcio experimenta a desorção do potássio, uma vez que o cálcio é indispensável à estruturação do plasmalema da célula[169] e à capacidade de "segurar" os íons absorvidos.

Também é errado querer dar todo nitrogênio na época da granação, deixando faltá-lo durante o perfilhamento e o início de crescimento. Planta adulta é como gado adulto, que, provindo de pastos pobres, somente engorda em pasto bom, porém é incapaz de formar carne. Altas quantidades de nitrogênio na fase reprodutiva, isto é, a partir da formação das flores, provocam muitas flores estéreis, quando as plantas foram criadas sob regime de deficiência de nitrogênio.[285]

Portanto, o N não pode faltar à planta nova.

A INFLUÊNCIA DA SOMBRA E DA INSOLAÇÃO DIRETA SOBRE A ABSORÇÃO

É de conhecimento geral que a planta no sol absorve muito mais cálcio que planta na sombra.[98] E, plantas de zonas secas são muito mais ricas em cálcio do que plantas de terrenos úmidos.

Em solos pobres de cálcio, o sombreamento reduz o teor em cálcio nos capins a tal ponto que o gado os recusa.[233] Por outro lado, as plantas de sombra, com nível mais baixo de cálcio,[108] absorvem mais micronutrientes,[140] uma vez que o cálcio e o manganês se inibem mutuamente, como mostrado na figura 8.15.

Verificamos que, à medida que aumenta a absorção de Mn, baixa a de Ca e vice-versa.

Em solo sombreado e, portanto, mais úmido na superfície, a absorção de potássio é maior,[108] podendo chegar a ponto de o solo se esgotar nesse elemento, uma vez que condições permanentemente favoráveis à absorção de um determinado elemento são igualmente condições que aceleram seu esgotamento. Assim, no Rio Grande do Sul, nos solos rasos da fronteira, com nível elevado de cálcio e pH acima de 6,3, o molibdênio tornou-se deficiente por ter permanentemente condições boas para sua absorção. Em solos ácidos, porém, a elevação do nível de cálcio, através de uma calagem, aumenta a disponibilidade de molibdênio, que era presente, sem poder ser absorvido.[237]

As vantagens da sombra são: As árvores de sombreamento atuam ao mesmo tempo como quebra-ventos, diminuindo a ação dos ventos secos e quentes. A temperatura dentro da cultura e no solo será mais estável e não sofrerá oscilações nem o perigo

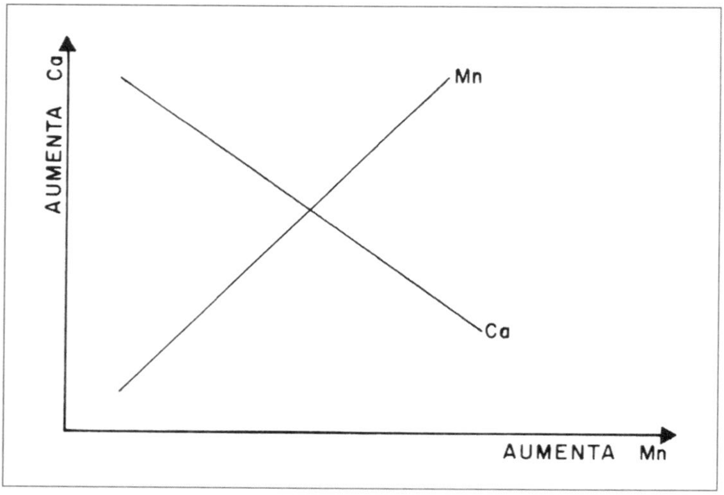

Figura 8.15 Absorção de cálcio e de manganês pela planta. (Primavesi, 1971[85])

Quadro 8.7 Efeito de sombra e de irrigação na produção de café Bourbon e Caturra. (Carvajal, 1972)

variedade/ tratamento	rendimentos (kg/ha)					
	1951	1952	1953	1954	1955	total
Bourbon	2 074	1 773	6 163	1 611	5 240	16 861
Caturra	2 085	1 818	6 494	1 084	4 191	15 672
em pleno sol	2 598	2 264	7 773	1 760	5 240	19 595
sombreado 100%	1 592	1 307	4 925	935	4 191	12 920
com irrigação	2 250	1 724	6 601	500	4 088	15 163
sem irrigação	1 609	1 876	6 056	2 195	5 343	17 070

de geadas. A umidade do solo superficial será maior e sua drenagem será melhorada pelas raízes das árvores de sombreamento. As árvores de sombreamento transportam, também, nutrientes do subsolo à superfície, que serão incorporadas ao solo superficial com as folhas caídas. Geralmente adicionam nitrogênio, que pode ir até 100 kg/ha.[287] Haverá muito menos ervas invasoras e menos doenças vegetais. Assim, na Costa Rica o ataque da *Phytophtora palmivorum* em cacau é mais intenso em plantações sem sombra do que nas sombreadas. O solo sombreado conserva sua bioestrutura favorável sem que haja necessidade de se preocupar com ela e, portanto, é capaz de manter o vigor das plantas. Porém as árvores de café, cacau e chá-da-índia, em solos esgotados, pouco reagem à adubação quando sombreados a 100%. A sombra de luz deve ser aproximadamente 30%, devendo ser escolhidas árvores preferencialmente não concorrentes em água. Em zonas com nível freático muito profundo e com "verânicos" pronunciados, desaconselha-se o uso de árvores de sombreamento, mesmo à base de 30% e aconselha-se o sombreamento do solo, como será explicado mais adiante. Normalmente as colheitas de plantações com

Quadro 8.8 Efeito da sombra sobre o desenvolvimento de plantas novas de *C. arabica*. (Machado, 1934)

tratamento	sombra		
	0%	40%	75%
número de folhas com 6,6 meses	3 813	4 093	1 453
superfície de 9 folhas (cm²)	642	801	172
número de ramos com 6,6 meses	301	320	0
peso das raízes (g)	29,14	44,72	7,59

Quadro 8.9 Ensaio com sombra e adubos em cacau. (W. A. C. R. I. 1965, Gana)

tratamento	rendimento (kg/ha)					
	1957/58	1958/59	1959/60	1961/62	1963/64	1964/65
sombra sem adubo	586	958	756	494	1 036	1 183
sombra com adubo	849	1 211	906	679	1 398	1 640
sem sombra, sem adubo	1 100	2 348	2 187	1 516	2 018	2 259
sem sombra, com adubo	1 602	3 091	3 474	2 435	3 023	3 275

De: Ann. Reports W.A.C.R.I. e C.R.I. e C.R.I.G. Tafo, Gana.

30% de sombra são menores do que as de plantações não sombreadas, porém são mais estáveis, sem grandes oscilações e seu custo é menor.

Verificamos que a alternância de colheita boa/ruim se repete nos ensaios com e sem sombra. A irrigação somente surte efeito quando houver um deficit em água, mas quando somente a chuva for irregular. Ao contrário, neste caso colabora para a lixiviação dos nutrientes, e, em anos normais, contribui somente para aumentar os custos e baixar os rendimentos, especialmente em anos chuvosos, como o de 1954.

Resultados semelhantes foram obtidos no Brasil.[184]

Acredita-se que especialmente a maior absorção de cálcio e nitrogênio determina os rendimentos maiores ao sol. Porém, cultivos ao sol são cultivos intensivos! Tudo o que era automático antes, como a condição biofísica do solo, temperaturas estáveis no solo, umidade regulada, ervas invasoras quase controladas, sombra de vento, reposição de matéria orgânica e, em certo grau, a adição de nutrientes pelas folhas caídas e a fixação microbiana de nitrogênio, agora deve ser proporcionado pelo produtor, caso contrário ocorrerá um declínio muito rápido da produtividade do solo como, por exemplo, nos cultivos de café e cacau insoladas, especialmente em solos arenosos.

A resposta de cacau ao adubo é maior sem sombra, mas verifica-se que reage aos 40 a 50% de luz quase como aos 100% (figura 8.16).

Porém, para justificar os custos adicionais que a cultura de cacau sem sombra causa, e que provêm especialmente de capinas, adubação, conservação do solo e defesa sanitária, a colheita deve dar, no mínimo, 3 000 kg/ha.[56]

O problema principal de todas as culturas ao sol, tanto de chá, café e cacau, é a proteção do solo,[301] que se consegue, também, por um espaçamento menor e uma adubação adequada da cultura, que garante um desenvolvimento rápido, e, talvez,

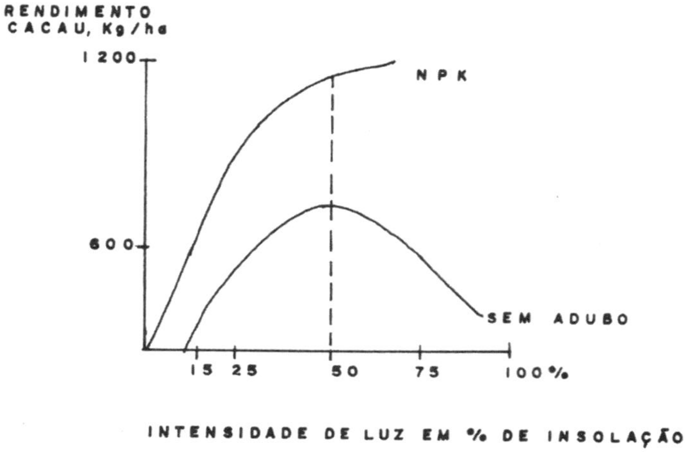

Figura 8.16 A resposta de cacau ao adubo com crescente intensidade de luz. (Murray, 1958)

de uma cultura protetora (*cover crop*) que na época de seca deve ser usada como cobertura morta, superficialmente incorporada ao solo, para evitar o perigo do fogo. A conservação da estrutura do solo garante a conservação da produtividade da cultura.[320] Em solos muito arenosos aconselha-se somente a retirada parcial das árvores de sombreamento por ser impossível a manutenção da estrutura em solo exposto ao sol e à chuva, embora exista a concorrência por nutrientes.

Se a bioestrutura decai, há aumento de *Phytophtora* nos cacaueiros e um "*die-back*" muito forte nos cafeeiros.

RESUMO

Plantas insoladas gastam mais cálcio, e, portanto, necessitam de calagem.[108] Elas gastam igualmente mais nitrogênio, necessitando de uma adubação maior. Em solos insolados as colheitas são maiores, mas as plantas necessitam mais potássio, zinco e magnésio.[164]

Pela retirada da sombra modificam-se as necessidades da cultura! Se essas exigências não forem atendidas, uma cultura insolada pode proporcionar menor lucro que uma sombreada, por exigir maiores investimentos, que de maneira alguma têm seu retorno garantido quando o solo estiver física, química e biologicamente decaído.

A RIQUEZA MINERAL DA SEMENTE E A ABSORÇÃO DE NUTRIENTES

Quando a semente inicia a germinação, parece que o seu "programa" para a utilização de nutrientes está sendo elaborado. Se um nutriente existe em quantidade insuficiente, apenas poderá ser utilizado em quantidade deficiente durante todo o crescimento. É só assim que se pode explicar o fato de que plantas de semente defi-

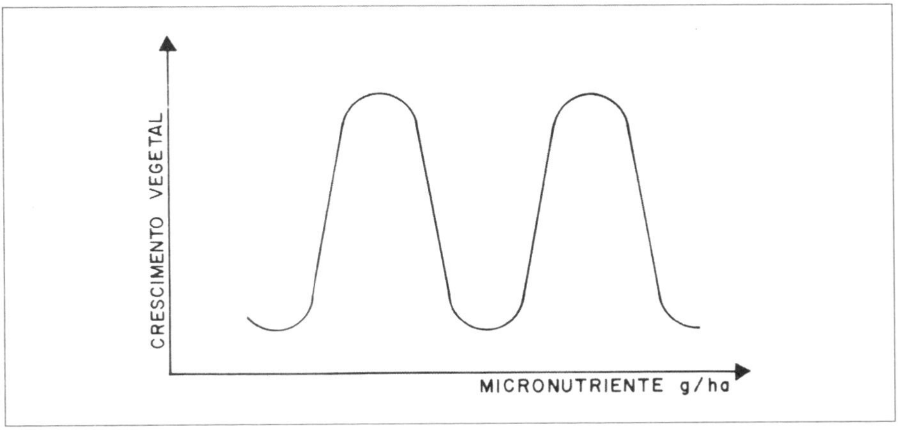

Figura 8.17 O efeito de doses crescentes de micronutrientes sobre o desenvolvimento vegetal. (Bakurdzhieva, 1970)

ciente produzem plantas deficientes, como, por exemplo, a couve-flor com deficiência de molibdênio, ostentando um limbo foliar praticamente reduzido à veia principal e que não reage a uma adubação do solo ou foliar com molibdênio, embora o absorva. A melhora da cultura não ocorre. Quando, porém, da planta adubada com molibdênio se desenvolver uma semente e esta for plantada, mesmo em solo deficiente em molibdênio, dará uma planta perfeitamente normal.[307] Bakurdzhieva[11] explica isso pelo fato de haver sistemas metabólicos diferentes segundo a concentração dos micronutrientes. Um máximo de crescimento pode ocorrer com duas concentrações diferentes, como mostrado na figura 8.17. A planta pode crescer com um abastecimento deficiente de um nutriente, porém a quantidade e qualidade do produto será deficiente. Por isso é, hoje, geral distinguir "o *valor biológico*" de uma planta ou de uma fruta.

Podemos concluir que a adubação de um elemento menor não poderá produzir efeito enquanto a semente for deficiente no mesmo, tendo a planta feito "programa" de uso deficiente deste nutriente, mas podendo produzir. O enriquecimento da semente é, portanto, uma prática indispensável, quando provier de campos pobres. Mas somente terá efeito quando não houver necrose do germe ou do tecido de reserva, como mostram as figuras 8.7 e 8.8, e quando a deficiência não causou modificações estruturais, mas somente metabólicas. Por outro lado, o enriquecimento de sementes bem nutridas não faz efeito.[225,231]

Enriquecimento da semente

Sementes de solos pobres beneficiam-se nitidamente com o enriquecimento de seus grãos com os micronutrientes necessários à cultura.[11] Assim, o enriquecimento de arroz com cobre[231] ou de milho com zinco e boro[227,244] não somente aumenta o volume radicular da planta em até quatro vezes, mas garante um desenvolvimento juvenil muito rápido e sem "dois crescimentos". O fenômeno de "dois crescimentos", muito comum em milho e cana-de-açúcar, ocorre quando terminaram as reservas da semente, mas a raiz ainda está fraca demais para poder abastecer-se suficientemente do solo. Estagna o crescimento, até que a raiz se desenvolva e a planta possa abastecer-se do solo. Neste estágio, ela é extremamente suscetível a doenças e pragas, por não ter, praticamente, defesa alguma.

Com semente enriquecida a planta tem um crescimento contínuo e, geralmente 6 semanas após o nascimento, ela tem o dobro do tamanho da planta cuja semente não foi tratada.

As colheitas aumentam pelo tratamento da semente.[132,195,219,225,234,277] Porém, o aumento somente ocorre quando a taxa do elemento enriquecido, na semente, estiver abaixo de um nível crítico. Assim, menos de 0,08% de molibdênio em milho causa desenvolvimento de plantas deficientes, enquanto 0,09 a 0,20% de molibdênio garantem plantas sadias, mesmo em solos deficientes neste elemento.[210] O teor de um certo elemento na semente muda segundo a variedade, podendo estar entre 99 e 132 mg/kg de zinco em milho.[170] Na soja, um enriquecimento com molibdênio produzirá efeito quando o nível deste na semente for menor que 1,6 mg/kg.

Não somente as colheitas poderão ser aumentadas, mas igualmente deficiências poderão ser evitadas pelo enriquecimento da semente (sementes, roletes, estacas etc.),[69] justamente por incentivar o crescimento radicular[207] e, com isso, possibilitar uma exploração melhor do solo.

Quando este solo, porém, estiver esgotado neste elemento, não equivalerá a uma adubação e não poderá cobrir a deficiência da cultura neste elemento.

Não só é possível aumentar a absorção de nutrientes pelo enriquecimento da semente como é igualmente possível aumentar a resistência das plantas à seca, como, por exemplo, do trigo, embebendo sua semente numa solução de 2,5% de KCl (5 litros de solução para 100 kg de trigo), ou pulverizando a semente com uma solução de 1% de KCl.[5]

O mesmo ocorre com o arroz, que pode ficar mais resistente à salinidade quando pulverizado com uma solução muito diluída de sal comum (0,1%).

RESUMO

A absorção da planta nova pode ser melhorada quando sua semente estiver suficientemente abastecida com nutrientes, para aumentar o crescimento radicular. O efeito de uma adubação do solo com micronutrientes[207] depende da riqueza da semente neste elemento, e pode ser nulo quando a semente for deficiente, por ser incapaz de aproveitar este elemento do solo. Um enriquecimento por embebição (em solução de 0,002 a 0,005%, ou seja, de 20 a 50 mg por litro de água) ou pulverização (com uma solução a 1%) é capaz de superar a inibição inicial da planta, melhorar o aproveitamento dos adubos e aumentar a colheita de cereais e leguminosas.

O enriquecimento da semente não equivale a uma adubação. Ele pode tão somente estimular a absorção quando o solo ainda estiver razoavelmente abastecido neste elemento. Quando o solo for muito deficiente, raramente substitui uma adubação, e além do enriquecimento da semente deve-se adubar o solo.

A ADUBAÇÃO

Quadro 8.10 Consumo de nutrientes em 1975 (kg/ha sobre toda a área plantada).

região	N	P_2O_5	K_2O	total
Norte	10,4	10,0	10,2	30,6
Nordeste	4,2	4,5	4,6	13,3
Centro-Oeste	6,6	18,3	10,7	35,5
Sul	9,7	33,4	15,7	58,8
Sudeste	17,7	38,2	23,8	79,8
Brasil (média)	10,0	25,5	14,3	49,7

Fonte: Sistema Nacional de Planejamento Agrícola.

Quadro 8.11 Evolução do consumo, por hectare, de fertilizantes no Estado de São Paulo (ANDA).

anos	em relação à área cultivada	índice	em relação à área cultivada + pastagem artificial	índice
1969	51,9	100,0	24,7	100,0
1970	69,1	133,1	30,7	124,3
1971	81,2	156,4	36,7	148,6
1972	93,6	180,3	39,8	161,1
1973	113,6	219,0	47,9	194,0
1974	110,9	213,7	48,0	194,3
1975*	115,3	222,2	50,2	203,2
1976**	125,0	240,8	55,6	225,1

* estimativas; ** previsão.

Fonte: Instituto de Economia Agrícola, out. 1976.

Quadro 8.12 Consumo aparente de fertilizantes, em toneladas de nutrientes. (1975)

nutriente	produção nacional	importação	consumo aparente	participação nacional (%)
N	160 755	223 888	384 643	41,79
P_2O_5	515 970	478 754	994 724	51,87
K_2O	—	507 268	507 268	0,00
NPK	676 725	1 209 910	1 886 635	35,86

Fonte: Sindicato de Indústrias de Adubos e Colas de São Paulo.

A remoção de nutrientes pela planta

Quando a planta nasce, cresce e morre no mesmo local, ela devolve os nutrientes que retirou do solo e o ciclo é completado.

Quadro 8.13 Uma colheita leva aproximadamente os seguintes nutrientes de 1 hectare. (Fontes: Malavolta, Vageler, Wrigley).

cultura	rendimento (kg/ha)		nutrientes removidos (kg/ha)				
	grãos	palha	N	P_2O_5	K_2O	Ca	Mg
alfafa	(feno)	10 000	280	33	137	218	18
amendoim	–	–	85	15	50	–	–
soja	1 200	–	120	32	40	–	–
feijão	2 000	3 000	175	46	121	36	8
ervilha	2 000	3 200	125	21	68	477	7
aveia	3 200	4 800	90	35	83	14	7
arroz	2 500	–	90	38	95	–	–
milho	3 000	5 400	98	41	109	18	15
milho	6 000	10 000	150	80	230	36	27
sorgo	3 000	–	100	21	136	36	5
fumo (folhas)	–	1 000	84	27	174	132	24
batatinha	20 000	10 000	118	43	198	54	18
tomate	–	–	100	35	175	–	–
mandioca	–	–	80	50	140	–	–
algodão	–	–	84	22	271	–	–
batata-doce	–	–	66	17	96	–	–
café (arábica)	1 000	(café seco e descascado)	34,0	5,1	48,0	–	–
cacau	700	(semente)	19	10	14	–	–
chá-da-índia	800	(folha seca)	36	7	17	–	–
borracha	1000	(seco)	8	3	6	–	–
bananas	40 000	–	70	20	200	–	–
cana-de-açúcar	–	80 000	40	50	130	–	–
coco	1 200	(polpa seca)	55	15	50	–	–

Quando criamos plantas para depois levar as colheitas e, muitas vezes, exportá-las, os nutrientes retirados do solo não voltam mais. O solo empobrece.

Em campos agrícolas perdem-se igualmente nutrientes por lixiviação e erosão. Portanto, é lógico substituir o que foi perdido, para não esgotar os solos.

Mas, ao lado dos nutrientes citados, as culturas ainda removem enxofre e micronutrientes. A retirada de enxofre varia entre 15 e 20 kg/ha por ano e cultura. A dos micronutrientes varia segundo a cultura e o rendimento. Os dados de remoção de diversas culturas são apresentados no quadro 8.14.

A quantidade varia, porém, com a espécie, a variedade, a adubação comercial com NPK e o solo em que cresce, podendo retirar até três vezes mais de um solo do que de outro.

Bertrant (1936) dá uma relação do boro encontrado na substância seca das folhas de várias espécies.

Porém, a quantidade crescente de boro contida na folha não indica necessariamente a exigência de teores elevados de boro no solo. Muitas vezes a planta consegue absorver o elemento de ligações pouco disponíveis.

Quadro 8.14 Remoção de micronutrientes por diversas culturas (g/ha).[140]

cultura	boro	cobre	manganês	zinco	molibdênio	cobalto
cereais de grãos miúdos	50-70	50-70	160-460	150-250	3-6	1-2
batatinhas e outras solanáceas	50-70	40-60	300-450	200-500	3-6	1-2
alfafa	500-700	70-90	400-500	400-500	5-20	2-5
gramíneas forrageiras	70-90	30-60	250-360	200-400	3-20	1-3

Quadro 8.15 Teor de boro em mg/kg substância seca.

cevada	2,3	mostarda	21,9
centeio	3,1	tanchagem	22,5
trigo	3,3	cenoura	25,0
milho	5,0	fumo	25,0
linho	7,1	alfafa	27,0
espinafre	10,4	trevo-verm.	36,2
chicória	13,1	repolho	37,1
salsa	13,5	sola	37,1
malva	14,4	mostarda-pr.	53,3
batatinha	14,5	rabanete	64,5
feijão	16,5	alface	69,9
tomate	17,0	papoula	94,7

Quadro 8.16 Adubação com sulfato de cobre.

nenhuma	pouca a média	média a forte	forte a muito forte
feijão	repolho	cevada	alface
salsão	beterraba	cenoura	cebola
milho	batatinha	couve-flor	espinafre
menta	tomate	sorgo	capim-sudão
ervilha	fumo	aveia	trigo
		girassol	
		beterraba verm.	

Solos podzólicos de pastagem, quando plantados, dão os graus de resposta à adubação com sulfato de cobre apresentados no quadro 8.16.[140]

O mesmo vale para todos os outros elementos. A resposta depende sempre da espécie e ainda da variedade. Cada variedade necessita e absorve nutrientes segundo as suas características. Mas, *enquanto a absorção varia muito, a concentração na folha é semelhante e as proporções são idênticas.*

A eficiência da adubação

Para repor o que a safra retirou, aduba-se. Existem, porém, dois sistemas de adubar:

1. Adubar para aumentar a colheita, por necessitar de alimentos a qualquer custo;

2. Adubar para se obter um lucro maior pela atividade agrícola.

Onde as terras pertencem ao governo é possível adubar sem perguntar se é econômico. Em países onde as propriedades estão em mãos privadas, essa tática significa a dependência incondicional dos bancos e créditos, e geralmente não contribui ao bem-estar da população rural.

O custo da adubação

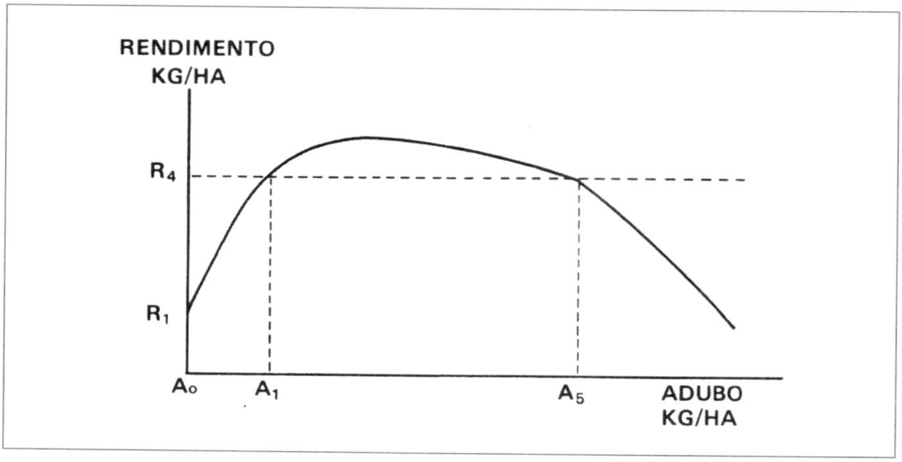

Figura 8.18 Curva de rendimento de adubo em ensaio de calibração.
R_4 = rendimento com adubo
R_1 = rendimento sem adubo
A_0 = quantidade de adubo nulo
A_1 = quantidade de adubo para aumentar a colheita ao máximo
A_5 = quantidade de adubo 5 vezes de A1 porém produzindo colheita idêntica

Verifica-se que, com o aumento da adubação, podemos aumentar a colheita ainda acima do ponto A_1/R_4. Mas daí em diante, com o aumento progressivo de adubo, a colheita não aumenta mais, começando a diminuir, até que, com quantidades maciças de adubo, chegamos a alcançar o mesmo nível de rendimento que com quantidades simples. Com o acréscimo de adubo acima do nível ótimo, decresce a colheita dando finalmente menos do que sem adubo. Excesso de adubo NPK causa a deficiência de Cu, Zn e B de modo que se torna praticamente tóxico.

Teoricamente, com o aumento gradativo de micronutrientes respectivos, dever-se-ia permitir a aplicação cada vez maior de NPK, aumentando assim as colheitas. Porém, a quantidade que pode ser absorvida e metabolizada depende da variedade e de seu potencial genético.[153] E quanto mais elevada a produção de uma planta, tanto maior a concentração de nutrientes em sua seiva. Em variedades de produção alta a planta gasta relativamente muito mais nutrientes para formar 1 kg de grão ou substância seca do que gasta uma variedade com produção menor. A concentração de íons na seiva de variedades ultraprodutivos chega finalmente a níveis tóxicos,[22] o que ocorre quando não consegue mais metabolizar os nutrientes no mesmo ritmo em que forem absorvidos. Com isso alcança-se o teto da produção vegetal, que reside fundamentalmente no equilíbrio entre a taxa de absorção e a de metabolização.

Cada espécie e variedade dentro da espécie necessita de quantidades diferentes de um nutriente para formar 100 quilogramas de semente.

Gastam-se:	trigo	0,63 kg de P
	girassol	1,40 kg de P
	colza	1,70 kg de P

Há, portanto, espécies e variedades mais econômicas em um ou outro elemento.

É possível criar variedades de alta produtividade que respondam a adubações elevadas. Mas quanto maior a adubação, tanto maior será também sua lixiviação,[157,295] uma vez que a absorção da planta não coincide com a solubilização do adubo. As perdas de adubo aumentam, portanto, com a quantidade de adubo aplicado e o resultado são rios, lagos e açudes poluídos por adubos lixiviados,[84,291] criando-se tais quantidades de algas que a água se torna viscosa, inaproveitável para animais e homens. Muitos "Creeks" nos EUA e muitos vales na Suíça tiveram de ser abandonados por causa disso.

Explica-se pelo fato de que a concentração de nutrientes na água dos rios é igual à concentração de nutrientes na solução do solo.[146]

Impõem-se, pois, limites à adubação, tanto com relação à planta como no tocante às águas. Adubações maciças geralmente são antieconômicas, e além disso são nocivas ao meio ambiente.[269,291]

São as adubações módicas que dão mais lucros, como são as chuvas mansas que dão as maiores colheitas!

O histórico ou "*background*" da variedade

Sabe-se, atualmente, que cada variedade possui um potencial genético específico de produção e de resposta à adubação, o que depende de sua capacidade de absorver e metabolizar.[155] Isso significa que a adubação não deverá ser planejada para a cultura de soja, trigo, algodão ou cana-de-açúcar mas sim para a variedade, por exemplo, de soja, tais como Santa Rosa, Davies, Hardee etc. Para adubar economicamente, o histórico da variedade deve ser conhecido.[68] Porém, deve ser lembrado que cada variedade reage de maneira diferente em cada unidade de solo!

Existem variedades resistentes à acidez do solo, dispensando uma correção do pH. Porém, são resistentes não porque não necessitem de cálcio mas, ao contrário, por serem capazes de absorver cálcio de solos onde outras variedades morrem por causa de sua deficiência.[104] O mesmo ocorre com o fósforo. Enquanto variedades sensíveis a altas concentrações de fósforo mostram uma redução da colheita após sua

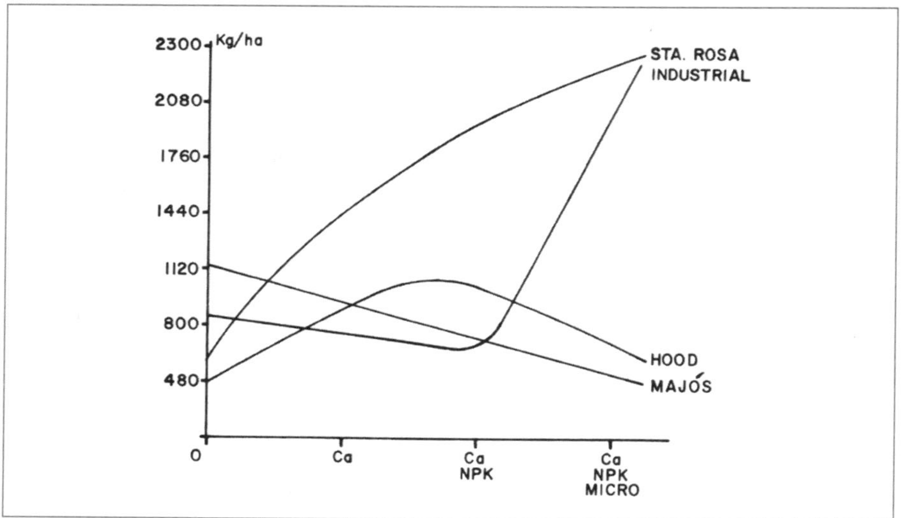

Figura 8.19 Resposta de quatro variedades de soja à adubação. (Primavesi, 1970)

aplicação, outras, que são capazes de absorver maiores quantidades de zinco, são insensíveis a concentrações altas de fósforo,[70,215] reagindo favoravelmente ao adubo.

Também a absorção de nitrogênio[100] ou potássio[113] está ligada à variedade. *Nenhuma variedade consegue absorver íons além do seu nível característico, exceto o potássio.*[154,226,321]

Na figura 8.19 pode-se verificar que cada variedade possui uma resposta específica à adubação. Essa resposta varia segundo a unidade do solo, uma vez que a concentração de elementos nutritivos em cada unidade é diferente, incluindo-se os micronutrientes. Neste solo, somente a variedade de soja Sta. Rosa mostrou a resposta esperada de qualquer adubação: aumento de rendimento à medida que se acrescentam os diferentes elementos nutritivos. As outras variedades reagiram em parte negativamente à adubação e à calagem (var. Majós), em parte negativamente à aplicação de NPK enquanto não foram adicionados os micronutrientes, e em parte reagiram positivamente à calagem e ao NPK mas negativamente aos micronutrientes. Na figura 8.20 a resposta à adubação impressiona, porém trata-se de solo pobre mas grumoso.

Na figura 8.21 as formas das curvas de resposta são idênticas para as duas variedades, porém, a quantidade de grão produzido é muito diferente.

A resposta à adubação não difere somente para cada variedade, mas igualmente para cada solo.[23] O potencial de absorção e utilização de um nutriente depende da variedade.[74] Mas é do solo que depende a quantidade disponível de micronutrientes, que agem como catalisadores na metabolização dos nutrientes. Depende igualmente da quantidade de micronutrientes mobilizados pela adubação, como, por exemplo, de manganês pelo nitrogênio, que podem tornar-se tóxicos, como ocorreu provavelmente no caso apresentado na figura 8.22.

Figura 8.20 Resposta de trigo à adubação, em solo pastoril.

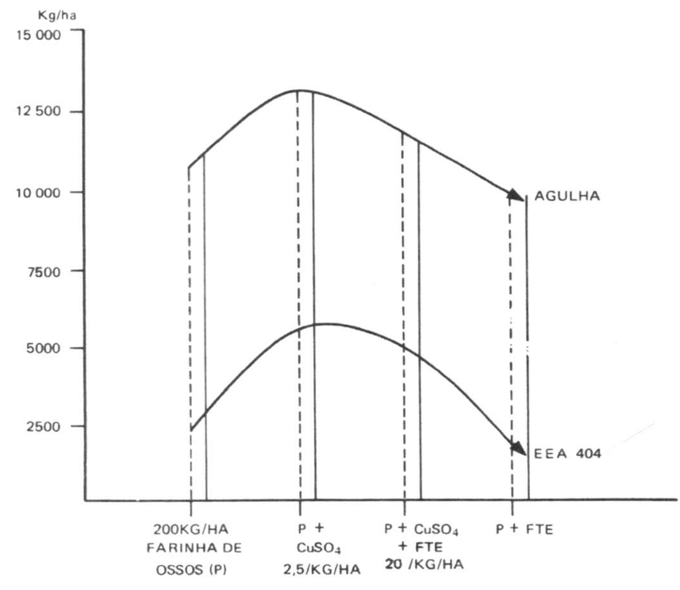

Figura 8.21 Efeito de adubação em duas variedades de arroz irrigado no mesmo solo podzólico. (Primavesi, 1970)[232]

Uma experimentação oficial de seleção de variedades e de adubação somente em alguns pontos do país não é suficiente, valendo mais como incentivo do que por seus resultados. Cada fazendeiro deve ser seu próprio pesquisador procurando selecionar as variedades que melhor se derem em seus solos e descobrindo as quanti-

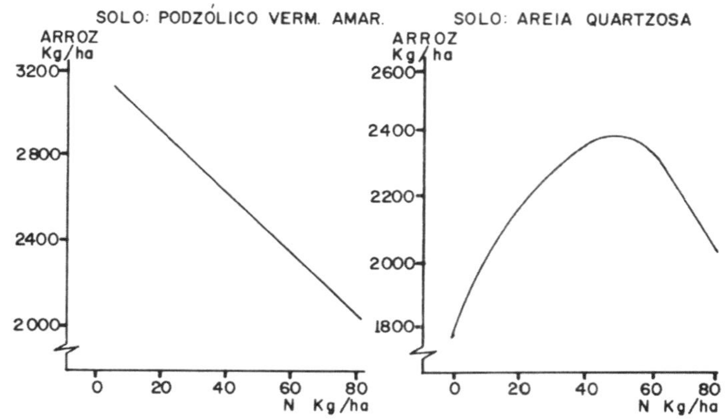

Figura 8.22 Efeito da adubação de uma variedade de arroz em dois solos diferentes. (Carneiro Freitas, 1973)

dades e proporções de adubo que se mostrarem rentáveis. Quem considerar os dados de experimentação oficial como exclusivos, nunca poderá esperar mais que rendimentos e lucros médios e baixos, porque Estação Experimental alguma pode fazer milagres. Quanto mais caro o adubo, tanto mais necessária sua eficiência máxima. E, esta depende do interesse ou desinteresse do próprio produtor.

RESUMO

A adubação não pode ser feita seguindo um padrão geral.

Cada variedade reage diferentemente e o potencial de absorção não pode ser aumentado por uma adubação maior, por ser específico à variedade. E, cada solo responde segundo o acervo dos outros nutrientes que possui.

O efeito da adubação indiscriminada, de qualquer variedade em qualquer solo, está condenado a oscilações muito grandes, e muitas vezes ao fracasso. É um jogo de azar e não uma técnica agrícola. De uma técnica espera-se que sempre dê lucro.

Verificamos na figura 8.23 que a segunda parcela do adubo (A_2) promoveu um aumento considerável de rendimento e, portanto, é econômica. A tangente da curva do aumento de rendimento, que ao mesmo tempo é a paralela à linha que liga o ponto zero com o aumento máximo de rendimento da cultura, indica o ponto a partir do qual a adubação se torna antieconômica. Enquanto a segunda parcela de adubo elevou a colheita proporcionalmente ao adubo aplicado, a terceira parcela (A_3) aumentou-a em menos que a metade. O adubo para este aumento custa mais que o dobro em relação à unidade produzida pela segunda parcela.

Quando a produção por unidade de adubo for alta, seu preço será relativamente baixo.

Por exemplo: se com 1 t/ha de NPK produzirmos 10 t/ha de batatinhas, a adubação sairá cara. Se conseguirmos produzir 30 t/ha, permitir-se-á um lucro adequado e o preço será um fator relativamente secundário. Se com 600 kg/ha de NPK produzirmos 3 t/ha de milho, o preço do adubo já supera o preço da produção. O produtor não pagará mais seu ser-

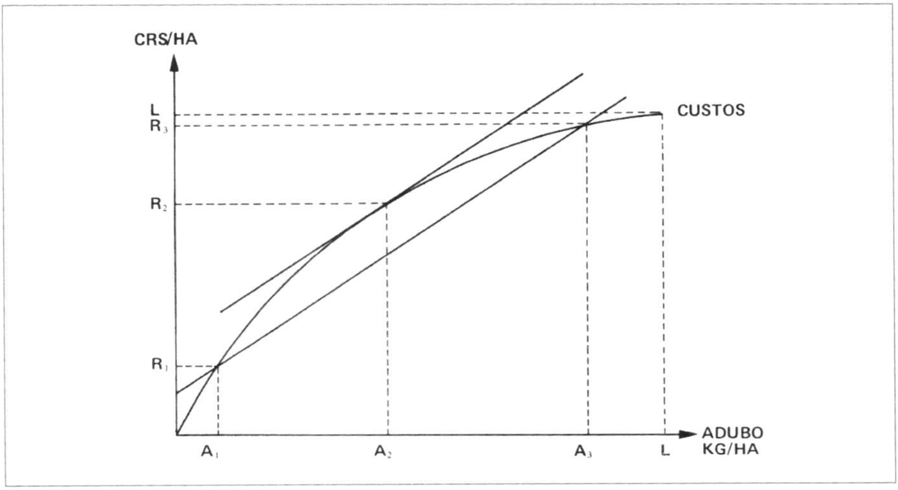

Figura 8.23 Rentabilidade da adubação.
R_1 = rentabilidade mínima
R_2 = rentabilidade máxima
R_3 = limite da rentabilidade
L = produção máxima da cultura

viço nem receberá os juros sobre o dinheiro empatado em sua terra. Consequentemente viverá na miséria, embora sua produção tenha dobrado em relação ao campo não adubado. Mas, se este adubo possibilitar a colheita de 9,0 a 12,0 t/ha de milho, o que é absolutamente possível em nosso clima, um lucro bom será garantido ao produtor, mesmo com preço do milho idêntico. A pergunta é: Quanto posso produzir através do adubo? E a fórmula bruta para saber isso é: Rendimento com adubo menos o rendimento sem adubo, igual à produção líquida conseguida pelo adubo. Por exemplo: sem adubo colhemos 800 kg/ha de trigo e com 400 kg/ha de NPK 1 350 kg/ha. O aumento é de 550 kg/ha. O custo do adubo foi de Cr$ 1 200,00* e o da aplicação Cr$ 35,00, perfazendo um total de Cr$ 1 235,00. O preço alcançado pelo trigo produzido é de Cr$ 779,00, sendo o prejuízo, portanto, de Cr$ 456,00. Apesar da colheita maior, o produtor perdeu dinheiro.

Se plantarmos arroz-de-sequeiro sem adubo, os gastos serão aproximadamente Cr$ 900,00 por hectare, e a colheita de 1 500 kg a Cr$ 1 000,00 por tonelada dará um lucro de Cr$ 600,00. Mas, se resolvermos plantar arroz-irrigado, com duas elevações de água, com adubo, o custo da lavoura será de Cr$ 4 120,00. Mesmo colhendo 3 700 kg/ha, que seria uma colheita média e representaria um aumento de 250% na produção, perderíamos dinheiro, porque o valor da colheita seria somente de Cr$ 3 700,00 contra os Cr$ 4 120,00 gastos.

* Os valores de 07/1979 atualizados pelo IGP-DI (FGV) em 07/2021 são os seguintes: Cr$ 1 200,00 = R$ 1 016,88; Cr$ 35,00 = R$ 29,66; Cr$ 1 235,00 = R$ 1 046,54; Cr$ 779,00 = R$ 660,13; Cr$ 456,00 = R$ 386,42; Cr$ 900,00 = R$ 762,66; Cr$ 1 000,00 = R$ 847,40; Cr$ 600,00 = R$ 508,44; Cr$ 4 120,00 = R$ 3 491,30; Cr$ 3 700,00 = R$ 3 135,39. (N.E.)

Por isso existem atualmente agricultores com produção boa e vendas volumosas mas que vivem na miséria, não saindo dos empréstimos, juros e dívidas. Desta situação muito desalentadora resulta que não se tenta mais adubar ou melhorar as técnicas para a produção de alimentos, mas se concentra a adubação especialmente nas culturas de exportação como cana-de-açúcar, café, cacau e algodão, cujos preços se beneficiam pelas facilidades de exportação e dos preços no mercado mundial. É um desenvolvimento pouco salutar para um povo novo, e conduz a um superavit na balança de exportação, mas à miséria no próprio país.

Usando-se adubo é lógico que um dos dois deverá ser alto: o preço da colheita ou a colheita produzida. E como é mais fácil alcançar um preço alto que uma colheita alta, poucos cuidam de aumentar a produção. O resultado é: fome nos países exportadores de produtos agrícolas e pecuários. Que a fome é o maior empecilho para a prosperidade e bem-estar geral, não há dúvida!

O PIB engana muito. Ninguém pergunta o que o produziu. Portanto, não significa prosperidade. Por enquanto nenhum povo conseguiu sobreviver ao trato inadequado de seus solos!

Por que a adubação faz tão pouco efeito em nossos solos e por que a eficiência dos adubos é tão baixa entre nós, ficando os rendimentos muito aquém dos norte-americanos e europeus?

A adubação depende:

1. Da unidade do solo e sua condição biofísica. Solo adensado não responde satisfatoriamente ao adubo;[225,228,232]
2. Do clima. Em clima seco a reação é diferente da de clima úmido, e em clima fresco é diferente da do quente;[108,138]
3. Do pH do solo, ou melhor, do estado que o pH indica;[12]
   a) Da disponibilidade dos nutrientes, seu equilíbrio, sua deficiência ou excesso;[221,242]
   b) De elementos tóxicos e sua maior ou menor mobilização pelo adubo;[295]
4. Da ação fisiológica do adubo, acidificando ou alcalinizando o solo;[258]
5. Da espécie e variedade vegetal plantada e seu potencial de mobilização, absorção e metabolização do adubo;[232]
6. Da relação entre o preço do adubo e o obtido pela colheita.

Em parte, mesmo com subsídio, o preço do adubo não ficou muito aquém do preço de 1973. Isso significa que a eficiência do adubo tem de subir para dar lucro. E a maneira melhor de aumentar esta eficiência é através do melhoramento das condições biofísicas do solo e do equilíbrio dos nutrientes entre si.

A deficiência de nitrogênio é a que mais facilmente se manifesta, reduzindo a colheita. Porém, sua aplicação indiscriminada, sem consideração dos outros nutrientes, especialmente de fósforo, é absolutamente desaconselhável. Na figura 8.24 mostra-se o efeito da adição de nitrogênio a uma solução nutritiva "pobre", sendo uma solução normal 50 vezes diluída. À esquerda uma planta em solução nutritiva normal com omissão de K, no meio uma planta com omissão de N. A planta mostra a descoloração típica das folhas e é me-

Quadro 8.17 O preço dos adubos no decorrer dos últimos 10 anos (preço médio ponderado).

ano	arroz em casca (scs. 60 kg)	milho (scs. 60 kg)	café beneficiado (scs. 60 kg)	soja (scs. 60 kg)	algodão (arrobas)
1967	10	29	4	15	35
1970	13	25	2	11	30
1973	10	20	2	9	23
1974	17	45	4	21	41
1975*	8	21	2	12	28
1976**	9	18	1	10	12

* Considerando um subsídio de 40% nos preços médios dos fertilizantes.
** Média de preço de fertilizantes de janeiro a maio.
Fonte: Instituto de Economia Agrícola, outubro 1976.

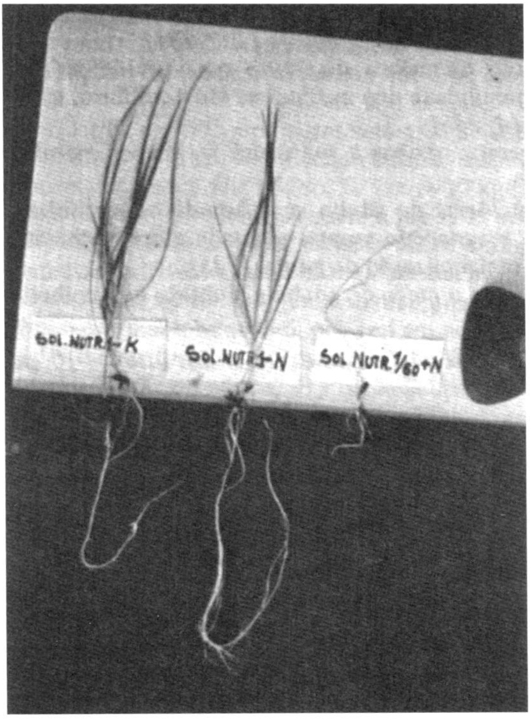

Figura 8.24 A deficiência de um elemento numa solução bem provida com os restantes nutrientes é menos prejudicial do que a adição de um nutriente, aqui N, a uma solução pobre.

nor que a deficiente em potássio. À direita uma planta em solução nutritiva 50 vezes diluída com adição de nitrogênio, que causou a morte do vegetal. Explica-se isso pela absorção elevada de nitrogênio, do qual a planta é faminta, porém sua metabolização é impossibilitada por causa da deficiência de fósforo e de outros nutrientes. O nitrogênio continua circulando na seiva tornando-se sua concentração tóxica. Na figura 1.10 mostra-se que uma solução nutritiva 50 vezes diluída é capaz de dar uma planta sã, de modo que o problema não era a pobreza da solução mas o excesso unilateral de nitrogênio.

O CLIMA E A ABSORÇÃO DE NUTRIENTES

Após a estação chuvosa o solo está lixiviado, empobrecido, especialmente em nitrogênio, potássio, cálcio e boro. Para um plantio que se segue a esta estação dever-se-á considerar uma adubação maior.[210] Precipitações durante 24 horas consecutivas lavam 30 a 40% dos elementos absorvidos das folhas novas, especialmente durante temperaturas baixas, como ocorrem no inverno no Rio Grande do Sul.[295] Nas folhas velhas a lixiviação atinge até 80 a 90% dos cátions e ânions. Especialmente cálcio, potássio, magnésio, fósforo, enxofre e aminoácidos são perdidos. O que torna as plantas mais suscetíveis a doenças[294] uma vez que bactérias e fungos sempre atacam tecidos enfraquecidos. Porém, produtos como proteínas, ácidos graxos e amidos não são afetados. Isso significa que quanto mais rápida a metabolização tanto menor a lixiviação por chuvas persistentes.

A velocidade de metabolização depende da presença de suficiente oxigênio no solo e de enzimas catalisadoras[189] que, por sua vez, dependem, em sua maioria, de micronutrientes. Em solos com bioestrutura intacta e em culturas providas de todos os microelementos, essenciais às mesmas, o efeito desfavorável de chuvas prolongadas é menor.

Na estação seca geralmente o solo enriquece nos elementos que a chuva lavou para camadas inferiores, e que agora sobem novamente à superfície. Assim, constata-se um aumento de nitrogênio, potássio e boro,[210] possibilitando um crescimento explosivo no início das águas, em todas as zonas tropicais. Se o solo não for plantado mas somente lavrado, quando as chuvas se iniciam, todos os nutrientes que se acumularam na camada superficial durante a seca serão novamente lixiviados durante as primeiras 6 semanas das águas. A quantidade de adubo que se necessita para o plantio da primavera depende não somente da cultura e do solo mas também da época de plantio. Ela deve ser maior nos plantios feitos tardiamente na época. Os plantios efetuados na época certa necessitam menos adubos pois as raízes interceptam os nutrientes levados pela água de infiltração.

Em clima seco, onde ocorrem solos salinos e alcalinos, como no "polígono da seca", a adubação baixa facilmente o rendimento da cultura por aumentar a concentração de sais no solo e com isso a pressão osmótica da solução do solo, que já estava no limiar do tolerável. As plantas não conseguem mais absorver o suficiente em água e nutrientes contra o gradiente da pressão: as colheitas baixam (quadros 9.40 e 9.41).

Nestes casos limiares, a adubação que visava remover deficiências minerais agravou-as para a planta, apesar de os nutrientes existirem no solo.

Porém, quanto mais baixas as temperaturas, tanto maior o pH deve ser para garantir uma absorção boa de nutrientes,[292] encontrando seu ótimo no pH neutro.

Em todos os casos consegue-se a absorção melhor quando o solo tiver uma bioestrutura adequada. Esta se consegue incorporando superficialmente matéria orgânica junto com 500 kg/ha de termofosfato, escória ou fosforita (vide capítulo 4).

A EDIFICAÇÃO DE UMA PRODUTIVIDADE MAIOR DO SOLO

Muitos dos nossos solos possuem uma CTC reduzida, um pH baixo, uma camada arável mais arenosa que o subsolo e uma laje adensada logo abaixo da superfície. Em consequência são de produtividade baixa e de reação deficiente à adubação.

É possível modificar o pH através da adição de matéria orgânica seca e de uma calagem. Com isso, também se modifica a CTC e o solo se torna capaz de manter maior quantidade de nutrientes em forma disponível. Reduzindo os trabalhos de revolvimento do solo e evitando adubos amoniacais, que são biocidas fortes, consegue-se o restabelecimento de uma fauna edáfica ativa, que revolve o solo, transportando a argila, emigrada da superfície, novamente para a camada arável. Porém, não é possível querer "encher" um solo de CTC baixa com nutrientes hidrossolúveis, especialmente com potássio e fósforo. Um teor elevado de potássio solúvel baixa a absorção de magnésio e cálcio e com isso a colheita.[128] Em cada adubação devem ser considerados os efeitos colaterais dos nutrientes.[126] Desta maneira, cada solo possui seu "nível crítico" de nutrientes que se apura pela "calibração". Enquanto se aumentam os elementos deficientes, aumenta a produção, se a absorção for garantida.

Chama-se a atenção ao fato que quantidades pequenas de adubo deprimem a colheita e não é prudente reduzir as quantidades de adubo recomendado, para fins de economia. Tampouco quantidades muito elevadas fazem efeito positivo ou compensador (figura 8.25).

Mas, quando se passa o nível crítico, em que todos os elementos se encontram em equilíbrio, o adubo não consegue mais aumentar a colheita por constituir um

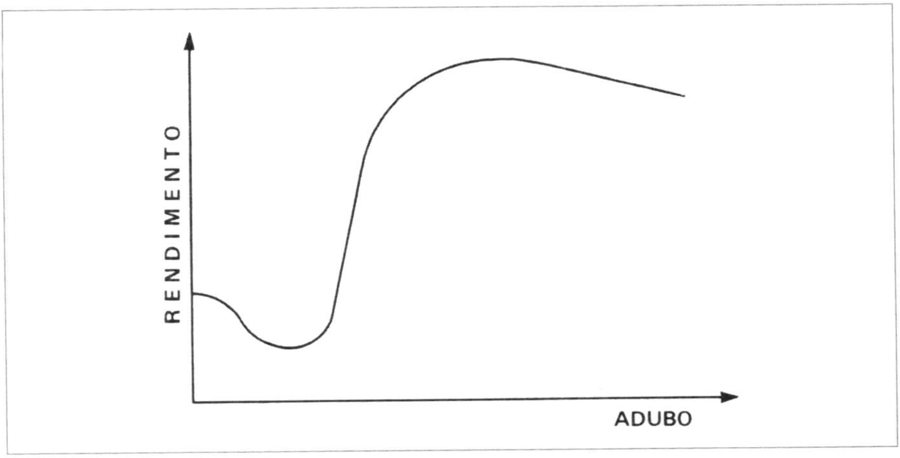

Figura 8.25 O efeito do adubo sobre o rendimento.

excesso. De aqui em diante deprime a produção,[39,53,83] do mesmo modo que doses muito pequenas de adubo a deprimem.

Na edificação da fertilidade aumenta-se o complexo de troca, adubando em seguida com todos os nutrientes, inclusive os micronutrientes, mantendo-se o equilíbrio, que era característico ao solo. Os adubos pouco solúveis na água são os mais adequados para este fim.

Pela adubação pode-se aumentar ou destruir a fertilidade de um solo.[268] Por isso Voisin (1966) disse: *"O adubo é um instrumento maravilhoso quando bem aplicado, mas é um perigo grave quando mal utilizado!"*

As variedades de alta produtividade respondem melhor à adubação. Mas, quando houver uma deficiência mineral, também são as que experimentam a maior quebra do rendimento,[196] pois a deficiência baixa a fotossíntese e com isso a produção.[57] Com o decréscimo da quantidade decresce igualmente a qualidade do produto. Na figura 8.26 esquematiza-se a perda da bioestrutura pelo cultivo (vide capítulo 7). O volume de solo explorado pela raiz diminui. Em parte, também, perdem-se os micronutrientes, por causa da absorção forçada em presença de NPK acrescentado. Compensa-se o menor volume de solo explorado pela raiz, através de uma concentração maior de nutrientes, adubando-se com quantidades cada vez maiores.[38] A bioestrutura continua decaindo e gastam-se os micronutrientes do espaço reduzido explorado pela raiz. Faltam oxigênio e ativadores de enzimas, os micronutrientes, e as colheitas baixam apesar do aumento das adubações. Não que a adubação com NPK e a calagem fossem desnecessárias. São muito necessárias! Mas, não são os únicos fatores de produção. Já Boussingault (1885) e mais tarde Voisin (1966) clamam pela restituição de todos os elementos perdidos do solo; dos macro e micronutrien-

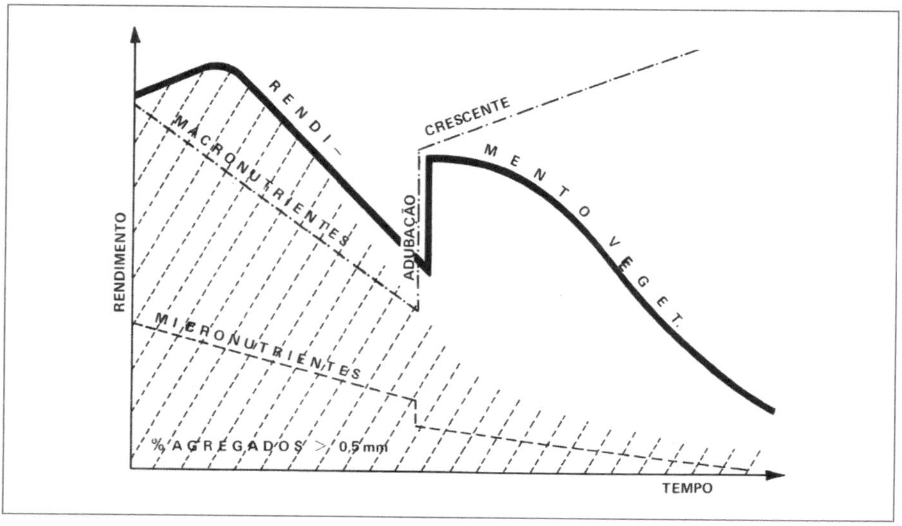

Figura 8.26 Diminuição de eficiência da adubação comercial pelo tempo de uso do solo e os fatores responsáveis.

tes, dos minerais retirados pela planta, lixiviados pela chuva ou levados pela erosão. Quanto maior a produção vegetal, tanto maior também a remoção de nutrientes.[306] Uma quantidade maior de nitrogênio absorvida pela planta necessita igualmente de uma quantidade maior de cobre; mais potássio subtraído exige igualmente mais boro e magnésio; mais fósforo exige mais zinco e ferro, e mais cálcio exige mais manganês. Não importa qual o elemento absorvido, sempre se necessita de oxigênio no solo, e este não consegue introduzir no solo a não ser através de uma boa aeração. E para isso necessita-se de uma bioestrutura porosa, que permita a circulação de ar.[249]

OS ELEMENTOS NUTRITIVOS PRINCIPAIS E SUAS INTER-RELAÇÕES

O nitrogênio

O nitrogênio não é mineral. Chega ao solo através do ar ou pela adubação. As chuvas tropicais podem acrescentar, ao solo, até 50 kg/ha de nitrogênio ao ano.[133,288]

As argilas tropicais absorvem amônia (NH_3),[110,166] e especialmente os solos de arroz irrigado podem fixar muito nitrogênio em presença de luz através de algas.[276]

A matéria orgânica promove a fixação de nitrogênio, seja por meio biológico ou também fotoquímico[62] ou por simples absorção do ar.[51] A fixação biológica por microrganismos de vida livre é muito maior do que se supunha, há uns 5 anos. É de no mínimo 40 kg/ha/ano, sendo ainda muito maior em presença de luz.[15,63,65] O nitrogênio atmosférico logo é oxidado a NO_3 por bactérias.

A fixação de nitrogênio por microrganismos simbióticos ou noduladores é importante não somente nas leguminosas mas também em não leguminosas, sendo no mínimo de 20 kg/ha e ano de N_2.

O nitrogênio nítrico

O nitrogênio nítrico (NO_3^-) é facilmente lixiviado pela água da chuva.[208] Quando o solo superficial for pobre, a raiz pode procurá-lo até a 1,80 m de profundidade.[96] Em épocas secas o nitrato sobe novamente à superfície do solo,[89] provocando o verdejar explosivo no início das águas em nossas zonas. Quando as quantidades de nitrato são muito grandes, aproximando-se dos 160 kg/ha, especialmente após uma adubação, em parte são lixiviados para o nível freático, aparecendo nas fontes e rios.[157]

Os nitratos são absorvidos de preferência pelas plantas, por serem pouco tóxicos aos vegetais, podendo circular em maior concentração na seiva.[115] Portanto, necessita-se menos fósforo para sua metabolização, que pode ser mais vagarosa. Exige-se, porém, a presença de molibdênio para poder ser metabolizado pela planta. Permite igualmente uma maior acumulação de cálcio, magnésio e potássio no vegetal por ser um ânion. Plantas nutridas com nitratos (NO_3^-) têm vantagem absoluta. Em solos ativos o nitrogênio amoniacal logo é oxidado a nitrogênio nítrico. Porém, nitratos não são bem absorvidos de solos secos, por subirem totalmente à superfície seca e insolada, de onde a raiz não o pode retirar por falta de água e excesso de calor.[40]

O nitrogênio nítrico bloqueia a absorção de cloro de solos salinos bem como de adubos, como cloreto de potássio, o que é especialmente importante em solanáceas, como tomate, fumo e batatinha, que se ressentem do efeito de pequenas quantidades de cloro.[103]

Para solos salinos e alcalinos é a forma de nitrogênio mais indicada, por não ter pronta volatilização neste meio.

Para a adubação em cobertura o nitrogênio-nítrico é o indicado.

O nitrogênio amoniacal

No Brasil o nitrogênio amoniacal (NH_4^+) é o mais comum na adubação, sendo usado em forma de sulfato de amônio. A planta absorve-o, mas uma concentração média é tóxica para a planta. Exige, pois, uma metabolização muito rápida para evitar sua acumulação na seiva vegetal. Para isso necessita-se de muito mais fósforo[60] do que para o nitrogênio nítrico, especialmente porque o amônio pesa na balança dos íons de carga positiva. Portanto, desloca cátions como potássio e cálcio e torna o metabolismo vegetal muito precário. Também é a razão por que geralmente aumenta a suscetibilidade das plantas a doenças fúngicas. Não diminui somente a resistência das plantas pela menor absorção de K^+ e Ca^{++} mas igualmente baixa em 40% o teor em fenóis na folha. Os fenóis são tidos como poderosos fungistáticos.[31]

Quanto maior a adubação, tanto mais amônia se perde por volatilização.[2] É especialmente forte em solos alcalinos: cálcio (Ca^{++}) e sódio (Na^+) promovem sua liberação. Por isso é impróprio em solos alcalinos apesar de poder contribuir para sua acidificação. Em solos salinos por cálcio e magnésio sua perda é bem menor.[197] Também uma calagem diminui sua perda ao ar, especialmente em pastagens onde a adubação é feita em cobertura.[179] Nas lavouras não deve ser usado para adubação em cobertura, especialmente em solos arenosos, pobres em matéria orgânica, onde sua volatilização é quase que total.

A vantagem absoluta do $N\text{–}NH_4$ é a de ser facilmente absorvido de solos mais secos e ácidos, por não subir à superfície, e necessitar de manganês e cobre[179] para sua metabolização, elementos presentes em solos ácidos. Outra vantagem é que o sulfato de amônio acrescenta igualmente enxofre, que é muito importante para soja, trigo e cafeeiro.

Quando faltar cálcio, fósforo e magnésio, o nitrogênio é absorvido pela planta, mas sua metabolização é deficiente. A formação de proteínas é muito deficiente, permanecendo em forma de aminoácidos, enquanto parte do nitrogênio continua circulando na seiva,[218] ou é perdida pela folha.

O mesmo ocorre quando existir a deficiência de manganês.[305] Porém, o sulfato de amônio mobiliza o manganês, especialmente em solos ácidos, de modo que este pode tornar-se até tóxico.[16] A metabolização vagarosa de nitrogênio amoniacal causa facilmente a sua toxidez quando a seiva vegetal for pobre em cálcio.[17]

Portanto, uma adubação nitrogenada em solo ácido e adensado, pobre em fósforo, cálcio e magnésio não somente diminui a ação benéfica do nitrogênio mas, às vezes, faz com que a cultura pereça, como aconteceu no Rio Grande do Sul em aveia e azevém (*Lolium multiflorum*), que secaram após a aplicação do sulfato de amônio em solos muito pobres.

O efeito benéfico de uma adubação nitrogenada pode falhar por faltarem os elementos para sua metabolização rápida.

A figura 8.27 mostra que a adubação com sulfato de amônio aumenta a necessidade de fósforo para a planta, diminuindo a possibilidade da absorção de cálcio e potássio; a de nitrato de cálcio diminui a necessidade de fósforo, aumentando a absorção de potássio e cálcio. Por isso, na adubação amoniacal, as plantas tornam-se menos resistentes ao frio,[194] à seca e às pestes.[223,240]

Em solos ativos, onde existe a nitrificação rápida do amônio, o efeito de uma adubação nitrogenada sempre é garantido. O efeito ausente, deficiente ou prejudicial de nitrogênio amoniacal, que se verifica frequentemente nos solos das zonas tropicais, é justamente devido ao fato de faltarem os elementos necessários para sua nitrificação e metabolização, especialmente o oxigênio.[267]

A ureia libera NH_2 em sua decomposição e volatiliza-se com facilidade em solos com pH maior que 6,5 em presença de temperaturas maiores que 19 °C.[236] Esta perda é tanto maior quanto mais persistente for uma brisa de ar. Em solos arenosos,

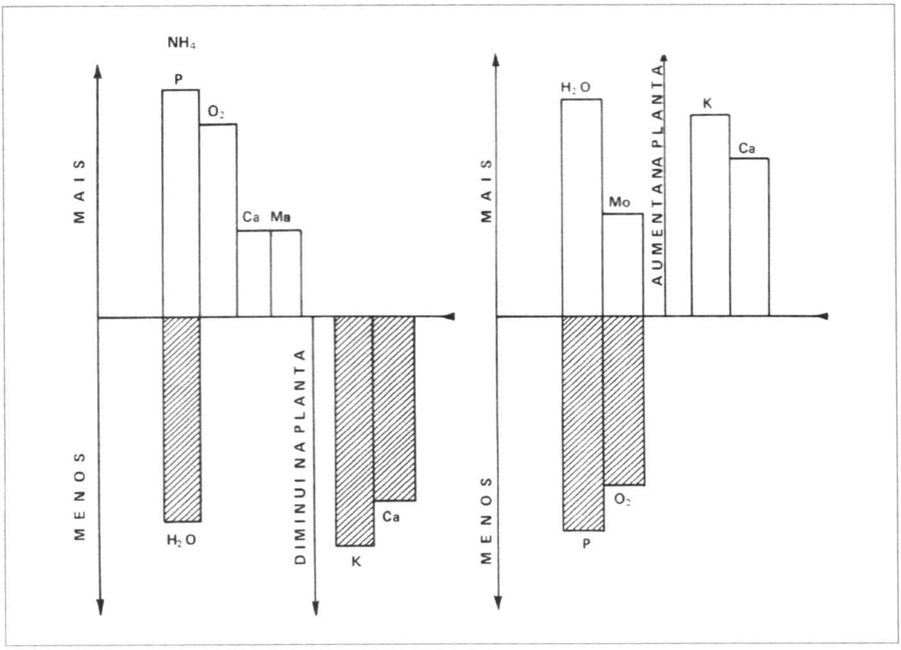

Figura 8.27 Na adubação com sulfato de amônia e na de nitrato de cálcio as exigências das plantas são diferentes.

sem matéria orgânica, simplesmente não faz efeito, nem em épocas de seca,[303] quando a planta necessitaria de concentrações maiores de nitrogênio.

A necessidade de nitrogênio

Aumenta com a intensidade de iluminação. Quanto mais distantes estiverem as plantas umas das outras tanto mais nitrogênio elas necessitarão. A sombra reduz a necessidade de nitrogênio em até 50%.[318] Esta sombra pode provir da densidade do "*stand*", isto é, do menor espaçamento. Porém, um espaçamento menor significa uma população vegetal maior e com isso a absorção de nitrogênio será idêntica ao espaçamento maior, pelo maior gasto do maior número de plantas. Não significa, portanto, menos adubo nitrogenado, mas sim um aumento menor da adubação nitrogenada em relação ao fósforo ou potássio, cálcio e magnésio. Como a quantidade de adubo está relacionada com a população vegetal, um excesso de nitrogênio ocorre facilmente em culturas com espaçamento menor, provocando o acamamento das plantas.

O nitrogênio é o elemento a faltar primeiro em épocas de seca. Sua absorção é prejudicada, necessitando de uma adubação maior para contrabalançar sua deficiência.

A adubação nitrogenada em cobertura, comum em cereais, deve garantir a quantidade suficiente para a fase reprodutiva. Porém, seu efeito é negativo se o nitrogênio tem faltado para a fase vegetativa. Neste caso, especialmente quando a adubação em cobertura for maciça, a colheita em grãos não aumenta. Muitas espigas ficam estéreis,[285] por ter sido induzida uma deficiência aguda de potássio,[162] e provavelmente também de cálcio. Muitas vezes a adubação parcelada não dá efeito algum,[100] e em solos grumosos com bioestrutura intacta geralmente é desnecessária.

Chamamos a atenção ao fato de que: *qualquer deficiência mineral que impede a formação de proteínas equivale a uma deficiência de nitrogênio para o vegetal.* Assim, por exemplo, a falta de cromo causa a deficiência de nitrogênio em árvores noduladoras, que não são da família das leguminosas, como o *Alnus.* O mesmo ocorre na falta de enxofre, zinco, manganês, ferro, fósforo e outros.

A eficiência de uma adubação nitrogenada somente será garantida quando não existir outra deficiência mineral no solo e quando sua metabolização completa estiver assegurada.

O manejo do nitrogênio no solo

A temperatura é um dos fatores mais importantes na absorção do nitrogênio, ao lado da água e de oxigênio.[15] Quanto maior a temperatura, tanto mais rápida a sua absorção, até que a água se torne o fator limitante.

Exige-se a proteção do solo contra temperaturas muito elevadas e contra a perda excessiva de água nas épocas mais secas. A fixação biológica de nitrogênio atmosférico é muito alta em solos com matéria orgânica e o suficiente de cálcio e fósforo.[177,248] Porém, a adubação nitrogenada impede a fixação de N_2 atmosférico.

Aproximadamente cinquenta por cento do nitrogênio adubado não é aproveitado,[267] porque:

a) Escapa para o ar ou é lixiviado;
b) A raiz não o alcança devido a adensamentos;
c) A seca, com sua falta de água, impede a absorção;
d) Falta o fósforo e, em menor escala, outros nutrientes para sua metabolização;
e) Elevada concentração de alumínio no subsolo, constituindo uma barreira química ao crescimento radicular.

É fato conhecido que o valor de nitrogênio no solo e na planta não se correlaciona bem com o rendimento da cultura. Primavesi[238] verificou que valores altos de N-total na folha raramente indicaram colheitas altas. Em análise detalhada das formas de nitrogênio (nitrito, nitrato e amoniacal) e na comparação de análises de seiva e do N-total do tecido pode ser constatado que os níveis elevados de N frequentemente coincidem com níveis elevados de nitrogênio circulando na seiva, o que indica uma metabolização deficiente. Geralmente, plantas com crescimento rápido acusam níveis médios a baixos de nitrogênio devido ao "efeito de diluição".

Níveis altos de N no solo geralmente coincidem com níveis elevados de N na planta, fato comumente suposto. Solo rico, planta rica! Porém, como mostra a figura 8.28, estes não garantem colheitas altas. Análises mostram que na época do espigamento os níveis de N no solo e nas folhas eram mais baixos nos canteiros que iriam dar as colheitas maiores. A explicação é a seguinte: plantas com crescimento rápido absorvem mais nitrogênio do solo, deixando-o mais pobre, portanto, na época da formação de espigas do milho, o nível baixo de nitrogênio no solo pode indicar um solo pobre, mas pode indicar também uma absorção muito boa. E os níveis mais baixos de N na planta podem indicar uma nutrição insuficiente, mas também podem indicar um crescimento muito rápido e vigoroso da planta, sendo o resultado do efeito de diluição. A análise do tecido vegetal somente pode dar informação sobre a colheita futura quando:

a) For comparada com a análise da seiva, podendo-se tirar a taxa de metabolização;
b) For comparada com o crescimento e o peso total da planta.

De modo que os valores obtidos são valores relativos, necessitando-se mais dados para sua interpretação.

Sementes de oleaginosas como as de linho, mamona, soja etc. são influenciadas pela adubação nitrogenada. Necessitam de nitrogênio como qualquer outra planta para seu desenvolvimento vegetativo, porém com o aumento da dose de nitrogênio diminui o teor de óleo e aumenta o de proteínas,[179] como é mostrado na figura 8.29. Tem sua relação no funcionamento do "ciclo de Krebs".

Disso se pode concluir que a adubação nitrogenada deve atender à finalidade da produção.

A figura 8.29 mostra que com o aumento da dose de nitrogênio diminui o teor em óleo mas aumenta o de proteínas nas sementes. A adubação deve ser diferente

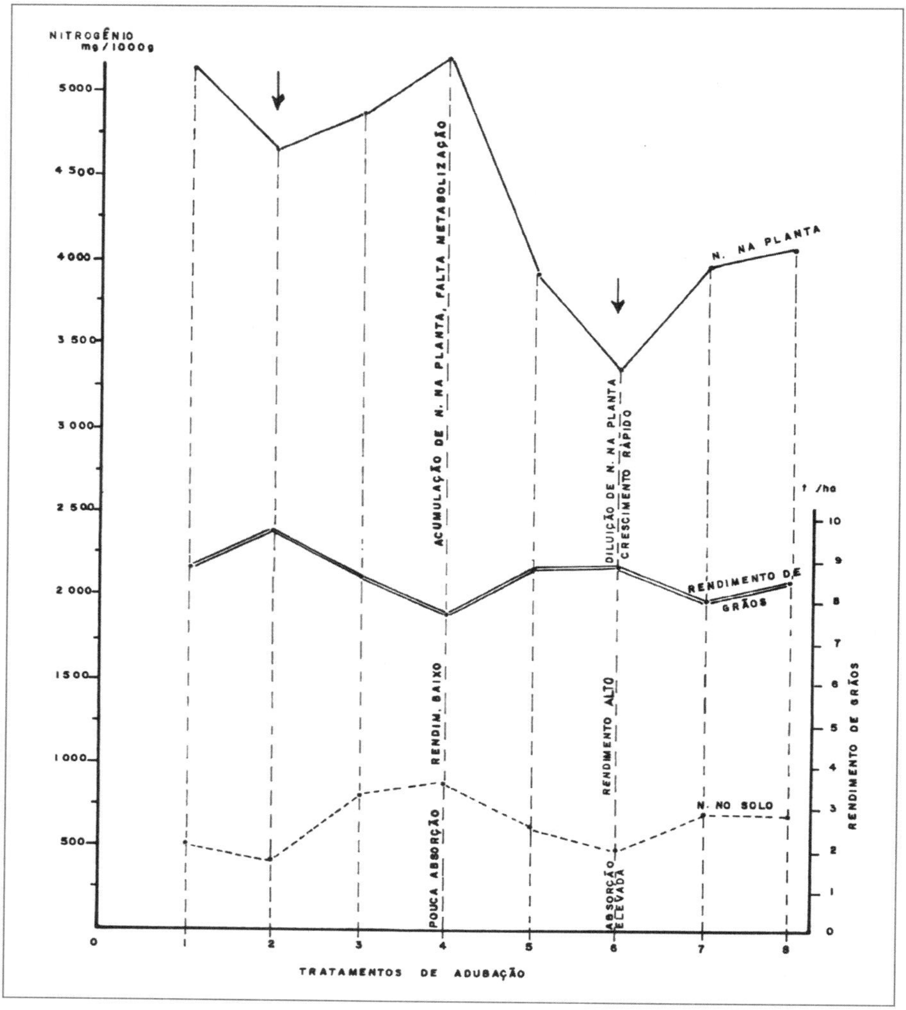

Figura 8.28 A produção de milho e os níveis de N na planta e no solo na época de espigamento.

para plantas que devem produzir óleos, como linho, mamona, gergelim etc. ou para plantas que devem produzir proteínas, como milho, trigo e aveia.

Bartholomew (1972) diz: "as técnicas de uso de solos das zonas temperadas são muito arriscadas nas zonas tropicais."

Uma revisão dos resultados de adubação nitrogenada nas regiões tropicais mostra o seguinte:

- *Milho:* não responde ao nitrogênio em roças novas e solos intensamente usados.[90] Nos primeiros anos de uso não falta o nitrogênio no solo, e em solos velhos de

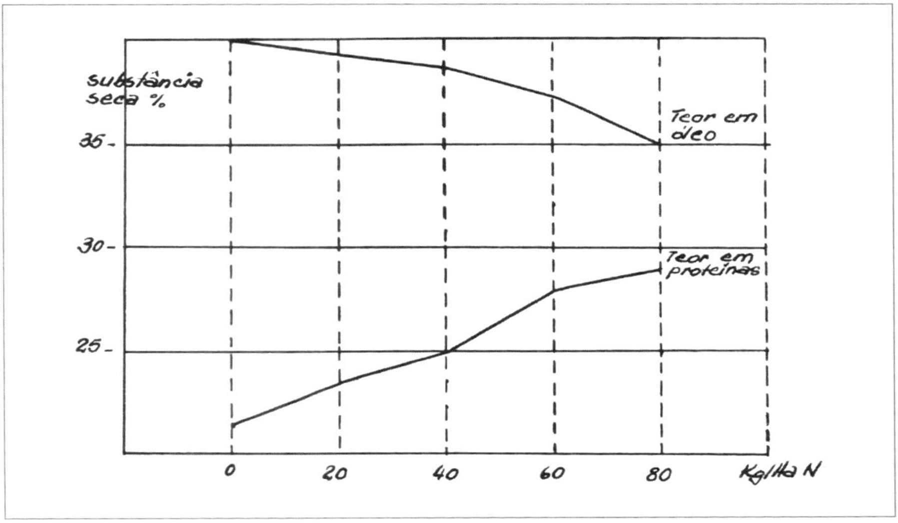

Figura 8.29 Produção de óleo ou de proteínas pela semente de linho conforme o nitrogênio disponível. (Mengel, 1965)

cultura o empobrecimento em outros nutrientes e os adensamentos impedem o efeito do nitrogênio. Também água estagnada, que induz a falta de oxigênio no solo, ou a falta de água em épocas secas impedem a resposta à adubação.[296] O recobrimento da ureia com enxofre raramente traz vantagem.[54]

- *Arroz:* responde quase sempre ao nitrogênio. No arroz irrigado a resposta depende sempre da variedade e do manejo da água. Aqui, 30 a 60 kg de nitrogênio são o suficiente para conseguir colheitas máximas.[42,141,202-204,217]
  No arroz-de-sequeiro no Brasil, Peru e México, as quantidades ótimas oscilam entre 120 e 160 kg/ha de nitrogênio,[254,261,269,300] devido à sua baixa eficiência. Na América Latina o parcelamento da adubação às vezes traz vantagem,[127,251] enquanto que na Ásia nunca é vantajoso. Atribui-se isso à melhor conservação da bioestrutura do solo asiático e de sua menor dispersão devido às práticas culturais que visam o aumento da matéria orgânica.
- *Trigo:* existe uma estreita interação entre a umidade e a eficiência do nitrogênio uma vez que nutriente algum pode ser absorvido de solo seco.[149] Nitrogênio causa facilmente o acamamento do trigo e propicia o seu ataque por doenças fúngicas. Sempre há interação positiva com o fósforo.[251] No Brasil a eficiência do nitrogênio é baixa.[134]
- *Mandioca:* apesar de remover 60 a 200 kg/ha de nitrogênio com cada colheita, raramente responde a uma adubação nitrogenada em nossos solos.[199,200] E quando responde somente o faz em presença de fósforo. Quando o nitrogênio é posto em contato com as estacas reduz a brotação bem como o vigor das plantas. Em outros países a mandioca reage bem a uma adubação nitrogenada.
- *Batata-doce:* aumentam somente as ramas e diminuem as raízes.

- *Feijoeiro:* o efeito da adubação nitrogenada é pequeno, apesar de raramente responder à inoculação com rizobactérias.[308] A calagem não aumenta a resposta ao nitrogênio, mas a diminui, provavelmente por induzir a falta de micronutrientes[185] especialmente a de manganês[97] indispensável para a metabolização de N-amoniacal. Porém, a resposta à adubação verde sempre é grande.[116] Verificamos nestes dados de experiências que o problema maior do solo brasileiro é a pouca eficiência do nitrogênio, especialmente por uma metabolização deficiente, que depende do fósforo e do oxigênio no solo bem como de micronutrientes.

Não interessa tanto saber onde o nitrogênio reage e onde não reage mas necessitamos especialmente da observação dos princípios básicos para a metabolização do nitrogênio, da qual depende sua eficiência. A necessidade de nitrogênio é grande e sua eficiência aumenta onde houver a possibilidade da nitrificação que depende de oxigênio, umidade suficiente e condições básicas para o desenvolvimento dos microrganismos nitrificadores. Por isso fósforo, cálcio, matéria orgânica e cobertura morta beneficiam o efeito do nitrogênio amoniacal.

Do nitrogênio não somente depende o montante da colheita mas especialmente seu valor para a alimentação humana. Quando a formação de proteínas for deficiente, a alimentação também o será. E a falta de proteínas faz com que o cérebro se desenvolva menos, podendo ser até 20% menor que o normal. Com isso reduz-se a capacidade mental do consumidor destes produtos, criando mão de obra não qualificada, à maneira das abelhas e formigas que se utilizem deste sistema para criar suas operárias.[85]

O fósforo

A fixação do fósforo é um dos maiores problemas da agricultura tropical. Sem fósforo não existe crescimento vegetal, pois é o responsável pela transferência de energia na síntese de substâncias orgânicas (vide capítulo 1).

Nosso problema maior é evitar que o fósforo seja fixado, formando complexos pouco acessíveis aos vegetais. O fósforo geralmente se liga a algum composto no solo e pode ocorrer em forma de humatos, de apatita ou ligado ao ferro e alumínio. Quanto maior a intemperização do solo, tanto maior a fixação do P. Onde a argila está intacta e cristalizada, a fixação é menor[77,158] enquanto que óxidos amorfos de alumínio e ferro, alumínio trocável e alófanos possuem um alto poder "fixativo".[131]

Em solos vermelhos podzolizados (ultissolos) a fixação de fósforo pode ser tão grande como em solos latossólicos (oxissolos), quando possuírem muitos óxidos amorfos.[222] Nos solos arenosos da bacia amazônica a fixação é pequena por possuírem reduzida quantidade de óxidos hidratados.[79]

Por outro lado sabe-se que num pH acima de 5,5[78] diminui a fixação do fósforo por alumínio[132] e ferro,[4,283,316] o que sugeriu a correção do solo pela calagem. Porém, verificou-se que uma calagem raramente é capaz de mobilizar o fósforo ligado do solo, mas pode melhorar a absorção de uma adubação fosfatada posterior.

Calagens maciças, como aconselhadas pelo método do SMP, apesar de neutralizarem o solo, não mobilizam o fósforo nem o mantêm disponível.[13]

A ideia de "saturar" o solo com fósforo, ventilada por Vageler (1933) é antieconômica, embora possível.

Porém destacam-se três pontos básicos no problema da disponibilidade do fósforo:

1. O pH do solo deve estar acima de 5,5 para que o fósforo permaneça disponível;
2. Não podem existir processos de redução no solo, ou seja, o solo deve ser arejado;
3. A microvida é capaz de mobilizar fósforo de ligações com alumínio e ferro, sendo as bactérias mais ativas produtoras de ácidos. Disso pode-se concluir que um solo deve ter bioestrutura grumosa (arejamento) e suficiente matéria orgânica e cálcio, para garantir um abastecimento normal das plantas com fósforo.

Praticamente em todos os solos brasileiros a adubação fosfatada aumenta a colheita. Porém, quantidades maiores de fósforo hidrossolúvel, como se apresenta no superfosfato, podem causar a depressão da colheita em variedades sensíveis à falta de zinco.[213] Aconselha-se, portanto, adicionar ao adubo fosfórico sulfato ou óxido de zinco quando a quantidade de P_2O_5 ultrapassa 100 kg/ha, especialmente para variedades sensíveis à deficiência de zinco. Nestas variedades uma adubação fosfatada maior poderá causar a depressão da colheita, quando o zinco for omitido.

Em solos tropicais não se aconselha usar somente superfosfato que facilmente pode ser ligado no solo, tornando-se inaproveitável para os vegetais. Deve-se dar preferência aos fosfatos pouco solúveis em água, mas sim em citratos, como escórias básicas, fosforitas, termofosfatos etc.[314] cujo efeito é bom em solos ácidos mas insatisfatório em solos que receberam uma calagem prévia.

Seu efeito residual pode ser sentido durante aproximadamente quatro anos. Também o superfosfato possui um efeito residual, que, apesar de não poder ser detectado na análise de rotina, é capaz de aumentar o crescimento vegetal.[14] Como o efeito dos fosfatos pouco hidrossolúveis é lento, aconselha-se usar 1/3 de superfosfato e 2/3 de fosfato natural, escórias ou termofosfato da quantidade de fósforo indicado.

O efeito de fósforo geralmente é grande em nossas culturas, como se pode verificar nas figuras 8.30, 8.31 e 8.32.

Na figura 8.32 mostra-se um pé de soja bem carregado, adubado com fosfatos. Porém somente o fósforo não pode fazer milagres, pois a época de plantio e o espaçamento, bem como todos os outros fatores de produção devem ser adequados. Por isso existem casos onde a adubação fosfatada não faz efeito, mesmo sendo o fósforo deficiente no solo.

Muitas plantas mobilizam fósforo seja através de aminoácidos excretados pelas raízes e que agem como quelatantes,[319] seja por micorrizas ou bactérias da rizosfera. Aqui se enquadram especialmente as leguminosas como feijão-miúdo (*Vignasinensis*), kudzu tropical (*Pueraria phaseoloides*), guandu (*cajanus indicus*) e outras. Elas são capazes de mobilizar fósforo para a cultura seguinte. Outras plantas conseguem

Figura 8.30 Amendoim: a) sem fósforo, b) com fósforo. (Gentileza: H. C. Harris)

Figura 8.31 Soja adubada com fosfato.

aproveitar fósforo ligado ao ferro e alumínio, como trigo mourisco (*Fagopyrum esculentum*), feijão (*Phaseolus spp*), nabisco (*Raphanus raphanistrum*) e outros.

Em presença de nitrogênio amoniacal, parte do adubo fosfórico pode tornar-se inaproveitável.[129]

Como todos os nutrientes, também o fósforo depende de sua solubilização na água do solo, não podendo ser absorvido de solo seco.[208] Esta água no solo pode ser

Figura 8.32 Soja: a carga depende tanto da nutrição adequada como da insolação suficiente. As partes sombreadas jogam suas flores.

muito rica em ácidos orgânicos, facilitando a solubilização. A falta de umidade apresenta-se mais cedo em solos arenosos e mais tarde em argilosos[163] quando ambos permitirem uma infiltração normal. O fósforo pode ser lixiviado, especialmente de solos arenosos[269] embora a taxa de sua lixiviação seja baixa.

Sendo o fósforo disponível deficiente em grande parte dos solos tropicais e subtropicais, constitui o adubo, que, na maioria dos casos, aumenta a colheita nos solos brasileiros.[124,273] Em cobertura é mais difícil dar resposta por ser fixado antes que as raízes possam alcançá-lo.[165] Nas culturas anuais, mesmo quando enterrada, a adubação em cobertura somente consegue aumentar o nível de fósforo nas folhas, mas não aumenta a colheita.[278]

Também nos cafezais a adubação fosfatada, aplicada em cobertura, tem um efeito muito insatisfatória, embora a adubação foliar tenha efeito bom sobre a colheita.

Os fosfatos são os únicos adubos que, colocados na linha da semeadura, não prejudicam a germinação.[130]

Porém, com doses crescentes de fósforo ocorrem modificações na disponibilidade dos micronutrientes do solo, como apresentados na figura 8.33. Doses pequenas de superfosfato, que se situam aquém do rentável, provocam nos citros uma absorção maior de boro e zinco e um decréscimo da absorção de manganês, ferro e cobre. Porém, com as doses normalmente usadas (entre 100 e 300 kg/ha) decrescem as quantidades absorvidas de boro, zinco e cobre e aumentam os de manganês. Com quantidades muito elevadas de superfosfato (acima de 1 000 kg/ha de superfosfato) aumentam os níveis de Fe e Mn rapidamente nas folhas das laranjeiras. Existe, pois, tanto a possibilidade da limitação de eficiência de superfosfato devido à falta de zinco, boro e cobre como pela toxidez de manganês. A exigência de um poder tampão

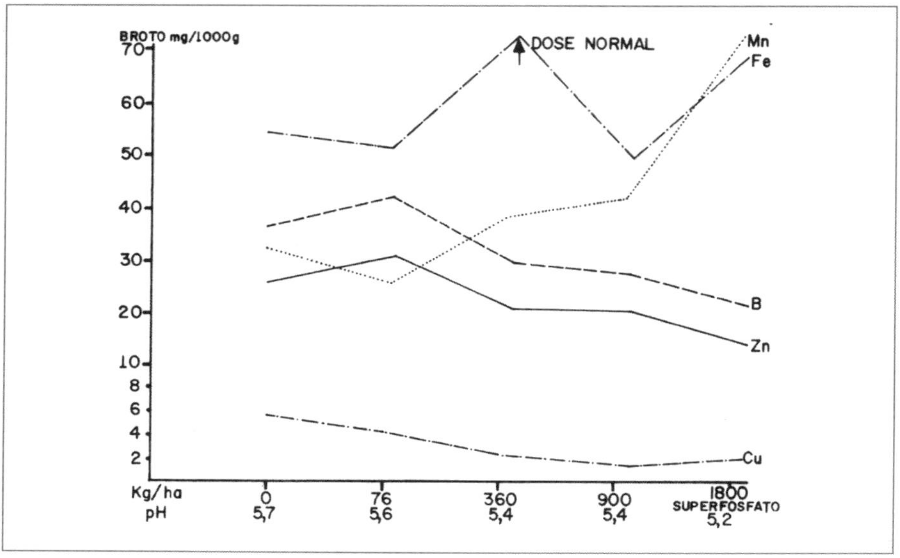

Figura 8.33 A absorção de micronutrientes por citros, com aplicação crescente de superfosfato. (Bingham, 1971)

maior parece indispensável para o sucesso da adubação comercial. E este aumenta pela aplicação de matéria orgânica e a calagem com carbonatos ($CaCO_3$) que são material tamponante.

O manejo do solo para manter o fósforo disponível

Existem três pontos básicos no manejo do fósforo:

a) A manutenção de um pH maior que 5,5 e menor que 7,5;
b) A conservação de uma bioestrutura grumosa que permita o arejamento adequado do solo;
c) A incorporação periódica de matéria orgânica e sua humificação para aumentar o poder tampão e para possibilitar a ligação do P em forma de humatos, que são disponíveis à maioria das plantas de cultura.[33,224,243,246]

Também uma cobertura morta aumenta os níveis de fósforo disponível no solo e com isso os rendimentos.[178] As culturas protetoras ou *"cover crops"* não somente protegem a estrutura grumosa do solo, mas também mobilizam nutrientes de compostos inaproveitáveis.[310]

A melhor maneira de manter o fósforo disponível e aumentar a eficiência do adubo é incorporá-lo junto com matéria orgânica seca, isto é, palha, folhas secas ou outros restos orgânicos, à superfície do solo.

Normalmente se aplicam 2/3 do fosfato à matéria orgânica e 1/3 à cultura, junto com o restante do adubo.

Em culturas irrigadas por aspersão ou infiltração as quantidades de adubo são maiores que em solos agrícolas não irrigados. Especialmente fósforo e nitrogênio são necessários em maior quantidade para manter a qualidade das culturas de milho, trigo, algodão etc.[220]

O potássio

A resistência vegetal ao frio, seca e doenças depende em larga escala de um abastecimento suficiente com potássio.

Na maioria dos solos brasileiros há quantidades suficientes de potássio, variando o total entre 1 780 e 14 200 ppm.[206] Somente uma sexta parte dos solos têm quantidades insuficientes de potássio disponível.

Em épocas úmidas e quentes a absorção de potássio torna-se muito grande[34,111] devido à melhor difusão no solo, ou seja, do movimento em direção à raiz.

Verificamos na figura 8.34 que a absorção a 25 °C é três vezes maior do que a 15 °C. Mas, como a absorção é melhor em pH ao redor do neutro, regula-se a absorção fraca em climas temperados pelo aumento do pH.[266]

Em muitos solos brasileiros a adubação potássica não faz efeito e frequentemente baixa o rendimento.[73,99,125,205,229,273] Este efeito negativo provavelmente se deve à absorção deficiente de cálcio e magnésio, em presença de nitrogênio amoniacal. Provoca-se um desequilíbrio entre ânions e cátions, prejudicando a nutrição vegetal. O mecanismo, provavelmente, é o seguinte: ocorre uma absorção excessiva de potássio em prejuízo da de cálcio, o que aumenta o efeito tóxico de manganês.[50]

A absorção potássica dos solos secos é fraca.[180] Neste caso, é mais provável que sua adubação tenha reação positiva. Assim, no cerrado registrou-se um efeito positivo de potássio em algumas leguminosas, como *Stylosanthes,* enquanto em outras não reagiu,[276] dependendo isso, talvez, da tolerância das plantas ao manganês.

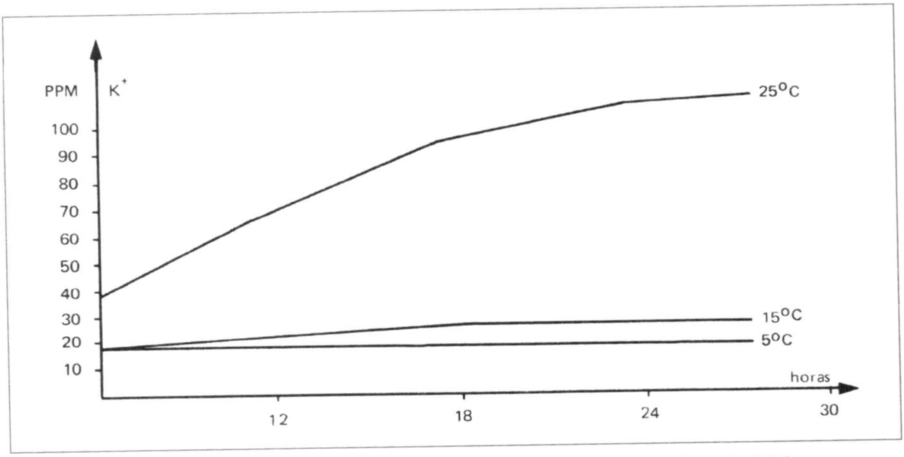

Figura 8.34 Efeito da temperatura e do tempo sobre a absorção de potássio. (Sutliff, 1954)

Quando o nível de cálcio é suficientemente alto, um efeito positivo de potássio pode ser esperado.[136] Mas, se a deficiência de cálcio for forte, pode haver desassimilação de potássio pela raiz vegetal, enfraquecendo a planta sobremaneira.[169]

A quantidade de potássio disponível no solo arável aumenta com a estação seca, quando sua absorção é menor e sua ascensão à superfície mais intensa. Ela diminui na época das águas, quando sua absorção é melhor e sua lixiviação mais intensa.[211] Também temperaturas baixas, como ocorrem no inverno no Rio Grande do Sul, reduzem a absorção de potássio a tal ponto que pode ocorrer sua deficiência aguda em solos com pH ácido. A absorção na estação fria aumenta quando o pH dos solos estiver ao redor de 6,0 a 6,5. Mas não somente no Sul do Brasil ocorrem temperaturas baixas na estação do inverno, mas também nas serras, podendo ser baixas inclusive na zona equatorial, como ocorre no monte Roraima.

Quando a temperatura estiver ao redor de 25 °C, há grande facilidade de absorção potássica, sendo um pH de 3,5 suficiente.[29]

A resposta à adubação potássica ocorre quando o nível do elemento no solo for menor que 40 mg/kg,[24] a quantidade de fósforo disponível for adequada[134] e a proporção com o cálcio for menor que 6.[136] Mas, depende especialmente da nitrificação do nitrogênio no solo que facilita a absorção dos cátions, por pesar no balanço dos ânions. Por isso, em solos com boa ventilação e microvida ativa, o efeito do adubo potássico é melhor.

No Brasil e Peru o arroz raramente responde ao potássio apesar de necessitar de maiores quantidades deste elemento. A elevada quantidade de adubos potássicos vendidos no Brasil deve-se menos à sua reação favorável sobre o rendimento do que à convicção de que é indispensável numa mistura de adubos.

Obteve-se um efeito positivo de K no milho quando foi adubado igualmente com bórax.[227,228]

O manejo do solo para obter efeito da adubação potássica

Na figura 8.35 verifica-se que o potássio contribui para um crescimento rápido e vigoroso das plantas. Mas, igualmente contribui para sua saúde.

Na figura 8.36 verificamos um cafezal do qual uma parte foi adubada com potássio e matéria orgânica. Os cafeeiros não queimaram durante uma geada, mas permaneceram verdes, o que se atribui à viscosidade maior do plasma celular em presença de potássio, e consequentemente sua menor possibilidade de congelar numa noite fria.

A outra parte deste cafezal não foi mais adubada, por falta de tempo; devendo ser tratada no ano vindouro. As folhas e brotos queimaram todos na geada.

Esse fenômeno é muito bem conhecido nos países temperados, onde a adubação potássica constitui um dos fatores essenciais no combate à geada, ou seja, às consequências desta.

Na figura 8.37 vê-se que o algodão reage fortemente ao potássio somente em dois lugares. No terceiro, o do meio na figura, o efeito do potássio praticamente é nulo. Em todos os três lugares a dose dupla de potássio teve pouco efeito.

Porém, seja chamada a atenção ao fato, que raramente ensaios com um ou outro nutriente darão um resultado bom. É muito mais adequado fazer uma adubação completa e omitir um nutriente do que juntar um ou outro elemento para verificar seu efeito. Geralmente usam-se ensaios como mostrado no quadro 8.18 e que visualiza que o efeito de um elemento isolado raramente será grande. É bem mais interessante adubar a planta com todos os macro e micronutrientes que necessita e verificar-se o efeito de um ou outro nutriente, omitindo-o.

O potássio é tido como um dos elementos que mais aumenta a resistência das plantas contra doenças, por aumentar a respiração[150] e, com isso, a absorção de outros nutrientes, contribuindo para a viscosidade maior do plasma celular. Não toma parte em substâncias vegetais, mas somente catalisa sua formação. Por isso o *efeito do potássio depende da riqueza do solo em outros nutrientes*, especialmente de fósforo e nitrogênio. Mas como a eficiência do nitrogênio é baixa, devido ao seu manejo errado e à sua nitrificação deficiente, e a falta de fósforo e cálcio bem como de micronutrientes é patente, o efeito do potássio é reduzido ou negativo. É a consequência direta do aumento da respiração vegetal sem que haja o suficiente em nutrientes para absorver e metabolizar.

Figura 8.35 Milho com 6 semanas de idade em solo com bioestrutura boa e adubação adequada de potássio (quase 2 m de altura).

Figura 8.36 Em cima: cafezal queimado por geada. Embaixo: cafezal tratado com matéria orgânica e adubação potássica; a geada não o prejudicou.

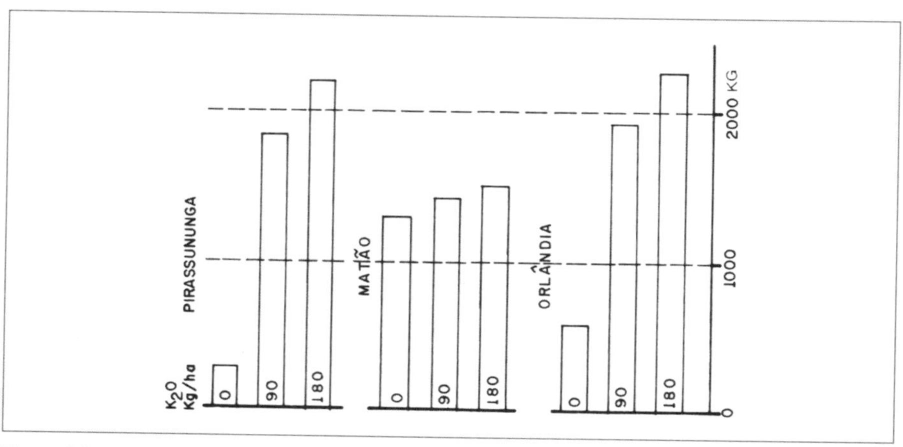

Figura 8.37 Efeito da adubação potássica sobre a produção de algodão em três zonas diferentes do estado de São Paulo, em presença de N, P, S, Ca, Zn e B. (Freitas & Mikkelsen, 1971)

Enquanto não se resolve o problema da disponibilidade do fósforo e da eficiência do nitrogênio, que depende de sua nitrificação, para não desequilibrar a proporção ácido/base, haverá pouca probabilidade de que o adubo potássico possa ser eficiente, melhorando a resistência das culturas a adversidades. Também a forma do adubo potássico, sendo oferecido como cloreto, é altamente desfavorável em solos ácidos e pior ainda em clima quente onde aumenta desproporcionalmente a pressão osmótica externa, dificultando a absorção vegetal. Provavelmente carbonato de K seria mais eficiente. Cloreto de potássio (KCl) prejudica a germinação da semente quando em contato direto com a mesma, em especial de leguminosas, cujas sementes são mal providas de carboidratos. E quanto menor a reserva de carboidratos da semente, tanto pior o efeito do cloro que vem ligado ao potássio.

Nenhum nutriente deu uma resposta satisfatória quando usado isoladamente, sendo o fósforo ainda o mais eficiente. *O efeito dos nutrientes não foi cumulativo mas associativo,* aumentando o rendimento de maneira drástica quando aplicados em conjunto. A omissão de potássio praticamente não alterou o rendimento, baixando-o somente em 2%, enquanto a omissão de fósforo baixou a colheita em 117%.

O nitrogênio isoladamente provocou um aumento de apenas 6% por ser tóxico quando não sofre rápida metabolização, o que somente pode ocorrer em presença de fósforo. Verificamos que nutriente algum pode ser considerado isoladamente devido às suas inter-relações com os demais na síntese de proteínas. Num mecanismo de relógio também é impossível dizer qual a parte da engrenagem mais importante, uma vez que para de funcionar se retirarmos qualquer uma delas. Como mostra a figura 8.38, com doses crescentes de potássio aumenta o teor de potássio na folha, mas diminui fortemente o teor de cálcio e magnésio.[180] O teor em boro oscila provavelmente devido à modificação da absorção de cobre, manganês, zinco, fósforo e nitrogênio que se encontram em correlações reciprocíclicas. Os diversos níveis de nutrientes acionam mecanismos diferentes de absorção e metabolização. Enquanto, por exemplo, o boro baixa com uma saturação de 2 a 8% de potássio no complexo de troca, numa saturação de 12% sobe novamente.

Quadro 8.18 Efeito da adubação sobre o rendimento vegetal, em kg/ha (Sanyasi, 1952)

tratamento	sorgo	trigo	mileto	total (% sobre a testem.)
NPK	1 877	1 021	1 023	225
NP	**1 886**	908	**1 119**	223
KP	1 617	769	980	191
P	1 069	564	927	141
K	855	514	682	115
NK	820	536	671	108
N	790	514	571	106
testemunha	716	372	861	100

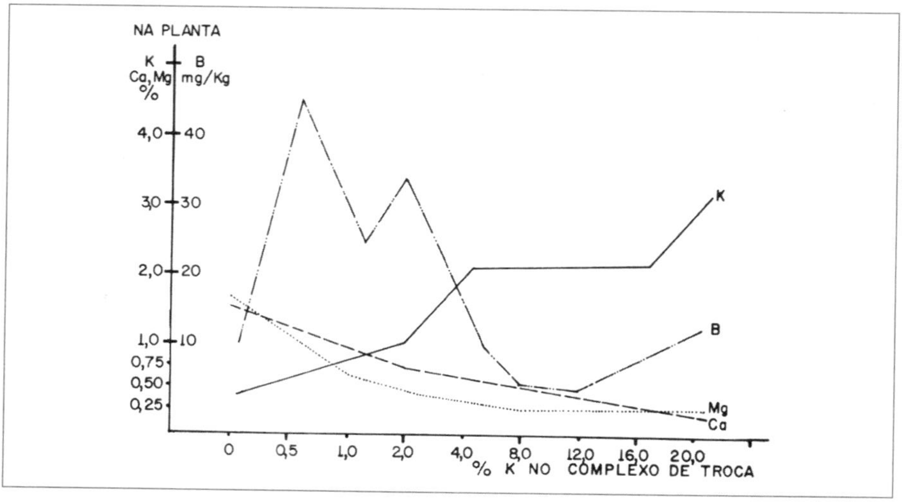

Figura 8.38 A absorção de diversos nutrientes pela soja com níveis crescentes de potássio no complexo de troca. (Woodruff, 1960)

Quando o cálcio na planta desce abaixo de um determinado nível, o manganês sobe até níveis tóxicos. Quando o nível de magnésio baixa muito, ocorre um efeito desfavorável sobre o fósforo e a metabolização.

Uma adubação potássica, como qualquer outra, não é somente a adição de um elemento, mas a modificação de um sistema, alterando inúmeras reações que são capazes de tornar nulo ou negativo o efeito do adubo adicionado. Esses efeitos colaterais são característicos à unidade do solo, enquanto não acrescentarmos os elementos que forem fixados ou que influam sobre a reação.

RESUMO

O potássio (K) é indispensável à boa produção, à resistência e à sanidade vegetal. Porém, em solos de clima tropical somente terá efeito quando a planta conseguir absorver os elementos cuja metabolização deve catalisar, o que o cloro, do sal potássico, dificulta. É imprescindível um lastro suficiente de cálcio e magnésio.

O enxofre (S) no solo e seu manejo

Por muito tempo acreditou-se que enxofre, como adubo, não era necessário à produção vegetal, até que se descobriu que é necessário por *formar parte dos aminoácidos essenciais*, como cistina, cisterna e metionina, *em cuja ausência as proteínas não se formam.* Algodão, leguminosas e crucíferas, como repolho e afins, absorvem mais enxofre que fósforo. Na maioria das plantas encontramos teores semelhantes de fósforo e enxofre. Muitas vezes toma-se a resposta melhor de plantas ao sulfato de amônio do que ao nitrato como sendo uma preferência pelo amônio. Mas na realidade é devido à necessidade da planta em enxofre. Também o superfosfato contém enxofre.

Parte de enxofre é encontrada em minerais no solo, outra chega através das chuvas, que podem adicionar até 240 kg/ha/ano em áreas industriais. Mais da metade é oriunda de matéria orgânica no solo,[66] que, porém, não pode ser considerada fonte primária, uma vez que a planta tinha de encontrá-lo no solo. Em solos grumosos existe na forma oxidada (SO_3) como o ferro ou nitrogênio, e em solos anaeróbios, seja por adensamento, seja por encharcamento, em forma reduzida (SH_2), que é tóxica para as plantas. O pH elevado de pântanos muitas vezes se origina de seu elevado teor de SH_2, que se oxida pela drenagem, tornando o solo violentamente ácido.

É facilmente lixiviado do solo pelas águas pluviais. Encontrando-se em equilíbrio delicado com o fósforo, o qual mobiliza, sendo por sua vez imobilizado pelo fósforo. Quando baixa a mobilidade do fósforo, o enxofre torna-se móvel novamente.[29,30]

Sua deficiência parece-se com a de nitrogênio,[91] uma vez que impede a formação das proteínas.[76] As primeiras folhas a mostrar a deficiência são os do broto de plantas em crescimento forte.

Em quase todos os solos brasileiros, especialmente quando são pobres em matéria orgânica, há uma resposta positiva à adubação com sulfates.[133,172,173,181] Também nos solos do tipo cerrado e "lavrado", o efeito de enxofre é pronunciado,[87] como também nos solos muito lixiviados.

A reação ao enxofre difere segundo a unidade do solo.[276] Assim, milho reagiu com um aumento de colheita:

latossol vermelho-escuro	100%
latossol vermelho-amarelo, fase arenosa	22%
latossol vermelho-amarelo, argiloso	0%

Uma calagem aumenta o enxofre disponível no solo.[75] Os adubos mais comuns com enxofre são: superfosfato, sulfato de amônio e sulfato de cálcio (gesso). Enquanto forem usados adubos sulfatados, o perigo da deficiência de enxofre não existe. Porém, quando forem usados fosfatos naturais, nitrato de amônio e nitrato de cálcio ou adubos concentrados, hoje preferidos por serem formas mais econômicas no transporte, o efeito pode ser catastrófico devido à falta de enxofre. Assim, na Costa Rica morreram os cafeeiros após a adubação com nitrato de amônio, por induzir violenta deficiência de enxofre.[188]

A deficiência de enxofre não se exterioriza somente na formação deficiente de proteínas,[66] mas também pela absorção deficiente de outros nutrientes, por provocar a lignificação precoce das raízes. As chuvas conseguem lixiviar as folhas com relativa gravidade por faltar a formação de proteínas. O ataque por fungos e bactérias é maior.

A absorção de enxofre mineral acrescentado pela adubação parece lenta e deve passar por transformações biológicas. Somente metade do enxofre absorvido encontra-se em forma inorgânica na planta (figura 8.39).[58] Embora o enxofre inorgânico aumente na planta pela adubação, parece que é somente armazenado sem ser utilizado.[168] Para que a planta utilize o enxofre, este deve ser transformado por microrganismos. O enxofre não influi sobre a absorção de fósforo e nitrogênio como

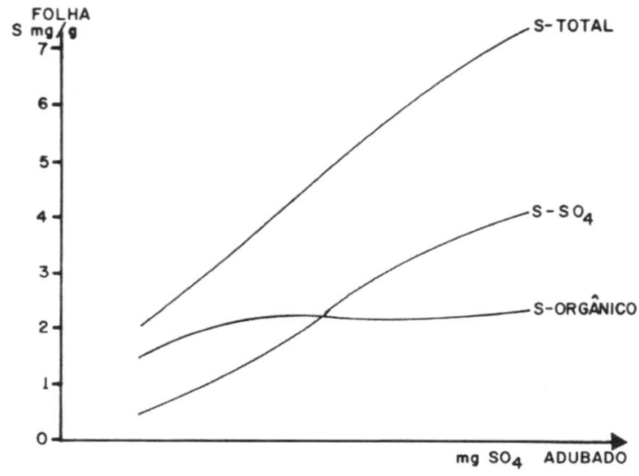

Figura 8.39 Absorção de enxofre (SO_4) por folhas de girassol. (Deloch, 1960)

Quadro 8.19 Teor de enxofre (S) em plantas, em % de substância seca. (Deloch, 1960)

planta	deficiente	suficiente
feijão	0,135	0,283
fava	0,095	0,155
tomate	0,105	0,217
milho (caule)	0,067	0,105
mostarda-branca	0,147	0,547
fumo	0,234	0,644
trevo-vermelho	0,131	0,341

ocorre com o selênio em solos alcalinos.[152] Este pode ser controlado por uma adubação sulfatada que impede a sua absorção pelas forrageiras e com isso a intoxicação do gado.[148]

A relação N/S deve ser 34/1, calculando em peso atômico, o que equivale a 1,5% de nitrogênio contra 0,1 de enxofre na planta,[61] enquanto que sua relação com o fósforo deve ser 0,12 a 0,20% de P contra 0,10 a 0,16% na planta.

O teor de enxofre varia segundo a espécie. O chá-da-índia (teeiro) é a planta mais sensível à deficiência deste nutriente.[17] Porém, também soja, trigo e algodão respondem favoravelmente a sulfatos, especialmente quando uma adubação com nitrogênio e fósforo desequilibrou sua proporção na planta.

Em solos de arroz-irrigado pode-se tornar tóxico na forma reduzida (SH_2), podendo o gás desprendido do solo "queimar" as folhas, predispondo a planta à brusone (*Piricularia oryzae*).

Solos pantanosos, com pH 6,8 a 7,2, como ocorrem no Rio Grande do Sul, são suspeitos de serem ricos em SH_2. Sua drenagem provoca uma acidificação violenta, baixando o pH a 1,9 até 2,4 em consequência da oxidação do gás sulfídrico, que agora forma ácido sulfúrico. Nestes solos a drenagem não deve ser total mas somente parcial, conservando o nível freático a 20 cm abaixo da superfície. Calagem e inundação do terreno controlam o excesso de enxofre, permitindo o uso agrícola destas áreas.[317]

Na África, muitas vezes, a adubação de pastagens com gesso duplica a lotação quando o nível de fósforo for normal.[48] Não é raro que a resposta deficiente ao NPK seja devida à falta de enxofre.

Micronutrientes

Micronutrientes são biocatalisadores responsáveis pela síntese das substâncias vegetais. São facilmente deficientes em solos arenosos e solos argilosos tropicais cultivados durante anos, especialmente quando adubados somente com NPK. Existe a ideia infantil de que em solos ácidos os micronutrientes devem existir em níveis tóxicos, não ocorrendo sua falta. Do mesmo modo acredita-se que em solos alcalinos o molibdênio nunca poderá chegar a ser deficiente. Porém, os elementos de menor frequência, quando permanentemente disponíveis, são lixiviados pelas águas e absorvidos pelas plantas e sua deficiência ocorre.[19] Assim, por exemplo, no Rio Grande do Sul, em pastagens de solos rasos sobre basalto básico com elevado teor em cálcio e magnésio o molibdênio é carente. Outrora o gado era muito mais bonito que hoje nas mesmas pastagens. A mobilidade permanente de molibdênio possibilitou sua absorção contínua pelas plantas. De modo que com pH alto e nível elevado de cálcio no solo não se garante a presença de molibdênio.[249] Somente em solos ácidos, quando for feita uma calagem para elevar o pH, o molibdênio, notoriamente fixado, será mobilizado, ficando, portanto, à disposição. O mesmo vale para os micronutrientes disponíveis em solos ácidos. Se o solo tinha um pH elevado que decresceu com o decorrer do uso, eles são mobilizados, mas, se o pH for permanentemente baixo, serão lixiviados. Exceção são os que existem em quantidades elevadas, como o manganês. Em solos arenosos mesmo este elemento pode faltar com frequência.

Nas zonas tropicais o zinco é tido como micronutriente permanentemente deficiente,[138] porque é o mais sensível à falta de umidade.

A importância dos micronutrientes está na sua ação como ativadores de enzimas. As enzimas orientam o substrato para a reação química, economizando energia (figura 8.40).

Para que uma molécula do substrato participe de uma reação, ela deverá superar um "monte de energia". Quando não existirem enzimas, muito poucas moléculas conseguirão superar este "monte" participando da reação. Poucas substâncias novas serão formadas. A planta pode crescer deficiente de micronutrientes, porém sua produção será insignificante.[19] Quando existem enzimas, o substrato é "orientado para a reação", e a energia necessária para poder participar será muito menor, de modo que praticamente todas as moléculas do substrato poderão participar. Forma-se substância nova em ritmo acelerado. A planta cresce rapidamente, medrando bem. *Plantas que possuem o suficiente em enzimas produzem muito mais.*[55]

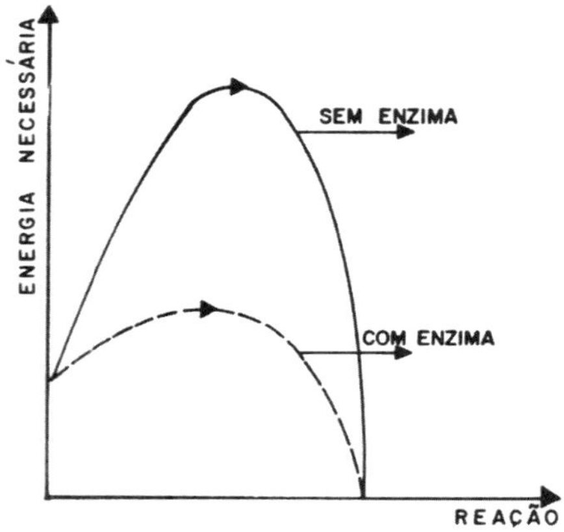

Figura 8.40 Energia necessária para a reação química com e sem enzimas. (Mengel, 1965)

A eficiência do metabolismo aumenta através das enzimas e, com isso, também a absorção:

a) Por causa de uma potência radicular maior;
b) Por ter sempre uma concentração adequada de minerais na seiva;
c) Pelo gasto mais econômico de água, com as plantas sofrendo menos com a seca.

Porém, seja chamada a atenção que micronutriente algum pode aumentar a produção se faltarem os nutrientes que formam as substâncias orgânicas. Aumentam a velocidade de metabolização dos macronutrientes mas nunca serão capazes de formar substâncias por si mesmos. *A aplicação de micronutrientes somente tem valor quando o solo for bem provido de macronutrientes.*

A reação dos micronutrientes é limitada a faixas muito estreitas, e as quantidades deficientes distam pouco das tóxicas. Assim, por exemplo, 3 kg/ha de zinco podem ser ótimos e 8 kg/ha já podem ser tóxicos. Enquanto que no fósforo 100 a 600 kg/ha ainda podem ter efeito positivo sobre a colheita.

Portanto, a aplicação de micronutrientes e seu efeito dependem muito:

a) Da unidade do solo;
b) Da variedade da cultura;
c) Da época do ano, sendo a reação maior em épocas chuvosas. Nestas a aplicação dos "micros" poderá ser dispensada, enquanto que em épocas secas, no mesmo solo, tem efeito muito grande (figuras 8.41, 8.42 e 8.43);
d) Da época de plantio, dando efeito maior em relação às testemunhas, nos plantios tardios, fora da época.
e) Do equilíbrio e absorção suficiente dos macronutrientes cuja metabolização devem catalisar;

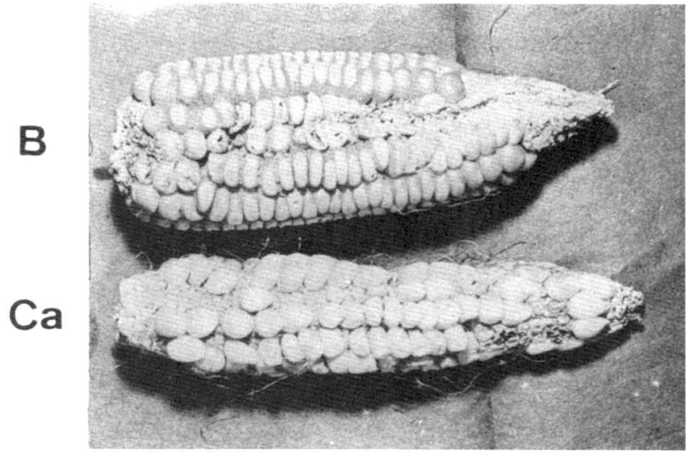

Figura 8.41 Espigas de milho: a de cima com deficiência de boro; a de baixo com deficiência de cálcio.

Figura 8.42 Broto múltiplo de laranjeira deficiente em cobre.

f) Da forma em que forem aplicados, sendo os sais hidrossolúveis mais difíceis de dosar;
g) De suficiente oxigênio no solo, do qual depende a produção de energia na planta.

Existem inter-relações estreitas entre os micro e macronutrientes. Quanto mais nitrogênio se usa, tanto mais cobre se necessita! O mesmo vale para P/Zn, Mn, Fe, K/B, N–NO_3/Mo, N–NH_4/Mn, Ca/Fe, B, Zn etc.

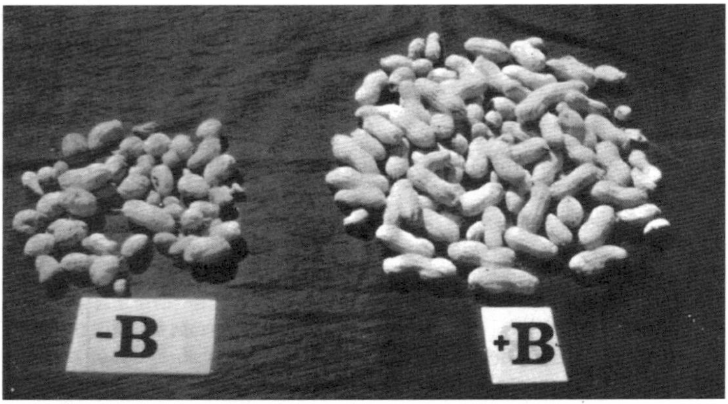

Figura 8.43 Quantidade de sementes de amendim colhidas, sem e com adubação boratada. (Gentileza: H. C. Harris, 1973)

A "calibração" do solo, isto é, a determinação do nível máximo dos macronutrientes, fósforo, potássio e nitrogênio, depende essencialmente do seu acervo em micronutrientes.[193]

Devido ao poder tampão reduzido de nossos solos, a aplicação de matéria orgânica é importante. Ela aumenta a capacidade de troca em 2,0 a 2,7 me% por cada por cento de M. O.[248] e com isso também o poder tampão, isto é, do amortecimento de choques causados pela adubação. Carbonato de cálcio possui igualmente um poder amortecedor. Muitas vezes uma adubação com micronutrientes em forma de sais, mesmo quando faltarem no solo, produz uma reação negativa ou nula na cultura.[249] Isso porque os sais hidrossolúveis podem ser tóxicos no início e, sendo logo lixiviados, faltar em seguida. O efeito benéfico ficará ausente.

Em forma de óxidos ou óxidos silicatados o efeito em solos ácidos é melhor. Em solos neutros a alcalinos os sais hidrossolúveis são preferíveis.

Porém, seja chamada a atenção que o efeito dos micronutrientes sempre depende da presença de matéria orgânica no solo, de quantidade suficiente de macronutrientes disponíveis e de uma estrutura grumosa do solo. Em solos decaídos, adensados e pobres, exauridos em matéria orgânica geralmente apresentam um efeito mínimo ou negativo.

Numa adubação completa com todos os macro e micronutrientes, em trigo, foi verificado que com micronutrientes o peso hectolítrico era consideravelmente melhor (figura 8.44).

Num ano em que a média do peso hectolítrico girou em torno de 68, alcançou 74 com os micronutrientes. Com os silicatados a omissão de enxofre e manganês causou uma depressão em relação à adubação completa, enquanto que a omissão de cálcio, zinco e microelementos raros (Se, Ni, Br) permitiu a elevação do rendimento. Seu efeito depressivo, nesta variedade, pode ser considerado como tóxico. Com os sais solúveis somente a omissão de boro causou depressão. Cada micronutriente agiu de maneira diversa: uns sobre o perfilhamento (Mn e Cu), outros sobre

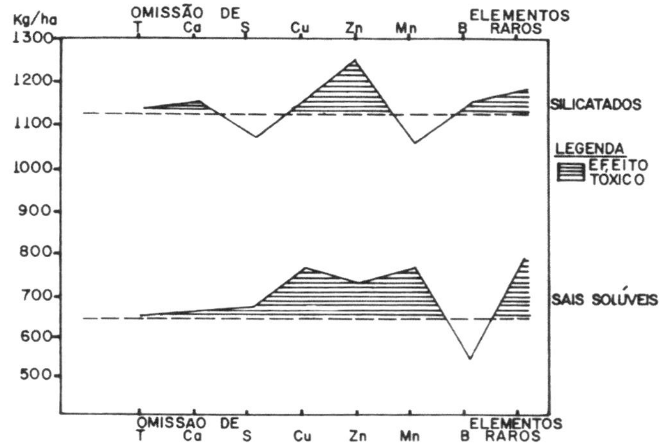

Figura 8.44 Efeito de micronutrientes em forma de sais e de óxidos silicatados na cultura de trigo. (Primavesi, 1972)
Obs.: adubação completa com omissão dos elementos citados no gráfico.

o tamanho das espigas (B), outros sobre a fertilidade das flores (S, Cu) e outros sobre o tamanho e peso do grão (B, Mn, Cu). Os elementos raros como bromo, selênio e níquel agiram especialmente sobre a fertilidade das flores e a qualidade do grão, porém sua dosagem não foi correta.

Quanto melhor a qualidade do grão, tanto mais pesado se torna e tanto melhor seu valor nutritivo e sua conservação. Assim, por exemplo, cavalos de "haras" não aceitavam milho quando adubado somente com NPK. Este tinha de ser misturado com cenoura e aveia para ser aceito. O milho adubado, também com micronutrientes, foi aceito, com o máximo prazer, pelos cavalos, que perseguiam o tratador para conseguir mais.

Em ensaios com forrageiras foi verificado que, por exemplo, alfafa em solo rico em micronutrientes e adubado com fosfato proporcionou uma engorda de porcos quatro vezes mais rápida que a mesma quantidade de alfafa sem micronutrientes.[143]

A adubação correta não somente aumenta a quantidade do produto mas, igualmente, seu valor biológico e nutritivo.[38]

Matéria orgânica aumenta a eficiência da maioria dos micronutrientes mas pode fixar cobre e cobalto.

Seja, porém, advertido que os micronutrientes não devem ser usados anualmente como os macronutrientes, por se gastarem menos, podendo permanecer por vários anos no solo. Uma adubação anual pode provocar sua toxidez. Assim, um cano de ferro zincado, usado para abrir sulcos, pode ser suficiente para abastecer as plantas com o zinco necessário.[114]

Épocas secas podem provocar a falta de micronutrientes, em especial de zinco e boro,[27,243] que, porém, normalmente desaparece completamente em época úmida.

Isso torna a adubação com micronutrientes difícil. Para regular seu abastecimento aconselha-se: *manter adequado o poder tampão do solo, manter a matéria orgânica num nível aconselhável e usar micronutrientes preferencialmente em formas menos solúveis do que os sulfatos e cloretos.*

Correlação entre os micronutrientes

O zinco, especialmente, é importante para a metabolização em geral,[138,167] e quando ele faltar, quase todos os outros nutrientes acumulam-se na planta, inclusive o fósforo, sem poderem formar substâncias orgânicas. Sua deficiência pode provocar a toxidez de P.

O boro age principalmente no transporte dos carboidratos da folha para a raiz, influindo, portanto, sobre a qualidade e potencial da raiz e seu poder de absorção.[20] Em sua carência as raízes são aguadas.

O cobre diminui a absorção de nitrogênio e apressa a metabolização de proteínas. Seu efeito depende da presença de nitrogênio. Por outro lado, uma deficiência de cobre aparenta excesso de nitrogênio,[37,140,236,243] impedindo a produção de sementes e tubérculos.[103]

Manganês, zinco e boro agem sobre a respiração e a transpiração vegetal. Plantas deficientes nesses elementos gastam muito mais água para produzir 1 quilograma de substância seca que plantas bem providas com esses elementos.

A inter-relação entre os micronutrientes é muito delicada. Assim, uma adubação com bórax mobiliza manganês e zinco, podendo aniquilar o efeito depressivo de uma calagem. Porém exige-se igualmente uma aplicação de cobre, cuja absorção o boro bloqueia.[289]

Em solos arenosos de cerrado as culturas de café, algodão, batatinhas, leguminosas, banana, milho e arroz reagem bem aos micronutrientes.[90,92,95,160,164,261] Os micronutrientes que mais faltam nesses solos são boro, zinco e molibdênio.

Nas zonas tropicais, onde a eficiência do nitrogênio é baixa, a deficiência de cobre raramente ocorre.[3,284] Sua importância maior ocorre nas culturas de fumo, batatinha e tomate, bem como de arroz-irrigado.[228,234,243]

Verificamos que cada espécie possui necessidade específica, permitindo oscilações muito grandes segundo a variedade e a unidade do solo.

A composição mineral de forrageiras mostra a tendência de modificar-se em cada rebrota. O segundo corte, geralmente, é mais pobre em potássio e quase sempre mais rico em cálcio, podendo a deficiência de um micronutriente alterar este quadro, conforme descrito no quadro 8.23.

Ressaltamos: *a deficiência de um micronutriente não somente torna a planta mais pobre neste elemento, mas igualmente altera a concentração de outros minerais na planta.* A absorção e concentração de cada nutriente exercem efeitos colaterais sobre a absorção e concentração de outros, nunca podendo ser tomadas isoladamente (quadros 8.21, 8.22, 8.23). Por isso, toda análise foliar de teor em nutrientes não tem valor prático se não trouxer os valores de todos os nutrientes para o desenvolvimento

Quadro 8.20 Teor médio em micronutrientes nas folhas de algumas culturas tropicais, em mg/kg subst. seca. (Malavolta, 1962)

cultura	boro	ferro	manganês	zinco	cobre	molibdênio
café	77-100	226-333	51-260	7-30	17-52	4
cana-de-açúcar	1,5-12	675-1 170	617	35-389	8-22	0,13-0,18
citrus	50-150	60-200	25-200	25-100	6-20	0,1-1,0

Obs.: níveis adequados de micronutrientes na planta.

Quadro 8.21 Rendimento e composição de alfafa com e sem micronutrientes. (Harris, 1973)

tratamento	colheita (g/vaso)	teor (%)			
		N	P	Ca	S
completo	24	3,3	0,19	1,77	0,29
– S	25	3,0	0,19	2,97	0,14
– Cu	20	2,7	0,19	1,96	0,27
– Zn	31	3,3	0,21	2,03	0,26
– B	7	3,5	0,25	2,04	0,33
– Mo	18	2,5	0,23	2,00	0,30

Quadro 8.22 Micronutrientes e seu efeito sobre o rendimento da cultura. (Harris, 1973)

cultura	elemento	colheita (g/vaso)		nitrogênio nas plantas (%)		potássio nas plantas (%)	
		com	sem	com	sem	com	sem
milho	Zn	17	8	1,4	2,8	0,9	2,2
aveia	Cu	37	23	1,5	2,1	1,4	1,7
tremoço	Mo	19	11	3,3	2,5	0,7	1,0
tremoço	Cu	31	25	3,6	3,9	0,9	1,1
trevo-branco	Cu	18	8	4,3	3,1	2,5	3,5
alfafa	B	24	7	3,3	3,5	2,2	2,5

Quadro 8.23 Efeito da deficiência de micronutrientes no teor em cálcio e potássio em forrageiras, no 1° e 2° cortes. (Harris, 1973)

tratamento	forrageira	potássio (%)		cálcio (%)	
		1° corte	2° corte	1° corte	2° corte
completo	aveia	2,8	1,4	0,14	0,24
– Cu	aveia	3,6	1,7	0,13	0,31
completo	trevo-branco	2,2	1,1	0,87	1,05
– Mo	trevo-branco	2,6	1,4	0,97	0,78

normal da planta. *Somente as proporções entre os minerais e os seus níveis podem informar sobre a produção.*

Observa-se o "*efeito de acumulação*" por causa da diminuição do crescimento vegetal. Uma análise foliar com valores muito altos de nutrientes pode acusar uma nutrição boa da planta, mas pode acusar também a falta de um elemento nutritivo e um estrangulamento no crescimento.

Por outro lado, uma adubação com um ou outro nutriente aumenta sua concentração na planta. Porém, esta concentração não se correlaciona com a produção enquanto não se calcula a "taxa de crescimento".

Verificamos que a ausência ou presença de um nutriente exerce efeito sobre a concentração dos outros nutrientes na planta. O aumento drástico de todos os elementos nutritivos na ausência de boro se deve à falta de crescimento vegetal e, portanto, à sua acumulação inativa na planta.

A QUALIDADE DOS PRODUTOS VEGETAIS COMO CONSEQUÊNCIA DE SUA NUTRIÇÃO

Quando um micronutriente for deficiente na nutrição vegetal, a produção será menor, mas ainda será possível conseguir uma safra comercial. Porém, o produto não será idêntico àquele em que o nutriente estiver presente. Assim, por exemplo, as raízes de mandioca serão aguadas se faltar boro,[112] o teor em caroteno nas folhas de soja será reduzido na carência de manganês,[35] e a quantidade de ácido cítrico decresce na deficiência de cobre.[243] Um teste de aminoácidos na folha de arroz mostra um quadro distinto para a presença de suficiente cobre e para sua falta.[212] Se faltar um elemento, os aminoácidos não essenciais, geralmente, aumentam em forma livre e diminui a síntese de proteínas.[15] Por outro lado pode ocorrer acúmulo de substâncias na planta, especialmente alcaloides, quando faltar um micronutriente, significando que os processos bioquímicos ficaram a meio caminho, não podendo ser terminados, como, por exemplo, a formação de caroteno na falta de Mn (figura 8.45).

O boro evita a produção excessiva de nicotina no fumo.[280] A elevação unilateral de nitrogênio, com deficiência de Mn e Cu, causa a acumulação de nitritos em algumas plantas, como no cardo, erva-santa-maria (*Chenopodium anthelminthicum. L.*) e gramíneas de porte grande. A absorção deficiente de potássio provoca maiores teores em cumarina no trevo-doce (*Melilotus albus*) e a formação de substâncias tóxicas como putrescina em folhas de milho, algodão e café.

ADUBAÇÃO FOLIAR

Em casos de emergência, em pomares e culturas hortigranjeiras, o adubo pode ser pulverizado nas folhas[198] em soluções que não ultrapassem 0,8 a 1,2% de concentração. As pulverizações devem ser feitas de manhã, ainda com orvalho nas folhas, para garantir sua absorção rápida. Em folhas secas ao sol o efeito não é mais garantido e até pode provocar queimaduras nas folhas, uma vez que cada gotícula de água, por pequena que seja, age como lente.

A adubação foliar dificilmente poderá ser utilizada em substituição à adubação do solo, a não ser os micronutrientes dos quais a cultura necessita em quantidades mínimas. Mas com falta total no solo isso também é temeroso pois muitos nutrientes

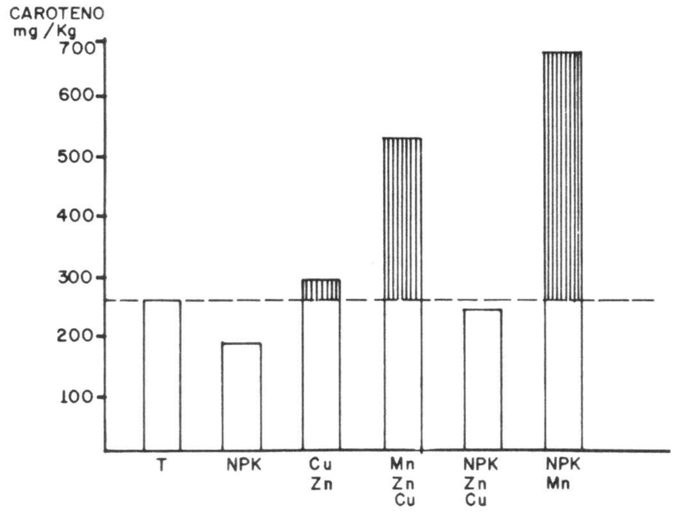

Figura 8.45 Efeito de micronutrientes sobre o teor de caroteno nas folhas de soja. (Burger e Hauge, 1951)

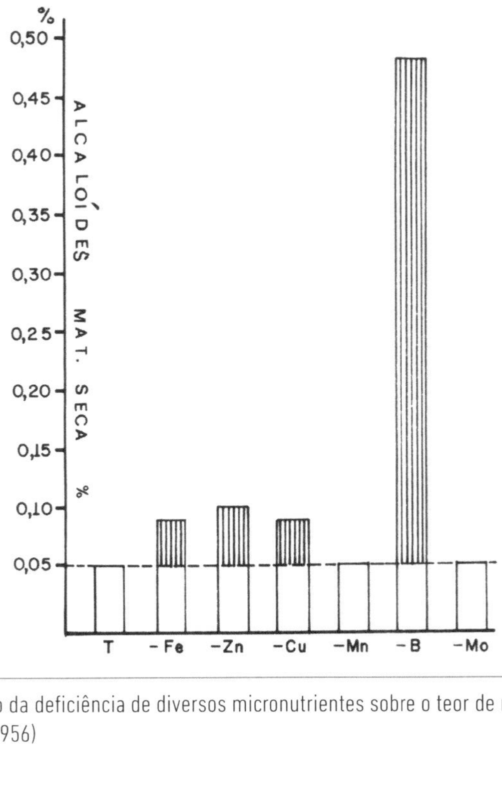

Figura 8.46 O efeito da deficiência de diversos micronutrientes sobre o teor de nicotina no fumo. (Steinberg e Jeffries, 1956)

são necessários nas reações do colo da raiz, porém, translocam-se dificilmente da folha.

O efeito de uma adubação foliar depende não apenas da absorção dos nutrientes mas igualmente de sua mobilidade em direção à raiz. Se o transporte basipétalo for fraco, o efeito na folha será reduzido. Os elementos que melhor se distribuem na planta são o potássio, fósforo e enxofre. Os micronutrientes, em geral, são transportados muito vagarosamente e o cálcio e magnésio, praticamente, não se movem do lugar em que foram aplicados.

Se uma adubação ao solo não traz efeito, geralmente por uma absorção deficiente, como ocorre muitas vezes nos cafezais com o P, enquanto uma adubação foliar aumenta o teor do nutriente no tecido foliar, pode-se ter a certeza de que o solo está em condições físicas péssimas, devendo ser melhorado urgentemente.

Por outro lado, o efeito da adubação foliar sobre a produção não ocorre quando o metabolismo vegetal for deficiente. Portanto, o efeito sobre a produção depende de um solo arejado e grumoso. Em solos adensados dificilmente aumenta a colheita. Portanto, deve ser tomada mais como um impulso para a nutrição vegetal do que um fator de nutrição,[250,290] bem como medida de saneamento de alguma deficiência aguda não detectada na época do plantio e que põe em questão a produção da cultura.

Seu efeito, porém, será nulo se a deficiência já existia na semente, como, por exemplo, a de molibdênio na couve-flor, como discutido anteriormente.

Em épocas secas, pode fazer a cultura produzir, quando aplicada frequentemente. Porém, é perigosa quando usado espaçadamente, por induzir a produção que as plantas não podem sustentar.[250]

Aplicada dentro de suas limitações, é uma medida ótima de emergência, em culturas que forem plantadas em solos grumosos.

RESUMO

O aumento da produção nem sempre coincide com o aumento da rentabilidade, devido à baixa eficiência dos adubos em nossos solos. Esta depende da bioestrutura decaída, da infiltração deficiente da água e da deficiência de micronutrientes específicos.

O fósforo torna-se tanto menos disponível quanto maior for o adensamento do solo. A reação deficiente do nitrogênio depende da inatividade dos solos fisicamente decaídos, uma vez que a nitrificação é essencial para a manutenção do equilíbrio ácidos/bases. A forma amoniacal do nitrogênio pesa na balança das bases, diminuindo a absorção de cálcio, potássio e magnésio, baixando a resistência da cultura a pestes.

O efeito carente de potássio, provavelmente, é o resultado do desequilíbrio ácido/base e a mobilização de manganês.

CONSUMO DE ADUBOS E ENERGIA

Calcula-se que o efeito de adubo será sempre menor e a produção de alimentos sempre mais cara, se não conseguirmos aumentar a eficiência dos adubos.

E enquanto diminuem nossas fontes de energia, aumenta seu gasto pela tecnologia atual. E quando a população do terceiro mundo quadruplicar, calcula-se que não haverá mais petróleo. Com que produziremos nossos alimentos?

Quadro 8.24 População, consumo de adubos e produção de alimentos nos países em desenvolvimento.

população		adubo consumido (milh./t)	grãos produzidos (milh./t)	adubo consumido (kg/capita)	grãos produzidos (kg/capita)	rendimento* (t grãos por t adubo)
ano	milhões					
1970	2 577	12,4	603	4,8	234	48,6
1974	2 842	19,0	636	6,7	224	33,5
1980	3 288	31,0	728	9,4	221	23,5
1990	4 150	57,0	875	13,7	221	15,4
2000	5 095	92,0	1021	18,1	200	11,1

Malavolta em "Solos e Adubos", publicação da ANDA, nº 111, março 1977.
* A comparação é nossa.

Quadro 8.25 Manejo da energia (na produção de milho nos EUA).

	1945 (em calorias)	1970 (em calorias)
mão de obra	12 500	4 900
máquina	180 000	420 000
gasolina	543 000	797 000
adubos	75 000	1 056 000
sementes	34 000	63 000
irrigação	19 000	34 000
pesticidas	0	22 000
secagem	10 000	120 000
eletricidade	32 000	310 000
transporte	20 000	70 000
energia acrescentada	925 500	2 897 000*
produção de milho	3 427 200	8 165 000
rendimento de energia	3,70	2,82**

Fonte: Pimentel, em J.R. Guillaumon, J. Engr.º Agr.º, nº 79, abril 1977.
* O gasto de energia triplicou em 25 anos (313%).
** O rendimento de energia diminuiu 76%.

REFERÊNCIAS BIBLIOGRÁFICAS

1. **Adams, F.** (1966). Calcium deficiency as reasons of damage on cotton seedlings because of ammonium-phosphate. *Soil Sci. Soc. Amer. Proc. 30(3):485-88.*
2. **Anjos, J. T.** e **M. J. Tedesco** (1973). Perdas de nitrogênio por volatilização de amônia proveniente de ureia em solos cultivados. *XIV Congr. Bras. Ciência Solo, Santa Maria, p. 232-41.*
3. **Aduayi, E. A.** (1971). Effect of copper on the growth and major nutrient content of coffee seedlings grown in nutrient solution. *Turrialba. 21(1):53-7.*
4. **Ahmad, N. L.; I. Tulloch Reid** e **C. E. Davis** (1969). Fertilizer studies on pangola grass (*Digitaria decumbens)* in Trinidad. II Effect of phosphorus, potassium and magnesium. *Tropic. Agric. 46(3):179-86.*

5. **Alexander, V. T.** e **M. M. Misra** (1972). Effecto que ejerce el tratamiento presiembra de semillas en solución de potasa sobre la resistencia a la sequia del trigo baja condiciones en que la lluvia es la más importante fuente de água. *Rev. Potasa, 9/22a.*
6. **Amorim, H. V. de, L. C. Scoton, H. F. Haag** e **E. Malavolta** (1968). Estados de alimentação do cafeeiro XV: Efeito da variação do pH no desenvolvimento e composição química do cafeeiro. *(Coffea arabica L. var. Mundo Novo) An. E. S. A. Luiz Queiroz, XXV: 121-34.*
7. **Anastacio, M.** (1968). Fixação de fósforo nos solos brasileiros. *Bol. Téc. N° 4M. A. Brasil.*
8. **Arminger, W. H.** (1968). Different tolerance of soybean varieties to an acid soil high in aluminium. *Agron. J. 60(1):67-70.*
9. **Arshad, M. A. C.** e **J. A. Carson** (1967). Ionic exchange behaviour in a loam soil as indicated by movement of radio-calcium. *Soil Sci. Soc. Amer. Proc. 31(2):321-24.*
10. **Bache, B. W.** e **R. G. Heathcote** (1969). Long term effect of fertilizers and manure on soil and leaves of cotton in Nigeria. *Exp. Agric. 5:241-47.*
11. **Bakurdzhieva, N.** (1970). Tratamento da semente com micronutrientes. *Izv. Inst. Fiziol. Rast. Bulg. Akad. Nauk 16:203-12. (ref. C. A. 74(7):31202, 1971).*
12. **Barber, S. A.** (1962). A diffusion and mass flow concept of soil nutrient availability. *Soil Sci. 93:39-49.*
13. **Barbier, G.; J. Billans** e **R. Bonifacio** (1966). The influence du réaction du sol sur la mobilité des ions phosphatiques presentes. *Compte Rend. Acad. Agric. France. 52:738-45.*
14. ________, **J. C. Fardeau** e **P. Martine** (1971). Sur la capacitée de difusión des ions phosphatiques dans le sol. *Ann. Geron. 22:309-42.*
15. **Bartholomew, W. V.** (1972). Citado em **Sanchez, P.** A review of soil research in tropical Latin America. *Soil Sci. Dept. North Carolina State Univ.*
16. **Bastos Macedo, J. M. M. de** (1963). Nota acerca de medição e interpretação dos pH dos solos. *4º Jorn. Silvo Agron. Angola, Vol. 1:169-77.*
17. **Bennet, A. O.** e **F. Adams** (1970). Calcium deficiency and amonium toxidity as distinct causes of (NH_4 HPO_4 injuries of seedlings. *Soil Sci. Soc. Amer. Proc. 34(2):256-59.*
18. **Bergmann, W.** *et al.* (1971). Ein Beitrag zur Wirkung von Mehrnährstoffdüngermitteil. *Arch. Acker u. Pflanzenb. u. Bodenkd. 15(10):857-71.*
19. ________ e **P. Neubert** (1976). Pflanzendiagnose und Pflanzenanalyse. *Fischer. Jena.*
20. **Bertrand, D.** e **A. Wolf, de** (1968). Requirement for the trace element crome in growing potatoes. Citado em **Katalymow, M. W.**, 1969. Mikronährstoffe und Mikronährstoffdüngung. *Deutsch. Landw. Vlg. Berlin.*
21. **Bingham, P. T.; A. L. Page** e **N. T. Coleman** (1971). Boron absorption characteristics of selected amorphous soils from Mexico and Hawaii. *Soil Sci. Soc. Amer. Proc. 35(3):546-50.*
22. ________ e **M. J. Garber** (1960). Solubility and availability of micronutrients in relation to phosphorous fertilization. *Soil Sci. Soc. Amer. Proc. 24(1):209-13.*
23. **Blanchet, R.** (1972). Fertilizer use and ecologial factors. *Scient. Varia. 38:363-401.*
24. **Blanco, H. G.; W. R. Venturini** e **H. Gargantini** (1965). Adubação mineral para o trigo no Sul do Estado de São Paulo. *Bragantia. 24:481-505.*
25. **Blosser, D. L.** e **H. Jenny** (1971). Correlation of soil pH and percent of saturation as influenced by soil forming factors. *Soil Sci. Soc. Amer. Proc. 35(6):1017-18.*
26. **Bolton, E.F.; J. W. Aylestorth** e **W. I. Findlay** (1970). Longtime nitrogen fertilization on soil pH and lime requirement of Brookston clay. *Canad. J. Soil Sci. 50:260-61.*
27. **Bonnet, J. A.** (1969). Influence of varieties and seasons upon mineral nutrient levels of coffee leaves from Puerto Rico. *J. Agr. Univ. Puerto Rico. 53(3):177-86.*
28. **Borchmann, W.** e **K. O. Fibian** (1971). Kupferbedürfnis mit steigernder Stickstoffdüngung. *Z. Pflanzemern. Bodenk. 15(10):763-69.*

29. **Bornemisza, E.** (1972). Problems of fertilizer use in Latin America. *Scient. Varia. 38:189-212.*
30. ________ e **R. Llanos** (1967). Sulphate movement, adsorption and desorption in three Costa Rica soils. *Soil Sci. Soc. Amer. Proc. 31(3):356-60.*
31. **Borys, M. W.** (1968). Influência da nutrição mineral na resistência das plantas aos parasitas. *Prog. Biodin. Prod. Solo, Sta. Maria/RS, p. 385-404.*
32. **Boussingault, E.** (1885). Citado em **Voisin, A.**, 1966. Leyes cientificas en la aplicación de los abonos. *Tecnos, Madrid.*
33. **Brown, L. O.** e **J. C. Brown** (1968). A further evidence for a disbalance in plants. *Soil Sci. Soc. Amer. Proc. 32(1):94-7.*
34. **Bull, R. A.** (1963). Mulching and irrigation in coffee soils. *Turrialba. 13(1):22-7.*
35. **Burger, O. J.** e **S. M. Hauge** (1951). Relation of manganese to the carotene and vitamin content of growing crop plants. *Soil Sci. 72:303-13.*
36. **Bussler, W.** (1968). Symptome und Symptomsequenzen bei Ernährungsstörungen von höheren Pflanzen. *Kali-Briefe, 2/3.*
37. ________ (1970). Nährstoffüberschuss an höheren Pflanzen, auftretende Symptome. Z. *Pflanzenern. Bodenkd. 125(2):97-100.*
38. ________ (1972). The importance of balanced fertilizers with 12 mineral nutrients for higher yields and adequate quality. *Scient. Varia. 38:503-40.*
39. ________ (1966). Optimale Nährstoffverhältnisse für die Pflanze. *Z. Pflanzenern. Düng. Bodenkd. 113(3):247-52.*
40. **Cadet, R.; L. Soubiés** e **F. Fourcassie** (1961). Remonté des nitrates dans les couches superficielles de sol en périodes estivales. *Compte Rend. Acad. Agric. France. 47:897-910.*
41. **Camargo, P.; E. S. Freire** e **W. R. Venturini** (1962). Efeito da calagem e diversas adubações na batata-doce e no cará em solos de baixa fertilidade, derivados do arenito Botucatu. *Bragantia. 21(11):143-61.*
42. **Carneiro Freitas, J.A.; J. M. Braga** e **S. S. Brandão** (1973). Adubação mineral (NPK) de arroz em solos na região noroeste de Maranhão. *Experientiae. 15(11):291-313.*
43. **Carvajal, J. F.** (1972). Cafeto, cultivo y fertilización. *Inst. Intern. Potasa, Bema, Suíça.*
44. **Cate, R.** (1970). Programa unificado de interpretação de análises. *Reunião dos labor. análises do solo. Campinas.*
45. **Chang, S.Y.; R. H. Lowf** e **A. J. Hiat** (1968). Correlation between temperature and development of calcium deficiency. *Soil Sci. 106:382-91.*
46. **Cernyanskaja, T. N.** e **O. F. Tujewa** (1967). Störungen im Stoffewechselaustausch bei Kürbispflanzen bei Phosphormangel. *Agrarchemie. 20-29.*
47. **Cheng, B. Y.** e **G. J. Quellete** (1970). The effect of some nitrogen fertilizers on manganese and iron availability, determined by incubation and sand culture assay. *Canad. J. Soil Sci. 2:163-70.*
48. **Chernery, E. M.** (1966). Factors limiting crop production. *Tee Span. 9(1):45-8.*
49. **Clarck, J. S.; A. J. Green** e **W. E. Nichols** (1967). Cation exclange and related properties of some soils of Vancouver. *Canad. J. Soil Sci. 47:187-202.*
50. **Cheng, B. Y.** e **G. J. Quelette** (1968). Effect of different anions on manganese toxicity to *Solanum tuberosum. Canad. J. Soil Sci. 45:109-115.*
51. **Coffee, R. C.** e **W. V. Bartholomew** (1964). NH3 absorption by a moist mulch on sandy soil. *Soil Sci. Soc. Amer. Proc. 28(3):482-85.*
52. **Coic, Y.** *et al.* (1963). Influence de la dificience en phosphore sur la composition mineral de l'orge à la recolt. *Ann. Physiol. Veget. 5(4):277-80.*
53. ________ (1972). Fertilization minéral et qualité des récoltés. *Scient. Varia. 38:591-625.*
54. **Cornel Univ.** (1971). *Ann. Res. Rep. Contract AID/csd 2490, p. 300.*

55. **Cox, F. R.** (1972). Micronutrients. Chapt. 10, citado em **Sanchez, P.** A review of soil research in tropical Latin America. *Contract AID/csd, p. 244-64. North Carolina State University.*
56. **Cunningham, R. H.** (1963). What shade and fertilizers are needed for good cocoa production? *Cocoa Growers Bull. 1:11-16.*
57. **Davidescu, D.** e **V. Davidescu** (1969). Agroquimia. *Ed Didactica si Pedagogica, Bucarest, p. 423.*
58. ________, **C. H. Suteu** *et al.* (1971). Utilization par le mais du soufre provant du $(NH_4)_2SO_4$ et du balaste de $^{35}CaSO_4$ contenue dans les superphosphate. *Ann. VII Symp. Int. Agrochim. Venezia, p. 372-85.*
59. ________, **S. Star** e **V. Davidescu** (1971). Recherches sur la nutrition soufrée des plants à l'aide des composés organiques et inorganiques marqués. *Ann. VIII Symp. Int.*
60. **DeKock, F. C.** (1958). The nutrient balance in plant leaves. *Agric. Progr. Vol, XXXIII. p. 88-95.*
61. ________ (1960). Über die analytische Bestimmung des S in biochemischen Substanzen und die S Aufnahme landwirtschaftlicher Kulturpflanzen. *Tese, Univ. Giessen.*
62. **Dhar, N. R.** (1961). Nitrogen problem. *48° Indian Congr. Sci.*
63. ________ (1968). Organic matter, basic Thomas slag and soil productivity. *Progr. Biodin Product. Solo, Sta. Maria/RS, p. 51-56.*
64. ________ (1972). World food crisis and land fertility improvement. *Ed. Univ. Calcutta.*
65. **Delaune, R. O.** e **W. H. Patrick Jr.** (1970). Urea conversion to ammonia in waterlogged soil. *Soil Sci. Soc. Amer. Proc. 34(4):603-07.*
66. **Dijkshoorn, W.** (1967). Sulphure requirement of plants as evidenced by the S/N ratio in organic matter. *Plant & Soil. 26:129-57.*
67. **Döbereiner J.** e **R. Alvahydo** (1966). Eliminação da toxidez de manganês pela matéria orgânica em solos "gray hidromórfico." *Pesq. Agropec. Bras. 2:163-70.*
68. **Donahue, R. L.; J. C. Schickluna** e **L. S. Robertson** (1972). Soils, an introduction to soils and plant growth. *Prentice Hall, New Jersey.*
69. **Drennan, D. S. H.; A. M. M. Berrie** e **G. A. Armstrong** (1961). Prevention of manganese deficiency by soaking grains in solution of $MnCl_2$. *Nature. 190:824.*
70. **Dumphey, E. J.; M. E. Meinnen, C. E. Fulcher** e **L. T. Kurtz** (1968). Effect of soil moistening on the tolerance of soybean varieties to high levels of P fertilizers. *Soil Sci. Soc. Amer. Proc. 32(2):374-79.*
71. **Eaton, G. W.** e **M. K. John** (1971). Influence of Ca and Mn on growth and mineral composition of peas. *Agron. J. 63:219-21.*
72. **Ebert, K.; E. Thaimann, H. Wahl** e **H. Görlitz** (1971). Einfluss hoher Stickstoffgaben und die Phosphordüngerform auf den Mikronährstoffgehalt und Entzug landwirtschaftlicher Nutzpflanzen auf sandigen Böden. *Arch. Acker u. Pflanzenb. u. Bodenkd. 15(10):841-50.*
73. **Elias, A. M.** (1959). Soja no Rio Grande do Sul. *Ensaios 1957-58, p 36, Secret. Agric. P. Alegre.*
74. **Elgabaly, M. M.** (1962). On the mechanism of anion uptake by plant roots. *Plant & Soil. 16:148-56 e 157-64.*
75. **Elking, D. M.** e **L. E. Ensminger** (1972). Soil pH influence on availability of absorbed SO_4. *Soil Sci. Soc. Amer. Proc. 35(6):931-34.*
76. **Epstein, E.** (1972). Mineral nutrition of plants: Principles and perspectives. *Wiley & Sons, New York.*
77. **Fassbender, H. W.** (1966). La absorción de fosfatos en suelos fortemente ácidos y su aplicación usando la isoterma de Langmuir. *Fitotec. Latinamer. 3(1):203-16.*
78. ________ (1968). Phosphate retention and its different chemical forms under laboratory conditions for 14 Costa Rica soils. *Agrochimica. 12:512-21.*
79. ________ (1969). Phosphorus fixation in tropical soils. *Agri. Digest. 18:20-27.*

80. _______ e **R. Molina** (1970). The influence of silicate and liming on phosphor fertilizers in vulcanic ash soils in Costa Rica. *Turrialba. 20(2):215-21.*

81. _______ e **S. E. Piere** (1971). Effect of liming on the exclangeable cation composition and availability in six Costa Rica soils. *Z. Pflanzenern. Bodenkd. 130(2):124-35.*

82. **Feodorova, L. D.** (1966). The effect of long time use of fertilizers on the agrochemical properties of peat-podzol soils. *Chem. Abstr. 65/8:12819 e.*

83. **Fitts, J. W.** (1972). Sur l'emploi des fertilisants et leur effect sur l'acroissement des recolt. *Scient Varia. 38:5-43.*

84. **Fleisch, P.** (1970). Die Herkunft eutrophischer Stoffe beim Pfäffiker und Greifensee. *Tese, Univ. Zürich.*

85. **Forbes, A. L.** (1970). Scientists suggest army war on hunger to foster world peace. *Army Res. Devel. 11(3):30-33.*

86. **Fox, R. H.** (1968). The effect of calcium and pH on the boron uptake of cotton and alfafa. *Soil Sci. 106:435-39.*

87. **Freire, J. Cardoso** e **A. Scheid, Lopes** *et al.* (1973). Influência de enxofre na produção de matéria seca do milho. *XIV Congr. Bras. Ciênc. Solo, Sta. Maria/RS.*

88. **Freitas, L. M.; P. F. Pratt** e **L. Vettori** (1968). Testes rápidos para a estimação de necessidade de calagem de alguns solos de São Paulo, *Pesq. Agropec. Bras. 3(1):159-64.*

89. **Gadet, T.; Q. Soubiés** e **F. Fourassie** (1961). Remontée des nitrates dans les couches superficielles du sol en periode estivale. *Compt. Rend. Acad. Agric. France. 47:897-910.*

90. **Gallo, J. R.; R. Hiroce** e **L. T. Miranda** (1965). A análise foliar na nutrição do milho. II: Resultados de ensaios de adubação com N-P-K-S e micronutrientes. *Bragantia. 24(Nota 14):71-7.*

91. _______, **R. Hiroce, O. C. Bataglia** e **F. R. Pupo, Moraes** (1971). Teores de N nas folhas de cafeeiros em relação à adubação química. *XIII Congr. Bras. Ciênc. Solo, Vitória.*

92. _______ *et al.* (1973). Situação nutricional de bananais no estado de São Paulo. *XIV Congr. Bras, Ciênc. Solo, Sta. Maria/RS.*

93. **Gammon, N.** e **W. G. Bruce** (1968). Loss of calcium and clover-grass production after four lime applications on a fine sandy soil. *Soil Sci. 106:369-73.*

94. **Gargantini, H.** e **S. A. Nobrega** (1965). Efeito da adição de micronutrientes à adubação de batatinhas em solo de vale do Paraíba. *Bragantia, XXXIII.*

95. **Gargantini, H.; H. G. Blanco; P. Haag** e **E. Malavolta** (1973). Absorção de nutrientes pelo trigo. *Bragantia. 32 (único):285-307.*

96. **Gass, W. B.; G. A. Peterson, R. D. Hauck** e **R. A. Olson** (1971). Recuperation of nitrogen residuals by corn *(Zea mays L.)* of different soil depths, measured with ^{15}N. *Soil Sci. Soc. Amer. Proc. 35(2):290-94.*

97. **Geus, J. G.** (1973). Fertilizer guide of tropics & subtropics. *Centre d'étude de l'azote, Zürich.*

98. **Gieseke, F.** (1930). Subtropische Schwarzerden. Citado em **Blanck, E.** *Handbuch der Bodenkunde, Berlin, Vol. 6, p. 253-342.*

99. **Goepfert, C.P.; O. Salim** e **C. A. S. Osório** (1973). Experimento de calibração na cultura de milho *(Zea mays)* em solo Bela Vista. *XIV Congr. Bras. Ciênc. Solo, Sta. Maria/RS.*

100. **Gomes, H. A.** e **V. Stefanello** (1973). Influência da adubação nitrogenada na produção de grãos em casca de três variedades de arroz-irrigado. *XIV Congr. Bras. Ciênc. Solo, Sta. Maria/RS.*

101. **Goodland, R.** (1971). Oligotrofismo e alumínio no cerrado. *III Simpos. Cerrados, USP, p. 44-59.*

102. **Gorodnij, N. G.** (1961). Einfluss von dauernden System-Düngergaben auf die Humusansammlung und den Ertrag landwirtschaftlicher Kulturen. *Pochvov. 86-93.*

103. **Gouney, P.** (1973). Observaciones sobre el comportamiento del vegetal en presencia de ions de cloro. *Rev. Potasa, 5/3.*

104. **Greenleaf, W. H.** e **F. Adams** (1969). Genetical control of flower rot of tomatoes over calcium metabolism. *J. Amer. Soc. Hort. Sci. 94:248-50.*

105. **Grimme. H.; K. Kemeth** e **L. C. Braunschweig, von** (1970/71). Some factors controlling potash availability in soils. *Büntehofabstrakt.*

106. **Grosse, B.** (1963). Über den Einfluss der Bodenerosion auf die Ertragssteigerungsfähigkeit. *Z. Pflanzenern. Düng. Bodenkd. 102(3):212-17.*

107. **Gupta, U. C.** (1972). Interaction effects of boron and lime on barley. *Soil Sci. Soc. Amer. Proc. 36(2):332-34.*

108. **Haas, W.** (1966). Die Abhängigkeit der Kalzium und Kalium Aufnahme vom Klima und Beschattung. *Naturwiss. 53(4):112.*

109. **Hallsworth, E. G.** e **D. V. Grawford** (1965). Experimental pedology. *Butterworth, London.*

110. **Hanawalt, R. B.** (1969). Influence of environmental factors of the absorption of atmospheric NH_3 by soils. *Soil Sci. Soc. Amer. Proc. 33(2):231-34.*

111. **Hardy, F.** e **R. Ranzon** (1966). The maiz microplot of soil testing. *Tuhalba. 16(3):267-70.*

112. **Haynes, J. L.** e **W. R. Robbins** (1948). Calcium and boron as essential factors in the root environment. *J. Amer. Soc. Agron. 40:795-801.*

113. **Hiatt, A. J.** (1963). Variety differences in potassium uptake by excised roots of *Nicotiana tabacum. Plant & Soil. 18:273-76.*

114. **Harris, H. C.** (1973). O efeito de cálcio sobre a qualidade e quantidade da semente de amendoim. *Curso Pós-grad. Biodin. Solos, Sta. Maria/RS.*

115. **Hernando, V. F.** e **C. Cadahia** (1973). El análise de savia como indice de fertilización. *Cons. Sup. Invest. Cient. Madrid.*

116. **Hiroce, R.; J. R. Gallo** e **S. Myasaka** (1969). Análise foliar em feijão de seca. I: Nutrição nitrogenada e potássica. *Bragantia. 28(1):1-7.*

117. ________ (1971). Efeitos da adubação na nutrição e produção de plantas através da análise química foliar. *Lav. Arrozeira. 264:39-41.*

118. **Hoagland, D. R.** e **D. I. Arnon** (1955). The water culture method for growing plants without soil. *Calif Agric. Expt. Sata. Circ. 347.*

119. **Homès, M. V. L.** (1963). The method of systematic variations. *Soil Sci. 96:380-86.*

120. ________ (1972). Effect of completely equilibrated fertilizer on the production of plants, cultivated on large scale. *Scient. Varia. 38:469-502.*

121. **Hoyt, P.B.; A. M. F. Hennig** e **J. L. Dobb** (1967). Reaction of barley and luzerne at liming on solonetz, podzol and gley soils. *Canad. J. Soil Sci. 47:15-21.*

122. **Hudig, J.** (1969). Gedanken Justus v. Liebigs und der heutige Stand der Phosphordüngung. *Bodenkult. 20(2):109-30.*

123. **Hyde, A. B.** (1966). Nature of the calcium effect in phosphorus uptake by barley. *Plant & Soil. 24 (2):328-32.*

124. **Ignatieff, V.** e **O. Lemos** (1963). Some managment aspects of more important tropical soils. *Soil Sci. 95:243-49.*

125. **Incognito** (1966). A adubação potássica nas zonas de arroz irrigado. *Copercotia. 8:24.*

126. **Jackson, W. A.** e **R. J. Volk** (1964). Some aspects of mineral nutrition and photosynthesis in higher plants. *VIII Int. Congr. Soil Sci. Abstr. 33-66.*

127. **Jarreiro, M.** e **E. Ortega** (1968). Fertilización del arroz en el valle del rio Fuertes. *Agr. Tec. (Mex.). 2(8):370-73.*

128. **Jasmin, J. J.; H. R. Herney** e **R. Touchot** (1964). Enrichment of organic soil in potassium and phosphorus and its influence on potatoe yield. *Canad. J. Soil Sci. 44:280-85.*

129. **Jee, R. C.** e **S. K. De** (1968). Effect of NH_4 salts on the uptake of phosphates by Indian clay minerals. *Plant & Soil. 29:335-37.*

130. **Jesus Vernetti, F.** e **S. Cordeiro Araújo** (1970). Efeitos de adubos fosfatados sobre a germinação de sementes e sobre a nodulação de soja. *Pesq. Agropec. Bras. 5:251-54.*
131. **John, M. K.** (1971). Soil properties with influence on phosphorus fixation of seewage. *Canad. J. Soil Sci. 51:315-22.*
132. **Johnson, N. C.** e **J. I. Wear** (1967). Effect of boron on white clover seed production. *Agron. J. 59 (2):205-06.*
133. **Jones, M. B.** e **J. L. Quagliato** (1970). Resposta de quatro leguminosas tropicais e da alfafa e vários níveis de enxofre. *Pesq. Agropec. Bras. 5:359-63.*
134. **Jorge, J. A.; H. Gargantini, T. Igue** *et al.* (1965). Efeito da adubação NPK na produção e no teor de proteína do trigo no sul do estado de São Paulo. *Bragantia. 24:457-80.*
135. **Juste, C.** (1966). Beitrag zur Dynamik des Aluminiums in den sauren Böden Südwestfrankreichs. *Ann. Agron. 17:251-341.*
136. **Kalkmann, R. E.** e **C. T. A. Pratini** (1967). Contribuição à interpretação das análises de potássio em solos do RGS. *Pesq. Agropec. Bras. 2:263-67.*
137. **Kamprath, E. J.** (1972). Citado em **Sanchez, P.** A review of soil research in tropical Latin America. *Soil Sci. Dept. North Carolina State Univ. Contract AID/csd, 2806, p. 167-82.*
138. **Kanehiro, Y.** (1967). Distribution of total and 0,1 N hidrocloric acid extractable zinc in hawanan perfils. *Soil Sci. Soc. Amer. Proc. 31(2):394-99.*
139. **Karmanov, I. I.** (1966). Changes in tropical soils under agricultural use. *Pochvov. 1:36-48.*
140. **Katalymow, M. W.** (1969). Mikronährstoffe, Mikronährstoffdüngung. *Veb. Dtsch. Landw. Vlg. Berlin.*
141. **Kamano, K.; P. A. Sanchez, M. A. Nureña** *et al.* (1971). Upland rice in the peruvian selva. *Rice Breeding Symposium. Int. Rice Res. Inst. Los Baños, Philipines.*
142. **Kennworthy, A. L.** (1967). Plant analysis and interpretation of analysis for horticulture crops. In: Soil testing & plant analysis, *p. 59-75, Spec. publ. Soil Sci. Soc. Amer. Proc. Madison.*
143. **Klitsch, C.** (1966). Der Feldfutterbau, *Fischer, Jena.*
144. **Kornilov, M. F.** e **A. N. Nebolsin** (1968). Bedingungen, die die Wirkung der Kalkung auf sauren Böden bestimmt. *Agrarchemie. 5:62-68.*
145. **Krüger, J. J. I.** e **O. M. Machado** (1971). Efeito da calagem, peletização e adubação nitrogenada na nodulação e produção de matéria seca de soja *(Glycine max. L. Merrill.)* em alguns solos do RS. *Reunião de Labor. Solo, Campinas.*
146. **Kudrin, S. A.** (1966). Average composition of water soluble compounds in some soils of European USSR. *Pochvov. 5:566-71.*
147. **Kirkby, E. A.** e **P. C. DeKock** (1965). The influence of age on the cation-anion balance in the leaves of brussel sprouts. *Z. Pflanzenern. Düng. Bodenkd. Ill (3):197-203.*
148. **Kurnick, A. A.; B. L. Reid** e **J. R. Couch** (1958). Trace elements in poultry nutrition, a review. *Soil Sci. 85:106-32.*
149. **Laird, J.A.; R. Nuñez, F. Fuente** e **J. Toro, del.** (1969). Manejo de los residuos de la cosecha en un rotación de maíz e trigo en el Bajío. *Secr. Agric. Ganad. (Mexico), Boll. Téc. 37.*
150. **Latzko, F.** (1965). Über die Wirkung des Kalium in der pflanzlichen Atmung. *Z. Pflanzenern. Düng. Bodenkd. 111(2):114-22.*
151. **Lee, C. R.** (1971). Influence of aluminium on plant growth and tuber yield of potatoes. *Agron. J. 63:363-64.*
152. **Legget, J. E.** e **E. Epstein** (1956). Kinetics of sulphate absorption by barley roots. *Plant Physiol. 31:222-26.*
153. **Lehmann, K.** e **J. Garz** (1964). Zur Ernährung mit Kalzium einiger Kulturpflanzen. *Z. Pflanzenern. Düng. Bodenkd. 104(1):1-11.*

154. **Leh. H. O.** (1968). Sortenunterschiedliche Anfälligkeit für Bormangel bei Knollenselerie. *Nachr. Bl. Dtsch. Pflanzenschutz. 20:82-83.*
155. **Leverington, K. C.** e **J. M. Sedl** (1966). Some factors affecting the soluble phosphorus content of cane juice. *Proc. Queensland Soc. Sugar Cane Techn. 33:121-24.*
156. **Liebig, J. von** (1843). Die Chemie, in ihrer Anwendung auf Agrikultur und Physiologie. *Vieweg, Braunschweig.*
157. **Linville, K. W.** e **G. E. Smith** (1971). Nitrate content of soil samples of different depth of corn plots after repeated N fertilization. Citado em **Sanchez, P.** The review of soil research tropical Latin America, de 1972. *AID/csd, Soil Dpt. North Carolina State Univ.*
158. **Lopez M. Araña** (1960). Valorisación de las formas de fósforo orgânico y inorgânico de un suelo da la zona cafetera de Colombia. *Ceni-café. 2(7):189-204.*
159. **Lotero, C. J.** e **S. A. Monsalve** (1970). Effect of N source and application doses on the chemical properties of soil. *Rev. Inst. Colomb. Agropecuar. 5(3):199-220.*
160. **Lott, W. L.; A. C. McClung, R. Vita, de** *et al.* (1961). A survey of coffee fields in São Paulo and Paraná by foliar analysis. *IBEC, Res. Inst. Bull. 26.*
161. **Machado, D. de Souza** e **R. Hiroce** (1971). Deficiência de zinco na cultura de arroz (de sequeiro). *Lav. Arroz. XXIV (261):37-44.*
162. **Mahapatra, I. C.** e **R. Frasad** (1970). Response of rice to potassium. *Fertil. News, Feb. 34-41.*
163. **Mathab, S.K.; C. L. Godfrey, A. B. Swoboda** e **G. W. Thomas** (1971). Phosphorus diffusion in soils. *Soil Sci. Soc. Amer. Proc. 35(3):393-97.*
164. **Malavolta, E.; H. P. Haag, F. A. Mello** e **M. O. C. Brasil Sobr.** (1962). On the mineral nutrition of some tropical crops. *Int. Potash Inst. Berne.*
165. ________ (1976). Manual de química agrícola, nutrição de plantas e fertilidade do solo. *Edit. Agron. Ceres, São Paulo.*
166. **Malo, B. A.** e **E. R. Purvis** (1964). Soil absorption of atmospheric ammonia. *Soil Sci. 97: 242-44.*
167. **Marinho, M. L.** e **K. Igue** (1972). Factors affecting zinc absorption from volcanic ash soils. *Agron. J. 64:3-8.*
168. **Marschner, H.** e **G. Michaelis** (1960). Untersuchungen über Sulphatabscheidungen und Sulphataustausch aus Weizenwurzeln. *Z. Pflanzenern. Düng. Bodenkd. 91(1):29-36.*
169. ________ e **I. Günther** (1964). Kaliumabgabe durch die Wurzeln. *Z. Pflanzenern. Düng. Bodenkd. 107(2):118-36.*
170. **Massey, B. F.** e **F. A. Loeffel** (1967). Factors in interstrain variations in zinc content of maiz kernels. *Agron. J. 59(3):214-16.*
171. **Matsusaka, Y.** e **G. D. Sherman** (1964). Lime requirement of Hawaiian soils. *Hawaii Farm Sci. 13(3):180-212.*
172. **McClung, C.; L. M. M. Freitas** e **W. L. Lott** (1959). Analysis of several Brazilian soils in relation to plant response to sulphur. *Soil Sci. Soc. Amer. Proc. 23(2):221-24.*
173. ________, **L. M. M. Freitas, D. S. Mikkelson** *et al.* (1961). Cotton fertilization on Campo Cerrado soils, state São Paulo, Brazil. *IBEC Res. Inst. Bull. 27.*
174. **McKee, W. H.** (1970). Chemical properties of a forest soil influenced by overflooding and fertilization. *Soil Sci. Soc. Amer. Proc. 34(5):690-93.*
175. **McLean, A. J.; R. I. Halstead, A. R. Mack** e **J. Jasmin** (1964). Comparision of the procedures for estimating exchange properties and availability of phosphorus and potassium in some eastern Canadian organic soils. *Canad. J. Soil Sci. 44:66-75.*
176. **McRae, I. C.** e **T. F. Castro** (1967). Nitrogen fixation in some tropical rice soils. *Soil Sci. 103:277-80.*

177. **Medcalf, G.; S. Chayen, E. R. Roberts** e **T. G. G. Wilson** (1954). Nitrogen fixation by soil yeasts. *Nature*. 174:841-46.
178. _______ (1956). Preliminary study on mulching young coffee in Brazil. *Bull. IBEC Res. Inst. 19:1-22.*
179. **Mengel, K.** (1965). Ernährung und Stoffwechsel der Pflanze. *2 ed. Fischer, Jena.*
180. _______ e **L. C. Braunschweig** (1972). The effect of soil moisture on the availability of potassium and its influence on the growth of new corn plants. *Soil Sci. 114:142-48.*
181. **Mikkelsen, D. S.; L. M. M. Freitas** e **A. C. McClung** (1963). Effect of liming and fertilization cotton, corn and soybeans on Campo Cerrado soils, state São Paulo, Brazil. *IRI Res. Inst. Bull. 29.*
182. **Minotti, P. L.; D. C. Williams** e **W. A. Jackson** (1968). Influence of calcium and potassium on uptake and reduction of nitrate. *Soil Sci. Soc. Amer. Proc. 32(5):692-98.*
183. **Minotti-Bloise, R.; A. Fernando de Castro** e **J. P. Vavra** (1971). Estudos de calagem conforme a relação de alumínio trocável para bases trocáveis. *XIII Congr. Bras. Ciênc. Solo, Vitória.*
184. **Miranda, E. R.** e **A. C. Costa Pinto Dias** (1971). Efeito de saturação de alumínio no crescimento de plântulas de cacau. *Theobroma. 1(3):33-42.*
185. **Miyasaka, S.; A. Petinelli** e **E. S. Freire** (1966). Adubação mineral de feijoeiro. IV: Efeitos de NPK, de calagem e de uma mistura de enxofre e micronutrientes no sul do planalto paulista. *Bragantia. 25:385-92.*
186. **Molina, J. S.** e **C. Sauberan** (1967). Recuperación biológica de suelos. *Tranquieras Abiertas. 67:25-8.*
187. **Morelli, M.** (1971). Influência da calagem no complexo de troca e movimento de cálcio e magnésio em um Andosol de Costa Rica. *Tese, Inst. Int-Amer. Cie. Agric. Turrialba.*
188. **Müller, L. E.** (1965). Deficiência de azufre en alguns suelos de Centro America. *Turrialba. 15(3):208-15.*
189. _______ (1974). Curso de fisiologia vegetal. *Pós-graduação Biodin. Solo, Sta. Maria/RS.*
190. **Mums, D. N.** (1965). Soil acidity and growth of some legumes. *Austral. J. Agric. Res. 16:733-42.*
191. **Murray, G. A.** e **C. S. Cooper** (1967). Endosperm utilization in relation to cold tolerance of orchard grass seedlings. *Agron. J. 59(3):253-54.*
192. **Mudich, A.** (1967). Effect of trace element bound superphosphate on the resistance of potatoe tuber to *Phytophtora infestans. Acta. Phytopath. 2(4):295-302.*
193. **Muzilli, O.; A. Gravin, F. Munhoz, C. A. Scotti** *et al.* (1969). Interpretação de análise de assistência: Correlação entre as análises dos solos, os ensaios em vasos e os ensaios de campo em milho. *Rev. Esc. Agron. Vet. Paraná. 5(único):7-16.*
194. _______, **R. E. Kalkmann** e **W. Mendes** (1969). Estudo da correção de acidez dos solos do estado de Paraná. *Rev. Esc. Agron. Vet. Paraná. 5(1):35-39.*
195. **Myamoto, T.** e **H. Kühn** (1963). Über den Einfluss von Samen und Wurzelbehandlung auf Mikronährstoffgehalt junger Pflanzen. *Bodenkult. A/14:15-21.*
196. **Natr, L.** (1971). Die Wirkung von Mineralstoffmangel auf die Photosynthese und Transportintensität von verschiedenen Sommergerstensorten. *Rostl. Vyroba. 17:411-18.*
197. **Nemeryuk, G. Y.** *et al.* (1965). Stickstoffverluste in Verhältnis zur Düngermenge und Kationen. *Pochvov. 4:378-85.*
198. **Neptune, A. M. L.** (1971). Adubação foliar. *Correio Agropec. Sept., p. 16.*
199. **Normanha, E. S.** (1950). Adubação da mandioca no estado de São Paulo. *Bragantia. 11:181-94.*
200. _______ e **A. S. Freire** (1959). Consequências de aplicação de adubos minerais em cultura de mandioca. *Bragantia. 27(2):143-54.*
201. **Oliveira Barreto, W.; A. Femado da Costa** e **J. P. Vavra.** (1971). Estudos sobre calagem em alguns latossóis brasileiros. *XIII Congr. Bras. Ciênc. Solo, Vitória.*

202. **Oliveira, A.; J. C. Montojos** e **T. Igue.** (1964). Adubação de arroz de sequeiro. I: Avaliação de influência de nitrogênio, fósforo e potássio sobre características de variedades precoces de arroz-de-sequeiro. *Bragantia. 23(8):73-81.*

203. ________, ________ e ________ (1965). Ensaios preliminares de adubação de arroz-de-sequeiro. III: Cultivar "Patrão". *Bragantia. 24(33):437-46.*

204. ________, ________ e ________ (1966). Ensaios preliminares de adubação de arroz-de-sequeiro. III: Cultivar "Dourado precoce". *Bragantia. 25(1):1-8.*

205. **Oliveira M. F. J.** e **P. Cabala Rosand.** (1971). O efeito do sombreamento de cacau e a relação de Ca + Mg/K para cacau novo. *Theobroma. 1(3):21-32.*

206. **Oliveira, V.; A. E. Ludwick** e **M. T. Battey** (1971). Exhaustiv plant absorption and chemical methods in the determination of available potassium in some Brazilian soils. *Soil Sci. Soc. Amer. Proc. 35(5):763-67.*

207. **Ozanne, P. B.** e **C. J. Asher** (1965). The effect of potassium contained in seeds on germination and root development of seedlings in potassium deficient sandy soils. *Austr. J. Agric. Res. 16:773-788.*

208. **Paauw, F. van der** (1958). Beziehungen zwischen Kaliumbedürftigkeit landwirtschaftlicher Pflanzen und den Wetterverhältnissen. *Kali-Briefe, 6/23.*

209. ________ (1959). Auswertung der Bodenuntersuchungen auf Phosohor und Kalium in der Niederlanden. *Landw. Forschg. 12 (Sonderheft):86-94.*

210. ________ (1968). The omission of the aspect of soil fertility in relationship of weather to crop yield. *Inst. Bodenvruchtb. Harem, 333-35.*

211. **Palencia, O.** e **J. A. Martini** (1970). Características morfológicas, físicas e químicas de alguns suelos derivados de cenizas volcanicas en Centro America. *Turrialba. 20(3):325-32.*

212. **Pálfi, G.; M. Barkoczi** e **L. Dészi** (1966). Blue-Spot-Test as an indication of the irregular amino-acid protein metabolism in rice. *Il Riso. XV(4):285-92.*

213. **Paribok, T. A.** (1970). Einfluss von Mangel an Zink und anderen Spurenelementen auf Gehalt und Verwertung von Phosphor durch die Pfanzen. *Agrochemie. 110-116.*

214. **Patella, J. Fr.; L. P. Carvalho** e **M. O. Machado** (1971). A resistência do trigo à saturação de alumínio. *Reun. An. Labor, Campinas.*

215. **Paulsen, G. M.** e **O. Rotini** (1968). Phosphorus-zinc interaction in two soybean varieties. *Soil Sci. Soc. Amer. Proc. 32(1):73-6.*

216. **Paulo Souza, D. M. de e J. C. Stengel Ripsolli** (1971). Efeito da adubação potássica em solos ácidos. *Rev. Esc. Agron. Vet. Paraná. 6:125-29.*

217. **Penny, J. M.** (1965). Ensaios de adubação: adubos em cobertura. *Lav. Arroz. 19(221):29-31.*

218. **Pleshkov, B. P.** e **M. N. Konfratev** (1971). Nitrogen compounds in wheat seedlings when nutrient medium was deficient in magnesium and calcium. *Izv. Timiryaz. Sel'skoz. Akad. 6:86-94.*

219. **Pogodina, T. N.** e **L. L. Nikipova** (1961). Effect of trace elements on increase of yield and chemical composition of broad beans. *Uch. Zap. Petrozav. Gos. Univ. 12(3):3-14.*

220. **Popow, W. J.** (1971). Einfluss der Düngung auf Ertrag und Kornqualität des Sommerweizens bei Bewässerung. *Agrarchemie. 64-7.*

221. **Pratt, P. F.** e **R. Alvahydo** (1966). Cation exchange characteristics of soils of São Paulo, Brazil. *Pesq. Agropec. Bras. 1:1-15.*

222. ________, **F. F. Peterson** e **C. S. Holzley** (1969). Qualitative mineralogy and chemical properties of a few soils from São Paulo (Brazil). *Turrialba. 19(4):491-96.*

223. **Primavesi, A. M.** (1964). La absorción de potasa y tendencia de ser afetados por parasitas en los cultivos agrícolas de las regiones tropicales del Brasil. *Rev. Potasa, 23/1.*

224. ________ e **A. Primavesi** (1966). pH Korrektion durch biologische Methoden. *Bodenkult. 17(2):153-59.*

225. _______ e _______ (1967). Wirkung der Saatgutanreicherung mit Spurenelementen. *Bodenkult. 17(2):153-59.*
226. _______ e _______ (1967). Wirkung von Spurenelementen in Abhängigkeit der Sorte bei Getreide und Kartoffeln. *A. Thaer Arch. 11(3):233-37.*
227. _______ e _______ (1967). O efeito de boro em dependência do teor de potássio na cultura de milho. *(Não publicado).*
228. _______ e _______ (1968). Maisertrag in Abhängigkeit von Bodenstruktur and Mikronährstoffdüngung. *Bodenkult. 19(4):302-06.*
229. _______ e _______ (1969). Einfluss verschiedener Faktoren auf den Knollenertrag von Kartoffeln. *Agrochim. 13(6):478-84.*
230. _______ e _______ (1970). Influência varietal sobre o efeito da adubação nas culturas de arroz e soja. *Imprens. Univ. Sta. Maria (separata).*
231. _______ e _______ (1970). Die Wirkung des Spurenelements Kupfer zu Reis. *Agrochim. 14(5):490-95.*
232. _______ e _______ (1970). Sorten bedingte Düngerwirkung bei Reis und Sojabohnen. *Agrochim.* 14(4):323-26.
233. _______ (1970). Relatório ao Projeto Rondon sobre as pastagens de Roraima.
234. _______ e **A. Primavesi** (1971). Influência da técnica de plantio sobre o rendimento do milho. *Rev. Centro Ciênc. Rur. 1(1):44-58.*
235. _______ e _______ (1971). Unterschiedliche analysenergebnisse bei trockenen und nassen Böden. Agrochim. 15(4-5):454-60.
236. _______, **A. Primavesi** e **C. Veiga** (1971). Influência dos equilíbrios nutricionais no arroz irrigado, sobre a resistência à brusone *(Piricularia oryzae Cav.). Rev. Centro Ciênc. Rur. 1(2):101-24.*
237. _______ (1972). Condições ecológicas de Mio-Mio (*Baccharis coridifolia*). *Relatório de pesquisa à FAAPERGS.*
238. _______ e **A. Primavesi** (1973). Nitrogen increase in soil by semi-aerobic straw decomposition in presence of P and Ca. *Proc. Nat. Acad. Sci. India. 43(A 1-2):162-69.*
239. _______, **H. C. Harris** e **A. Primavesi** (1973). Comparação do efeito de micronutrientes em forma de sais hidrossolúveis e de óxidos silicatados na nutrição do trigo. *XIV Congr. Bras. Ciênc. Solo, Sta. Maria/RS.*
240. **Primavesi A.** e **A. M. Primavesi** (1964). Relation von Pflanzenenernährung und Pflanzenkrankheiten. *Z. Pflanzenern. Düng. Bodenkd. 105(1):22-7.*
241. _______ e **A. M. Primavesi** (1964). Factors responsible for low yields of sugar cane in old cultivated terra roxa estruturada soils in eastern Brazil. *Soil Sci. Soc. Amer. Proc. 28(4):579-80.*
242. _______ e _______ (1965). Deficiências minerais em culturas. *Globo, Porto Alegre.*
243. _______ e _______ (1964). A biocenose do solo na produção vegetal. *Palotti, Sta. Maria/RS.*
244. _______ e _______ (1966). Ursachen unsicherer Resultate der chemischen Düngung, nach chemischen Bodenanalysen durchgeführt. *Bodenkult. 17(1):34-38.*
245. _______ (1966). Recuperação de solos improdutivos por métodos biológicos. *UNESCO, Monogr. 1:83-96, Montevideo.*
246. _______ (1967). Organic matter and soil productivity in the tropics and subtropics. *Scient. Varia. 32:653-99.*
247. _______ e **A. M. Primavesi** (1971). Konstante Beziehungen der verfügbaren Nährstoffe in verschiedenen Bodenkartierungseinheiten in Rio Grande do Sul. *Agrochim. 15(2):212-27.*
248. _______, **O. Gressler** e **F. Andrae** (1971). Estudo da fertilidade de solos do município de Faxinal de Soturno, RS. *XIII Congr. Bras. Ciênc. Solo, Vitória.*
249. _______ (1972). Correct fertilizer use in the humid tropics and subtropics and its effect on plant resistance to diseases and crop productivity. *Scient. Varia. 38:139-87.*

250. **Primavesi, O.** (1978). Adubação foliar: é válida no Brasil? *Granja. 367/8:27-52.*

251. **Raij, B. van** e **A. O. Camargo** (1973). Influência das bases trocáveis e de potássio em colunas de solo. *XIV Congr. Bras. Ciênc. Solo, Sta. Maria.*

252. **Ramirez, C. H.; M. A. Martinez; E. L. Iparry** e **A. Palencia** (1971). Explotación de la respuesta del trigo a la fertilización com P e K en suelos de las series Quezatenaggo e Tecpan. *Agronomia (Guatemala). 11(1):5-22.*

253. **Reeve, N. G.** e **M. E. Summer** (1970). Effect of aluminium toxicity and phosphorus fixation on crop growth in oxisols in Natal. *Soil Sci. Soc. Amer. Proc. 34(2):263-67.*

254. _______ e _______ (1970). Lime requirement of Natal oxisols based on exchangeable aluminium. *Soil Sci. Soc. Amer. Proc. 34(4):595-98.*

255. **Riccio, O.** e **O. A. Gavida** (1972). Respuesta de siete cultivares de arroz (*Oryza sativa L.*) a ocho niveles crescientes de nitrógeno. *Progr. Nac. Arroz (Peru). Inf. Tec. 70.*

256. **Rigitano, A.; M. Ramos** e **J. L. Roman** (1971). Trigo no sul do Paraná. *Min. Agr. Dept. Pesq. Agropec. Circ. 10.*

257. **Riley, D.** e **S. A. Barber** (1971). Effect of NH_4 and NO_3 fertilization on P absorption in relation to root induced pH modifications in the root-soil limiar zone. *Soil Sci. Soc. Amer. Proc. 35(2):301-06.*

258. **Ro, W.H.** e **F. K. Hora** (1972). Determination of an aluminium ion as fungitoxine in the soil. *Soil Sci. 113:42-45.*

259. **Röhmer, W.** (1966). Experiment on iron reduction after compacting of shifted loess. *Z. Pflanzenern. Düng. Bodenkd. 114(1):101-12.*

260. **Russell, E. W.** (1961). Soil conditions and plant growth. *9 ed. Longmans, Green & Co, London.*

261. **Sanchez, P. A.** (1971). Fertilización y manejo del nitrógeno en el cultivo del arroz tropical. Citado em: II Coll. Suelos: el uso del nitrógeno en el trópico. *Soc. Colomb. Cien. Suelo, Palmira, p. 43-60.*

262. _______ e **M. A. Nureña** (1972). Upland rice improvement under shifting cultivation in the Amazonas bassin of Peru. *N.C. Agr. Exp. Sta. Tech. Bull.*

263. _______ (1972). The review of soil research in tropical Latin America. *AID/csd 2806, Soil Sci. Dpt. North Carolina State Univ.*

264. **Santana, M. B. M.; F. P. Cabala Rosand** e **F. I. Morais** (1971). Efeitos da incorporação de doses crescentes de calcário em alguns solos da região cacaueira de Bahia. *Theobroma. 1(2): 17-28.*

265. **Sanyasi, L.** (1952). Citado em **Wrigley, G.** 1969, Tropical Agriculture. *Faber & Faber, London.*

266. **Scheffer,** F. (1967). Bodenreaktion und Bodeneigenschaften und Pflanzenertrag. *Kali-Briefe, 1/8.*

267. _______ (1961). Der Stickstoff, *Parey, Berlin.*

268. **Schmid, G.** (1964). Kalzium und die Bodenverarmung. *Bodenkult. 15(3):254-67.*

269. **Schmitt, N. C.** e **H. Gargantini** (1966). Aplicação de nitrogênio em cobertura em cultura de arroz. *Bragantia. 25(5):57-63.*

270. **Schuh, G.** (1958). Eiweissmangel bei Kindern führt zu geistigen Schäden. *Boden & Gesundh. 61(4):13-25.*

271. **Sfredo,** G.J. (1976). Efeito das relações entre Ca e Mg sobre o pH, Al^{++}, Ca^{++} e Mg^{++} no solo e sobre a produção de matéria seca do sorgo. *(Sorghum bicolor (L) Moench). Tese MS, Viçosa, MG.*

272. **Sharma, M. L.** (1972). By gypsum influenced water movement in unsaturated soils. *Austral. J. Soil Res. 10:25-33.*

273. **Silva Souza L. da, L. Franco Sobral** e **E. J. Alves,** (1973). Efeitos de N, P, K, S e micronutrientes na produção algodoeira. (Cruz das Almas, Bahia). *XIV Congr. Bras, Ciênc. Solo, Sta. Maria/RS.*

274. **Silva, N. M.; R. Hiroce** e **M. G. Fuzatto** (1969). Efeito da adubação sobre o desenvolvimento e produção de variedades paulistas de algodão em latossolo roxo intensamente cultivado. *XII Congr. Bras. Ciênc. Solo, Curitiba.*
275. **Sluijsmans, C. M. J.** (1970). Der Einfluss von Düngermitteln auf den Kalkzustand des Bodens. *Z. Pflanzenern. Bodenkd. 126(2):97-103.*
276. **Soares, W. V.; E. Zoborovsky, G. Naderman** e **E. Gonzales** (1973). Resultados preliminares de estudo de calcário e fósforo num latossol vermelho-escuro fase cerrado. *XIV Congr. Bras. Ciênc. Solo, Sta. Maria/RS.*
277. **Sorokina, G. I.** (1966). Effect of copper on the yield and tuber quality of potatoes. *Agrochimica. 109-111.*
278. **Spatz, L. F.** e **A. J. Sterges** (1963). Timing of phosphorus to corn. *Soil Sci. Soc. Amer. Proc. 27(5):669-70.*
279. **Sprague, H. B.** (1964). Hunger signs in crops, A symposium, *3 ed. McKay, New York.*
280. **Steininger, R. A.** e **R. N. Jefferies** (1956). Effect of micronutrient deficiencies on nicotine formation in tobacco, by water cultures. *Plant Physiol. 31:377-82.*
281. **Stengel Ripsolli, J. C.** e **C. Bodziak, Jr.** (1969). Estudo do P residual em ensaios de adubação. *Rev. Ex. Agron. Vet. Paraná. 5(único):53-7.*
282. **Sudzuki Hillis, F.** (1964). Niveles de cobre en águas de riego del rio Cachapoal. *Agr. Tec. (Chile) 23/24:15-62.*
283. **Syers, J.K.; T. D. Evans, J. D. Willians** e **L. T. Murdock** (1972). Parameter for the phosphate absorption of representative soils of Rio Grande do Sul, Brazil. *Soil Sci. 112:267-75.*
284. **Tandon, H. L. S.** (1970). Fluorid extractable Al in soils as an index of the pretention of the sod. *Soil Sci. 209:13-18.*
285. **Thenabadu, M.W.** (1972). Influence of the timing and the quantity of nitrogen fertilization on growth and yield of rice. *Plant & Soil. 36:15-29.*
286. **Thiel, H.** e **A. Fink** (1973). Ermittlung von Grenzwerten optimaler Kupferversorgung für Hafer und Sommergerste. *Z. Pflanzenern. Bodenkd. 134(2):107-25.*
287. **Thoklai, N.** (1959). Citado em **Mengel K.,** 1965. Ernährung und Stoffwechsel der Pflanze. *Fischer, Jena.*
288. **Thornthon, I.** (1965). Nutrient content in rain water in Gambia. *Nature. 205:1025.*
289. **Tölgyesi, G. Y.** (1964). Trace element absorption troubles in monocotyledones caused by mistake in soil. *Agrokémia Talatj. 13(3):253-61.*
290. **Trenkel, M.; A. Fritz e K. Kummer** (1976). Experiências acerca de la fertilización foliar. *Rep. Agric. BASF. 4:3-8.*
291. **Trüb, E.** (1966). Die Vorrangstellung des Trinkwassers in der wasserwirtschaftlichen Rahmenplanung. *Mtbl.* Schweiz. *Ver. Gas, Wasserfachm. Nº 12.*
292. **Trzcinki, T.** (1962). Note sur le niveau d'accumulation des quelques éléments minéraux dans les feuilles malades des pommiers "Cox's Orange Pippin". *Bull Inst. Agrin. Res. Gembloux. 30:213-20.*
293. **Tucker, B. M.** (1964). The liberation of Al in acid and alcaline soils. *Austral. J. Soil Res. 2:56-66 e 67-75.*
294. **Tuckey, H. B. Jr.; B. A. Mecklenburg** e **J. V. Morgan** (1965). A mechanism for the leaching of metabolits from foliage. *Int. Atomic. Energ. Ag. Viena, p. 371-85.*
295. ________ e **H. B. Tuckey Sr.** (1962). The loss of organic and inorganic material by leaching from leaves and other above ground plant parts. *Int. Atomic Ener. Ag. Viena. p. 239-302.*
296. **Turrent, A.** (1970). Aporte de la investigación agronômica en un proyecto para obtener aumentos rápidos de la producción. Citado em: **Cimmyt**. Estratégias para aumentar a productividad agrícola. *Puebla Proy. (Mexico), p. 36-45.*

297. **Ulrich, B.** e **P.K. Khama** (1968). Schoefield potencial and phosphorus forms in soils. *Geoderma. 2:65-77.*
298. **Vageler, P.** (1933). An introduction to tropical soils. *McMillan, London.*
299. **Valechi, O.; F. Pimentel Gomes** (1954). Solos incorporados de vinhaça e seu teor de bases. *An. Esc. Sup. Agric. L.Q. 11:135-161.*
300. **Vasconcelos, M. de** e **L. M. Almeida** (1966). Adubação química do arroz no Nordeste. *Pesq. Agropec. Bras. 1:353-56.*
301. **Verona, O.** e **P. Simonart** (1957). Batteri azotofissatori, eterotrofi. *Pedologie. 7:35-45.*
302. **Vetter, H.** e **W. Teichmann** (1968). Feldversuche mit gestaffelten Kupfer und Stickstoffgaben in Weser-Ems. *Z. Pflanzenern. Düng. Bodenkd. 121(2):97-111.*
303. ________ e **K. Früchtenicht** (1972). Besonderheiten der Harnstoffdüngung. *Kali-Briefe, 8/3.*
304. ________ e ________(1973). Aufkalkungsziele bei steigendem Humus und Tongehalt. *Kali-Briefe, 1/7.*
305. **Vielmeyer, P. H.** (1971). Untersuchungen zum Einfluss von Mangan Mangel auf den N-Stoffwechsel bei Buschbohnen mit Hilfe von ^{15}N. *Arch. Acker & Pflanzenb. 15(10):17-92.*
306. **Voisin, A.** (1966). Leyes cientificas en la aplicación de los abonos. *Tecnos, Madrid.*
307. **Wallace, T.** (1961). The diagnosis of mineral deficiencies in plants, by visual symptoms. *Her Majesty's Stat. off. London.*
308. **Wambecke, P.** van (1970). Citado em **Sanchez, P.** 1972, The review of soil research in tropical Latin America, p. 139. *Univ. Carolina.*
309. **Watkins, S.H.; R. F. Strand** *et al.* (1972). Factors influencing ammonia losses from urea applied to north western forest soils. *Soil Sci. Soc. Amer. Proc. 36(2):354-57.*
310. **Watson, J. P.** (1962). The soil below a termit mount. *J. Soil Sci. 13:46-51.*
311. **Watts, M. L. Covolo** e **W. Silveira** (1973). Influência da compactação do solo sobre a disponibilidade de fósforo, em milho. *Curso Pós-grad. Biodin. Solo, Sta. Maria/RS. (não publicado).*
312. **Welte, E.** e **E. A. Niederbudde** (1963). Die unterschiedliche Bindungsfestigkeit von fixiertem K und ihre mineralogische Deutung. *Plant & Soil. 18(2):176-90.*
313. **Weir, R.G.** e **A. Hudson** (1966). Molybdenum deficiency in maize in relation to seed reserves. *Austral. J. Exptl. Ar. Animal Husbandry. 6(20):35-41.*
314. **Werne, W.** (1969). Kennzeichen des pflanzenverfügbaren Phosphors nach mehljähriger Düngung mit verschiedenen Phosphaten. *Z. Pflanzenern. Düng. Bodenkd. 122(1):19-31.*
315. **Westerhoff, H.** (1954/55). Beiträge zur Kupferbestimmung im Boden. *Landw. Forschg. 7:190-93.*
316. **Westin, P. C.** e **I. G. DeBrito** (1969). Phosphorus fractions of some Venezuelan soils as related to stage of weathering. *Soil Sci. 107:194-202.*
317. **Willimot, S.G.** e **K. R. M. Anthony** (1958). The response of *Eleuzine* to different forms of nitrogen fertilizers. *Emp. J. Exp. Agric. 26:373-78.*
318. **Wing To Chan** e **A. F. Mackenzie** (1972). Effect of shading and nitrogen dosation on corn growth under field conditions. *Plant & Soil. 36:59-70.*
319. **Wollert, C.; R. Kickuth** e **F. Scheffer** (1964). Phosphorsäure Freisetzung aus Ca, Fe und Al Phosphaten durch Chelatoren aus dem Wurzelraum. *VIII Int. Congr. Soil Sci. Abstr. p. 104-06.*
320. **Wrigley, G.** (1969). Tropical agriculture, *Faber & Faber, London.*
321. **Yoshida, S.; D. A. Forno** e **A. Bhadrachahem** (1971). Zinc deficiency of rice on calcareous and neutral soils of the Philippines. *Soil Sci. & Plant Nutr. 17:83-7.*
322. **Ziegler, G.** (1966). Mineralstoffgehalt bei hohen Mineraldüngergaben zu Kartoffeln. *Tagungsber. Nº 85: Mineralstoffversorgung bei Tier und Pflanze, p. 81-89.*

PARTE 2

MANEJO ECOLÓGICO DO SOLO TROPICAL

INTRODUÇÃO

Nos países tropicais a produção agrícola e pastoril é baixa embora usando tecnologia avançada.

A capacidade produtiva de nossas plantas de cultura muitas vezes não é baixa, mas o seu potencial genético elevado raramente pode ser desenvolvido em sua plenitude quando um dos fatores de produção esteja baixo.

Verifica-se que nossas variedades poderiam produzir, se todos os fatores de produção do solo fossem bons. A "lei do mínimo" não somente é válida para o balan-

Quadro 9.A Produção agrícola média (kg/ha) no Brasil e no mundo e a produção maior brasileira. (Compilado por O. Primavesi, 1978. Fontes: Production Yearbook, 1974 (FAO); AGIPLAN/MA, 1976)

cultura	no mundo (país) (média maior)	Brasil	sul-sudeste do Brasil	maior brasileira
algodão	3 387 (Guatemala)	695	1 318	4 000
amendoim	3 600 (Israel)	1 638	1 333	3 500
arroz irrig.	6 295 (Espanha)	1 557	3 200	14 000*
feijão	2 685 (Holanda)	619	594	3 500
milho	7 333 (Nova Zelândia)	1 339	1 804	15 500*
soja	3 000 (Itália)	1 565	1 538	5 500
trigo	5 733 (Holanda)	1 100	1 175	7 000*

Obs.: os rendimentos maiores brasileiros foram alcançados por membros dos grupos 4S e outros.

* Em áreas de 1 ha.

Quadro 9.B Modificação de algumas propriedades físicas do solo pelo cultivo. (Machado, 1976)

anos de cultivo	matéria orgânica	densidade aparente do solo (g/cm³)	agregados de 0,5 mm (% do total do solo)*	média de infiltração em 9 horas (mm/h)
solo de floresta	5,8	1,07	92,1	148,1
pastagem nativa	3,2	1,33	90,8	119,3
4 anos de cultivo	3,2	1,32	66,0	90,8
8 anos de cultivo	3,1	1,40	58,2	17,4
14 anos de cultivo	2,7	1,55**	63,6	6,6

* Peneiração seca, incluindo todos os agregados instáveis à água.

** A densidade 1,60 é tomada como limite, sendo impenetrável pela maioria das raízes.

ço entre os nutrientes, mas para todos os fatores de produção, sendo nivelado pelo fator menos desenvolvido. Sabe-se que a produtividade dos solos decresce com os anos de cultivo, sendo esta redução mais rápida em solos arenosos no clima equatorial e mais lenta em solos argilosos no clima subtropical, mas, sempre ocorre enquanto forem usadas as técnicas atuais de preparo e cultivo do solo. O fator que está entrando no "mínimo" é a estrutura ativa do solo, por sofrer adensamento pronunciado, como foi discutido no capítulo 7.[50]

O problema principal é a perda de macroporosidade, que se manifesta pela maior densidade aparente, acarretando um abastecimento deficiente do solo e das plantas com ar (oxigênio) e água, e a redução drástica do desenvolvimento radicular.[145]

E, conforme a infiltração menor de água, aumenta o deflúvio, a erosão, as enchentes e logicamente também as secas, por ter o solo recebido pouca água. Não é a água que cai do céu que faz as plantas crescer, mas sim, a água que penetra no chão!

Entre nós, o problema dos nutrientes praticamente está resolvido, mas faltam as condições para que possam atuar de modo satisfatório. O efeito dos adubos não depende somente de sua presença no solo, mas igualmente de sua absorção, seu equilíbrio e sua metabolização rápida. E para isso necessita-se de água e oxigênio no solo. Mas, quando as raízes encontram seu caminho barrado por adensamentos, oxigênio, água e nutrientes em camadas inalcançáveis não adiantam, não podendo ser absorvidos.[189]

O problema da água está entregue ao clima, ou seja, à distribuição das chuvas e, às vezes, à irrigação.

O problema do ar nunca foi tratado, nem o da penetração radicular.

Por outro lado o combate às pragas e doenças está na rotina de qualquer agricultor.

Os fatores limitantes de nossa produção são a deficiência de oxigênio no ar do solo, de água e o desenvolvimento radicular limitado; e esses três fatores possuem um denominador comum: o sistema poroso do solo, ou seja, uma quantidade suficiente de macroporos, resultado de grumos ou agregados maiores que 0,5 mm, estáveis à água.

Quem não cuidar da biofísica do seu solo dificilmente obterá lucros satisfatórios no emprego das técnicas modernas. Mas, quem mantiver seu solo produtivo terá o lucro esperado.

O MANEJO DO SOLO 9

O MANEJO DO SOLO EM ZONAS TROPICAIS E SUBTROPICAIS

Quarenta por cento do globo terrestre é zona tropical, mas somente dez por cento desta zona é terra firme. Mesmo assim, os 45 milhões de quilômetros quadrados de terra dos trópicos perfazem trinta por cento do total da terra do nosso globo. Porém, somente dez por cento da população mundial vive aqui, passando fome, por não conseguirem produzir o suficiente para seu sustento.

A população destes países tropicais, pobres e famintos, no mínimo triplicará até o ano 2000 enquanto que nos países ricos e abastados nem duplicará.[178] Aumenta a população enquanto o acréscimo da alimentação não acompanha o ritmo de crescimento demográfico.

Em todas as zonas tropicais do mundo procuram-se novos caminhos de preparo do solo, porque ficou evidente que *não é o clima quente que impede uma produção adequada da terra mas, sim, o manejo errado de seus solos.*

Todos estão de acordo que em clima temperado o solo deve ser exposto ao sol, o máximo possível para receber um pouco mais de calor de que é tão carente. E todos sabem que em clima tropical o solo deve ser protegido do sol inclemente, para evitar seu aquecimento exagerado.[185]

Seguindo este princípio, os países em zona temperada desenvolveram o preparo e cultivo de seus solos. Tinham recebido as plantas de cultura e os métodos de cultivo das zonas subtropicais, onde, antigamente, floresceram as culturas humanas, por ser ali o clima mais ameno e o solo mais fértil e mais fácil de cultivar. Durante milênios o solo somente vinha sendo riscado com um gancho de madeira para afrouxá-lo e poder plantar a semente.

Mas, isso não foi o suficiente na Europa fria. Aproximadamente 150 anos atrás teve-se a ideia salvadora para a Europa: virar o solo em lugar de afrouxá-lo. Assim, ele consegue secar mais rápido da umidade do degelo e aquecer-se mais depressa, podendo ser plantado com maior êxito na primavera. Desenvolveram-se arados de aiveca e, mais tarde, de discos, grades para destruir as leivas, tratores para puxar os arados e grades e, finalmente, todo este parque de máquinas sofisticadas para preparar o solo, com rolos, destorroadeiras, cultivadores, subsoladores etc. Agora se aproveitava melhor o húmus, que se decompunha mais rápido pelo arejamento e a captação de mais calor. O solo foi "mobilizado" de sua inércia fria, sua vida tornou-se mais intensa e sua produtividade aumentou. A adubação química permitiu o desenvolvimento de variedades de alto potencial produtor, com safras compensadoras e rendimentos elevados. Hoje, as zonas temperadas, apesar de sua população densa, são tidas como regiões de superprodução agrícola por terem encontrado as técnicas que permitiram produzir bem em seus solos e seu clima.

Aos países tropicais, incutiu-se pelo rádio e TV a ideia do subdesenvolvimento porque eram pouco industrializados e mecanizados e não eram ricos como seus irmãos do hemisfério Norte, produzindo menos PIB que eles. Sua agricultura permanece itinerante, como nos tempos antigos, e sua produção se baseia na recuperação natural dos solos abandonados.

Os países ricos, mecanizados e tecnizados, emprestaram generosamente seu "*know-how*" aos países das zonas quentes, talvez acreditando que vendiam felicidade. Mas, em sua euforia esqueceram-se que as técnicas que exportaram eram tão somente úteis para climas frios e temperados. E, quando as máquinas, que fizeram produzir os solos frios, chegaram para trabalhar os solos quentes, as técnicas para aquecer e enxugar os solos não melhoraram a produção dos trópicos, mas criavam desertos ou a improdutividade dos solos: na Índia, na África e no Brasil.

Após dois ou três anos de produção boa e de euforia, as colheitas decresciam irrevogavelmente. E, na Índia, os "ajudantes de desenvolvimento" fugiram após terem destruído em três anos as terras que tinham nutrido o povo durante 3 000 anos.

O erro fundamental está na concepção do solo nas zonas tropicais. Em zona temperada solo que não produz quase sempre é pobre em nutrientes na camada superficial, onde as raízes permanecem concentradas. Mas, solo em zona tropical, quando não produz, quase sempre é adensado. É porque a base de sua produção reside no fato de as raízes poderem explorar um volume grande de terra, fugindo da superfície insolada, quente e seca, absorvendo nutrientes e água das camadas mais profundas. O confinamento da raiz à camada superficial do solo causa problemas que, finalmente, reduzem a produção.[7] A exposição ao sol beneficia o solo temperado mas destrói o solo tropical (vide capítulo 7), reduzindo drasticamente o volume de solo enraizado.[13]

Culpou-se a má distribuição das chuvas, a pobreza dos solos e o calor do sol. Porém, a produção agrícola não depende somente da quantidade e distribuição das chuvas, mas especialmente da água que se infiltra no chão e que este consiga conservá-la à fácil disposição das plantas.[57] Muitas vezes não se faz diferenciação entre

Quadro 9.1 Comparação de solos de alta e baixa produção cacaueira, medindo-se a "resistência ao corte" (*shearing resistance*) em kg/cm^2. (Cadima, 1970/71)

horizonte do solo	produção alta dos cacaueiros	produção baixa dos cacaueiros
A	0,20 kg/cm^2	0,35 kg/cm^2
B e C	0,15 kg/cm^2	0,50 kg/cm^2

a fertilidade e a produtividade do solo,[8] uma vez que em clima temperado, de onde chegam nossas técnicas agrícolas, a produtividade depende em larga escala da fertilidade, simplesmente por as raízes explorarem principalmente a camada superficial dos solos, onde necessitam encontrar os nutrientes concentrados.

Solo adensado não produz nos trópicos e produz pouco nos países temperados!

Quanto maior a "resistência ao corte", tanto mais adensado está o solo.

O manejo do solo tem por princípio preparar adequadamente o leito para a semente e manter a cultura livre de plantas que possam concorrer por luz, água e nutrientes.

Porém, como foi mostrado acima, isso não é suficiente. Nos solos tropicais exigem-se, imperiosamente, medidas para a manutenção da bioestrutura do solo e com isso das condições de sua produtividade.

Deve-se diferenciar entre:

A fertilidade do solo, que é dada pela quantidade de nutrientes disponíveis aos vegetais,[5,158] e a ausência de substâncias tóxicas;

A produtividade do solo, que é a possibilidade de as plantas aproveitarem estes nutrientes, podendo absorvê-los e metabolizá-los para produzir substâncias vegetais, e com isso, colheitas. Crostas superficiais, que impedem a circulação livre do ar no solo, compactações e adensamentos que barram o caminho da raiz, bem como um regime hídrico interrompido constituem fatores que influem negativamente sobre a produtividade de nossos solos.[69,104] Exige-se, pois, a manutenção de uma estrutura grumosa para permitir a circulação de ar, a infiltração e conservação de água no solo e o desenvolvimento livre das raízes vegetais.[129,134]

Em princípio, exige-se para a manutenção da produtividade do solo:

1. Que sua bioestrutura grumosa seja conservada na superfície do solo, evitando que seja enterrada. Isso consegue-se:
   1.1 Pelo plantio direto que pode ser usado em solo grumoso;
   1.2 Pela aração mínima, que deve ser usada em solos adensados com uma camada grumosa em sua superfície, bem como para a mistura superficial dos restos orgânicos. Geralmente necessita-se após a "aração mínima", a passagem de um subsolador ou pé-de-pato, para romper os adensamentos subsuperficiais;
   1.3 Por uma aração costumeira quando toda "terra arável" for adensada e compactada, sendo seu peso específico acima de 1,35. A esta aração deve seguir a implantação de uma leguminosa de crescimento rápido ou de uma mistura de forrageiras, para manter o solo "aberto".[26]

Porém, a manutenção de estrutura grumosa não depende somente de sua conservação na superfície do solo, mas igualmente de um fornecimento periódico de matéria orgânica, para sua renovação, como discutido no capítulo 7. Por isso, faz-se indispensável o planejamento do retorno da matéria orgânica, proveniente da cultura anterior.

2. O retorno da matéria orgânica juntamente com uma adubação fosfocálcica. A adubação verde não melhora a estrutura do solo, mas fornece somente nitrogênio orgânico. Também é usada para promover a decomposição dos restos da cultura anterior[169] em regiões semiáridas.
3. Proteção da superfície do solo contra a insolação direta e o impacto das chuvas:
   3.1 Por uma cobertura morta *(mulch)* proveniente da palha picada da cultura anterior ou da cultura protetora;
   3.2 Por um espaçamento menor da cultura onde isso for possível;
   3.3 Pelo uso de culturas consorciadas ou culturas protetoras, especialmente nas culturas perenes;
   3.4 Por árvores e arbustos de sombreamento em pastagens e culturas perenes, fornecendo 30 a 40% de sombra.
4. Manutenção de uma vida do solo diversificada:
   4.1 Pela rotação dirigida e planejada das culturas, ou em cultivos perenes das culturas protetoras e consorciadas;
   4.2 Evitando as queimadas descontroladas;
   4.3 Com uma adubação equilibrada.

RESUMO

A fertilidade do solo depende dos minerais nutritivos e seus equilíbrios (relação ou proporção), porém a capacidade de produzir colheitas satisfatórias depende da bioestrutura do solo.[8,130,135,148,162]

Solos com biostrutura intacta sempre reagem bem aos adubos.[144] Solos adensados e compactados, sem bioestrutura grumosa, praticamente não reagem, como mostra a figura 7.22. Mesmo se as plantas pudessem absorver o suficiente de nutrientes, metabolizariam muito pouco por lhes faltar oxigênio na zona radicular (vide capítulo 1).

O adubo faz tanto mais efeito quanto mais baixa for a fertilidade do solo e quanto melhor for a sua bioestrutura.

No Brasil, 80% dos solos de cultura sofrem limitações de uso agrícola por associar uma fertilidade baixa[101] a uma bioestrutura decaída.[118] E, em pastagens extensivas, não é raro que as camadas adensadas represem a água pluvial, encharcando temporariamente os terrenos.[126]

O efeito desfavorável de uma bioestrutura deficiente é agravado pela pobreza da maioria dos solos tropicais, por limitar as raízes a um espaço reduzido, de solo. Tenta-se corrigi-la pela adubação química, enriquecendo este espaço reduzido, à disposição da raiz.

A análise química, rotineira, abrangendo tão somente pH, SMP, K e P ao lado da matéria orgânica, e em São Paulo em lugar do SMP alumínio trocável e cálcio + magnésio, dificilmente pode informar outra coisa a não ser a deficiência aguda de um destes elementos, e no caso do alumínio sobre sua concentração, talvez nociva. Se a textura do solo fosse considerada, o pH poderia dar mais informação sobre o teor efetivo em bases, que depende da saturação da CTC. E, quando se soubesse algo sobre a bioestrutura ou simplesmente sobre a densidade aparente do solo, o efeito do adubo poderia ser calculado. E, se a recomendação considerasse as exigências específicas das diversas variedades ou cultivares, o aumento da produção seria previsível. Também o clima local[5,45] possui importância na recomendação da adubação.

O clima não é um fator isolado mas age sobre o solo, tanto pela água pluvial que possa infiltrar-se, como pela insolação que alcança a terra. Solo grumoso permite a infiltração de maior quantidade de água (vide quadros 7.8 e 9.B), conserva-a melhor e, quando protegido contra o sol, permanece com temperatura amena (figura 9.22). Neste caso, calor e distribuição pouco regular das chuvas perdem importância. Em solo adensado e descoberto, a água pluvial escorre em sua maioria (vide quadro 9.B) e a temperatura do solo pode subir até 70 °C, de modo que a distribuição das chuvas se torna importantíssima e a necessidade de temperaturas amenas é imperiosa. *Os fatores climáticos se tornam decisivos para a produção num solo decaído.*

COMO MANEJAR O SOLO TROPICAL

O manejo do solo agrícola comum, para cultura de sequeiro

A aração do solo, para mobilizá-lo, é técnica comum em todos os países. Alcança um efeito até milagroso nos países temperados a frios onde a terra fria do inverno e, molhada do degelo, tem de ser aquecida e enxugada.[34,156]

A adubação em linha, perto da semente, permite às plantas absorver nutrientes de uma camada de solo já aquecida pelo sol, enquanto que o subsolo ainda está frio, e talvez, com gelo, como na Sibéria ou parte do Canadá. As capinas, que mantêm o solo limpo, não somente eliminam a concorrência por água e nutrientes, mas expõem-no ao sol para captar o máximo de calor que a raiz necessita na primavera e mesmo no verão, quando a temperatura do solo raramente se eleva acima de 14 °C. Assim os países "temperados" tornaram-se produtores de alimentos por excelência.

Mas, nos países tropicais, essas técnicas não deram idênticos resultados. Onde o arado passa, criam-se desertos.[72] Não somente na África onde o Saara avança a cada ano, mas também no Peru, no México, na Argentina e na Índia. É o implemento agrícola mais apropriado para promover o adensamento e a compactação do solo, promovendo a erosão, as enchentes e consequentemente as secas. E as culturas plantadas em terras aradas e capinadas ou tratadas com herbicidas, muitas vezes nascem desigual e deficientemente,[13] como mostra a figura 9.1. A aração correta é uma arte!

A areia branca na superfície do solo é sinal de grumos destroçados.

A aração: quando e como usá-la

Deve afrouxar o solo, eliminar as invasoras e preparar o campo para a semente.

Figura 9.1 Soja plantada em terra adensada. Muita semente não nasceu.

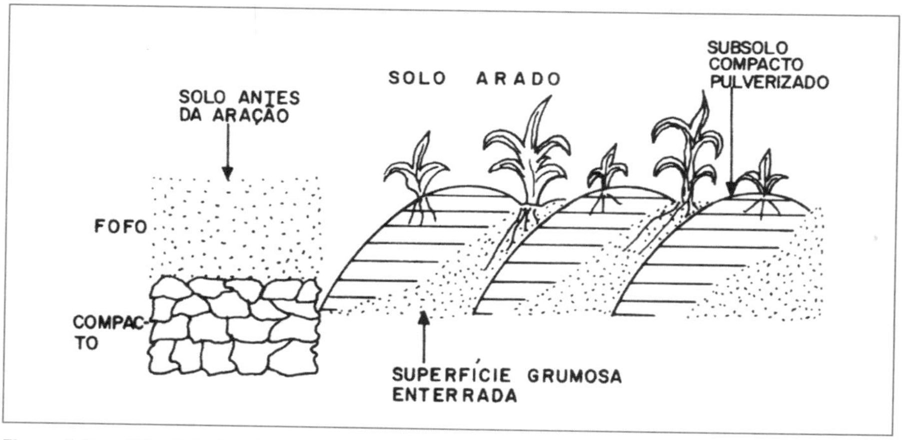

Figura 9.2 *"Stand"* desigual de milho em consequência de uma aração profunda demais para este solo.

Nos trópicos, a camada "viva" do solo raramente ultrapassa 18 cm de profundidade[130] e, quando o solo é revolvido, esta camada grumosa é enterrada, (figuras 7.24 e 7.25) e o resultado é um *"stand"* desigual da cultura, como mostra a figura 9.2.

A terra "inerte" é virada à superfície. Pode ser grumosa mas não resiste ao impacto das gotas de chuva, formando uma crosta superficial e um adensamento subsuperficial. Os grumos enterrados não se podem manter neste ambiente pouco ventilado. Os poros, existentes entre eles, são preenchidos com as partículas finas de argila levadas pela água solo adentro, da camada superficial instável à água (vide capítulo 7).

Na aração vale o princípio: nunca arar mais profundo do que 2 centímetros abaixo da camada grumosa (vide capítulo 7). E como a determinação da profundidade exata da aração exige alguma prática, deve-se tornar regra limitar a aração a 12 até 15 cm de profundidade.[124] Se existir a necessidade de uma aração mais profunda, deve-se usar o subsolador, cujo emprego correto será discutido mais adiante.

Como o problema principal é a conservação da camada grumosa na superfície do solo, em terra totalmente adensada, com uma densidade aparente maior que 1,35 na superfície do solo, ou seja, quebrando em torrões de faces retas, não há mais nada a conservar e qualquer aração será um sucesso.[3]

O "ponto" de umidade e a profundidade exata para a aração

O grau de umidade para a aração é muito importante. Se o solo for úmido demais, o arado empastará a camada em que desliza formando a tão famosa sola-de-arado, acima da qual acumulará uma camada adensada. Restringe-se com isso o desenvolvimento radicular à camada superficial do solo.

A umidade do solo deve ser testada na profundidade em que se pretende arar e nunca na superfície. Se o solo for suficientemente seco, raramente se formará uma sola-de-arado. As raízes conseguem penetrar além da camada arada, recuperando-a.

Para a recuperação da camada grumosa recorre-se à aração superficial, misturando com o solo os restolhos e a palha da cultura anterior junto com 250 a 300 kg/ha de fosforita, termosfosfato ou hiperfosfato[127] para induzir o surgimento de uma microvida capaz de formar grumos estáveis à água na superfície do solo.[103,130]

Em solo muito decaído, onde há pouca possibilidade de uma cultura vingar, pode-se tentar a recuperação do solo adubando a flora nativa, incorporando-se depois sua palha.

A adubação verde, incorporada quando a vegetação está em flor, não serve para melhorar a bioestrutura, mas somente para enriquecer o solo em nitrogênio orgânico (vide capítulo 4).

Em solo decaído a primeira aração não é problemática, uma vez que não existe nada a conservar. Porém, formada uma camada grumosa na superfície, a aração nunca deve ultrapassar a camada grumosa por mais que 2 cm.

O arado não deve ser usado para afrouxar camadas adensadas na subsuperfície, para isso serve o subsolador.

Misturar as duas camadas significaria voltar à estaca zero! Todo trabalho de recuperação estaria perdido. Por isso a profundidade de aração deve ser cuidadosamente planejada e não deve ser feita segundo a potência do trator ou a profundidade da camada adensada.

Como determinar a profundidade da aração

Existem dois métodos para determinar a profundidade da aração (vide capítulo 7).

1. Retira-se um bloco de terra com uma pá plana e retira-se a terra da superfície para baixo, sempre medindo a profundidade das diferentes camadas estruturais. Por exemplo, 2 cm de crosta superficial, 6 cm de terra solta e grumosa (são 8 cm de profundidade), uma camada adensada, quebrando em blocos com faces lisas (até 16 cm de profundidade), uma camada dura, quebrando em lâminas até 22 cm e abaixo um solo granulado a grumoso. Para determinar a estrutura necessita-se de alguma prática, não podendo esta determinação ser feita por um leigo.
2. Extrai-se uma raiz pivotante e determina-se a estrutura do solo pela forma da raiz; por exemplo:
    - 0-2 cm sem radículas, 2-4 cm poucas radículas (camada que é aquecida durante o dia, acima do tolerável para a raiz);
    - 4-8 cm raiz bem desenvolvida com abundante cabeleira; 8-16 cm raiz fina, retorcida com poucas radículas. Em 16 cm cresce paralelamente à superfície e não penetra mais (vide capítulo 2).

A raiz apresenta fielmente a condição do solo e tanto em ponto 1 como em ponto 2 trata-se de terra idêntica.

No exame da raiz, o problema que surge é que muitas vezes apresenta uma parte completamente sem radículas na parte superior não por causa de um adensamento, mas sim, por causa do aquecimento muito forte desta camada (vide capítulo 2).

Não convém deixar um campo arado sem vegetação. Geralmente nascem ervas silvestres após a primeira chuva primaveril. Mas vale a regra que o plantio deve coincidir com a entrada das *chuvas regulares*!

O plantio tardio não somente está implicado com a *fotossensibilidade* das plantas mas igualmente com os *"veranicos"*, o *empobrecimento da terra,* lixiviada pela chuva e o *adensamento do solo* pela destruição dos grumos superficiais, expostos ao impacto das gotas de água.

Resultados semelhantes podem ser obtidos com outras culturas em outros estados como, por exemplo, com soja no Paraná.

Verifica-se que a época melhor para o plantio, também na soja, é o início das chuvas regulares, ou seja, entre 20 de outubro e 4 de novembro. Enquanto em Mi-

Quadro 9.2 Época de plantio de algodão em diversas regiões de Minas Gerais. (Buendia, 1973/74)

data de plantio	lugares			
	Mato Verde, norte de Minas (rendim. kg/ha)	Lavras (rendim. kg/ha)	Cachoeira Dourada (rendim. kg/ha)	Triângulo Mineiro (rendim. kg/ha)
início de outubro	1 784	**2 299**	**1 885**	**1 329**
meados de outubro	**1 917**	1 747	1 389	1 110
início de novembro	1 551	**2 317**	403	924
meados de novembro	1 289	**2 464**	249	1 084
início de dezembro	726	1 640	404	528
meados de dezembro	410	519	93	174

Quadro 9.3 Rendimento em kg/ha de nove cultivares de soja semeados em cinco épocas. Londrina, PR. (Torres, 1977/78)

cultivar	épocas				
	20/10	04/11	21/11	12/12	23/12
Flórida	**1 885**	1 622	1 428	1 016	992
Bienville	1 397	**1 730**	1 730	1 189	1 273
Viçosa	1 989	**2 016**	1 754	1 448	1 237
Hardee	1 274	**1 793**	1 637	1 218	1 296
Santa Rosa	**1 909**	1 636	1 637	1 558	1 223
IAC-4	2 149	1 852	1 563	1 026	1 230
IAC-2	1 282	**1 744**	1 208	1 483	1 465
UFV-1	1 479	**1 888**	1 628	1 278	1 445
Júpiter	1 433	**1 575**	1 398	1 222	1 320

Quadro 9.4 Perda de fertilidade natural de um solo tropical após três semanas de chuvas regulares. (Wrigley, 1969)

cultura	plantio no início das chuvas (% do rendimento)	plantio 3 semanas após o início das chuvas (% do rendimento)
algodão	100	53
amendoim	100	60

Obs.: o plantio foi feito sem adubo.

nas, em quase todas as localidades, com exceção de Lavras, a melhor época de plantio para algodão é outubro. Se a fotossensibilidade fosse a única responsável, não podia haver a exceção de Lavras onde os rendimentos de algodão são bons com um plantio até meados de novembro, enquanto que em Cachoeira Dourada ocorre uma quebra de safra violenta com o plantio no início de novembro.

Segundo Wrigley (1969, p. 117) as chuvas regulares da primavera acarretam a perda de grande parte dos nutrientes, acumulados na camada superficial do solo após a estação da seca.

A ARAÇÃO MÍNIMA DO SOLO[136,139]

Na aração mínima trabalha-se toda superfície do campo, geralmente com grade pesada, às vezes recortada. Em solo arenoso, isso equivale a uma aração. Em solo argiloso, a passagem de uma grade pesada é capaz de misturar superficialmente os restos orgânicos.

Esse sistema é apropriado em solos com camada grumosa na superfície, geralmente de 6 a 8 cm de profundidade e uma camada adensada abaixo. Porém, *nunca deve ser feita a oração mínima sem subsolação posterior*, rompendo o adensamento subjacente, possibilitando a infiltração da água no subsolo. Sem subsolação, a primeira chuva forte carregará toda camada grumosa da superfície, uma vez que a água somente penetra até o adensamento, em cima do qual escorrerá, e a erosão será calamitosa.

O afrouxamento do solo com subsolador deve ser feito até 30 a 35 cm de profundidade. As figuras 9.3 a-c mostram um solo agrícola comum em que a aração mínima é vantajosa. Em 9.3a foi feita aração mínima e subsolagem. A chuva forte que caiu depois penetrou sem deixar rastros. O solo de 9.3b foi arado até 35 cm, virando torrões à superfície. Depois de uma chuva forte a superfície encrostou; muita água escorreu (figura 9.3c).

O efeito da aração é o seguinte:

1. Mistura a terra instável do subsolo com a estável da superfície ou soterra-a abaixo dos torrões (figura 9.3b);
2. Distribui a matéria orgânica da camada superior pela camada arável.

Figura 9.3a Solo agrícola gradeado e subsolado. A chuva penetrou.

Figura 9.3b Solo agrícola arado até 35 cm, virando torrões à superfície.

Figura 9.3c O mesmo solo após uma chuva.

Se o solo estivesse com o suficiente de matéria orgânica, teria microvida heterótrofa e não se adensaria. É de se supor que somente a parte do solo bem enraizada, grumosa, é provida de matéria orgânica suficiente. Se esta camada tiver 2,0% de matéria orgânica até uma profundidade de 6 cm, um revolvimento e mistura dessa camada até 30 cm representará sua diluição a 0,4% que é, indiscutivelmente, muito aquém do necessário. Uma aração mínima, até 2 cm abaixo da camada bem enraizada, deixaria o arado "pular fora", ficando muitas manchas não trabalhadas.

As figuras 9.4, 9.5 e 9.6 mostram o trabalho do subsolador.

A umidade do solo no momento do trabalho determina o sucesso ou o malogro da cultura. Numa aração em solo úmido demais ocorre igualmente a compactação pelas rodas do trator. Também é um engano trágico acreditar que o arado-de-disco não provoca sola-de-arado. Quanto mais rápida a marcha do trator, tanto maior a força de arraste, deslizando os discos sobre o horizonte de trabalho, empastando-o muito mais que arado-de-aiveca, uma vez que o peso é maior. A água que se infiltra é impedida de penetrar além desta camada, depositando a argila que carrega, oriunda da destruição dos agregados superficiais, acima do horizonte de trabalho.

O ponto certo de umidade para a aração ocorre quando a terra se esmigalha com facilidade, sem sujar os dedos.

Para o trabalho do "subsolador" a terra terá que estar seca. O trabalho feito em solo no "ponto de aração" é inefetivo e até prejudicial. *O subsolador não deve revolver o solo mas rompê-lo. Não é suficiente passar com a máquina pelo campo. O que importa é saber quando isso terá que ser feito!* (figura 9.7).

Portanto, o preparo de áreas extensas é problemático e depende muito dos cuidados que o solo recebeu na época de seca.

O trabalho do pé-de-pato em solo completamente adensado não fará muito efeito quando não for associado com medidas de recuperação. Mas, a "pateação" dá re-

Figura 9.4 Subsolador trabalhando na resteva de trigo, preparando o campo para o plantio de soja.

Figura 9.5 "Cultivador" para subsolagem, afrouxando o solo sem revolvê-lo.

sultados ótimos em solos secos com camada grumosa na superfície, contribuindo ali para a conservação do solo. Deve ser utilizado onde tiver de conservar alguma coisa. Em solo destruído não consegue fazer milagres.

O trabalho do subsolador ou pé-de-pato é aniquilado pela chuva se o solo não for plantado imediatamente após a primeira chuva, para que a terra afrouxada e rompida seja enraizada e mantida aberta. Em campos plantados com milho não adianta muito, a não ser quando uma cultura protetora for plantada nas entrelinhas.

Figura 9.6 Subsolador do tipo "pé-de-pato" usado no Rio Grande do Sul.

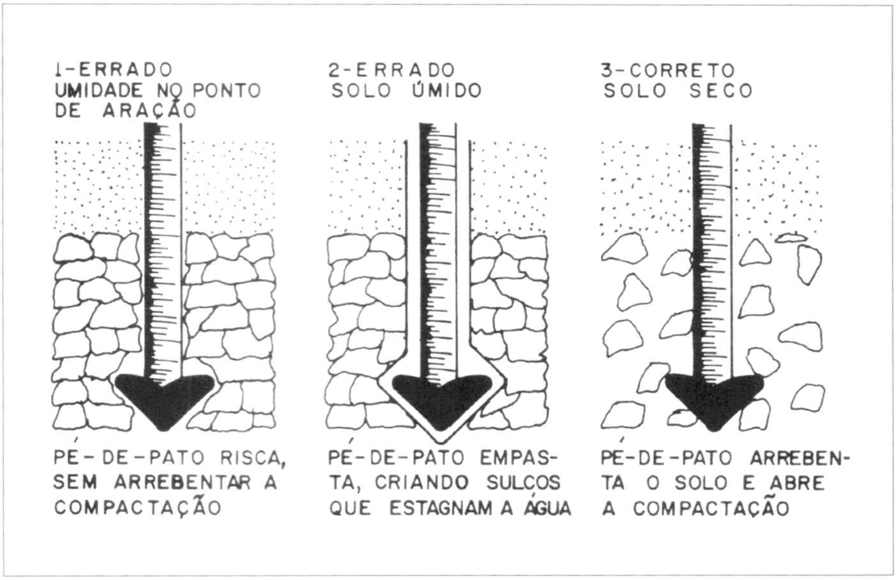

Figura 9.7 O efeito do uso de subsolador em solos com umidade diferente.

Quem teimar em plantar culturas espaçadas e capinadas após uma subsolagem, como cana-de-açúcar, algodão ou milho, ficará decepcionado em anos chuvosos e terá algum resultado em anos secos. A subsolagem traz o efeito esperado quando as raízes da cultura forem capazes de entrar rapidamente nas frestas abertas, eliminando definitivamente os adensamentos.

Em solo úmido é melhor não usar o pé-de-pato porque além de só "riscar" o solo ainda empasta as paredes dos sulcos, de modo que a água estagna. Semente plantada nestas "canaletas" apodrece invariavelmente (figura 9.7).

Em solo a "ponto de aração" o subsolador somente risca, sem fazer o trabalho de romper o adensamento. Em solo seco elimina os "pans" ou lajes.

O PLANTIO DIRETO (P.D.)

Para fugir do excesso de mecanização e manter a camada grumosa na superfície introduziu-se o plantio direto.[160] A EMBRAPA fez diversas experiências na estação experimental de Londrina, com trigo mostrando-se um dos resultados no quadro 9.5.

Verifica-se que a distribuição das chuvas influi menos sobre a cultura quando usado o plantio direto. As colheitas não são muito altas mas estáveis e contínuas, com menos oscilações e riscos.

Porém, *no plantio direto tenta-se conservar a bioestrutura do solo. Se o solo for adensado não faz efeito*, ao contrário, é muito pior que o plantio convencional.[3]

Mas, *quando o solo é grumoso, o* plantio direto *consegue conservar* sua bioestrutura e sua vida e, com isso, *sua produtividade.*

Dizem os ecologistas[47] que o solo intocado seria mais produtivo por ter conservado o seu equilíbrio de micro e mesovida[44,47] e sua bioestrutura, como mostra o quadro 9.6.

Verifica-se que a diferença maior está na macroporosidade do solo, ou seja, seu arejamento e a facilidade de infiltração de água. A ventilação da raiz forçosamente é menor quando os poros de ventilação diminuem e isso reflete-se não apenas no metabolismo vegetal mas igualmente na disponibilidade dos nutrientes. E, quando

Quadro 9.5 Efeito do sistema de preparo do solo sobre o rendimento da cultura de trigo em latossolo roxo nos anos 1971 e 1973.

sistema de preparo	rendimento (kg/ha)	
	1971	1973
convencional	1 213	1 888
mínimo (duas gradeações)	1 340	2 045
plantio direto	1 400	1 800

Quadro 9.6 Diferença de densidade, umidade e porosidade nos diversos sistemas de plantio, no solo da unidade Sto. Ângelo, numa profundidade de 0-15 cm. (Machado, 1976)

tratamento	mat. org. (%)	densidade aparente (g/cm³)	umidade nat. (% vol.)	porosidade	
				total	macropor.
solo de mato	4,4	1,20	33,3	57,0	20,4
solo de campo	3,4	1,24	33,0	55,6	14,4
plantio direto	3,4	1,21	37,3	54,7	14,3
plantio convenc.	1,5	1,35	37,4	49,4	6,9

Quadro 9.7 Resultados da determinação química do solo da unidade Sto. Ângelo, submetido a quatro tratamentos (média de 6 repetições). (Machado, 1976)

tratamento (0-15 cm)	pH	P (ppm)	K (e.mg)	M.O. (%)	Ca (e.mg)	Mg (e.mg)	S (e.mg)	Al (e.mg)	V (%)
mato	5,3	3,3	0,30	4,4	9,31	2,90	12,56	0,16	61
campo	5,0	1,5	0,45	3,4	1,94	2,33	4,75	1,13	35
plantio direto	5,3	16,5	0,25	3,4	5,25	4,20	9,74	0,27	57
plantio convencional	4,3	8,4	0,10	1,5	1,35	1,36	2,83	2,46	21

diminuírem os poros grandes, dos quais a água se drena por gravidade própria, dificulta-se a infiltração de água no solo.

No plantio direto a disponibilidade dos nutrientes pode ser maior do que em solo de plantio convencional, simplesmente porque em solo adensado a disponibilidade diminui.

No campo com plantio direto impressionou o número de minhocas que não foram inoculadas nem criadas. E, no ano de 1977, quando fracassou a colheita do trigo em muitas regiões do Rio Grande do Sul, nos campos com plantio direto colheram-se 15 a 18 sacos por hectare (900 a 1 080 kg), o que se situa dentro da média da região.

Porém, *o plantio direto dificilmente funciona satisfatoriamente quando o solo não for protegido por uma cobertura morta ou vegetal.* Isso, porque a cobertura morta facilita a infiltração, mantém o solo mais úmido e mais fresco, como será mostrado adiante quando se tratar da cobertura morta.

No solo de plantio direto, quando for grumoso e com cobertura morta, a infiltração de água é maior que no solo de plantio convencional e a perda de terra por erosão é muito menor, como mostra a figura 9.8.

Machado[90] apresenta para o plantio direto para trigo e soja os dados do quadro 9.8.

Verificamos neste quadro que a infiltração é melhor na mata, razão pela qual se conservam as matas nas cabeceiras dos mananciais. É boa em pastagem nativa e, como já constatamos, é tão boa que existe pouca erosão. Porém, em campos agrícolas, a infiltração é somente a metade da do campo nativo, razão por que existe erosão, enchentes e seca em zonas intensamente cultivadas. No plantio direto a infiltração é superior à do campo nativo. A restrição é: no *plantio direto* o solo deve ser granulado quando se iniciar este sistema de plantio. Ele *conserva a estrutura existente.* Quando esta não existir, somente consegue melhorar o solo vagarosamente.

O problema maior no plantio direto é a limpeza do terreno.

Existem aqui três modalidades:

1. Uma cobertura morta produzida
   - 1.1 Pela palha picada da cultura anterior;
   - 1.2 Pela remoção da vegetação nativa com rolo-faca ou enxada rotativa, usando-a como cobertura morta;

Quadro 9.8 Resultados da determinação da capacidade de infiltração do solo da unidade Sto. Ângelo em condições de mato, campo virgem, plantio direto e convencional (médias de 6 repetições). (Machado, 1976)

tempo (horas)	tratamentos			
	mato (mm)	campo (mm)	plantio direto (mm)	plantio convencional (mm)
1°	136,8	96,1	113,1	48,0
2°	92,9	66,3	78,9	33,0
3°	82,6	63,0	74,5	31,5
4°	82,0	52,7	62,7	25,5
5°	77,0	51,8	61,0	24,0
6°	75,0	46,7	54,8	23,0
7°	73,0	44,2	51,5	22,0
8°	73,0	42,5	50,4	21,0
9°	72,3	41,6	49,5	20,5
média do total de infiltração por hora	84,9	56,1	66,3	27,6

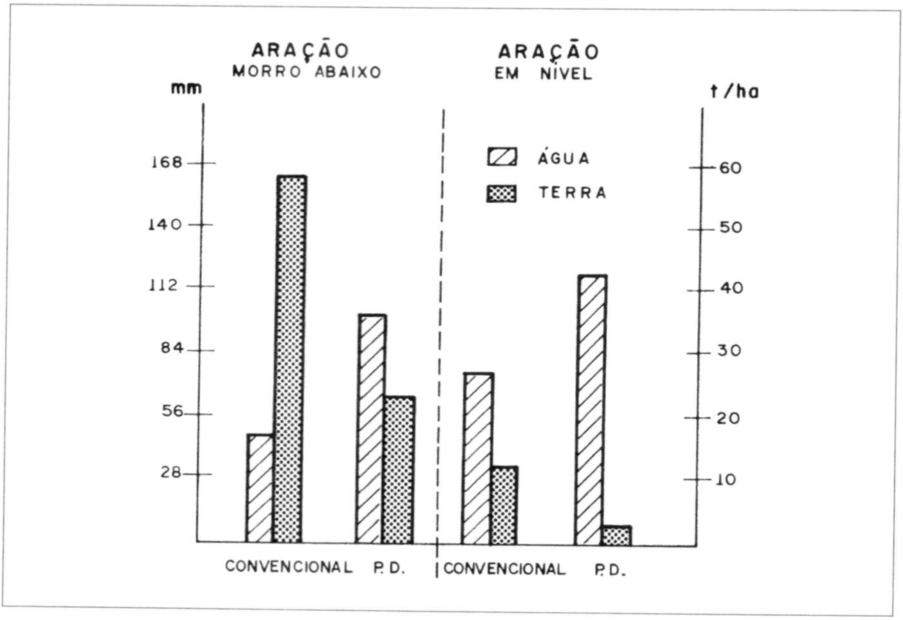

Figura 9.8 Infiltração de água e perda de terra por erosão no sistema de plantio direto e convencional. (Mannering, 1975)

2. A remoção dos restos da cultura pelo fogo e o uso de herbicidas para manter o solo limpo;
3. O plantio de uma cultura protetora, implantando a cultura principal quando se tratar de terra de cultura.

A primeira opção usa-se no Rio Grande do Sul onde a soja está sendo implantada, na palha picada do trigo, como mostram as figuras 9.9 e 9.10.

Este sistema, sem dúvida menor, é o mais vantajoso. O solo coberto pela palha pode ser plantado independentemente das chuvas, por permanecer úmido. Não oferece a possibilidade de invasoras nascerem e quando a palha for decomposta, a cultura "fecha" o chão.

A segunda opção é a mais desfavorável e a mais cara. Geralmente, o uso do herbicida encarece sobremaneira o cultivo, de modo que as colheitas, algo mais baixas que em terra lavrada, não compensam o método.

Figura 9.9 Colheita de trigo com picador de palha montado na colhedeira, seguindo-se o plantio de soja em faixas alternadamente subsoladas e com plantio direto.

Figura 9.10 Plantio direto de soja na resteva de trigo. (Gentileza: Machado, 1976)

Em solo mantido limpo, o plantio direto raramente traz vantagens a não ser em anos com muito boa distribuição de chuvas.

A terceira opção normalmente exige a passagem de uma grade e a implantação de uma cultura protetora, como, por exemplo: guandu (*Cajanus indicus*), feijão-de-porco (*Canavalia ensiformis*) ou soja para a cultura de milho. Ao nascimento da cultura protetora segue a implantação da cultura principal com implantadeira apropriada.

Chama-se a atenção pelo fato de que o plantio direto, usado pelos índios brasileiros, queimando-se os restolhos e implantando-se a cultura em covas, contribui para a destruição das terras. As razões são: o não retorno da matéria orgânica e a manutenção de um solo desnudo e desprotegido. Não importa se a limpeza do solo for feita pelo fogo ou por herbicidas: o efeito é semelhante.

O plantio direto funciona sempre quando:

1. Houver o retorno periódico de matéria orgânica ao solo;
2. A superfície do solo estiver protegida por uma cobertura morta ou cultura protetora.

O plantio direto não é simplesmente a omissão da aração, mas é uma técnica completa que pretende conservar a estrutura grumosa do solo em sua superfície. Para isso recorre-se ao sistema de não revolver o solo, de aplicar periodicamente matéria orgânica junto com os adubos necessários e a proteção desta estrutura grumosa contra o impacto das chuvas e a insolação direta.

A omissão de um desses três itens geralmente provoca o fracasso da técnica.

Com solo desprotegido, o plantio direto é tão dependente da distribuição das chuvas e das temperaturas como o plantio convencional e, muitas vezes, é menos favorável.

Em solo adensado com uma densidade específica acima de 1,35 g/cm^3 não funciona.

Surge, pois, o problema: como o agricultor conhece um solo adequado ou inapto para o plantio direto?

Índices de um solo decadente, adensado, impróprio para o plantio direto

É difícil que cada agricultor interprete corretamente a estrutura ou a formação de uma raiz. Mas é fácil observar o solo na gradeação, em épocas secas ou chuvosas e verificar a frequência de cheias nos rios.

Distinguem-se praticamente três estados estruturais do solo de cultura:

1. O solo completamente adensado, que não reage mais ao adubo, é muito sensível à distribuição das chuvas e, normalmente, é abandonado para sua recuperação sob vegetação nativa;
2. O solo com uma camada grumosa na superfície e um adensamento mais ou menos profundo logo abaixo. É o solo de cultivo comumente encontrado;[13,128,129,136]

3. O solo inteiramente grumoso que existe em roças novas ou pastagens nativas revolvidas, quando não sofreram superpastoreio.

Essas alternativas são representadas na figura 9.11.

O efeito das culturas sobre o solo é diverso e depende, essencialmente, de seu sistema radicular e do espaçamento com o conseguinte "fechamento" da cultura. Marques dá o quadro 9.9 acerca do efeito de cultura sobre o solo.

Estes dados sofrem modificações segundo a velocidade do crescimento da cultura, seu espaçamento, a época de plantio e da intensidade de chuva no início da vegetação. Presume-se que o plantio sempre foi feito em contorno. A proteção deficiente do solo permite seu adensamento e a erosão.

Um solo adensado ou compactado é um solo que cai em torrões quando arado. E, quando estes são destorroados pelas máquinas, tornam-se pó. Nunca decaem em

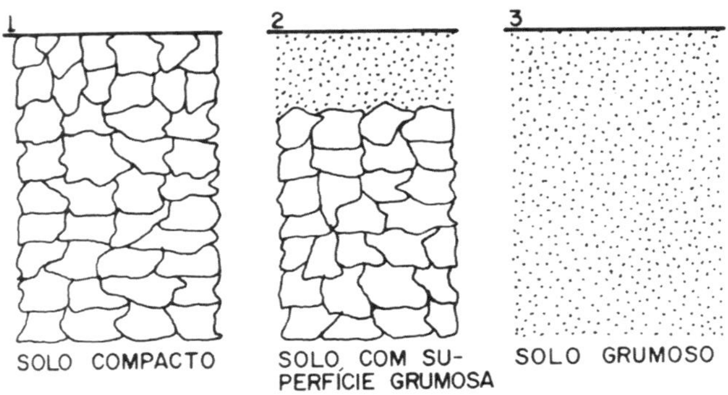

Figura 9.11 As três alternativas estruturais de um solo de cultura.

Quadro 9.9 Efeito do tipo de cultura sobre a perda de água e terra em terreno com 8,5 a 12,8% de declive. (Marques, 1961)

cultura	água da chuva escorrida (%)	terra erodida (t/ha)	terra perdida (%)
mamona	12,0	10,3	100
feijão	11,1	9,7	92
mandioca	11,2	8,5	83
amendoim	9,2	6,8	64
arroz (covas)	11,1	6,2	60
algodão	9,9	6,2	60
soja	7,6	5,6	48
batatinha	6,6	4,7	44
cana-de-açúcar	4,2	3,1	30
milho	5,0	3,0	29
milho-feijão	4,5	3,0	24
batata-doce	4,0	1,6	16

Figura 9.12 Em terra com estrutura decaída a grade levanta nuvens de poeira.

grumos. Portanto, a grade que trabalha neste campo levanta uma nuvem de poeira densa, como mostra a figura 9.12.

Este solo logo encrosta com a primeira chuva mais forte e apresenta em seguida as voçorocas da erosão. Mesmo preparado bem, a água infiltra-se com dificuldades (figuras 7.25, 7.26 e 7.27). Nessas regiões as pontes sobre os rios são altas e parecem exageradas. Porém se fossem baixas e curtas, como o rio insinua na estação da seca, iriam ser levadas pelas águas furiosas que cada chuva mais forte provoca. Portanto, o tamanho das pontes correlaciona-se diretamente com o volume das águas nas cheias e, portanto, com a capacidade de infiltração de água no solo.

Wagner (1953) mostra este efeito de pouca permeabilidade de solos de cultura na figura 9.13 onde, no solo nativo, a água se infiltra em 7 minutos, enquanto que no capinado leva 240 minutos, como foi discutido também no capítulo 7.

Na Amazônia, antes das derrubadas, as pontes passaram rente acima dos igarapés, agora, porém, foram levadas pelas águas. A figura 9.14 mostra a ponte sobre o "Passo das Tropas" na fronteira entre o Rio Grande do Sul e Santa Catarina. Com as lavouras grandes vieram as cheias!

O solo adensado racha com a seca, se for um solo argiloso, como mostram as figuras 7.7 e 7.28 e, como foi discutido no capítulo 7. Solo rachado é solo pouco produtivo! Nestes solos a raiz é pouco desenvolvida como mostra a figura 9.15 com uma

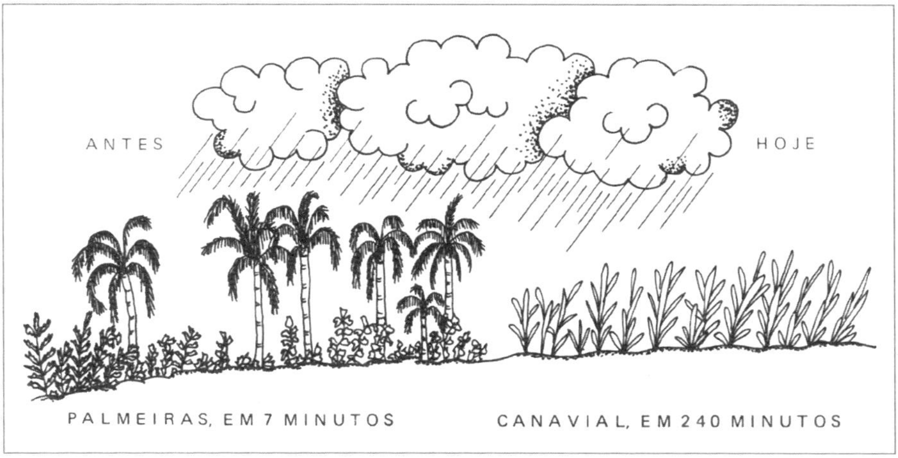

Figura 9.13 A infiltração de água em solo nativo e capinado. (Wagner, 1953)

Figura 9.14 Ponte antiga, em frente, arrastada pela cheia. A ponte nova é muito alta, indicando cheias grandes.

planta de capim-colonião, cuja raiz é confinada à camada superficial do solo, razão da decadência destas pastagens. E se a raiz consegue penetrar no solo, em épocas chuvosas, sempre será retorcida, pouco comprida, com poucas radículas e virando para o lado em pouca profundidade, como mostra a figura 9.16 numa raiz de soja.

RESUMO

Reconhece-se um solo pouco produtivo, com resposta deficiente à adubação, pelos:

1. Torrões que o arado vira à superfície e que decaem a pó quando destorroados;
2. Poeira que as máquinas agrícolas levantam;

Figura 9.15 À medida que o solo se está adensando, as raízes tornam-se superficiais, suscetíveis à seca e sofrendo da "pobreza" do solo, por explorar somente uma camada tênue do solo.

Figura 9.16 Onde o solo estiver adensado a raiz é contorcida. Quando esbarra em camadas laminares, vira para o lado não penetrando mais.

3. Frestas e fendas que se abrem após alguns dias de sol (solo argiloso);
4. Raízes retorcidas, afinando ou virando bruscamente;
5. Erosão;
6. Altura das pontes na região.

MODOS DE ROÇA E SEU EFEITO SOBRE O SOLO

Porém, não somente o cultivo provoca a decadência do solo, quando feito de maneira convencional. Muitas vezes a maneira de roçar e limpar o terreno já implica na destruição de sua produtividade.

Tanto no cerrado como na mata amazônica empregam-se dois métodos de roça:

1. Derrubar as árvores e queimando-as no lugar;
2. Destocar a área com buldozer (caterpiler diesel).

Não há dúvida que o buldozer deixa o terreno muito mais limpo e mecanizável, porém raspa a camada humosa da superfície do solo, enleirando-a com os tocos, galhos e raízes. O efeito sobre o solo e sua produtividade é mostrado na figura 9.17.

Mas a raspagem do solo produtivo e a compactação pela movimentação intensa do buldozer não somente baixa sensivelmente a infiltração de água no solo (1,5 cm

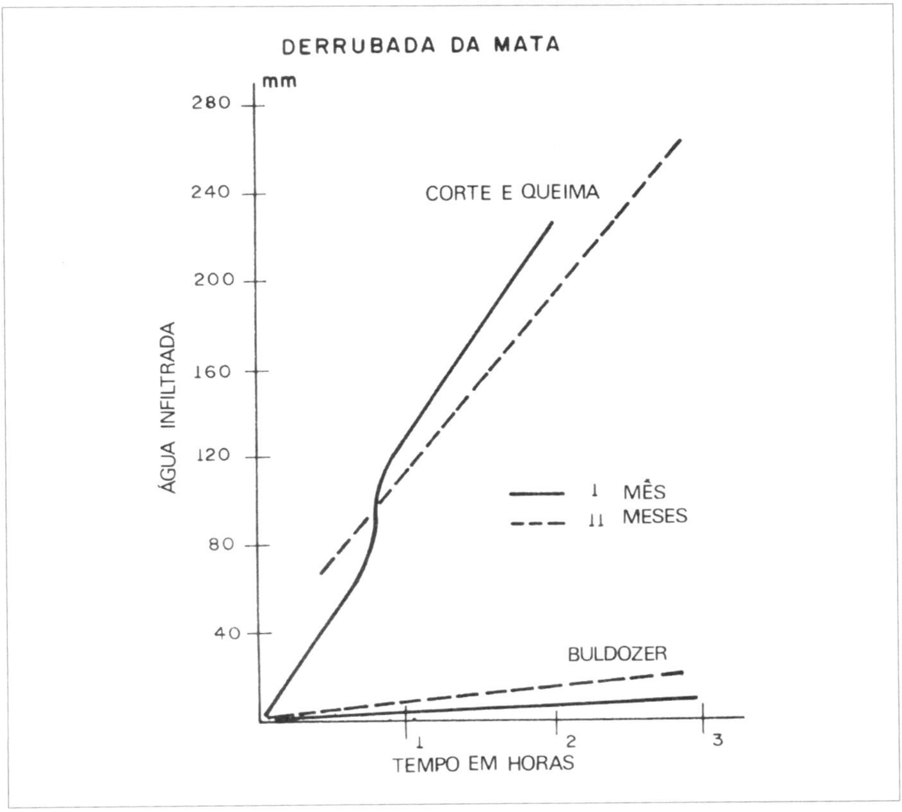

Figura 9.17 Comparação do efeito da derrubada e queima com a roça pelo buldozer. (Sanchez, 1973)

contra 28 cm na limpeza tradicional do terreno) mas modifica igualmente a disponibilidade dos nutrientes, que é muito mais baixa no solo limpo pela máquina, como mostra a figura 9.18.

Somente após um ano existe uma certa tendência de aproximação dos valores, porém não tanto pelo melhoramento do solo limpo por buldozer mas por causa da decadência do solo limpo a fogo.

Os rendimentos das culturas acusam esta diferença. Enquanto no solo queimado a primeira colheita pode ser feita sem adubo, no limpo a buldozer sempre necessita de adubação, que na região amazônica, por enquanto, é cara e difícil.

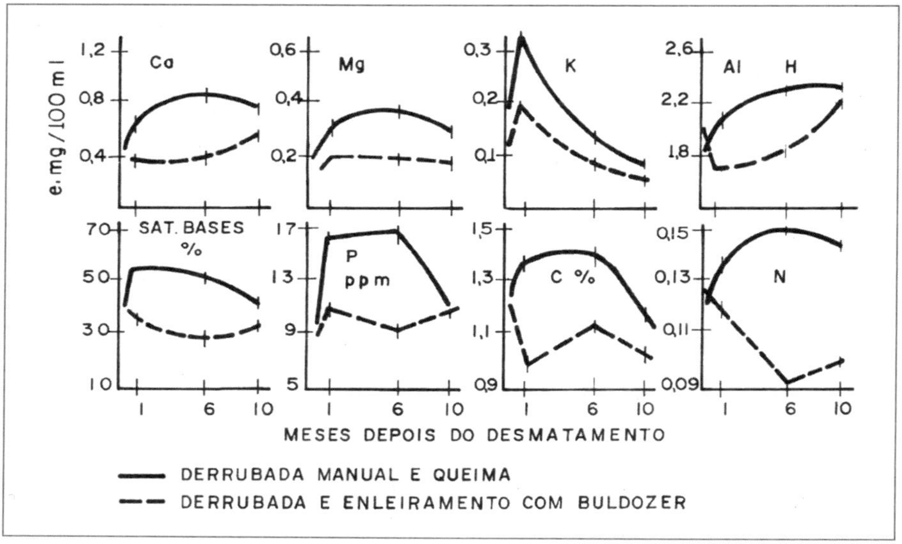

Figura 9.18 Comparação da disponibilidade de nutrientes, saturação em bases e matéria orgânica nos dois sistemas de limpeza do terreno. (Sanchez, 1973)

Quadro 9.10 Rendimento em t/ha de culturas plantadas em terreno limpo a fogo e limpo com buldozer. (Sanchez, 1973)

cultura	adubo	derrubada e queimada	destocado a buldozer
arroz	—	1,8	1,0
	N	3,2	2,1
mandioca	—	22,0	10,1
	Ca e NPK	34,2	32,0
milho	—	0,536	0,038
	Ca e NPK	0,701	0,370
kudzu	—	10,4	4,7
colonião	—	7,24	4,45

A queimada

A queimada é a técnica comum para a limpeza de pastos, campos agrícolas e a roça.

Não há dúvida que a cinza, acrescentada ao terreno, provoca uma fertilidade maior durante um a dois anos, segundo a zona e a textura do solo.[89]

Verifica-se que um aumento de potássio e cálcio e uma diminuição de alumínio trocável pela cinza acrescentada ao solo. O fósforo praticamente não aumentou, permanecendo o fator limitante da vegetação. Sabe-se que a cinza acrescenta especialmente cátions ao solo e somente muitos poucos ânions, que se volatilizam pelo calor do fogo.

Após um ano, este aumento desaparece. Os cátions acrescentados pela cinza foram lixiviados[118] e o solo apresenta-se mais pobre como antes da queimada.[108,118]

Na região da mata amazônica a quantidade de cátions acrescentados ao solo pela queimada é calculada em 66% do K, 58% do Ca e 49% do Na.[133] Segundo outros autores a cinza acrescenta à superfície do solo 5,3 t/ha de Ca, 0,7 t/ha de Mg e 1,6 t/ha de K,[111,118,184] enriquecendo-a em bases até 200%.[44,126]

Se houver nitratos lixiviados, para horizontes mais baixos do perfil podem subir à superfície pelo calor do fogo, enriquecendo-a com nitrogênio, o que, às vezes, se atribui simplesmente à queimada. As cinzas não podem enriquecer o solo em nitrogênio, por este se volatilizar com o calor. Somente cátions, como cálcio, magnésio, potássio, sódio e outros podem aparecer na cinza, e, em pequena quantidade, talvez uma parcela do fósforo.[118,168]

Quadro 9.11 Modificação do pH e do teor em cátions do solo pela queimada de uma área recém-desmatada (amostragem de 0-20 cm). (Nascimento, 1971)

pH		P (ppm)		K (ppm)		Ca (e.mg %)		Al (e.mg %)	
A	D	A	D	A	D	A	D	A	D
3,8	4,8	3,0	3,0	31	121	0,3	1,6	1,7	0,5
3,9	4,4	3,0	3,0	23	90	0,4	1,0	1,7	0,9
3,9	4,6	2,0	3,0	27	66	0,3	1,4	1,8	0,7
4,1	4,4	2,0	3,0	23	59	0,3	1,1	1,2	0,7
3,9	6,7	3,0	12,0	16	248	0,2	1,9	0,6	0,0
3,6	4,3	2,0	3,0	15	90	0,3	1,2	2,1	0,7
3,7	4,3	2,0	3,0	23	90	0,5	1,2	2,1	0,7

A = antes da queimada; D = depois da queimada (com cinza).

Quadro 9.12 Análise de solo de mata em pé, da derrubada queimada e um ano após com pastagem implantada (município de Paragominas, Pará).

situação	pH	P (ppm)	K (ppm)	Ca (e.mg %)	Al (e.mg %)
mata virgem	5,1	15	138	2,0	0,2
mata derrubada e queimada	7,1	96	616	8,2	0,0
pastagem, 1 ano após a queimada	5,5	7	74	5,0	0,1

O crescimento vegetal, no primeiro ano após a roça pelo fogo, geralmente é viçoso. Porém, as colheitas decaem rapidamente e raramente se chega a uma terceira safra nesta região,[184] sem que seja usada a adubação e técnicas de melhoramento do solo. Somente em solos muito férteis pode se chegar a quatro colheitas comerciais.[149] Nos solos arenosos pode-se esperar somente um ano de colheita boa.[115]

Na região subtropical do Sul do país, o rendimento do segundo ano após a roça com fogo, pode ainda superar o do primeiro. Mas a partir do terceiro ano principia a decadência do solo e a deterioração das colheitas, que, em solos argilosos, pode ser muito devagar, e em solos arenosos demorar uns 7 a 10 anos.[118]

Não há dúvida que a matéria orgânica do solo é pouco afetada pelo fogo, enquanto a matéria orgânica na superfície do solo pode queimar. Mas, solos agrícolas e pastoris, periodicamente queimados, perdem sua estrutura grumosa e adensam-se. Em terras de cinza vulcânica os poros diminuem 24% nos dois primeiros anos após a queimada e, em solos latossólicos 10%. Isso não seria tão sério se não fossem exatamente os macroporos que desaparecem,[118] causando a compactação dos solos, que é a consequência direta da:

1. Destruição dos grumos da superfície do solo;
2. Exposição do solo desnudo às chuvas tropicais;
3. Carência de matéria orgânica, cujo retorno ao solo é interrompido.

Alguns autores indicam, igualmente, a formação de substâncias hidrófobas em solos queimados, encobrindo a parte mineral. Seu efeito é tanto maior quanto menores forem as partículas minerais, ou seja, em solos argilosos.[33,154] Estes solos opõem-se ao reumedecimento.[29] Trata-se de substâncias orgânicas, geralmente *"carbonos alifáticos"*, que possuem forte repelência à água,[154] de modo que os solos queimados se tornam mais compactos e mais secos que os não queimados.[33]

Queimada de pastagens

Queimando-se um pasto, facilita-se o nascimento de muita semente[89] que antes não podia nascer por causa do sombreamento do solo pela vegetação. Em fogo controlado o aquecimento do solo é mínimo, de modo que não prejudica as raízes vegetais, mas somente as guias reptantes na superfície do solo, razão por que plantas cespitosas raramente são prejudicadas enquanto as estoloníferas desaparecem.

Porém, a rebrota das plantas não depende somente do calor produzido na superfície mas igualmente do estado nutricional das plantas e, talvez, da velocidade com que nascem e proliferam sementes de invasoras, abafando a rebrota das forrageiras.

No quadro 9.14, observa-se que o plantio de estilosantes quase não rebrotou e da *Centrosema* voltaram somente metade das plantas, enquanto que na soja perene e siratro a rebrota foi quase total.

As queimadas periódicas das pastagens deixam surgir uma flora típica de fogo, sendo plantas fibrosas, cespitosas e geralmente de desenvolvimento muito rápido

Quadro 9.13 Temperatura do solo em consequência da queimada (21/08/1975). (Lourenço, 1976)

hora em que foi atado o fogo	profundidade do solo (cm)			
	3	8	15	40
6 h	16 °C	20 °C	18 °C	18 °C
10 h	20 °C	24 °C	20 °C	20 °C
12 h	18 °C	20 °C	18 °C	18 °C
14 h	20 °C	21 °C	18 °C	18 °C
18 h	20 °C	22 °C	18 °C	18 °C
22 h	18 °C	21 °C	18 °C	18 °C

Quadro 9.14 Avaliação da rebrota de leguminosas forrageiras após o fogo. (Lourenço, 1976)

leguminosa (25 plantas)	60 dias após o fogo		120 dias após o fogo	
	plantas rebrotadas	plantas não rebrotadas	plantas rebrotadas	plantas não rebrotadas
Centrosema pubescens	7	18	12	13
Glycine wightii	15	10	22	3
siratro (*Macroptilium atropurpureum*)	18	7	22	3
estilosantes (*Stylosanthes gayanensis*)	0	25	2	23

ou muito lento, como "barba-de-bode" (*Aristida pallens*), capim-cabeludo (*Trachypogon spp*) ou capim-flecha (*Trystachia chrysothrix*).

Estas alterações ocorrem por causa do fogo sobre a parte vegetativa e também por causa de modificações dos nutrientes no solo, que podem aumentar, como o cálcio e o cobre, ou podem diminuir como o potássio, sódio e molibdênio, como mostra a figura 9.19.

O efeito das queimadas sobre o solo pastoril é negativo, com queda significativa de produção 1 a 2 anos após a queimada.[44,95,118]

Portanto, é um método barato no curto prazo e muito caro no longo prazo. Assim, se consegue a limpeza dos pastos e campos, mas paga-se com o desaparecimento das forrageiras boas e a decadência do solo. Eliminam-se pragas mas às custas do pioramento das condições gerais do solo e o aparecimento de outras pragas e pestes, por se criarem condições desfavoráveis para as forrageiras e a maioria da micro e mesovida.[6,181]

Quando usada como medida isolada e não rotineira, a queimada pode ser um salva-vida para situações precárias nas pastagens. Assim, força a brotação antecipada da vegetação quando feita em solo seco. Em terrenos úmidos pode contribuir para diminuir a umidade e fornecer uma forragem nova e tenra. Porém, usada rotineiramente somente faz surgir uma forragem grosseira como, por exemplo, o capim-caninha (*Andropogon incanis*) no Rio Grande do Sul.

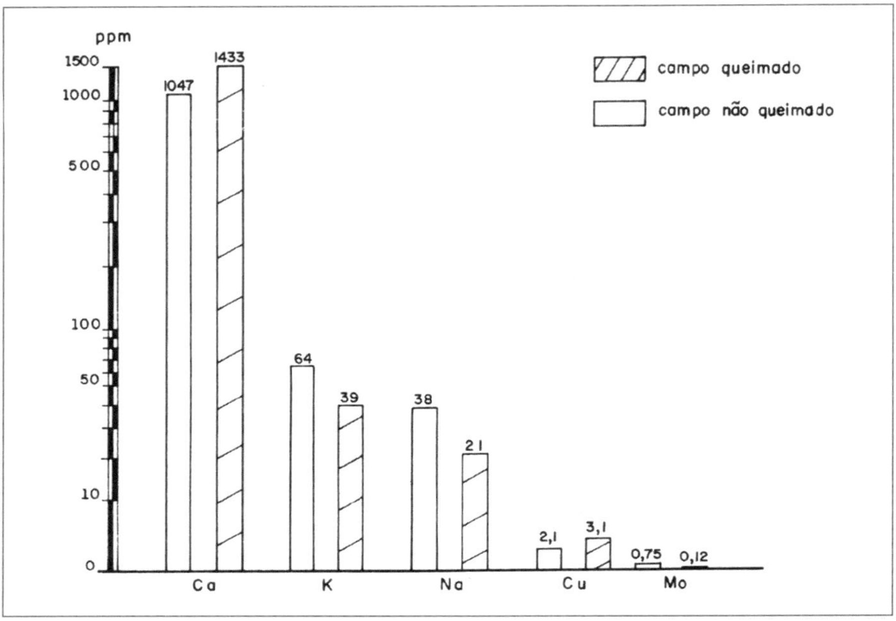

Figura 9.19 Efeito da queimada de campo nativo, três meses após o fogo e a modificação dos minerais disponíveis no solo. (Primavesi, 1971)

O fogo controlado raramente é maléfico, por não roubar ao solo pastoril sua cobertura morta, mas somente eliminar o excesso de vegetação.

Porém, na Argentina o fogo nas pastagens foi substituído vantajosamente por um rolo-faca (tipo saca-rolha) que elimina a vegetação seca, mas não impede o retorno da matéria orgânica ao solo. Beneficia uma brotação rápida na primavera, como a queimada, sem ter suas desvantagens.[103]

Mesmo sendo as técnicas que conservam o solo mais caras que o fogo, elas garantem a continuidade de produção e, no longo prazo, são muito mais baratas.[130-132]

RESUMO

O efeito da queimada descontrolada sobre o solo é maléfico por:

1. Impedir o retorno da matéria orgânica ao solo;
2. Expor o solo ao impacto das chuvas;
3. Promover o adensamento do solo, desfavorável às culturas;
4. Criar propriedades repelentes à água, tornando os solos mais secos;
5. Criar uma vegetação pastoril, ou de invasoras, próprias ao fogo.

Todas as técnicas que mantêm o solo desnudo, exposto ao sol e à chuva, são impróprias para clima tropical, de modo que o combate às invasoras ganha dimensões diferentes, bem como a eliminação da palha, seja para combater sementes de invasoras como "capim-arroz" *(Echinochloa crusgallii)* em campos de arroz irrigado, seja para combater pragas como a lagarta rosada ou a broca dos capulhos no algodão.

Há autores que provam (vide capítulo 5) que a incorporação superficial da resteva contribui mais para a sanidade da cultura do que a queimada da palha, que não erradica as pragas. Consegue eliminá-las no momento mas perpetua as condições que permitiram seu aparecimento, e desfavoráveis para as culturas, tornando-as desta maneira mais suscetíveis a pragas.

Terra tropical não é menos produtiva que terra em países temperados, mas técnicas erradas destroem sua produtividade.

Em solo com produtividade boa produz-se em um hectare o que terra fisicamente decaída produz em dois, quatro ou até seis hectares.

A agricultura intensiva não se faz pela maior mecanização das lavouras, mas pelo aumento da produção por área cultivada, produzindo com os mesmos gastos colheitas maiores.[130-132]

O PROBLEMA DAS ERVAS INVASORAS E SUA ELIMINAÇÃO (INÇOS, ERVAS DANINHAS OU ERVAS-MÁS)

Um dos maiores problemas nas zonas tropicais úmidas são as ervas indesejáveis que podem ser invasoras ou rebrota (juquira) da mata. Quatro a oito capinas tornam-se necessárias, segundo a região, o tempo e a cultura, para eliminar as ervas indesejadas que competem com a cultura, especialmente, por nutrientes, às vezes, também por água. A competição pela luz não ocorre facilmente em zonas tropicais, onde a insolação muito forte até exige medidas de proteção contra o sol.

Mas, não existe somente a competição, mas igualmente a contaminação do espaço por excreções radiculares, desfavoráveis à cultura.[83]

Quando a lavoura é capinada com enxada ou capinadeira, sempre se ferem as raízes. Esta "sangria" provoca uma respiração mais intensa das plantas (vide capítulos 1 e 2) que, agora, gastam mais substâncias fotossintetizadas, o que paralisa o crescimento vegetal durante alguns dias.

Aplicando-se herbicidas, a sangria é evitada bem como o risco da cultura "morrer no mato". Quer se trate de herbicidas de pré ou pós emergência ou de contato, o solo é mantido desnudo, estando sujeito à erosão. O solo desnudo, exposto ao sol e à chuva não somente pode aquecer além do suportável pela raiz, mas igualmente é encrostado e compactado pela chuva[17] (vide capítulo 7), dificultando a infiltração.[64] Entre as capinadeiras, a horizontal é a mais vantajosa. Corta as invasoras superficialmente, causa pouca "sangria" e deixa as ervas cortadas na superfície do solo, oferecendo, por alguns dias, proteção ao sol e à chuva.

Nas lavouras extensivas usa-se herbicida, em parte distribuído por toda área, em parte somente na linha do plantio, passando-se a capinadeira nas entrelinhas.

Porém, nem a capina, nem o herbicida, satisfazem, continuando o problema básico: o solo desprotegido e, portanto, sujeito à degradação física que equivale à perda de sua produtividade.

Figura 9.20 Capinadeira horizontal.

A PROTEÇÃO DA SUPERFÍCIE DO SOLO CONTRA O IMPACTO DA CHUVA

Verificamos que sistema de plantio algum, seja convencional, seja mínimo ou direto, pode dispensar a proteção da superfície do solo.

Esta pode ser feita:

1. Por uma cobertura morta;
2. Por folhas plásticas;
3. Por um espaçamento menor da cultura e sua adubação equilibrada;
4. Por culturas protetoras, por um plantio consorciado ou por adubação verde;
5. Por árvores e arbustos de sombreamento.

A cobertura morta

Por muito tempo acreditou-se que a cobertura morta ou "*mulch*" servia tão somente para evitar o excesso de evaporação de água do solo, por impedir a insolação direta. De fato um solo coberto permanece muito mais fresco que o solo capinado a limpo, sem proteção alguma, como mostra a figura 9.21.

Verifica-se que, neste caso, a temperatura com cobertura de capim seco não alcançou 31 °C enquanto o solo desnudo estava a 35 °C em 10 cm de profundidade.[7] Portanto, a perda de água é menor e o solo coberto mantém-se mais úmido, o que é muito importante em épocas secas, como mostra a figura 9.22.

O solo coberto é muito mais úmido na camada superficial, o que pode ser atribuído tanto a menor evaporação como a maior infiltração.

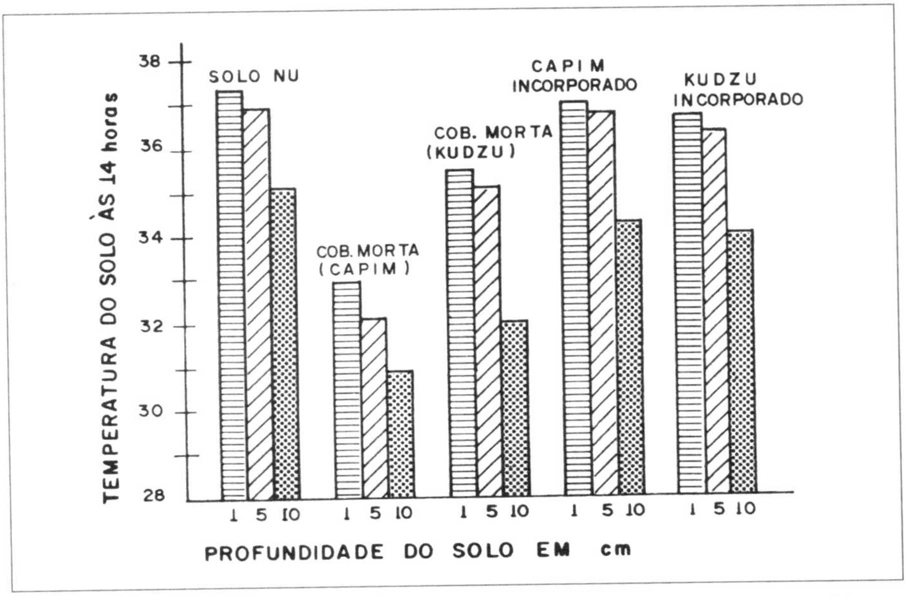

Figura 9.21 Temperatura do solo em três sistemas de manejo: desnudo, com *mulch* e com matéria orgânica incorporada superficialmente. (Bandy, 1971)

Quadro 9.15 Influência da cobertura morta sobre a umidade de um solo cultivado com cafeeiro. (Brasil Sbº,1974)

profundidade do solo	com cobertura morta (umidade em %)	solo desnudo (umidade em %)
superfície	23,31	9,31
2 a 15 cm	21,51	16,26
15 a 30 cm	20,53	18,40

Na figura 9.23 mostra-se um solo coberto com palha de capim *Brachiaria* e à direita um solo descoberto, com a superfície encrostada por apenas uma irrigação por aspersão.

O efeito mais importante é, pois, sobre a infiltração da água e a proteção do solo contra o impacto das gotas de chuva.

Medcalf (1956) mostra na figura 9.24 que a umidade do solo acompanha a curva das precipitações, porém o solo protegido por um *mulch* é sempre mais úmido do que o solo "limpo".[52,139]

O solo mais úmido permite igualmente uma absorção melhor de fósforo. Porém, não é apenas a maior umidade mas igualmente a melhor estrutura do solo coberto, que não sofreu o impacto das chuvas. A infiltração da água é de suma importância. Não só evita seu escorrimento e consequentemente a erosão, mas abastece o nível freático e, em regiões semiáridas, como no "*polígono da seca*" no Nordeste,

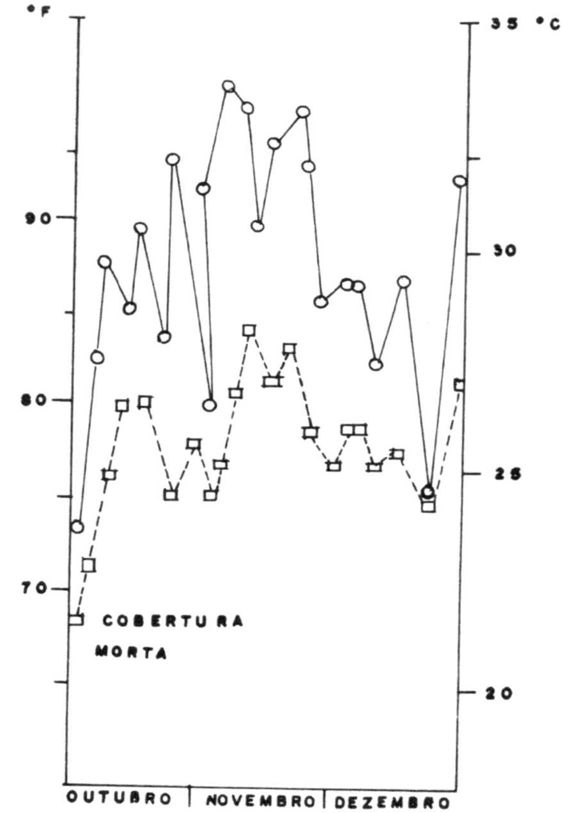

Figura 9.22 Comparação de temperatura em solo com e sem cobertura morta.[100]

Figura 9.23 Solo com e sem cobertura morta após uma irrigação.

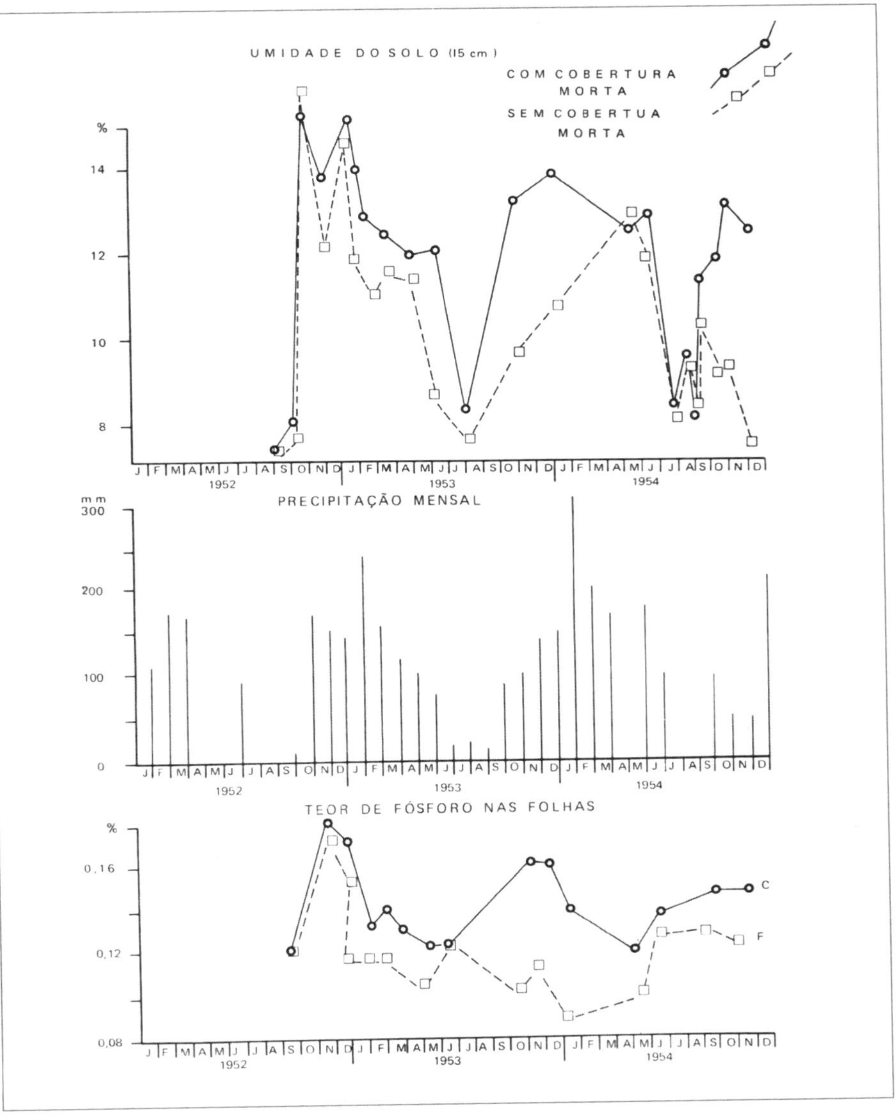

Figura 9.24 Efeito da cobertura morta sobre a umidade do solo e o teor em fósforo nas folhas. (Medcalf, 1956)

pode garantir o aproveitamento total das precipitações, possibilitando lavouras e pastagens.

Na figura 9.25 mostram-se 6 sistemas diferentes de trato do solo e seu efeito sobre as perdas em água e terra.[94]

As perdas menores de água registram-se nos tratamentos com cobertura morta e palha enterrada e a aplicação de estrume. E cada horticultor pode confirmar a me-

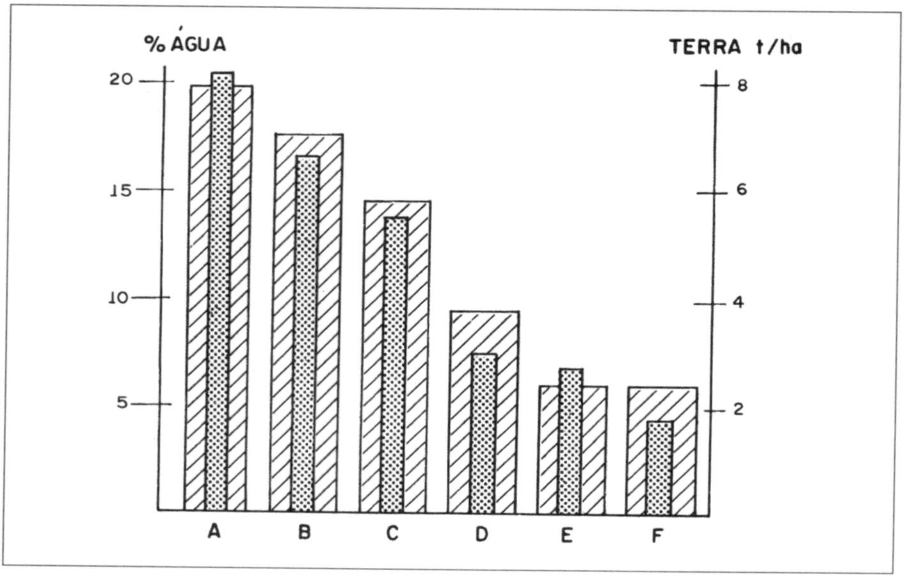

Figura 9.25 Perdas de água e de terra após aplicação diferente de palha. (Marques, 1961)
A = palha queimada;
B = palha enterrada e leguminosa, plantada;
C = palha enterrada;
D = palha enterrada, leguminosa removida;
E = cobertura morta, leguminosa plantada;
F = palha enterrada – esterco de curral.

lhora substancial da estrutura do solo pela aplicação de estrume, de modo que as perdas de água e terra são menores. No solo queimado a perda de terra e água é elevada. A água das chuvas penetra com dificuldade, deixando a terra mais seca que a grumosa e grande parte da água escorre aumentando as cheias. Pela proteção dos grumos contra o impacto da chuva o solo mantém-se permeável. Batey (1973) mostra (capítulo 7) no quadro 7.12 que o filó colocado 5 cm acima do solo possui efeito idêntico ao de uma cobertura morta de 5 cm de espessura, por despedaçar as gotas de chuva e com isso amenizar sua força.

A cobertura morta é uma medida de conservação do solo. Isoladamente nem sempre aumenta a colheita. Deve ser usada em conjunto com a adubação.[100] Na estação das águas é desfavorável por beneficiar a lixiviação dos nutrientes, como mostra o quadro 9.16.

Verifica-se igualmente que o sorgo reage desfavoravelmente à aplicação de sua palha. O mesmo ocorre com o trigo e outras culturas.

O enleiramento de palha, nos canaviais, deprime as colheitas especialmente por causa do efeito de lixiviação de nutrientes.

Em solos pobres, a cobertura morta não dispensa a adubação. Em solo rico ela mantém os nutrientes à disposição das plantas, mas acrescenta poucos nutrientes en-

Quadro 9.16 Efeito da cobertura morta sobre o rendimento de sorgo em kg/ha segundo o tipo de material usado para o acolchoamento do solo e a pluviosidade. (Wrigley, 1969)

tipo de material para cobertura do solo	1 540 mm de chuva	%	980 mm de chuva	%
casca de amendoim	1 115	12,7	1 507	30,9
capim seco	1 044	11,9	1 520	32,0
palha de sorgo	765	-12,6	1 246	8,2
testemunha	875	0,0	1 151	0,0

Figura 9.26 Picador de palha, a ser montado na colhedeira.

quanto ainda estiver intacta. Somente após sua decomposição libera os nutrientes contidos na palha, com exceção do potássio que pode ser lixiviado da própria palha, aumentando no solo. Por exemplo, no capim-elefante,[140] 10 t/ha acrescentam 200 a 300 kg/ha de potássio, em parte já antes de sua decomposição. Em solos férteis o *mulch* aumenta o pH, o teor em cálcio, potássio e fósforo disponível, a umidade e o nível em carbono, enquanto que o alumínio trocável e o manganês tóxico diminuem.[122]

No quadro 9.17 mostra-se que a lixiviação de bases é muito forte quando usado sulfato de amônio como adubo, enquanto que na cobertura morta aumenta a disponibilidade dos nutrientes e ocorre um enriquecimento do solo pela palha decomposta.

A cobertura morta, usada em culturas perenes, como pomares ou cafezais contribui para um florescimento mais precoce e mais uniforme.[165]

Em áreas semiáridas ou subúmidas, é a medida mais acertada para possibilitar o cultivo antes do início das chuvas e reter o máximo de umidade no solo, aproveitando, de maneira melhor, as chuvas erráticas. Combate a erosão, e quando usada em áreas maiores, contribuirá para a diminuição das enchentes.[43]

O quadro 9.18 mostra o aumento de penetração de água no solo bem como o aumento de sua capacidade de retenção de água, ou seja, da capacidade do campo.

Quadro 9.17 Efeito da cobertura morta e de sulfato de amônio sobre a concentração em bases até um metro de profundidade do solo, em média de 5 anos. (Smith, 1959)

base no solo	sulfato de amônio (200 kg/ha/ano, %)	equivalente (kg/ha)	cobertura morta (15 t/ha/ano, %)	equivalente (kg/ha)
Ca	-19*	639	+52	1 748
Mg	-25*	**140**	+47	263
K	-17*	222	+30	391

* Perda de nutrientes em relação ao total do íon disponível no solo.

Quadro 9.18 O efeito da cobertura morta em zona semiárida com 590 mm de precipitações anuais, sobre a captação de água pelo solo. (Farbrother, 1952)

solo	água perdida por escorrimento e evaporação (mm)	água drenada para o subsolo (mm)	água retida no solo (total) (mm)
solo capinado	377,0	10,4	202,6
solo nativo (pastagem)	228,0	7,8	354,2
com cobertura morta	28,6	119,6	441,8

E enquanto em solo capinado aproximadamente 63% da água das chuvas se perde, em solo coberto por um *mulch* somente 4,8% são perdidos.[43]

Embora apropriada para a estação da seca, a cobertura morta sempre encerra o perigo de incêndio. Portanto, quando usada em cultura perene, como café, citros, seringueiras etc. aconselha-se a passagem de uma grade leve nas entrelinhas, com distância suficiente dos pés para misturar a palha com alguma terra, evitando assim a propagação fácil do fogo.

Quando usada em cultivos anuais, cobrindo a terra colhida, o problema do fogo não é tão sério e, geralmente, é suficiente passar a grade de 10 em 10 metros para interromper o tapete de palha na superfície do solo, formando assim, uma espécie de aceiros. Quando a palha for picada pelo picador, montado à colhedeira, o perigo do fogo é mínimo.

RESUMO

A cobertura morta, isoladamente, não é medida para aumentar a colheita. Ela mantém os nutrientes existentes mais disponíveis, acrescenta nutrientes ao solo, oriundos da matéria orgânica, especialmente potássio, mantém o solo superficial mais úmido e facilita a infiltração da água no solo, evitando a erosão, e, finalmente, conserva a bioestrutura do solo, e com isso as condições para uma produção elevada. Na estação da seca é altamente favorável; na estação das águas, com chuvas abundantes, deve ser substituída por uma "*cobertura viva*", evitando assim a lixiviação do solo.

Material que pode ser usado para a cobertura morta

Para este fim prestam-se todos os capins de porte alto, como capim-elefante (*Pennisetum purpureum*), capim-guatemala (*Tripsacum laxum*) e outros, qualquer capim de porte baixo, como capim-gordura (*Melinis minutiflora*) ou qualquer material orgânico. Usam-se casca de café, palha-de-trigo, arroz, sorgo e milho, casca de amendoim e girassol, bagacilho de cana-de-açúcar, torta de mamona, serragem etc.

Porém, a distribuição de qualquer material orgânico geralmente rouba muito tempo, exige movimentação de máquinas e é cara. A maneira mais racional é plantar alguma "cultura protetora" na estação das águas que se pica com rolo-faca ou enxada rotativa no início da seca. Ou com picador de palha, montado na colhedeira, pica-se a palha da cultura, permanecendo esta distribuída sobre o campo, até o plantio seguinte.

A cultura seguinte pode ser implantada na cobertura morta, mesmo antes do início das chuvas regulares.

Mas, o solo não somente permanece mais úmido. Mesmo com umidade reduzida, o solo coberto produz mais, como mostra o quadro 9.19, tendo até o dobro de produto comerciável do de solo desnudo, por causa de uma produção muito maior.

Quadro 9.19 Efeitos de diferentes tensões de umidade do solo, com e sem cobertura morta, na produção de alho (*Allium sativum L. cult. "Lavina"*). (Leopoldo, 1975)

tratamento (tensão de umidade no solo)	sem cobertura morta		com cobertura morta	
	produção total (kg/ha)	produção comerciável (kg/ha)	produção total (kg/ha)	produção comerciável (kg/ha)
0,5 atm	11 909	10 570	14 556	11 700
1,0 atm	10 029	9 383	13 973	12 864
2,0 atm	8 181	7 720	9 872	9 418
15,0 atm	3 255	3 255	7 483	7 483

Mesmo em solos secos (15 atm. tensão) a cobertura e proteção contra o insolamento e aquecimento conseguem aumentar as colheitas até quase o dobro. Este efeito favorável da proteção do solo aparece igualmente nas plantações tradicionalmente sombreadas, como as de cacau. Após a retirada da mata, o solo perde sua produtividade.[187] Parece que o principal nas culturas sombreadas é a proteção do solo, como será discutido mais adiante. Uma cobertura morta conserva a produtividade dos solos como mostra a figura 9.27.

Ao mesmo tempo que aumentam as colheitas nos cultivos com solo protegido com cobertura morta, aumenta a saúde dos cacaueiros, especialmente, quando adubados.[187]

COBERTURA PLÁSTICA

Tanto na horticultura, como nas plantações novas de cafeeiros, o uso de cobertura plástica do solo está aumentando. Ela mantém o solo limpo de invasoras, impede a perda de água por evaporação, e, além dos primeiros centímetros superficiais do solo, mantém o solo mais fresco. As menores oscilações de umidade do solo contribuem para um crescimento muito mais rápido das mudas. É melhor do que um

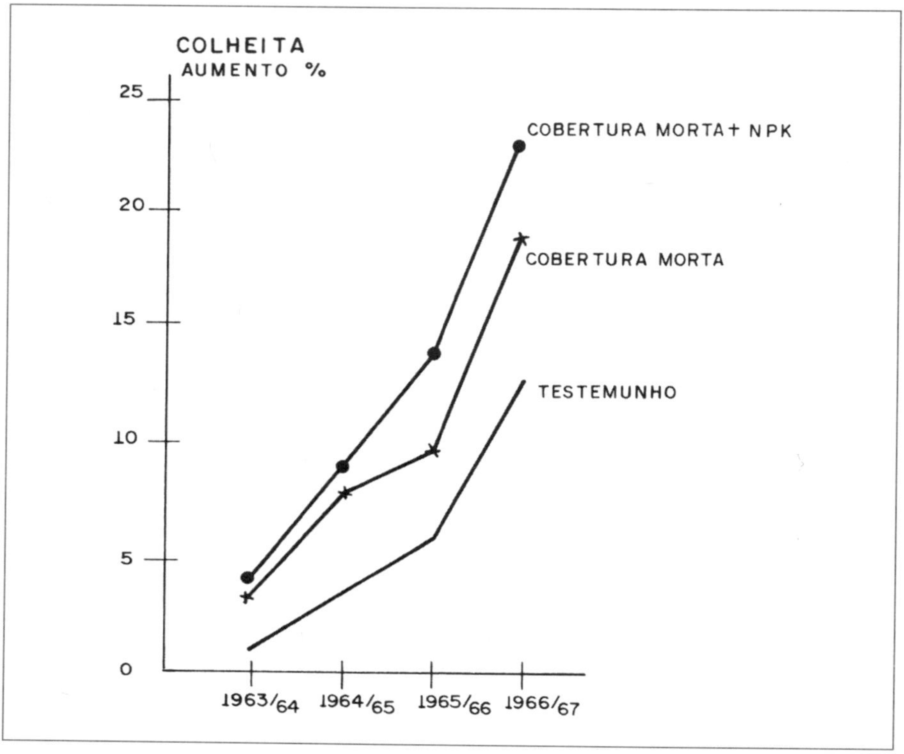

Figura 9.27 O efeito de *mulch* e de adubação sobre as colheitas de cacau. (Wessel, 1967)

Quadro 9.20 Produção de café em solos mantidos sob cobertura de polietileno. (Corbini, 1978)

produção	tratamentos	
	com polietileno	sem polietileno
café de roça, 1 000 pés sacas de 110 litros	20,02	10,31
café em coco, 1 000 pés sacas de 40 kg	15,84	7,86
café beneficiado, 1 000 pés sacas de 60 kg	5,30	2,37
renda do café em kg	20,08	18,12

Obs.: espaçamento 3,5 × 1,5 m.

campo capinado a limpo e, às vezes, superior a uma cobertura morta, como mostra a figura 9.28.

A diferença principal entre a cobertura plástica e a cobertura morta é que a primeira evita a evaporação e a segunda facilita a infiltração e beneficia a ventilação do solo.

Mas, com a cobertura plástica varia igualmente a qualidade do produto como mostra o quadro 9.21.

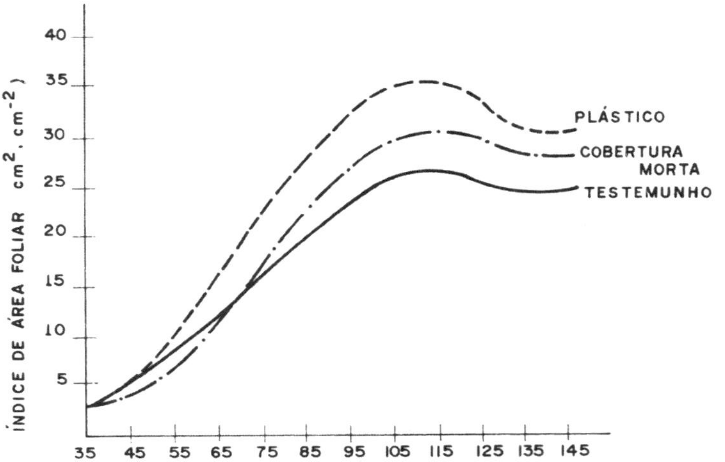

Figura 9.28 Reação do milho à cobertura do solo no cerrado. (Bandy, 1975)

Quadro 9.21 Classificação do café por peneiras (amostra de 300 g). (Corbini, 1978)

dados	tratamento	
	sem polietileno	com polietileno
chato grosso (peneira >17)	182 g	162 g
chato médio (peneira 15-16)	64 g	94 g
chatinho (peneira 12-14)	15 g	15 g
moca grosso (peneira 11-13)	15 g	8 g
moca médio (peneira 10)	17 g	12 g
moquinha (peneira 8-9)	4 g	3 g
total	297 g	294 g

Verifica-se que somente o "chato médio" aumentou enquanto todas outras peneiras diminuíram em relação ao café sem cobertura plástica. Também os grãos defeituosos aumentam, especialmente os chochos e verdes, enquanto no café sem cobertura plástica existem mais grãos quebrados.[28] A qualidade não melhorou como ocorre geralmente pela cobertura morta, uma vez que a ventilação do solo ficou deficiente.

O retorno da matéria orgânica no sistema de cobertura morta

Uma das vantagens da cobertura morta é o retorno de matéria orgânica ao solo e com isso a conservação de sua bioestrutura.[32,134,151] Nos canaviais, onde a palha geralmente é queimada para facilitar a colheita mecanizada, usa-se o plantio de *Crotalaria juncea* para o melhoramento do solo, embora, geralmente, como adubação verde.

O solo do quadro 9.22, com pH 4,6 (um latossolo vermelho-amarelo) reagiu negativamente à adubação nitrogenada na ausência de uma calagem, provavelmente por baixar mais o pH pela adição de sulfato de amônio.

A queda forte do rendimento no segundo corte quase sempre ocorre, provavelmente por terminar o efeito favorável da leguminosa.

Em ensaios da ACAR (Minas Gerais), a matéria orgânica foi aplicada em forma de esterco, catado nas pastagens, de modo que seu valor não era muito maior do que o da palha.

É de se supor que a proteção do solo iria manter a produção da cana-soca. Com esterco curtido e tecnicamente tratado, o efeito é outro.[146] Como o enleiramento da palha contribui para a lixiviação do solo, como qualquer cobertura morta na estação das águas, (quadro 9.15) a consorciação com uma leguminosa foi considerada. Primavesi (1953 e 1965) implantou feijão-fradinho com grande sucesso e Krutman (1968) usou feijão-de-fomento nas entrelinhas. Este não baixou o rendimento de cana, que oscilou entre 139 e 141 t/ha, mas deu uma colheita adicional de feijão de 1 088 a 1 357 kg/ha contra 1 655 kg/ha em plantio isolado.

O receio geral na incorporação de matéria orgânica é seu efeito depressivo sobre a colheita, por causa da deficiência de nitrogênio. Porém, quando for misturada superficialmente com o solo, este efeito não ocorre.[102,127]

Quando a incorporação superficial da palha for acompanhada por uma adubação fosfocálcica, ocorre um aumento de nitrogênio no solo.[127] Além do efeito sobre a umidade do solo, mostrado no quadro 9.24, a matéria orgânica adiciona nutrientes ao solo, que libera durante sua decomposição.

A ACAR (Minas Gerais) fornece no quadro 9.25 a relação de nutrientes por tonelada de material orgânico.

Cama de frangos ou torta de mamona são adubos nitrogenados e fosfóricos ao lado do efeito orgânico, outros praticamente não adicionam quase nada em nutrien-

Quadro 9.22 Restauração do solo para a cultura de cana-de-açúcar. (Wutke, 1968)

tratamento	t/ha cana-planta	t/ha cana-soca
leguminosa-NPK-Ca	122,9	67,3
leguminosa-PK-Ca	115,7	64,3
leguminosa-NPK	66,0	36,8
leguminosa-PK	87,0	47,4

Quadro 9.23 Efeito de esterco sobre a produção de cana-de-açúcar. (ACAR, 1976)

tratamento	t/ha cana-planta	t/ha cana-soca
testemunha	67,6	30,9
esterco	88,1	38,4
NPK	90,0	40,0
NPK-esterco	96,9	42,0

Quadro 9.24 Análise do solo com incorporação superficial de palha. (Miyasaka, 1966)

tratamento	pH	N total (%)	PO_4 (e.mg)	Ca (e.mg)	K (e.mg)	umidade atual (%)	umidade disponível (%)
testemunha	4,32	0,16	0,26	1,90	0,10	16,4	0,8
capim-gordura seco	4,22	0,15	0,42	2,17	0,25	17,8	1,9
soja perene seca	4,32	0,15	0,49	1,85	0,17	–	–
palha-de-arroz	4,12	0,15	0,41	1,53	0,15	–	–

Quadro 9.25 Equivalência em adubos comerciais de material orgânico além do efeito sobre o solo. (ACAR, 1976)

material	kg por t de material		
	sulfato de amônio	superfosfato	cloreto de potássio
palha de arroz	30,0	20,0	16,6
palha de leguminosas	80,0	17,5	20,0
serragem de madeira	9,0	45,0	3,0
(cinza de madeira)		75,0	83,0
bagaço de cana	19,0	7,5	2,8
torta de filtro (fermentada)	77,5	59,0	15,0
feno de capim-gordura	25,0	20,0	35,5
casca de café (curtida)	42,5	9,0	15,6
resíduo de fumo	125,0	*	108,3
esterco de curral curtido	25,5	12,5	8,3
esterco de aves	100,0	100,0	16,6
cama de frangos	205,0	108,0	40,1
torta de mamona	275,0	100,0	16,0
lixo urbano	60,0	17,5	19,0

* Dados incompletos.

tes ao solo como, por exemplo, o bagaço de cana, que, mesmo assim, exerce efeito favorável sobre a produção que pode ser atribuído ao melhoramento da estrutura e a maior capacidade de reter umidade bem como a uma microvida mais diversificada. O efeito dos nutrientes, adicionados ao solo, não é idêntico ao dos adubos minerais, uma vez que já se encontram em forma orgânica. Por isso não somente aumenta a quantidade da colheita mas igualmente a qualidade.

Verifica-se no quadro 9.26 que o efeito da torta de mamona é maior do que uma adubação maciça mineral. Com uma adubação normal, indicada, e torta de mamona não somente se colhe mais que com uma adubação maciça mineral, mas o produto é de qualidade superior, conseguindo, portanto, um preço melhor.

O retorno de matéria orgânica, ocorrendo, sempre, pela cobertura morta, não só pode contribuir para o aumento da fertilidade mas especialmente para a conservação da produtividade do solo.

Quadro 9.26 Efeito de matéria orgânica sobre o rendimento e qualidade de batatinhas (*Solanum tuberosum*). (Gomes, 1963)

tratamento	colheita p. canteiro (kg)	quantidade de batatinhas de classe "A" e especial (%)
sulfato de amônio	5,29	37,5
torta de mamona	**11,40**	**61,8**
PK dose dupla	7,42	31,0
PK dose dupla e sulfato de amônio	12,04	54,8
PK dose dupla e torta de mamona	15,70	54,7
PK e torta de mamona	14,49	61,2
PK e sulfato de amônio	11,40	44,4

Na "estação das águas" o acolchoamento do solo com material orgânico é pouco indicado e deve-se dar preferência a uma "cobertura viva".

Cobertura viva. O espaçamento menor da cultura

Em muitos países do mundo tende-se a diminuir o espaçamento entre as plantas, para proteger o solo contra a insolação e o impacto das chuvas.

Antigamente se aumentou o espaçamento para conseguir um produto maior. Porém, o declínio das colheitas com os anos de cultivo deixou procurar um espaçamento com menos desgaste do solo. No milho subiu-se de 42 000 plantas por hectare a 70 000 plantas por hectare na Flórida, com espigas menores mas um rendimento maior. Na maioria dos países europeus o espaçamento entre as linhas é de 60 cm, embora o milho seja planta de exigências elevadas à luminosidade.

Também no Brasil, o espaçamento antigo de 1 m × 1 m entre as covas cedeu a uma distância de 80 e até 70 cm entre as linhas e 30 a 40 cm na linha.

No algodão o espaçamento mais benéfico é de 60 cm entre as linhas, e 30 cm na linha (3 plantas por metro linear) como mostra o quadro 7.15.[20,21]

Mesmo na horticultura, onde o fator água é largamente compensado pela irrigação, o espaçamento menor mostra ser vantajoso.

Verifica-se no quadro 9.27 que o tamanho das cenouras aumenta com o maior espaçamento, porém o rendimento total por hectare diminui.

Um quadro idêntico oferece-se em qualquer outra cultura como, por exemplo, (vide capítulo 7) nos moranguinhos[138] etc. A diminuição do tamanho das frutas limita a densidade do espaçamento.

Quadro 9.27 Espaçamento e sistema de plantio na cultura da cenoura. (Cheng, 1973/74)

espaçamento	rendimento (g/parcela)	kg/ha	peso médio raiz (g)	população (plantas/ha)
10 x 5	7 428	57 138	42,0	1 385
10 x 8	5 360	41 231	46,3	923
20 x 5	5 918	45 523	58,1	769
20 x 8	4 893	37 638	82,8	462

No chá-da-índia um espaçamento menor foi a solução para a conservação da cultura teeira, mesmo dificultando a colheita por falta de corredores.

Nos cafezais o espaçamento menor aumenta a produção, como mostram os resultados de todos os países produtores, inclusive o Brasil (quadro 9.28).

Um quadro idêntico encontra-se nos cafezais em qualquer lugar do mundo, seja nas Filipinas[59] ou na América Central[54] ou no Brasil. Onde o espaçamento menor está sendo recompensado pela proteção e conservação do solo, pode-se obter rendimentos até 3 vezes maiores do que em espaçamento convencional (quadro 9.29).

Quadro 9.28 Produção de café beneficiado por cova e por área de cafeeiros com 1 ano e 10 meses no campo em espaçamento progressivo. (Viana, 1978)

espaçamento			produção	
dimensão (m)	área/cova (m²)	covas/ha (nº)	por cova (kg)	por área (kg/ha)
espaçamento de 1 m fixo nas linhas				
1,28 × 1	1,28	7 812	0,125	977
1,54 × 1	1,54	6 493	0,138	896
1,85 × 1	1,85	5 405	0,132	714
2,22 × 1	2,22	4 504	0,140	631
2,66 × 1	2,66	3 759	0,140	526
3,19 × 1	3,19	3 135	0,152	476
3,83 × 1	3,83	2 611	0,132	358
4,60 × 1	4,60	2 174	0,140	304
5,52 × 1	5,52	1 812	0,167	303
6,62 × 1	6,62	1 511	0,167	252
espaçamento de 2 m fixos nas linhas				
1,28 × 2	2,56	3 906	0,238	930
1,54 × 2	3,08	3 247	0,172	558
1,85 × 2	3,70	2 703	0,212	573
2,22 × 2	4,44	2 252	0,185	417
2,66 × 2	5,32	1 880	0,232	436
3,19 × 2	6,38	1 567	0,222	348
3,83 × 2	7,66	1 306	0,235	307
4,60 × 2	9,20	1 087	0,258	280
5,52 × 2	11,40	906	0,242	219
6,62 × 2	13,24	755	0,260	196

Quadro 9.29 O efeito do espaçamento sobre o rendimento do café.

Handog & Bartolomé, 1966		Graner & Godoy, 1971	
espaçamento	cerejas colhidas (t)	espaçamento	média de café colhido nos primeiros três anos (kg/ha)
1,0 × 3	34,2	2,0 × 1,0	3 195
1,5 × 3	33,2	2,5 × 1,5	2 600
2,0 × 3	18,3	3,0 × 2,0	1 800
2,5 × 3	14,8		
3,0 × 3	13,6		

A insolação maior do cafeeiro está sendo prejudicado pela maior exposição do solo ao sol e à chuva, de modo que com a melhor proteção do solo e sua conservação em estado grumoso se obtêm rendimentos maiores. Porém, exige-se imperiosamente a poda dos pés, uma vez que somente a madeira nova carrega, sendo dispensável a quantidade grande de pau velho. Geralmente se recorre à recepa de cada terceira fileira por ano, de modo que sempre há uma fileira alta, uma média e uma baixa.

Existem outras culturas onde o espaçamento menor é exigido pela colheita mecânica, como, por exemplo, na soja. Em espaçamento maior produzem-se hastes muito grossas, de corte difícil pela colhedeira. Porém, um espaçamento reduzido demais provoca a queda de flores e, portanto, uma redução do rendimento.

Assim, quando se falar de um "espaçamento reduzido", deve-se considerar a existência de limites inferiores que não devem ser ultrapassados para não reduzir a colheita.

A vantagem do espaçamento menor é, sem dúvida, a proteção do solo enquanto se permitir a insolação da cultura. Em parte, um espaçamento menor causa um "autossombreamento" da cultura, que pode permitir a multiplicação de doenças fúngicas, como ocorre, por exemplo, no arroz irrigado, nas variedades com folhas não eretas.

Com o espaçamento menor aumenta a "população" vegetal do campo e, com isso, a necessidade de nutrientes. Vale, pois, a regra: *quanto maior a produção vegetal de um campo, tanto mais rico deve ser o solo ou tanto mais nutrientes devem estar à disposição da cultura.* A exceção é o nitrogênio[188] que, facilmente, causa o acamamento dos cereais, quando adicionado na mesma proporção que os outros nutrientes. A figura 9.29 mostra que um nível alto de nitrogênio é capaz de fornecer colheitas maiores com uma densidade maior. Enquanto uma população de 20 000 pés de milho rende 5,80 t/ha de grãos, uma população de 50 000 pés rende 7,85 t/ha de milho, com idêntica quantidade de nitrogênio à disposição.

Com um suprimento médio de nitrogênio a uma população mais densa de milho, o rendimento permanece praticamente estável, ao redor de 5,0 t/ha quer a população seja de 20 ou 50 000 pés por hectare.

Plantado com densidade muito maior, como, por exemplo, de 70 000 plantas por hectare, as espigas são menores, porém a quantidade maior recompensa o tamanho menor.

A vantagem do espaçamento menor é a proteção do solo e a conservação de sua produtividade e, quando bem orientado, maior rendimento. O mais importante, porém, é a continuidade de colheitas boas, sem a quebra, comum após alguns anos de plantio convencional.

Espaçamentos muito distanciados, como utilizados em pomares, sempre contribuem para o adensamento dos solos e a redução das colheitas. Porém, nem sempre é possível diminuir o espaçamento, por causa da imperiosidade de mecanização dos tratos culturais e da colheita. Neste caso recorre-se à "cultura protetora" ou *cover crop.*

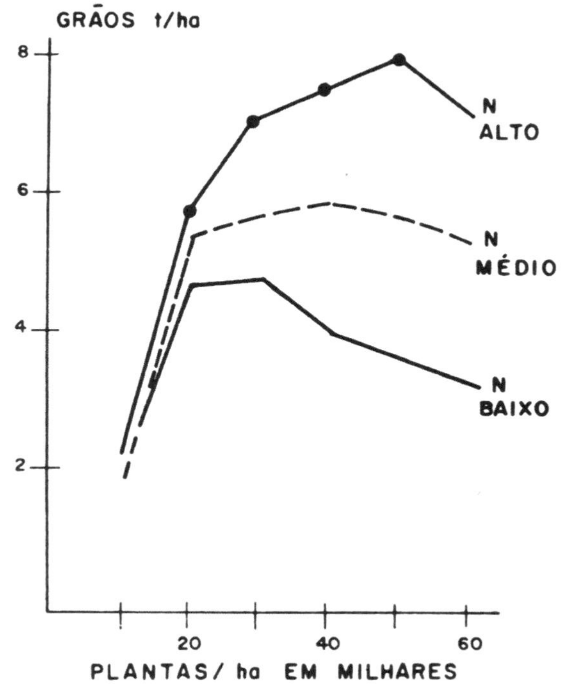

Figura 9.29 Rendimento de milho com densidades diferentes de plantio em três níveis de nitrogênio no solo. (Lang, 1956)

A cultura protetora ou a "invasora" escolhida

A invasora compete com a cultura pelos nutrientes, em épocas secas pela água e prejudica a cultura por suas excreções radiculares. Como discutido nos capítulos 2 e 6, as raízes excretam substâncias que como quelatantes ajudam na absorção de minerais; que atraem uma microflora específica, inclusive bactérias noduladoras e micorrizas; e que defendem seu espaço radicular contra a invasão de plantas com necessidades nutricionais semelhantes.[190]

As ervas, indesejadas nas culturas, protegem o solo mas prejudicam a cultura. Sugere-se, pois, que estas ervas "más" quando não fossem concorrentes, seriam benéficas, por conservarem o solo.

Surgiu a técnica da invasora *selecionada* ou *escolhida* que substitui a invasora indiscriminada e chega-se à *cultura protetora*. Como a invasora sempre é um *ecótipo,* ou seja, uma planta própria ao meio ambiente, a cultura protetora também deve ser um ecótipo, caso contrário não seria capaz de concorrer com sucesso com as invasoras nativas.

Qual a planta que deve ser usada como "protetora" para cobrir o espaço vazio entre as linhas e como efetuar a primeira capina, antes que a protetora "feche" o solo?

Exige-se da cultura protetora que:

1. Tenha propagação fácil por sementes;
2. Seja de crescimento rápido;
3. Tenha um sistema radicular diferente da cultura agrícola;
4. Não compita com a cultura pelos mesmos nutrientes;
5. Não seja competitiva com respeito à água disponível do solo;
6. Seja resistente a pragas e pestes que possam atacar a cultura e que não sejam hospedeira delas;
7. Suprima eficazmente as plantas invasoras, inclusive a rebrota da mata.

Por natureza não existe solo desnudo a não ser em casos extremos, como nos desertos. Plantando uma cultura em linhas, é lógico que a terra não ficará isenta de vegetação, uma vez que qualquer solo contém uma infinidade de sementes que esperam sua oportunidade para nascerem. Existem plantas que conseguem crescer com pouca luz. Sem luz planta alguma se desenvolve. Quando a terra é exposta à luz, as sementes nascem e a rebrota surge. Embora indesejada, agradece a possibilidade de poder nascer à técnica de cultura, mantendo o solo descoberto.

Espera-se da "cultura protetora" que forneça nitrogênio à cultura principal, enriqueça o solo em matéria orgânica, mantenha-o aberto por um sistema radicular vigoroso e que interrompa o efeito nocivo da monocultura sobre a vida do solo. Quando necessário, que também atue como quebra-vento.

Existem duas maneiras de usar essas culturas protetoras:

a) Em forma de culturas consorciadas ou intercaladas (*intercropping*) plantadas em épocas diferentes no mesmo campo, estando uma cultura se desenvolvendo enquanto se colhe a outra.[107] Neste sistema, por exemplo, planta-se amendoim e, por ocasião da primeira capina, implanta-se milheto (*Eleuzine sp*). Este "fecha" o chão mas não consegue desenvolver-se satisfatoriamente enquanto o amendoim estiver no campo. Após a colheita deste, o milheto se desenvolverá, dando outra colheita.[1]
   O mesmo sistema pode ser usado com feijão-de-fomento, onde após a primeira capina se implanta algodão herbáceo. Somente, que neste caso se necessita de uma adubação potássica forte. Saindo o feijão, o algodão logo fecha. Também pode-se usar o inverso, implantando-se guandu nas entrelinhas de algodão, ou implantando-se feijão nas entrelinhas de cana-de-açúcar.[85,129] Especialmente em anos secos, este sistema dá mais que culturas capinadas. Ao mesmo tempo diminuem as pragas e pestes, por "quebrar" o efeito da monocultura.
b) Usa-se a cobertura do chão por uma leguminosa que pode ser implantada nas entrelinhas ou semeada antes da cultura principal que será implantada.[190] Nas fi-

guras 9.30 e 9.31 mostra-se o efeito da proteção do solo por amendoim plantado em um cafezal novo.

Verifica-se que as plantas de café no campo, com solo protegido, são muito maiores e mais robustas.

A implantação de feijão-de-porco (*Canavalia ensiformis*) no milho não somente protege o solo contra a chuva, mas suprime eficazmente todas as invasoras, inclusive capins. Mesmo em anos muito chuvosos a cultura permanece "limpa" e o rendimento de milho é superior, por ser beneficiada pela leguminosa.[65]

As plantas mais indicadas para culturas protetoras são: para o clima subtropical-inverno, tremoço (*Lupinus sp*), serradela (*Ornitopus sativa*), ervilhaca (*Vicia spp*), diversos trevos (*Trifolium spp*) e *Lathyrus*.

Figura 9.30 Plantação de café convencional. (Gentileza: O. Primavesi, 1977)

Figura 9.31 Plantação de café de idade idêntica, com quatro fileiras de amendoim plantado nas entrelinhas. (Gentileza: O. Primavesi, 1977)

Figura 9.32 Milho com feijão-de-porco implantado.

Para o verão recomenda-se: feijão-miúdo (*Vignia sinensis*), feijão-de-porco (*Canavalia ensiformes*) e soja (*Glycine max. Merrill.*).

Para o clima tropical a possibilidade de escolha é muito maior,[184] porém depende da zona, do solo e da topografia.

Servem como culturas protetoras: guandu (*Cajanus indicus* e *C. javanica*), lab-lab (*Dolichos Lab-Lab*) ou diversos outros *Dolichos,* estilosantes tanto o decumbente como os eretos (*Stylosantes gracilis, St. humilis* e *St. guyannensis*), alfafa-do-norte (*Indigofera spicata*), diversas mimosas como *Mimosa invisa,* que, porém, são espinhentas, dificultando a colheita de cultura, especialmente quando esta for manual; mucuna (*Styzolobium sp*), falso-oró (*Calopogonium mucunoide*), mata-pasto (*Crotalaria striata*) e outras crotalárias etc.

Beneficiam-se em associação:

- Milho com guandu e milho com feijão-de-porco;
- Algodão com soja-perene ou amendoim;
- Trigo com trevo-branco;
- Cana-de-açúcar com feijão-fradinho, ou alguns desmódios ou crotalárias (nunca se devem usar trepadeiras na cana-de-açúcar).

A seringueira beneficia-se com *Centrosema* ou falso-oró, mas também com kudzu tropical (*Pueraria phaseoloides*), porém, deve-se cuidar que as leguminosas não se aproximem mais do que 0,75 metro de distância das *Heveas.*

Diversas palmeiras, como babaçu e dendê, são beneficiadas pelo estilosantes. Abacaxi beneficia-se com *Crotalária;* sisal com *Dolichos bifloras;* milheto se beneficia com gergelim (*Sesamum indicum*), ou guandu ou estilosantes.

Porém, deve-se considerar que não somente a cultura deve ser compatível com sua cultura protetora, mas esta também deve ser um ecótipo do solo em que será plantada, uma vez que deve substituir e abafar as invasoras que, indubitavelmente são ecótipos.

É indispensável que a cultura protetora seja uma planta comum da zona, desenvolvendo-se rapidamente e com vigor. Se não o fizer, não conseguirá suprimir as invasoras nativas, nem proteger a cultura comercial. A cultura protetora deve ser a *"invasora escolhida"*.

Quando se planta a cultura protetora ao mesmo tempo que a cultura principal, faz-se necessária a primeira capina, que é deveras difícil devido às plantinhas novas da protetora nas entrelinhas. Para superar este problema aconselha-se o uso de herbicida pré ou pós-emergência, aplicando-o em doses reduzidas e de duração curta, para proteger a cultura comercial e a protetora das invasoras, até que a última se torne capaz de suprimi-las.

Desse momento em diante as capinas são dispensáveis tanto quanto os herbicidas. Mesmo em anos muito úmidos não existe mais problema com ervas más, uma vez que a protetora impede seu desenvolvimento.

Onde o uso de herbicidas for impossível, devido ao nível freático muito alto e ao perigo da contaminação de poços, a protetora deve ser plantada antes da cultura principal, com implantação desta, posteriormente. Neste caso trepadeiras, ou seja, leguminosas volúveis, que embaraçam a cultura, não podem ser usadas, como, por exemplo, mucuna, *Puerária*, *Calopogônio* e outros.

A cultura protetora é ótima para a estação das chuvas, mas deve ser usada com muita cautela na estação da seca. Nesta época é melhor que seja picada e distribuída como cobertura morta na superfície do solo, protegendo-o contra a evaporação, captando as raras chuvas hibernais e protegendo o solo do impacto das primeiras chuvas primaveris.

RESUMO

Em zonas tropicais e subtropicais as técnicas que mantêm o solo limpo devem ser substituídas por "invasoras escolhidas", as culturas protetoras e, na estação seca, pela cobertura morta. Sempre deve-se lembrar que a "invasora" escolhida somente pode ser planta perfeitamente identificada com o ambiente em que deve crescer. A protetora deve ter características semelhantes às das invasoras comuns, entretanto, suas excreções radiculares beneficiam a cultura em vez de prejudicá-la (vide capítulo 2). A vantagem desta cultura é proteger e sombrear o solo enquanto a cultura recebe plena insolação. Reúnem-se, desta maneira, as vantagens de sombra, sem que esta afete a cultura. Na zona equatorial o semissombreamento parece vantajoso.

O SOMBREAMENTO DA CULTURA

Antigamente, muitas culturas perenes se cultivavam sombreadas como o café, cacau, chá, guaraná etc. Obtiveram-se colheitas pouco elevadas mas estáveis e contínuas, com poucos esforços e custos baixos de produção. Porém, com a introdução de variedades mais produtivas esgotaram-se as reservas nutricionais dos solos.[187] A adubação faz pouco efeito em cultura sombreada, de modo que a sombra foi retirada, iniciando-se com isso a decadência física dos solos.

Como foi discutido no capítulo 8, a retirada da sombra implica numa série de medidas de conservação do solo que antes eram desnecessárias, além de adubações maiores, capinas frequentes ou herbicidas, defesa sanitária mais intensiva, aplicação periódica de matéria orgânica e quebra-ventos.

A retirada da sombra acarreta não somente a modificação dos níveis de nutrientes no solo mas também modifica a absorção pelos vegetais.

Verifica-se no quadro 9.30 que ocorre um aumento dos nutrientes no solo pela retirada parcial da sombra. Porém, pela retirada completa da sombra ocorre novamente uma redução.

O problema principal foi o aproveitamento dos adubos, que sob o sol é muito maior.

Demonstra-se no quadro 9.31 que as plantas no sol absorvem muito mais nutrientes, necessitando igualmente mais para sua produção.

Na figura 8.16 mostra-se que o fim principal da retirada da sombra, na cultura do cacau, é a adubação. E, como o adubo reage pouco em plantações sombreadas, lançou-se mão da retirada da sombra.

No quadro 8.7 Carvajal (1972) mostra ser o rendimento do café no sol quase o dobro do na sombra.

Porém, o decréscimo do rendimento nas plantações insoladas ocorre mais rápido em solos arenosos e mais lento em solos argilosos, mas sempre ocorre, de modo

Quadro 9.30 Variação dos nutrientes no solo pela retirada da sombra. (Fonseca, 1967)

local	condição	pH	N (%)	Ca (e.mg)	Mg (e.mg)	K (e.mg)	P_2O_5 (ppm)
Abengowron	sombra	6,1	0,16	4,0	1,3	0,13	48
Iddo	pouca sombra	6,8	0,14	7,7	1,7	0,18	7
Iroko	pouca sombra	6,7	0,21	12,0	2,7	0,61	26
Akinyele	pouca sombra	6,9	0,25	14,2	2,9	0,62	40
Aiytoro	pouca sombra	6,8	0,21	12,0	2,3	0,28	5
"West" Africa	sol	6,5	0,14	–	2,1	0,21	0,6
River State	sol	5,9	0,18	8,6	2,0	0,12	1,5

Quadro 9.31 Adubação de plantações de cacau sombreadas e ao sol. (Hardy, 1962)

adubo (kg/ha) para cada 100 kg de amêndoas secas	cacau sombreado	cacau ao sol
sulfato de amônio (21% N)	12	24
superfosfato triplo (47% P_2O_5)	4	6
sulfato de potássio (48% K_2O)	6	10
sulfato de magnésio (33% MgO)	2	3

que, finalmente, se igualam as colheitas de plantações adubadas e não adubadas[22] por causa de um adensamento progressivo do solo exposto ao sol e à chuva. E Cadima (quadro 9.1) mostra que, à medida que aumenta a resistência ao corte do solo diminui o rendimento do cacau.

A figura 9.33 mostra que a retirada da sombra proporciona, inicialmente, um aumento de rendimento muito grande nas culturas adubadas. No decorrer dos anos esta vantagem perde-se. O efeito do adubo é cada vez menor até desaparecer no oitavo ano de cultivo. O rendimento na sombra é baixo, mas os custos de produção são muito baixos, de modo que o lucro é garantido.

Experiências mais recentes mostram que uma sombra de 30 a 40% é mais vantajosa do que o cultivo ao pleno sol,[54] permitindo colheitas elevadas.

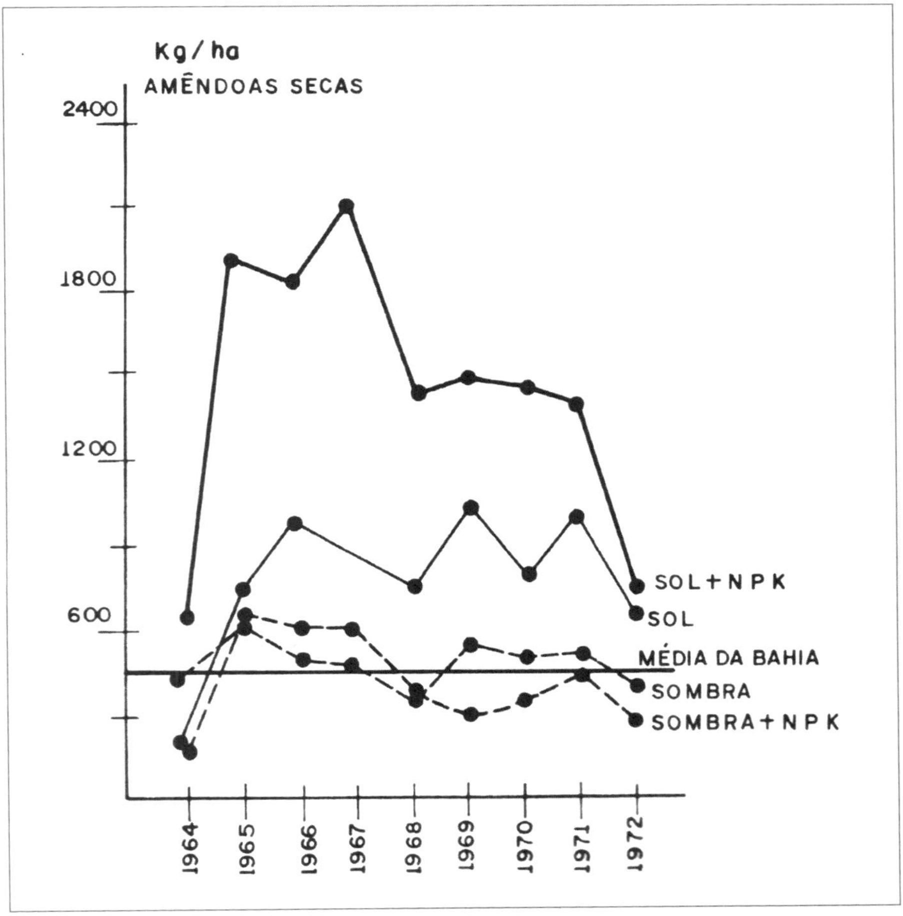

Figura 9.33 Efeito de sombra e sol sobre a produção de cacau com e sem adubo, na Estação Experimental. (Cabala, 1975)

RESUMO

A retirada completa da sombra, para conseguir rendimentos maiores, facilmente acarreta a decadência física do solo, quando não forem tomadas medidas especiais, como cobertura morta, culturas protetoras ou espaçamento menor. Uma sombra de 30 a 40% é vantajosa, por permitir o aproveitamento total dos adubos, mas não expor o solo a uma decadência rápida.

Quando houver a retirada de sombra, deverá ter outra proteção do solo para garantir a sua produtividade.

A MANUTENÇÃO DA VIDA DIVERSIFICADA DO SOLO E A SAÚDE VEGETAL

A vida do solo inclui a microvida, especialmente microrganismos como bactérias, fungos e actinomicetos, mas também protozoários, a fauna do solo e as raízes.

Todos, quase, necessitam de matéria orgânica para sua subsistência. Há uma inter-relação estreita entre os seres vivos. Assim, a fauna terrícola e os microrganismos contribuem para a estrutura grumosa estável à água, controlam as excreções orgânicas do solo, contribuem para a nutrição dos vegetais, e estes, dos microrganismos, e, em seu conjunto diversificado, contribuem para uma produção elevada das nossas culturas.

Existe uma influenciação reciprocíclica de todos os fatores e cada medida executada para "cultivar" o solo reflete sobre sua vida e, daqui, novamente sobre a cultura, podendo ser o efeito muito diferente do esperado.

O manejo da vida do solo não é tão difícil, uma vez que não se faz necessário enxergar os microrganismos ou animais minúsculos do solo. Necessita-se somente ver o resultado do seu trabalho. E este se expressa:

1. Na estrutura grumosa do solo, resistente à água;[4,61,149]
2. No vigor vegetal;
3. Na saúde vegetal.

Da formação de camadas adensadas, de crostas superficiais, de solos rachados, de plantas fracas e pesteadas pode se concluir que alguma coisa no manejo da vida do solo está errada.[50]

Importante é se conscientizar que a vida do solo necessita de alimento e que a alimentação é o fator mais importante do seu controle. O alimento é orgânico e pode ser matéria orgânica devolvida ao solo ou excreções radiculares das plantas (vide capítulo 2) bem como excreções de animais minúsculos terrícolas ou os próprios microrganismos diferentes. A diversificação da alimentação contribui para a diversificação da vida do solo. Assim, por exemplo, uma cultura excreta sempre substâncias idênticas, de modo que a monocultura "cria" microrganismos específicos, cuja proliferação descontrolada pode provocar o aparecimento de outros seres vivos que a aniquilam ou pode torná-los parasitas de plantas e de nossas culturas. O mesmo ocorre com a fauna terrícola.

O controle da microvida e mesovida do solo se faz:

1. Pelo retorno de matéria orgânica ao solo (vide capítulo 4), que pode ser em forma de cobertura morta, como adubação verde ou como palha superficialmente incorporada com uma adubação fosfocálcica;
2. Pela calagem e a consequente modificação do pH;
3. Uma adubação equilibrada que aumenta a resistência das plantas a pragas. O que importa aqui é especialmente a relação entre os diversos nutrientes (macro e micro) tanto no solo como na folha;
4. A rotação de culturas;
5. A proteção do solo contra a insolação e o impacto das chuvas.

O retorno de matéria orgânica e os métodos a serem usados foram amplamente discutidos no capítulo 4. Basicamente se seguem três princípios: adubação verde, para enriquecer o solo com nitrogênio orgânico, adubação com palha, incorporando-a superficialmente, para recuperar a estrutura grumosa do solo ou usando-a como cobertura morta para proteger a superfície do solo. Não existem microrganismos e muito poucos animais terrícolas que possam viver em solo insolado. Porém, podem sobreviver como esporos ou em forma desidratada como o fazem os nematoides, para voltar, em épocas mais favoráveis.

A adubação como medida de proteção da cultura

Calagem e adubação possuem efeito pronunciado sobre a vida do solo. Assim, uma adubação maciça de nitrogênio possui efeito depressivo sobre a fauna dos *Arthropoda* em geral, como mostra a figura 9.34, dos quais especialmente os ácaros possuem efeito regulador sobre os insetos. É, pois, possível provocar uma praga por uma adubação nitrogenada elevada. Ao mesmo tempo o nitrogênio facilmente predispõe as plantas a pestes, como mostra o quadro 9.32, embora seja nutriente indispensável.

Verifica-se que à medida que a dose de nitrogênio aumenta, diminui o número de artrópodes que, por metro quadrado de solo, é de 180 000 sem nitrogênio e de 25 000 quando adubado com 144 kg/ha de nitrogênio.

Quadro 9.32 Efeito de nitrogênio amoniacal na infestação de trigo com *Septoria tritici*. (Jones, 1976)

tratamento	plantas infestadas (média %)
testemunho	77,3
N1 (64 kg/ha de N)	87,9
N2 (120 kg/ha de N)	95,5

Efeito semelhante de N encontra-se em outras culturas.[24] A proliferação de uma ou outra espécie sempre é o sinal de uma "pressão interespécie" baixa ou, de uma vida de solo pouco variada. Em solos arenosos, a proliferação de nematoides pode ser um fator de depressão da colheita como mostra o quadro 9.33.

Neste quadro verifica-se que a desproporção entre K/Ca é o fator mais pronunciado. E frequentemente uma absorção melhor de K aumenta a resistência das plantas a pragas e nematoides, independente da infestação do solo. Uma planta bem nutrida pode suportar uma carga elevada de nematoides, sem ser prejudicada (capítulo 5, autores Hijink, 1967 e Törne, 1963).Os problemas surgem quando a adubação for unilateral em lugar de ser equilibrada.

Uma adubação não somente deve nutrir as plantas. Ela fá-las resistentes ou suscetíveis a pragas e doenças, dependendo isso geralmente da possibilidade de metabolizar rapidamente os nutrientes. Uma grande quantidade de aminoácidos livres na seiva celular predispõe a planta a pragas enquanto que proteínas formadas a protegem.[71] Adubações isoladas de nitrogênio, cálcio etc. podem aumentar a suscetibilidade das plantas enquanto que adubações equilibradas e completas a protegem.

Onde houver potássio incluído na adubação, há um decréscimo de ataque por *Lepidosaphes*, enquanto a calagem sozinha provoca um aumento muito pronuncia-

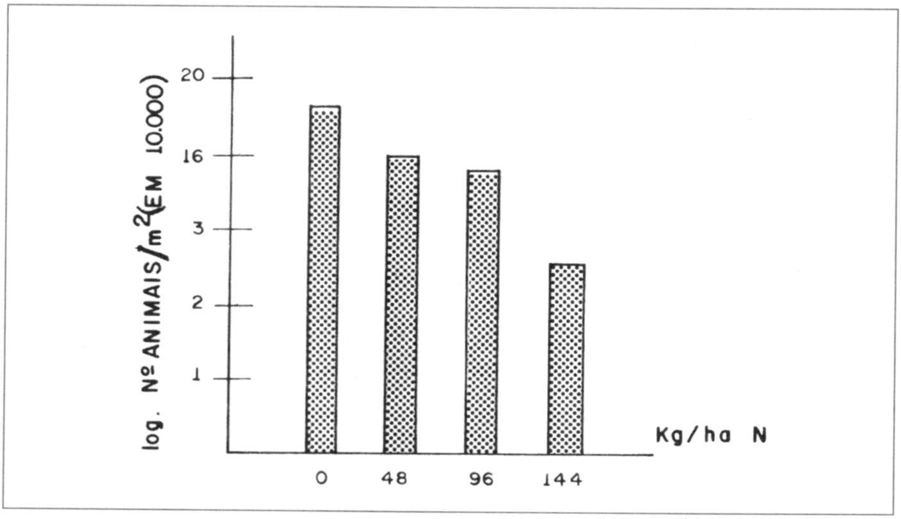

Figura 9.34 Efeito do nitrogênio mineral sobre a fauna de artrópodes em gramado de jardim. (Edwards, 1975)

Quadro 9.33 Comparação da média de composição química de nove variedades de batatinhas suscetíveis a nematoides. (Evans, 1976)

solo	ovos (g/solo) ao plantio	safra (t/ha)	nutrientes na mat. seca (%)					proporção K/Ca
			K	Ca	Mg	P	N	
infestado	101	5,8	3,44	2,10	0,40	0,18	5,05	1,64
não infestado	0	29,4	4,15	1,58	0,37	0,31	5,45	2,62

do, por modificar a relação Ca/K que em todas plantas é importante, como, também, todas as outras proporções, como discutido no capítulo 8. As proporções entre os nutrientes são mais importantes para a saúde vegetal do que os níveis absolutos de um ou outro nutriente, como relembra a figura 9.35.

No cacau, a produção máxima de massa seca ocorre quando a proporção Ca + Mg/K é de 16,4 até 24,5, ou seja, quando o solo for bastante rico em cálcio e magnésio, tendo, por exemplo, um teor de 1 952 ppm de Ca + Mg e 80 ppm de K.

Planta, para ser sadia e resistir às pestes e pragas deve ser bem nutrida. Essa nutrição não é boa quando uma dose grande de nitrogênio forçar o desenvolvimento. Esta somente ocorre quando a planta for capaz de metabolizar os nutrientes absorvidos em tempo reduzido. E para que esta metabolização seja rápida, necessitam-se:

1. Proporções certas dos nutrientes, tanto dos macro como dos micro;
2. Uma bioestrutura boa para garantir o fornecimento de suficiente oxigênio e água.

Quadro 9.34 Desenvolvimento de *Lepidosaphes becckii* em tangerinas com diferentes fertilizações. (Bouknadel, 1969)

tratamento	número de indivíduos nas folhas		número de indivíduos nas frutas	
	abril	julho	outubro	dezembro
testemunha	8	28	287	3 163
com K_2SO_4	129	8	100	1 743
com $CaCO_3$	63	280	655	9 451
com KNO_3	69	97	244	1 673

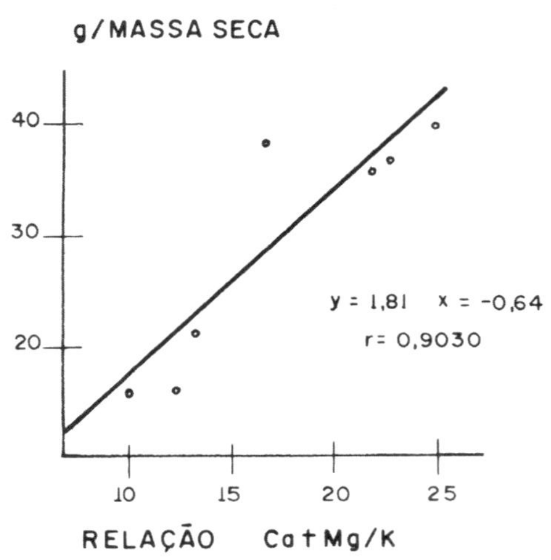

Figura 9.35 Influência da relação de Ca + Mg/K sobre a produção de massa seca das plântulas de cacau. (Santana, 1970/71)

Quanto mais adensado o solo, tanto mais lenta a absorção e tanto mais inefetiva a metabolização. Sem estrutura grumosa culturas sadias e rendimentos altos não são possíveis.[8,130,135,148,162] Solos com bioestrutura resistente à água sempre reagem bem aos adubos[144] e, portanto, contribuem não somente para a saúde vegetal mas também para uma qualidade melhor do produto. Porém, uma bioestrutura deficiente agrava seriamente a "pobreza" do solo[66,128,134] tanto pela impossibilidade da raiz explorar espaços maiores, como pela transformação dos elementos nutritivos em formas inaproveitáveis e pela diminuição da eficiência do metabolismo (capítulo 1). Plantas deficientemente nutridas são mais facilmente atacadas por pragas e pestes.[16,24]

Uma das medidas mais seguras de controlar a vida do solo e a saúde vegetal e de aproveitar melhor os adubos é a rotação de culturas.

A ROTAÇÃO DAS CULTURAS

A rotação de culturas, por enquanto, não encontrou muitos adeptos no Brasil, embora se trate de um método eficaz de prevenção de pragas e doenças e de conservação da produtividade do solo. Talvez por ser difícil encaixá-la num plantio industrial, talvez porque os resultados, muitas vezes, não satisfaçam.[112]

Ninguém pergunta as razões de fracassos, uma vez que se acredita ser a rotação o plantio de uma cultura diferente para "quebrar a monotonia da monocultura".

Assim, por exemplo, a rotação trigo e trigo-mourisco (*Fagopyrum esculentum*) baixou o rendimento do trigo. Foi uma rotação errada, como a de algodão e milho.

A rotação de culturas não é um "trocar de culturas" de maneira arbitrária, mas deve ser um restabelecimento do equilíbrio biológico, debilitado ou destruído pela monocultura.

Para compreender isso, deve se estar conscientizado de um equilíbrio biológico ser um equilíbrio dinâmico. Não existem fatores isolados, um ao lado do outro, mas existem tão somente inter-relações muito estreitas e fatores interdependentes. A figura 9.36 esquematiza a exploração do solo por sistemas radiculares diferentes.

A multiplicidade de plantas explora o solo de maneira diferente e enriquece-o igualmente de maneira diferente com substâncias orgânicas, possibilitando assim uma microvida diversificada.

A menor modificação introduzida neste "ecossistema natural" acarreta a modificação de todos os seus fatores.

Nossas culturas modificam o ambiente de uma maneira toda particular por sua seletividade na absorção dos nutrientes, suas excreções radiculares e sua microvida toda característica da rizosfera, seu efeito sobre o pH do solo, a absorção e transpiração da água e o retorno de restos vegetais. E, com isso, cada cultura cria "seu meio ambiente" com sua micro e mesovida. De modo que *cada plantio agrícola* não é somente composto de plantas diferentes, *é um ecossistema diferente.*

Cada ecossistema diferente introduzido no solo equivale a uma revolução. E essa revolução pode beneficiar ou prejudicar um outro ecossistema, pertencente a outra cultura. De modo que uma rotação de culturas deve ser feita conscientemente.

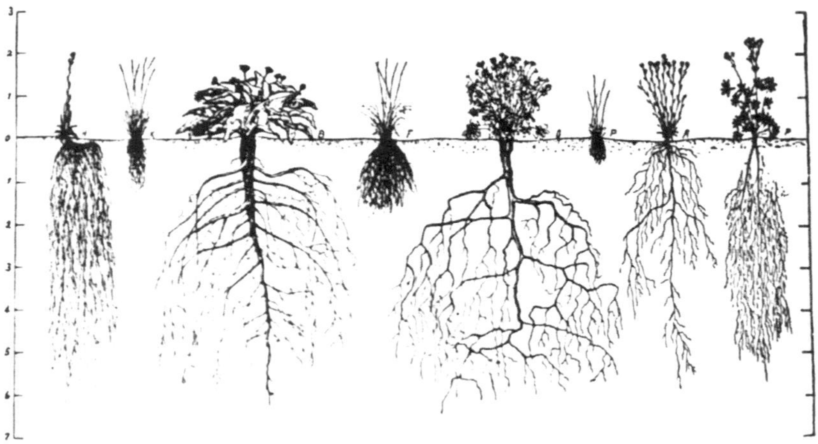

Figura 9.36 Enraizamento de um solo nativo por espécies vegetais diferentes. (Weaver & Clement, 1958 – vide capítulo 2)

Como a rotação de culturas contribui para a manutenção da bioestrutura do solo, contribui não somente para a sanidade vegetal que se beneficia das condições mais saudáveis no solo, como arejamento adequado, conservação melhor de água disponível, micro e mesovida aeróbia heterótrofa etc. mas igualmente é uma medida poderosa no combate à erosão e ao deflúvio da água pluvial. Ninguém contesta que a maior infiltração da água equivale a um menor deflúvio ou escorrimento, de modo que todos os métodos que contribuem para uma estrutura grumosa, estável à água, são medidas contra a erosão (figura 9.37).

A monocultura é um ecossistema muito unilateral, portanto decai a bioestrutura do solo, formam-se "pans", as colheitas baixam, erosão e enchentes aparecem e o último recurso é o abandono da terra. Ocorre uma aridização ou "estepização" aparentemente inexplicável, porém regra em todas as zonas com monoculturas comerciais, manejadas segundo conceitos antiecológicos.

Cada monocultura cria suas invasoras próprias, o que é facilmente compreensível, se consideramos que as chamadas *invasoras* nada mais são que *ecótipos,* ou seja, plantas cujas necessidades se identificam perfeitamente com as condições encontradas neste lugar. Assim, nabisco no trigo do Rio Grande do Sul ou *Papaveráceas* no de Chile (solos alcalinos), *Digitaria sanguinalis* no milho ou *Brachiaria plantagines* no cafezal ou cana-de-açúcar etc. são a expressão das condições criadas pela cultura e seu método de manejo (figura 9.38).

Os princípios da rotação

Cada rotação deve ser organizada segundo princípios bastantes rígidos. É conforme a maneira de a cultura agir sobre os fatores do solo e a cultura seguinte.

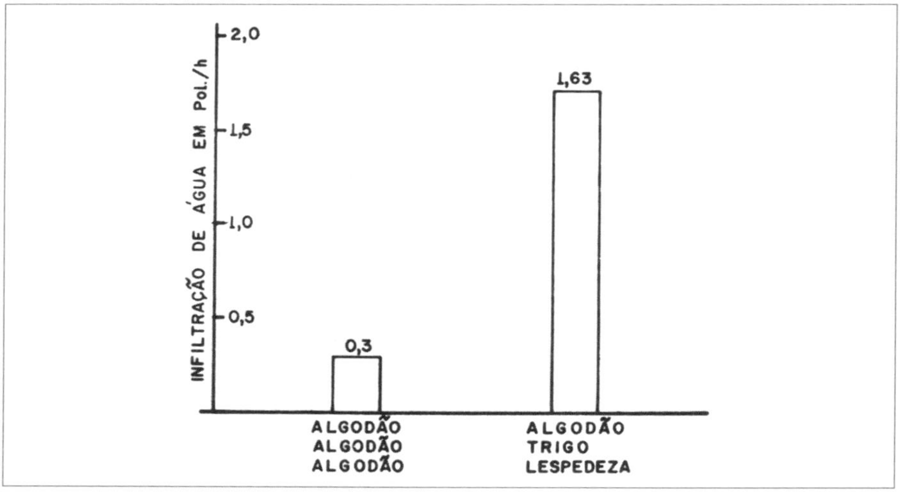

Figura 9.37 O efeito da rotação de culturas sobre a infiltração da chuva. (Wrigley, 1969)

Figura 9.38 "Invasoras" criadas pela monocultura. Onde não se aplicou um herbicida específico elas aparecem, como esta Papaverácea no trigo.

Estes fatores são:

1. O efeito sobre a bioestrutura do solo;
2. As exigências em nutrientes;
3. O efeito de suas excreções radiculares;[65,132,190]
4. O esgotamento do solo em água;
5. Pestes e pragas "criadas" pela cultura;
6. O valor econômico das culturas que fazem parte de um rodízio.

Ninguém ignora que a sanidade das culturas e a produtividade do solo em monocultura, dificilmente, poderão ser conservadas. A defesa fitossanitária, os métodos para o melhoramento do solo, o combate às ervas daninhas, a reduzida eficiência dos adubos e a influência cada vez maior do clima fazem nossas monoculturas comerciais extremamente dispendiosas e em parte irrentáveis. E ninguém ignora que em um sistema de policultura ou de rodízio de culturas estes problemas iriam ser reduzidos drasticamente. Mas, a racionalização dessa policultura permaneceu, por enquanto, incógnita, embora já existam exemplos muito alentadores como, por exemplo, o rodízio milho + mucuna consorciada → algodão.

O efeito da cultura sobre a bioestrutura do solo

a) A cultura pode ser exigente, necessitando de uma estrutura grumosa boa, sem, porém, contribuir para sua manutenção, como ocorre com algodão, trigo, cana-de-açúcar ou feijão-de-fomento.[41]
b) Ela pode ser modesta em relação à bioestrutura, podendo desenvolver-se bem em solos com densidade maior, mas não contribui para a melhora da bioestrutura, ao contrário, desgasta-a, como ocorre com milho, sorgo, mandioca etc. Mas também existem culturas modestas que mantêm o *"status quo"* como, por exemplo, o centeio.
c) Ela pode ser recuperadora, contribuindo para a recuperação dos agregados e grumos do solo. Aqui se incluem quase todas as gramíneas forrageiras de porte pequeno e parte das leguminosas, como guandu, serradela, kudzu etc.[96]

O efeito depende sempre do sistema radicular da planta, de modo que, por exemplo, alfafa não é melhoradora, por desenvolver a maioria de suas raízes em profundidade considerável do solo, compactando-se a superfície.

A maioria das leguminosas não somente age sobre a estrutura do solo mas especialmente sobre seu enriquecimento em nitrogênio.

Capins de porte alto, como colonião, elefante ou napier, geralmente não conseguem cobrir todo o solo, permitindo sua degradação. As gramíneas de porte pequeno normalmente contribuem de maneira eficaz para o restabelecimento da bioestrutura devido às excreções de ácidos poliurônicos, bem como pela quantidade muito grande de radicelas. Mas, somente aquelas com raízes de vida curta, renovando-se constantemente, contribuem para a formação de grumos.

Plantas com raízes semiperenes, como a barba-de-bode, não contribuem para melhorar a agregação do solo.

Seja chamada a atenção que em pastejos permanentes a terra quase decai como em campos agrícolas. O melhoramento mais substancial ocorre em cultivos de forrageiras ceifadas ou fenadas.[79]

O valor de muitas leguminosas reside no fato de crescerem rapidamente, enraizando as camadas rompidas pelo subsolador e protegendo a superfície do solo com uma folhagem densa, como mucuna, feijão-miúdo, kudzu, lab-lab e outras.

As exigências em nutrientes e a exploração do solo

O espectro de nutrientes absorvidos pela planta é específico não somente à espécie mas também à variedade. Há plantas que exigem e absorvem grandes quantidades de potássio, como alfafa, feijão, fumo, milho, sorgo, batatinhas, algodão e mandioca. Uma rotação que inclui duas dessas culturas é prejudicada porque acarreta um esgotamento unilateral de potássio. Assim, por exemplo, uma rotação algodão-sorgo iria prejudicar seriamente o algodão, uma vez que a potência radicular do sorgo é muito maior, conseguindo mobilizar potássio onde o algodão não o consegue mais.

Outro exemplo: tanto linho como alfafa e mandioca são exigentes em boro, um micronutriente. Numa rotação linho-alfafa iriam prejudicar-se mutuamente.

É preciso que as culturas de um rodízio tenham exigências nutricionais diferentes como, por exemplo, milho e soja. Porém, é importante que o pH às culturas seja idêntico. Um rodízio onde uma cultura exige calagens elevadas e outra tolera solos ácidos, como no caso de soja-trigo, tem de prejudicar a cultura acidófila, neste caso o trigo. Por outro lado espera-se uma exploração adequada dos adubos. A cultura má aproveitadora de adubos deve ir na frente, recebendo a adubação maior, como, por exemplo, trigo, algodão, fumo e feijão. As culturas com maior potencial radicular aproveitam os restos da primeira, como milho, sorgo, batata-doce, soja, amendoim etc. Essas culturas deixam o solo pobre e em estado físico regular a mau e exigem, portanto, alguma cultura que recupere o solo, mobilizando nutrientes fixados e melhorando a bioestrutura, como, por exemplo, leguminosas forrageiras, que em parte mobilizam fósforo e fixam nitrogênio. Cereais empobrecem o solo, gramíneas forrageiras o enriquecem.

Quanto mais caros os adubos tanto mais importante uma economia racional dos nutrientes no solo!

O efeito das excreções radiculares (vide capítulo 2)[143]

Cada espécie vegetal e cada variedade possui excreções radiculares que lhe são próprias. Estas servem para "afugentar" raízes de outras plantas, por serem tóxicas para elas. Defendem com isso seu espaço radicular contra a invasão por outras raízes.

Raízes com exigências semelhantes não se toleram mutuamente por também excretarem substâncias parecidas que lhes são hostis. Assim, muitas plantas de cultura são autointolerantes, suportando mal a monocultura, prejudicando-se pelas excreções deixadas no solo pela colheita precedente de semelhante. Por exemplo, ervilha, feijão, linho etc. são autointolerantes.

Quantos anos de monocultura um solo suporta depende de seu poder tampão. Em solos argilosos e com teor adequado de matéria orgânica, o decréscimo do rendimento pela monocultura pode ocorrer após anos de cultivo, enquanto em solos arenosos, pobres em matéria orgânica, o efeito desfavorável da monocultura pode aparecer no segundo ano.

As excreções radiculares deixadas no solo não o enriquecem somente em diversas substâncias, mas modificam igualmente seu potencial enzimático, de modo que as condições podem tornar-se favoráveis ou desfavoráveis, não somente para outra cultura mas igualmente para as sementes e sua germinação.[132]

Sabe-se que existem sementes que podem sobreviver no solo durante muitos e muitos anos sem poder germinar, simplesmente por serem as condições hostis a seu desenvolvimento (vide capítulo 2), de modo que o nascimento das plantas não somente depende do poder germinativo e da força germinativa das sementes, mas também das condições do solo (figura 9.39). Assim, um ensaio de germinação de trigo em solo da rizosfera de diversas culturas mostrou diferenças estatisticamente significativas em relação ao testemunho (germinação em placa com areia), sendo o trigo-mourisco (*Fagopyrum esculentum*) o mais desfavorável para o trigo enquanto o lab-lab (*Dolichus Lab-Lab*) era o mais favorável.

O efeito radicular perdura também na cultura. Assim, raiz alguma entra em espaço de solo tomado por congênere. Portanto, solo de monocultura sempre é mal enraizado, dando margem à erosão (figura 9.40). Em culturas mistas ou intercaladas o enraizamento pode ser perfeito, se as espécies de plantas combinarem. Espécies diversas podem enraizar o mesmo espaço de solo, por terem exigências nutricionais distintas e excreções radiculares diferentes, que até podem ser absorvidas diretamente pela outra espécie, contribuindo assim para seu desenvolvimento melhor, como ocorre, por exemplo, no milho e feijão-de-porco (*Canavalia ensiformis*) ou milho e guandu (*Cajanus indicus*).

A permanência no campo de uma monocultura não depende apenas das excreções radiculares e da microvida selecionada mas, igualmente, das ervas invasoras induzidas pela cultura, e que, após alguns anos, se tornam dominantes. A persistên-

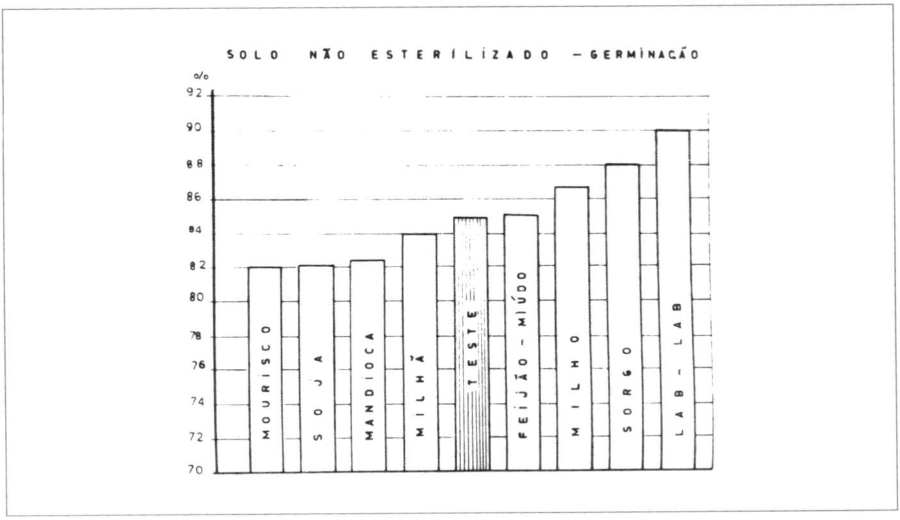

Figura 9.39 O efeito das excreções radiculares sobre a germinação de trigo. (Primavesi e Machado, 1968)

Quadro 9.35 A correlação entre as culturas.

fator	exigentes	modestas	recuperadoras	
estrutura	trigo	milho	c. gordura	
	cevada	sorgo	festuca	
	algodão	arroz	pangola	
	linho	centeio	feijão-miúdo	
	feijão	aveia	guandu	
	cana	amendoim	batata-doce	
	juta			
	fumo			
	ervilha			
	batatinha			
	exigentes	**aproveitadoras**	**esgotantes**	**mobilizadoras**
nutrientes	trigo	milho	sorgo	feijão-miúdo
	cevada	amendoim	tremoço	kudzu
	algodão	soja	mourisco	guandu
	cana-de-açúcar	ervilha	mandioca	centrosema
	feijão	centeio	mileto	etc.
	sofrem dos mesmos fungos patógenos	**aumentam nematoides no solo**	**neutros a nematoides**	**diminuem nematoides no solo**
pestes e pragas	trigo	feijão	fumo	milho
	cevada	trevos	soja	alfafa
	ervilha	aveia		pangola
		batatinha		centeio
		papoula		
		crucíferas		
		Canabis sat.		
	exigentes	**modestas**	**esgotantes**	
água	batatinha	trigo	sorgo	
	milho	aveia	alfafa	
	algodão	cevada	girassol	
	arroz	centeio	alguns miletos	
	forrageiras			
	beneficiam-se	**toleram-se**	**prejudicam-se**	**intolerantes consigo**
excreções radiculares	soja → fumo	soja → milho	soja ↔ aveia	feijão
	guandu → milho	soja → trigo	soja ↔ amendoim	ervilha
	guandu → algodão	trigo → trigo	mandioca → milho	linho
	fumo → cana	trigo → sorgo	trigo ← linho	aveia
	crotalaria → cana	milho → milho	mourisco → trigo	trevo-vermelho
	festuca → batatinha	arroz → arroz	linho ↔ girassol	kenaf
		cevada → trevo	linho → ervilha	
			cevada → trigo	

cia de uma determinada espécie de invasoras deve-se ao esgotamento unilateral de alguns nutrientes e ao acúmulo de outros, às excreções radiculares, que em parte podem aproveitar diretamente, e à bioestrutura do solo.[115] Assim, guanxuma é o sinal típico de solos muito adensados. E a papoula no centeio é lendária na Europa, ocorrendo em consequência da absorção reduzida de cálcio pela cultura.

Entre nós, o trigo sempre beneficia o nabisco (*Raphanus raphanistrum*) por esgotar o solo unilateralmente em boro e manganês. O arroz "cria" capim-arroz (*Echinochloa crusgallii*), que é pouco sensível à toxidez do ferro e do gás sulfídrico, supor-

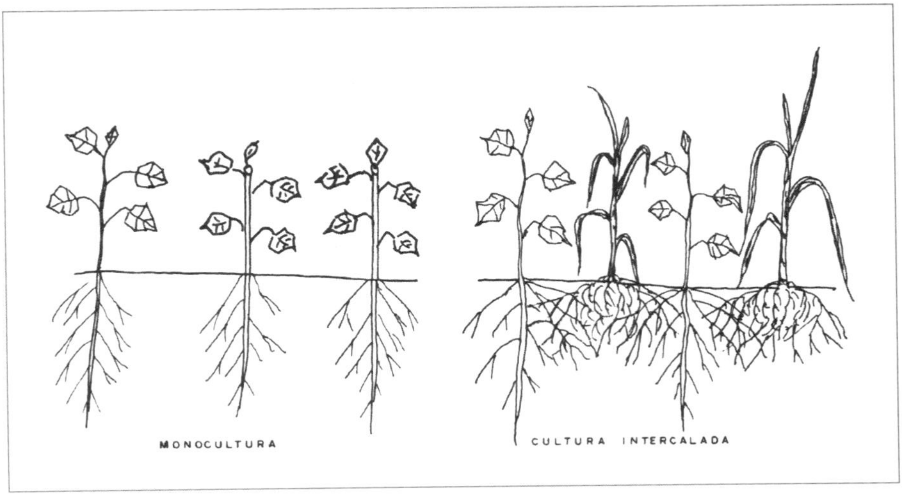

Figura 9.40 O enraizamento de solo com monocultura e com cultura intercalada. (Kutschera, 1960, vide capítulo 2)

tando o anaerobismo do solo. Cana-de-açúcar é facilmente invadida por *Brachiaria plantaginea,* o capim-marmelada, e centrosema cria as condições para capim-pangola. Devemos tornar cada invasora como "planta indicadora" de uma condição específica do solo criada pela monocultura.[79] O combate mecânico ou químico da invasora não a elimina definitivamente por manter as condições que a provocaram e que ela "indica".

O combate eficaz de ervas invasoras somente se faz pela modificação das condições criadas pela monocultura, sejam elas no setor físico, químico ou biológico. Plantas nativas são muito sensíveis a isso e, portanto, se tornam de fácil combate, ou desaparecem simplesmente como o nabisco do trigal adubado com boro e manganês.

A rotação de culturas é uma das melhores medidas para combater invasoras persistentes.

Segundo as excreções radiculares, as culturas podem beneficiar-se como soja ao fumo, podem tolerar-se, como soja ao trigo, ou podem prejudicar-se como soja à aveia. Os benefícios de uma cultura por outra derivam do fato de que pode utilizar diretamente suas excreções radiculares como, por exemplo, aminoácidos.

O esgotamento do solo em água

Culturas esgotantes de água são perigosas, especialmente em zonas semiáridas; em regiões onde camadas adensadas evitam a infiltração normal de água; onde ocorrem frequentemente "veranicos" e onde altas concentrações de Al e Mn no subsolo limitam a utilização da água deste. Mesmo em condições comuns não se aconselha a sequência de duas culturas esgotantes em água. Distinguimos:

a) Culturas que esgotam o solo em água como sorgo, girassol, alfafa, estilosantes etc.

b) Culturas não esgotantes como mileto, cereais em geral e leguminosas em sua maioria.

Devemos diferenciar entre culturas que necessitam de muita água para a produção de um quilograma de substância seca e plantas que talvez nem necessitem de tanta água, mas que esgotam o solo até grandes profundidades. Estas "drenam" o solo. Assim, girassol, alfafa ou sorgo crescem muito bem em regiões semiáridas, porém, são altamente esgotantes em água, de modo que os solos levam três anos até recuperarem seu poder produtivo. Esgotam o solo igualmente em boro e potássio, não prestando para solos ácidos, mas são "recuperadoras" em solos salinos.

Também existem invasoras que "drenam" o solo, como as carquejas (*Baccharis spp*).

Pestes e pragas "criadas" pelas culturas

Quem leu atentamente o capítulo sobre microbiologia sabe que cada planta, através de suas excreções radiculares e da matéria orgânica que devolve ao solo, cria uma microflora, toda específica,[47] especializada em decompor estas substâncias. E esta microflora, por sua vez, permite o aumento de uma ou outra espécie de animais terrícolas que a usam como alimento. O beneficiamento unilateral de alguma espécie de micro e mesosseres provoca sua proliferação até o nível de parasita, como *Fusarium, Rizoctonia, Pseudomonas* etc., que podem mas não necessitam ser parasitas; ou permitem a multiplicação de patógenos aos quais faltaram os inimigos (vide figura 5.19).

Cada espectro de microflora dá origem a uma determinada fauna terrícola, em parte porque lhe serve de alimento, em parte porque não há quem a hostilize. Mas também as raízes das plantas podem servir de hospedeiros para pragas, por exemplo, os nematoides que preferem especialmente leguminosas, mas atacam igualmente muitas outras culturas.

Distinguem-se, por isso, culturas:

a) Compatíveis em relação a pestes, como trigo-soja.
b) Incompatíveis, como trigo-cevada, fumo-batatinha ou os trevos entre si.

O "cansaço" do solo para com uma cultura, como ocorre facilmente com tomate, batatinha, aveia, kenaf, trevos, feijão, soja etc. é devido, em grande parte, à multiplicação excessiva de nematoides. Muitas solanáceas, leguminosas, verduras e vários cereais são hospedeiros de nematoides. Seu perigo é maior em solos arenosos e francos por permitirem facilidade de movimentação. Em solos argilosos os nematoides não constituem um perigo devastador. Em solos férteis eles atacam as plantas, mas estas os toleram, sendo raramente prejudicadas (vide capítulo 5). O combate a nematoides é deveras difícil, pois podem sobreviver a condições adversas, em forma desidratada até por 35 anos. Com o rodízio inteligente de culturas criam-se, porém, predadores que os eliminam.

Para controlar pestes e pragas pela rotação necessita-se de:

- 2 a 3 anos para doenças fúngicas;
- 3 a 5 anos para nematoides instalados no solo;
- 5 a 6 anos para insetos.

O tempo depende da textura do solo, seu teor em húmus, sua riqueza em minerais e sua atividade microrgânica. Em solos pobres e arenosos as pragas e pestes sempre serão mais persistentes e em clima quente sempre mais devastadoras.

O valor econômico das culturas que fazem parte do rodízio

Normalmente se exige de cada cultura plantada que seja economicamente justificável. Às vezes, porém, é preferível plantar uma cultura francamente recuperadora apesar de obter um preço pequeno no mercado, mas que aumente a produção da cultura seguinte de tal maneira que valha a pena ser plantada. O problema está somente no giro do capital empatado (exemplo: crotalária, cana-de-açúcar).

As recuperadoras mais vigorosas são forrageiras, que, porém, têm de ser bem manejadas. Geralmente, forrageira fenada possui muito maior efeito recuperador do que forrageira pastada, devido à primeira apresentar um sistema radicular melhor desenvolvido.

Instalando-se uma rotação de culturas exige-se que:

1. As culturas se beneficiem mutuamente (soja-fumo);
2. Aproveitem ao máximo o adubo aplicado, plantando-se sempre uma cultura exigente e uma cultura aproveitadora (trigo-soja);
3. Usem preferivelmente a mesma maquinaria;
4. Não coincidam os picos de trabalho;
5. Mantenham o solo sempre coberto;
6. Recuperem o teor em matéria orgânica;
7. Conservem a bioestrutura do solo;
8. Restrinjam as pestes, pragas e invasoras;
9. Mantenham a produção elevada;
10. Sejam culturas da região que tenham mercado compensador.

Fazer uma boa rotação é uma ciência que exige alguma experiência por parte do agricultor. Existe, porém, uma particularidade. Se a bioestrurura estiver conservada e a nutrição vegetal garantida, o solo for argiloso e com poderoso poder tampão, o decréscimo da monocultura poderá ser atribuído à microflora do solo. Esta torna-se primeiro unilateral, prejudicando francamente a cultura. Porém, após um lapso de tempo, que varia entre 12 e 15 anos, estabelece-se outro equilíbrio com a criação de predadores dos fungos, e as colheitas da monocultura começam a subir novamente. Condição básica, porém, é que todos os outros fatores sejam favoráveis. Em solos com bioestrutura decaída esperar-se-á em vão pelo aumento da colheita (figura 9.41).

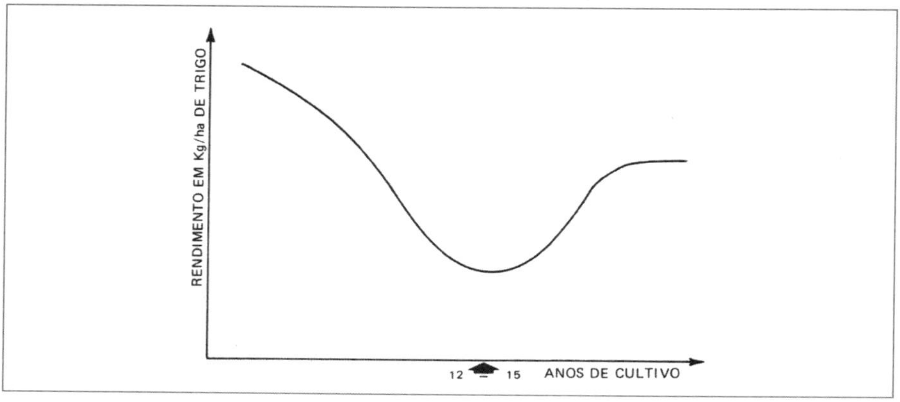

Figura 9.41 A monocultura de trigo e a oscilação do rendimento no decorrer dos anos, devido à flora fúngica do solo. (Pauli, 1967, vide capítulo 6)

Quadro 9.36 Quadro comparativo de vantagens e desvantagens de monocultura e rotação.

Monocultura	Rotação de culturas
vantagens	desvantagens
planejamento mais fácil	planejamento mais difícil
menos capital empatado	mais capital empatado, especialmente em máquinas
mecanização mais fácil	às vezes mecanização mais difícil
mão de obra mais fácil de especializar e, portanto, mais eficiente	depende muito de um bom feitor que dirige os trabalhos
somente 1 pico de trabalho	vários picos de trabalho
comercialização mais fácil	comercialização, às vezes, por cooperativas diferentes
créditos mais fáceis	dificuldade de créditos para culturas de menor expressão econômica
às vezes com subvencionamento	
desvantagens	vantagens
extremamente dependente do clima	menos dependente do clima
estraga o solo, perde-se a produtividade	conserva o solo e a sua produtividade
exige épocas de abandono para descanso	não necessita descanso sem cultura
induz pestes e pragas	controla pestes e pragas
declínio gradativo do rendimento	mantém e aumenta o nível de rendimento
provoca ervas invasoras persistentes	controla as ervas invasoras
extremamente dependente do preço do mercado	menos dependente das oscilações do mercado
sujeita a crises econômicas	mais estável a crises econômicas
dependência forte do mercado externo	pouca dependência do mercado externo
torna o país dependente de importações de alimentos	torna o país autossuficiente
dedica-se à produção de culturas comerciais, não alimentando o povo	evita a fome e traz prosperidade geral
torna a economia nacional dependente dos compradores estrangeiros	torna a economia nacional independente
	é a base de qualquer progresso sólido e duradouro

A EROSÃO

Geralmente, em zonas tropicais, dá-se importância muito grande ao combate à erosão, lutando contra o deflúvio da água, porém não tomando providências para aumentar sua infiltração. Este tema foi tratado no capítulo 7, a bioestrutura do solo, uma vez que para solo com bioestrutura intacta praticamente não existe chuva tão forte que não poderia infiltrar-se, como mostra também o quadro 7.8.

Portanto, todas as medidas de proteção do solo tropical são, ao mesmo tempo, medidas contra a erosão. A aração mínima e o plantio direto, a cobertura morta, a cultura protetora, as culturas consorciadas, a adubação completa, incluindo os micronutrientes etc. representam medidas antierosivas, uma vez que a produtividade do solo "tropical", em grande parte, depende de sua estrutura ativa.

Erosão, enchentes e seca são tão somente sintomas de uma bioestrutura decaída. E ela ocorre tanto em pastos mal manejados como em campos agrícolas (figuras 9.42 e 9.43).

Figura 9.42 Campo agrícola sulcado pela erosão.

Figura 9.43 Pastagem permanente numa ladeira onde o pisoteio animal e a água escorrendo de campos agrícolas provocou a erosão.

A erosão instala-se onde tiver terra desnuda, quer seja pelo pisoteio animal num pastejo mal conduzido (figura 9.45) ou pela instalação deficiente de forrageiras em solos decaídos (figura 9.46), em campos agrícolas mantidos "a limpo" (figura 9.47), ou por uma aração profunda demais para as condições do solo (figuras 9.3b e 9.3c), ou pela compactação da superfície do solo pelas máquinas (figura 9.47). Mas, para desnudar o solo ou para compactá-lo não se necessita de máquinas pesadas ou aguaceiros. A destruição dos grumos superficiais pode ser feita até por pata de formiga (figura 9.48).

Figura 9.44 Cerca suspensa no ar, devido à formação de vossoroca.

Figura 9.45 Pastagem com partes desnudas por causa de um pastejo permanente.

Figura 9.46 Em campo roçado com lâmina, o capim-gordura instalou-se deficientemente, não nascendo nas manchas de onde o solo superficial foi raspado.

Figura 9.47 Campo de milho mantido limpo por herbicida.

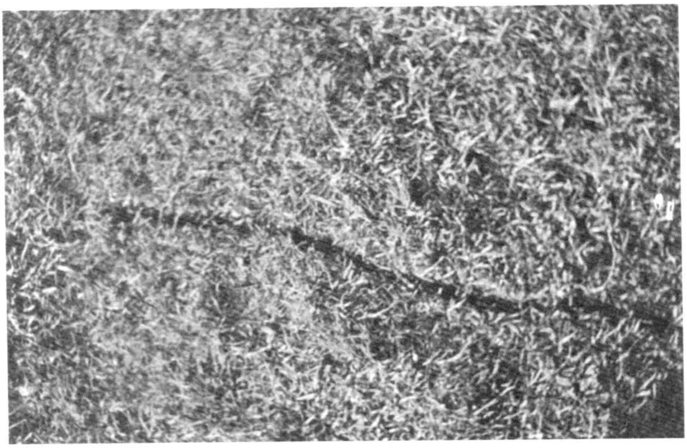

Figura 9.48 Trilha de formigas numa pastagem.

Portanto, não existe um manejo contra a erosão em especial, uma vez que se enquadra no manejo geral do solo "tropical".

A CALAGEM E A ADUBAÇÃO RACIONAL E A QUALIDADE DO PRODUTO

Como discutido no capítulo 8, tanto a calagem como a adubação não somente podem ser usadas para corrigir o solo e aumentar a produção mas igualmente para melhorar a qualidade biológica do produto. Assim, a calagem pode aumentar a suscetibilidade da cultura à seca quando aplicada na camada superficial, onde contribui para uma pressão osmótica elevada. Mas ela pode, igualmente, contribuir para a resistência das culturas à seca:

1. Pelo suprimento melhor das plantas com Ca (capítulos 1 e 8);
2. Pela possibilidade de as raízes penetrarem as camadas mais profundas do solo, graças à eliminação da toxidez do alumínio.[79]

Muitas das culturas brasileiras são adaptadas a concentrações maiores de alumínio, como os cafeeiros,[92] cacaueiros,[152] mas também o trigo e algumas variedades de soja, de modo que não se trata tanto da eliminação do alumínio trocável do solo, mas de criar uma proporção adequada com os demais cátions (capítulo 8).

É mais importante aplicar calcário ao subsolo, do que aplicar quantidades maciças (20 t/ha) ao solo superficial.

A técnica de aplicar o calcário ao subsolo pode ser:

a) Colocar o calcário para a cultura anterior plantada com cobertura morta. Pelas chuvas o subsolo receberá o cálcio lixiviado da camada superior;[7]
b) Colocá-lo em "cochos", ou seja, em furos feitos em volta de árvores frutíferas, enchendo-as de calcário.[49]

Não se aconselha sua aplicação por aração profunda!

Segundo Geus[49] a calagem para as diversas culturas deve ser feita da seguinte maneira:

- *Algodão:* é tido como cultura dessalinizante. Necessita muito de magnésio e requer calcário dolomítico. No cerrado convém acrescentar, por hectare cultivado, 5 a 8 kg de bórax e 20 a 40 kg de sulfato de zinco. É importante controlar a proporção com o potássio, que é responsável pela qualidade da fibra.
- *Amendoim:* necessita a maior parte do cálcio na região das vagens, porém necessita igualmente o suficiente de manganês para seu desenvolvimento. Aplica-se, portanto, para a cultura precedente calcita ou conchas moídas (600 a 1 000 kg/ha) e aplica-se em cobertura 450 kg/ha de sulfato de cálcio (gesso) quando as

plantas atingirem 15 a 20 cm de altura, e uma segunda dose logo após a floração. Não convém aplicar todo gesso de uma só vez.
Amendoim prefere solos pastoris recém-tornados em cultura. Em solos deficientes de matéria orgânica produzirá pouco, mesmo com adubação e cálcio em cobertura.

- *Arroz irrigado:* necessita um nível relativamente alto de cálcio e magnésio no solo e produz menos em presença de quantidade elevada de substâncias reduzíveis como NO_3^-, $SO_3^=$, Mn^{+++} etc. (vide arroz irrigado neste capítulo).
- *Arroz de sequeiro:* para ser resistente a doenças fúngicas necessita um equilíbrio K/Ca + Mg de 8 a 10. A calagem aplicada pode elevar o pH até 6,0. No cerrado deve-se aplicar igualmente 3 a 12 kg/ha de sulfato de zinco.
- *Batata-doce:* não suporta uma calagem mas necessita de cálcio. Usa-se calcário dolomítico com 10 a 12% de MgO e, quando o pH subir acima de 5,6, devem ser aplicados 8 kg/ha de bórax e 20 a 25 kg/ha de sulfato de manganês. É preferível nunca colocar mais que 1000 kg/ha de calcário.
- *Batatinhas:* são sensíveis à deficiência de manganês, ferro, boro e magnésio. Em solos muito ácidos (pH 4,0) usa-se 1 t/ha de calcário dolomítico antes do plantio. Em solos com pH de 5,3 e maior, usa-se gesso em cobertura (450 kg/ha).
- *Feijão:* quando faltar cálcio, as flores são estéreis e os grãos não se formam; quando faltar potássio, os grãos são chochos. Necessita de calagem para manter sua proporção com o potássio. Mas como todas as leguminosas necessitam de um nível adequado de Mn no solo, aconselha-se aplicar a calagem para a cultura precedente ou adicionar a cada tonelada de calcário 10 kg de sulfato de manganês, quando usado em solo com pH ao redor de 5,2 a 5,6.
- *Juta:* o calcário deve ser aplicado no mínimo 6 meses antes do plantio 1 t/ha é o suficiente.
- *Linho:* é muito sensível ao Al trocável. Linho-óleo necessita de mais cálcio que linho-fibra. Geralmente reage de maneira positiva a uma calagem entre 1,0 e 2,0 t/ha e de maneira negativa a calagem maior. Não convém plantar linho em solos com CTC menor do que 15 e.mg%.
- *Mamona:* é muito exigente em relação à bioestrutura do solo, ao teor em matéria orgânica e é muito sensível a lajes impermeáveis que barram a penetração radicular. Quando se usa uma adubação com NPK, 800 Kg/ha de calcário são indicados, para manter o equilíbrio com o potássio (K/Ca + Mg).
- *Mandioca:* em solo arenoso não reage bem a uma adubação comercial por aumentar a pressão osmótica do solo além do nível por ela suportado. Reage melhor a adubos orgânicos e farinha de ossos.
- *Milho:* as variedades de ciclo comprido necessitam de menor concentração de nutrientes no solo do que variedades de ciclo curto. A quantidade de calcário deve ser tanto maior quanto maior for a população de milho no campo e quanto maior a adubação com NPK. Porém, é prudente não aplicar doses maiores do que 3 t/ha por ano, mesmo se forem precisos 15 t/ha para equilibrar o solo, uma vez que o peso dos grãos depende da proporção K/Ca + Mg.

- *Soja:* a maioria das variedades necessita de uma correção do solo até um pH 6,1, porém existem variedades que são bastante tolerantes ao alumínio.
  Exige níveis bons de matéria orgânica e de manganês.
  Para solos arenosos aconselham-se aplicações menores de calcário, para não fixar o manganês indispensável.
- *Sorgo:* embora necessite de solos com elevado nível de cálcio, não se aconselha uma calagem para a cultura, que é sensível à deficiência de ferro. Usa-se a calagem para a cultura precedente, como soja.
- *Trigo:* embora nosso trigo seja adaptado a maiores níveis de alumínio (até 2 e.mg%), não dispensa o nutriente cálcio, que deve existir ao redor de 3 a 4 e.mg% no solo.
- *Verduras:* a maioria das verduras necessita de cálcio e magnésio, especialmente por causa das perdas elevadas em consequência da irrigação. Perdem-se por hectare e ano em nutrientes:

30-60 kg de N
1,0-2,5 kg de P_2O_5
20-50 kg de K
300-400 kg de CaO
20-40 kg de MgO
150-250 g de boro
150-300 g de manganês
15-50 g de cobre

Porém a adubação torna-se antieconômica quando o nível de matéria orgânica baixar no solo.

As culturas perenes tropicais, geralmente, são adaptadas aos solos ácidos, porém necessitam do nutriente cálcio. Assim, o *abacaxi* absorve grandes quantidades de cálcio, mas facilmente reage negativamente a uma calagem por ligar os micronutrientes. Aplica-se o calcário para uma cultura forrageira, cujo último corte permanece no campo como matéria orgânica, enriquecendo o solo para o abacaxi. Na *bananeira* a calagem não causa problemas, podendo-se aplicar 400 a 500 g por pé. No *cacaueiro,* que é exigente em cálcio, a saturação da CTC deve ser, no mínimo, de 24% com cálcio. Na cultura sombreada o efeito de uma calagem é pequeno.

Na *cana-de-açúcar* usa-se somente uma calagem quando o Al trocável subir acima de 1,5 e.mg %. O que a afeta mais são as condições físicas desfavoráveis do solo, ou seja, os adensamentos.

Nos *cafeeiros* a aplicação de calcário de 0,5 até 2,2 kg/pé é praxe. Em solos com grandes quantidades de óxidos de ferro livres, a calagem traz um efeito pronunciado.

No *teeiro,* uma das plantas mais exigentes em manganês, o cálcio deve ser aplicado em forma de sulfato, bem como todos os outros nutrientes.

Nos *citros,* embora muito exigentes em cálcio e magnésio, a calagem facilmente os prejudica, por não suportarem concentrações elevadas de cátions perto das raízes. Aplica-se o calcário, 250 a 300 g/pé em meia-lua entre 0,70 e 2,00 m de distância do tronco, sempre no fim das águas.

O *coqueiro* necessita grandes quantidades de magnésio e potássio. Coloca-se o calcário numa faixa de 0,50 a 2,00 m do tronco, cuidando-se que o pH não ultrapasse 5,8.

No *dendezeiro* a calagem deve ser orientada pela CTC do solo. Pode-se aplicar calcário dolomítico com alto teor em magnésio, enquanto o pH for abaixo de 5,2. A época de aplicação é no fim das águas. É especialmente exigente em micronutrientes, como boro, manganês e cobre.

No *mamoeiro* aconselha-se a aplicação de calcário junto com matéria orgânica, cada vez que o pH descer abaixo de 6,0.

A *oliveira,* árvore de regiões com rochas calcárias e clima seco, é muito exigente em cálcio, possuindo o pau do ano passado um teor médio de 5,3% de CaO. Como as árvores possuem raízes muito superficiais, a adubação e a calagem se fazem em "cochos", abrindo-se furos de 20 a 50 cm de 0,50 a 1,00 m de distância do tronco, colocando-se 100 a 200 g em cada furo. É vantajosa uma calagem de 4 em 4 anos.

A *videira,* muito exigente em cálcio e boro, potássio e magnésio, deve ser plantada em cima de valetas em que se colocou matéria orgânica e calcário de malha grossa (20 a 40) de 10 a 40 t/ha. Solo de parreira deve ser humoso!

A *nogueira pecan* cresce em solos relativamente ácidos, mas é exigente em magnésio e cálcio. Aconselha-se a adubação em "cochos".

A *pimenta-do-reino* que exige uma proporção de K/Ca + Mg de 2/1 deve receber o cálcio em forma de farinha de ossos ou conchas moídas. Quando se usar dolomita, deve ser aplicada em doses pequenas ao *mulch.*

A *seringueira* necessita de solos muito ácidos, preferindo um pH entre 3,0 e 5,5, para poder absorver o suficiente em manganês e ferro. Em estado silvestre cresce nos terrenos baixos e úmidos da selva, que ao mesmo tempo são mais ricos em cátions. As plantações feitas em "terra firme", por proporcionar um crescimento mais rápido, são mais lixiviadas e mais pobres em matéria orgânica, necessitando, portanto, de adubação. Porém, sem a escolha acertada de clones adaptados, adubação alguma faz efeito.

Devem-se colocar 120 g/cova de fosforita, misturando-se ao adubo 125 a 250 kg/ha de calcário dolomítico com, no mínimo, 18% de magnésio, elemento em que as seringueiras são exigentes. A proporção K/Mg na folha deve ser de 3/1 para evitar a pré-coagulação do látex, que sempre ocorre quando o potássio for baixo em relação ao magnésio. Aconselha-se uma aplicação anual de 250 kg/ha de calcário dolomítico.

O *sisal,* como todas as agaves, é planta que facilmente sofre de manganês tóxico, necessitando de um nível elevado de cálcio. Em solos franco-argilosos, os adequados para a cultura, podem-se aplicar 5 a 10 t/ha de calcário, conforme a análise. Uma calagem de conservação ao redor de 2,0 a 2,5 t/ha e ano é recomendável.

Verifica-se que a adaptação das culturas tropicais a solos ácidos não dispensa uma calagem, para nutrir, fornecer magnésio e equilibrar o potássio. O efeito negativo de uma calagem, feita sem maiores precauções ou conhecimentos, geralmente se deve à deficiência de manganês e muitas vezes também de ferro, e, em alguns casos, de zinco, boro e cobre.

A adubação e o valor biológico

Voisin diz: "O adubo é um instrumento maravilhoso quando bem aplicado mas é um perigo grave quando usado indevidamente".

Assim ele pode aumentar ou diminuir a colheita, ele pode aumentar ou diminuir a resistência das plantas a pragas e pestes[14,16,24,71,125,130,139] melhorar ou piorar o valor nutritivo e a qualidade biológica dos produtos,[30,63,117,120,123] aumentar ou diminuir a resistência das plantas à seca e geadas, conforme os adubos usados,[117] sua concentração no espaço radicular,[49] sua localização,[7,80] suas proporções,[126] e as possibilidades de sua metabolização. Ele pode melhorar ou piorar a estrutura grumosa do solo e com isso sua produtividade, pode acidificá-lo ou construir uma fertilidade maior. O adubo tem de ser aplicado com a consideração de todos os fatores ambientais e de todos os seus efeitos colaterais.

Assim, a colheita pode aumentar com doses crescentes de nitrogênio, porém o valor biológico diminui, como mostrado na figura 9.49. Com doses médias de nitrogênio (70 kg/ha) o teor em proteínas, açúcares, vitamina C e minerais, em verduras, é maior antes da cultura atingir seu rendimento maior. Com doses maciças

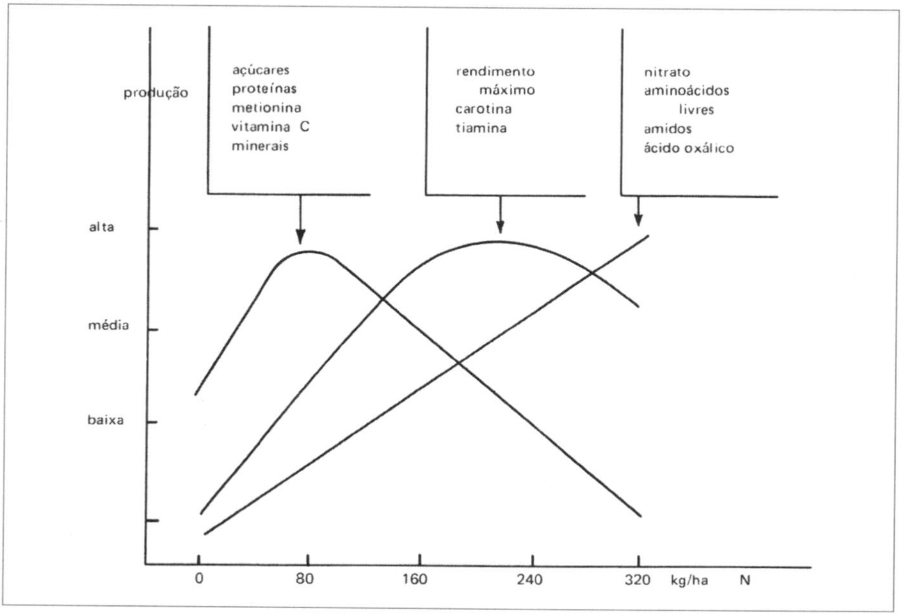

Figura 9.49 Apresentação esquemática da relação entre adubação, rendimento e qualidade de espinafre. (Scharpf, 1973)

de nitrogênio aumentam os aminoácidos livres, nitratos e, em espinafre, também o ácido oxálico.[155]

Com a modificação das substâncias formadas modifica-se igualmente o valor nutritivo do produto. A adubação de trevo modifica o teor em aminoácidos essenciais como triptofano e metionina e com isso o ganho de peso de, por exemplo, coelhos nutridos com esta forragem[58] (quadro 9.37a).

O mesmo se dá com outros nutrientes como, por exemplo, com cobre na cevada, onde aumenta substancialmente o teor em vitamina C e A (quadro 9.37b).

Verifica-se que o adubo, especialmente o de micronutrientes, nem sempre necessita aumentar a colheita, mas aumenta a qualidade biológica, sendo o produto mais nutritivo, em termos de alimento.

Como discutido nos capítulos 1 e 8, a planta produz suas substâncias específicas quando todos os elementos nutritivos estiverem presentes em quantidades e proporções adequadas. Na deficiência de algum micro ou macro nutriente, a formação destas substâncias é prejudicada. Assim, por exemplo, no linho formam-se proteínas nas sementes quando o nível de nitrogênio for alto, e óleo quando for baixo.[86] Muitas vezes, a formação destas substâncias não é terminada, permanecendo em "meio caminho". Assim, por exemplo, não se formam proteínas, ficando os aminoácidos livres, quando faltar enxofre. Ou se formam substâncias venenosas para o vegetal, como putrescina, quando faltar potássio. Também podem formar-se substâncias prejudiciais aos animais de pasto, como estrógenos em leguminosas quando faltar fósforo etc.

Portanto, a qualidade do produto depende da nutrição vegetal e da adubação bem ou mal aplicada.[30,63,117,120,123] "Qualidade" está sendo usada no sentido de "valor biológico", ou seja, do valor nutritivo do produto, de seu sabor. Tamanho e cor podem ser "corrigidos" sem que haja um valor biológico íntegro do produto.

Quadro 9.37a Influência de Mg e micronutrientes no teor de triptofano e metionina em trevo e o ganho de peso de coelhos. (Haag, 1972)

tratamento	N (%)	triptofano (mg/g)	metionina (mg/g)	ganho de peso coelhos (g)
nenhum	3,12	1,86	4,57	7,40
+ Mg	3,20	–	–	7,44
+ micronutrientes	3,19	–	4,20	7,99
+ Mg e micronutrientes	3,05	2,52	5,44	8,49

Quadro 9.37b A adição de cobre para a cultura de cevada e o aumento de ácido ascórbico e caroteno (provit. A). (Haag, 1972)

tratamento	vitamina C (mg/100 g)	vitamina A (mg/100 g)
testemunha	29,2	4,00
10 kg/ha de $CuSO_4$	45,1	5,40
100 kg/ha de $CuSO_4$	46,5	6,60

Plantas bem nutridas e biologicamente integrais usam a água com maior eficiência, gastando menos para produzir um quilo de matéria seca. Especialmente micronutrientes, cálcio e potássio contribuem para o aumento da resistência à seca dos vegetais,[115,182] por tornar o plasma celular mais viscoso.

Cada excesso e desproporção equivalem à deficiência de algum nutriente. Eles baixam o valor biológico do vegetal e com isso sua resistência a pragas e pestes. Especialmente a desproporção K/Ca + Mg, ou excessos de N, como discutido anteriormente, expõem a planta a pragas, mas, também a de macro e micronutrientes, como N/Cu, P/Zn etc. influem na resistência dos vegetais.

Defensivos podem salvar a colheita e a aparência do produto mas não podem devolver-lhe seu "valor biológico" e seu sabor.

A qualidade (biológica) do produto depende das proporções corretas dos nutrientes necessários. Uma adubação com NPK, por muitos anos em seguida, pode produzir colheitas elevadas em solos com CTC alta e que, portanto, possuem reservas de micronutrientes. Porém, em solos com CTC muito baixa, como a maioria dos nossos, as reservas em micronutrientes são reduzidas e os desequilíbrios sobrevêm facilmente.

O baixo "valor biológico" dos vegetais, ou seja, a formação muito vagarosa de proteínas e incompleta de outras substâncias, *implica maior suscetibilidade a pragas e doenças, menor resistência à seca e geadas, um uso pouco eficiente da água, menor valor nutritivo e uma força germinativa reduzida das sementes* (figuras 8.6 e 8.7).

Quem consome estes produtos pode ser muito bem alimentado, mas, mesmo assim, permanecer mal nutrido!

Uma adubação racional não somente cuida do aumento da produção, mas igualmente de seu valor biológico, do qual depende, em grande parte, o vigor e a saúde vegetal.

Pode acontecer que os micronutrientes aplicados, mesmo sendo essenciais, não aumentem a produção, mas somente o valor biológico desta, e com isso seu valor nutritivo e seu sabor. Em todo caso permitem um uso melhor planejado dos defensivos, evitando a contaminação prejudicial do ambiente. Planta biologicamente integral é defendida mais facilmente contra pestes e pragas.

Uma adubação ou calagem que aumenta as pragas e destrói a produtividade do solo, não é racional. No curto prazo, geralmente, proporciona colheitas recordes, no médio e longo prazo é a causa principal do abandono da terra e de sua recuperação difícil.

PROBLEMAS DE MECANIZAÇÃO

O uso de máquinas cada vez maiores e mais pesadas e as passagens sempre mais frequentes destas sobre o campo, a fim de destocar o terreno com a lâmina de tratores de esteira (buldozer), terracear as ladeiras, distribuir o calcário, arar, gradear, destorroar, capinar, aplicar herbicidas e defensivos, pulverizar hormônios de amadurecimento e desfoliantes, colher e retirar a colheita, não somente são benefícios proporcionados pela técnica moderna, para poder cultivar áreas extensas. Incluem, igualmente, um problema cada vez maior e mais sério: o da compactação dos solos,[50] (capítulo 7) e que é tanto mais grave quanto mais úmido o solo estiver. Destroem-se os grumos do solo superficial! Afrouxar um solo compactado equivale a afrouxar um monte de cacos de vidros. Os cacos não se tornam mais copos ou garrafas e os grumos esmagados não se tornam mais grumos.

Portanto, a mecanização excessiva contribui à perda da produtividade do solo. As passagens das máquinas devem ser planejadas cuidadosamente. Nos EUA acopla-se arado, grade e semeadeira-adubadeira, para numa passagem executar vários serviços. Muitas vezes, adubo, herbicidas e defensivos distribuem-se de avião ou helicóptero, como mostra a figura 9.50a.

É crença errônea que as passagens múltiplas do trator não prejudicam e que a compressão do solo pelas rodas pode ser removida pela grade (vide figura 7.20). Pode-se afrouxar a terra compactada, mas grade alguma consegue remendar os grumos destruídos!

Muitos tratoristas orgulham-se de ter passado inúmeras vezes sobre o mesmo campo para prepará-lo. Mas, quem é que não sabe que nas beiradas dos campos, onde as máquinas manobram, o rendimento é até três vezes menor que no campo adentro? (figura 7.22).

No Paraná diz-se: "pata de cavalo dobra a colheita! " Quer dizer, onde o trator passa frequentemente a colheita decresce. A compactação pela pata de cavalo é menor.

Figura 9.50a Adubação, com helicóptero, de pastagens na Amazônia.

Vale a regra: *passar com o trator o mínimo possível sobre o campo!*

Entre as técnicas conservacionistas conta, antes de tudo, a aração em contorno,[142] onde cada sulco age como miniterraço, evitando o escorrimento rápido da água, que, porém, depende também da cultura, do solo e da rotação, como mostra a figura 9.50b.

Esta prática, geralmente, torna-se insuficiente à medida que o solo se está adensando. Então, recorre-se à construção de terraços.

A raspagem da terra fértil da superfície do terraço e seu amontoamento na beirada inferior exigem uma recuperação do próprio terraço, que, geralmente, leva um a dois anos antes de produzir normalmente. Mesmo a adubação maciça não consegue superar a "frieza" do subsolo, muitas vezes compactado pela operação do terraceamento e sempre instável à ação da chuva, por falta de matéria orgânica e uma microvida adequada.

Sabe-se que a pouca permeabilidade do solo (quadro 7.8) não se combate exclusivamente com medidas mecânicas. E *a erosão* não *é* a causa do carreamento do solo, mas *o sintoma de solos impermeáveis*. A mecanização possibilita o cultivo de áreas extensas. Porém, o uso das máquinas tem de ser regido por considerações racionais e complementado por medidas biológicas para conservar a capacidade produtiva do solo. Devem ser um meio de preparação do solo para a produção, mas, *quem produz não são as máquinas e as técnicas modernas, mas o solo e as plantas com ajuda das máquinas e técnicas!*

Portanto, todas as técnicas devem ser orientadas para a recuperação, conservação e melhoramento da produtividade do solo, facilmente perdida por um excesso de mecanização mal orientada.[120]

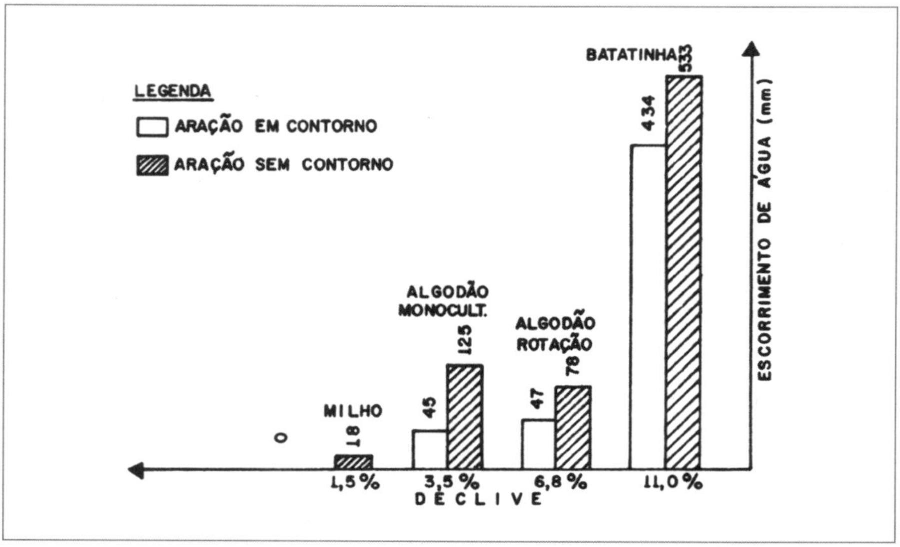

Figura 9.50b Efeito da aração em contorno sobre o escorrimento de água. (Stallings, 1948)

Trator algum faz o solo produzir mais, ele somente ajuda produzir em área maior com menos mão de obra. E do seu uso criterioso depende sua ação benéfica ou maléfica sobre o solo (vide capítulo 7).

A profundidade da aração, a frequência das passagens de máquinas sobre o campo, o teor da umidade do solo por ocasião dos trabalhos, a velocidade do trator durante a aração e gradeação, os implementos usados, o fim que levam os restos orgânicos, muitas vezes queimados para facilitar a mecanização, tudo têm importância na conservação da produtividade do solo (quadro 2.9) independentemente das técnicas usadas.

Uma produção elevada às custas da capacidade produtiva do solo não é uma vitória mas uma insensatez flagrante.

Cada técnica possui sua filosofia. E a filosofia de querer enriquecer em pouco tempo pela produção agrícola destrói o solo e coloca em perigo a sobrevivência humana.[145,163,180]

O que deve existir é a filosofia de conservar o solo e sua capacidade produtiva para que nossos filhos e netos também possam tirar seu sustento desta terra.

SOLOS DE ARROZ IRRIGADO: A ADUBAÇÃO DE SOLOS SUBMERSOS

Não é possível predizer a disponibilidade de nitrogênio para o arroz segundo o teor em matéria orgânica. Não existe relação alguma.[164] Porém, há uma relação muito nítida entre o nitrogênio e o teor em fósforo e cálcio no solo, o que deixa supor que existe uma fixação por algas.[99,121,164]

A adubação nitrogenada deve ser aplicada em forma de amônio, e localizada pelo menos a 6 cm de profundidade,[18,77,113] para evitar que fique situada na camada de oxidação, formando ácido nítrico (NHO_3). O arroz-irrigado normalmente responde a uma adubação nitrogenada.

Porém, enquanto que na maioria dos países latino-americanos 30 a 60 kg/ha constituem o ótimo,[74,109-111,116] no Brasil, Peru e México o ótimo no arroz-de-sequeiro está ao redor de 120 a 160 kg/ha de N devido à baixa eficiência do adubo em nossos arrozais, enquanto no arroz-irrigado está entre 40 e 60 kg/ha.[67,159,165] Nos solos do Rio Grande do Sul o cálcio e o magnésio são o fator limitante na produção de arroz-irrigado. Acredita-se que, quanto pior a bioestrutura da camada arável, tanto menor o efeito de N,[159] no arroz-de-sequeiro. Nos campos submersos, quando existir no solo o suficiente em fósforo e cálcio, geralmente ocorre uma fixação de nitrogênio por algas, que até pode ser excessiva e prejudicial enquanto faltar cobre e manganês no solo. Uma pulverização da semente com sulfato de cobre a 1% e a adição de 2,5 kg/ha de sulfato de cobre pela água de irrigação pode controlar esta deficiência.[98]

Pela adubação com cobre aumenta o rendimento de grãos inteiros na máquina enquanto que os grãos "gessados" diminuem (figura 9.51).

Normalmente, a adubação nitrogenada aumenta o rendimento de variedades precoces enquanto que em variedades tardias pode deprimir o rendimento, devido a um crescimento vegetativo excessivo.[77]

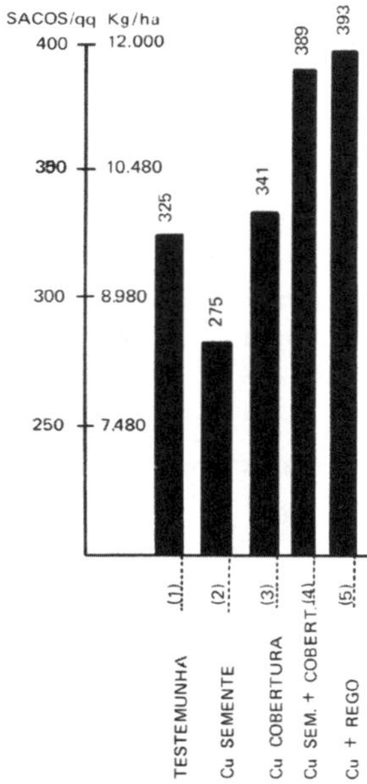

	PESO / hl	RENDIMENTO NA MÁQUINA	GRÃOS INTEIROS
1	51,6	72,0	65,1
2	52,1	69,2	64,5
3	51,0	68,5	63,3
4	50,2	69,1	65,3
5	49,3	69,2	65,2

Figura 9.51 Diversos modos de aplicação de sulfato de cobre em arroz-irrigado que recebeu calagem (900 kg/ha), NPK = 8-60-40 kg/ha e matéria orgânica. (Primavesi, 1971)

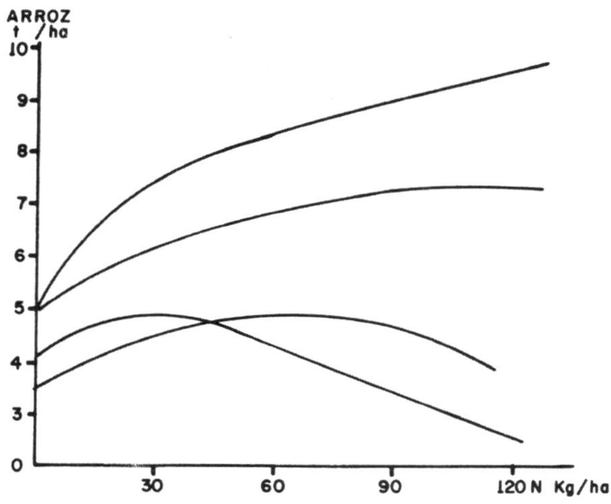

Figura 9.52 Resposta de quatro variedades de arroz à adubação nitrogenada. (I.R.R.I.)

A resposta ao adubo depende da variedade, respondendo cada uma diferentemente (figura 9.52).

Pela inundação modificam-se as características dos nutrientes disponíveis. O alumínio tóxico tende a desaparecer, enquanto o fósforo aumenta.[172] Porém, este aumento se dá somente quando o solo for argiloso e quando existir fósforo ligado ao alumínio. De modo que é um fator incerto com que não se pode contar.[122]

O manejo de solos irrigados por inundação (arroz)

Muitos solos de arroz-irrigado perderam sua produtividade devido a um manejo errado, exclusivamente dirigido para a adubação com NPK.

O solo submerso sofre uma modificação profunda por causa do anaerobismo, que provoca a perda de oxigênio dos compostos químicos e que se chama *redução*. Todos sabem disso. Porém, poucos consideram que a redução não seja geral, mas limitada.

Condições reduzidas existem a partir de 300 mV a 0 mV num pH 5,00. As condições de oxidação começam a partir de 340 mV.[113]

A camada reduzida é percolada pelos ácidos formados na camada em contato com a água, sendo eles principalmente ácido sulfúrico e ácido nítrico. Por isso, é lixiviada e empobrecida.[37]

Segundo a textura do solo, as condições de drenagem e as técnicas agrícolas, a camada anaeróbia, reduzida, pode ter 20 a 75 cm de profundidade,[35] sendo maior em solos arenosos e menor em solos argilosos. Nesta camada se reduzem os compostos nitrogenados de $NO_3 \rightarrow NH_4$, os de enxofre de $SO_3 \rightarrow SH_2$, os de manganês de $Mn_3O_4 \rightarrow MnO_2$ e os de ferro de $Fe_2O_3 \rightarrow FeO_2$. Ferro e manganês, em estado reduzido, são muito móveis, sendo lixiviados da camada de redução, acumulando-se em forma de concreções mangano-férricas no fundo desta camada, formando uma laje dura e impermeável. Este processo pode levar uns poucos anos ou até 100 anos, conforme as condições.[73] Em solos alcalinos e em solos pobres em ferro e manganês, estas concreções não se formam.

Pode ocorrer que acima desta camada lixiviada se deposite silte trazido pela erosão de terrenos mais altos ou por inundação de rios próximos.

Quadro 9.38 Perfil de um solo submerso (Green, 1960) com a oxidação e redução respectiva (Gee, 1950).

cor		perfil de água e solo	oxidação ou redução (mV)	profundidade (cm)
		água de irrigação com algas		
vermelha	SOLO	camada oxidada pela água	400-600	0-1
cinza-azulada		camada reduzida, com denitrificação e lixiviação	50-100	1-3
			0-50	10
			0-200	17
cinza		sola-do-arado ou de sedimentação	400-500	20
marrom		subsolo oxidado	600	30

A espessura da camada reduzida influi de maneira desfavorável na colheita do arroz. *Nenhum solo de arroz-irrigado consegue manter sua produtividade sem que seja periódica e totalmente drenado e arejado, a camada de redução e lixiviação destruída, e sua estrutura grumosa restabelecida.* Por isso, os solos de arroz irrigado por inundação devem ser cultivados, pelo menos por um ano, com cultura a seco, após dois anos de cultivo úmido com arroz. No período de cultivo a seco a bioestrutura do solo deve ser recuperada, incorporando-se superficialmente matéria orgânica. E, se o solo em estado drenado for ácido, deve receber uma calagem até seu pH atingir o nível de 5,6.

Existe um receio muito grande de incorporar a palha de arroz nos solos por causa das sementes de capim-arroz (*Echinochloa crusgallii*) que, em parte, constitui o limite do cultivo das terras de arroz. Porém, ele se beneficia da camada reduzida e lixiviada, desaparecendo após a destruição desta.

O cálcio liga-se com os compostos ácidos, neutralizando-os; por exemplo: $CaCO_3 + H_2SO_4 = CaSO_4 + H_2CO_3$. De um ácido forte, que é o ácido sulfúrico, produz-se um sal neutro e um ácido fraco, que é o ácido carbônico. O pH do solo sobe. Quando este solo é submerso pela irrigação, os compostos cálcicos perduram por serem pouco solúveis. Portanto, existem menos compostos que possam ser reduzidos. O efeito da redução será menor e o pH aumenta menos pela inundação.

Alegou-se por muito tempo que a terra de arroz-irrigado não necessitava de calagem porque o pH subia até três semanas após a submersão, em consequência da redução dos óxidos. Isto é um erro muito trágico dentro do conceito da correção do solo e da saturação em bases, que somente visa elevar o pH.

Esqueceu-se que os compostos reduzidos, em parte, são altamente prejudiciais ao arroz, como o gás sulfídrico (H_2S), que, saindo do solo, causa lesões nas folhas do arroz, predispondo as plantas a ataques fúngicos, como a brusone.[125] Verificou-se que o pH do solo inundado sobe tanto mais quanto menor e mais ácido for em solo seco.

O arroz atacado por brusone encontra-se preferencialmente nos solos inundados com pH 6,7 a 7,3, isto é, onde existem muitas substâncias reduzíveis como $SO_3 \rightarrow SH_2$. O arroz sadio cresce nos solos com pH 5,8 a 6,0, quando em estado submerso, sofrendo muito menos o efeito de redução e lixiviação.

Quanto menor a modificação do pH, tanto menos substâncias foram reduzidas por se encontrarem em forma de compostos irredutíveis ou pouco solúveis. Portanto, o arroz será melhor nutrido se existirem menos substâncias tóxicas no solo.

Solos arenosos são desfavoráveis ao arroz, não por reterem menos água, mas por terem camada de redução muito maior, até 75 cm, que em solos argilosos é ao re-

Quadro 9.39

pH do solo seco	pH do solo submerso
4,8	7,1
5,0	6,8
5,5	6,0
5,6	5,8

(Primavesi, 1972)

dor de 20 cm. Apesar dos solos arenosos possuírem menos substâncias redutíveis, a raiz não consegue penetrar até a camada oxidada como nos solos argilosos. A prática de deixar o solo secar, até o arroz novo murchar levemente, tem o propósito de forçar a raiz a aprofundar-se, seguindo a umidade que está cada vez mais profunda, até alcançar a camada oxidada. Esta técnica é muito eficiente em solos com bioestrutura boa e uma textura argilosa, mas é inútil em solos com laje concrecionada e textura arenosa. Lá, raiz alguma consegue alcançar a camada oxidada do solo.

É verdade que o arroz irrigado "cresce até no asfalto" mas muito mais em solos com camada reduzida destruída, sem concreções em pouca profundidade e com bioestrutura intacta. É sumamente vantajoso incorporar, superficialmente, material celulósico, como palha de arroz, junto com um fosfato cálcico, como hiperfosfato ou escória-de-Thomas. O capim-arroz não se desenvolve bem em solos sem camada de redução lixiviada e a brusone não é transmitida pela água, nem pela semente, nem pela palha, enquanto as condições forem favoráveis à nutrição da planta e não existirem substâncias que lesionem as folhas.[125]

Por isso classificam-se os solos de arroz-irrigado na Ásia sulina[36] pela drenagem, permeabilidade, textura, estrutura, composição química, teor em matéria orgânica, pH e horizonte reduzido.

Isso mostra que em solos submersos a calagem com calcário dolomítico é tão importante como em solos secos. Porém, se esta calagem for aplicada de uma só vez, causa um desequilíbrio dos micronutrientes, indispensáveis à granação. A colheita fracassa se estas proporções na palha se modificarem.

Verificamos que, no arroz inadequadamente nutrido, especialmente o enxofre aumentou muito na folha, enquanto que o cobre e manganês baixaram.

Apesar do arroz necessitar cálcio e magnésio em níveis médios a bons, o pH melhor para esta altura situa-se entre 6,0 e 6,3 e o pH/SMP somente a 6,0 (figura 9.53).

Quadro 9.40 Comparação de solos com arroz sadio e doente.

	solo	arroz sadio	arroz com brusone
cálcio (mg/1 000 g [ppm])	argiloso (> 35% de argila)	1 420-3 000	541-950
	arenoso (< 35% de argila)	350-940	40-470
magnésio (mg/1 000 g [ppm])	argiloso (> 35% de argila)	270-380	traços-80
	arenoso (< 35% de argila)	150-210	traços-60

(Primavesi, 1972)

Quadro 9.41 Proporções de nutrientes na folha de arroz-irrigado.

	com calagem rendimento alto de arroz pH do solo 5,8-6,1	sem calagem rendimento baixo de arroz pH do solo 6,8-7,1
K/Ca + Mg	8-10	3,4-5,0
P/S	6	2,2-3,0
N/Cu	35	54-58
P/Mn	35	115-120

Obs.: neste caso o pH elevado indica um teor elevado de substâncias reduzidas.
(Primavesi, 1971)

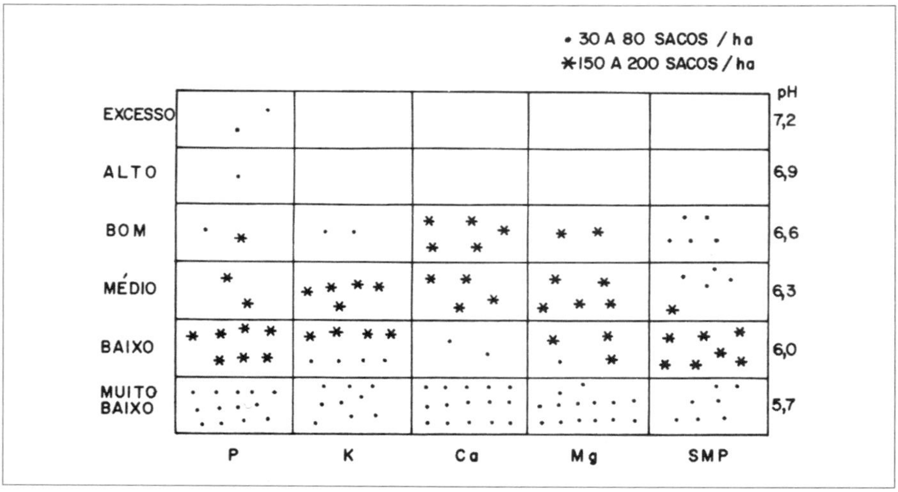

Figura 9.53 Necessidade de arroz irrigado em nutrientes, pH e SMP. Dados coletados por Primavesi no labor. de análise do solo da UFSM.

A matéria orgânica sempre deve ser aplicada na cultura a seco, uma vez que sua decomposição anaeróbia não beneficia a bioestrutura do solo.[137] Esta matéria orgânica não serve como fonte de nitrogênio, mas somente como base de uma bioestrutura grumosa.

Experiências mostram que o arroz-irrigado rende mais quando a superfície do solo, que entre em contato com a água, for compactada, para reduzir ao mínimo os processos de oxidação que ocorrem nesta camada.[91] Assim, evita-se que seja produzido ácido sulfúrico e ácido nítrico que lixiviariam o horizonte de redução. Um rolo após a plantadeira beneficia a colheita, tanto em palha como em grão. Porém, um solo compactado devido a uma bioestrutura decaída em nada beneficia o rendimento, ao contrário, baixa-o radicalmente,[177] porque não somente produz substâncias tóxicas na redução, mas igualmente se opõe à penetração da raiz. Portanto, quando um campo de arroz-irrigado apresenta torrões grandes quando arado, deverá ser recuperado urgentemente. A liberação de P em solos inundados é maior se existirem argilas montmoriloníticas e é menor em solos com cauliníticas.[86] Por outro lado, o ferro fica mais móvel em solos inundados e pode tornar-se tóxico, especialmente quando existir deficiência de manganês. Calagem e adubação fosfotada impedem a toxidez do ferro. Porém, seja aqui advertido: quantidades pequenas de fósforo aumentam a toxidez de ferro. Somente quantidades maiores (200 kg/ha de superfosfato no mínimo) diminuem-na.[172] Em muitos solos de arroz irrigado a aplicação de hiperfosfato ou farinha-de-ossos é mais vantajosa que a de superfosfato, especialmente quando não foi feita uma calagem prévia.

Verifica-se na figura 9.54 que os nutrientes não reagem de maneira idêntica à inundação em solos sempre usados para arroz-de-água ou usados pela primeria vez para cultura irrigada. O alumínio trocável baixa pela irrigação em todos os solos,

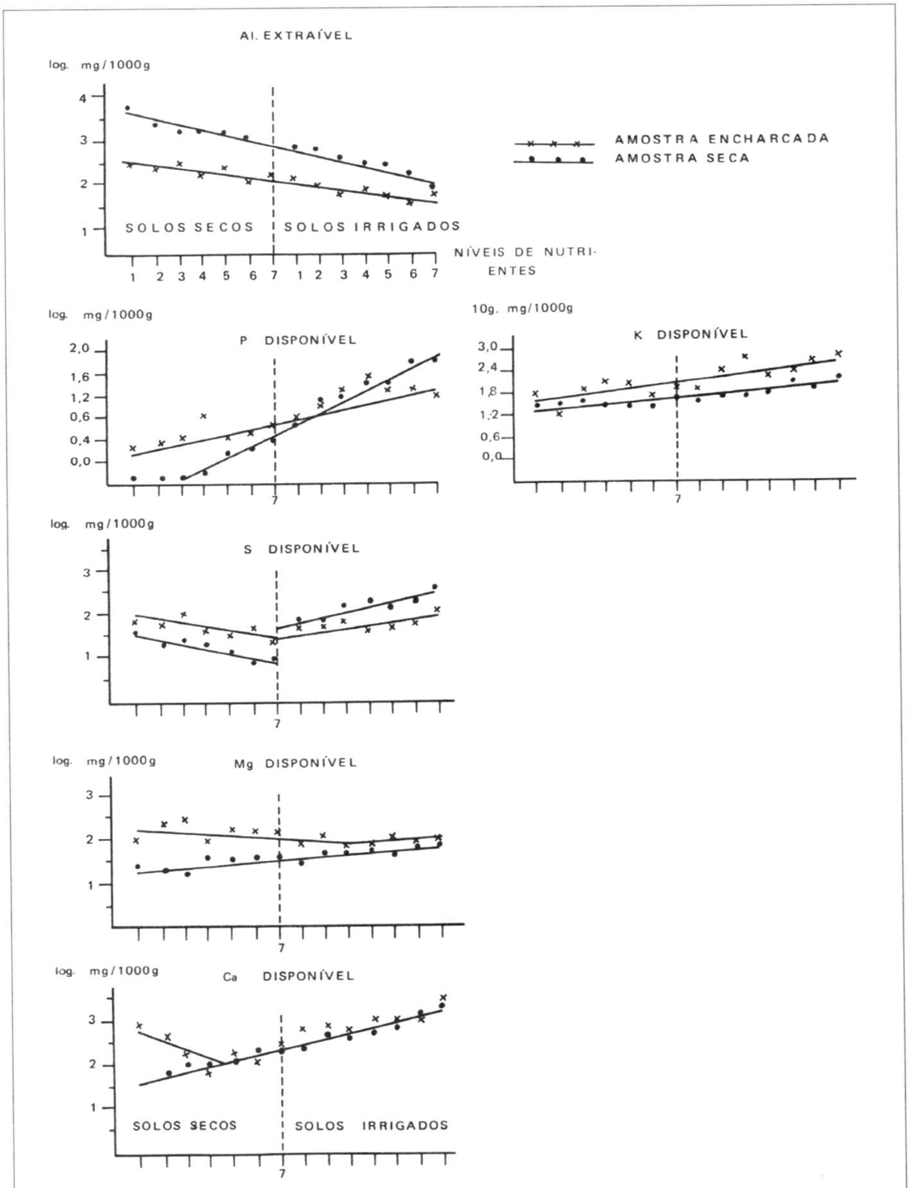

Figura 9.54 A modificação de alguns nutrientes e de alumínio trocável pela irrigação por inundação, usando-se solos já anteriormente irrigados e solos que foram usados anteriormente para culturas a seco. (Primavesi, 1971)[122]

Obs.: organizados segundo 7 níveis de nutrientes em solos de arroz e em solos anteriormente não inundados, sendo feitas as análises em solo seco ao ar e em estado de saturação de água durante 3 semanas.

bem como o Ca e S em solos secos irrigados. O fósforo sobe, porém a quantidade de P a ser mobilizada é imprevisível (vide anteriormente) de modo que as alterações que ocorrem pela inundação dependem da argila presente e do uso anterior do solo.

O arroz necessita muito K mas raramente responde a uma adubação potássica. O fósforo quase sempre dá um resultado satisfatório.

RESUMO

Solos de arroz-irrigado devem ser totalmente drenados após a colheita e cada segundo ano usados para cultura a seco, para destruir o horizonte de redução. O retorno de matéria orgânica é importante para a conservação de sua bioestrutura, indispensável para rendimentos altos. Se o pH do solo drenado for menor que 5,6, deve receber uma calagem. Cobre e manganês podem faltar em solos submersos.

A adubação nitrogenada é vantajosa em variedades de ciclo curto e médio, mas perigosa em variedades de ciclo longo. Ela deve ser colocada a 6 cm de profundidade.

A compactação da superfície do campo é vantajosa, se sua estrutura for boa.

A matéria orgânica no solo é importante, mas não se relaciona com o teor em nitrogênio. Para a fixação de nitrogênio necessita-se de um nível adequado de fósforo e cálcio, sendo os fixadores algas, leveduras e o *Azotobacter* aquático.

O manejo de solos irrigados em regiões áridas

Distinguimos entre dois tipos de irrigação:

1. *De suplementação,* em regiões chuvosas onde as chuvas faltarem em determinada época do ano (figura 9.55);
2. *De abastecimento,* onde se fornece água durante o ano inteiro, por faltar água, predominando a evaporação sobre a infiltração.

Muitas vezes usa-se a irrigação em hortas e talvez em culturas para suplementar um deficit temporário de água. Este pode ocorrer por causa de uma estação seca em que se pretende plantar, ou por causa de chuvas erráticas em que não se pode confiar. O problema único que existe neste tipo de irrigação suplementar é o da instalação do sistema de irrigação, que geralmente é caro. Em hortas, frequentemente, se opta pela irrigação por aspersão, em lavouras por infiltração. Em todos os solos irrigados existe o problema da conservação da estrutura do solo, onde a formação de crostas superficiais são comuns.

Se a irrigação for feita em zonas secas com escassez de chuvas e caráter semiárido ou subúmido, os problemas da irrigação mudam muito. Muitas vezes as regiões áridas não são zonas de baixas precipitações. Assim, por exemplo, na África do Sul existe um deserto com 2 800 mm de chuva ao ano.[157] Porém, todas as chuvas caem dentro de três meses. Destes solos, completamente decaídos por um uso irracional, quase toda a água pluvial escorre, causando uma erosão pavorosa que é acompanhada de enchentes arrasadoras. E depois vem a seca!

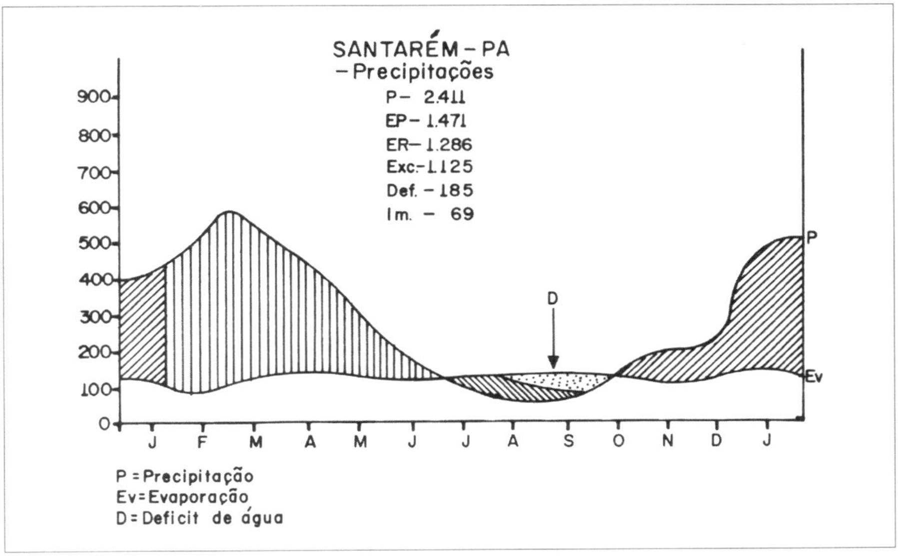

Figura 9.55 O deficit temporário de água que se suplementa pela irrigação. (Bastos, 1972, vide capítulo 10)

Em nosso Nordeste as precipitações anuais ainda seriam razoáveis se fossem bem distribuídas, sendo, na zona do sertão, ao redor de 900 mm/ano. Porém, há zonas onde as chuvas anuais são absolutamente insuficientes, como em Cabaceiras na Paraíba ou Macau no Rio Grande do Norte, onde são menores que 500 mm.

A salinização pela irrigação

Todos os problemas da água do solo dependem da relação entre *infiltração* e *evaporação*. Se a infiltração for maior, os solos são lixiviados e, com facilidade, se acidificam. Se a evaporação predomina, ocorre o contrário, acumulam-se sais na camada superior dos solos e, com facilidade, se salinizam. Esta salinização é menor em solos arenosos e muito maior em solos argilosos, que permitem uma ascensão de água muito mais intensa.[75,76]

Para salinizar um solo não se precisa de água salina no subsolo, nem calor muito grande. Também a água doce contém sais. Como em zonas semiáridas a água do subsolo somente sobe e se evapora, ou é absorvida pelas plantas, falta o movimento descendente. A água deposita seus sais excedentes na camada superficial do solo e, com o tempo, estes se acumulam. Os solos das zonas áridas tornam-se salinos. Isso ocorre tanto mais rapidamente quanto mais alto for o nível freático.

A salinização é tanto mais intensa quanto mais impermeável for a superfície do solo, porque a infiltração da água das chuvas, mesmo que sejam raras, provocaria sua lixiviação se pudesse penetrá-lo. Mas, geralmente nestas regiões a vegetação é muito raquítica e rala e as chuvas, quando caem, são muito fortes, golpeando o chão com toda força, logo destruindo os agregados na superfície do solo. Formam-se crostas que impedem a infiltração da água. Por isso ocorrem muitas enchentes nestas

Figura 9.56 Leito seco de rio na época de seca, mas levando cheias pavorosas na época das chuvas. A água escorre e não se infiltra.

zonas e os rios somente têm água quando chove. Escorre praticamente tudo, e após alguns dias de sol já provocam a "seca". O solo não é molhado até profundidades maiores (figura 9.56).

Existem zonas temperadas que, com 300 mm/ano de chuva, ainda possuem uma agricultura próspera, como a Baixa Áustria e a Hungria. Mas tudo é feito para que as precipitações escassas possam infiltrar-se no solo e não escorram, nem evaporem sem uso.

A salinização é tanto mais rápida quanto mais adensado e compacto o solo se torna. Na Argentina, áreas extensas, antes plantadas com trigo, são solos salinos atualmente.

A primeira reação do homem é irrigar quando as culturas se tornarem impossíveis pela escassez das precipitações, ou por causa do escorrimento quase que total das águas pluviais. Todos sabem que as regiões irrigadas são as flageladas pelas maiores enchentes. Há água pouco abaixo da superfície do solo, mas uma camada impermeável impede a infiltração mais profunda e, portanto, secam as fontes e vertentes.[183]

Segundo o quadro 9.42, destas áreas irrigadas em 1965, a maior parte situa-se nas zonas subtropicais (até o paralelo 45), 10 milhões em clima temperado e somente 24 milhões de hectares em terras tropicais.[42] A Índia é o país que mais irriga.

Somente a metade da área irrigada possui drenagem. Por isso, entre 1929 e 1939, meio milhão de hectares de terras irrigadas foram abandonadas somente no Oriente Médio, porque se salinizaram irrecuperavelmente. Em grande parte das terras irrigadas a produção baixou a 25% da produção inicial. Na Índia e Paquistão muitas terras irrigadas tornaram-se desertos e no Egito pântanos, devido à drenagem deficiente, que fez a água do subsolo subir até a superfície. Desertos criam-se quando se usa muito pouca água para a irrigação e não se permite uma "lavagem" dos sais acumulados no solo superficial, nem se proporciona uma drenagem da água excedente.

Quadro 9.42 Áreas irrigadas no mundo, em milhões de hectares. (FAO, 1972)

país	1965	1975	2000
Ásia	110		
USA	17		
URSS	13		
Europa	12		
África	10		
América Latina	4		
total	166	200	300

Dos sais depositados pela água as plantas retiram o que necessitam. O restante acumula-se, salinizando o solo. No mundo inteiro há 20 milhões de hectares irrigados que se tornaram salinos, aumentando esta área anualmente de 200 000 a 300 000 hectares,[81] existindo 4 milhões de terras salinizadas ou em salinização na América Latina. Muitas destas terras foram abandonadas porque não sustentam mais sequer um agricultor miserável.

Razões de salinização

As terras irrigadas se salinizam pelas seguintes razões:

1. Irrigação mal feita, querendo explorar de maneira irracional os recursos hídricos, irrigando áreas maiores do que seria possível, com recursos insuficientes de água;[114]
2. Destruição da vegetação nativa;
3. Ausência de drenagem adequada. A instalação de um sistema de irrigação e drenagem no Brasil custa 3 000,00 US$/ha, enquanto que na maioria dos países estrangeiros o custo da instalação é de 500,00 US$/ha.
   Sem drenagem adequada a irrigação sempre é perigosa por acarretar infalivelmente a salinização das glebas;
4. Conservação deficiente do sistema de drenagem, que pode elevar o nível de água em 0,5 a 1,5 m por ano.[76] Muitas vezes não se trata do nivel freático, mas de água estagnada em cima de uma laje impermeável, formada pelas argilas lixiviadas da superfície do solo;
5. Camada superficial do solo encrostada ou compactada, não permitindo a infiltração suficiente da água;
6. Estrutura do solo compactada, após a perda da matéria orgânica;
7. Um manejo inadequado de solo e água.

Quando uma terra é compactada ou encrostada na superfície, a infiltração da água é deficiente. A transpiração das plantas aumenta por causa da deficiência de oxigênio no solo, apesar da água disponível se tornar menor.[11] A evaporação do próprio solo, quando compactado, é maior devido a um aquecimento maior ao sol.[170]

Não somente argilas mas também areias podem se adensar quando perdem sua matéria orgânica ou quando expostas diretamente ao sol e à chuva.

O sistema sempre é o mesmo: A perda de matéria orgânica, a destruição dos grumos superficiais, o entupimento dos poros do solo subjacente pelas partículas de argila dos grumos superficiais destruídos, a formação de uma camada impermeável no solo, e que "cresce" para cima, o escorrimento da água, erosão, enchentes e seca.

A irrigação por inundação é a mais destruidora para a bioestrutura enquanto a por aspersão é menos perigosa.[45] Em solos com adensamentos as plantas murcham mais cedo[48] e a sugestão evidente é a irrigação.

Em solos com adensamentos superficiais a água infiltra-se com uma taxa de 0,06 cm/hora enquanto que em solos com bioestrutura intacta a infiltração é de 23 cm/hora.[11]

Um solo encrostado nem sequer consegue reter uma garoa mais forte.[11] Também a água de irrigação penetra pouco[27] e o umedecimento fica muito superficial. O poder de conservar água é mínimo no solo adensado e a água adicionada pela irrigação evapora-se rapidamente.[105] Logo após a irrigação o solo já começa a rachar. Em solo rachado a água penetra facilmente pelas frestas, que, porém, se fecham logo quando umedecidas (figura 9.57).

O adicionamento permanente de água à superfície do solo, que em grande parte se evapora, adiciona cada vez pequenas quantidades de sais. Cada metro cúbico de água acrescenta sais que não se lixiviam e que as plantas retiram somente em parte. Na água pluvial geralmente existem poucos sais dissolvidos, a não ser perto do oceano ou de centros industriais. Água de irrigação, mesmo se for classificada de "doce", possui sais. Água doce possui menos que 0,6 milimhos de concentração, o que equivale, no máximo, a 380 mg de sais dissolvidos por litro de água ou 380 g por metro cúbico. É pouco, mas o efeito cumulativo se faz sentir.

Figura 9.57 Trigo irrigado no Chile. O solo racha antes de secar totalmente. Verifica-se ainda uma camada úmida embaixo.

Quadro 9.43 Tolerância de algumas culturas à salinização. (Bernstein, 1966)

cultura	redução da colheita devido à concentração salina		
	10%	25%	50%
algodão	10 mmhos	12 mmhos	16 mmhos
bermuda-grass (*Cynodon dactylon*)	13 mmhos	16 mmhos	18 mmhos
sorgo	6 mmhos	9 mmhos	12 mmhos
soja	6 mmhos	7 mmhos	9 mmhos
arroz-irrigado	5 mmhos	6 mmhos	8 mmhos*
milho	5 mmhos	6 mmhos	7 mmhos
batata-doce	2,5 mmhos	4 mmhos	6 mmhos

*No arroz em germinação, nascimento e floração suporta no máximo 4 mmhos.

Quando a concentração for maior, a água é salina, e 2,0 a 2,5 mmhos são considerados o limite tolerável para a maioria das culturas. Existem algumas culturas com tolerância maior, como milho, sorgo etc.

As culturas acima citadas são consideradas altamente tolerantes à salinização enquanto que quase todas as árvores frutíferas, com exceção da mangueira e amoreira, são altamente sensíveis, como também feijão, cana-de-açúcar e outras.

A salinidade correspondente é:

10-16 mmhos		0,5-1,0%	
4-6 mmhos	equivale a	0,2-0,5%	de sal no solo seco
2-4 mmhos		0,05-0,2%	

A salinização dos solos irrigados em zonas áridas é o problema mais grave. Portanto, tudo que impede o fluxo livre da água pelo solo contribui para a salinização!

Todos os fatores que impedem a infiltração promovem a salinização, como:

1. Crostas superficiais ou compactações superficiais;[5,35]
2. Uma bioestrutura decaída. Em solos argilosos o efeito é maior que em solos arenosos, onde a camada impermeável se forma em maior profundidade;
3. Quantidades deficientes de água de irrigação;
4. Um nível freático muito alto e uma drenagem deficiente.

Alguns acreditam que o calor seria um outro fator importante por promover a evaporação da água. Mas sabemos que há terras salinizadas no círculo polar ártico,[174] o que não ocorre pela evaporação excessiva, mas pela infiltração muito reduzida.

Medidas que visam diminuir a salinização normalmente não devem considerar a diminuição da água de irrigação, para diminuir o fornecimento de sais, mas o aumento da água de irrigação, para lixiviar os sais acumulados. Quanto menos água se acrescenta, tanto menor a quantidade que percola o solo e tanto mais remota a possibilidade de lixiviar os sais para fora da zona radicular. Em solos muito grumosos, com nível freático muito baixo, a diminuição da água pode contribuir para a diminuição da velocidade de salinização, por evitar uma elevação rápida do nível freático.

Portanto, *em solos grumosos, com nível freático baixo, a diminuição da água de irrigação pode atrasar a salinização. Em solos compactos com superfície impermeável, somente pode acelerar a salinização.*

Verificamos que uma medida pode provocar reações completamente contrárias, segundo a física do solo.

Na figura 9.58 em (a) a água ascende à superfície de um nível freático muito alto. Como não existe infiltração suficiente, devido a uma crosta superficial e uma bioestrutura decaída, e não existe drenagem, os sais que ascendem com a água são depositados na camada cultivável do solo.

Em (b), um solo decaído, a irrigação é feita com quantidade insuficiente de água. Molham-se somente uns 15 a 20 cm de solo na superfície. Falta a drenagem. Os sais acumulam-se na camada superficial. O certo seria remover os sais com irrigação mais forte e drenagem da água salina (figura 9.59).

Em (c) a irrigação é feita com quantidade suficiente de água que percola o solo e que, geralmente a 40 cm de profundidade, é captada por canos de drenagem. Pode ser feita, também, uma drenagem aberta onde há canais que trazem a água fresca e outros que levam a água salina que percolou o solo.

O máximo que se pode admitir de sais num solo são de 0,2 a 0,3% de Ca-Mg-K-Na, que equivale a 4 a 6 mmhos. Porém, a quantidade de cloro não pode superar 0,01% da quantidade dos sais, por ser este íon especialmente tóxico às plantas, tendo um efeito nocivo muito além de sua pressão osmótica.

A pressão osmótica limite para o trigo é considerada igual a 0,3 atm. Não se indica aqui a concentração em mmhos, porque idêntica quantidade de sais diferentes provoca um efeito diferente. Assim, o íon cálcio produz uma depressão menor como idêntica concentração do íon cloro.

Seja aqui mencionado que NaCl, isto é, sal comum como ocorre na água do mar, dificilmente se acumula no solo, por ser muito hidrossolúvel e de fácil lixiviação. Ocorre especialmente em solos invadidos pelo mar, como, por exemplo, perto de Pelotas, no Rio Grande do Sul.

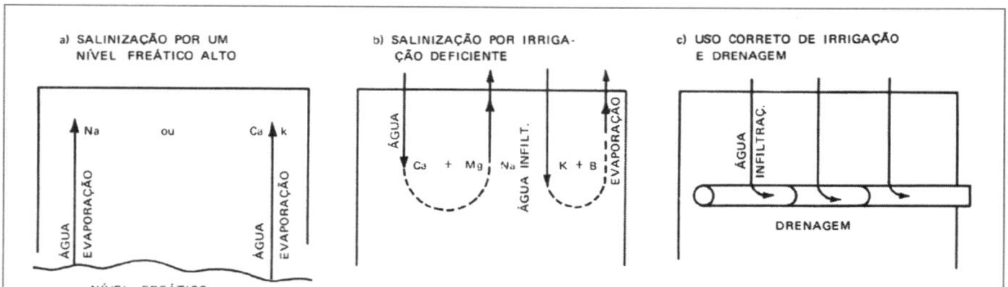

Figura 9.58 A razão da salinização em solos decaídos de zonas áridas e o uso incorreto e correto de irrigação. (FAO-UNESCO, 1967)

Quadro 9.44 Depressão do rendimento de trigo em presença de diferentes sais no solo. (Hatward, 1949)

pressão osmótica (atm.)	sal	depressão das folhas (%)
0,4	NaCl	92,7
	$CaCl_2$	74,0
	$MgCl_2$	55,0
	Na_2SO_4	27,0
	$MgSO_4$	17,0

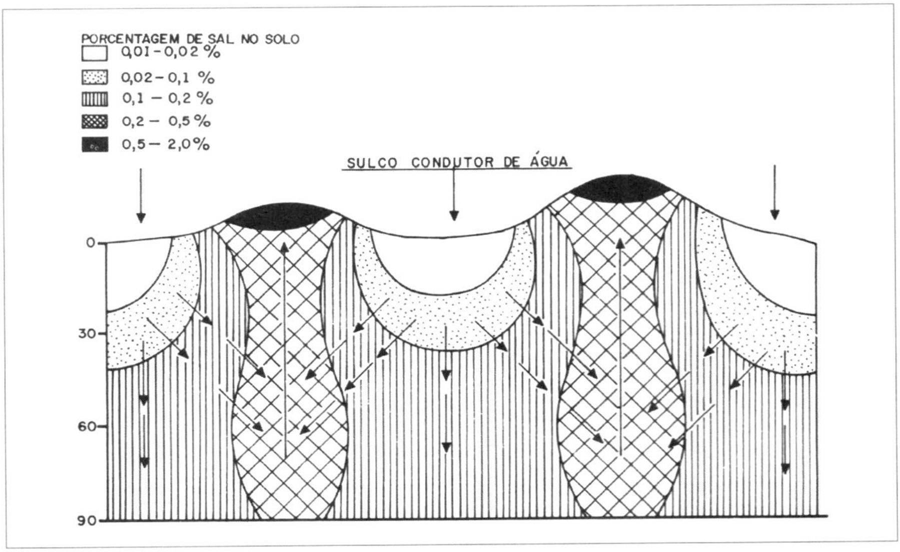

Figura 9.59 Esquema de salinização em campo irrigado por sulcos ou em campo plano, deficientemente nivelado. (Texas, Bull. 876, 1962)

Porém, se o sal comum se transformar em carbonato de sódio (Na_2CO_3) acumula-se no solo, causando sua alcalinização.[119] No Nordeste brasileiro a salinização dos solos é devida, principalmente, ao carbonato de sódio, sendo a por cloretos e sulfatos secundária, por aparecerem em quantidades mínimas.

Em solos férteis o aumento da salinidade produz uma depressão muito mais acentuada que em solos mais pobres (figura 9.60).

Como manejar o solo irrigado em regiões semiáridas e subúmidas para evitar a salinização

A salinização é o resultado de uma evaporação forte e uma infiltração deficiente de água do solo. Por isso, os sais se acumulam na camada superficial do solo.

No Nordeste, em 3 a 4 anos de irrigação o solo saliniza-se muito antes da instalação de irrigação se ter amortizado. Em solo salino a produção é muito baixa, como,

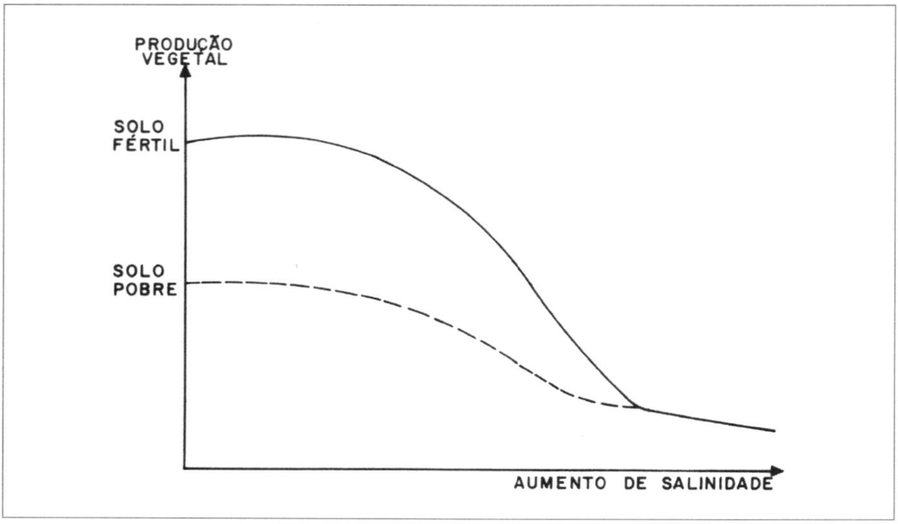

Figura 9.60 Efeito do aumento da salinidade sobre o rendimento de trigo em solos de fertilidade boa e fraca. (Bernstein, 1966)

por exemplo, abaixo do açude de Orós. *Todas as medidas que aumentam a infiltração e baixam a evaporação evitam a salinização.*

Como aumentar a infiltração?

A infiltração aumenta quando os poros grandes no solo aumentam, permitindo a drenagem da água por gravidade.[182] E esses poros se produzem através de uma bioestrutura granular. Não é necessário todo perfil do solo ser grumoso. O problema concentra-se na superfície. Se esta mantiver sua porosidade, não encrostando nem compactando, obstruindo os poros das camadas subjacentes, formando lajes, a água infiltra-se facilmente.[68]

Nos EUA usam-se substâncias plásticas, os "soil conditioners" ou condicionadores de solo, como acrílio e semelhantes, a fim de produzir uma camada grumosa na superfície do solo[78] para aumentar a infiltração de água e a penetração de ar. A condutividade do solo diminui com a maior fração argilosa, mas aumenta com a elevação do teor em óxido de ferro e alumínio.[98]

Verifica-se no quadro 9.45 que somente a capineira de 3 anos conseguiu, na superfície, uma agregação maior que a terra virgem. A camada adensada apresenta-se em todos os solos cultivados, faltando, porém, na terra virgem. Terra virgem, não arada, sempre apresenta sua superfície algo compactada, por causa do enraizamento fraco. Enquanto se mantém uma cobertura vegetal, os sais existentes no solo não são lixiviados, mas a estrutura do solo é mantida e não ocorre acumulação adicional de sais. Porém, no momento em que o solo é arado, sem maiores cuidados, a superfície compacta-se[72] e a salinização continua.

Quadro 9.45 Quantidade de agregados maiores que 0,25 mm num sierozem arenoso, em %. (Kozlova, 1962)

profundidade (cm)	solo virgem	algodão 4 anos	alfafa		forrageiras	
			2 anos	3 anos	2 anos	3 anos
0-10	19,3	8,4	11,0	17,2	18,1	32,8
10-20	21,2	9,8	17,5	12,9	15,4	29,9
20-30	28,0	10,6	10,4	9,9	11,2	12,5

Obs.: 23% de agregados maiores que 0,5 mm são o necessário em solos arenosos. Nos solos cultivados observa-se claramente uma camada adensada entre 20 e 30 cm.

Quadro 9.46 Modificação da densidade aparente, porosidade e permeabilidade em consequência da irrigação. (Lebedev, 1948; Zimina, 1957)

sierozem arenoso		0-10 cm	15-25 cm	50-60 cm	70-80 cm
solo virgem	densidade aparente	1,17	1,18	1,16	1,26
	poros (%)	57,00	57,00	58,00	58,00
	coeficiente de infiltração (%)	0,29	0,32	0,27	0,21
algodão irrigado	densidade aparente	1,34	1,70*	1,50	1,36
	poros (%)	46,00	33,00	46,00	50,00
	coeficiente de infiltração (%)	0,07	0,02	0,34	0,26

* A densidade aparente de 1,60 é considerada o limite de penetração para a maioria das raízes.

No quadro 9.46, chama-se a atenção ao fato de que no algodão a infiltração na camada superficial é diminuída drasticamente, tendo uma laje praticamente impermeável entre 15 e 25 cm. Os problemas da impermeabilidade do solo agrícola geralmente se restringem à superfície.

A manutenção da bioestrutura superficial ocorre:

a) Pela adição periódica de material orgânico;
b) Pela manutenção de um equilíbrio de nutrientes, que servem do mesmo modo às plantas e aos microrganismos empenhados no estabelecimento de uma bioestrutura grumosa. Porém, solos permeáveis não se salinizam mas empobrecem, e, portanto, necessitam mais adubos que solos não irrigados, especialmente em fósforo, nitrogênio e micronutrientes.[97] Se o equilíbrio mineral não for mantido, tanto a permeabilidade do solo como a sanidade vegetal sofrerão;
c) Pela proteção da superfície do solo. Esta pode ser por uma cobertura morta[55] ou por uma vegetal, por exemplo, soja-perene dentro de um pomar[172] ou estilosantes dentro de uma plantação de seringueiras. Dá-se preferência a uma cobertura viva uma vez que as plantas absorvem minerais, permitindo somente a lixiviação do excesso, enquanto sob cobertura morta o solo irrigado empobrece. Sequência de lixiviação dos nutrientes: o nitrogênio nítrico, o potássio, o cálcio e o fósforo, cuja lixiviação varia entre 2,5 e 20 kg/ha/ano.[192] Ferro e manganês

sempre se tornam deficientes quando a salinização principia, enquanto que o cobre e o zinco facilmente se tornam deficientes após uma calagem de solos alcalinos. *Chamam-se alcalinos os solos sódicos enquanto os com sais de cálcio-potássio-magnésio acumulados no perfil se chamam salinos.*

Por outro lado, em solos irrigados, a acumulação de boro e lítio ocorre com facilidade, até se tornarem tóxicos, o que ocorre com salinização adiantada. Portanto, a adubação do solo irrigado exige experimentação para amenizar desequilíbrios em lugar de acentuá-los. Muitas vezes a adubação em solo alcalino e salino é impossível por aumentar sobremaneira a pressão osmótica do solo, baixando as colheitas (vide quadro 9.49);

d) Pelo cultivo correto do solo, usando-se uma lavração superficial ou somente um afrouxamento;
e) Por uma rotação de culturas cuidadosamente planejada. Esta exige, de vez em quando, o plantio de uma cultura que suporte um solo saturado com umidade até 100%, como arroz-irrigado ou as canaranas, (*Echinochloa pyramidalis, E. polystacha* etc.). Quando não for possível intercalar culturas insensíveis à inundação, que é a única maneira de "lavar" os sais do solo, então deve ser feita uma "lavagem" sem cultivo, afrouxando profundamente o solo e colocando uma cobertura morta. Por outro lado, deve se intercalar uma cultura que absorva maiores quantidades de sais como girassol, sorgo ou algodão, ou acidifique o solo como trigo-mourisco;
f) Escolher o sistema de irrigação que *menos* deteriore a bioestrutura do solo.

Seguem-se as formas de irrigação em sequência decrescente de sua ação destruidora dos grumos superficiais: inundação → aspersão → infiltração → irrigação subterrânea. A última é a menos prejudicial mas também a mais cara.

Para uma irrigação boa necessita-se de uma drenagem boa! A drenagem exige:

a) Em terrenos planos, que estes estejam completamente nivelados para evitar a formação de poças de água. Estas secam mais devagar, por terem acumulado mais água e, portanto, acumulam mais sais, constituindo "focos" de salinização ou alcalinização. Uma vez salinizado um "foco", este retira água de seus arredores, segundo a lei da osmose, por ter pressão maior, aumentando sua salinização e seu tamanho. Para evitar a formação de "focos" de salinização ou alcalinização, o nivelamento perfeito da área é importantíssimo (figura 9.59);
b) Em terreno levemente inclinado, que o dreno esteja sempre no lado de baixo de cada unidade de irrigação, enquanto que os regos, com a água fresca devem estar no lado de cima. É a forma mais fácil;
c) Quando os drenos são abertos, que sejam mantidos rigorosamente limpos de limo e ervas invasoras.

Antigamente se recomendava o uso de ácido sulfúrico para baixar o pH de solos salinos ou alcalinos. Porém, o problema destes solos não é o pH mas a concentração de sais e sua pressão osmótica elevada.

Se o solo sulfatado fosse lavado em seguida, a sulfatação seria conveniente, uma vez que os sulfatos de magnésio, potássio e sódio são lixiviados facilmente. Como medida isolada não se justifica!

O cálcio não pode ser lavado do solo em forma de sulfato (gesso) pois nesta forma é muito pouco solúvel na água.

Solos com nível freático alto devem ser drenados como qualquer área irrigada. Onde a água estagna, até a superfície deve ser baixada. Não somente para ficar fora da zona radicular, mas para que não haja acumulação de sais provenientes da evaporação. Baixa-se o nível de água por drenagem superficial e por culturas com consumo elevado de água, como girassol, sorgo, alfafa, alguns miletos, forrageiras etc.

Uma rotação viável seria arroz-puerária-algodão, ou sorgo-forrageiras-algodão.

As forrageiras apresentam a vantagem de facilitar a infiltração e evitar a evaporação.

Porém, não se trata somente de evitar a evaporação, mas a proximidade da água à camada arável empobrece o solo em diversos nutrientes, baixando as colheitas.

A quantidade de água que se necessita para a "lavagem" do solo deve ser calculada assim: a quantidade de água que sobe nos capilares (C), a quantidade de chuva (P) mais a quantidade de água acrescentada pela irrigação (I) e que deve ser igual à evapotranspiração (E), mais a água que percola para o subsolo e a drenagem (PD) e que deve exceder em 15% a saturação do solo:[174,176]

$$C + P + I = E + PD + \Delta U^{*}$$

* ΔU: quantidade de água necessária para saturar o solo.

Porém, neste cálculo supõe-se que toda a água pluvial seja absorvida pelo solo. Mas quando as águas pluviais escorrem por causa de adensamentos superficiais, comuns em solos cultivados, este cálculo é falho e a irrigação deve usar muito mais água, que, muitas vezes, não existe.

Aconselha-se a arborização dos canais de drenagem, especialmente para manter o nível freático baixo, evitando a salinização da camada cultivada.

Acredita-se que uma das razões do efeito muito desfavorável do nível freático alto sobre os cereais seja a falta de nitrogênio, lixiviado ao subsolo.

É vantajosa a arborização dos canais de drenagem bem como dos canais de irrigação em todos os casos em que o nível freático for alto. As árvores mais aconselhadas nos canais de drenagem são: amoreiras, tamarindos, pseudoacácias e salgueiros.

Quadro 9.47 Quantidades de nitrogênio no solo em relação ao nível freático. (VanHoorn, 1958)

nível freático abaixo da superfície do solo (m)	nitrogênio no solo (kg/ha)
1,50	150
0,90	120
0,40	55

Quadro 9.48 Influência do nível de água do subsolo sobre a colheita de cereais e feijão. (FAO-UNESCO, 1967)

cultura	profundidade do nível freático (m)	rendimento relativo (%)	
		grão	palha
cereais	1,50	100	100
	0,90	88	87
	0,60	77	78
	0,40	55	59
feijão-fava	1,50	100	100
	0,90	90	100
	0,60	84	95
	0,40	76	86

Nos canais de irrigação as árvores mais aconselháveis são: eucaliptos, bananeiras, mangueiras etc.[42] *As árvores não dispensam a limpeza dos canais!*

Quando existe um nível freático muito superficial, é importante nunca deixar o solo sem vegetação. Alfafa, girassol e sorgo são muito eficientes em baixar o nível freático alto, podendo reduzi-lo até um metro por ano.

Como evitar a evaporação excessiva

A evaporação processa-se em três estágios:[12]

1. Da superfície do solo. Esta controla-se pela cobertura morta do solo;
2. Pela ascensão de água do subsolo úmido à superfície seca do solo. Este estágio geralmente é curto e de pouca significação;
3. Por difusão do vapor de camadas mais baixas e úmidas do solo ou do nível freático até a superfície. Este tipo de evaporação controla-se unicamente pela bioestrutura grumosa do solo que impede a formação de capilares de ascensão, obrigando o vapor a passar pelos caminhos tortuosos dos poros existentes[51] (figura 9.61).

Verificou-se que uma camada grumosa na superfície do solo é muito mais efetiva na redução da evaporação que uma cobertura morta rala.

A cobertura morta consegue proteger a camada grumosa, como também o faz a capa vegetal. Mas, *cobertura morta em solo compacto faz pouco sentido*!

Quando houver evaporação do solo, a velocidade desta depende do grau de umidade do ar. Se o ar for relativamente seco, a evaporação será rápida. De modo que outra umidade saia do solo. Portanto, contribui eficazmente para o ressecamento do solo. Se houver plantas no terreno, a brisa fraca aumenta a transpiração das mesmas, mas se houver ventos mais fortes que 4 m por segundo, ou seja, 14 km/h, as plantas fecham os estomas e a transpiração cessa (figura 9.62).

Por isso a simples diminuição da incidência de vento consegue economizar até um equivalente de 750 mm de chuva, como foi constatado no Havaí entre faixas de araucárias[39] (figura 9.63).

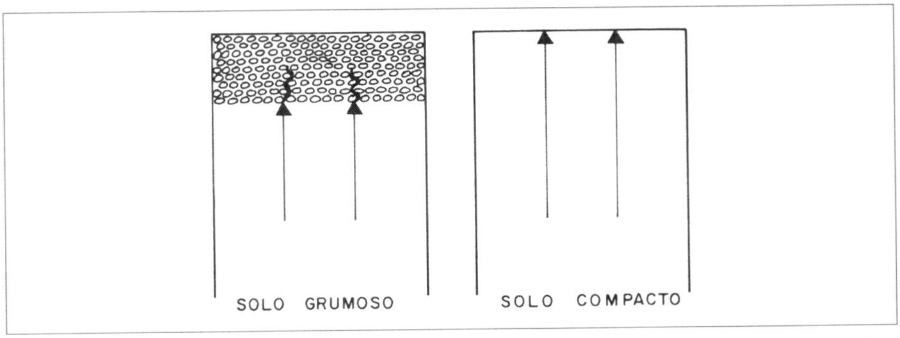

Figura 9.61 Diferença de ascensão de vapor de água em solo com superfície compacta e grumosa. (No solo grumoso os capilares de ascensão estão interrompidos.)

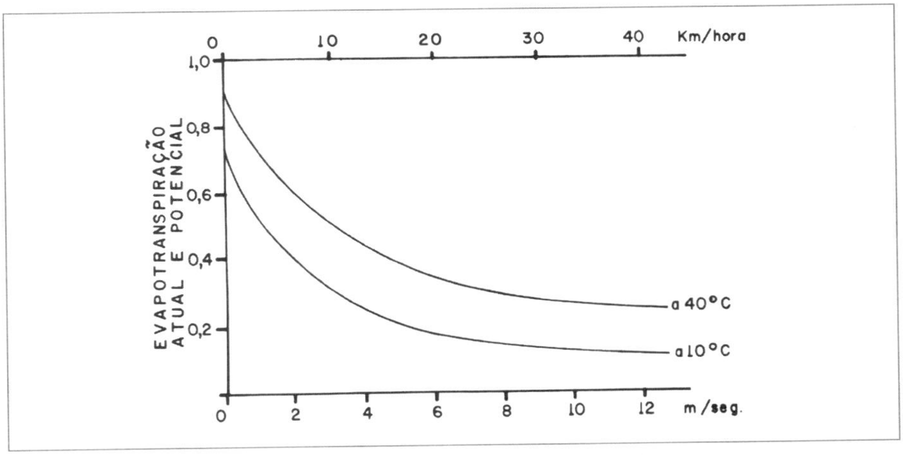

Figura 9.62 Influência do vento sobre a evapotranspiração. (Tanner, 1960)

Esta quantidade significa nada menos que uma economia de 7 500 m^3 de água por hectare (1 mm = 1 litro/m^2 ou 10 m^3/ha de água).

Quebra-ventos são uma medida eficaz para economizar água! Têm ainda a vantagem de não acrescentar sais ao solo e de não custar muito em manutenção.

Quando consideramos que na irrigação de 200 milhões de hectares de terra não acrescentamos mais que 2% da quantidade de água que escorrem anualmente dos solos com superfície adensada,[157] é lícito perguntar: Não seria mais racional aumentar a infiltração pelo restabelecimento de uma estrutura grumosa na superfície dos solos e diminuir a evaporação excessiva causada pelo vento em lugar de gastar tanto na irrigação?

A transpiração vegetal diminui igualmente por um suprimento adequado com potássio[63] e micronutrientes, especialmente de cobre, manganês, boro e zinco.[117] Estes elementos que tornam a seiva vegetal mais viscosa evitam o gasto supérfluo de água (vide capítulo 1).

Figura 9.63 Café novo com quebra-vento. As árvores usadas são grevílea.

RESUMO

Em regiões semiáridas e subúmidas a irrigação mal conduzida leva à salinização dos solos. Isso poderá ser evitado quando se mantiver a superfície do solo grumosa, com agregados estáveis à água, para garantir uma boa infiltração e evitar uma evaporação excessiva. Mantendo a superfície do solo protegida contra a insolação direta, seja por cobertura morta seja por uma capa vegetal, reduz-se igualmente a evaporação. Quebra-ventos ajudam a economizar água e a nutrição boa das culturas baixa a transpiração. Se a infiltração e evaporação estiverem equilibradas, não ocorre a salinização. Com estas medidas diminui-se a quantidade de água necessária para a irrigação. É importante fornecer periodicamente um excesso de água para "lavar" o solo.

Sem drenagem adequada qualquer irrigação leva à salinização. *A drenagem é parte integrante da irrigação.*

Evita-se a elevação do nível freático por meio de: drenagem, culturas que gastam muita água e árvores. A arborização das zonas irrigadas é sumamente vantajosa.

Importante é um rodízio de culturas onde se alternam: culturas que suportam um solo encharcado, isto é, saturado com água, culturas que gastam muita água e culturas que retiram muitos sais, como, por exemplo, arroz-forrageira-*algodão*, ou arroz-*girassol*-forrageira ou canarana-*sorgo*-soja.

A DESSALINIZAÇÃO DE SOLOS ALCALINOS E SALINOS

Quando os solos se tornarem alcalinos ou salinos, o princípio da dessalinização resume-se em:

1. Aumentar ao máximo a permeabilidade do solo a fim de permitir a percolação da água pelo perfil e, com isso, a lavagem dos sais acumulados, que anteriormente devem ser transformados em formas hidrossolúveis;[5]
2. Baixar a toxidez dos compostos minerais, reduzindo sua solubilidade;

3. Utilizar uma rotação de culturas que inclua plantas com tolerância à salinidade e que retirem muitos sais como algodão, sorgo ou mourisco e alguns miletos, alternando com plantas que suportem a inundação do terreno;
4. Manter o solo sempre coberto, cuidar que o nível freático não suba e fornecer regularmente matéria orgânica.

Muitos solos do Nordeste sofrem de alcalinidade por carbonatos de sódio. Enquanto o carbonato de cálcio é pouco solúvel, os de magnésio, potássio e sódio são muito solúveis, sendo, portanto, facilmente tóxicos às plantas. Cada excesso de um sal equivale à sua toxidez, independentemente da toxidez do composto químico. Cloretos são mais tóxicos que sulfatos ou carbonatos.

Quando o carbonato de sódio é transformado em bicarbonato, ele se torna menos alcalino e menos tóxico.[76] Também os cloretos podem ser transformados em carbonatos e bicarbonatos. Esta transformação ocorre quando se acrescenta ácido carbônico ao solo. O ácido carbônico é produzido na decomposição de matéria orgânica.[103,153] Molina e Sauberan (1967) tiveram a ideia genial de plantar sorgo como adubo orgânico, que incorporaram superficialmente ao solo. Sorgo é uma planta altamente resistente à salinidade. Juntaram sulfato de amônio para a decomposição mais rápida da palha. Na decomposição de matéria orgânica seca libera-se muito gás carbônico (CO_2) que no solo alcalino, geralmente de estrutura adensada, não escapa para o ar, mas liga-se aos sais, transformando-os em compostos menos nocivos. O pH decresce a 6,8 e em alguns casos até 6,1.

Em solos sódicos o uso de cloreto de cálcio é vantajoso. NaOH-solo + $CaCl_2$

Ca-solo + NaCl que é facilmente lavado do solo pela água[75] (figura 9.64).

Com gesso ($CaSO_4$) a dessalinização é muito lenta. Para evitar futura ressalinização deve-se cuidar que a superfície do solo esteja sempre coberta, seja pela vegetação, seja por palha.

Verificamos no quadro 9.46 que, quando a salinidade aumenta, a adubação baixa o rendimento por aumentar a pressão osmótica na solução externa à raiz.

Isso dificulta a absorção de água e nutrientes.

Apesar de que os solos salinos e alcalinos, quando irrigados, facilmente sofrem de deficiência de nitrogênio, somente se beneficiam de sua aplicação quando a concentração de sais na solução do solo for suficientemente baixa.[76]

Para a adubação vale: *a falta de um elemento nutritivo não pode ser sanada em solos salinos ou alcalinos, irrigados, enquanto a concentração salina ou alcalina não for baixada a um nível tolerável à cultura.*

As primeiras culturas de recuperação de solos salinos são alfafa, girassol, sorgo, cevada, canarana e capim-sudão.

O processo de lavagem do solo com um excesso de água equivale a uma inundação e é indispensável na dessalinização. As plantas que podem ser cultivadas durante este processo são arroz, canarana, grama-comprida (*Paspalum dilatatum*) e vários trevos como *Trifolium hybridum*. Logo em seguida devem ser plantadas plantas

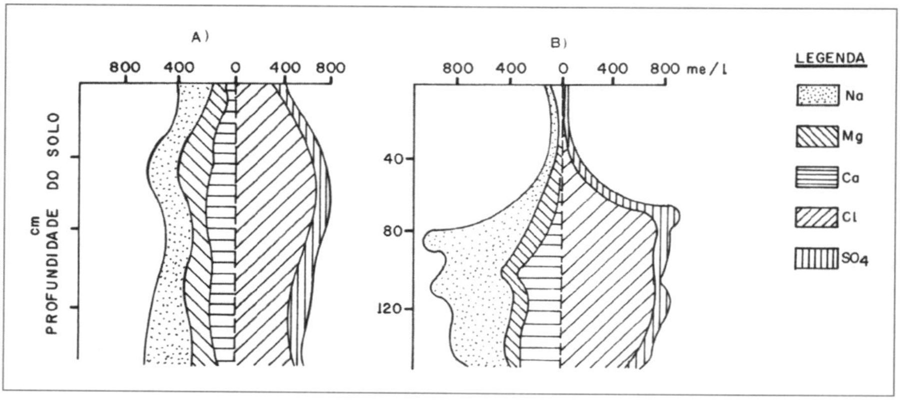

Figura 9.64 Dessalinização pela lavagem com água. (Kozlova, 1962)
A: antes da lixiviação, B: após a lixiviação com 4 000 m^3/ha de água.[42]

Quadro 9.49 Rendimento em solos salinos, drenados, em relação ao teor em sais (em mmhos/cm) e a adubação mineral. (Development Board, Bagdad, 1958)

cultura	condutividade elétrica (mmhos/cm até 60 cm de profundidade)	adubação (kg/ha)	rendimento (kg/ha)
trigo	4-8	zero	360
	2-4	40 P	640
	2-4	40 P + 48 N	1 520
	< 2	40 P + 48 N	1 670
alfafa	> 30	zero	1 400
	< 8	zero	3 800
	8-16	34 P + 80 N	10 000
	< 8	34 P + 80 N	12 000
	> 30	34 P + 80 N	1 860
batatinha	2-4	24 N + PK	6 870
	4-8	60 N + PK	1 540
feijão-mungo	2	zero	2 940
	2	40-50 N	13 080
	2-4	40-50 N	5 700
	4-8	40-50 N	3 700

semitolerantes à salinidade ou alcalinidade como algodão, sorgo, capim-seda (*Cynodon dactylon*) e outras, porém, exigem solos bem drenados.

Em todos os solos irrigados a rotação de cultura é importante para evitar a salinização ou para conservar solos dessalinizados.

As vantagens são que cada cultura absorve espectro diferente de sais, evitando-se assim a acumulação de um ou outro sal. A estrutura grumosa se conserva mais facilmente numa agricultura com rotação de culturas. E finalmente se evitam pragas e pestes que se instalam facilmente em terras irrigadas. Especialmente os nematoides são uma praga terrível, e em solos arenosos podem baixar substancialmente os rendimentos das culturas, o que significa o fracasso econômico do agricultor uma vez que cultura irrigada é cara.

RESUMO

A dessalinização é feita de maneira mais econômica através da incorporação de matéria orgânica à superfície do solo, a lavagem dos sais e a seleção orientada das culturas.

RESUMO GERAL SOBRE O MANEJO DOS SOLOS TROPICAIS

Nas regiões tropicais as culturas não produzem em solos adensados e compactados por não oferecerem as condições exigidas para a absorção de água e nutrientes em presença de temperaturas elevadas.

Enquanto as condições biofísicas dos solos forem boas, as temperaturas elevadas serão vantajosas; quando forem precárias, as temperaturas elevadas serão desastrosas. As condições biofísicas deterioradas são o empecilho maior à produção em regiões tropicais.

Necessita-se para uma produção boa: suprimento periódico de matéria orgânica junto com fosfatos cálcicos; suprimento de minerais nutritivos, inclusive de cálcio, magnésio e micronutrientes, proteção do solo contra sol e chuvas e rotação de culturas para evitar a multiplicação explosiva de insetos e microrganismos, que podem tornar-se pragas e pestes.

REFERÊNCIAS BIBLIOGRÁFICAS

1. **Anthony, K. R. M.** e **S. G. Willimot** (1957). Cotton interplanting experiments in the south west Sudan. *Emp. J. Exp. Agric. 25:29-36.*
2. **ACAR** (1976). Equivalências em adubos comerciais além do efeito da matéria orgânica. *Minas Gerais.*
3. **Aloisi, J. Sbº** e **H. V. Arruda, de** (1960). Efeito do preparo do solo na produção de milho. *Bragantia. 19(4):215-19.*
4. **Aspiras, R.B.; O. N. Allem** e **R. F. Harris** (1971). The role of microorganisms in the stabilization of soil aggregates. *Soil Biol. e Biochem. 3(4):347-53.*
5. **Bache, B. W. e R. G. Heathecote** (1969). Long term effect of fertilizers and manure on soil and leaves of cotton in Nigeria. *Exper. Agric. 5:241-47.*
6. **Bachelier, G.** (1963). La vie animal dans les sols. *O.R.S.T.O.M. Paris.*
7. **Bandy, D. E.** e **R. B. Musgrave** (1975). Management of water stress periods. *Agron. Econ. Res. Trop. Soils, Ann. Rep. p. 65-99.*
8. **Baver, L. D.** (1968). The effect of organic matter on soil structure. *Scient. Varia. 32:383-413.*
9. **Bernstein, L.** (1966). Soil alcalinity and crop productivity. *Span. 9:76-9.*
10. **Birch, M. F.** (1958). Pattern of humus decomposition in east African soils. *Nature (Lon.) 181:788.*
11. **Bol'schakov, A. F.** (1966). Changes in the process of soil formation in solonchakic solonetz after melhoration. *Pochvov. (Amer. Issue) 6:653-57.*

12. **Bond, J. J.** e **W. O. Willis** (1971). Soil water evaporation: long term drying as influenced by surface residuos and evaporation potential. *Soil Sci. Soc. Amer. Proc. 35(6):984-87.*
13. **Bouchard, L.** (1967). Étude de l'évolution des sols sous culture en liaisons avez l'études de la régénération de la fertilité. *Coll. Fert. Soils Tropic. (Madagascar) 15:8-30.*
14. **Bouknadel, S.** (1969). Desenvolvimento de *Lepidosaphes becckii* em tangerinas com diferentes fertilizações. Em: **Chaboussou**, *p. 269.*
15. **Brasil, M. O. Sbº de** e **A. F. Mello de** (1966). Influência da cobertura morta sobre a umidade de um solo cultivado com cafeeiros. *XII Reun. An. Soc. Bras. Progr. Ciência, Piracicaba.*
16. **Brader, L.** (1976). Fertilizers in regard to plant resistance to pests. Their role in FAO's "Integrate Pest Control Program". Em: *Proc. Fertilizer Use & Plant Health. Izmir (Turquia). p. 307-19.*
17. **Bresler, E.** e **W. E. Kemper** (1970). Soil water evaporation as an effect of wetting methods and crust formation. *Soil Sci. Soc. Amer. Proc. 34(2):3-8.*
18. **Brochado Miranda, V. H.** (1963). Adubação orgânica e a incorporação dos resíduos culturais. *Agron. Lusit. 25(5):745-65.*
19. **Buendia, J.P.L.; A. A .C. Puercino, J. C. V. Penna** e **J. F. Silveira, da** (1973/74). Época de plantio da cultura algodoeira *(G. hirsutum L.)* nas principais regiões produtoras de Minas Gerais. *Rel. An. "Projeto Algodão", EPAMIG, p. 181-205.*
20. ________ e **A. A. C. Purcini** (1973/74). Espaçamento e densidade de plantio da cultura algodoeira *(G. hirsutum L.)* no norte de Minas Gerais. *Rel. An. "Projeto Algodão" EPAMIG, p. 206-19.*
21. ________, ________ e **L. Ferreira** (1974/75). Espaçamento e densidade de plantio na cultura algodoeira (*G. hirsutum*) no estado de Minas Gerais. Rel. An. *"Projeto Algodão" EPAMIG, p. 271-97.*
22. **Caballa, R.P.** e **H. W. Fassbender** (1970/71). Influência da calagem nas formas e disponibilidade de fósforo em solos da região cacaueira da Bahia. *CEPEC Inf. Téc. p. 102-05.*
23. **Cadima, A.; Z.P. Alium, de** e **W. Forsyth** (1970/71). Fatores edáficos associados com o alto e baixo rendimento do cacaueiro em algumas áreas do sul da Bahia. *CEPEC Inf. Téc. p. 118-19.*
24. **Chaboussou, F.** (1976). Cultural factors and the resistance of citrus plants to scale insects and mites. *Proc. Fertilizer Use & Plant Health, p. 259-80.*
25. **Cheng, S. S.** e **P. C. Rezende Fontes** (1973/74). Espaçamento e sistema de plantio na cultura da cenoura. *Prof. Olericult. Relat. An. Minas Gerais, p. 113-19.*
26. **Clark, A. L. D. J. Greenland** e **J. P. Quirk** (1967). Changes of physical properties of the empoverished topsoil of a red brown soil under grassland. *Austral. J. Soil. Res. 5:59-68.*
27. **Collis-George, N.** e **K. B. Laryes** (1971). Behaviour of unstable soil aggregates during irrigation with and without flooding. *Austr. J. Soil Res. 9:7-20.*
28. **Corbini, J. L.; O. V. Casagrande** e **A. V. Menzutti** (1978). Filme de polietileno e a primeira produção de café. *VI Congr. Bras. Pesq. Cafeeira, Ribeirão Preto, p. 323-25.*
29. **Cory, J. T.** e **R. J. Morris** (1968). Factors restricting infiltration rates on decomposed granitic soils. Proc. *Symp.: Water repelent soils. Univ. Calif. Riverside, p. 149-62.*
30. **Davidescu, D. D.** (1965). Fumure minérale e qualité du mais. *Trans. 4º Coll. Région. Potassium. (Belgrade) p. 85-97.*
31. ________ (1968). Ambiance, théorie et practique de la fertilization. *Ann Akad. R. S. Rumania, p. 149-92.*
32. **Davidson, J. M.; F. Gray** e **D. I. Pinson** (1967). Changes in organic matter and bulk density with depth under two cropping systems. *Agron. Jour. 59(4):375-78.*
33. **Debano, L.F.; L. D. Mann** e **D. A. Hamilton** (1970). Translocation of hydrophobic substances into soil by burning organic litter. *Soil Sci. Soc. Amer. Proc. 34(1):130-33.*
34. **Donahue, R. L.; J. C. Schickluna** e **L. S. Robertson** (1972). Soils, an introduction to soils and plant growth. *3 ed Prentice Hall, New Jersey.*
35. **Dudal, R.** (1968). Paddy soils. *Newsl. Intern. Rice Comm. FAO (Bangkok) 7:19-27.*

36. ________ e **F. R. Normann** (1964). Major soils of south east Asia, their characteristics, use and agricultural potencial. *J. Tropic. Geogr. 18:54-80.*
37. ________ (1966). Soil resources of rice production. Mechanization: *World rice confer. (Massey Fergusson & FAO).*
38. **Edwards, C. A.** e **J. R. Lofty** (1975). The invertebrate fauna of Park grass plots. I: Soil fauna. *Rep. Rothamsted Exp. Stn. 1974, Pt. 2:133-44.*
39. **Ekern, P.C.** (1964). Soil moisture and soil temperature changes with use of black vapor barrier mulch and their influence on pineapple growth in Hawaii. *Soil Sci. Soc. Amer. Proc. Vol. 1.* Em: Soils, de **Donahue**, 1972. *Prentice Hall, New Jersey, p. 49.*
40. **EMBRAPA** (1977). Sint. Reun. Plantio Direto. *Centro Nac. Pesq. Soja.*
41. **Evans, H. J.; K. J. Parkinson** e **D. L. Trudgill** (1975). Effects of potato cyst-nematodes on potato plants. III: Effects on the water relation and growth of a resistant and a susceptible variety. *Nematodol. 21:273-80.*
42. **FAO/UNESCO** (1967). International sourcebook on "Irrigation and drainage of arid land in relation to salinity and alkalinity". *Impr. Rolland, France, p. 625.*
43. **Farbrother, H. G.** e **H. L. Manning** (1952). Climatology. *Progr. Rep. Exp. Sta. 1951/52, Uganda Emp. Cott. Grow. Corp. London, p. 3-6.*
44. **Firsova, V. P.** (1965). Influence of forest felling and burning of clearing, on the content and dynamic of water soluble substances in the sodpodzolic soils of Transurals. *Pochvov. (Amer. Issue) 6:633-41.*
45. **Fitts, J. W.** (1972). Sur l'emploi des fertilizants et leurs effect sur l'accroissement des récoltés. *Scient. Varia. 38:5-44.*
46. **Fonseca, R.; Z. G. Santos** e **A. F. Jesus** (1967). Memor. *II Confer. Int. Pesq. Cacau, Itabuna, p. 461-65.*
47. **Franz, H.** (1964). Die Bedeutung des bodenbiologischen Geschehens für den Fruchtbarkeitszustand. *Z. Pflanzenem. Düng Bodenkd. 108(2):123-28.*
48. **Gee, J. C. de** (1950). Preleminary oxydation potencial determination in a Sawah profil near Bogor (Java). *Trans. 4° Int. Congr. Soil Sci. 1:300-03.*
49. **Geus, J. C. de** (1973). Fertilizer guide for the tropics and subtropics. *Centre d'étude de l'Azote, Zurique.*
50. **Gill, W. R.** (1971). Economic assessment of soil compaction. Em: Compaction of agricultural soils. *Barnes, Am. Soc. Agric. Engineers, St. Joseph, Mich.*
51. **Giesel, W.; M. Renger** e **O. Strebel** (1972). Berechnung des kapilaren Aufstiegs aus dem Grundwasser in den Wurzelraum. *Z. Pflanzenem. Bodenkd. 132(1):17-30.*
52. **Gilbert, S. M.** (1945). The mulching of *Coffea arabica. E. Afr. Agric. J. 11:75-9.*
53. **Gomes, A. G.; H. Gargantini** e **W. R. Venturini** (1963). Competição entre fertilizante nitrogenado orgânico e mineral na cultura de batatinha. *Bragantia. 22(46):575-81.*
54. **Graner, E. A.** e **C. Godoy Jr.** (1971). Sombreamento dos cafezais. V: resultados de mais dois biênios 1967/68 e 1970/71. *An. ESA Luiz Queiroz, XXVIII: 153-64.*
55. **Greb, B.W.; D. E. Smika** e **A. L. Black** (1967). Effect of straw mulch rates on soil water storage during summer fallow in the great Plaines. *Soil Sci. Soc. Amer. Proc. 31(3):356-59.*
56. **Greene, H.** (1960). Paddy soils and rice production. *Nature (London). 186:511-13.*
57. **Gurewitsch, S. M.** (1961). Abhängigkeit der Düngung von Niederschlagsmengen auf mächtigen Tschernozemboden in Gebieten mit unzureichenden Niederschlägen. *Pochvov. 7:85-90.*
58. **Haag P.** (1972). Nutrição mineral das plantas. *ESALQ, Piracicaba.*
59. **Handog. A. S.** e **R. Bartolomé** (1966). The effect of spacing on the yield of arabica coffee. *Coffee, Cacao J. 9(1):10-18.*

60. **Hardy, F.** (1962). Nutrient status of good and poor cacao soils. *Int. Agric. Sci. Turrialba Costa Rica.*

61. **Harris, R. F. *et al.*** (1964). Mechanisms of soil aggregate stabilization by fungus. *Soil Sci. Soc. Amer. Proc. 28(4):529-53.*

62. **Hatward** (1949). Em: Aulas de fisiologia vegetal, de **Müller**, 1974. *Curso de Pós-grad. Biodin. e Produt. Solo, Sta. Maria/RS.*

63. **Herwig, K.** e **H. Linser** (1968). Zusammenhänge zwischen Bindung, Transpiration und Nährstofftransport bei Lein unter besonderer Berücksichtigung einer variierten Wassergabe und Kalkdüngung. *Kali-Briefe, 2/23.*

64. **Hillel, D.** e **W. R. Gardener** (1970). Non stationary infiltration in profils wich have surface crusts. *Soil Sci. 109:69-79.*

65. **Iwanow, W. P.** e **G. W. Jacobson** (1964). Die Bedeutung der Wurzelausscheidungen in der Pflanzenernährung. *Agrokhimya, 96-107. (Ref. Z. Pflanzenem. D. Bodenkd. 111(3):236, 1965).*

66. **Janson, S. L.** (1965). Uber die Natur der Bodenfruchtbarkeit erläutert an Erfahrungen im schwedischen Pflanzenbau. *Z. Pfalnzener. Düng. Bodenkd. 109(2):120-39.*

67. **Jarreiro, M.** e **E. Ortega** (1968). Fertilización del arroz en el valle del rio Fuerte. *Agr. Téc. (México). 2(8):370-3.*

68. **Jencker, P. H.** e **J. J. Maddison** (1967). Curves of hydraulic tension from a sand-turf mixture. *Soil Sci. Soc. Amer. Proc. 31(1):5-8.*

69. **Jenny, H.** (1965). Bodenstickstoff und seine Abhängigkeit von Zustandfaktoren. *Z. Pflanzenern. Düng. Bodenkd. 109(1):97-112.*

70. **Jones, J. N. *et al.*** (1968). The no-tillage system for *coin. Agron. J. 60(1):17-20.*

71. **Jones, F. G. W.** (1976). Pest resistance and fertilizers. Em: Fertilizer use & plant health, *Potash symp. Izmir, Turquia, p. 233-58.*

72. **Karmanov, J. J.** (1966). Changes in tropical soils under agricultural use. *Pochvov. (Amer. Issue) 1:36-49.*

73. **Kawaguchi, K.** e **Y. Matsuo** (1956). Movement of active oxyde in dry paddy soil profils. *Trans. VI Int. Congr. Soil Sci. (Paris), Vol. C: 533-37.*

74. **Kawano, K.; P. A. Sanchez, M. A. Nureña *et al.*** (1971). Upland rice in the Peruvian selva. *Rice Bread. Symp. Int. Rice Res. Inst. (Los Baños, Filipinas).*

75. **Kelley, O. J.** (1954). Requirement and availability of soil water. *Adv. Agron. 6:67-94.*

76. **Kelley, W. P.** (1951). Alkali soils. *Reinhold, New York.*

77. **Kemmler, G.** (1970). High yielding varieties (HYV) need high rates of potassium application. *Phosph. & Potassium. Nov/Dec. Issue, London.*

78. **Kijne, J. W.** (1967). Influence of soil conditions on infiltration and water movement in soils. *Soil Sci. Soc. Amer. Proc. 4(3):406-13.*

79. **Klapp, E.** (1956). Wiesen und Weiden. *Parey, Berlin & Hamburg.*

80. **Kochman, R. A.; C. M. Borkert, O. J. F. Siqueira, de** e **J. A. Martin.** (1973/74). Determinação do efeito residual da profundidade de calagem sobre as propriedades do solo e o rendimento da cultura em sucessão trigo-soja. *II Reun. Conj. Pesq. Soja, Porto Alegre.*

81. **Kovda, V. A.** (1961). Principles of the theory and practice of reclamation and utilization of saline soils in dry zones. *Aride Zone Res. XIV(2):1-123.*

82. ________ (1972). Vers une fertilité controlé des sols. *Nature & Resources, VIII(2):2-4.*

83. **Kozlova, V.** (1962). Em: FAO/UNESCO Int. Sourcebook on irrigation and drainage. *Rolland, França, 1967.*

84. **Kutschera, L.** (1960). Wurzelatlas mitteleuropäischer Ackerunkräuter. *DLG, Frankfurt/Main.*

85. **Krutman, S.** (1968). Cultura consorciada: cana versus feijoeiro. Primeiros resultados. *Pesq. Agropec. Bras. 3:127-34.*

86. **Lang, A. L.; J. W. Pendleton** e **G. H. Duncan** (1956). Influence of population and nitrogen levels on yield and protein and oil content of nine corn hibrids. *Agron. Jour. 48:284-9.*
87. **Lebedev, A. F.** (1936). Soil and groundwater. Em: FAO/UNESCO, Sourcebook on irrigation and drainage. *Rolland, França. (1967).*
88. **Leopoldo, P. R.** e **F. A. D. Conceição** (1975). Efeitos de diferentes tensões de umidade do solo, com e sem cobertura morta, na produção de alho, *(Allium sativum L. cult. "Lavina") Rev. Oleric. XV:41 (Botucatu).*
89. **Lourenço, A. J.; H. J. Sartini** e **M. Santamaria** (1976). Efeito do fogo em pasto de capim-jaraguá *(Hyparrhenia rufa)* consorciado com uma mistura de leguminosas tropicais. *B. Industr. Anim. Nova Odessa. 33(2):243-49.*
90. **Machado, J. A.** (1976). Efeito dos sistemas de cultivo reduzido e convencional na alteração de algumas propriedades físicas e químicas do solo. *Tese de livre-doc. UFSM/RS.*
91. **Mahajan, K.; B. P. Childae** e **V. Kumar** (1971). Influence of oxygen levels and mechanical compaction on rice growth and yield. *Il Riso. 20(3):207-12.*
92. **Manetti, J. Fº** e **D. Santos** (1977). Tolerância ao alumínio em 4 cultivares de café *(Cofea arabica L.) V. Congr. Bras. Pesq. Cafeeiras, Guararapi (ES), p. 21.*
93. **Mannering, J. V.** (1975). Influência de variável quantidade de restos de cultura na infiltração de água. *I Encontro Nac. Pesq. Erosão com Simuladores de Chuva. EMBRAPA, Paraná.*
94. **Marques, A. G.; J. Bertoni** e **G. B. Barreto** (1961). Perdas por erosão no estado de São Paulo. *Bragantia. 20(47):1143-82.*
95. **Margoli, E.** (1977). Efeito das queimas em solos litólicos da zona agreste de Pernambuco. *XVI Congr. Bras. Ciênc. Solo, São Luís, p. 55.*
96. **Martin, W.S.** (1944). Grass covers in their relation to soil structure. *Emp. J. Exp. Agric. 12:21-32.*
97. **Mateo-Segaste, E.** (1970). Transición de la agricultura extensiva a intensiva con el empleo de fertilizantes: La interacción entre la irrigación y las enfermidades de las plantas. *Rev. Potása. 6/31.*
98. **McNeal, B. L.; D. A. Layfield, W. A. Norwell** e **J. D. Rhoades** (1968). Factors influencing hydraulic conductivity of soils in the presence of mineral salt solution. *Soil Sci. Soc. Amer. Proc. 32(2):187-90.*
99. **McRae, J.O.** e **T. E. Castro** (1967). Nitrogen fixation in some rice soils. *Soil Sci. 44:66-75.*
100. **Medcalf, J.C.** (1956). Preliminary studies on mulching young coffee in Brazil. *IBEC Res. Inst. Bull, 12.*
101. **Mendes, W.** e **J. Bennema** (1965). As mais importantes limitações do uso agrícola dos solos brasileiros sob ponto de vista das condições ecológicas. *Agronomia. 23(1):29-32.*
102. **Miyasaka, S.** e **L. A. C. Lovadini** (1967). Efeitos sobre a produção do feijoeiro da aplicação de diversos tipos de matéria orgânica não decomposta. *Bragantia. 26(14):187-96.*
103. **Molina, J. S.** (1967). El hombre frente a la Pampa. *Espíndola, Col.: Tranqueras abiertas, nº 3, Buenos Aires.*
104. **Moreira, T.J.** (1966). Introdução ao problema de fertilidade do solo na cafeicultura angolana. *Inst. Invest. Agron. Angola, I Reun. Téc. 1964.*
105. **Nagarajarov, Y.** (1971). Einfluss des Gefüges auf die Wasserbindung durch Bodenproben. *Z. Pflanzenern. Bodenkd. 127(2):134-43.*
106. **Nascimento, J.C.** (1971). Influência da queimada sobre algumas características químicas do solo. *CEPEC, Inform. Téc. 1970, p. 95-6.*
107. **Nicol, H.** (1935). Mixed cropping in primitiv agriculture. *Emp. J. Exp. Agric. 3:189-95.*
108. **Nye, P.H.** e **D. J. Greenland** (1964). Changing in the soil after clearing tropical forest. *Plant & Soil. 21:101-12.*

109. **Oliveira, A.; J. C. Montojos** e **T. Igue** (1964). Adubação de arroz-de-sequeiro. I: Avaliação de influência de nitrogênio, fósforo e potássio sobre características de variedade precoce de arroz-de-sequeiro. *Bragantia. 23(8):73-81.*

110. _______ (1965). Ensaios preliminares de adubação de arroz-sequeiro. II: Cultivar *"Pratão". Bragantia. 24(33):37-46.*

111. _______ (1966). Ensaios preliminares de adubação de arroz-sequeiro. III: Cultivar *"Dourado Precoce". Bragantia. 25(1):1-8.*

112. **Oliveira, V. G.; A. A. Veiga, de, A. Conagin *et al.*** (1972). Ensaio de rotação bienal de culturas. *Bragantia. 31 (único):XLIX-LVII.*

113. **Pearshall, W. H.** (1950). The investigation of wet soils and its agricultural implication. *Emp. J. Exp. Agric. 25:79-94.*

114. **Peele, T. C.** e **O. W. Beale** (1959). Laboratory determination of infiltration rates of disturbed soil samples. *Soil Sci. Soc. Amer. Proc.* Citado em **Donahue**, 1972. *Soils, Prentice-Hall, New Jersey, p. 354.*

115. **Pendleton, J. W.** (1965). Increasing water use efficiency by crop management. *Plant Environm. Water Use, p. 236-55.*

116. **Penny, J. M.** (1965). Ensaios de adubação: Adubos em cobertura. *Lav. Arroz. 19(221).*

117. **Peive, J. B.** (1961). Mikroelemente und Pflanzenernährung. *Isd. AH. Latw. SSR. 1:35-60.*

118. **Popenoe, H. L.** (1957). The influence of the shifting cultivation cycle on soil properties in Central America. *Proc. 9th Pacific Soil Congr. (Bangkok). 7:72-77.*

119. **Pratt, P. E.** e **F. Bair** (1969). Sodium hazard by irrigation water rich in carbonate. *Soil Sci. Soc. Amer. Proc. 33(6):880-83.*

120. **Primavesi, A. M.** e **A. Primavesi** (1968). Maisertrag in Abhängigkeit von Bodenstruktur und Mikronährstoffdüngung. *Bodenkult. 19(1):302-06.*

121. _______ (1969). A fixação de N em solos de arroz-irrigado. *XII Congr. Bras. Ciênc. Solo, Curitiba.*

122. _______ (1971). Unterschiedliche Analysenergebnisse bei trockenen und nassen Böden. *Agrochim. XV (4-5):454-60.*

123. _______ e **A. Primavesi** (1971). Influência de cobre na nutrição de arroz irrigado (*Oryza sativa L.*) *Rev. Centro Ciênc. Rur. 1(3):9-14.*

124. _______ (1971). Influência de técnica de plantio no rendimento do milho *(Zea mays). Rev. Centro Ciênc. Rur. 1(1):45-58.*

125. _______ e **C. Veiga** (1971). Influência dos equilíbrios nutricionais no arroz irrigado sobre a resistência à brusone (*Piricularia oryzae Cav.*). *Rev. Centro Ciênc. Rur. 1(2):101-24.*

126. _______ e **A. Primavesi** (1974). Aumento de nitrogênio no solo pela aplicação semiaeróbia de palha, fósforo e cálcio. *Rev. Centro Ciênc. Rur. 4(1):9-18.*

127. _______ (1971). Condições ecológicas que influem no aparecimento do Mio-Mio (*Baccharis coridifolia DC.) Relat. de pesquisa à FAPERGS.*

128. _______ (1968). Influência da bioestrutura do solo sobre a infiltração e evaporação da água. *Progr. Biodin. Produt. Solo, Sta. Maria/RS, p. 253-60.*

129. **Primavesi A.** (1965). Cultura da cana-de-açúcar. *2 ed. Melhoramentos, São Paulo.*

130. _______ (1968). Organic matter and soil productivity in the tropics and subtropics. *Scient. Varia. 32:653-99.*

131. _______, **O. Gressler** e **F. Andrae** (1970). Estudo da fertilidade dos solos do município de Faxinal de Soturno (RS). *Impres, Univ. Sta. Maria.*

132. **Primavesi, A. M.** e **J. A. Machado** (1968). Influência da microflora trófica da cultura precedente sobre o trigo. (*Triticum aestivum*). *Progr. Biodin. Produt. Solo, Sta. Maria/RS, p. 469-74.*

133. **Primavesi, A.; F. Andrae** e **O. Gressler** (1971). Estudo da fertilidade dos solos no município de Cerro Largo (RS). *XII Congr. Bras. Ciênc. Solo, Vitória.*

134. ________ (1969). Nutzlandgewinnung in den Tropen und Subtropen. *Bodenkult. 20(1):1-16.*
135. ________ (1972). Correct use of fertilizers in the humid tropics and subtropics on I: plant resistance to disease, II: crop productivity. *Scient. Varia. 38:139-87.*
136. **Quinio, N.** (1967). Methods de cultive du sol. *Fertil. Sols Tropic, p. 1685-1708.*
137. **Reese, E. T.** (1968). Microbial transformation of soil polysaccharides. *Scient. Varia. 32:536-77.*
138. **Rezende, F. P. C.; J. A. Menezes Sbrº, de** e **R. Marinato** (1973/74). Efeito de espaçamento, de poda e de condução das ramas sobre a produção da morangueira. *Relat. An Projeto Olericultura (MG).*
139. **Robertson, W. K.** (1968). Minimum tillage for row crops. *Nota partic., da Exp. Sta. Flórida.*
140. **Robinson, J. D.** e **E. M. Chemery** (1958). Magnesium deficiency in coffee with special references to mulching. *Emp. J. Exp. Agric. 26:259-73.*
141. ________ e **P. H. Hosegood** (1965). Effect of organic mulch on fertility of a latosolic coffee soil in Kenya. *Exp. Agr. 1:67-80.*
142. **Rodrigues, O.** e **E. Abramides** (1969). Influência da seca e práticas de cultivo do solo na turgescência da laranja. *Ciência e Cult. XXI(2):375-76.*
143. **Rovira, A.D.** (1962). Plant root exudates in relation to the rhizosphere microflora. *Soils & Fertilizers XXV/3:167-72.*
144. **Russell, E. W.** (1961). Soil conditions and plant growth. *9 ed. Longmann, Green & Co. London.*
145. ________ (1968). A importância da estrutura ativa do solo na história da humanidade. *Progr. Biodin. Produt. Solo, Sta. Maria/RS, p. 269-84.*
146. **Saint, S. J.** (1930). Manurial trials; sugar cane. *Repte. Dept. Agric. (Barbados). 1929;30:82-93.*
147. **Salinas, J. G.; E. Gonzales, J. Kamprath *et al.*** (1975). Residual depth of lime rates and depth of incorporation. *Agronomic-Economic Res. on Tropical Soils, Ann. Rep. North Carolina State Univ. p. 16-32*
148. **Sanchez, P.A.** (1972). The review of soil research in tropical Latin America. *AID/csd. 2806, Soil Sci. Dpt. North Carolina State Univ.*
149. ________ e **M. A. Nureña** (1972). Upland rice improvement under shifting cultivation system. *N. C. Agr. Exp. Tech. Bull.*
150. **Sanchez, P.A.** (1973). *Agron. Edon. Res. Tropical Soils, p. 62-63.*
151. **Sandhu, B. S.** e **D. B. Bumbla** (1967). Effect of addition of different organic materials and gypsum on soil structure. *J. Indian Soil Sci. 15(3):141-47.*
152. **Santana, M. B. M.** e **P. R. Cabala** (1970/71). Efeitos de doses crescentes de Al no desenvolvimento das plântulas de cacau. *CEPEC Inform. Téc. 99.*
153. **Sauberan, C. *et al.*** (1968). Recuperación biológica de suelos sódicos. *Progr. Biodin. Produt. Solo, Sta. Maria/RS, p. 293-98.*
154. **Savage, S. M.; J. Osborn, J. Letey** e **C. Heaton** (1972). Substances contributing to fire induced water repellency in soils. *Soil Sci. Soc. Amer. Proc. 36(4):674-78.*
155. **Scharpf, H.C.** (1973). Zur Ernährungsphysiologischen Qualität von Gemüse. *Tese Techn. Univ. Hannover.*
156. **Scheffer, F.** e **P. Schachtschabel** (1960). *Bodenkunde, 5 ed Enke, Stuttgart.*
157. **Schendel, V.** (1967). Probleme des Wasserhaushaltes, der Bodenerosion und der Bewässerung in wärmeren Klimazonen. *Kulturtech. u. Flurber. 8(2):68-84.*
158. **Schmid, G.** (1966). Meliorationsdüngung der Ackerböden mit Ca, Mg und K. *Kali-Briefe, 1/4.*
159. **Schmitt, N. C.** e **H. Gargantini** (1966). Aplicação de nitrogênio em cobertura em cultura de arroz. *Bragantia. 25(5):57-63.*
160. **Schultz, L. A.** (1978). Manual do plantio direto. *Agropecuaria, Porto Alegre.*
161. **Secretaria de Agricultura** (1978). Conservação do solo. *Campinas.*

162. **Sekera, F.** e **A. Brunner** (1943). Beiträge zur Methodik der Gareforschung. *Z. Pflanzenern. Düng. Bodenkd. 29:169-72.*
163. ________ (1953). Der gesunde und der kranke Boden. *Parey, Berlin.*
164. **Sims, J. L.** e **B. C. Blackmoon** (1967). Predicting nitrogen availability to rice. *Soil Sci. & Plant Nutr. 12:107-14.*
165. **Smith, D.W.** (1970). Nutrient concentration before and after burning. *Soil Sci. 50:17-29.*
166. **Smith, A. N.** (1959). Chemical department report: Tea. *Res. Inst. East Africa. Ann. Rep. 1958, nº 34.*
167. **Stallings, J. H.** (1957). Soil conservation. *Prentice-Hall, New Jersey.*
168. **Suarez de Castro, F.** (1957). Las quemas como practica agrícola y sus effectos. *Fed. Nac. Cafetaleros, Colombia, Bol. Téc. 2.*
169. **Swaby, R. J.** (1968). Stability of soil organic matter and its significance in practical agriculture. *Scient. Varia. 32:583-613.*
170. **Sykes, D. J.** e **D. W. Loomis** (1967). Plant and soil born factors at the permanent wilting point and field capacity. *Soil Sci. Soc. Amer. Proc. 104(1):163-73.*
171. **Tadashy, O.; O. Yoshiro, K. Koji *et al.*** (1970). A adubação em campos não lavrados de arroz irrigado. *Chika Shig. Chos. Kokoku. 38:19-21.*
172. **Tanaka, A.** e **S. A. Navasero** (1966). Growth of rice seedlings on acid sulphate soils. *Soil Sci. & Plant Nutr. 12:107-14.*
173. **Tedrow, J. C. F.** (1966). Arctic desert soils. *Soil Sci. Soc. Amer. Proc. 30(2):381-87.*
174. **Thorne, D.W.** e **H. B. Peterson** (1954). Irrigated soils. *Elakestone, New York.*
175. **Torres, E.; E. F. Queiroz, de** e **N. Neumaier** (1977/78). Ecologia e práticas culturais. *EMBRAPA, Reun. Pesq. Soja, Reg. Sul, Florianópolis, p. 88-134.*
176. **VanHoorn, L.** (1958). Em: Tropical soils, de **Wrigley**, 1969. *Faber & Faber, London.*
177. **Varade, S. B.** e **E. A. Pahl** (1972). Influence of soil compaction and N fertilization on growth of rice. *Il Riso. 2(3):219-23.*
178. **Vasconcelos, N.** e **L. M. Almeida** (1966). Adubação química do arroz no Nordeste. *Pesq. Agropec. Bras. 1:353-56.*
179. **Viana, A. S.; A. P. Camargo, de** e **H. D. Dias** (1978). Efeito do espaçamento progressivo na produção de café. *VI Congr. Bras. Pesq. Cafeeira, Ribeirão Preto/SP, p. 10-12.*
180. **Vittinghoff-Schell, V.** (1968). Der uns alle umfassende Haushalt des Bodens. *Boden & Gesundh. 61(4):4-12.*
181. **Voisin, A.** (1960). Dynamiques des herbages. *Maison Rustique, Paris.*
182. **Wadleigh, C. H.; W. A. Raney** e **D. M. Herschfield** (1965). Plant environment and efficient water use. *McMillan, New York.*
183. **Wagner, H.O.** e **H. Lenz** (1953). A floresta e a conservação do solo. *Melhoramentos, São Paulo.*
184. **Watson, G.A.** (1960). Cover plants and soil nutrient cycle in *Hevea* cultivation. *Proc. Natur. Rubber Res. Conf. (Kuala, Lumpur).*
185. **Watters, R. F.** e **L. Bascones** (1971). Influence of the shifting cultivation on soil properties at Altamira-Calderas. *FAO Forestry Developm. 17:291-99.*
186. **Weaver, J.E. (1920).** Root development in the grassland formation. *Carnegie Inst. Wash. 292: 1-151.*
187. **Wessell, M.** (1967). Cacao soils of Nigeria. *Memor. II Conf. Int. Pesq. Cacau, Itabuna, p. 417-30.*
188. **Wistholter, S.** e **B.R. Bouglé** (1975/76). Informe sobre sistemas de manejo de solo, densidades de semeaduras e doses de nitrogênio na cultura de trigo. *Rel. Téc. An. Centro Nac. Pesq. Trigo, 1977. p. 62-7.*
189. **Wiersum, L.K.** (1961). Utilization of soil by plant root system. *Plant & Soil. 15:189-92.*
190. **Wrigley, G.** (1969). Tropical agriculture. *Faber & Faber, London.*

191. **Wutke, A.C.P.** e **R. Alvarez** (1968). Restauração do solo para a cultura de cana-de-açúcar. *Bragantia. 27(18):201-17.*
192. **Yakima, Y.** (1965). Em **Wrigley,** 1969, Tropical agriculture, *Faber & Faber, London.*
193. **Zimina, S.** (1957). Em: Int. sourcebook of irrigation and drainage. *FAO/UNESCO, 1967, Paris, p. 72.*

10 SOLOS ESPECIAIS

O MANEJO DO SOLO PASTORIL

O solo pastoril distingue-se do agrícola por exigir técnicas ecológicas. Sabe-se que o arejamento do solo agrícola se executa por meio de um arado ou subsolador. O solo irrigado por submersão ventila-se, principalmente, pela drenagem, que permite a entrada de oxigênio. O solo pastoril se afrouxa e areja através da incentivação do crescimento radicular das forrageiras.[19,37]

Em terras agrícolas implanta-se uma cultura e tudo se faz para mantê-la neste campo até a colheita. É adubada, irrigada, capinada ou tratada com herbicidas, protegida com *mulch* ou culturas protetoras, defendida por defensivos, enfim, sempre é a mão do homem que intervém em favor da cultura contra os fatores ecológicos.

Nas pastagens, capineiras e invernadas isto é diferente. Após serem implantadas, devem persistir em forma de relva densa durante muitos anos, resistindo ao pastejo e pisoteio do gado e "conformando-se" com as condições do solo, que se transformam no decorrer do tempo. Espera-se que forneçam forragem abundante e nutritiva.[1,15,29,45] Quem considerar agrostologia como simples forragicultura, tratando as pastagens como se fossem campos agrícolas, nunca obterá preços suficientemente altos para pagar todas as despesas.[39,45] Na pastagem, seja ela nativa ou plantada, valem os princípios ecológicos: Instalam-se e dominam somente aquelas plantas que encontrarem todas as suas exigências satisfeitas.[19,55,56] Pode-se plantar o que bem entender, mas o fato da forrageira permanecer no pasto dependerá de sua adaptação ao meio ambiente e ao trato que receberá do gado.[31] Uma erva indesejada que invade a pastagem somente o faz porque todas as condições do solo a favorecem e a maneira de pastar do gado a poupa. Uma planta pode aparecer porque uma modificação do ambiente, que passou despercebida, possibilitou-lhe a competição.[19,55]

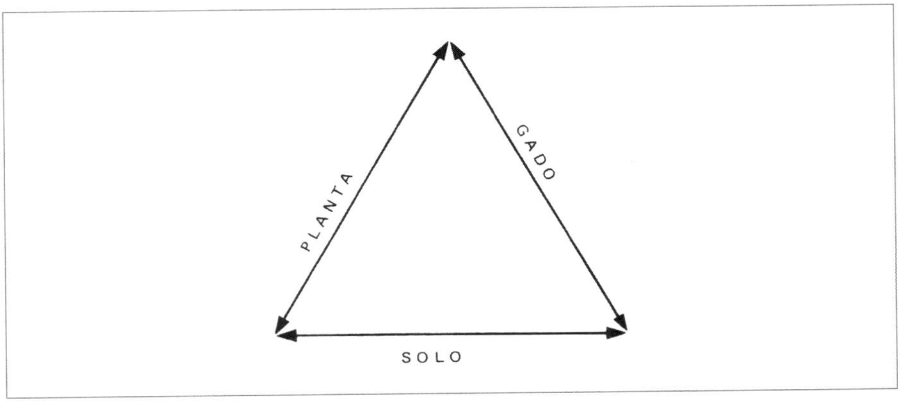

Figura 10.1 A inter-relação triangular solo-planta-gado em sua dependência reciprocíclica. O solo forma a planta e o gado, o gado forma a vegetação e influi sobre o solo. Por meio do manejo do gado influi-se sobre a vegetação e o solo.

No solo agrícola somente existe a inter-relação solo-planta, no pastoril isso é triangular. A planta não é somente o produto do solo, mas igualmente da influência do gado[19,37,55] (figura 10.1). O solo influi sobre a vegetação e esta sobre o solo. O animal de pastejo influi sobre a vegetação e o solo, sendo este formado pela forragem que recebe. A produção animal depende do solo, uma vez que em solos pobres a vegetação será pobre e os animais que ali viverem serão fracos, deficientes, pesteados, com desenvolvimento e fertilidade reduzidos.[11]

Diz o adágio: "a raça se faz pela boca" e, de fato, o gado é a imagem fiel da situação do solo e da vegetação que este consegue produzir.[55,56] Ninguém pode imaginar que raça fina em pasto grosseiro dá lucro.[41]

O problema principal não é introduzir raças mais produtivas, mas manejar nossos solos pastoris de tal modo que as raças consigam tirar o máximo proveito.[16,17,19,23,25,45,49]

Como se apresenta o solo pastoril?

Podemos distinguir três formas de uso pastoril:

1. O campo nativo em pastejo permanente ou com pastejo rotativo;
2. A capineira implantada, ou seja, a pastagem artificial[2,44] que:
   a) Pode identificar-se com o meio ambiente que encontra, fornecendo uma pastagem densa e produtiva, que, quando bem manejada, pode fechar o solo. Especialmente quando se escolhem capins decumbentes de porte médio, como capim-pangola, capim-estrela, capim-gordura, *Brachiaria* e outros. Porém, mesmo formada por capins decumbentes a pastagem não fecha e esta é tomada por invasoras, quando as forrageiras não se identificam com o solo, ou quando faltar fósforo;

b) Não se pode identificar com o solo e o meio ambiente que encontrar, não se desenvolvendo satisfatoriamente, necessitando muito adubo, herbicidas, roçadas e manejo, de modo que encarece a produção de carne. Especialmente quando se tratar de capins de porte alto, como capim-colonião, muito solo fica desnudo e a invasão por plantas nativas é séria, como, por exemplo, de grama-mato-grosso *(Paspalum notatum var. M. Grosso)*, leiteiras *(Sapindaceae)*, assa-peixe *(Composta, geralmente Vernonia spp.)* ou bacuri *(Platonia insignis)*, Inajá *(Maximiliana régia)* e outras;

3. A capineira para fenação onde não há pastejo. Também pode ser para ensilagem. No primeiro caso é uma capineira permanente, geralmente para abastecer gado leiteiro estabulado, no segundo caso é a mais pura forragicultura.

Reconhece-se o uso pastoril pela conformação do solo. No *pastejo permanente* a superfície do solo está compactada até 3 a 4 cm de profundidade. Segue-se uma camada de 20 a 25 cm semigrumosa e, conforme a textura do solo, segue a 30, 60 ou 80 cm de profundidade uma laje impermeável que represa a água (figura 10.2).

Em *campos ceifados*, onde se colhe forragem verde para o gado estabulado, não há compactação nenhuma e muitas vezes o solo fica de tal maneira frouxo, que necessita ser compactado. Solo de *pastagem plantada* apresenta-se igual ao solo agrícola. Possui uma camada grumosa na superfície e um "pan" logo abaixo. Muitas vezes possui ainda uma crosta superficial.

Também a flora pastoril indica o uso. Em campo de pastejo permanente a maioria das gramíneas são reptantes ou decumbentes, dependendo isso da intensidade

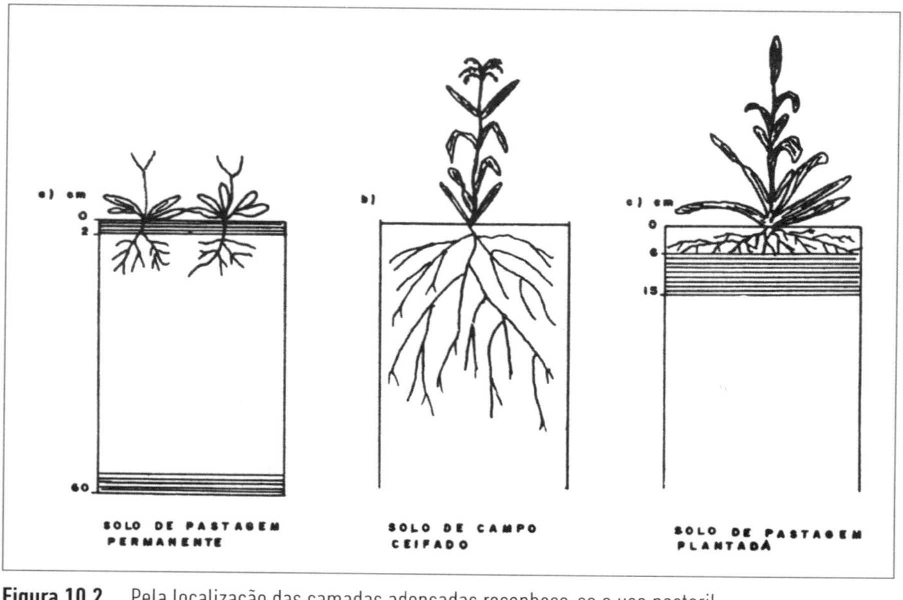

Figura 10.2 Pela localização das camadas adensadas reconhece-se o uso pastoril.

do uso. Em pastagens raramente pastadas ou ceifadas, a maioria dos capins é cespitosa, quer dizer, cresce em toiceiras. A conclusão lógica é que capins cespitosos não suportam o uso muito intenso ou permanente[39,56] necessitando de repouso. Se não o recebem, desaparecem. As gramíneas "invasoras" que se instalam facilmente entre os capins eretos, quando o pastejo for permanente, como, por exemplo, grama-forquilha (*Paspalum notatum*) no capim-colonião (*Panicum maximum*), são, portanto, a reação natural e ecológica ao uso.

Na figura 10.3 apresenta-se um solo pastoril com superlotação permanente, como encontramos em propriedades pequenas. A superlotação deduz-se facilmente pela espessura da camada adensada superficial. O subsolo é solto (figura 10.3).

Se em determinadas partes de pasto nativo de uso permanente, o solo não for compactado superficialmente, isso ocorre porque a lotação foi baixa por alguma razão, ou esta parte não foi usada por tempo prolongado. Com frequência é por falta aguda de magnésio, que faz o pasto ser evitado pelos novilhos ou terneiros. Gado adulto não evita essas pastagens, conseguindo engordar satisfatoriamente.[11] Tanto em uso permanente ou em uso rotativo intensivo destroem-se os grumos superficiais do solo pelo pisoteio, especialmente em épocas úmidas ou em períodos secos com pouca vegetação. O uso do fogo piora ainda a situação, mesmo quando parece justificado para limpar a pastagem da vegetação velha que sobrou e para apressar a brotação nova.[24] As partículas argilosas dos grumos superficiais destruídos turvam a água que percola o solo, sendo depositadas a 60 ou até 120 cm de profundidade,

Figura 10.3 Solo pastoril adensado na superfície pelo pisoteio do gado.

formando uma laje. Nesta laje a água das chuvas estagna, fazendo as pastagens sofrer de umidade excessiva nas épocas de maior pluviosidade,[19,20,39] fato que se conhece tanto no Rio Grande do Sul como na Amazônia. Em qualquer sistema de pastejo, seja permanente ou rotativo, a fenação é um método de eliminar a camada dura superficial e de afrouxar o solo.[19,42,55]

Existe a fenação manual ou pouco mecanizada, onde o capim é cortado com ceifadeira e juntado com rastelo puxado a cavalo ou trator quando seco (figura 10.4), formando montículos. Estes se juntam para montes maiores no campo, cercados e cobertos por plásticos, até a época em que serve de suplemento para o gado, ou é levado a galpões cobertos. Importante é que o feno seja bem seco e bem socado, para expelir o ar, que possibilita o autoincêndio.

A fenação pode ser, também, totalmente mecanizada, deixando a máquina os fardos prensados no campo, que serão recolhidos e amontoados em galpões com tubos de ventilação.

Seja chamada a atenção aos pontos seguintes:

1. A fenação nunca deve ser feita de capim maduro e seco, mas sempre de capim que recentemente iniciou sua floração.
   Capim secado em pé não fornece feno, mas, apenas, palha.
2. Cada pastagem necessita de repouso. Este será concedido retirando os animais temporariamente. Este *repouso é natural em fazendas invernadoras, mas tem de ser dado em fazendas de cria.* Para não perder o capim produzido durante o repouso, este será fenado. Constitui assim, um suplemento valioso na época de escassez de forragem.
   Quando se tratar de capim alto, como de colonião ou elefante, não se procede a fenação mas a ensilagem, que, porém, em nossas condições, não passa de um "feno marrom" tendo valor nutritivo muito baixo.[19]

Figura 10.4 Campo após fenação manual ou pouco mecanizada.

Figura 10.5 Fenação completamente mecanizada, colhendo-se os fardos prensados pela máquina.

A PASTAGEM ARTIFICIAL

Na pastagem implantada ou artificial pode ser que a forrageira ou a mistura das forrageiras se tenham identificadas com o ambiente. Mas pode ocorrer que a forrageira implantada, imposta ao solo, está lutando com toda espécie de dificuldades. Não há dúvida que em muitos estados do Brasil a pastagem artificial, nos primeiros dois ou três anos, dá uma produção quatro a oito vezes maior que a pastagem nativa;[34] mas, que esta produção não perdura e que a decadência do solo de capineiras é idêntico ao do solo agrícola, é amplamente conhecido. Uma camada adensada forma-se entre a raiz e o subsolo, limitando o desenvolvimento radicular à superfície[55] e, quando esta for esgotada ou lixiviada, a pastagem entra em declínio; é ocupada por invasoras e muitas partes do solo ficam sem vegetação, dando lugar à erosão.[47] São os famosos "anos de fome"[55] que cada capineira experimenta antes que as raízes de plantas, ecologicamente adaptadas, consigam romper esta camada, abrindo o caminho para o subsolo. A conclusão lógica seria nunca plantar forrageiras mal adaptadas ao solo[34] porque estas nunca conseguirão romper a laje, e, portanto, sempre necessitarão ajuda mecânica, ou seja, uma gradeação, para conservar a forrageira no campo, como, muitas vezes, ocorre no capim-colonião. Nestas pastagens o gado ainda ajuda na destruição. Nas épocas de crescimento rápido consegue pastar somente uma parcela, enquanto o restante se torna fibroso e duro. Terminado esta parcela o gado espera, ali mesmo, a rebrota sem se importar com a forragem alta em volta. Esta tosa permanente enfraquece as forrageiras de tal modo que desaparecem, especialmente quando à laje interna se associa uma crosta superficial pelo pisoteio e sobretudo pela ação das chuvas sobre o solo desnudo.[18,37]

De que adianta plantar os melhores capins se o sistema é o antigo: "o gado cuida do dono" em vez do dono cuidar do gado? E como o gado é irracional não conserva, mas destrói a pastagem e o solo pastoril (figuras 10.6 e 10.7).

Na capineira de fenação o solo é intensamente enraizado. A planta tem a possibilidade de desenvolver a parte vegetal sem ser pastada. A folha crescida fotossintetiza mais e pode nutrir melhor a raiz. De modo que a folha nutre a raiz e a raiz maior nutre melhor a folha. O solo é protegido contra a ação direta da chuva e não existe

Figura 10.6 O que resta de uma pastagem quando entregue aos "cuidados" do gado.

Figura 10.7 Pastagem que fecha bem o solo é pastagem limpa.

pisoteio animal que compacte o chão. Por isso se diz: "*campo ceifado resiste melhor à seca!*" É uma experiência que todos podem fazer. Quando o campo somente é ceifado durante anos a terra afrouxa-se de tal modo que a passagem de um rolo compressor se faz necessária.[19]

A IMPLANTAÇÃO DE FORRAGEIRAS

Monocultura ou pastagem consorciada?

A capineira implantada pode obedecer a princípios ecológicos,[2,56] escolhendo-se as forrageiras que melhor derem nesta região. Ou pode obedecer ao desejo de possuir "a melhor forrageira", que, normalmente, é o capim-colonião, por ter a melhor composição no exame bromatológico.[3,5,16,17,19] A introdução de uma forrageira através de técnicas sofisticadas parece-se à agricultura e a produção de carne torna-se cara. Os problemas da monocultura são conhecidos: às vezes, má adaptação ao solo, com uma instalação deficiente, decadência do solo devido ao enraizamento fraco e doenças e pragas devastadoras. Assim, por exemplo, a *Brachiaria decumbens* não somente é atacada pela "cigarrinha", mas igualmente por fungos, provocando fotossensibilidade no gado. Existem várias saúvas especializadas em pangola e colonião. Ferrugem, curuquerês, cigarrinhas etc. devastam as capineiras.

Alega-se em favor da monocultura:

1. O gado prefere uma forrageira que lhe pareça mais apetitosa, desprezando as outras, de modo que sobram e se tornam fibrosas;
2. É difícil conseguir a consorciação de forrageiras, dominando geralmente uma, como, por exemplo, a *Brachiaria;*
3. O manejo de uma forrageira é mais fácil;
4. O capim-colonião é a forrageira que engorda mais rapidamente o gado.

De fato, entrando num piquete, o gado prefere uma forrageira. Mas, enquanto está pastando esta com exclusividade, as outras tornam-se fibrosas, de modo que o gado torna a pastar na rebrota da forrageira preferida inicialmente. Porém, se existem piquetes com forrageiras diferentes em cada um, constata-se o fato de que o gado, após 5 a 6 dias, junta-se na porteira, querendo passar para outro piquete com outra forrageira, por ter enjoado de pastar somente um capim único.

Constata-se igualmente a preferência de gado pelo capim, desprezando as leguminosas na estação das águas. Porém, na estação da seca o gado come também plantas silvestres e determinadas leguminosas, como guandu.

Verifica-se que o gado prefere os batatais independentemente de sua quantidade no pasto. Porém, nos meses de maior seca, que são agosto-setembro, recorre a ervas e arbustos nativos.

Porém, a preferência por uma forrageira não diz ainda que seja a única que o gado come. Sempre come também outras plantas "para variar" e para "abrir o ape-

Quadro 10.1 Composição botânica (%) e disponibilidade de forragem (kg M.S./ha) de pasto natural no cerrado. (Vilela, 1977)

composição botânica (%)	fevereiro		abril		junho		agosto		outubro		dezembro	
	P	D	P	D	P	D	P	D	P	D	P	D
grama batatais	25,5	76,5	10,9	40,5	5,3	45,4	3,4	23,7	8,2	74,8	23,3	80,3
capim-gordura	36,8	14,0	55,4	34,1	42,6	33,3	34,1	28,5	31,8	17,1	41,3	11,9
cap. jaraguá	0,1	1,8	2,8	18,8	1,0	7,1	1,9	1,7	0,1	2,3	2,1	1,4
leguminosas	5,3	3,7	1,0	1,2	3,8	0,8	1,0	0,6	0,1	0,3	4,2	2,3
ervas e arbustos	32,3	4,0	29,9	5,4	47,3	13,4	59,6	45,5	59,8	5,5	29,1	4,1

P = % da planta na pastagem; D = % da planta na dieta do gado.

tite". Sabe-se que gado em monoculturas de forrageiras mais facilmente se intoxica,[40] por procurar variar sua dieta.[26]

O problema da variação do pasto é pouco agudo no gado de engorda, mas muito agudo no gado de cria[11,56] e gado leiteiro. Porém, como todo gado prefere forragem tenra, o manejo correto do pastejo supera todas as dificuldades. Obriga-se o gado a comer todas as forrageiras enquanto novas, passando em seguida para outro piquete.

A pastagem com policultura de forrageiras proporciona não somente uma conservação muito melhor do solo, mas igualmente um desenvolvimento muito mais rápido do gado novo.[35]

A implantação de policulturas de forrageiras, ou seja, de pastagem consorciada de quatro a mais forrageiras faz-se pela semeadura de um "coquetel" de sementes e em seguida pelo manejo consciencioso do pastejo. Em pastejo permanente o estabelecimento de pastagens mistas é difícil.[29]

O manejo de um pasto misto requer alguma prática e muita observação, uma vez que depende do gado a sobrevivência das forrageiras. Em pastejo permanente as forrageiras preferidas pelo gado desaparecerão.[10]

É importante recordar: *a preferência do gado por uma forrageira não indica, de maneira alguma, que o gado deseja comê-la com exclusividade.* A preferência do brasileiro por arroz e feijão não indica que despreza carne ou batatinhas fritas.

A diversificação do terreno oferece condições diferentes às forrageiras[11] de modo que existem lugares onde um capim viceja e outros onde falha. Na policultura ou pastagem consorciada o espectro de minerais oferecido ao gado é muito maior.[18] Em cada terreno instalam-se as plantas que melhor se adaptarem, evitando-se assim manchas sem vegetação. Sabe-se que cada forrageira possui habilidade de extrair do solo outra quantidade de elementos nutritivos.[48]

É fácil imaginar que um animal que pode comer de vários capins seja melhor nutrido do que o que somente recebe um capim. Segundo a quantidade de nutrientes absorvidos, produzem também substâncias orgânicas, vitaminas, enzimas, hormônios, aminoácidos, graxos e proteínas diferentes.

Sabe-se que existem aminoácidos essenciais, que o gado não consegue metabolizar e que deve receber pela forragem.[14] Faltando um único, o desenvolvimento do gado se torna muito lento. E a falta de um aminoácido parece mais fácil em monocultura de pastagem do que em policultura.

O que vale para a capacidade de absorção de macronutrientes vale para os micronutrientes.[57,59,60] E a pastagem mista proporciona um desenvolvimento mais rápido do gado novo e fornece bezerros mais fortes.

Pastagem mista deve ser pastagem baixa, ou seja, de plantas de porte baixo. Gado novo e gado leiteiro preferem forrageiras baixas.[35] Bezerros perdem-se no capim alto e vacas leiteiras facilmente ferem seu ubre. Capim alto, como colonião, não é adequado para gado novo, nem é suficiente para sua alimentação.

No mesmo solo cada capim possui um teor mineral diferente. Um espectro de nutrientes variado somente obtém-se com uma variação grande de plantas forrageiras.

Na figura 10.8 esquematizou-se o fato de a riqueza mineral de um pasto depender das espécies vegetais presentes. Cada variedade e espécie vegetal absorve nutrientes conforme suas características hereditárias, geneticamente fixadas, oscilando dentro de certos limites. Por isso, com uma adubação elevada não se força a absorção muito maior de um ou outro nutriente e não se enriquece uma espécie acima do seu nível característico, mas se faz desaparecê-la, cedendo seu lugar para outra melhor adaptada à situação nova.[36] Por exemplo, todos os *Andropogon* são pobres em cálcio, mas uma calagem "corretiva" não os enriquece em cálcio, mas fá-los desaparecer. Para enriquecer um pasto com cálcio e fósforo, implantam-se leguminosas.

O quadro 10.2 mostra que capim-colonião é rico em molibdênio enquanto que o capim-jaraguá é muito pobre neste nutriente, porém rico em cálcio, cujo nível é baixo no colonião. Sugere-se, pois, a mistura de maior número de forrageiras. Nos países de pecuária avançados plantam-se até 16 espécies diferentes, para garantir o desenvolvimento mais rápido ao gado novo e a produção máxima do gado leiteiro.

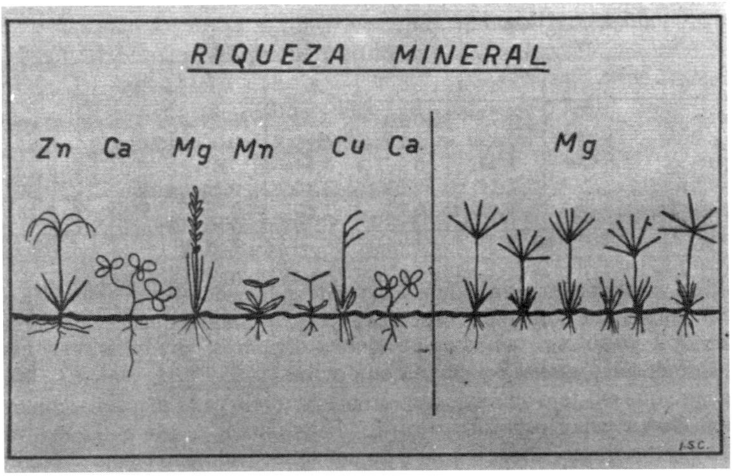

Figura 10.8 A riqueza mineral de uma pastagem depende da diversificação de sua flora forrageira.

Quadro 10.2 Porcentagem de macronutrientes no material seco de plantas de 56 dias. (Haag, 1967)

capim	N	P	K	Ca	Mg	S
colonião	**1,71**	0,20	**3,33**	0,29	0,24	0,09
gordura	1,58	**0,29**	2,13	0,30	**0,31**	0,12
jaraguá	1,24	0,20	1,65	**0,87**	0,23	0,10
napier	1,17	0,24	**3,10**	0,24	0,09	0,09
pangola	1,13	0,22	1,60	0,29	0,14	**0,15**

Quadro 10.3 Composição química inorgânica de forrageiras, teor em micronutrientes. (Gallo, 1974)

forrageira	micronutrientes (mg/kg mat. seca)						
	Fe	Mn	Cu	Mo	Zn	Co	B
colonião	124	90	7,3	**0,83**	20,7	0,06	15
pangola	137	197	6,1	0,17	30,4	0,10	15
elefante	**178**	179	**10,2**	0,53	40,1	0,10	**25**
batatais	142	116	7,0	0,63	19,7	**0,12**	14
gordura	161	123	5,8	0,17	**42,0**	0,07	16
jaraguá	166	**273**	2,8	0,11	26,6	0,04	18
setária	99	**272**	5,3	0,28	37,5	0,06	18
kikuio	106	137	5,2	**0,83**	27,8	0,05	23

Em campos nativos (o pecuarista denomina "campo" a pastagem nativa e "pasto" a pastagem plantada) de boa qualidade, como nos de Poncho Verde/RS, o gado desenvolve-se rapidamente. São, portanto, excelentes para a cria. Em pastagens plantadas com uma única forrageira o perigo de uma deficiência mineral ou de algum aminoácido é grande, prejudicando especialmente gado de cria e gado leiteiro. Porém, existem solos que são pobres demais em cálcio e magnésio para poderem ser usados para a cria. Para a engorda não constituem problema, mesmo com forrageira única. Assim, é experiência comum o capim-colonião ser "milagroso" para a engorda, mas muito fraco para a cria, que se desenvolve muito mais rapidamente em pastagem mista, de porte baixo.[35]

A riqueza da alimentação do gado depende em parte do solo, em parte da riqueza florística e em parte do manejo do pastejo.

Em pastagens mistas com manejo correto o solo conservar-se-á, a produtividade da pastagem será maior, a lotação pode ser maior e a produção de carne por hectare é maior.

Devem-se aplicar critérios diferentes à pastagem para a engorda e para a cria. Porém, em monoculturas de forrageiras o problema de invasoras é permanente.[51]

A LIMPEZA DO PASTO

As invasoras não preocupam somente por serem frequentemente plantas tóxicas, mas sobretudo porque ocupam muito lugar que poderia ser tomado pela forrageira. O aparecimento das "invasoras", como se chama as plantas ecologicamente adaptadas, porém indesejadas, prende-se sempre a fatores de solo e do manejo do gado, que as beneficiam. Os fatores mais comuns que permitem a invasão das plantas nativas são:[19,37,57]

1. Manchas desnudas do solo, que a forrageira, como capim-colonião, não ocupa. Cada invasora, quer nasça de semente ou de raízes, necessita de sol para nascer. Se o solo fosse coberto pela forrageira não teria chance. Mas por outro lado ninguém pode esperar que manchas de terra sem vegetação teriam de ficar desnudas em respeito à forrageira plantada!
2. Compactações e adensamentos do solo, causados pelo pisoteio do gado, o impacto da chuva em terra descoberta e pela lavração (vide capítulo 7). Quando aparece guaxuma (*Sida spp*), também chamada "malva", sabe-se que o solo é extremamente compacto, não interessando o teor em nutrientes que possa existir. Guaxuma alta e viçosa aparece em terra fértil, mas é pequena e retorcida se o solo for pobre;
3. Deficiência de elementos nutritivos. Especialmente a falta de fósforo e cálcio provoca o aparecimento de plantas indesejáveis, que ainda são capazes de retirar estes elementos do solo onde a forrageira o não consegue mais. Assim, por exemplo tanchagem (*Plantago lanceolata*) pode ter até 1 500 ug ou microgramas de cálcio por ml de seiva enquanto aveia forrageira não possui mais que 50 ug/ml de cálcio;
4. Pastejo permanente do gado. Quer exista sub ou superlotação, o pastejo permanente sempre destrói a pastagem, torna-a grosseira e cheia de plantas indesejadas, graças à seleção negativa do gado.[56]
   O caraguatá, como qualquer planta dominante, é um ecótipo, indicando determinadas condições do solo. Removendo-as, desaparece. Neste caso o húmus ácido e o pisoteio deficiente do gado permitiram sua proliferação (figura 10.9). Roçado e com calcário e pisoteio intenso durante o período de pastejo, não consegue mais crescer;
5. O fogo. Não existe planta estolonífera que possa desenvolver-se em campo queimado. A vegetação é selecionada pelo fogo, sobrevivendo as plantas cespitosas, que formam moitas fechadas, protegendo seu ponto vegetativo;
6. Água estagnada em determinadas épocas do ano. Exemplo é o capim-caninha (*Andropogon incanus*) que invade enormes áreas pastoris da "fronteira" do Rio Grande do Sul;
7. O gado que pasta a forrageira e poupa a invasora.

Como a invasora é o produto de algum fator favorável do meio ambiente ao seu desenvolvimento, o mais simples seria a remoção do fator para provocar o desaparecimento da invasora.[35]

Assim, por exemplo, rabo-de-burro (*Andropogon schizachyrum* e outras) somente aparece em pastagens com laje represadora de água. Plantando-se guandu (*Cajanus

Figura 10.9 Pastagem tomada por caraguatá (*Eryngium spp*) devido à acidez e compacidade do solo e à falta de manejo do gado.

Figura 10.10 Após calagem e manejo rotativo o caraguatá desaparece.

indicus e outras) este rompe com suas raízes pivotantes a laje e o rabo-de-burro desaparece.

É importante conscientizar-se ser cada "invasora" um "ecótipo",[57] encontrando todas as condições de seu agrado. Certamente necessitam-se sementes ou raízes para que apareçam, mas nem todas as sementes e raízes conseguem brotar e desenvolver-se.

Na pastagem o "ambiente" depende tanto do solo como do gado, ou seja, de seu manejo. Uma mancha de solo desnudo por um pastejo mal conduzido contribui tanto para o aparecimento das invasoras, como a falta de um nutriente.

O combate com herbicidas é possível, mas não resolve o caso enquanto os fatores favoráveis à invasora permanecerem.

Onde se faz necessária a limpeza do pasto pelo fogo, pode-se ter a certeza de que o manejo do pasto está errado!

Mesmo se o efeito do fogo sobre o solo pastoril, como na Amazônia, não piora as propriedades químicas do solo, ao contrário, parece ser vantajoso,[50] as pastagens de capim-colonião mostram um declínio de até 85% na sua produção[50] e sua degradação se torna quase irreversível.

Quimicamente o solo melhorou, fisicamente perdeu metade de seu teor argiloso da camada superficial, o que indica uma destruição dos grumos superficiais e a lavagem da argila, ou para as baixadas ou a dentro do solo. O resultado são uma infestação por invasoras, o aumento da erosão e a compactação do solo, que baixam radicalmente a produtividade da pastagem.[50]

O fogo normalmente é usado para limpar a pastagem da vegetação velha, estimular o crescimento ainda antes da entrada das chuvas, eliminar as invasoras e os parasitas animais.[10] Porém, as pastagens criam uma vegetação "própria ao fogo" como, por exemplo, barba-de-bode (*Aristida pallens*), capim-cabeludo (*Trachypogon spp.*) e outras, como mostram igualmente as figuras 10.40 e 10.41.

Qualquer pastagem em pastejo permanente, extensivo, se torna grosseira e suja pela seleção negativa do gado e as manchas desnudas nos lugares das forrageiras preferidas.[39,42,55] A vegetação alta grosseira é um campo maravilhoso para a proliferação de carrapatos, muitos insetos e vermes intestinais. Quanto pior o pasto, tanto mais rico em parasitas![14,20,25,39] A eliminação da vegetação grosseira, das invasoras e dos parasitas pelo fogo não elimina os erros de manejo que os provocaram, mas piora sensivelmente o solo e a produção pastoril, bem como a qualidade da pastagem.[51]

Quadro 10.4 Alterações químicas em latossolo vermelho-escuro de textura média pelo desmatamento e seu uso pastoril com queimadas anuais. (Serrão, 1972)

cobertura	argila (%)	M.O. (%)	pH	Ca (equivalentes mg/%)	Mg	Al	K (ppm)	P
floresta	23	1,95	4,3	0,31	0,14	1,09	31	2
floresta queimada (cinza)	11	1,37	5,8	1,70	1,63	0,12	74	8
pasto 1° ano	11	0,99	6,8	2,81	0,53	0,15	81	5
pasto 2° ano	12	1,07	6,0	1,26	0,60	0,22	57	3
pasto 4° ano	12	1,39	6,1	1,98	0,60	0,10	58	4
pasto 5° ano	12	0,98	6,4	1,57	0,64	0,10	65	6
pasto 6° ano	10	0,98	6,4	2,19	0,59	0,10	69	2
pasto 7° ano	11	1,07	6,0	1,37	0,78	0,12	49	3
pasto 8° ano	10	1,20	6,7	2,40	0,29	0,00	63	2
pasto 9° ano	14	1,30	6,6	1,98	0,42	0,00	58	2
pasto 10° ano	10	0,98	6,7	1,54	0,30	0,00	56	3
pasto 11° ano	10	1,00	6,4	1,16	0,38	0,00	51	2

Portanto, o fogo é o método mais barato para limpar um pasto mal cuidado, mas é o método mais caro quando se quer conservar a produção da pastagem. Em pastos queimados a lotação diminui gradativamente.[25]

Os métodos mais adequados para conseguir pastos limpos e produtivos de boa qualidade são: o manejo rotativo do gado, a implantação de forrageiras consorciadas, a adubação quando for necessária, a roçada com o rolo-faca, evitando-se a roçadeira comum e, talvez, um fogo controlado, somente após uma chuva com solo molhado e em presença de um vento moderado.

O vento faz passar o fogo rapidamente e o solo úmido evita a queimada de toda a vegetação até o chão. *O fogo em época seca e sem vento sempre será desastroso.*

O uso de herbicidas para o combate de invasoras arbustivas é indicado, quando, ao mesmo tempo, se eliminam os fatores que levaram ao aparecimento destas plantas.[43] Caso contrário, somente "controla" as invasoras por um tempo muito limitado.

Um pasto que cubra densamente o solo sempre será pasto limpo!

A densidade da relva depende:

a) Da fertilidade do solo;[46]
b) Do uso de plantas ecologicamente ambientadas como, por exemplo de *Brachiaria humidicola* na região amazônica ou o *Paspalum notatum* no RS ou MT ou pastagem arbórea no Nordeste;[33]
c) Do manejo adequado do pastejo pelo gado.[10]

Plantas introduzidas à força por serem "boas forrageiras" nunca cobrem o solo suficientemente, permitem o aparecimento de grande quantidade de invasoras e a instalação de erosão, como mostra a figura 10.11.

Neste caso a pastagem de capim-colonião, embora feita em "roça nova", não consegue fechar o chão. Até 80% do solo permanecem desnudos. Não se pode esperar que este chão fique isento de vegetação. Em autodefesa, o solo cobre-se com grande quantidade de plantas ecologicamente ambientadas, nem sempre desejadas pelo pecuarista, que as persegue como "invasoras". Assim, o surgimento de malvas (*Sida spp.*), assa-peixe (*Vemonia polyanthes*), bacuri (*Plantonia insignia*), jurubebes (*Solanum spp.*) ou de gramão (*Paspalum notatum var.*), de rabo-de-burro (*Andropogon spp.*) e outras plantas ocorre por haver chão desnudo e condições favoráveis para seu desenvolvimento.[35]

O método antigo de formação de pastagem, plantando mudas, deixando sementar e queimando a vegetação velha com fogo controlado, permitiu a brotação da "sementeira", conseguindo formar pastagens densas e bem fechadas. Semente não nasce na sombra de uma vegetação alta e grossa nem abaixo da palha. Um fogo controlado para deixar nascer a semente é benéfico. Mas um fogo descontrolado, muitas vezes acidental, no fim da seca, não contribui para o nascimento das sementes e para o melhoramento da pastagem.

Não é o fogo que é maléfico em si, mas sim seu uso pouco criterioso em condições antiecológicas.[8]

Figura 10.11 Em pastagens de capim-colonião muitas vezes grande parte do solo permanece sem vegetação.

Como mostra a figura 10.12, as manchas vazias entre as moitas de colonião são tomadas por mudinhas novas que prometem uma pastagem densa. Uma vegetação densa e a eliminação das condições do solo que permitem a proliferação de invasoras conservam a pastagem limpa. Estas condições podem ser: o excesso de nitrogênio pelos excrementos animais ou pela falta de algum nutriente, indispensável para a forrageira plantada. Também podem ser adensamentos e compactações, que beneficiam, por exemplo, malvas ou guaxuma, ou gramão. Parte das invasoras são decorrentes do fogo, como, por exemplo, barba-de-bode (*Aristida pallens*) que somente aparece em grandes quantidades em solo periodicamente queimado, adensado e pobre em cálcio, fósforo e potássio. Evitando-se o fogo e adubando-se, especialmente com cálcio e fósforo, ele desaparece.

Na figura 10.13 apresenta-se um solo (à esquerda) em que vegeta guaxuma (*Sida spp.*) e capim-colonião (à direita). As amostras foram tiradas do mesmo pasto, umas nas manchas isentas de capim-colonião tomadas pela "malva". Outras em que o capim-colonião ainda se conservou. Verifica-se facilmente a razão do desaparecimento do capim: a compacidade do solo.

A decadência do capinzal ocorre devido ao fogo usado para a limpeza. Porém, quando usado em fogo controlado, como mostra a figura 10.14, o desnudamento do solo não ocorre, a palha permanece no chão e a rebrota é integra, sem falhas.

Como o solo pastoril é responsável pela vegetação e esta pelo sustento do gado, tudo que beneficia o solo reflete nas forrageiras e no gado.[4,27,36,47,53]

Em solo adensado a forragem será pouca e de qualidade inferior, a lotação será baixa, o desfrute reduzido mas as doenças muitas.[28,52] O dinheiro empatado no solo e na forragem trará seu lucro no gado, ou seja, nos quilogramas de carne colhidos por hectare.

Figura 10.12 Capim-colonião com sementeira nascida após um fogo controlado.

Figura 10.13 O solo das manchas com capim-colonião é grumoso, o das manchas com guaxuma é adensado e muito seco (esquerda).

O MANEJO PASTORIL

Manejo pastoril não é somente a troca de piquetes, nem a adubação exclusiva, nem a de forrageiras novas. Manejo pastoril são todos os métodos que de maneira planejada e dirigida conseguem conservar e melhorar a produtividade do pasto.[16,35,37,45,51,55,56]

O manejo rotativo racional ou "sistema Voisin" não implica subdivisões muito pequenas, nem descanso prolongado ou troca de piquete frequente. Racional deve ser o uso das forrageiras, mas também o manejo geral. É simplesmente o sistema

Figura 10.14 Efeito de um fogo controlado sobre o solo e o capim. A palha no chão quase não foi chamuscada.

de superlotação por curto prazo. Obriga-se o gado a comer toda vegetação e impede-se que espere a rebrota das forrageiras mais palatáveis. Rebanhos com 1 200 a 1 500 animais podem ser controlados por dois peões com cachorros admoestados e ensinados. Não se necessita de cercados.[35]

O repouso é indispensável para a conservação da pastagem. No sistema da engorda o repouso da pastagem era automático após a "safra". No regime de cria e recria o repouso tem de ser concedido pelo fazendeiro. Forrageira sem repouso desaparecerá (figura 10.15).

Porém, o repouso de nada adiantará se a forrageira for tão fraca e subnutrida que dez a doze dias após a retirada do gado entre em floração. Neste caso, deixando o pasto "repousar" 42 dias, como é o costume algo estranho dos pecuaristas, o gado que entrar encontrará somente palha seca com as sementes caídas. Logicamente passará fome. Por isso, em muitas regiões, se diz: "pasto repousado emagrece o gado!" Neste caso a adubação fosfatada e, muitas vezes, cálcica é de suma importância. Usando-se um fosfato cálcico como termofosfato ou hiperfosfato ou alguma escória, as forrageiras prolongam substancialmente seu ciclo vegetativo e conseguem aproveitar o repouso para crescer. Com isso desenvolvem igualmente suas raízes e conseguem aproveitar maior quantidade de minerais do solo,[38,39] e o gado engordará.

O sistema de "repouso fixo" estipulado em 42 dias é um absurdo. O repouso se fixa pelo ciclo vegetativo da folhagem. *No momento em que a forragem inicia seu "emborrachamento", isto é, a formação dos pendões de inflorescência, o aumento da massa se encerrou.* O pasto pode aumentar de tamanho por causa do erguimento dos pendões, mas a quantidade de massa verde não aumenta mais. Portanto, nada se ganha concedendo um repouso além deste ponto, a não ser o fortalecimento da raiz que ocorre até o ponto da floração (figura 10.15).

Figura 10.15 Pasto rotativo é mais limpo. À esquerda, pastejo permanente; à direita, pasto em pastejo rotativo.

Se o emborrachamento ocorrer muito cedo é sinal de fome. A adubação é uma parte integrante de um manejo rotativo bem-sucedido e não deve ser calculada unicamente segundo a análise de rotina do solo, mas especialmente segundo a demonstração de fome da forragem. Isso, porque cada forrageira possui sua capacidade de aproveitamento do solo.[57]

Quando a produção pastoril começa a baixar, nem sempre é sinal de fome. Pode-se saber a razão extraindo uma raiz de forrageira. Se a raiz for bem desenvolvida e abundante, o desenvolvimento insuficiente ocorre por causa de fome de forrageira, exigindo-se adubação; se a raiz for muito raquítica ou superficial, o desenvolvimento deficiente da forrageira é devido ao adensamento do solo e exige-se a passagem de uma grade pesada. Especialmente em capim-colonião e capim pangola, esta alternativa é frequente.

Portanto, é importante apurar primeiro as causas da produção baixa de uma pastagem, antes de aplicar uma técnica às cegas, ficando-se chocado quando faltar a reação. Em solo compactado aconselha-se urgentemente a aplicação de matéria orgânica, uma vez que um afrouxamento mecânico não tem efeito prolongado. Esta aplicação de matéria orgânica se faz cortando-se o excedente da vegetação com rolo-faca (figuras 10.16 e 10.17).

O rolo-faca com lâminas retas presta somente para vegetação alta, como capim-colonião, capim-elefante etc. Na figura 10.17 verifica-se o trabalho feito, cortando o capim aproximadamente 15 a 20 cm acima do chão.

Para capins de porte baixo, como pangola, estrela, *Brachiaria* etc. o rolo-faca com lâminas colocadas do tipo saca-rolha é o mais indicado. Limpeza do pasto com rolo-faca fá-lo brotar tão rapidamente como após o fogo, tendo a vantagem que conservou a matéria orgânica. Sementeira, porém, não brota após a roça com rolo-faca.

Em solo inerte a palha cortada não se decompõe, mas permanece intacta na superfície do solo. Neste caso a aplicação de um fosfato cálcico a lanço ajuda na decomposição e a incorporação da matéria orgânica ao solo pela mesofauna (vide capítulo 4). Quando o capim for estolonífero ou decumbente, pode-se usar também uma roçadeira, porém esta deve ser provida com facas bem afiadas e não usar barras de ferro. Forragem "rasgada" e esfacelada leva *6 a 8 semanas* para se refazer, enquanto que forragem cortada rebrota em *4 a 6 dias*.[37,39]

No pasto pastado sempre sobra forragem que tem de ser roçada ou ceifada, porque o gado nunca come a forragem que não comeu na primeira vez. O que sobrou

Figura 10.16 Rolo-faca com lâminas retas.

Figura 10.17 Trabalho do rolo-faca em pastagem de capim-colonião.

o gado não toca, mesmo se o restante da pastagem estiver rapado. Quando sobrar muito é sinal de lotação fraca, e de nada adianta deixar os animais mais uns dias no pasto. Comerão a rebrota, mas não o "pasto velho".[22,30,45,55,56]

O pastejo rotativo melhora consideravelmente a pastagem nativa, tornando-a muito mais produtiva com vegetação mais variada. Em pastagem plantada isto é indispensável, uma vez que no pastejo extensivo e sem manejo rotativo racional o lucro desaparece por causa do mau aproveitamento da forragem produzida e da proliferação de invasoras.[45,49,50]

O rodízio do pastejo é a medida mais eficiente para manter a pastagem produtiva, limpa e em condições de suportar uma lotação grande. Não é somente a famosa "curva sigmoide" de Voisin (1960) que mostra os diversos estágios de desenvolvimento das forrageiras, mas é fato bem conhecido que existe um estágio de desenvolvimento rápido a que se segue um de crescimento muito vagaroso para finalmente estacionar.[36,37] Também o início do crescimento, logo após a brotação, é lento. De modo que, quando o gado pasteja permanentemente a rebrota, nunca permite a forragem desenvolver toda a sua potencialidade. Quando o repouso é longo demais, também se perde o potencial produtivo da forragem. Pastejo e repouso devem ser calculados segundo o poder produtivo da forragem nas diversas estações do ano.

Ensaios de corte do capim tentam um aproveitamento melhor do capim, embora a época do corte varie segundo a espécie e não poderia ser uniformizada.

Verificamos que os cinco capins reagem de maneira diferente aos cinco cortes efetuados (figura 10.18). Praticamente todos os capins, com exceção do "Gambá", diminuem sua produção no fim da estação, e dois, o capim-gordura e o capim-jaraguá, dão pouco no primeiro corte, talvez por ser inadequado o tratamento deles no fim da época, enfraquecendo as plantas. Normalmente os primeiros três cortes são

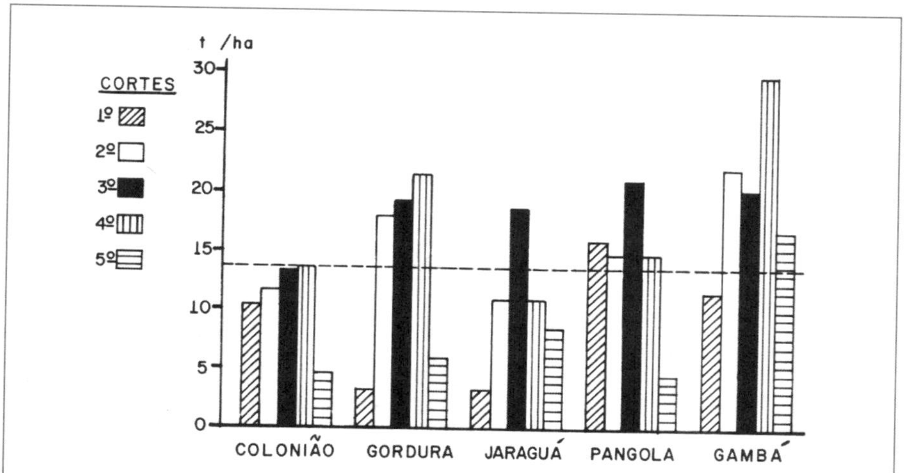

Figura 10.18 Influência de cortes sobre a produção da massa verde de cinco capins forrageiros. (Fonte: Emrich, S.E. 1972 IIª Reun. Bras. Cerrado)

os mais abundantes. A produção do capim depende da época certa de corte ou pastejo, do tempo de repouso correto e da adubação.

A ADUBAÇÃO PASTORIL

Pastagem não é cultura agrícola e uma adubação deve ser prevista somente para melhorar as forrageiras adaptadas ao ambiente, isto é, ao solo e ao clima, e nunca para poder introduzir alguma forrageira exótica. Se uma forrageira não se adaptar ao solo, a adubação será antieconômica. Forrageira nunca deve ser adubada para criar condições que permitem sua introdução neste solo. Ela desaparecerá logo em seguida ou exigirá um trato muito dispendioso. Quando se faz necessária uma calagem para a correção do solo e uma adubação completa com macro e micronutrientes, seria melhor escolher uma forrageira diferente, que seja capaz de produzir bem neste solo sem correção e adubação maciça.[32,36]

Quando ocorrer a acidificação do solo pastoril, pode-se ter a certeza de que o sistema radicular das forrageiras existentes é fraco, explorando somente a camada superficial. Isto sempre ocorre em pastagens com pastejo permanente ou com superlotação prolongada. O sistema radicular superficial permite a lixiviação dos cátions e o empobrecimento rápido do solo. Um manejo rotativo de pastejo e a consorciação de forrageiras com sistema radicular vigoroso e profundo pode evitar a lixiviação, captando os nutrientes carreados pela água ao subsolo e recambiando-os novamente à superfície (vide capítulo 3). Guandu (*Cajanus cajanus* e *C. indicus*) é uma planta extremamente eficiente neste sentido.

O aparecimento de rabo-de-burro (*Andropogon bicornos* e outras) é sinal de uma drenagem deficiente, comum em piquetes permanentemente pastados, e de uma acidificação crescente, provocados por um manejo errado. Em pastagens permanentes facilmente ocorrem camadas compactadas na superfície e lajes impermeáveis a pouca profundidade, estagnando a água.[35] Uma calagem pode fazer desaparecer temporariamente o rabo-de-burro, mas este reaparecerá enquanto não se removerem as condições que o provocaram, ou seja, as lajes impermeáveis e a água estagnante.

Pecuária lucrativa é somente aquela que utiliza técnicas no lugar e tempo certos, obtendo seu efeito máximo.

Uma adubação certa não é aquela que corrige alguma deficiência mostrada na análise de rotina ou que se faz porque talvez melhore a forragem. A correta é a que aduba para suprir a fome demonstrada pelas forrageiras. Uma adubação pode melhorar o desenvolvimento das forrageiras, mas também pode causar seu desaparecimento.[36,54] Por isso, muitos pecuaristas dizem: "A adubação baixa o rendimento pastoril". Normalmente a explicação dada é que o adubo não penetra no solo pastoril. Mas, isso não é correto, como mostra Primavesi (1968) na figura 10.19.

Quando o adubo for aplicado por ocasião do plantio, o efeito é semelhante como em cultura agrícola. Depende, igualmente, do solo e da forrageira.

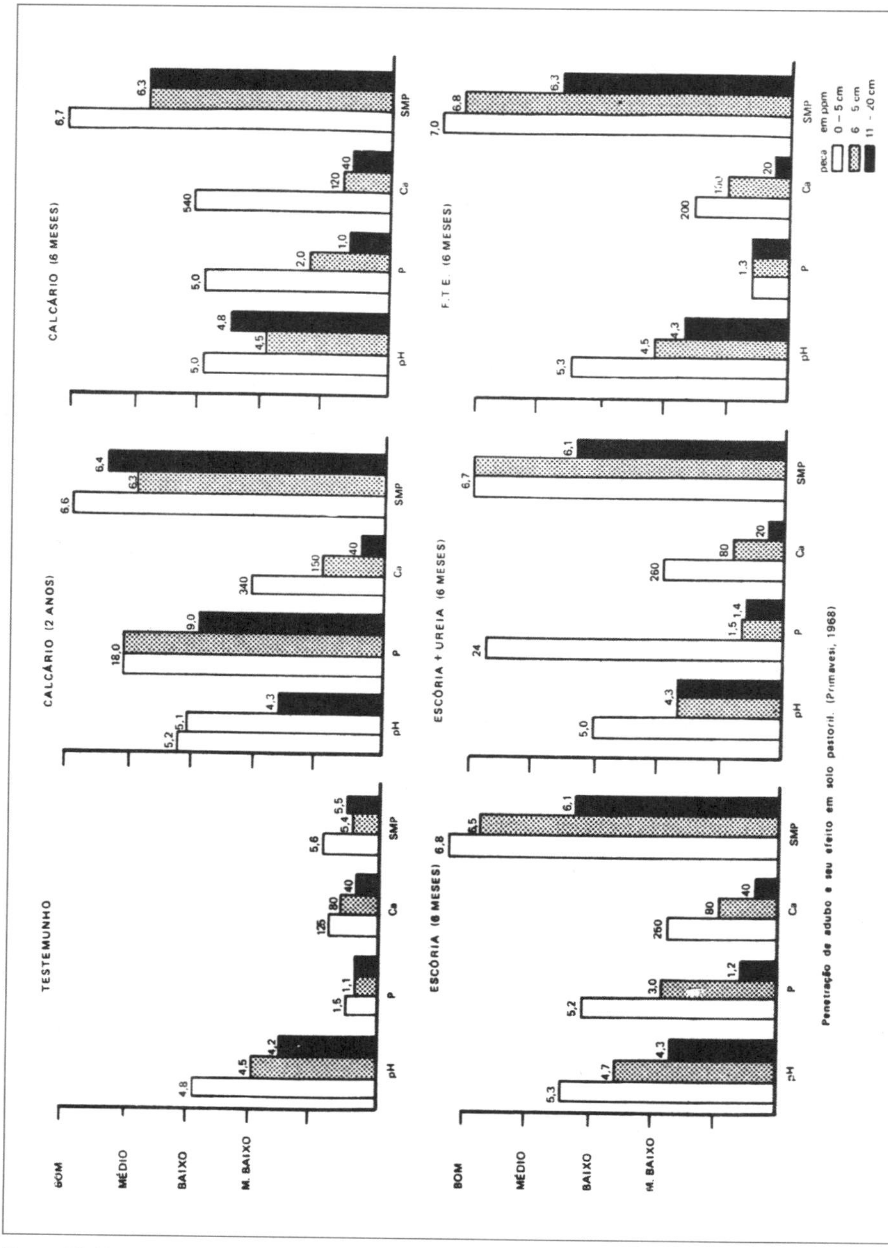

Figura 10.19 Penetração de adubos no solo de pastagem permanente e seu efeito sobre as propriedades químicas. (Primavesi, 1968)

A pergunta é: se foram necessários adubos e micronutrientes para a instalação das forrageiras, quanto tempo conseguirão manter-se no pasto?

A figura 10.19 mostra que o cálcio e fósforo penetram até 6 cm de profundidade num lapso de tempo de 6 meses, se o solo pastoril possuir matéria orgânica na sua superfície. A elevação do pH/SMP pela adição de micronutrientes silicatados explica-se pela animação da microvida (vide capítulo 6). Em solos pastoris, queimados periodicamente, sem matéria orgânica na superfície, o adubo químico faz pouco efeito, a não ser quando é hidrossolúvel como superfosfato ou hidróxido de cálcio. Mas adubo também não faz efeito, ou baixa o rendimento, quando modificar a flora pastoril em lugar de nutri-la.[21,36]

A fome das forrageiras constata-se nitidamente quando encurtam seu ciclo vegetativo, soltando a inflorescência mais cedo, ainda com pouca massa verde formada. Neste caso, o repouso da pastagem somente põe o gado em regime de fome[37,39] porque o obriga a comer forragem fibrosa e sem valor nutritivo, amadurecida precocemente por falta de nutrientes. A forrageira que soltou a inflorescência não forma mais folhas, tendo concluído a fase vegetativa. Perde rapidamente seu valor nutritivo, sementando e secando. O repouso não consegue melhorar isso. Necessita-se antes de tudo uma adubação fosfatada. E, se num pasto consorciado as leguminosas desaparecem, é geralmente sinal de falta de fósforo e potássio.

Todas as pastagens com uso intensivo, isto é, com manejo rotativo racional, têm um gasto grande de nitrogênio e necessitam ou de uma consorciação boa com leguminosas ou de uma adubação nitrogenada.[7] *Nitrogênio sempre deve ser aplicado no fim do outono e nunca na primavera, e nunca deve ser usado em pastagens com uso extensivo.* Ele mantém a pastagem verde por mais tempo no inverno e promove a brotação mais cedo na primavera. Porém, nunca se deve usar nitrogênio em áreas maiores do que nas que se tem certeza de que possam ser pastadas prontamente na primavera. O excesso de nitrogênio na pastagem torna a forragem alta e densa, expondo-a ao ataque de fungos que intoxicam os animais. Portanto, deve-se ter a certeza de poder usar a forragem antes que esta se torne alta.

Mostra a figura 10.20 que todas as forrageiras respondem à adubação com NPK nestes solos do cerrado, porém a resposta não foi igual a todos, mas depende da espécie, das condições físicas do solo e do manejo do gado.

Porém, a adubação raramente faz efeito se não houver matéria orgânica na superfície do solo. Especialmente fósforo e cálcio dependem disso. Em solo muito compacto e queimado é inútil adubar. Para que o adubo aja, o solo deve ser permeável e ter uma microvida ativa, que tem a função de misturar o adubo com o solo.

A quantidade de adubo empregado sempre deve ser módica e nunca deve ultrapassar as exigências das forrageiras existentes. Se passar as necessidades da forragem existente, provoca seu desaparecimento e o surgimento de outras forrageiras que, porém, *raramente encontram todas as suas condições vitais*, formando um pasto fraco e pouco produtivo, de modo que muitos dizem: "a adubação baixa o rendimento pastoril!" A depressão mais violenta ocorre com o uso de nitrogênio em solo deficiente em fósforo. Aí poderá até eliminar a forragem existente.

Quadro 10.5 Efeito de adubação em três leguminosas em solo de cerrado (kg por canteiro). (Gomide, 1974)

tratamento	centrosema	siratro	soja perene
testemunha	37	33	0
PK e Ca	64	70	14
PK, Ca e micronutrientes	457	170	20

Os micronutrientes usados foram FTE BR-10 · 30 kg/ha.

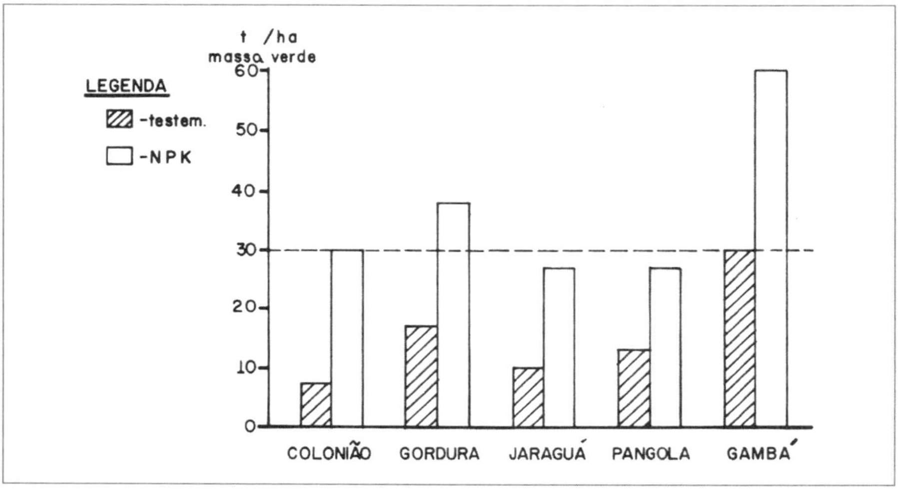

Figura 10.20 Produção de massa verde de 5 forrageiras sem e com adubação comercial. (Emrich, 1972)[6]

RESUMO

O solo pastoril beneficia-se com o manejo rotativo do pastejo, especialmente quando uma fenação for intercalada. Caso contrário, o manejo rotativo provoca um sistema radicular muito superficial e torna a pastagem suscetível à seca.

A pastagem melhor é a consorciada, nutrindo melhor o gado. Quando aparecem invasoras é sinal de que a relva não está fechada, dando espaço para os "inços" aparecerem, e que existe uma deficiência mineral que favorece a invasora e prejudica as forrageiras. Quem quiser pasto limpo de invasoras deve cuidar para que tenha um pasto bem "fechado" sem manchas desnudas do solo.

O repouso da pastagem, em manejo rotativo, somente tem valor quando as forrageiras estiverem bem nutridas. Quando sofrerem de deficiências, especialmente de fósforo, são incapazes de aproveitar o "repouso" para se desenvolverem melhor, somente amadurecendo e fornecendo péssima pastagem ao gado, que continua magro.

A adubação pastoril deve ser módica, deve beneficiar as forrageiras existentes e nunca deve ser usada para superar erros no manejo pastoril ou compactações do solo. Sem matéria orgânica na superfície do solo, a adubação fosfatada e cálcica não faz efeito.

Nitrogênio nunca deve ser usado em manejo extensivo, nem na primavera. Exige um manejo rotativo bem controlado.

Previne-se a acidificação do solo pastoril através da consorciação com plantas ou até árvores de raízes profundas que evitam a lixiviação, podendo recambiar os nutrientes à superfície.

REFERÊNCIAS BIBLIOGRÁFICAS

1. **Agroceres** (1973). Pastagens consorciadas. *Melhoramentos, São Paulo.*
2. **Araújo, A.** (1962). Melhoramento de pastagens. *Sulina, Porto Alegre.*
3. **ASA** (1964). Forage plant physiology and soil range relationship. *Special public.* Wisconsin.
4. **Corsi, M.** (1975). Adubação nitrogenada das pastagens. An. 2° Simp. Manejo Pastagens. *ESALQ. Piracicaba, p. 122-55.*
5. **Davis, W.** (1953). Good husbandry and the control of grassland weeds. *Brit Weed Conf. (Margate) p. 155-58.*
6. **Emrich, E.S.** (1972). Competição entre cinco gramíneas forrageiras para a formação de pastagens em solo de cerrado. *II Reun. Bras. Cerrados, p. 209-221, Sete Lagoas, MG.*
7. **França, G.E. de** e **M.M. Carvalho, de** (1970). Ensaio exploratório de fertilização de alguns capins tropicais. *B. Industr. Anim. SP. 29(1):191-245.*
8. **Franz, H.** (1968). Biologia do solo de pastos. *Progr. Biodin. Produt. Solo, IV:423-38.*
9. **Gallo, J.R.; R. Hiroce; D.C. Bataglia; P.R. Furlani *et al.*** (1974). Composição química inorgânica de forrageiras do Estado de São Paulo, *B. Industr. Anim. SP. 31(1):115-37.*
10. **Garcia, R.** (1977). Manejo de campos naturais. *An 4° Simp. Manejo Pastagem, Piracicaba, p. 127-41.*
11. **Gavillon, O** e **A.T. Quadros** (1970). Levantamento da Composição Mineral das Pastagens Nativas do Rio Grande do Sul. *Secret. Agric. Porto Alegre.*
12. **Gomide, J.A.** (1976). Adubação de pastagens. *An 3° Simp. Manejo Pastagem. ESALQ, Piracicaba, p. 73-97.*
13. **Haag, H.P.; M.L.V. Bose** e **R.G. Andrade** (1967). Porcentagem de macronutrientes no material de plantas. *An ESALQ, XXIV:177-88.*
14. **Hammond, J.** (1966). Avances en fisiología zootécnica. *Acribia, Madrid.*
15. **Hughes, H.D.; M.E. Heath** e **D.S. Metcalfe** (1966). Forrajes, *2 ed Continental, México.*
16. **Instituto Interamericano de Ciências Agrícolas** (1970). Fundamentos de manejo de pastagens. *Secret. Agric. São Paulo.*
17. **Instituto de Zootecnia** (1970). Fundamentos de manejo de pastagens. *Secret. Agric. São Paulo.*
18. **Jacques, A.V.A.** (1976). Consorciação de gramíneas e leguminosas forrageiras. *An. 3° Simp. Manejo Pastagem, ESALQ, Piracicaba, p. 191-217.*
19. **Klapp, E.** (1962). Wiesen und Weiden. *Parey, Berlin.*
20. **Knapp, R.** (1965). Weidewirtschaft in Trockengebieten. *Univ. Druck. Giessen.*
21. **Künzlen, F.** (1961). Düngung und Pflanzenbestand eines langjährigen Wiesenversuches. *Phosphors. 21:288-97.*
22. **Klocker-Hornig, A.** (1965). Las empastadas permanentes bien manejadas. *Assoc. Amigos de Suelo, Buenos Aires.*
23. **Marques, D.C. da** (1969). Criação de bovinos, *Edit. pelo autor. Belo Horizonte. (Fac. Vet. UFMG).*
24. **Mattos, A.J. de** (1971). Influência do fogo na vegetação e seu uso no estabelecimento e manejo de pastagens. *Secret. Agric. Bol. Téc. 1, SP.*
25. **Molina, J.S.** e **G.A. Lundberg** (1960). Producción de carne y manejo de suelos en la zona oeste de *Buenos Aires. Ciência y Invest.*
26. **Morrison, F.B.** (1966). Alimentos e alimentação dos animais. *USAID, Rio de Janeiro.*

27. **Neptune, A.M.L.** (1975). Aplicação de calcário em culturas forrageiras. *An. 2º Simp. Manejo Pastagem, ESALQ, Piracicaba, p. 49-86.*
28. **Oberländer-Tibau, A.** (1975). Pecuária intensiva. *Nobel, São Paulo.*
29. **Otero, R.J.** (1964). Algumas informações sobre plantas forrageiras. *Min. Agric. Rio de Janeiro.*
30. **Pereira, C.A.** (1974). Normas para manejo de pastagens. *2 ed. Secr. Agric. Bol. Téc. 81, SP.*
31. **Peterson, R.A.** (1970). Fundamentos de manejo de pastagens. *Secret. Agric. São Paulo.*
32. **Pfander W.H.** (1961). Soil and lifestock production. *Univ. Missouri, Res. Bull. 765:46-52.*
33. **Pimentel G.R.** (1973). Forragens fartas na seca. *2 ed. Nobel, São Paulo.*
34. **Pinheiro, M.D. *et al.*** (1975). Competição de pastagens. *Minter-DNOCS, Fortaleza.*
35. **Primavesi A. M.** (1977). Pastagens: manejo inadequado a causa da decadência. *A Granja, Quem é Quem na Agropec. Bras. p. 48-57.*
36. **Primavesi, A.M.** e **O. Primavesi** (1968). Efeito da adubação sobre o solo e a flora pastoril. *Progr. Biodin. Produt. Solo, Sta. Maria, IV:475-81.*
37. ________. (1969). A produtividade de pastagens nativas. *Colab. Secret. Agric. Porto Alegre*; Imprensa Univ. Sta. Maria.
38. ________. (1970). Influência do sistema Voisin na fauna do solo. Fórum sobre Melhoramento de Pastagens. *Assembleia Legis. Rio Grande do Sul.*
39. ________. (1973). O pastejo rotativo racional. *Quem é Quem na Agropec. Bras.* Granja, Porto Alegre.
40. ________. (1970). Plantas tóxicas e intoxicações no gado. *Imprens. Univ. Sta. Maria.*
41. ________. (1971). Pastagens no território de Roraima e seus problemas. *Relatório,* Projeto Rondon.
42. ________. (1976). O capim colonião para a cria. *A Granja 33/343.*
43. **Quinn, L.** (1961). O controle de arbustos nas pastagens do Brasil. *IBEC Res. Inst. Nota Téc.*
44. **Robinson, F.** (1960). Leguminosas forajeras. *Buenos Aires.*
45. **Romero, N.** (1969). Sistema André Voisin: Experiências no RGS. *Palestra, Assembleia Legis. Rio Grande do Sul.*
46. **Sartini, H.J.** (1976). Estudo comparativo entre quatro espécies de gramíneas de clima tropical, com e sem fertilização nitrogenada, na produção da carne. *Tese, ESALQ, Piracicabana.*
47. **Sauberan C.** e **J.S. Molina** (1968). Lucha biológica contra el agotiamento y erosion de los suelos en la pradera pampeana. *Progr. Biodin. Produt. Solo, Sta. Maria, III:285-92.*
48. **Schütte, K.H.** (1964). The biology of trace elements. *Crosby & Lockwood, London.*
49. **Secretaria de Agricultura de São Paulo** (1974). Manejo de pastagens. *Instrução prática (CATI) nº 155.*
50. **Serrão E.A.S.** e **J.C. Falesi** (1977). Pastos do trópico úmido brasileiro. *Ann. 4º Simp. Manejo Pastagem, ESALQ Piracicaba, p. 177-243.*
51. **Souza, R.M. de** (1977). Manejo de pastagens em região montanhosa. *Ann. 4º Simp. Manejo Pastagem, ESALQ Piracicaba, p. 143-59.*
52. **Tolgyesi, G.** (1964). Applicability of newest knowledge on micro element content of plants in different fields of agricultural use. *Acta Agron. Acad. Scient. Hung. XIII (3):287-301.*
53. **Vetter, E.** (1974). Pecuária rio-grandense: bovinos de corte. *Separata.*
54. **Vilela, H.** (1977). Manejo de pastagem no cerrado. *An. 4º Simp. Manejo Pastagem, ESALQ, Piracicaba, p. 248-305.*
55. **Voisin, A.** (1960). Dynamique des herbages. *Maison Rustique, Paris.*
56. ________. (1963). Die Produktivität der Weide. *Bayr. Landw. Vlg. München.*
57. **Weaver, J.E.** e **F.E. Clements** (1950). Ecologia vegetal. *Buenos Aires.*
58. **Werner, J.C.** e **H.P. Haag** (1972). Estudos sobre a nutrição mineral de alguns capins tropicais. *B. Industr. Animal, SP. 29(1):191-245.*

59. _______ e **H.B. Mattos** (1974). Ensaio de fertilização com alguns micronutrientes. *B. Industr. Anim. 31(2):313-24.*
60. _______ e _______. (1975). Ensaios de fertilização com quatro micronutrientes em *Centrosema pubescens Benth. B. Industr. Anim. jan./jun. p. 123-35.*

O MANEJO DOS SOLOS DO CERRADO

O cerrado ocupa aproximadamente um quarto da área brasileira. Geralmente se situa em regiões de topografia favorável à agricultura e à pecuária. Os "polocentros" no cerrado, instalados para a recuperação destas vastas glebas, cobertas de uma vegetação raquítica, retorcida e com xeromorfismo pronunciado, chamaram a atenção de muitos ao problema destas terras, até agora de baixíssima produtividade (figura 10.21).

Na exploração pecuária, comum na maioria dos cerrados, consegue-se manter 1 animal por cada 6 a 10 ha de chão. E o fogo é uma constante para a limpeza das "pastagens" que, em grande parte, são grosseiras. Por isso, alguns chamam os cerrados de "savanas" por causa de sua semelhança às savanas africanas.

Todos sabem que os cerrados não são idênticos, apesar da sua classificação sumária em campo sujo, campo cerrado, cerrado e cerradão. Porém, esta classificação somente diz respeito à densidade e à altura da vegetação.

Também existe uma classificação dos solos, que esclarece menos ainda, uma vez que existe uma variedade tão grande de tipos, variando dos litossolos e regossolos para toda gama de latossolos e de diversos podsolos até solos gleizados nas partes

Figura 10.21 Cerrado: árvore típica.

das baixadas.[15,34] Não existe "o solo do cerrado". Normalmente os espigões são mais arenosos, cobertos de uma areia grossa que a água não conseguiu levar. Em Minas Gerais os cerrados são, em grande parte, mais argilosos e os de Mato Grosso e Goiás são mais arenosos.

Mas apesar do aspecto típico da vegetação, relativo ao xeromorfismo, não tem nada tipicamente de cerrado, uma vez que reúne tanto plantas da hileia amazônica como das matas atlânticas, mesófilas e até de campo limpo. É praticamente impossível falar de uma flora do cerrado se não fosse seu aspecto xeromorfo[37] que sugere uma aparência generalizada. Porém, o xeromorfismo, a ostentação de sinais típicos

Figura 10.22 Cerradão, floresta de transição.

Figura 10.23 Campo cerrado.

a plantas de regiões secas, não corresponde a um xerofitismo, isto é, um comportamento adequado a condições secas. Ao contrário, mesmo árvores com casca suberosa e folhas coriáceas, muitas vezes também deformadas, possuem transpiração contínua durante o calor do dia.[11]

Alguns tentam explicar este fenômeno com raízes profundas, o que nem sempre é correto para a vegetação arbórea, uma vez que muitas árvores do cerrado, bem como da hileia amazônica, prima por suas raízes superficiais, facilmente podendo ser derrubadas por um trator; e há muitos cerrados limpos pelo "correntão", o que nunca poderia ser feito se as árvores tivessem raízes profundas.

Alguns querem responsabilizar o clima pela formação dos cerrados, mas a passagem do cerrado tanto para a mata seca como para a mata normal é abrupta, sem transição alguma,[4,12] de modo que o fator clima não pode ser considerado. Além disso, as precipitações oscilam entre 1 100 e 1 800 mm por ano, sendo o suficiente para uma mata pluvial.

Na fazenda mencionada no quadro 10.6, parte do terreno ainda está coberta por cerradão. A distribuição das chuvas, sendo irregular, poderá causar problemas na agricultura, mas nunca poderia causar o xeromorfismo da vegetação.

Vários autores atribuem a vegetação do cerrado ao oligotrofismo, ou seja, à deficiência de nutrientes minerais.[16,35,36] O povo reconhece os solos mais pobres pelo aparecimento de tucum (*Bactris setosa*) e os melhores pela invasão de bacuri (*Plan-*

Figura 10.24 Campo sujo.

Quadro 10.6 Precipitações anuais na fazenda Lajeado, Mato Grosso (Município de Anastácio).

ano	jan.	fev.	mar.	abr.	mai.	jun.	jul.	ago.	set.	out.	nov.	dez.	total
1972	110	229	98	90	80	19	42	132	105	138	263	149	1 455
1973	195	151	74	51	140	82	33	13	23	400	465	168	1 795
1974	225	100	115	71	90	145	17	10	49	155	156	286	1 449
1975	83	183	54	123	0	21	70	0	7	150	251	141	1 083

Fonte: arquivo da fazenda.

tonia insignia), ambas palmeiras de porte relativamente baixo. Existe, pois, diferença na riqueza mineral dos solos, que também nas análises aparece. A deficiência de cálcio, fósforo, enxofre e nitrogênio ao lado de zinco, boro e cobre bem como de molibdênio e cobalto, é generalizada. Em diversas zonas de Minas Gerais ainda falta o potássio. Em decorrência da pobreza dos solos, o pH geralmente é muito baixo e pode ocorrer a toxidez de alumínio, embora existam vastas áreas do cerrado onde não existe alumínio trocável ou onde não ultrapassa 1,0 me% como ocorre em Goiás e Mato Grosso. Além disso, a vegetação do cerrado está adaptada aos solos ácidos e muitas vezes acumula alumínio.[16] E a pobreza dos solos não é privativa ao cerrado. Ao contrário, a mata geral amazônica, muitas vezes, vegeta em solo mais pobre que os do cerrado e com alumínio trocável mais elevado.

Em ambos o complexo de troca (extração rotineira a pH 7,0) oscila entre 2,5 e 8,5 me%, sendo, portanto, extremamente baixo, e com extração em pH natural (4,5) geralmente não ultrapassa 1,0 me%. Exceções são as manchas de terra roxa legítima ou estruturada, os Brunizem e os grumossóis onde existe um teor maior de cátions e geralmente também de fósforo, e onde o complexo de troca oscila entre 17 e 47 me%.[10]

Estas manchas de terra melhor, na Amazônia, geralmente não possuem mais a mata frondosa da hileia, por terem sofrido um uso predador.

Tanto o cerrado como a "mata geral" acusam uma pobreza mineral acentuada. Em grande parte, situam-se sobre solos arenosos, em ambos existem áreas consideráveis de árvores com sistema radicular localizado até aproximadamente 50 cm de profundidade. Em alguns cerrados, especialmente nos de Minas Gerais, o nível freático é muito profundo, situando-se ao redor de 20 a 25 m de profundidade. Mas na maioria dos cerrados de Mato Grosso e Goiás encontra-se água a 4 até 6 m de profundidade, o que se verifica facilmente pela maneira com que os cupins (*Termitae*) constroem seus montículos. Quando possuem chaminés para seu arejamento, a água subterrânea está próxima, podendo elevar-se até a superfície na estação das chuvas. Na mata geral, onde não existe o perigo do fogo, os cupins constroem suas casas nas árvores, se o solo sofrer de hidromorfismo periódico (figura 10.25).

Segundo muitos indícios, o cerrado não existia quando o Brasil foi descoberto. No mínimo historiador algum o menciona.

Quadro 10.7 Análises dos solos.

	cerrado (MG)		mata geral (PA)	
	análise isolada	média geral	análise isolada	média geral
pH	4,8	4,3-5,5	4,4	4,0-5,3
Al (e.mg%)	0,2	0,2-4,5	1,0	0,1-9,5
Ca (e.mg%)	1,5	1,0-2,0	0,5	0,08-2,0
Mg (e.mg%)	0,3	0,2-0,3	0,2	0,08-0,4
K (e.mg%)	0,1	0,04-0,1	0,1	0,03-0,2
M.O. (%)	2,35	1,20-2,50	1,80	0,50-2,30
P (ppm)	12,0	6,0-12,0	4,3	1,0-6,0

Figura 10.25 Cupinzeiro com chaminés de arejamento, indicando um nível freático alto.

E nosso mais famoso sertanista, Villas Boas, disse: "em muitas aldeias indígenas vi a mata transformar-se em cerrado, quando foram obrigados a uma vida sedentária".

AS TRÊS CONSTANTES DO CERRADO

1. O fogo

Há regiões onde, faz séculos, se queima até quatro vezes ao ano. Existem plantas, como o capim-flecha (*Trystachia chrysothrix*), que se defendem contra a queimada e o gado, endurecendo 3 a 4 semanas após a brotação, mas secando somente no fim do segundo ano de vegetação, impedindo assim sua queimada frequente e provocando igualmente uma lotação de gado extremamente baixa, que anda ao redor de um animal por dez hectares.

Quando o cerrado é protegido contra o fogo, o capim-flecha cede seu lugar ao capim-jaraguá (*Hyparrhenia rufa*) ou aos capins de lugares enxutos como o capim-gordura (*Melinis minutiflora*), ficando a vegetação do cerrado mais densa e as árvores maiores.[12]

Quem voa de Campo Grande (MT) para o interior do estado pode observar claramente a passagem da vegetação de campo sujo para campo cerrado, com a vegetação adensando e elevando-se à medida que o avião se afasta da cidade, tornando-se finalmente cerrado e cerradão, cuja altura oscila entre 12 e 18 metros.[11] Estes cinturões indicam claramente a atividade humana. Todos os fazendeiros goianos sabem que o cerradão, por onde o fogo passa anualmente, se transforma num "tabocal".

Onde cresce taboca a terra é mais produtiva, por ser melhor enraizada e bem grumosa, graças ao sistema radicular desta *Bambusa*. O pasto aqui instalado produz bem nos primeiros anos. Porém, onde perdura o uso do fogo perde-se a produtividade das pastagens (figura 10.15).

Figura 10.26 O fogo descontrolado que queima os cerrados anualmente.

Figura 10.27 Rebrota de "pasto" após a queimada.

A vegetação herbácea torna-se muito rala, aparecendo "invasoras" lenhosas e muitas vezes espinhosas e desaparecendo as forrageiras implantadas. Forma-se o que se chama de "campo sujo".

2. O vento

Uma brisa constante leva a umidade, aumentando assim a transpiração das plantas[17] que, mesmo no maior calor do dia, permanece praticamente idêntica, o que se atribui à lentidão do fechamento dos estomas,[12] o que talvez seja o resultado da deficiência aguda de micronutrientes e de potássio. A existência de um elemento no

Figura 10.28 O vento permanente é indicado pela forma das palmeiras.

solo ainda não indica que este seja absorvido, podendo faltar na planta. Adubando-se as plantas do cerrado com micronutrientes, as folhas perdem sua forma deformada, tornam-se menos coriáceas e as árvores crescem mais eretas.[33]

A deficiência da água no solo é pronunciada, com as raízes superficiais secando a camada superior do solo, transpirando a água em seguida. O vento incrementa a transpiração por remover a umidade do ar. Além disso, os solos adensados perdem mais água.[43] Quebra-ventos conseguiriam economizar água, removendo os efeitos da distribuição irregular das chuvas. No Havaí quebra-ventos conseguiram economizar até 750 mm de água, simplesmente por evitarem o carreamento da umidade.[7,21]

Nas regiões agrícolas, quebra-ventos aumentam a produção por agirem como "moderadores" sobre as oscilações pluviométricas. Conservando mais umidade, superam-se mais facilmente as épocas de seca. A economia de água ganha em importância quando sabemos da dificuldade da instalação de uma irrigação, que depende especialmente da abundância da água e de mão de obra, que no cerrado são raras.[27] A deficiência de água no solo é tanto mais pronunciada quanto mais rasa for a camada explorada pelas raízes, quanto pior a drenagem da água para o subsolo e quanto menor a sua capacidade de retenção. Todos os três fatores dependem do teor em matéria orgânica. A capacidade de retenção hídrica de um solo arenoso, até a profundidade de 40 cm, está ao redor de 31,1 mm,[26] porém, aumenta consideravelmente se o solo estiver com um teor maior em matéria orgânica.[32,41] Em solos arenosos, com baixíssimo teor em matéria orgânica, a água da chuva não consegue ser drenada para o subsolo devido aos poros pequenos.[24] Age a "tensão dos meniscos", provocando um movimento lateral da água na camada superficial, que se perde rapidamente por evaporação direta do solo,[23] que dá a impressão de grande permeabilidade. O problema dos solos do cerrado não é sua "grande permeabilidade", como alguns acreditam, mas, que a prática desmente. Na maioria das áreas viram-se enormes torrões à superfície durante a aração e quase em todos os cerrados a subsolação está

Figura 10.29 Uma camada compactada, pela chuva e o gado, cai em torrões grandes quando arada.

se tornando técnica corriqueira (figura 10.29). Em muitas regiões os cursos d'água são raros, dificultando a pecuária, consequência do deflúvio da água pluvial que escorre sem penetrar no solo.[16] E, quando penetra, logo é impedida de infiltrar para maiores profundidades por causa das camadas adensadas logo abaixo da superfície. Este escorrimento se deve a uma laje em pouca profundidade, ou melhor, uma camada adensada que atinge uma profundidade de 35 a 45 cm. Assim, a vazão do rio Torto, no Distrito Federal, diminui drasticamente a partir de abril, quando as chuvas diminuem. E aqui chegamos à terceira constante:

3. A camada adensada logo abaixo da superfície, de permeabilidade e de capacidade de retenção de água reduzida[19]

O "cerradão" e os "tabocais" são exceções. É por isso que se diz nos cerrados: "onde cresce taboca (*Bambusa trinii*) o solo produz melhor".

Comparando-se as figuras 10.29 e 10.30 verifica-se a diferença. Enquanto no cerrado (campo sujo, campo cerrado e cerrado) o solo cai em torrões grandes quando lavrado (figura 10.29), o do tabocal desmancha-se com facilidade em grumos e se apresenta bem estruturado (figura 10.30). O solo do tabocal não é quimicamente mais rico, ao contrário, possui maior teor em alumínio trocável, mas sua estrutura grumosa, devido à atividade intensa das raízes da "taboca", torna-o de produtividade superior ao solo comum do cerrado.

Todos sabem que a "fertilidade" do solo do cerrado reside na camada tênue da superfície. Quando esta for raspada e enleirada (figura 10.31), nem as sementes plantadas com adubo conseguem nascer. Mas se esta for deixada, a primeira colheita é razoável se foram usadas as técnicas de calagem e adubação e a segunda pode ser maior, se o retorno da matéria orgânica produzida for garantido.

Figura 10.30 Solo recém-destocado de "taboca" apresenta-se grumoso e solto, com ótima estrutura e produtividade. Não há torrões nem camadas adensadas.

Figura 10.31 Terra de cerrado destocada e preparada para o plantio.

Por causa da camada adensada logo abaixo da superfície dos solos do cerrado, existe o costume das empresas agrícolas de arar o mais profundamente possível na tentativa de eliminá-la. Porém, a aração profunda não somente distribui a pouca matéria orgânica, geralmente ao redor de 1,8 a 2,0%, restrita aos 2 a 5 cm superficiais, numa camada de 35 a 40 cm, diminuindo assim o teor no solo para 0,2 a 0,3%, que são absolutamente insuficientes; revolve igualmente o subsolo "morto" ou "frio", como o caboclo o chama, à superfície. Desta maneira elimina qualquer possibilidade de os grumos do solo resistirem ao impacto da chuva.[2]

A próxima chuva encrosta a superfície, reiniciando-se novamente o processo de adensamento que se pretendia interromper e remover.

Qualquer agricultor sabe que, removendo a camada superficial do solo, seja durante a limpeza do cerrado (figura 10.31) seja na construção de terraços, o subsolo exposto não produz, mesmo com correção e adubação, e muitas vezes as sementes nem nascem.

Por causa das condições anaeróbias do solo adensada, faltando os poros de ventilação, a cultura pioneira nos cerrados, geralmente, é o arroz que possui um sistema de arejamento radicular através do aerênquima foliar.[20]

Mas, da mesma maneira que o subsolo exposto não produz, o subsolo virado à superfície pela aração tampouco o faz.

O problema do solo do cerrado está nos primeiros 40 cm, como mostra o quadro 10.8, embora a diferença com outros solos do estado de São Paulo não seja grande.

É de conhecimento geral que solos adensados produzem muito menos que solos grumosos.[16,39,42] As plantas dificilmente conseguem enraizar o solo adensado, deficiente em oxigênio, apresentando raízes raquíticas, retorcidas, mal desenvolvidas, explorando um espaço mínimo. Quanto menor o espaço explorado pela raiz, tanto menor a quantidade de água e nutrientes à disposição das plantas, uma vez que meio metro cúbico de terra contém menos água e nutrientes que quatro ou cinco metros cúbicos, *potencializando o oligotrofismo* existente.[38,42,44] Portanto, têm razão os que cul-

Quadro 10.8 Valores médios de capacidade de campo, umidade de murchamento e disponibilidade máxima de água, expressos em mm de chuva, em solos sob cerrado. (Medina, 1966)

solos	profundidade (cm)	máxima capac. de campo	umidade de murchamento	disponibilidade máxima de água
arenosos	0-40	54,5	23,0	31,5
	40-80	107,5	47,5	60,0
	80-120	166,5	72,0	94,5
argilosos	0-40	127,6	91,6	36,0
	40-80	251,0	177,6	78,4
	80-120	364,0	257,6	106,4
barrentos	0-40	103,0	44,5	48,5
	40-80	200,5	94,5	106,0
	80-120	306,5	149,0	157,0

pam o oligotrofismo pela vegetação raquítica dos cerrados. Mas, também têm razão os que culpam o fogo, cujas consequências aumentam o efeito do solo pobre, como discutido nos capítulos 7 e 9.

A formação do cerrado não se dá pelo fogo, mas sim pelas consequências do fogo, como são: o não retorno da matéria orgânica, a exposição do solo desnudo ao impacto da chuva, a destruição da estrutura ativa na superfície do solo e a formação de lajes adensadas em pouca profundidade que conseguem conferir a toda área um comportamento e aspecto comum,[22] independente dos tipos de solos e pouco influenciado pelo clima.

Com a mecanização e correção dos solos consegue-se fazer produzir estas áreas. *A calagem* – Onde houver alumínio trocável multiplica-se este por 1,5, 2 ou 3 conforme a estrutura do solo e o efeito decrescente do calcário. Aconselham-se 1,5 a 3,8 t/ha de calcário. Usam-se parcialmente 10 a 20 t/ha de calcário, porém em muitos casos estas quantidades baixaram o rendimento, uma vez que a maioria dos solos não possui uma CTC para poder armazenar quantidades maiores de cátions (Ca^{++}).[40]

Assim 2,1 t/ha de calcário aumentaram o rendimento de:

- Sorgo em 140%;
- Milho em 15 a 40%;
- Soja em 7 a 15%.[40]

O melhoramento químico dos solos do cerrado já produz um aumento de colheita, embora muitas vezes pouco econômico.

Quadro 10.9 Ensaio de soja em solos do cerrado melhorados quimicamente. (Informação Agropec. 27/33 em ensaios da EPAMIG, ESAL, UFMG e UFV, 1978)

ano agric.	pH água	Al (e.mg%)	Ca + Mg (e.mg%)	K (ppm)	P (ppm)	rendimento kg/ha ensaio	kg/ha agricult.
1974/75	4,36	0,75	0,75	39	3	2 412	1 200
1975/76	5,15	0,10	3,20	28	6	2 526	1 900
1976/77	5,70	0,00	3,30	50	10	2 624	1 182*

* Plantio fora da época.

Verifica-se que o rendimento não acompanha o "melhoramento" do solo. Parece evidente que a simples mecanização, calagem e adubação dos cerrados não consegue remover os fatores que provocaram a vegetação raquítica. A recuperação não pode ser apenas quimicamente, mas deve ser, do mesmo modo, biofisicamente, uma vez que o estado biofísico pode ser considerado a causa predominante dos cerrados.

A RECUPERAÇÃO DOS CERRADOS

Exige-se imperiosamente:

1. A cessação imediata das queimadas incontroladas no fim da seca, banindo o fogo em definitivo destas zonas. Em pastagens, ainda sem manejo adequado de pastejo, o fogo é somente uma das maneiras de eliminação da vegetação velha e seca. O rolo-faca é muito mais indicado. Mas quando se usar o fogo, deve ser controlado. Este exige que uma chuva suficientemente abundante tenha molhado o chão e o vento tenha secado a palha do capim morto. Durante a queimada deve haver algum vento para forçar a passagem rápida do fogo, evitando que torre a terra do pasto. Assim, queima somente a palha em pé, permanecendo a palha que cobre o chão.[3] Porém, a queimada sempre deve constituir uma medida de exceção e nunca de rotina, uma vez que seu efeito negativo reside justamente no não retorno da matéria orgânica (figura 10.14). O fogo descontrolado, especialmente durante a estação da seca, com o intento de provocar a brotação precoce das pastagens, é sumamente desastroso e a causa primária do aparecimento do cerrado. Enquanto esta prática persistir, ninguém poderá esperar lucro do cerrado.
2. A derrubada e a limpeza do cerrado devem ser feitas com correntão ou lâmina dentada para poupar a camada tênue superficial do solo, em que reside a produtividade. A remoção desta camada e seu enleiramento junto com a madeira e as raízes fazem com que nem as sementes nasçam nesta área raspada. Na imagem mostra-se um cerrado limpo por correntão. Enleirou-se somente a madeira e as raízes (figura 10.31).

   Problema idêntico encontramos na Amazônia. Onde a camada fértil foi rapada as plantas não nasceram e quando foram plantadas em torrão, como, por exemplo, a *Gmelina,* não se desenvolveram.

   Não é raro ver capim nascido somente nas faixas de enleiramento, sendo a área "limpa" praticamente isenta de qualquer vegetação. Mas, como todo campo foi adubado, este fato não pode ser atribuído à pobreza do solo em nutrientes ou ao excesso de alumínio, mas sim, à remoção da camada "viva", da "gordura da terra" como diz o caboclo.
3. A aração nunca deve ser feita para eliminar a camada adensada. Ela somente deve servir para o preparo do "leito" da semente e para isso, muitas vezes, uma grade presta-se melhor. Subsola-se o campo até 30 cm de profundidade, e se a camada adensada for maior, até 40 cm, usando-se um "pé-de-pato". A subsolação sempre deve ser feita enquanto o campo estiver seco, isto é, durante a seca ou após uma chuva fraca e nunca deve ser realizada em campo úmido ou o suficiente molhado que seria bom para a aração. Deve-se arrebentar a camada compacta e adensada, o que não ocorre em solo úmido. Antes do subsolador passa-se uma grade para enterrar superficialmente a matéria orgânica.

   O solo do "cerradão" ou de um tabocal é bem enraizado e grumoso, como mostra a figura 10.32. Após 3 anos de cultivo de cana-de-açúcar, a estrutura grumosa se perdeu (torrão do meio) e o solo é adensado e anaeróbio, baixando radicalmente as colheitas.

   O engano foi lavrar o solo profundo e mantê-lo exposto à chuva, usando-se herbicidas para evitar o aparecimento de invasoras.

Figura 10.32 Terra de cerradão: nos lados logo após a roçada, no meio após 3 anos de cultivo.

É impressionante a diferença entre um solo afrouxado por um subsolador e um solo revolvido pela aração. No primeiro, após cair a primeira chuva forte, não se verifica quase nenhuma água escorrida nem estrutura destruída, aparentando não ter recebido chuva alguma, uma vez que nem uma crosta tênue se formou na superfície. No solo arado, o deflúvio da água é fortíssimo, todas as curvas de nível estão cheias de água, formou-se uma crosta de 4 cm de espessura na superfície do solo, há enxurradas, sedimentação etc. e a estrutura do solo está destruída (figura 7.23).

O efeito da adubação é igualmente superior em campos subsolados, por ter conservado a camada tênue de húmus e vida na superfície do solo. Porém, deve se chamar a atenção ao fato de a terra produzir tanto menos quanto maior o número de passagens de máquinas sobre o campo. Todos conhecem o fato da beirada do campo, onde as máquinas manobram, produzirem até somente um terço do campo adentro. Isto não é influência maléfica da estrada, mas da compactação maior do solo pelas rodas das máquinas (figura 7.19). Não adianta a terra ser afrouxada em seguida por uma grade. Os grumos destruídos pela pressão das rodas do trator não mais se refazem, como um copo quebrado não fica mais inteiro, mesmo revirando e afrouxando o monte de cacos. E a terra está sendo compactada novamente pela primeira chuva que vier.

Um planejamento rigoroso dos trabalhos é indispensável, diminuindo-se o número de passagens de máquinas a um mínimo necessário. Não é em vão que se diz no Paraná: "arado puxado a cavalo duplica a colheita!". Pata de cavalo compacta menos o chão que roda de trator!

O acoplamento das máquinas é uma prática necessária. O efeito maléfico das rodas do trator sobre o solo é tanto maior quanto mais úmido o solo for.

4. A proteção do solo contra o impacto da chuva é indispensável para evitar o restabelecimento da camada compacta, rompida pela subsolação. O subsolador abre o solo, mas em nada contribui para mantê-lo aberto. Portanto, as culturas em linhas distantes, como milho, fumo, algodão ou cana são pouco adequadas para iniciar o cultivo dos cerrados, mesmo se forem variedades adaptadas às condições das "savanas". Também soja não é adequada para ser cultura pioneira por ter dificuldades em crescer em solos de estrutura deficiente. Portanto, as culturas mais indicadas são aquelas com raízes fortes e que "fechem" o chão, como o arroz-de-sequeiro e as pastagens.[6,13,26]
   Normalmente a cultura pioneira é arroz-de-sequeiro,[20,31] sendo tratada com herbicidas ou sendo capinada para eliminar a rebrota do cerrado. A rebrota do cerrado depende da insolação direta ao solo. *Quanto mais rápido o solo "fechar", tanto menor a possibilidade de o cerrado voltar.* A cultura de arroz com pastagem implantada é, portanto, uma prática vantajosa, somente devendo se ter o cuidado de não utilizar uma sobrecarga de semente de forrageiras que impediria o desenvolvimento do arroz.
5. A correção do solo e sua adubação se fazem necessárias. O pH deve estar ao redor de 5,8 a 6,1[5,13] e o calcário utilizado deve ter um PRNT ("grau de finura") entre 60 e 80% no mínimo, o que geralmente não ocorre, de modo que o efeito da calagem não aparece no primeiro ano.
   Mesmo em solos com pH suficiente, que geralmente ocorre em solos muito arenosos com um complexo de troca muito reduzido, convém fazer uma calagem para fornecer o nutriente cálcio.[20,22]
   A adubação orgânica sempre é vantajosa, embora muitas vezes não traga efeito sem a calagem.
   Porém, seja chamada a atenção que *a adubação verde é um adubo nitrogenado,* pouco promovendo o melhoramento do solo no que diz respeito à sua estrutura grumosa e sua permeabilidade. Esta é melhorada exclusivamente com matéria orgânica seca, ou seja, restos das culturas junto com uma adubação, uma vez que a palha não se decompõe de maneira satisfatória enquanto faltarem cálcio, fósforo e micronutrientes. De modo que a adubação principal é aplicada na palha, misturando-a com o solo superficialmente até 8 a 12 cm. Em algumas zonas necessita-se igualmente potássio. O nitrogênio é fixado pelas bactérias que acompanham os decompositores de palha quando esta estiver em contato com o ar.
   Em todos os solos de bioestrutura deficiente, o micronutriente mais em falta é o zinco, que impede, especialmente, a produção normal de arroz, causando mui-

Quadro 10.10 Ensaio de adubação orgânica e calcário numa rotação de culturas[5] (em kg/ha). (Coimbra de Oliveira, 1963)

tratamento	amendoim (1945)	milho (1946)	amendoim (1947)	milho (1948)
testemunha	633	253	316	74
adub. verde (mucuna)	749	316	466	49
adub. verde + calcário	1 963	1 512	1 262	1 030

tas espigas brancas. A deficiência de boro existe em muitas áreas, causando a morte dos brotos e a deformação das folhas novas.

A adubação potássica muitas vezes não traz efeito[6] mesmo quando faltar, simplesmente devido ao desequilíbrio com o cálcio, que é agravado pela adubação de nitrogênio amoniacal que pesa no lado dos cátions, deslocando o cálcio. Por outro lado, o potássio é indispensável para o controle da transpiração vegetal. Pelo uso de calagem e adubação verde, em lugar de $N{-}NH_4$, o efeito do potássio geralmente ocorre.

Desaconselha-se usar doses elevadas de calcário, isto é, maiores que 2,5 t/ha, ou seja, 6,0 t/alq, bem como a adubação em linha exceto o fósforo, por prejudicarem as culturas nas épocas de seca, os "veranicos", que sempre ocorrem devido à distribuição irregular das precipitações. A adubação a lanço beneficia as culturas quando faltar água.

A adubação fosfatada é problemática. Mesmo em solos com pouco ou nenhum alumínio trocável, o fósforo é ligado,[21] sendo 56 a 95% absorvidos por fatores alheios, provavelmente por ferro e alumínio amorfo. Portanto, a adubação fosfatada não deve ser feita só com formas hidrossolúveis, como superfosfato. Por outro lado, os fosfatos naturais como hiperfosfato, fosfato de Olinda, fosfato de Araxá e outros levam 3 a 6 meses até reagirem e somente dão resultado em solos ácidos cujo pH esteja entre 4,7 e 5,5. De modo que uma calagem prévia reduz o efeito dos fosfatos naturais. Os fosfatos mais indicados são os termofosfatos e escórias. Mas, quando se usarem fosfatos naturais por causa de seu preço, aconselha-se cuidar por um nível adequado de matéria orgânica, ou seja, no mínimo 2,5% em solos arenosos e 3,5% em solos argilosos, que apressa sua reação. Além disso, é vantajoso misturar o fertilizante natural com superfosfato na proporção de 1 parte de superfosfato e 2 partes de fosfato natural e adicionar micronutrientes. Também pode se aplicar o fosfato natural a lanço, incorporando-o até 10 cm de profundidade pela grade, usando superfosfato como adubação em linha, ao lado da semente. O zinco deve ser adicionado aos fosfatos[8] para garantir o efeito normal do fósforo.

6. O retorno da matéria orgânica deve ser cuidadosamente planejado. A matéria orgânica que promove a estrutura ativa do solo é a palha, podendo uma cultura bem sucedida fornecer ao redor de 10 t/ha de palha. Esta nunca deve ser amontoada e queimada, mas sempre superficialmente incorporada ao solo. O problema das pragas se controla por um rodízio de culturas. Um picador de palha fixado à colhedeira facilita sobremaneira o manejo e a distribuição da palha que, durante a estação da seca, pode ficar cobrindo o solo, sendo incorporada no início das águas até 10 cm de profundidade, usando-se uma grade.

   Para a agricultura no cerrado necessitam-se, portanto, subsoladores, picadores-de-palha, rolo-facas e grades, mas antes de tudo um espírito conservacionista. *Solo de cerrado é um solo destruído que não pode ser prontamente explorado, mas que deve ser recuperado* por já ter sofrido uma exploração irracional.

7. Quebra-ventos são indispensáveis. Quem pretende instalar pastagens deve plantá-los enquanto o solo estiver sendo usado para culturas agrícolas. O plantio das curvas de nível com arbustos segura melhor os camalhões dos terraços, barateando a manutenção, porém raramente servirá também como quebra-vento. Este deve cortar o caminho do vento e não o caminho da água.
   Para formar quebra-ventos necessita-se tanto de árvores como de arbustos, uma vez que o tronco de árvore não é suficiente para barrar o caminho do vento. Quando se tratar de terras boas com adequado teor em argila, próprias para a agricultura, as faixas de quebra-ventos de dez a vinte metros de largura devem estar distantes uma da outra aproximadamente 80 metros. Aconselha-se o uso de árvores com rendimento comercial, especialmente árvores frutíferas, madeiras de lei e arbustos de leguminosas.
   Quando se tratar de pastagens, é indicado o uso de árvores forrageiras como "charuteiros" (*Cassia*), algarobeiras (*Prosopis algaroba*) e semelhantes e igualmente leguminosas forrageiras de porte arbustivo como *Leucaena,* guandu, desmódios e igualmente plantas forrageiras nativas que forneçam forragem na estação de seca como o cipó-boiadeiro, que poderia ser plantado nas beiradas, uma vez que só cresce arbustivo no sol. A distância mais adequada dos quebra-ventos em pastagens é de 50 metros.
   À medida que os cerrados são derrubados, a instalação de quebra-ventos se torna mais urgente, uma vez que a incidência do vento aumenta e as chuvas se tornam mais irregulares, com períodos de estiagem mais prolongados. Com isso existe o perigo da diminuição do lençol freático também nos cerrados de Goiás e Mato Grosso e o desaparecimento das fontes e córregos ainda frequentes, e aumenta o perigo das inundações.

PASTAGENS NO CERRADO

Nas terras mais argilosas e melhor estruturadas, e também nas de "cascalho", é possível conseguir boas pastagens de capim-colonião. Porém, em todas as terras arenosas o capim-colonião, mesmo quando consegue instalar-se satisfatoriamente, o que nem sempre ocorre, é pouco durável, desaparecendo em seguida. A causa principal é seu porte ereto, em moitas, que, quando pastadas, deixam o solo descoberto exposto à chuva.[16] Na vegetação que sobra, graças à sublotação, a brotação ocorre nos entrenós, sendo rejeitada pelo gado. O solo compacta. E, como o capim-colonião necessita de um arejamento adequado para suas raízes, enfraquece à medida que as raízes encontram dificuldades, sendo dominado por invasoras ou pela própria leguminosa implantada, como ocorre com o calopogônio.

Mesmo quando o capim se instala bem não deve ser pastado no primeiro ano, para que sementeie. A sementeira, porém, não nasce em meio do capim alto nem embaixo de palha roçada. O melhor método é passar uma grade para fazer a sementeira nascer. Mas quando isso não for possível, uma queimada controlada também poderá ser usada, uma vez que disso depende a instalação satisfatória da pastagem.

Nos solos inadequados para o capim-colonião aconselha-se observar quais as forrageiras que se instalam com maior facilidade. E, mesmo sendo consideradas como "inferiores", uma mistura de 4 a 5 capins e gramas e 3 a 4 leguminosas fornecerá uma ótima pastagem não somente para a cria mas também para a engorda. Não se deve procurar "o capim melhor", mas, sim, "a pastagem melhor", que sempre será a constituída do maior número de espécies. Seja chamada a atenção que para a engorda poderá ser usado qualquer capim volumoso com adequado teor proteico. Para a cria, porém, necessita-se de uma pastagem baixa, com forrageiras diversificadas para garantir o maior espectro de minerais e substâncias orgânicas, especialmente de aminoácidos.

Enquanto o problema de a seca permanecer e se agravar, desaconselha-se a erradicação total da flora nativa uma vez que nesta estação o gado morreria de fome nas pastagens, mas se mantém no cerrado. Assim, a invasora "cipó-boiadeiro" é capaz de manter o gado em bom estado durante toda a seca; e provavelmente existem várias outras plantas nativas no cerrado que contribuam para a manutenção do gado (quadro 10.1).

As forrageiras mais indicadas para o cerrado são capim-gambá (*Andropogon gayanis*),[9,25] capim-jaraguá (*Hyparrhenia rufa*), capim-gordura (*Melinis minuti-flora*), *Centrosema*, estilosantes e galactia (*Galactia striata*). O calopogônio (*Calopogonium mucunoides*) cresce muito bem nos solos do cerrado, mas torna-se facilmente praga.

De qualquer maneira a estação da seca é benéfica para o solo e as forrageiras por lhes proporcionar o repouso que em clima temperado somente a neve concede. Neste espaço de tempo, mesmo quando a vegetação secar, o solo não deve ficar desnudo, mas permanecer coberto por uma camada orgânica a fim de protegê-lo tanto da insolação excessiva, como especialmente, do impacto das primeiras chuvas. É desvantajoso deixar a vegetação seca em pé porque:

1. Queima com facilidade, dando margem a fogos devastadores;
2. Na primavera geralmente rebrota da palha como o fazem o capim-colonião, o capim-estrela e a *Brachiaria*. Isso provoca no colonião um crescimento sempre mais pronunciado de moitas, com falta quase que total de um alargamento da base que poderia cobrir o solo. As áreas desnudas do solo aumentam, podendo perfazer até 80%. Com isso aumenta o perigo da erosão, da decadência do solo e da instalação maciça de invasoras.
   Além disso, o gado também é obrigado a comer a palha quando pasta os brotos, de modo que o valor nutritivo da forragem é baixo.
   Quando o capim-colonião é cortado brota na base, deitando os primeiros colmos e permitindo assim uma cobertura muito mais eficiente do solo. O capim--jaraguá, com palha alta, geralmente rebrota muito pouco ou nada, abafando-se debaixo da massa seca;
3. A rebrota do capim ocorre mais tarde na primavera do que a do capim pastado, o que geralmente é a razão do uso do fogo para a limpeza da pastagem ainda na

época da seca, provocando assim a incineração da camada tênue de matéria orgânica na superfície do solo, perpetuando-se as características do cerrado. Capim exaustivamente pastado no outono, baixando até o chão, ou pastado pesadamente durante a seca também tem sua brotação atrasada. Este último especialmente por causa da danificação das raízes pelo pisoteio do gado, que é muito mais prejudicial na seca do que na estação das águas. Um rolo-faca do tipo saca-rolha, com lâminas helicoidais, é o adequado para as forrageiras baixas e mais finas, como pangola, estrela ou *Brachiaria,* e o rolo-faca comum, com lâminas retas, para o capim-colonião. Capim cortado não necessita de aceiros tão largos como o capim em pé, para ser protegido contra o fogo.

Normalmente o orvalho é muito forte nas madrugadas da estação seca. Quando não se permite que o vento o seque em seguida pode ser suficiente para manter a pastagem verde, se for manejada com pastejo rotativo.

RESUMO

As características do cerrado se devem ao fogo, à camada adensada de solo a que este dá origem e ao oligotrofismo induzido por esta camada densa. Para recuperar os solos do cerrado devem ser eliminados todos os fatores que lhe derem origem. Adicionalmente deve-se tomar medidas para proteger as plantações agrícolas ou pastoris do vento permanente, para economizar água.

O solo do cerrado é solo destruído que deve ser recuperado, principalmente pela adição de matéria orgânica junto com um fosfato cálcico. Nenhuma medida de recuperação dará efeito se o solo não for protegido da insolação direta e o impacto das chuvas.

Para culturas agrícolas a calagem é indicada, mesmo se não existir alumínio trocável. A cultura pioneira é o arroz-de-sequeiro. Onde houver necessidade de uma adubação nitrogenada a adubação verde junto com uma calagem é a mais vantajosa.

REFERÊNCIAS BIBLIOGRÁFICAS

1. **Arens, K.** (1958). O cerrado como vegetação oligotrófica. *Bol. Fac. Fil. Ciênc. Letras, USP 224, Botânica. 15:59-77.*
2. **Avendaño, B. L. L.** (1966). Rehabilitación de suelos agrícolas de Guatemala mediante incorporación de materia orgánica. *Tesis, Fac. Agron. Guatemala.*
3. **Betrant, A. R.** (1965). Plant environment and efficient water use. *Edição da SSSA, Wisconsin.*
4. **Camargo, P. A.** (1963). O clima do cerrado. *Simp. Cerrado, p. 77-95, Sete Lagoas, MG.*
5. **Coimbra R. de Oliveira** (1963). Agricultura no cerrado. *Simp. Cerrado, p. 317-36, Sete Lagoas, MG.*
6. **Coqueiro, E. H. Pires; Correia, J. Pereira** e **A. Freire, de Barros** (1967). Adubação de NPK na cultura de arroz-sequeiro em solos sob vegetação de cerrados. *Ann Inst. Pesq. Agro-pec. Centro-Oeste, Sete Lagoas, M.G. 1972, p. 79-89.*
7. **Ekern, P. G.** (1964). The effect of wind brakes on water economy. *Soil Sci. Soc. Amer. Proc. 28(3):410-21.*
8. **EMBRAPA** (1976). Sistema potencial da produção de milho no cerrado. *IV Simp. Cerrado, Brasília.*

9. **Emrich, S. E.** (1972). Competição entre cinco gramíneas forrageiras para a formação de pastagens em solo de cerrado. *II Reun. Bras. Cerrado p. 209-21.*
10. **Falesi, I. C.** (1972) Solos da rodovia Transamazônica. *IPEAN, Bol. Tec. 55 Belém, Pará.*
11. **Ferri, G. M.** (1963). Histórico dos trabalhos botânicos sobre o cerrado. *Simp. Cerrado p. 9-35.*
12. ________. (1976). Ecologia dos cerrados. *IV Simp. Cerrado, Brasília.*
13. **Freitas, L. M. M.; D. S. Mikkelsen; A.C. McClung** e **W.R. Lott.** (1963). Agricultura no cerrado. *Simp. Cerrado, Sete Lagoas/MG, p. 285-314.*
14. ________; **E. Lobato** e **V. W. Soares** (1972). Experiências de calagem e adubação de solos de cerrado do Distrito Federal. *II Reun. Bras. Cerrados, p. 137-52.*
15. **Garcia F. de Freitas; C. Oliveira, da Silveira** (1976). Principais solos sob vegetação de cerrados e sua aptidão agrícola. *IV Simp. Cerrados, Brasília.*
16. **Gifford, R. O** e **E. J. Jensen** (1967). Some effects of soil moisture regime and bulk density on forrage quality in green house. *Agron. Jour. 59(1):75-77.*
17. **Goodland, R.** (1971). Oligotrofismo e alumínio no cerrado. *III Simp. Cerrado, ed. USP p. 44-66.*
18. **Herwig, K.** e **H. Linser** (1968). Zuzammenhänge zwischen Bewindung, Transpiration und Nährstofftransport bei Lein unter besonderer Berücksichtigung einer variierten Wasserga-be und Kalidüngung. *Kalibriefe, 2/2.*
19. **Hillel, D.** e **W. R. Gardener** (1970). Non stationary infiltration in profils wich have surface crusts. *Soil Sci. 109:69-76.*
20. **Hoeflich, V.A.; E.R. Cruz; J. Pereira; F. Duque** e **H. Tollini** (1976). Sistema de produção agrícola nocerrado. *IV Simp. Cerrado, Brasília.*
21. **Junker, P.H.** e **J.J. Madison** (1967). Soil moisture characteristica of sand-peat mixture. *Soil Sci. Soc. Amer. Proc. 31(1):5-8.*
22. **Kamprath, E.J.** (1976). Phosphorus fixation and availability in highly weathered soils. *IV Simp. Cerrado, Brasília.*
23. **Karmanov, I. I.** (1966). Changes in tropical soils under agricultural use. *Pochvov. 1:36-48 (Amer. Issue).*
24. **Könlein, J.** e **M. Oehring** (1965). Zur Problematik der Wasserbewegung in Ackerkrumen--Lysimetern. *Z. Pflanzenern. Düng. Bodenkd. 109(1):1-17.*
25. **Krivenkov, N.P.** (1968). Effect of density on derno podzolic soils on nutrient uptake by plants. *Agrokhimiya. 11:69-76.*
26. **Kuhn, J. Neto; J.C. Moura; de Pereira, C. Alves** e **J. Menck** (1976). Resultados da implantação de pastagens pelo método CATI em solos do cerrado. *IV Simp. Cerrado, Brasília.*
27. **Landers, J. N.; A. Lima, de Souza; A. Gripp** (1967). Possibilidade e desafios em irrigação dos cerrados. *II Reun. Bras. Cerrado, Sete Lagoas, MG. p. 39-50.*
28. **Medina, H. P.** e **F. Grohmann** (1966). Disponibilidade de água em alguns solos do cerrado. *Bragantia. 25(6):65-76.*
29. **Menezes, W. de Cardoso** e **W. Araujo, de Alves** (1961). Recuperação do cerrado. *Inform. Agric. Rio de Janeiro, 1964, p. 154.*
30. **Nogueira, P. Neto** (1976). Conservação da natureza do cerrado. *IV Simp. Cerrado, Brasília.*
31. **Pereira, J.; E. Coqueiro, Pires; A. Freire, de Barros** (1967). Adubação fosfatada do arroz--de-sequeiro em solos de vegetação campo-cerrado. *II Reun. Bras. Cerrado, Sete Lagoas, MG. p. 63-77.*
32. **Primavesi, A.** (1966). Recuperação de solos improdutivos por métodos biológicos. *Biol. del Suelo. UNESCO, Montevidéu, p. 83-96.*
33. **Primavesi, O.** (1976). Plantas de cerrado e sua adubação com micronutrientes. *Comunicação pessoal.*
34. **Ranzani, G.** (1963). Solos do cerrado. *Simp. Cerrado, Sete Lagoas, MG. p. 41-74.*

35. **Rawitscher, F.** (1948). The water economy of the vegetation of the "campos cerrados" in southern Brazil. *Jour. Ecol. 36(21):37-68.*

36. **Rens, K.** (1963). As plantas lenhosas dos campos cerrados como flora adaptada às deficiências minerais do solo. *Simp. Cerrado, Sete Lagoas, MG. p. 250-65.*

37. **Rizzini, C. T.** (1963). Análise florística das savanas centrais. *Simp. Cerrado, Sete Lagoas, MG. p. 107-52.*

38. **Rosenberg, N. J.** (1964). La réaction des plants sur les effects physiques des adensaments du sol. *Adv. Agron. 16:181-96.*

39. **Schmidt, N.C.** (1976). Problemas de fertilidade em solos da série Pinhão S.P. *Bol. Inf. Soc. Bras. Ciênc. Solo. 1/3:51-2.*

40. **Soares, W.V.; E. Lobato; E. Gonzalez** e **G.C. Naderman Jr.** (1975). Encalado de los suelos del cerrado brasileño. *Manejo Suelos Amer. Trop. p. 287-303.*

41. **Sharma, M.L.** e **G. Uehara** (1968). Influence of soil structure and water relation in low humic latosols. II: Water movement. *Soil Sci. Soc. Amer. Proc. 32(4):770-74.*

42. **Stevenson, D.S.** (1968). Effective soil volume and its importance to root and shoot growth. *J. Soil Sci. 47:163-74.*

43. **Sykes, D.J.** e **W. E. Loomis** (1967). Soil and plant born factors influencing the permanent wilting point and field capacity. *Soil Sci. 104:163-73.*

44. **Watts, M.; L. Covolo** e **W. Silveira** (1973). Influência da compactação do solo sobre a disponibilidade de fósforo em milho. *Curso Pós-grad. Biodin. e Prod. Solos. Sta. Maria/RS (não publicado).*

MANEJO DOS SOLOS DA MATA AMAZÔNICA

A floresta pluvial amazônica geralmente é conhecida como "mata geral". Na literatura é citada como "hileia".

A *Amazônia Legal* ocupa 60% do território nacional porque inclui toda a bacia amazônica, inclusive os cerrados do Norte de Mato Grosso e Goiás. Porém, tratamos aqui da região da mata.

Na opinião mundial e, em parte, também da brasileira, a Amazônia é coberta de matas milenárias, de árvores enormes. Porém, os nortistas distinguem entre a *mata geral*, a *mata cipoal*, a *mata de transição,* as *capoeiras* em diversos estados de desenvolvimento, as campinas ou *campinaranas*, que são ilhas de árvores raquíticas no meio da mata, e finalmente os *cerrados*, que vão até os *"lavrados"* de Roraima, que são savanas de capim baixo. Frequentemente não se encontra mais a mata virgem original mas já uma mata secundária, que raramente atinge a imponência da mata primária. E não deve surpreender que justamente os solos melhores apresentam a vegetação pior uma vez que a população amazonense soube escolher as terras melhores para suas lavourinhas de sustento. Usavam-nas no sistema milenar de derrubar, plantar um ano e abandonar a terra, mudando para outra nova e fértil. 20 a 25 anos de abandono são o normal antes de voltar a cultivar a mesma gleba, se voltarem. "Cipós e palmeiras somente nas capoeiras" diz o caboclo. E se esta mata for derrubada outra vez aumentam as palmeiras, que, como os cipos, necessitam de luz para poder crescer. De modo que o número de pés de babaçu (*Orbignia martiana*) indica o grau de transição para o cerrado. A selva que inclui estas plantas não é mais a mata original.

Muitas vezes se encontra a selva maior nos solos mais fracos, que os índios e caboclos, em sábia prudência, tinham rejeitado, por serem fracos demais para o cultivo de milho e mandioca (figuras 10.33, 10.34 e 10.35).

Enquanto a mata ainda estava intacta, imaginava-se que a Amazônia fosse uma planície imensa. Isso se fundamentou no fato do rio Amazonas ter um desnível de somente 60 metros num percurso de quase 2 000 km (ou seja, 0,003%) e o rio Madeira ainda menos. Porém, no decorrer das derrubadas grandes, desnudando milhões de hectares, verificou-se que a paisagem não é plana, mas bastante ondulada e em parte até acidentada, embora as copas das árvores se tenham nivelado numa altura única. Ocorre somente que as árvores cresceram melhor nas baixadas e muito menos nos espigões, frequentemente latossolos truncados com o horizonte B à mostra, sendo formado de concreções ou cascalho laterítico, geralmente, com um segundo horizonte de plintita a 50 até 80 cm de profundidade[4] podendo estagnar a água (vide figura 10.36). Portanto, embora sendo "terra firme" não oferece boas condições de crescimento.

Quadro 10.11 Análise dos solos de diversos tipos de mata. (Falesi, 1972)

lugar	pH	CTC (e.mg%)	S (%)	Al (e.mg%)	P (ppm)	Ca (e.mg%)	Mg (e.mg%)	K (e.mg%)	C (%)
mata original	4,0	2,5	0,8	1,0	4,0	0,5	0,2	0,10	2,1
mata cipoal	6,3	11,2	7,9	0,1	44,2	5,7	1,7	0,48	0,8
mata, transição ao cerrado	5,8	32,4	26,6	0,0	30,0	18,6	7,2	0,64	4,4

Organizado neste quadro por Primavesi.

Figura 10.33 "Mata geral", Pará.

Figura 10.34 "Mata cipoal", Roraima.

Figura 10.35 "Cerrado", Roraima, formado principalmente de "caimbé" ou lixeiras (*Curatella americana*).

Figura 10.36 Paisagem amazônica (Pará) com as copas das árvores nivelando numa altura, em topografia muito ondulada.

Esta paisagem apresenta um desafio à utilização, dado que os "tesos" raramente possuem terras boas e as baixadas praticamente não possuem drenagem, uma vez que a paisagem não é de tipo "montanhoso", mas sim uma planície imensa em que foram "enxertados" os "tesos" ou colinas. Grande parte dos solos amazônicos são hidromórficos, podendo ser de origem podzólica, laterítica, orgânica ou de glei. Por isso distingue-se entre "terra firme" e solos úmidos. Estes solos úmidos não se localizam necessariamente nas baixadas, mas igualmente em terrenos elevados nas áreas levemente onduladas, onde o plintita existe no horizonte B, estagnando a água, de modo que as árvores com raízes tabulares existem tanto nas baixadas como nos terrenos mais elevados.[18]

As várzeas são as terras mais férteis, embora também arenosas. Possuem sua potencialidade devido aos sedimentos trazidos pelas águas dos rios. Drenados dão excelentes colheitas, que, porém, decrescem sensivelmente no decorrer dos anos.

Quadro 10.12

	cultura de cana (t/ha)	cultura de arroz (t/ha)
1º corte/colheita	170,0	6,0
2º corte/colheita	85,5	5,0
3º corte/colheita	72,0	4,0[4]

Fonte: dados da IRI colhidos no "Projeto Jari".

Porém, a drenagem dos terrenos é muito onerosa e dificilmente poderá ser feita por agricultores.

Os podsolos hidromórficos são extremamente arenosos, dando origem à mata "arenícola" cujo chão é tomado de samambaias de folha grande, especialmente quando a mata já é de "segunda vegetação", ou seja, quando já foi derrubada uma vez.

Existem litossolos que dão origem à "floresta serrana" bastante raquítica, regossolos que, apesar de serem profundos, geralmente comportam somente um "umirizal" ou mata do tipo caatinga e alguns grumossolos, que apesar de sua argila rica, montmorilonítica, apresentam a mata mais variada, indo da mata seca sobre o cerrado, a floresta semidecídua equatorial até a floresta amazônica úmida, de modo que o tipo de solo parece ter pouca influência sobre a formação da capa vegetal, à semelhança dos cerrados.

Existem alguns solos latossólicos argilosos, de fertilidade média a alta, mas desde os levantamentos da área amazônica pelo RADAM sabe-se que somente 10% dos solos são próprios para o uso agrícola, suportando culturas anuais. Os 90% restantes somente poderão ser manejados abaixo de uma cobertura permanente, seja ela de pastagem ou de culturas arbustivas ou arbóreas.

Os solos em sua maioria são pobres, sendo a camada delgada de matéria orgânica em sua superfície, ao redor de 1,8 até 3,5%, o sustento da vegetação,[3,5,13] com o desenvolvimento de grande parte das raízes nesta zona. Se a limpeza do terreno for feita com lâmina, raspando-se esta camada, o que se planta aqui não tem desenvolvimento. Assim, as gmelinas (*Gmelina arborea*), num ano, alcançam a altura de 1 metro no solo "enleirado" da superfície, enquanto as da terra raspada não ultrapassam 15 cm. Por outro lado, plantam-se seringueiras, pondo como adubo esta terra superficial nos buracos de plantio, o que lhes garante um desenvolvimento bom durante uns 3 anos (figuras 10.37 e 10.38). Porém, como o clima tropical é propício a uma decomposição muito rápida, toda riqueza do solo desaparece após 1 a 2 anos de cultivo.[14] Terminando a matéria orgânica, finda-se também a produtividade dos solos.

A mata da Amazônia, em parte exuberante, baseia-se num *equilíbrio muito delicado entre a matéria orgânica, a estrutura do solo, a umidade do ar e o nível freático. É um ecossistema extremamente frágil que depende das árvores e sua água transpirada,*[11] *a ausência de vento na paisagem*, o que ocorre na mata densamente fechada, *a proteção de seus solos contra o sol e o impacto das chuvas equatoriais,*[2] *e de uma distribuição equilibrada das*

Figura 10.37 Mata derrubada.

Figura 10.38 Madeira derrubada queimada. O campo está pronto para o plantio.

chuvas durante o decorrer do ano, em vista da capacidade reduzida de retenção de umidade, da maioria dos solos. E até o macroclima contribui a este ecossistema todo específico, com a frequente nebulosidade, reduzindo a taxa de incidência de luz solar sobre a vegetação.[1]

Assim, a mata atinge, parcialmente, até 60 metros de altura e as árvores até 3 metros de diâmetro, abundando as essências mais preciosas como maçaranduba (*Manilkara huberi*), mogno (*Swietenia mahagoni*), carobas ou jacarandás (*Jacaranda spp*), angelim (*Dinizia excelsa*), ipês (*Tecoma spp*) e muitas outras. Não lhes importa a pobreza química dos solos nem os teores elevados de alumínio trocável que alcançam teores de 9,0 e.mg% e mais.[4]

A maioria dos solos cobertos pela mata não se prestam para a agricultura, que deve ser restringida às várzeas e às manchas de latossolos vermelho-amarelos e vermelhos.

Nos últimos 10 anos modificaram-se um pouco os problemas preferenciais. Enquanto antes o problema maior foi o de como derrubar a área máxima de mata em tempo mais curto (figuras 10.37 e 10.38), verificou-se em seguida que a mata indiscriminadamente derrubada não fornecia somente solos de fertilidade exuberante, como se esperava. Então, o problema maior tornou-se achar as manchas de terra fértil, embora a derrubada continue num ritmo de 300 000 a 400 000 hectares por ano.[14] Mas a maneira melhor não é derrubar centenas de milhares de hectares para de vez em quando encontrar um solo que preste. E o problema que surgiu com este sistema pouco salutar é manter as condições climáticas para que estas permaneçam "extremamente favoráveis" a uma vegetação exuberante. E estas, infelizmente, já se estão alterando, uma vez que pastagens não possuem ação idêntica à da mata (figura 10.39).

Sem a menor dúvida o clima da região amazônica equatorial úmida parece "sobremaneira favorável" à produção vegetal, sendo a prova a hileia. Mas esquece-se que o clima existe graças à mata, que, como imenso termostato, está evitando os

Figura 10.39 Pastagem instalada. Trata-se de *Brachiaria humidicola* (quicuio-da--amazônia) que forma pastagens quase isentas de "juquira" (invasoras).

extremos de temperatura. Pastagens não são termostatos e não se pode esperar a manutenção do clima amazônico após a modificação total da paisagem, trocando a mata por pastagens.

Na zona da mata as temperaturas oscilam entre 22 °C e 28 °C com uma umidade relativa do ar entre 73 e 88%, podendo a média anual de algumas zonas subir até 91%.[1] Os extremos de frio vão até +19 °C e os de calor até +35 °C que, porém, são raros na zona da mata e geralmente ocorrem nas regiões onde a mata já não existe mais. Aproximadamente 25% da região amazônica estão desmatados, ou seja, mais que 1 milhão de quilômetros quadrados. E a temperatura se torna tanto mais extrema quanto menor for a área com mata, até chegarmos aos extremos dos desertos que oscilam entre -4 °C de noite e +50 °C de dia, como ocorre no Saara. A queima anual dos solos amazônicos cria "terra queimada" (figura 10.40) que em pouco tempo não é mais capaz de dar alguma colheita, sendo tomada em seguida por plantas silvestres, adaptadas ao fogo.

A superfície deste solo se torna impermeável e as precipitações que oscilam entre 1 300 e 4 000 mm (Amapá) anuais não se infiltram mais. Elas escorrem, acumulando-se nas baixadas. E, enquanto as águas paradas que se chamam de "Iguapó" são pretas pelo húmus, a água da chuva escorrida é turva de terra arrastada. E são muitas as baixadas inundadas por águas escorridas de terras desmatadas.

A mata e a umidade evaporada, bem como as nuvens formadas, limitam a insolação na área equatorial a 35 até 60%, e todos conhecem as nuvens espessas que frequentemente cobrem a região.[16] Parece evidente que qualquer modificação deste estado ecológico que existe entre a produtividade do solo, a mata e o clima iriam provocar a modificação sensível no crescimento vegetal. Somente a diminuição da umidade no ar e da nebulosidade, permitindo uma insolação maior, terá influência sobre a capa vegetal.

Figura 10.40 A paisagem amazônica 6 anos após a derrubada da mata e o uso anual do fogo (Pará).

O problema amazônico básico é manter o clima favorável, mesmo quando a paisagem natural for substituída por uma cultural. Existem opiniões de que a diminuição da pluviosidade seria desejável. Porém, esquece-se que a diminuição das chuvas não significa que seriam menos pesadas, mas ao contrário, se tornam mais pesadas mas mais espaçadas, instalando-se uma estação seca, que antes praticamente não existia. De modo que a diminuição da pluviosidade equivale à instalação de "veranicos" e estiagens. Isso, acrescido pela maior insolação e o aumento das temperaturas, por falta de "termostato" natural, a mata, significa uma piora considerável das condições de produção vegetal.

Não há dúvida que a área amazônica pode ser transformada em uma paisagem cultural, porém com conservação dos princípios ecológicos existentes! Cada modificação impensada significa uma piora das condições de um ecossistema extremamente delicado, muito mais delicado que o dos pampas férteis, do celeiro da antiga Grécia e Roma, que hoje estão transformados no deserto do Saara.

Antes de tudo deve garantir-se o ciclo da água, entre infiltração e evaporação, manter as temperaturas estáveis, conservar a umidade na região e garantir a distribuição boa das chuvas, que dependem de uma quantidade adequada de matas ou de represas. Tem de ser evitada a instalação de uma estação seca cada vez mais prolongada e mais pronunciada que, nestes solos, predominantemente arenosos, terá efeito desastroso sobre qualquer cultura, seja anual ou perene.

O uso anual do fogo para a limpeza de áreas extensas cria uma vegetação "nativa" do fogo, como mostra a figura 10.42.

Como o fogo evita o crescimento de plantas estoloníferas, muito chão fica desnudo, uma vez que o capim cespitoso, crescendo em tufos, não consegue "fechar". Um único ano sem queimada modifica a vegetação completamente, permitindo a proliferação de muitas plantas de folhas largas, nascidas de sementes, bem como de gramas reptantes.

Figura 10.41 Não se trata de um Iguapó, mas, sim, de água de chuva escorrida de pastagens vizinhas e estagnada numa baixada. As árvores ali existentes morreram "asfixiadas".

Figura 10.42 Onde o fogo é "técnica" frequente, a vegetação melhor não resiste, instalando-se capins fibrosos e cespitosos, como o capim-cabeludo (*Trachypogon polycuoris*).

Em solos com mais que 20% de argila aparecem cupinzeiros, que são tanto mais frequentes quanto mais adensado e impermeável o solo se tornar. De modo que a "paisagem do fogo" é marcada pelos montículos dos cupins (figura 10.43), que no "lavrado" de Roraima alcançam a altura de 4 metros e um diâmetro de até 3 metros, como retrato eloquente de terra destruída.

Figura 10.43 A paisagem do fogo. Cupinzeiros de tamanho gigantesco e de frequência espantosa tomam conta do que era uma vez pastagem.

O solo tornou-se impermeável!

Para garantir a infiltração da água, os solos devem ser protegidos contra o impacto das trombas d'água, os "torós" tropicais, que antes da derrubada eram amortecidos pela mata.

Os solos devem ser protegidos contra a insolação direta, a erosão e a lixiviação. E para tudo isso existe uma única medida: Uma cobertura vegetal permanente! Esta vegetação permanente pode ser pastagens que cubram o solo perfeitamente, exclusive o capim-colonião; culturas arbustivas como o guaraná, somente na sombra da mata é trepadeira, pimenta-do-reino ou culturas arbóreas incluindo-se aqui tanto as árvores frutíferas, madeiras de lei, produtoras de látex, palmeiras etc. Porém, todas essas culturas perenes necessitam um solo coberto por uma "cultura protetora" que geralmente é uma leguminosa. Solo capinado a limpo é a garantia certa de uma decadência rápida.

Outro problema é o vento, que na mata, praticamente, não existia, mas que aparece infalivelmente nas áreas derrubadas, cerrados e "lavrados". A mata não queimava enquanto o vento não podia entrar, e as árvores tinham de ser derrubadas para que o vento as secasse, para poderem ser queimadas. Mas, no momento em que a mata é arejada, entrando o vento, o fogo constitui um perigo permanente nas beiradas das estradas, nas beiradas das derrubadas e nas faixas da mata em pé entre as derrubadas, de onde foram retiradas as árvores maiores para a produção de mourões de cerca. As folhas secas no chão e a madeira caída deixam o fogo passar com extrema facilidade, causando incêndios enormes nas pastagens, mesmo se estas não estiverem totalmente secas. Essas queimadas incontroladas mudaram tudo! E o vento carreia a umidade,[17] enquanto o sol caustica as pastagens. A implantação de leguminosas arbustivas, como o guandu (*Cajanus indiens*) não somente fornece alguma sombra ao capim forrageiro, mas igualmente ameniza algo o vento, fornece forragem suplementar para o gado na estação mais seca e impede o aparecimento de invasoras, a "juquira".

As lavouras dos índios plantadas no "bafo da mata", protegidas do vento e do sol excessivo, conseguem dar colheitas de milho altamente compensadoras, enquanto as lavouras maiores, fora da mata, mal produzem umas espigas pequenas. Sol e vento impedem uma produção maior (figura 10.44).

Parece, pois, importante, no mínimo para as lavouras de sustento, que recebam alguma sombra durante o dia e que não sejam varridas por uma brisa constante.

Enquanto a mata estava de pé, o ciclo da água era perfeito: a chuva caía, infiltrava no chão, penetrava ao nível freático, era absorvida pelas raízes e transpirada pelas folhas das árvores. Formavam-se nuvens e chovia novamente.

Derrubadas as árvores, não falta apenas a pressão atmosférica baixa que existia em cima da mata, mas igualmente as "transpiradoras" da água. Na mata raramente há fontes e nascentes, mas derrubando-a a água brota do chão. E existem zonas, como em Rondônia, onde o solo se transformou em charco após a derrubada das árvores. Porém, passando 10 anos, as fontes secam.

As zonas desmatadas são diferentes da mata. O vento sopra nas áreas limpas, secando-as rapidamente. A umidade evaporada é carreada, criando um ambiente seco.

Figura 10.44 Roça de índio no "bafo da mata"; uma lavoura numa área de meio hectare, cercada pela mata. O rendimento é elevado.

As chuvas batem o chão desnudo, a água escorre e os igarapés e os rios apresentam cheias antes nunca conhecidas. A erosão devasta os terrenos, como ao longo da rodovia Belém-Brasília, no sul do Maranhão ou ao redor de São Luís. Pragas e doenças aparecem com incrível rapidez e com intensidade quase que incontrolável.

Antigamente cada hectare de terra abrigava no mínimo 100 espécies vegetais diferentes, e de uma espécie nunca apareciam mais que três a cinco exemplares por hectare, controlando assim eficazmente a multiplicação de pestes. A desconsideração deste fato levou Fordlândia à falência, com a perda total de suas seringueiras, e fez o "projeto Jari" perder milhões de pés de *Gmelina*. E os japoneses perto de Belém perderam, somente no ano de 1975, aproximadamente 11 milhões de pés de pimenta-do-reino por causa de nematoides e fungos[14] que liquidam os cultivos mais antigos. Onde se instalaram pastagens, enxames de insetos infernizam a vida.

Parece evidente que a monocultura comercial, praticada em outras regiões do país, é pouco adequada para esta região, onde mesmo o cajueiro, nativo da zona, é atacado por pragas quando plantado em monocultura. O equilíbrio biológico delicado exige técnicas diferentes! O perigo da devastação está presente.

Falesi (1972) apresenta no quadro 10.13 uma comparação de solos do cerrado e da mata geral.

Quadro 10.13 Comparação de solos.

cerrado	fator comparado	mata geral
semelhante à floresta	argila total limo	semelhante ao cerrado
menores valores	areia fina	maiores valores
maiores valores	areia grossa	menores valores
menor	capacidade de troca de cátions	maior
maior	saturação em bases	menor
maior quantidade	cátions disponíveis	menor quantidade
menor	alumínio trocável matéria orgânica	maior

Quadro 10.14 Precipitações pluviométricas na Amazônia Legal, em mm (Bastos T. X. 1972 compilados por Primavesi).

local	jan.	fev.	mar.	abr.	mai.	jun	jul.	ago.	set.	out.	nov.	dez.
mata geral (S.G.d. Cachoeira/AM)	275	250	285	267	317	250	246	195	148	173	205	306
mata geral (Tapuruguara/AM)	231	213	250	326	313	269	225	175	158	157	200	173
transição para a mata cipoal (sul do Acre)	246	244	269	240	138	104	47	86	147	251	216	241
transição de mata cipoal para o cerrado (Altamira/PA)	216	275	346	278	176	73	49	22	30	44	65	106
cerrado (Cáceres/MT)	215	206	171	73	48	20	11	7	36	94	157	197
cerrado (Paranã/GO)	218	214	184	84	8	1	2	2	28	108	227	261

Observa-se que, à medida que diminui a mata, aumenta a seca (vide capítulo 3).

E podem-se acrescentar três fatores constantes no cerrado e que faltam na região da floresta: o vento, o fogo e a camada adensada do solo.

Podemos concluir que não é a maior riqueza do solo nem o menor teor em alumínio que permite a vegetação luxuriante da mata, mas exatamente a ausência destes três fatores: vento, fogo e compacidade do solo.

O impedimento do vento e a conservação da umidade, o impedimento do fogo e o retorno da matéria orgânica ao solo, e o impedimento da formação da camada adensada, protegendo o solo contra o impacto das chuvas, são os fatores que permitem esta produtividade extraordinária de solos pobres. *Desmatamento, arado e fogo são um método seguro para a formação de cerrados e, talvez, de desertos.*

A PRODUÇÃO NA AMAZÔNIA LEGAL

O problema amazônico não é deixar a mata intocada, mas manejar os solos e a região de modo que as condições básicas de sua produtividade sejam conservadas.

Os sistemas desenvolvidos em Belém consistem em cultivos permanentes em faixas ou "salpicados". Existem três alternativas:[7]

a) Conservar "ilhas" circulares da mata, de aproximadamente 50 metros de diâmetro, distribuídas em xadrez, de modo que constituam quebra-ventos alternados. Nestas "ilhas" não existe o perigo das árvores caírem, por serem circulares e o vento não ter possibilidade de derrubá-las, como ocorre nas faixas (figura 10.45);
b) Plantar faixas de árvores industriais como seringueiras (*Hevea brasiliensis*) (figura 10.46) ou outras produtoras de látex, árvores frutíferas como cajueiros (*Anacardia occidentalis*), mangueiras (*Mangifera indica*), ou castanheiras (*Bertholettia excelsa*), coqueiros (*Cocos nucifera*) ou palmeiras oleaginosas como dendezeiros

Figura 10.45 "Ilhas" de árvores nativas no meio das pastagens.

Figura 10.46 Paisagem cultural amazônica com pastagem, *Hevea* e castanheiros.

(*Elaeis guineensis*), babaçu (*Orbygnia martiana*), açaí (*Euterpe oleracea*), carnaúba (*Copemicia cerifera*) e muitas outras. Estas faixas devem ser subplantadas com vegetação arbustiva como leguminosas. Podem-se usar também árvores leguminosas e subplantá-las com cacau (*Theobroma cacao*) ou plantar guaraná (*Paulinia cupana*) nas suas bordas. Poder-se-ia pensar igualmente em árvores forrageiras como faveiros e charuteiros (*Cassia spp*), em essências para perfumaria como pau-rosa (*Aniba rosoedora*) e finalmente em madeiras de lei.
Em terrenos úmidos poder-se-iam plantar buritis (*Mauritia vinifera* e *M. fiexuosa*) que, além de inúmeros produtos, também fornecem celulose para a produção de papel;

c) Salpicar as pastagens com árvores frutíferas ou forrageiras, especialmente com diversas palmeiras, como inajá (*Maximiliana regia*) ou tucumã (*Astrocarymum vulgare*) que na época de menos chuva fornecem frutos comestíveis para o gado. Mas pode se usar qualquer árvore industrial ou comercial, formando um pasto do tipo "capoeira rala" (figura 10.46).

O desenvolvimento amazônico não é possível na base de culturas importadas do Sul ou de outros países, mas somente na base de sua própria riqueza florística, que, por enquanto, parece incalculavelmente rica. Não devemos tentar querer adaptar o clima e os solos às exigências de culturas estranhas, "enxertadas" na região, mas deve-se plantar o que se adaptar ao clima e ao solo. O que nos falta não é a variedade de culturas possíveis, mas, sim, sua industrialização adequada.

Desenvolver significa melhorar o existente. A produção de óleos comestíveis, industriais e medicinais, fibras, látex, frutos, especiarias e sucos são capazes de dar imensas possibilidades a esta região. Porém, o desenvolvimento da Amazônia exige uma pesquisa genuinamente brasileira, especialmente no desenvolvimento de varieda-

Figura 10.47 Pastagem "salpicada" com palmeiras.

des mais produtivas e na industrialização dos produtos. Se pretendemos plantar cana-de-açúcar, soja e milho em larga escala, as profecias sombrias não tardarão a se realizar. Porém, as plantas próprias da zona equatorial, acostumadas a um pH ácido[6] e solos pobres, produzirão bem, sem esforços extraordinários enquanto se evitar a monocultura.

O que nos falta são as técnicas adequadas para a região. Se usarmos as desenvolvidas para solos europeus ou norte-americanos, será o fim da Amazônia e o início de cerrados e desertos. Se usarmos técnicas próprias às condições locais, teremos uma região florescente e próspera.

Em todo caso, seja qual for o cultivo, o solo deve ser protegido contra o sol e o impacto da chuva. Para isso usam-se culturas protetoras, as chamadas *"cover crops"*, que geralmente são leguminosas[19] mas que podem ser qualquer outra cultura que não prejudique o plantio principal. Assim, planta-se Centrosema entre as seringueiras, capim entre o dendê, estilosantes entre coqueiros[10] e mata-pasto (*Crotalaria striata*) entre o abacaxi.

Todas as técnicas usadas na Amazônia devem seguir a seguinte orientação:

1. Manter o solo com uma estrutura física favorável, para que as plantas possam desenvolver livremente seu sistema radicular, evitando que se concentrem todas as suas raízes na superfície à procura de nutrientes, provindo do húmus, e de ar. O uso do fogo para a limpeza dos campos provoca infalivelmente o adensamento dos solos. Os solos arenosos se vitrificam na estação seca e os solos argilosos adquirem uma repelência ao reumedecimento, de modo que conseguem reter muito pouca água útil. Em ambos, os períodos de seca se fazem sentir com maior rigor;

2. Manter o solo sempre coberto, evitando o preparo tradicional com arado e grade, que sempre provoca a exposição de solo desnudo ao sol e chuva;
3. Usar culturas apropriadas à região, que, portanto, conseguem utilizar ao máximo os nutrientes parcos destes solos e se beneficiam com o clima;
4. Zelar pelo retorno da matéria orgânica ao solo;
5. Usar termofosfatos magnesianos ou fosfatos naturais na adubação, se esta for necessária;
6. Não tentar plantar áreas muito grandes, protegendo os plantios contra o vento e proporcionando-lhes alguma sombra durante o dia. Os rendimentos maiores provêm de áreas entre 0,5 e 1,2 ha.

O PREPARO DO SOLO DA ZONA EQUATORIAL

Até que se tenham maiores detalhes, o preparo do solo deve ser o seguinte: Com rolo-faca picam-se os restos vegetais no campo, devendo a grade ser acoplada ao rolo-faca. Semeia-se imediatamente uma leguminosa a lanço, com semente peletizada com micronutrientes, junto com fosfato, para que cubra o solo em poucos dias. Esta é a cultura protetora. Para o plantio da cultura principal limpam-se as linhas de plantio da cultura protetora.[15]

Se a cultura for bem escolhida controla perfeitamente as invasoras, que na Amazônia são muitas, especialmente as de porte alto, como unha-de-gato (*Acacia bonarensis*), pata-de-vaca (*Bauhinia candicans e B. fortificata*), inajá (*Maximiliano regia*), diversas indigóferas, as mais variadas jurubebes (*Solanum spp*), imbaúba (*Cecropia adenopus*) e muitas outras.

Se houver a necessidade de afrouxar o solo, usa-se o subsolador.

Nos campos recém-desmatados a "rebrota" é chamada de "juquira". Não se trata somente da rebrota da mata, mas de toda vegetação arbustiva que aparecer espontaneamente após a derrubada.

É igualmente dominada por uma cultura protetora ou um pasto bem fechado, uma vez que seu aparecimento depende da insolação direta do solo. Sem luz não cresce, por serem plantas competitivas pela luminosidade. Assim, um pasto de quicuio-da-Amazônia (*Brachiaria humidicola*) estará praticamente livre da rebrota enquanto o capim-colonião é literalmente tomado pela "juquira".

A necessidade da adubação cresce à medida que o solo decai, uma vez que restringe o espaço explorado pelas raízes vegetais. Mas, também é pronunciada em culturas inadequadas à Amazônia. Se desejarmos adubar a aplicação em linha é pouco indicada, exceto dos adubos fosfóricos, uma vez que o potencial radicular é baixo não podendo absorver água e nutrientes, durante o calor do dia, se a concentração destes últimos for elevada. De outro lado vemos que a extrema pobreza dos solos amazônicos não foi empecilho ao crescimento luxuriante e lendário da vegetação por estar esta adaptada ao meio; os solos são de fácil penetração e o retorno da matéria orgânica é garantido.

Quanto ao solo, a única diferença entre a hileia amazônica e o cerrado é sua permeabilidade, que na Amazônia é boa abaixo do mato, mas no cerrado, periodicamente queimado, se perdeu, formando camadas muito adensadas na subsuperfície.

Após a desmata a primeira preocupação deveria ser a formação de quebra-ventos, se não forem deixadas ilhas de mata em pé. Os quebra-ventos primitivos podem ser formados de "juquira", isto é, de rebrota da mata que não é roçada, mas que se deixa crescer em faixas de 6 a 8 metros de largura e 30 metros de distância. Estas faixas devem ser enriquecidas com leguminosas, preferencialmente puerária e calopogônio.

Desaconselha-se o uso de herbicidas para o combate à juquira, uma vez que o potencial da vegetação ainda é muito grande, aparecendo plantas resistentes muito duras e quase sem combate futuro. Na primeira vez a juquira deverá ser roçada manualmente, depois deverá ser suprimida por uma vegetação pastoril ou de cultura protetora adequada.

Somente em solo desnudo a juquira tem vez!

Após o apodrecimento da madeira derrubada, deixada no campo, o que ocorre em mais ou menos 5 a 6 anos, os quebra-ventos podem ser substituídos por árvores industriais, comerciais, forrageiras ou de lei. Para estes vale a regra que a largura da faixa plantada com árvores deve corresponder à largura da faixa pastoril, isto é, ambos devem ter largura semelhante. O máximo de largura da faixa pastoril ou plantada com cultura baixa deve ser de 40 a 50 metros. Espaços maiores não garantem mais a manutenção do ecossistema. É vantajoso consorciar quatro a cinco espécies de árvores na mesma faixa para evitar o aparecimento de doenças e pragas devastadoras.

A FORMAÇÃO DE PASTAGENS NA AMAZÔNIA

Para a formação de pastagens desaconselham-se capins que formem moitas como o capim-colonião, por deixar grande parte do solo desnudo. Nos terrenos firmes, profundos e enxutos, por enquanto, os capins melhores são o quicuio-da-amazônia (*Brachiaria humidicola*), diversos Andropogon, talvez capim-jaraguá (*Hyparrhenia rufa*) e pasto-negro (*Paspalum plicatulum var guayanensis*). Eles devem ser consorciados com leguminosas como estilosantes (*Stylosanthes gracilis* e *St. guyannensis*), *Desmodium adscendens, Centrosema* e talvez *Calopogonium.*

Nos solos concrecionários, conhecidos como de "cascalho", as forrageiras melhores são o capim-gordura (*Melinis minutiflora*) consorciado com guandu (*Cajanus indicus* e C. *cajanus*).

Nos terrenos baixos, com umidade periódica, as canaranas são os capins mais indicados (*Echinochloa piramidalis*) e, nos terrenos encharcados ou debaixo de água durante o ano todo, a *Echinochloapolystachya.* Também a *Hemarthria* poderia ser considerada. Apesar de a puerária ir otimamente nestes terrenos, não se aconselha seu plantio uma vez que domina tudo.

Para a implantação de pastagens as forrageiras que podem nascer de semente são preferíveis às de multiplicação por mudas. Assim, a *Brachiaria decumbens,* sem dúvida, é uma primeira aproximação, tendo ainda a vantagem de "abafar" a madeira do campo, apressando sua decomposição. Suas desvantagens são conhecidas, especialmente o fato de poder causar fotossensibilidade no gado e ser atacada por cigarrinhas, como qualquer outro capim em monocultura.

Desaconselha-se plantar monoculturas de capins ou gramas por serem extremamente suscetíveis a pragas e doenças. O polifitismo amazônico deve ser mantido rigorosamente para evitar os perigos da multiplicação unilateral de alguns insetos ou microrganismos, que neste clima é explosivo. A policultura ou cultura consorciada tem a vantagem de fornecer plantas adequadas para todas as particularidades do terreno. O minizoneamento já é nítido após o terceiro ano, desaparecendo as plantas menos adequadas para o lugar específico e dominando as mais adequadas. Como a região amazônica é riquíssima em modificações de solo e de ambiente, a mistura de sementes é uma garantia de sucesso da implantação de pastagem.

A adubação fosfatada aumenta a resistência à seca, porém, somente é econômica quando existir algum manejo do pastejo que garanta a utilização da forragem produzida pelo adubo.

A lotação animal é de 1,5 rezes/ha nas águas e 0,5 cabeças/ha na seca, o que sugere medidas urgentes de um suplemento para a estação mais seca, para poder garantir uma lotação mais uniforme durante o ano. Este suplemento, de maneira mais racional, deve provir de pastagens arbóreas, que podem ser inajá e outras palmeiras com frutos nutritivos ou qualquer árvore que forneça vagens e frutos na época das chuvas irregulares. Também podem ser plantados arbustos ou árvores cujas folhas o gado coma, como *Leucaena*, imbaúba (*Cecropia adenopus*), guandu e até *Gmelina*.

A preferência das forrageiras introduzidas pelos diferentes tipos de solo é visível. Assim, a *Puerária* some dos terrenos mais enxutos, alojando-se nos mais úmidos onde se torna praga, dominando absolutamente tudo, enquanto que a *Centrosema* é privativa aos terrenos mais enxutos. As canaranas aparecem nas baixadas, enquanto o capim-gordura popula os espigões de cascalho. Aparece por toda parte "rabo-de-coelho" (*Andropogon leiostachyus*) que vegeta somente em terrenos com subsolo úmido, de modo que numa segunda aproximação a escolha de forrageiras não deve fugir a esta realidade, implantando-se guandu e outras leguminosas com raízes pivotantes para romper as lajes impermeáveis.

RESUMO

Os solos da região amazônica devem ser mantidos sob cobertura vegetal permanente, seja ela de pastagem ou de cultivos arbustivos ou arbóreos. Nestes últimos o uso de culturas protetoras é imprescindível. Substituem a capina no combate às invasoras e rebrota.

Nas pastagens, quebra-ventos ou árvores de sombra são necessários.

Nos solos onde se plantam culturas de sustento, vale a regra:

Nunca deixar o solo desnudo. Com rolo-faca ou enxada rotativa pica-se a matéria orgânica na superfície, com pé-de-pato solta-se o solo e com uma grade prepara-se o leito para a semente, que deve ser plantada imediatamente. Primeiro se planta a cultura protetora, implantando-se nesta a cultura principal.

A paisagem cultural deve conservar as características da paisagem natural para que o clima não se modifique desfavoravelmente.

O cultivo pode ser contínuo se as regras básicas de uso do solo amazônico forem observadas. Caso contrário o sistema melhor é o das "colônias agrícolas" de Roraima. Aqui toda terra pertence à coletividade, sendo gerenciada por um administrador que a cada ano recebe a terra colhida para o descanso necessário e entrega uma outra área, de capoeira, ao agricultor. O fim do descanso é o restabelecimento da estrutura do solo, sendo dispensável se esta for conservada.

REFERÊNCIAS BIBLIOGRÁFICAS

1. **Bastos, T. Xavier** (1972). O estado atual dos conhecimentos das condições climáticas da Amazônia brasileira. *IPEAN, Bol. Tec. 54:68-122.*
2. **Batey, Th.** (1973). A estrutura do solo. Em: Aulas no *curso de Pós-grad. em Biodinâmica do Solo, Sta. Maria/RS.*
3. **Falesi, I. C.** (1972). Solos da rodovia Transamazônica. *IPEAN, Bol. Tec. 55.*
4. ________ (1972). O estado atual dos conhecimentos sobre os solos da Amazônia brasileira. Em Zoneamento agrícola da Amazônia. *IPEAN, Bol Tec. 54:1-67.*
5. **Greenland, D. J.** e **P. H. Nye** (1959). Increase in the carbon and nitrogen contents of tropical soils under natural fallow. *J. Soil Sci. 9:284-99.*
6. **Ignatieff, V.** (1958). Efficient use of fertilizers. *FAO, Roma, p. 355-65.*
7. **Lima, R.** (1976). *Comunicação pessoal na Fac. Ciênc. Agric. Belém.*
8. **Lisboa, R.** e **C. Lobato** (1976). Estudos sobre a vegetação das "campinas" amazônicas. *Acta Amazôn. VI/2:171-92.*
9. **Lisboa, P. L.** (1976). Estudos sobre a vegetação das "campinas" amazônicas. *Acta Amazôn. VI/2.193-211.*
10. **Mainestone, B. J.** (1963). Manuring of Hevea. *Emp. J. Exp. Agr. 31/122:175-85.*
11. **Müller, L.** (1973). A mata como termostato da paisagem. Em: Aulas de Fisiol. Vegetal no *curso de Pós-grad. em Biodinâmica do Solo. Sta. Maria/RS.*
12. **Newsman, A.** (1964). Root disease of the Hevea. *R.R.I. Plant Bull. 75:207-9.*
13. **Nye, P. H.** e **D. J. Greenland** (1960). The soils under shifting cultivation. *Comm. Bur. Soils Tech. Comm. nº 51.*
14. **Passarinho, J. G.** (1976). Futuro da Amazônia legal. *Confer. no Congr. Bras. de Anastesiologia, Belém.*
15. **Richardson, E. F.** (1965). Cover crop recomendation. *Kenya Sisal Board Bull. 53:13-17.*
16. **Schmidt, J. C. T.** (1947). O clima da Amazônia. *Rev. Bras. Geogr. 4(3): separata.*
17. **Thomas, A. S.** (1940). Shade trees in Uganda and their relation to the cultivation of coffee and tea. *E. Afr. Agri. J. 5:281-93.*
18. **Vieira, L. S.** (1976). Manual da ciência do solo. *Ceres, S. Paulo.*
19. **Wrigley, G.** (1969). Tropical agriculture. *Faber & Faber, London.*

PALAVRAS FINAIS

No mundo inteiro a agricultura ainda é relegada ao último lugar, por produzir pouca renda e contribuir de maneira insignificante ao PIB. Em termos econômicos, abstratos, talvez seja correto. Em termos gerais nunca o poderá ser. A produção de supérfluos, de maneira alguma poderá substituir a de alimentos.

O descuido dos solos e a destruição de sua bioestrutura e, com isso, de sua produtividade não somente têm reflexos graves na economia rural. Têm reflexos calamitosos na saúde geral, porque produtos biologicamente incompletos nutrem menos e não contribuem à saúde dos que os consomem. A população perde sua vitalidade, sua inteligência, seu dinamismo e sua força.

Solos destruídos, povos indolentes! E povo que descuida de sua terra destrói a si mesmo!

O futuro do Brasil está ligado à sua terra. O manejo adequado de seus solos é a chave mágica para a prosperidade e bem-estar geral.

A natureza, em seus caprichos e mistérios, condensa em pequenas coisas o poder de dirigir as grandes, nas sutis a potência de dominar as mais grosseiras, nas coisas simples a capacidade de reger as complexas. Assim, a explosão de uma coisa ínfima, como o átomo, chega a arrasar cidades enormes e a esterilizar regiões inteiras. E um miligrama de hormônio em demasia ou carência chega a modificar as funções do corpo todo, enfermando o organismo. E a simples destruição dos grumos da superfície do solo chega a destruir povos e países, trazendo a fome, a miséria e a doença e, como consequência, a escravidão.

Quão corretas são as palavras de Abraham Lincoln: "Destruam as cidades e conservem os campos, e as cidades ressurgirão. Destruam os campos e conservem as cidades e estas sucumbirão!"

ADUBAÇÃO VERDE

No Brasil, a adubação verde foi tentada após o sucesso obtido por *Sir* Albert Howard na Índia, mas logo em seguida foi abandonada. Para funcionar, toda técnica necessita de uma filosofia de aplicação, ou seja, de um fim específico ao qual deva servir. Empregada empiricamente, geralmente fracassa.

Os erros eram muitos: esperava-se o melhoramento milagroso dos solos "velhos de cultura", o que não ocorreu, especialmente porque a massa verde não conseguiu agregar o solo. Na tentativa de fornecer nutrientes à raiz da cultura principal, a massa verde foi enterrada profundamente, liberando substâncias tóxicas durante sua decomposição anaeróbia. Imaginava-se aumentar o húmus desgastado pelo cultivo mas, para decepção geral, este ainda decresceu mais. E como em geral foi plantada em lugar de uma cultura das águas, tomava o local de um cultivo comercial. O pior, porém, foi que, enterrando a massa verde na floração, o nitrogênio produzido se perdeu até o plantio da cultura que devia ser beneficiada e o solo, exposto ao sol e à chuva durante semanas e até meses, erodiu e compactou, apresentando-se em estado pior do que antes. A culpa não foi da adubação verde, mas do seu uso inadequado.

Um dos pontos principais na agricultura tropical é a cobertura permanente do solo. Solo desnudo, sem vegetação, calcinado pelo sol e exposto ao impacto das chuvas, infalivelmente sofre desgaste maior que um solo coberto. Sua decadência física leva à diminuição de sua produtividade e a um retorno menor do dinheiro empatado nos insumos. Portanto, contribui para o aumento dos custos da produção. A pergunta que se apresenta é: como cobrir a terra de maneira mais vantajosa?

Procura-se, igualmente, um substituto para o nitrogênio comercial, que não somente é o adubo mais caro, mas também o que se findará junto com o petróleo, uma vez que está se tornando escasso. Sem nitrogênio no solo não há vida na terra, embora 40% do ar sejam constituídos de nitrogênio. Daí a fixação simbiótica por leguminosas ganhar em importância.

A adubação verde, por isso, voltou a ser considerada. Atualmente são os cultivos entressafra e entrelinhas que devem proteger o solo de cultura tanto nos campos, como nos pomares, cafezais, seringais e outros. E pela inclusão de mais uma cultura, que é a adubação verde, quebra-se a monotonia das monoculturas, enriquecendo-se o solo com materiais orgânicos diferentes, contribuindo, assim, para a diversificação da vida do solo e melhorando as condições para a cultura principal.

Assim, colhe-se milho após:

milho	2 100 kg/ha
guandu	3 000 kg/ha
mucuna	4 500 kg/ha
feijão-de-porco	5 800 kg/ha

A diferença não está na quantidade de massa verde, nem no volume de nitrogênio fixado, mas nas excreções radiculares benéficas ao milho. Isso significa que a adubação verde deve ser feita com uma "planta companheira". Uma adubação verde bem escolhida aumenta o efeito dos adubos químicos, como mostra o exemplo já apresentado, e contribui igualmente para maior vigor da cultura, diminuindo, com isso, a susceptibilidade a pragas e doenças.

Em solos muito ácidos, a adubação verde não consegue melhorar substancialmente o rendimento da cultura, uma vez que ela mesma contribui para a acidificação do solo, exigindo periodicamente uma calagem. Sem calagem, o efeito tanto do adubo químico como do orgânico é reduzido, como mostra a tabela 1.

O rendimento do feijoeiro em pouco é influído pela adubação com N e P. Calagem e adubação verde são os fatores que mais contribuem para o rendimento. Por outro lado, a crotalária não é a melhor adubação verde para o feijão. O nabo-forrageiro ou a aveia-preta seriam muito mais vantajosos, como mostram ensaios do IAPAR,[2] ou seja, plantas não leguminosas com sistema radicular forte e boa produção de massa.

Tabela 1 Efeito médio de nitrogênio e fósforo sobre a produção do feijoeiro var. Laras, em solo podzólico vermelho-amarelo da Estação Experimental de Tietê/SP. (Veiga, 1982)

níveis de N e P	testemunha (kg/ha)	crotalária (kg/ha)	calagem (kg/ha)	crotalária + calagem (kg/ha)
N_0	774	1 052	1 546	1 696
N_1	657	979	1 470	1 778
N_2	664	636	1 414	1 653
P_0	382	662	1 336	1 708
P_1	767	937	1 549	1 753
P_2	947	1 068	1 545	1 665

Tabela 2 Efeito residual de diferentes coberturas verdes de inverno sobre o rendimento do feijão-carioca. (Derpsch, 1984)

cobertura verde com	rendimento do feijão (kg/ha)
tremoço-branco	700
ervilhaca-peluda	600
chícharo	520
centeio	570
aveia-preta	800
trigo	510
nabo-forrageiro	830
colza	660
girassol	490
pousio de inverno	470

A adubação verde não precisa utilizar necessariamente uma leguminosa, como mostra a tabela 2.

Pode ser utilizada qualquer planta de crescimento rápido e de boa produção de massa verde, devendo, porém, combinar com a cultura pretendida. No caso do feijão, a adubação verde com aveia-preta foi favorável.

O fornecimento de nitrogênio pela fixação radicular não é o mais importante. A adubação verde pode fornecer nitrogênio pela quantidade de massa verde produzida, como mostra a tabela 6, mas pode, igualmente, ser usada para o combate de invasoras, como aveia-preta contra capim-marmelada ou papuã (*Brachiaria plantaginea*), ou para a supressão de nematoides, como mostra a tabela 7, ou para o fornecimento de nutrientes disponíveis ou como "subsolador" vegetal.

COBERTURA DO SOLO

1. Na cultura entressafra

A adubação verde é plantada após a colheita das águas, como, por exemplo, colza, nabo-forrageiro, tremoço, ervilhaca, aveia-preta ou guandu. Ela cobre o solo num período em que normalmente prevalece a vegetação nativa.

2. Na cultura interplantada

A adubação verde pode ser interplantada na cultura em pé, como, por exemplo, mucuna ou siratro no milho, quando este estiver com 50 a 60 cm de altura. No Rio Grande do Sul, implanta-se azevém (*Lolium multiflorum*) no milho ou sorgo, que se desenvolve quando a cultura sai do campo. É utilizado como pastagem de inverno e finalmente revolvido como adubação verde.

3. Na cultura consorciada

Pode ser consorciada com a cultura principal, como:

- Trevo com algodão; feijão-de-porco com milho;
- Feijão-fradinho e *Crotalaria juncea* com cana-de-açúcar;
- Ervilhaca com aveia-branca.

As plantas consorciadas não devem ser necessariamente leguminosas, mas "plantas companheiras", como:

- Cravo-de-defunto (Tagetes) com tomate;
- Erva-de-santa-maria (*Chenopodium ambrosioides*) com cebola;
- Beldroega (Portulaca) com soja.

Essas "plantas companheiras" mantêm o solo coberto e, por isso, sombreado e mais fresco, ao mesmo tempo que beneficiam a cultura principal.

A planta de cobertura protege igualmente a micro, meso e macrovida do solo, que, em sua maioria, não consegue sobreviver em solo insolado. Portanto, contribui para maior "pressão interespécie", ou seja, para o equilíbrio biológico no solo, colaborando eficazmente no controle de pragas e pestes.

Um benefício apreciável é o aparecimento de minhocas, que são tidas como poderosas melhoradoras do solo. A tabela 3 mostra o efeito de consorciações sobre o rendimento.

Verifica-se, na tabela 3, que as consorciações proporcionam maior benefício, por ambas fornecerem colheitas. Onde a colheita é mecanizada, a consorciação com duas colheitas não é viável. Colhe-se somente a cultura principal, utilizando-se a outra somente para o enriquecimento do solo.

Tabela 3 Efeito de tipo de rotação trienal na produção de milho e algodão (1948/49 a 1970/71).

tratamento	culturas		rendimento da cultura melhorada (kg/ha)
	milho	algodão	
testemunha (vegetação espontânea)	4 260	824	15 133
mucuna enterrada	5 892	1 000	48 643
amendoim	4 892	833	2 163 (grão)
mamona	4 867	831	44 523
soja para grão	4 697	724	1 122 (grão)
milho + tremoço	3 783	816	4 996 (grão)
milho + mucuna	3 705	729	4 511 (grão)
milho + soja	3 751	772	4 681 (grão)

Fonte: Seção de Conservação do Solo, OAC, 1972.

Tabela 4 Consorciação milho com feijão-de-porco (*Canavalia ensiformis*). (Carvalho, 1982)

tratamento	produção de milho (kg/ha)							
	I	II	III	IV	V	VI	média	%
milho	4 600	5 100	4 200	5 200	5 800	5 280	4 933	100
milho + feijão-de-porco	6 222	5 440	5 280	5 360	5 320	5 640	5 543	112

A tabela 4 mostra como a simples consorciação pode aumentar a colheita principal com a utilização de uma "planta companheira".

Ao contrário do que se possa imaginar, a consorciação não prejudica o rendimento da colheita. A cultura principal somente sofre uma depressão quando a cultura consorciada não combina, ou seja, quando se trata de planta alelopática (que se inimiza).

Em seguida, algumas "plantas companheiras" e algumas plantas alelopáticas, para melhor ilustração.

plantas companheiras	plantas alelopáticas
feijão ← aveia-preta	linho ↔ alfafa
feijão ← nabo-forrageiro	gergelim ← sorgo
algodão ← trevo	capim-marmelada ou papuã ← aveia-preta
milho ← feijão-de-porco	trigo ← trigo-mourisco
trigo ↔ milho	trigo ← sorgo
batatinha ← capins	batatinha ↔ girassol
aveia ↔ ervilhaca	pareira ← "leiteiras
citrus ← goiabeira	

Derpsch, 1984 e Philbrick, 1978.

As "companheiras" beneficiam a cultura tanto como adubação verde, bem como associadas. As alelopáticas não podem entrar em rotação com as plantas que prejudicam, nem ser consorciadas. Isso mostra que o uso indevido de uma adubação verde pode prejudicar seriamente a cultura.

A escolha da planta adequada deverá ser de acordo com o fim almejado. A adubação verde não somente fornece nitrogênio e protege o solo, como também pode mobilizar outros nutrientes, quebrar lajes, combater invasoras e, em casos específicos, até melhorar a estrutura do solo.

Como fim adicional da adubação verde, temos:

1. A obtenção ou mobilização de nutrientes.
   1.1 Nitrogênio, por fixação simbiótica de leguminosas e pela massa verde, rica em nitrogênio.

   O efeito depende não só da quantidade de massa verde produzida tanto em relação aos nutrientes, quanto à supressão de invasoras; como também da alelopatia ou sinergismo com a cultura. A tabela 5 dá uma ideia de massa verde produzida por algumas leguminosas.

1.2 Fósforo mobilizado pelas raízes de leguminosas, como puerária *(Pueraria phaseoloides)*, feijão-miúdo *(Vignia sinensis)*, ervilhaca *(Vicia sativa)* e outras. Não somente o fósforo do solo é mobilizado para formas de mais fácil absorção, mas também o fosfato natural é transformado para formas mais "disponíveis", como ocorre no plantio de mucuna *(Styzolobium aterrimum)*.
Assim, encontramos no Ceará, na rizosfera de feijão-miúdo, 21 ppm de fósforo, enquanto o nível no solo, fora da zona radicular, era de 3 ppm, e no Pará, 45 ppm de fósforo disponível na rizosfera de puerária, enquanto o nível no solo era de 5 ppm.

1.3 Cálcio mobilizado por leguminosas como, por exemplo, tremoço *(Lupinus* spp.), que é próprio de solos ácidos, possuindo, porém, a propriedade de se enriquecer com cálcio. O mesmo ocorre com a variedade "majos" de soja, que possui folhas três vezes mais ricas em cálcio, em relação a outras variedades que necessitam de calagem. Como o cálcio é acumulado nas folhas, somente pelo retorno destas ao solo ocorre um enriquecimento deste nutriente.

1.4 Potássio mobilizado especialmente por capins de porte alto, como napier *(Pennisetum purpureum* var.). Este, implantado em cafezais ou pomares, em três roçadas anuais, pode fornecer tanto potássio, que induz à deficiência de magnésio.
Na tabela 6, compilamos alguns teores de nutrientes, por hectare, fornecidos pela massa verde.
Como se pode verificar pela referida tabela, a quantidade de massa verde produzida por hectare pode fornecer quantias apreciáveis de nitrogênio, fósforo e potássio, principalmente no capim-napier, e de cálcio, principalmente na colza. O emprego hábil da adubação verde pode reduzir não só a quantidade de adubos comerciais, como também aumentar o efeito destes, tornando a adubação um processo altamente econômico.

2. O melhoramento das condições físicas do solo.
Como já foi dito, a massa verde em si é incapaz de melhorar as condições físicas do solo, por causa de sua decomposição rápida e direta, sem a formação de co-

Tabela 5 Produção de massa verde de leguminosas obtida nos ensaios conduzidos respectivamente em quatro estações experimentais nos anos 1942/43 a 1955/56 (t/ha).

leguminosa	Campinas (13 anos)	Pindorama (13 anos)	Capão Bonito (6 anos)	Tietê (7 anos)	média ponderada
mucuna-preta	27	38	26	24	29,9
feijão-de-porco	23	23	23	25	23,3
Crotalaria juncea	10	21	27	8	15,9
Crotalaria paulinea	36	49	52	33	42,1
Tephrosia candida	12	15	11	16	14,7
guandu	16	38	29	25	26,9

Tabela 6 Nutrientes fornecidos pela massa verde por hectare. (Compilado por Primavesi, 1983)

planta	massa verde (kg/ha)	N	P_2O_5	K_2O	CaO	MgO
tremoço (*Lupinus angustifolia*)	11 500	95	40	90	40	07
ervilhaca (*Vicia sativa*)	8 500	95	30	80	35	05
aveia + ervilhaca	15 000	100	35	120	40	06
colza (*Brassica napus*)	18 000	100	40	110	120	12
capim-napier (*Pennisetum purpureum var.*)	28 000	210	67	868	67	25

loides orgânicos. Porém, ela pode proteger a vida do solo, contribuindo para seu melhoramento físico, e pode, por meio de excreções radiculares, influir sobre a agregação.

2.1 Agregação do solo por meio de excreções radiculares de capins, como festuca, pangola *(Digitaria decumbens)* e outros capins de porte baixo. As gramas não prestam para isso. Mas para melhorar a estrutura do solo, o capim não pode ser pastado, mas colhido no ferrejo e levado aos animais. Portanto, isso somente é possível onde existir gado leiteiro em semiconfinamento. As culturas favorecidas quando em rotação com capim são, especialmente, batatinhas *(Solanum tuberosum)* e fumo *(Nicotiana tabacum)*.

2.2 Rompimento de lajes por raízes poderosas de leguminosas, em profundidades onde o subsolador não as alcança mais, é mais um benefício da adubação verde em sentido mais amplo.

O guandu, especialmente, é um verdadeiro "subsolador vegetal". Porém, lajes muito grossas e profundas são rompidas por essa leguminosa somente no segundo ano, quando não for plantado muito perto. Assim, é mais indicado para pastagens e menos para agricultura, uma vez que neste estágio já possui caules de 5 a 8 cm de grossura.

A crotalária é outra planta capaz de romper lajes, porém somente superficiais.

3. O combate a pragas e a doenças.

Devido ao enriquecimento da rotação e à diversificação da vida do solo diminuem-se pragas e doenças.

O combate de nematoides é eficiente na adubação verde.

Seja advertido que leguminosa intercalada na rotação combate nematoides, mas se for utilizada com frequência pode criar seus nematoides, contribuindo, portanto, para o "cansaço" do solo. O trevo, especialmente, é perigoso.

A tabela 7 mostra o controle de nematoides por algumas plantas usadas na adubação verde.

Como se pode verificar, muitas leguminosas são altamente eficiente no combate de nematoides, tanto de larvas como de adultos. Porém, existem também espécies que aumentam a população destes, como o *Phaseolus aureus*. Observa-se, igual-

Tabela 7 Efeito da espécie de plantas para a adubação verde no controle de nematoides em um Latossolo Vermelho-Escuro (LE) de cerrado. (Sharma *et al.*, 1982)

espécie de planta	P	M	D	A	AA	T	Ma	PT	O
Tagetes erecta (testemunha)	100	100	91*	12*	1*	–	100	–	–
Crotalaria paulinea	100	100	94	94	99	100	100	–	–
Cyamopsis psorolioides	100	100	80	100	98	100	100	–	100
Stizolobium niveum	100	100	91	100	98	25	100	–	–
Stizolobium deeringianum	100	100	93	97	99	100	–	–	–
Indigofera tinctoria	100	100	98	100	99	100	100	–	–
Crotalaria spectabilis	100	100	94	93	100	100	100	–	100
Stizolobium aterrimum	100	100	97	93	99	100	100	–	100
Crotalaria grationa	100	100	100	100	100	100	100	100	100
Tephrosia candida	100	100	92	100	96	100	25	–	–
Cajanus cajan	100	96	98	92	98	100	75	–	–
Sesbania aculeata	100	99	98	100	100	100	30	100	100
Dolichos lablab	91	99	94	100	100	100	100	–	100
Canavalia ensiformis	100	100	96	100	99	100	10	–	–
Phaseolus aureus	85	90	7*	15*	2*	3*	–	–	–

* Aumenta a população.
Nome dos nematoides: P – *Pratylenchus brachyurus*; M – *Meloidogyne javanica*; D – *Ditylenchus* sp.; A – *Aphelenchoides* sp.; AA – *Aphelenchus avenae*; T – *Tylenchus* sp.; Ma – *Macrospothona ornata*; PT – *Paratrichodorus minor*; O – outros *Tylenchidas*.

mente, que a tagetes, geralmente conhecida como cravo-bravo, combate com eficiência *Pratylenchus* e *Meloidogyne,* os nematoides mais comuns em campos agrícolas, mas aumenta a população de outros, sendo, portanto, seletivo, enquanto a *Crotalaria grationa* controla os nematoides em geral em campos usados para soja.

4. Combate a invasoras.

   No combate a invasoras, usa-se a alelopatia entre as plantas. Não somente as plantas de cultura podem ser alelopáticas uma com a outra, mas também podem ser hostis a invasoras. Assim, o feijão-de-porco (*Canavalia ensiformis*) combate eficientemente a tiririca (*Cyperus rotundus*), a aveia-preta e a ervilhaca (*Vicia sativa*). O capim-marmelada ou papuã (*Brachiariaplantaginea*) e a guanxuma (*Sida sp.*) são combatidos por azevém (*Lolium multiflorum*), como Lorenzi (1983) constatou. Como a invasora sempre é um ecótipo, seu combate pode ser por excreções radiculares, pela modificação física e química do solo, pelo sombreamento e pelo extrato lixiviado de material roçado.

RESUMO

A adubação verde criteriosamente empregada é um fator valioso no barateamento da produção agrícola. Pode ser plantada como cultura entressafra ou entrelinhas para a proteção do solo. Fornece ou mobiliza nutrientes, quebra lajes, combate nematoides e invasoras e sempre enriquece a rotação, diminuindo pestes e pragas. Seu uso empírico e seu revolvimento com o solo são desaconselhados.

REFERÊNCIAS BIBLIOGRÁFICAS

1. **Carvalho S. C. de** (1982). Consorciação de milho com feijão-de-porco *(Canavatia ensiformis). Encontro Nacional de Adubação Verde, Rio de Janeiro.*
2. **Derpsch, R.** (1984). Cobertura de inverno e o rendimento das culturas. *Plantio direto. Ano I, nº 6.*
3. **Instituto Agronômico de Campinas** (1972). Seção Conservação do Solo. *Bol. Téc.*
4. ________ (1955/56). Seção Leguminosas. *Relatório.*
5. **Kluthcouski, J. C.** (1980). Alternativa para pequena e média agricultura. EMBRAPA, Centro Nacional Pesquisa de Arroz e Feijão. *Circ. Tec. 6.*
6. **Lorenzi H.** (1983). Inibição alelopática de plantas daninhas. *Encontro Nacional de Adubação Verde, Rio de Janeiro.*
7. **Philbrick, H.** e **R. B. Gregg.** (1978). Companion plants. *The Devin-Adair Co. Old. Greenwich, Connecticut.*
8. **Sharma R. D.; J. Pereira** e **D. V. S. Resck** (1982). Eficiência de adubos verdes no controle de nematoides associados à soja nos cerrados. EMBRAPA-CPAC. *Bol. de Pesq. 13.*
9. **Veiga, A. de A; E. A. Bulisani; S. Miyasaka *et al.*** (1982). Efeitos da incorporação ao solo de massa vegetal de *Crotalaria juncea*, da calagem e da adubação com nitrogênio e fósforo sobre a produção do feijoeiro. IAC Campinas. *Bol. Téc. 48:1-19.*

GLOSSÁRIO

Abiótico: hostil à vida.

Absorção: penetração da água como numa esponja; embeber.

Absorção fisiológica: ocorre através da pressão negativa ou osmótica, ou seja, há concentração maior na célula do que na solução do solo.

Adensamento: compactação por entupimento dos poros do solo.

Adsorção: adesão à superfície da argila, sem penetrar.

Agricultura itinerante: nômade.

Água disponível: água que a raiz consegue retirar do solo; localiza-se nos poros médios.

Amazônia Legal: toda a região da bacia amazônica, incluindo os cerrados do norte do Mato Grosso, Minas e Goiás.

Aminoácidos: produtos nitrogenados do metabolismo vegetal, dos quais se formam as proteínas.

Anaeróbio: todas as condições em que falta oxigênio. No solo ocorre pelo preenchimento dos macroporos com água, argila e silte ou a saturação do ar por CO_2 pela respiração da microvida.

Background ou **histórico** de uma variedade: indica as condições ambientais para as quais foi criada, especialmente sua necessidade de diversos nutrientes, bem como sua capacidade de utilizá-los.

Bacteriostato: substância que impede a atividade e o desenvolvimento de bactérias.

Basipétalo: transporte (de substâncias e íons) da folha para a raiz.

Bioestrutura: sistema de grumos e poros produzidos pela microvida em presença de matéria orgânica, estáveis à água.

Capacidade de campo: a quantidade de água retida num solo não alterado, com drenagem livre.

Carboidratos: substâncias que possuem a fórmula genérica $(C\text{–}H_2\text{–}O)_n$, incluindo-se açúcares, ácidos graxos, amidos, celulose etc.

Cátions: íons positivos como Ca^{++}, K^+, Mg^{++}, Na^+ etc.

Cespitoso: que cresce em tufos ou moitas, como capim-rabo-de-burro.

Cobertura moita: camada de resíduos orgânicos como palha, de 5 cm de espessura, cobrindo a superfície do solo.

Cobertura viva: vegetação fechada, natural ou plantada.

Cochos de adubo: furos de 30 a 50 cm de profundidade que se preenchem com calcário ou adubo.

Compactação: compressão por máquinas ou o pisoteio de gado.

Condicionadores do solo: substâncias químicas, como "akrilium" que agregam e floculam o solo.

Creek: vale.

CTC: capacidade de troca de cátions, sendo, geralmente, indicada a CTC máxima do solo, determinada a pH 7,0. Existe ainda a CTC mínima determinada a pH 4,5 e a real determinada ao pH do solo.

Cultura protetora ou **"*cover crop*"**: geralmente uma leguminosa plantada para cobrir o espaço entre as linhas da cultura.

Deflúvio: escorrimento superficial da água, que causa a erosão.

Densidade aparente: o peso de 1 cm^3 de terra, incluindo-se os poros.

Densidade real: peso de 1 cm^3 de terra, excluindo-se os poros.

Desenvolver: melhorar o existente.

Difusão: migração de íons dissolvidos em água pelo solo ou por membranas semipermeáveis.

Dieback: morte das pontas dos galhos que progride até matar os galhos inteiros.

Ecológico: tudo que está em conformidade com os diversos fatores de um meio ambiente, referindo-se aqui, geralmente, a um solo sob um clima distinto. O solo constitui o meio ambiente para as plantas e a vida delas.

Ecótipo: uma planta, micróbio ou animal que encontra todas as suas exigências satisfeitas num determinado lugar e solo e que, portanto, lhe é próprio.

Efeito de concentração: a ocorrência de níveis elevados de determinados nutrientes no tecido e seiva de uma planta, quando esta sofrer da deficiência de algum nutriente, que impede o crescimento normal, ou quando for atacada por pestes e pragas, quando possuir um metabolismo vagaroso por existirem fatores adversos, como excessos de calor, vento etc.

Efeito de diluição: a ocorrência de níveis baixos de nutrientes no tecido e seiva da planta ocasionada por um crescimento rápido do vegetal.

Energia: é a luz solar direta ou captada, utilizada pela planta na fotossíntese para a formação de carboidratos, que, quando decompostos durante a respiração, liberam esta energia novamente para os processos metabólicos.

Enraizar: transpassar o solo por uma trama densa de raízes.

Enzimas: são proteínas associadas a uma coenzima, geralmente uma vitamina, e "ativadas" por um mineral, muitas vezes um micronutriente. Catalisam processos bioquímicos na planta.

Equilíbrios nutricionais: proporções de nutrientes requeridas pelas culturas, como, por exemplo, os de K/Ca+Mg, N/Cu, Ca/Fe etc.

Estômatos ou **estomas**: pequenas aberturas no limbo foliar, que se podem abrir ou fechar, deixando entrar CO_2 e sair água em forma de vapor.

Estável à água: são grumos que não desmancham com as chuvas.

Estolonífero: reptante, que possui estolões.

Estrume de curral: são os excrementos animais misturados com 4 partes de palha e fermentados em processo anaeróbio, durante 3 meses.

Fenóis: são substâncias simples ou heterocíclicas onde um ou mais hidrogênios do ciclo benzênico foram substituídos por hidroxilas ou carboxilas, durante a decomposição de matéria orgânica por fungos. São a base das moléculas de húmus, ao qual conferem a coloração, segundo a quantidade de enxofre ou nitrogênio ligados nestes compostos. Suas formas mais simples podem ser absorvidas pelas plantas.

Fertilidade: a riqueza do solo em nutrientes, porém, não indicando se estes possam ser absorvidos pelas plantas.

Filoplano: no limbo foliar.

Floculado: agregado, precipitado.

Fofice: estado grumoso de um solo, que não se assenta sob a ação das chuvas, nem forma crostas superficiais.

Fotossíntese: formação de substâncias orgânicas pela planta a partir de CO_2 e água em presença de luz solar (energia) com ajuda da clorofila.

Friável: que se esboroa facilmente, não pegajoso.

Fronteira: região do Rio Grande do Sul que limita com o Uruguai.

Glicose: um dos açúcares de fórmula simples.

Granular: em agregados.

Grumoso: solo formado de agregados transpassados por microporos, entrelaçados por hífens de fungos e colados por substâncias mucilaginosas de bactérias e algas; estáveis à água.

Heterótrofo: que vive de matéria orgânica.

Hileia: mata amazônica.

Hidratação: qualquer corpo líquido ou sólido cuja molécula está sendo ligada a uma ou várias moléculas de água, ou quando adsorve ou absorve água.

Húmus: produto mais ou menos estável da decomposição de matéria orgânica, especialmente da fração lignosa, enriquecida com nitrogênio, fósforo e cálcio, somente solúvel em álcali, formando-se em solos com pH acima de 5,6.

Humus mull: húmus mais valioso, formado quase que exclusivamente de ácidos húmicos.

Indolente: apático, sem iniciativa.

Infiltrar-se no solo: entrar no solo através de poros.

Íon: átomo ou grupo de átomos que ganham ou perdem elétrons, como Ca^{++}, Fe^{+++}, Mn^{++++}, K^{+} ou PO_4^{-} Cl^{-} etc.
Insolação: incidência direta da luz solar.
Interespécie: entre as espécies.
Know-how: saber como.
Know-why: saber por quê.
Lâmina delgada: porção de solo endurecida com resinas e esmerilhada até a espessura de 20 a 30 micra (0,020 mm).
Lignina: polissacarídeo associado à celulose de sustentação dos vegetais, possui grande resistência à tração; as fibras são de lignina.
Macrofauna: animais do solo de porte pequeno, porém facilmente visíveis a olho nu, como minhocas, centopeias, larvas etc.
Mass flow: movimento de íons nutritivos no solo através do movimento da água em que são dissolvidos.
Mata geral: mata da Amazônia.
Matéria orgânica: são todas as frações que contêm carbono, como húmus, raízes mortas, excreções animais, microrganismos, excreções radiculares etc.
me%: equivalentes miligramas por 100 gramas de solo seco, também e.mg%.
Mesofauna: animais minúsculos do solo, que ainda podem ser vistos a olho nu, como saltadores, ácaros etc.
Metabolismo: formação e decomposição de substâncias orgânicas num ser vivo, sendo responsável pela vida vegetal e animal.
Metabólitos: produtos de metabolismo, podendo ser excretados pelas raízes.
Micorrizas: fungos que vivem em associação simbiótica na raiz ou dentro dela.
Microfauna: animais do solo somente visíveis pelo microscópio, como amebas etc.
Micronichos: cavidades microscópicas no solo, até macroporos, que possuem seu microambiente próprio.
Micronutrientes: elementos nutritivos necessários à planta em quantidades reduzidas como Cu, Fe, Mn, Zn, B, Mo etc.
Mol: molécula grama, ou seja, o peso molecular expresso em gramas.
Monocultura: plantio de uma e mesma cultura no mesmo campo durante anos.
Monossalino: solução de um sal único.
Monovalente: possuir somente uma eletrovalência, por exemplo, os íons de Na^{+}, K^{+}, Cl^{-} etc.
Necrose: morte de um tecido orgânico.
Nematoides: vermes minúsculos, filiformes que vivem no solo e podem ser parasitas vegetais.
Nível freático: nível do lençol de água subterrânea.
Oligotrofismo: causado pela oligotrofia, ou seja, por uma nutrição muito deficiente.
Oxirredução: *vide "redução"*.
Pan: laje dura no solo subsuperficial.
Patógeno: microrganismo causador de doença.
Pé-de-pato: subsolador.

Percolar: água que "percorre" o perfil do solo, quando houver drenagem livre.

pF: medida de umidade do solo alcançado através de sucção total de água por uma coluna de água de altura determinada, expresso por seu logaritmo negativo; por exemplo: pF 3 a sucção de uma coluna de água de 1013 mm de altura. Equivale a 1 atmosfera ou 1013 milibar.

pH: medida de acidez do solo. Expresso pelo logaritmo negativo da concentração de H^+ íons dissociados no solo. Quanto mais baixo o pH, tanto mais ácido o solo.

Pilosidade: cobertos por pelos pequenos.

Plasma celular: conteúdo celular de consistência coloidal, geralmente rico em proteínas, glicose e sais minerais.

Plasmólise: desidratação do plasma celular até se desprender da parede celular

Plintita: concreção laterítica.

Pluvial: concernente à chuva.

Poder tampão: capacidade do solo de amortecer mudanças bruscas de pH.

Potencial bioelétrico: mede a intensidade de processos metabólicos na raiz, podendo informar sobre a compatibilidade de uma planta com um solo pouco arejado.

Potencial radicular: a propriedade da raiz de se apoderar de nutrientes, inclusive contra uma concentração externa elevada, como ocorre em solos salinos ou recém-adubados, ou de compostos pouco solúveis.

Precipitações: chuvas.

Produtividade: capacidade do solo de produzir colheitas. Depende da "fertilidade" física, química e biológica.

Proporção: quociente de dois ou mais nutrientes (K/Ca + Mg) onde o nutriente em quantidade maior é dividido pelo de quantidade menor. Por exemplo, K/Ca = 10 indica que existe 10 vezes mais K do que Ca.

Qualidade: *vide "valor biológico"*.

Redução ou **oxirredução do solo**: é a redução de valências de íons, parcialmente por perda de oxigênio, e sua substituição por hidrogênio, por exemplo: $SO_3 \rightarrow SH_2$, $NO_3 \rightarrow NH_4$, ou $Mn^{4+} \rightarrow Mn^{2+}$. Ocorre em condições de arejamento deficiente.

Respiração vegetal: é a decomposição de substâncias fotossintetizadas, como glicose, e a liberação de energia.

Rizoplano: até 3 a 5 mm distante da raiz.

Rotação de culturas: plantar, num campo, culturas diferentes em sequência determinada para conservar a bioestrutura do solo e utilizar racionalmente os adubos.

Saprófago: que come matéria orgânica em decomposição.

Savana: cerrado na África.

Seca fisiológica: seca induzida na planta pela concentração deficiente de substâncias metabólicas na raiz e uma concentração elevada de íons na solução do solo.

Simbionte: ser vivo que vive em associação com outro.

Simbiose: associação de dois ou mais seres vivos, beneficiando-se mutuamente.

Solos alcalinos: com excesso de sódio.

Solos salinos: com excesso de sais de cálcio, magnésio e potássio.

Solução: água com substâncias nela dissolvidas.

Solução do solo: a água do solo com minerais e ácidos orgânicos dissolvidos.
Soluto: substância que foi dissolvida em água.
Suberoso: com consistência de cortiça, geralmente encarquilhado.
Subsolador: implemento agrícola para afrouxar o solo, sem revolvê-lo.
Tenacidade: resistência que o solo opõe à força rotativa de 4 lâminas de aço para cortar uma determinada porção de solo (geralmente de 5 cm de grossura e de 10 cm de comprimento).
Tensão ou **pressão negativa**: causada na folha pela transpiração de água, existindo a tensão em todo o sistema, até a raiz. Sua ação é semelhante à de um vácuo.
Teso: colina, cochilha.
Termostato: mantém a temperatura a um nível determinado.
Terra virgem: um solo de mata ainda intocada pela mão do homem.
Toró: aguaceiro.
Transferência de energia: do lugar em que se formou para o lugar onde ocorre o processo metabólico, com ajuda de ATP.
Transpiração: perda de água pelas folhas, em forma de vapor.
Trocável: é um íon, que, segurado por eletrovalências na superfície de argila, pode ser substituído por outro.
Turgor: pressão do conteúdo celular contra a parede, quando embebido com água.
Vacúolo: reservatório de água dentro do citoplasma, envolvido por uma membrana permeável.
Valor biológico: qualidade, valor nutricional. Por exemplo, o trigo pode formar proteínas ou pode ter seus aminoácidos livres, sendo então de valor inferior.
Vastago: toda parte aérea da planta.
Veranico: época seca na estação das águas.
Vitrificação: endurecimento de solo arenoso quando pobre em matéria orgânica e fósforo. Ocorre pela solubilização e endurecimento de silício.
Volume de solo: porção de terra que uma planta pode enraizar.

ÍNDICE DE TEMAS